HISTOIRE
DE
LA VILLE
ET DE
LA BARONNIE
DE
Ste-BAZEILLE

(De l'ancien diocèse de Bazas)

DEPUIS L'ÉPOQUE GALLO-ROMAINE JUSQU'A NOS JOURS

Par l'Abbé R.-L. ALIS

MEMBRE DE LA SOCIÉTÉ DE L'HISTOIRE DE FRANCE
MEMBRE DU CONSEIL HÉRALDIQUE DE FRANCE
MEMBRE DE LA SOCIÉTÉ DES SCIENCES, LETTRES ET ARTS D'AGEN
LAURÉAT DE L'ACADÉMIE DE BORDEAUX

AGEN | AGMÉ
Michel & Médan | Au Presbytère
Libraires-Éditeurs | Par Gontaud

1892

S.t BAZILI

HISTOIRE
DE LA VILLE ET DE LA BARONNIE
DE
SAINTE-BAZEILLE

HISTOIRE
DE
LA VILLE
ET DE
LA BARONNIE
DE
S^{TE}-BAZEILLE

(De l'ancien diocèse de Bazas)

DEPUIS L'ÉPOQUE GALLO-ROMAINE JUSQU'A NOS JOURS

PAR L'ABBÉ R.-L. ALIS

MEMBRE DE LA SOCIÉTÉ DE L'HISTOIRE DE FRANCE
MEMBRE DU CONSEIL HÉRALDIQUE DE FRANCE
MEMBRE DE LA SOCIÉTÉ DES SCIENCES, LETTRES ET ARTS D'AGEN
LAURÉAT DE L'ACADÉMIE DE BORDEAUX

AGEN	AGMÉ
Michel & Médan	Au Presbytère
Libraires-Editeurs	Par Gontaud

1892

DÉDICACE

A SA GRANDEUR
Monseigneur CHARLES-EVARISTE CŒURET-VARIN

Évêque d'Agen

Voici, Monseigneur, un humble livre que je m'empresse de vous offrir. Je vous devais ce reconnaissant hommage comme à un père qui m'a témoigné tant de bontés quand j'endurais de cruelles souffrances à l'hôpital Saint-André, de Bordeaux.

Votre Grandeur daignera l'agréer comme le garant de mes sentiments de fidélité et de vénération.

R.-P. ALIS,
Curé d'Agmé.

Lettre de Monseigneur l'Evêque d'Agen à l'auteur

Cher Monsieur le Curé,

C'est avec joie que j'accepte l'hommage de votre livre. Des savants, qui ont eu communication du manuscrit, m'en ont dit tout le bien désirable. Je suis particulièrement heureux que l'auteur, qui nous avait déjà donné une si excellente monographie de Mauvezin, ait continué ses travaux avec autant de succès. Le cœur d'un évêque est surtout consolé par l'édifiante piété de ses prêtres et leur application constante à l'étude. Je sais qu'en écrivant des ouvrages pour les érudits, vous ne distribuez pas avec moins de zèle et de talent l'instruction à votre peuple. Aussi ne pourrai-je jamais assez encourager les curés qui, à votre exemple, partagent leur temps entre les saints devoirs du pasteur et les nobles occupations de l'historien. Je bénis donc, avec une paternelle affection, le livre et l'auteur et je souhaite ardemment que votre beau volume sur la ville de Sainte-Bazeille soit beaucoup lu et vous mérite de nouvelles couronnes.

Agréez, cher Monsieur le Curé, l'assurance de mes sentiments les plus dévoués en Notre-Seigneur.

† CHARLES,
Évêque d'Agen.

Agen, le 25 août 1891, en la fête de Saint-Louis.

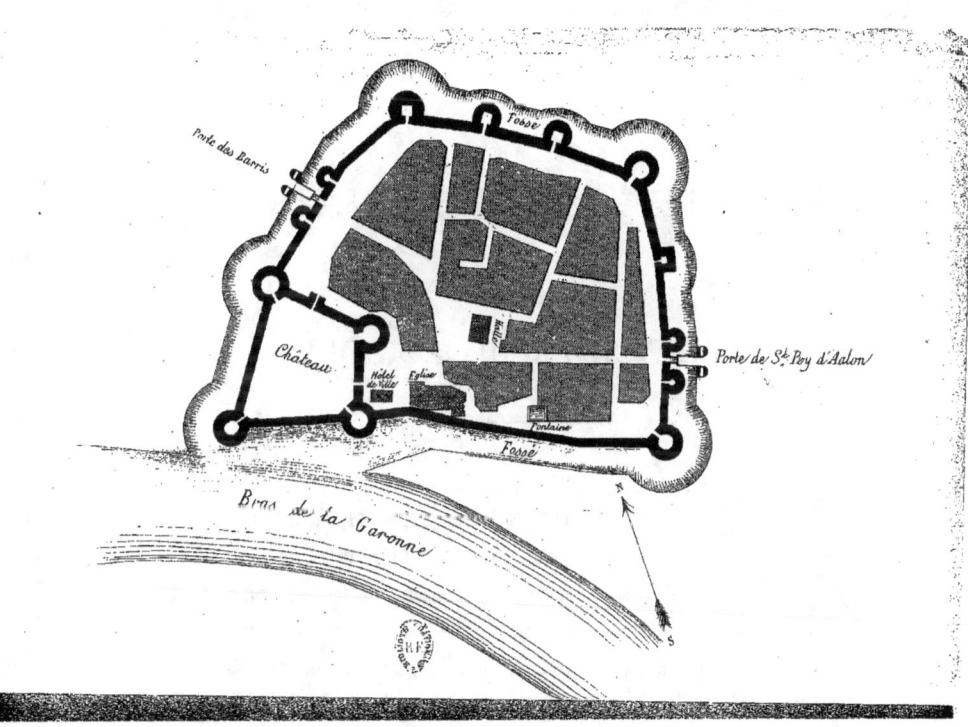

CHAPITRE PRÉLIMINAIRE

DESCRIPTION ARCHÉOLOGIQUE

AINTE-BAZEILLE, de l'ancien diocèse de Bazas, est une charmante petite ville du diocèse d'Agen, habitée par 2,519 personnes[1]. Très heureusement située près de la Garonne, à 6 kilomètres de Marmande et à 12 de La Réole, le long de la voie ferrée de Cette à Bordeaux, elle eut, dès le principe des fortifications gallo-romaines, comme il est facile de s'en convaincre en lisant un passage de la préface du *Chronicon Vasatense* écrit dès les premières années

---

[1] La commune de Sainte-Bazeille fait partie de l'arrondissement et du canton de Marmande (Lot-et-Garonne).

du XVIIe siècle par Jérôme Gérard Dupuy, chanoine de la cathédrale de Bazas et reproduit au chapitre suivant.

Lorsque les romains voulaient fonder une ville, ils choisissaient de préférence, les bords d'un fleuve ou d'une rivière. Si l'inclinaison du terrain se terminait par un escarpement du côté opposé au cours d'eau, la situation remplissait toutes les conditions désirables. La cité, dont nous entreprenons d'écrire l'histoire, présentait, au contraire, son escarpement du côté de la Garonne et s'inclinait insensiblement vers la plaine, ce qui rendit nécessaire la triple et même quadruple enceinte de fossés dont le chroniqueur l'entoure à cette époque : « sive inde in planicie vicina effosa, fossæ triplices et quadruplices [1] ». Grâce à cette dernière disposition, la place ne laissa pas que d'être très forte. Sa forme qui ne varia pas pendant le moyen-âge et les temps modernes, était assez semblable à un pentagone irrégulier, dont la base plus large était prise le long du fleuve. Sur ce point les murs étaient imprenables. Aussi la verrons-nous dans la suite attaquée toujours par ailleurs. Les autres côtés étaient garnis de murailles plus hautes, bien flanquées de tours cylindriques et protégées par plusieurs rangées de fossés larges et profonds [2]. L'enceinte murée consistait en courtines épaisses, pleines, composée de

---

[1] Extrait de la préface du *Chronicon Vasatense*. Voir au chapitre I, page 3, de la présente Histoire.

[2] Nous avons pu mesurer très approximativement à certains endroits l'épaisseur des murailles qui était d'environ 1 m. 60 et la largeur des fossés, d'environ 15 m.

blocages avec revêtement de petit moellon smillé, portant crénelage et chemins de ronde et réunissant les tours. Au v⁰ siècle, pendant les 89 années que dura la domination visigothe, les remparts étaient encore construits d'après les traditions romaines et le bois y jouait un grand rôle. Un château *castellum*, dont la base des tours[1] et des courtines du sud baignait dans la Garonne, occupait sur l'angle sud-ouest le point le plus élevé, commandait les murailles et touchait à la partie occidentale de l'enceinte, pour pouvoir servir de refuge à la garnison et ménager aux assiégés le moyen de recevoir des secours du dehors, si la ville était prise. Des retranchements avancés, fermés par d'autres fossés et des palissades, étaient élevés en demi-cercle et s'étendaient assez loin dans la campagne de façon à laisser un espace libre, sorte de place d'armes qui permettait aux soldats de camper en dehors des enceintes fixes et de soutenir les premières attaques.

Les diverses invasions qui fondirent sur la ville durant la première moitié du moyen-âge purent bien emporter et détruire la place mais n'en changèrent pas la disposition primitive. La défense fut reconstruite sur les bases anciennes. Dès le xɪ⁰ siècle, les courtines étaient munies de hourds en bois à leur sommet. Leur relief s'augmenta deux siècles plus tard et nous les voyons atteindre à Sainte-Bazeille, une hauteur de

---

[1] La base d'une de ces tours, à l'angle sud-ouest, se voit encore dans une prairie qui n'est autre que l'ancien lit du bras de la Garonne baignant sur ce point les murs du château.

plus de 10 mètres [1]. Leur partie inférieure était percée d'archères pour voir ce qui se passait au fond des fossés et envoyer des carreaux d'arbalète sur les assaillants. Au XIVe siècle, les moyens de sape s'étant perfectionnés, les courtines redevinrent pleines à la base et toute la défense se porta aux sommets munis dès lors de machicoulis de pierre avec parapets crénelés en remplacement des hourds en bois désormais inutiles.

Le château avait la figure d'un trapèze assez irrégulier. Le plan des châteaux féodaux de plaine, en effet, affectait la forme d'un carré plus ou moins régulier ou d'un parallélogramme. Un des caractères particuliers c'est l'importance relative des tours qui étaient cylindriques, d'un fort diamètre, épaisses dans leurs œuvres, hautes et très saillantes en dehors des courtines de manière à les bien flanquer. Ici, comme il arrivait quelquefois dans les châteaux de plaine, il n'y avait pas de donjon, le château lui-même composait un véritable donjon entouré de fossés larges et profonds.

L'emploi de l'artillerie obligea d'abord de percer des meurtrières et des embrasures à la base des courtines pour battre le fond du fossé ; mais vers la fin du XVe siècle les courtines furent terrassées intérieurement autant pour résister aux batteries de brèche que pour placer des canons au niveau des chemins de ronde. Enfin au siècle suivant l'on dressa devant les courtines et au niveau de la contrescarpe du fossé des fausses

---

[1] Les nombreux fragments qui restent encore nous permettent de fixer la hauteur et l'épaisseur des murailles.

braies ou chemins extérieurs crénelés, propres à recevoir les arquebusiers battant les glacis et les fossés.

Un bras de la Garonne large de 50 mètres environ mais ensablé et disparu depuis la seconde moitié du xviiie siècle, baignait le côté sud des murailles et ses eaux étaient distribuées dans tous les fossés de l'enceinte qui devaient avoir une très grande profondeur. Jusqu'en l'année 1752, la place n'eût que deux portes, l'une la *porte St-Pey d'Aalon* à l'est, du côté de Marmande et l'autre, la *Porte des Barris*, à l'ouest du côté de La Réole, défendues par des ouvrages avancés en pierre de chaque côté du fossé, comme il est porté dans le plan que nous mettons sous les yeux du lecteur. Une troisième porte, qui reçut aussitôt le nom de *Porte de Tourni*, aujourd'hui disparue comme les deux autres, autrement dite la *Porte-Neuve*, fut ouverte en 1752, au bout de la rue qui conserve encore ce dernier nom.

HISTOIRE

DE LA VILLE DE

SAINTE-BAZEILLE

CHAPITRE PREMIER

ANTIQUITÉS

I

FRAGMENTS

N peut se demander si primitivement le territoire de Sainte-Bazeille a fait partie du Bazadais. Une carte des auteurs de l'*Histoire générale du Languedoc* porte une ligne de séparation traversant la Garonne en aval et laissant ce lieu en dehors de l'Agenais.

De nombreux fragments prouvent l'antiquité de la ville. Quantité d'armes en silex furent découvertes en l'année 1870 dans le gisement d'argile de l'usine de M. Cloupeau et envoyées peu après à la *Société Archéologique*

de Bordeaux dont M. Braquehaye était alors secrétaire général.

En 1820 et 1821 on trouva au lieu dit *Aux Baronnes*, dans un jardin qui borde la grand'route et où commence aujourd'hui l'embranchement de la route de Couthures à Cocumont et les Landes, plusieurs tombelles gauloises, des camées en pierres précieuses, des colliers et des bracelets en or qui furent vendus à vil prix [1].

Après la conquête de Crassus, jeune lieutenant de Jules César, les Romains s'établirent à Sainte-Bazeille que quelques auteurs, d'accord avec la tradition locale mais sans donner de preuves, se plaisent à nommer *Aurangia* ou *cité d'Aurange* [2], et y fondèrent sans doute un municipe. Le terrain était d'ailleurs admirablement choisi. En cet endroit qui porta plus tard le nom de Sainte-Bazeille, la plaine s'élève insensiblement jusque sur le bord du fleuve comme pour les villes voisines, le Mas-d'Agenais et Aiguillon, où les mêmes conquérants avaient établi des colonies gallo-romaines.

Nous lisons dans la Préface du *Chronicon Vasatense*, écrit en latin vers 1605 par Jérôme Gérard Dupuy, chanoine-archidiacre de l'Eglise cathédrale de Bazas : « De tout ce qu'on rencontre en ce lieu, rien n'est plus digne de remarque que le temple de Sainte Bazeille, et l'emploi de ce nom sacré remonte au temps de la propagation de la religion chrétienne. De nombreux restes sont là

---

[1] Voir *Nouveau Panorama de la Gironde et de la Garonne*, par l'abbé H. Dorgan, 1re édit., pp. 111 et 112. — Ce témoignage est d'autant plus important que l'abbé Dorgan était un enfant de Sainte-Bazeille. Il m'a d'ailleurs été confirmé par plusieurs témoins de cette découverte.

[2] Voir *Histoire de l'Agenais, du Condomois et du Bazadais*, par J.-F. Samazeuilh ; *Nouveau Panorama*, etc. ; *Echo de Marmande*, 11 mai 1879, G.-F. Raynal, etc.

pour attester l'ancienneté de la ville : de vieilles voûtes souterraines en pierres de taille qui devaient servir d'égouts ou d'aqueducs, des épitaphes gravées sur le marbre que les habitants offrirent à Messire de Raymond, sénateur de Bordeaux [1] et qu'il fit transporter dans sa villa, d'anciennes monnaies, des tombeaux en marbre, en pierre et en brique, une triple et même quadruple enceinte de fossés et quantité d'autres objets du même genre. J'ose affirmer que nulle part on ne retrouve plus nombreux ni assemblés avec un plus grand art des pavés de mosaïques qu'on dirait posés de la veille. Mais ce qui rend ce lieu encore plus recommandable, ce sont les reliques de la divine Bazeille, sœur, comme beaucoup le croient, de Sainte Quitterie. Abandonnant sa tête au bourreau pour la confession du Christ, elle mérita la couronne du martyre dans ce même endroit où l'on voit de nos jours encore des cailloux teints de son sang [2] ».

---

[1] Florimond de Raymond, conseiller au Parlement. Voir *Essai sur la vie et les œuvres de Florimond de Raymond*. Bordeaux, 1867, in-8°, par Tamizey de Larroque.

[2] « Inter cœtera excelluit fanum sanctæ Basilicæ nec obest nomen à religione christiana propagata inditum : illius enim antiquitatem multa probant, ut veteres fornices subterranei secto lapide constructi, sive ad sordes urbis expurgandas, more cloacarum, sive ut aquæ-ductus, ad aquam derivandam ; epitaphia marmoribus inscripta, cujusmodi aliquod habuit dono civium ejus loci dominus Raymundus, senator Burdigalensis, et in suam villam hermathenam transtulit. Vetus moneta ; sepulchra marmorea et lapidea vel lateritia ; sive inde in planicie vicina effossa, fossæ triplices et quadruplices ; et id genus alia. Illud sane ausim affirmare, nullibi pavimenta tesselata reperiri posse, vel majori arte composita, vel frequentiora vel saniora, ita ut recentissime constructa putes, sed mire commendatur reliquiis divæ Basilicæ sororis, ut nonnulli credunt, sanctæ Quitteriæ, quæ ibidem pro Christi defensione capitis amputatione coronam martirii promeruit, ubi, et adhuc reperiuntur calculi ejus sanguine cruentati. »
Archives historiques de la Gironde, XV, 11.

Malgré les bouleversements qu'a subis, depuis l'époque du pieux chroniqueur, le sol de Sainte-Bazeille, on retrouve encore plus d'un de ces débris qu'il mentionne. Personne cependant ne parle plus des égouts ou des aqueducs, à moins qu'on ne veuille en voir les traces dans des pans d'épaisses murailles qui traversent le sous-sol de la ville et qu'on rencontre lorsque l'on creuse des caves ou des fondations.

Deux beaux fragments de mosaïques en marbre blanc et noir existent encore dans les antiques substructions de la maison de M. Cahors, place de l'Église et dans celles de la maison de M. Douet, place de la Halle. Leur niveau est celui du sol de l'église paroissiale actuelle. D'autres mosaïques qu'on remarquait, il y a peu d'années, chez M. Ribeyrolles, place du Château, ont disparu. C'est à chaque pas que nos contemporains ont pu constater l'existence de nombreuses mosaïques dans toute la ville, des restes de cellules, des surfaces unies, bétonnées, cimentées, des assemblages de pavés en tuiles rouges posées sur champ et des masses de briques à rebord.

Les anciennes monnaies abondent aussi dans le sol de Sainte-Bazeille. M. Martinet fils, propriétaire de l'emplacement du château, trouva dernièrement dans ce lieu, en refaisant les fondations d'un vieux mur d'enceinte, nombre de pièces de cuivre à l'effigie de plusieurs empereurs romains depuis Auguste, ainsi qu'un chapiteau corinthien en marbre blanc dont le diamètre mesure à sa base 0^{m}50.

Presque en même temps, M. Dupont, secrétaire de la mairie, recueillait dans une maison de la rue de l'Abreuvoir qu'il venait d'acheter au sieur Audureau, de la vaisselle en terre noire et rouge : un vase rouge haut de 0^m 07 centimètres 1/2, une amphore rouge de 0^m 20 centimètres, deux gracieux petits vases noirs, deux petites lampes rouges et deux patères en terre rouge glacée portant sur le milieu de la coupe l'inscription CNAME [1].

De belles voies romaines s'étendaient du bord de l'Océan aux rives de l'Adour et de la Garonne. On trouve encore à Sainte-Bazeille les restes d'une de ces voies appelée aujourd'hui *chemin de la Geyre*. Des routes sillonnaient

---

[1] Les patères m'ont paru plus remarquables. Ce sont des vases circulaires peu profonds assez semblables à nos sous-coupes, mais plus grands. « La patère servait à peu près uniquement pour les liquides soit dans les repas, soit dans les sacrifices. C'est dans une patère que l'on buvait ou que l'on faisait des libations aux dieux. Il y a des patères sculptées sur un grand nombre de nos monuments funèbres ou religieux. Elles rappellent le sacrifice cher aux mânes ou aux dieux. La vaisselle rouge glacée portait à Rome le nom de *Samienne*, sans doute parce que la terre de Samos, fort renommée dans l'antiquité pour la préparation de certains produits, était la plus propre à fabriquer ces poteries. D'ailleurs, Samos était bien loin d'avoir le monopole de cette industrie... Nous savons par Pline l'Ancien que les manufactures les plus connues de *poteries samiennes* étaient celles d'Orezzo, de Sorrente, de Asta, de Modène et de Pollentia en Italie, de Sagonte en Espagne, de Pergame et de Tralles en Asie : « Ces villes, dit Pline, s'enrichissaient grâce à cette industrie et voyaient leurs produits exportés dans le monde entier... » De fait, on a trouvé par le monde entier des poteries rouges marquées aux noms des *Titii* ou *Tetii* et des *Aleii* de *Arretium*, et il est vraisemblable que beaucoup de noms que nous allons rencontrer à Bordeaux et qu'on a retrouvés en Espagne, en Bretagne, en Gaule et en Italie, soient ceux de fabricants originaires de cette ville... Il est à croire que la fabrication des poteries dites *samiennes* ou *arretines* s'est étendue en dehors des villes mentionnées par Pline l'Ancien et que la Gaule en particulier, où on en trouve infiniment plus qu'ailleurs, a eu ses manufactures indigènes... La difficulté est grande quand il s'agit de retrouver les manufactures locales... Qu'il y ait eu à Bordeaux des manufactures de poteries samiennes, c'est infiniment probable. » *Inscriptions romaines de Bordeaux*, tome 1, p. 483 et suiv., par Camille Jullian.

Notre savant archiviste, M. Georges Tholin, m'assure qu'il y a eu de ces manufactures particulièrement à Grasignan et à Léognan en Auvergne, près de Clermont, à Agen, à Cahors, à Montans.

l'Agenais et le Bazadais. Celle qui passait à *la Geyre*, côtoyait la rive droite de la Garonne, et « le passage des Romains se signale, près d'Aiguillon, par des pans de murs et des terrasses, ainsi que par une tour ou borne militaire... C'est vers ce point que se reliait la Ténarèse [1] ».

Le soc de la charrue rencontrait, il y a six ans à peine, au lieu de Sérignac [2], situé près de la ville au bord de la grand'route d'Agen à Bordeaux, un tombeau en marbre blanc. J'ai trouvé dans ce même champ un immense cimetière rempli, sur une étendue d'au moins huit hectares, d'auges en pierre, les unes larges et rectangulaires aux parois plus épaisses contenant d'ordinaire plusieurs morts, et les autres plus étroites des pieds que de la tête, aux parois plus minces et par conséquent moins anciennes. Dans les grandes gisent quelquefois trois squelettes, dont deux ont la tête du même côté et le troisième à l'autre bout. Des plaques de ceinturon mérovingien, semblables à celles qu'on voit au musée d'Agen, en ont été extraites. J'en ai une très belle en ma possession. Les mêmes auges et les mêmes boucles mérovingiennes se retrouvent çà et là dans la campagne d'alentour. Nous signalerons pareille découverte faite par le sieur Berguin dans son champ appelé à *Rouzin*. Le vaste cimetière, dont il vient d'être question, renferme aussi et surtout des tombes de briques à rebord. Il suffit de creuser à trente ou quarante centimètres pour découvrir, sur n'importe quel point, ces

---

[1] *Histoire de l'Agenais*, etc., par J.-F. Samazeuilh.

[2] Ce lieu portait au moyen-âge le nom de Sent Pey d'Aalon de Pascau. J'y ai découvert, au milieu de l'ancien cimetière, les restes de l'église de ce nom, dont l'existence m'était seulement révélée par un acte de l'an 1121, cité plus loin.

Madame la comtesse d'Auberjon, habitant la commune du Petit-Saint-Martin, canton de Seyches, est propriétaire de ce terrain.

sortes de sépultures. Ces dernières sont certainement contemporaines des auges en pierre, car on les trouve à la même profondeur et sur le même rang. Elles remontent aux deux époques mérovingienne et carolingienne.

Le 22 décembre 1863, un incendie ayant détruit plusieurs maisons, place de la Halle, on retira des fouilles de la maison Riffaud, appartenant aujourd'hui à M. Bouffartigues, des objets très curieux, notamment un bas-relief en pierre et un peigne en os. Le premier est la métope d'un ancien édifice, peut-être d'une basilique. La bande supérieure est ornée de grecques, d'oves et de fleurons dont la délicate sculpture assignerait à ce fragment une date plus ancienne que le VIe siècle. Dans le reste ou partie inférieure un peu concave, on aperçoit un personnage nu n'ayant qu'une ceinture retombante ou drapée en triangle ; il est agenouillé sur le genou droit, la jambe gauche est à demi ployée. Ses mains sont liées derrière le dos : il est attaché à un arbre. La face est mutilée. Ce bas-relief figure au musée d'Agen, n° 51 du catalogue [1].

---

[1] M. le Préfet s'émut d'un article publié le 18 juillet 1864 par M. Charles Bal dans le *Journal de Lot-et-Garonne* sur les antiquités de Sainte-Bazeille, et crut devoir demander des explications à M. Bentéjac, alors maire de cette commune, qui répondit le 23 du même mois en ces termes :

« MONSIEUR ,

C'est le propre de l'habitude d'émousser la curiosité : voilà pourquoi nous sommes moins avides de carreaux de briques, de béton et de mosaïques que Charles Bal. Nous en avons à revendre et notre admiration est épuisée. Pour mon compte, je suis tellement sûr de nos origines qu'on ne saurait plus m'intéresser, à moins de m'apprendre que mon vrai titre est celui de consul d'Ussubium en Gaule. Voilà ce que j'attends de M. Charles Bal... Et ce n'est que le jour où il

Le second objet est un fragment de peigne en os semi-circulaire, représentant, d'un côté, deux personnages tirant une corde, probablement des mariniers halant une barque ; de l'autre côté, un cheval harnaché. On peut lui assigner l'époque mérovingienne ou au moins carolingienne.

Voici enfin l'article publié en Juillet 1876 par M. Braquehaye dans la *Revue de la Société archéologique* de Bordeaux, tome II, 2ᵉ fascicule, sous cette rubrique :

me fera cette preuve que je lui pardonnerai d'avoir tiré de mes conversations un article de Journal où il ne craint pas de nous faire passer pour des vandales. Pour me laver personnellement de ce reproche, je vous ferai observer : 1° que les crimes archéologiques qu'il signale, sont antérieurs à mon administration ; 2° que, pour ce qui est de la pierre sculptée qui a servi de prétexte à la reproduction de nos vieilles légendes, il m'a été impossible de l'obtenir, ce qui ne vous étonnera pas quand vous saurez qu'elle est la propriété du sieur Riffaud, qui a l'intention de la faire entrer dans l'ornementation de la façade qu'il doit construire avec les 4000 francs qu'il attend de la commune. Quoi qu'il en soit des péchés de mes prédécesseurs ou des miens, je saisis cette occasion de faire amende honorable en vous adressant un croquis de cette pierre fait de mémoire, mais assez ressemblant pour vous en donner une idée. J'y joins la copie exacte d'une autre curiosité gravée sur une plaque osseuse. Cette pièce remonte peut-être plus loin que tout ce que nous avons trouvé jusqu'ici. Je laisse aux hommes compétents le soin de déterminer 1° quel en est le sujet, 2° quel est le peuple qui l'a gravée, 3° à quelle époque de sa vie artistique il a pu le faire. Pour mon compte, je ne suis pas assez habile grec pour le deviner et je crains même que M. Charles Bal y perde son latin.

Daignez agréer, etc.

BENTÉJAC, maire. »

La copie de cette lettre et de la suivante est insérée dans le Registre des délibérations du Conseil municipal de Sainte-Bazeille, n° 78.

M. Bentéjac écrivait en septembre 1864 à M. Riffaud : « Par une autre lettre en date du 5, M. le Préfet me fait savoir qu'il acceptera avec reconnaissance l'offre que vous avez bien voulu lui faire du bas-relief trouvé dans votre cave et qu'il sera heureux de le faire déposer au Musée départemental. Il m'annonce en même temps la visite prochaine de M. l'Archiviste de la Préfecture. »

« *Ancien cimetière à Sainte-Bazeille (Lot-&-Garonne).* »

« En nivelant la route nationale près de l'ancienne église de Sainte-Bazeille, la pioche des terrassiers vient de mettre à découvert à fleur du sol, antérieurement surbaissé, un grand nombre de tombes anciennes, les unes ayant la forme si connue d'auges en pierre plus étroites aux pieds qu'à la tête, les autres bâties en briques de grande dimension, en pierres sèches, ou en moellons reliés avec du mortier, enfin des restes de cercueils en bois et quantité d'ossements humains superposés qui auraient suffisamment prouvé que ce cimetière avait servi à des générations successives, si les objets trouvés dans ces fouilles n'étaient venus affirmer eux-mêmes les époques mérovingienne, moyen-âge et moderne.

Quelques débris remarquables ont disparu, notamment une plaque carrée en bronze gravé de 0^m 05 de côté, destinée à être suspendue ; mais la *Société archéologique* doit à M. Cloupeau, de Sainte-Bazeille, la communication d'un Charlemagne en argent, frappé à Melle, d'une belle conservation, d'une agrafe mérovingienne en bronze ciselé et d'une bague d'argent en filigrane d'un travail fort délicat[1]. On a trouvé aussi un Edward IV d'Angleterre, des monnaies de Henri IV, Louis XIII et Louis XIV. Il est bon de signaler ici que, bien que l'ancienne église de Sainte-Bazeille soit romane, il y avait déjà antérieurement un cimetière au même lieu et que les inhumations s'y sont succédées jusqu'à nos jours. »

Le cimetière dont il est ici question, est le cimetière

---

[1] Les dessins de ces objets ont paru dans le fascicule d'octobre 1876 de la *Revue de la Société Archéologique* de Bordeaux.

actuel. Il a été réduit par le tracé de la route nationale, et l'église qui porte le titre de Sainte-Bazeille, nous paraît d'une fondation *au moins* aussi ancienne que le cimetière, pour des raisons que nous allons donner à l'article suivant. Nous nous bornerons à faire remarquer quelle devait être primitivement l'importance d'une ville qui avait à la fois deux si vastes cimetières.

II

ÉGLISES ET CHAPELLES

§ I. — L'église la plus ancienne est dédiée à Sainte-Bazeille et située hors de la ville, dans le cimetière actuel. Dès l'année 1121, Bertrand de Baslada, évêque de Bazas, la mentionne comme étant d'antique fondation « Ecclesia ibi antiquitus fundata[1] ». Sa forme est celle des premières basiliques : un sanctuaire semi-circulaire, de 8 mètres de diamètre, et une nef de $21^m 25$ de longueur sur $12^m 3$ de largeur. Le sanctuaire est bâti, jusqu'à un mètre environ au-dessus du sol, avec le petit appareil romain. On voit que le reste a subi plusieurs restaurations.

En l'année 1887, j'obtins de faire pratiquer à mes frais des fouilles dans tout le sol du sanctuaire jusqu'à un banc de graviers qui n'avait pas été remué, à $2^m 50$ de profondeur. Nous rencontrâmes, depuis la sainte table, une première rangée de cinq grandes auges en pierre, et une seconde de quatre, ainsi qu'une troisième rangée de cinq tombes de briques à rebord. Les auges étaient les unes plus grandes et rectangulaires avec deux et même

---

[1] *Archives hist. de la Gironde*, II, 113.

trois morts dans chacune, les autres moins larges et plus étroites aux pieds qu'à la tête et ne servant qu'à la sépulture d'un seul. Dans quelques auges aux parois très épaisses, étaient des ossements qui, sans être calcinés, paraissaient avoir subi l'action du feu. Ça et là quelques débris de fût de colonne en marbre blanc ou vert. D'autres ossements formaient pêle-mêle une seconde assise de sépultures, par conséquent beaucoup plus récentes. Tout indiquait qu'avant nous ce terrain avait été remué jusqu'au fond.

Cette église était l'église paroissiale primitive, portant de temps immémorial comme la ville elle-même le nom de Sainte Bazeille. C'est à elle qu'étaient attachés les dîmes et autres droits curiaux. Le chapitre cathédral de Bazas en fut, jusqu'à la Révolution, le seul légitime patron, le curé primitif. Cette possession est prouvée par le droit où il était de tout temps de députer un de ses membres pour aller faire le service dans ladite église le jour du patron, honneur qui n'était dû qu'au curé primitif et dont la jouissance paisible fait preuve de cette qualité ; c'est, en effet, un acte de supériorité et de juridiction qui ne peut convenir qu'à celui qui est le premier recteur de l'église. Cette possession résulte encore d'un arrêt de la cour du Parlement de Bordeaux, du 24 août 1628, dans lequel il est énoncé que les habitants donnaient au chapitre la qualité de curé primitif.

Le chapitre avait aussi en sa faveur les énonciations anciennes inscrites sur un tableau qui était de temps immémorial dans la chambre capitulaire, et celle d'un Pouillé, du 13 octobre 1573, qui attestaient que le bénéfice dont il s'agit, était à la présentation et collation de l'évêque : « Ex antiquis enunciativis probatur jus patronatûs. »

Le chapitre jouissait donc et des honorifiques le jour du patron et des grosses dîmes.

Il avait encore en sa faveur trois présentations : la première qui est du 6 novembre 1307, porte l'établissement de la vicairie perpétuelle. Les chanoines nommèrent le sieur Arnaud Peys pour être présenté à l'évêque et réglèrent dans cet acte la portion des fruits qui devaient appartenir à ce vicaire. Cette pièce mérite du respect non-seulement parce qu'elle est ancienne, mais encore parce qu'elle fut faite devant notaire et qu'elle demeura le titre constitutif de la vicairie perpétuelle. La seconde présentation est du mois de juin 1631 ; elle fut faite par le sieur Delor, chanoine hebdomadier, en faveur du sieur Bernard Rapin [1] ; et la troisième, du 3 juillet 1636, fut faite par le sieur Baulos, aussi chanoine hebdomadier, en faveur du sieur Miremont [2].

On se demande comment cette église, située très incommodément en dehors des murs, a pu être choisie dès le principe et est restée jusqu'à la Révolution comme église paroissiale. Le témoignage de l'évêque de Bazas en l'année 1121, sa forme de basilique primitive, le petit appareil du sanctuaire et les auges en pierre et les tombes à briques à rebord, trouvés dans cette partie de l'édifice, en font remonter très haut la fondation.

Cette église donc, qui porte ainsi que la ville elle-même le nom de Sainte-Bazeille depuis un temps immémorial,

---

[1] D'une famille notable de Sainte-Bazeille dont il sera fait souvent mention dans la suite de cette Histoire.

[2] Voir un Mémoire imprimé portant en tête : *A juger en l'audience de la Grand'Chambre, pour Me Laurent Chaiz, Prêtre et Curé de Ste-Bazeille, Intimé. Contre Me Fieuzal aussi Prêtre appelant comme d'abus du titre accordé par l'Ordinaire audit sieur Chaiz, le 5 novembre 1741, de la cure de Ste Bazeille.* — *Archives de M. Lacaze, libraire à Agen.*

a-t-elle été la sépulture de cette vierge-martyre dont le diocèse de Bazas célèbre la fête le 26 octobre ? La tradition locale le veut. Elle fait même mourir Sainte Bazeille à quelques pas de là, sur l'emplacement où s'élève la Chapelle de Neuffons dont nous parlerons bientôt. Pendant des siècles ces lieux devinrent le but d'un fréquent pèlerinage où la Sainte était invoquée spécialement contre la mort subite et en faveur des agonisants ; les femmes enceintes y venaient aussi réclamer son secours pour obtenir une heureuse délivrance et le baptême de leurs enfants.

Nous avons hélas ! peu de documents à offrir à nos lecteurs. Le plus ancien est extrait d'un manuscrit de la Bibliothèque Nationale qui fait partie du fonds français, n° 5714. Il est inscrit au catalogue sous ce titre : *1° Chronique des Francs depuis leur origine troyenne jusqu'à Charles le Simple, 2° La Conquête d'Espagne par Charlemagne ou la Chronique de l'archevêque Turpin traduite en français*, in-4° velin XIIIme siècle. C'est entre ces deux parties, au feuillet 36 verso, que se trouve le passage relatif aux reliques de Sainte Bazeille.

Dans un article publié par M. l'abbé J. Mezuret, curé de Notre-Dame de la Fin-des-Terres, dans les numéros 225 et 227 de *l'Aquitaine, Revue religieuse, archéologique, littéraire de Bordeaux*, à la date des 22 novembre et 6 décembre 1868, nous avons sous ce titre : « *Ce que devinrent les trésors de nos églises et nos saints à l'approche des Normans*, l'extrait de la Chronique relatif à notre sujet.

Suivant M. Peigné-Delacourt dans son livre : *Les Normans dans le Noyonnais*, cette chronique a dû être écrite du XIIIe au XIVe siècle. M. Gouget, le savant archiviste de la Gironde, dont les érudits regrettent la mort récente, le croyait plus ancien : « Il me semble, écrivait-il, que c'est une traduction en français poitevin d'une chronique rédigée d'abord en latin. Ce français me paraît être du XIIe siècle. » D'autres savants croient l'original contemporain des évènements, par la forme de sa rédaction.

La chronique est divisée en versets ; nous ne prenons que ceux qui nous intéressent.

« 1. Empres cestui (Karl li Chaus), regna en France si filz Loois li Baubes. En ceu tems fu emblez de la cité d'Ageneis li cors Santa Fey la vergin, e fu portez au mostier de Conchas.	« 1. Après celui-ci (Charles-le-Chauve), son fils Louis le Bègue régna en France. En ce temps-là, le corps de Sainte Foy, vierge, fut enlevé de la ville d'Agen et transporté au monastère de Conques.
. . . .	. . . .
« 65. Le cors Saint Macaira fut portez à Bordeu. Et de tota la terra d'entor fut portez a Monclin.	« 65. Le corps de Saint Macaire fut porté à Bordeaux, et les trésors de tous les environs furent portés à Monclin (Bazas ?).
« 66. E li cors Saint Alen fu seveliz on miliu de l'iglise de Santa Basella ; ne lo progrent oster e mistrent le tresor josta ne. »	« 66. Et le corps de Saint Alain fut enseveli au milieu de l'église. On ne put remuer le corps de Sainte Bazeille et on mit le trésor devant la nef. »

L'abbé Mezuret fait ces judicieuses observations : « Monclin a été au moyen-âge un des noms de Bazas. Je croirais à une confusion entre la fin du n° 65 et le commencement du n° 66. Je rétablirais ainsi le n° 65 :

« Le corps de Saint Macaire fut transporté à Bordeaux. Les trésors de tous les environs furent portés à Monclin (Bazas), et le corps de Saint Alain fut enseveli au milieu de l'Eglise. »

Puis j'établirais ainsi le n° 66 :

« On ne put enlever le corps de Sainte Bazeille et on mit le trésor près de la nef. »

Ma raison est celle-ci : Saint Alain et Sainte Bazeille n'étaient pas dans la même église, et il n'est pas ici question de translation pour Saint Alain. J'ai donc lieu de croire qu'il reposait encore alors au lieu que d'autres documents lui assignent, c'est-à-dire à Bazas. »

Bazas n'a jamais eu d'église dédiée à Sainte Bazeille. L'on peut donc présumer que le corps de la vierge-martyre reposait dans l'antique église qui porte son nom et d'où la fureur des guerres religieuses fit plus tard, sans doute, disparaître ses reliques.

Le second document est le passage déjà cité du *Chronicon Vasatense*, écrit en latin vers 1605 par Jérôme Gérard Dupuy, chanoine-archidiacre de l'église cathédrale de Bazas :

« De tout ce qu'on rencontre en ce lieu (à Sainte-Bazeille), rien n'est plus digne de remarque que le temple de Sainte Bazeille et l'emploi de ce nom sacré remonte au temps de la propagation de la religion chrétienne. De nombreux fragments prouvent l'antiquité de la ville, etc. Mais ce qui rend ce lieu plus recommandable encore, ce sont les reliques de la divine Bazeille, sœur, comme beaucoup le croient, de Sainte-Quitterie. Abandonnant sa tête au bourreau pour la confession du Christ, elle mérita la palme du martyre dans ce même endroit où l'on voit de nos jours encore des cailloux teints de son sang. »

Divers actes de Jurade du siècle dernier viennent aussi confirmer la tradition locale. Ainsi, en l'année 1724, un procès fut intenté par la communauté à M. Etienne Boissonneau, ancien capitaine des carabiniers du roi, accusé d'avoir usurpé le chemin de traverse qui, sur une étendue d'environ 500 pas, allait du chemin royal à l'ancienne chapelle de Neuffons. On peut voir dans les *Registres de la*

Jurade toute les phases de cette longue procédure, dont le gain fut acquis à la municipalité. Dès les premières lignes d'un *Sommaire pour les habitants de la communauté*, il est dit : « Ce chemin est aussi ancien ou plus que la ville et vers son milieu est placée une ancienne chapelle dédiée à Sainte Bazeille, patronne de la ville, où elle eût, suivant la tradition, la tête tranchée par ordre de Catellius, son père, pour n'avoir voulu quitter la religion catholique ; et sa tête ayant fait neuf bonds, il sortit neuf sources qui existent encore aujourd'hui sous ladite chapelle dont les eaux dans leur cours forment un ruisseau qui va se décharger dans le fleuve de Garonne. »

Nous apprenons encore par les livres de la Jurade que le corps municipal se joignait alors à la population dans des processions solennelles qui se faisaient tous les ans à l'église de Sainte-Bazeille et à la chapelle de Neuffons.

Un ancien bréviaire du diocèse de Bazas, imprimé en l'année 1520, par mandement de l'évêque[1], contient, à la date du 26 octobre, une légende de Sainte Bazeille, sans indiquer toutefois le lieu de son martyre. En voici la traduction :

« Il y avait dans la ville de « *Bachaya* » un roi nommé Catillius dont la femme s'appelait Calcia. Il en eût une fille, Bazeille. Méprisant la religion de ses parents, elle aima mieux se vouer au culte chrétien qu'à celui des idoles.

Ce fut cause que le roi la fit comparaître devant lui pour la convertir par de caressantes paroles.

---

[1] *Breviarium ad usum Vasatensis diœcesis, ex mandato Focaldi de Bonnavalle, episcopi. Vasat.*, 1520, in-8º, nº 31715. Bibliothèque de Bordeaux.

Il lui dit : Ma fille, pourquoi n'adorez-vous pas mes dieux ?

Bazeille répondit : Il est absurde d'adorer des idoles qui ne peuvent que pousser à leur ruine ceux qui leur rendent un culte. Pour moi, je méprise vos dieux, à moins qu'ils ne me fassent voir de vrais prodiges.

A ces mots, Catillius et son épouse, se hâtent d'offrir des libations aux dieux et espèrent gagner leur fille par des menaces ou par des prières.

Sainte Bazeille voyant son père et sa mère adorer, leur dit : Allez dans votre demeure en me laissant jusqu'à demain pour sacrifier.

Pendant qu'ils s'en revenaient, Bazeille se plaça devant l'idole et demanda au démon qui y était caché, quel avantage il ferait à ceux qui croiraient en lui.

Le démon répondit en lui donnant de l'or et de l'argent et en lui montrant des choses étonnantes : J'appelle au royaume de mon père ceux qui persévèrent dans ma croyance.

Comme notre bienheureuse ne voulait pas contracter le mariage proposé par ses parents, elle fut d'abord jetée dans l'eau pour être noyée (mais elle en sortit miraculeusement), puis on la mit sur un gril emflammé qui ne lui fit aucun mal et on essaya inutilement plusieurs autres supplices. Elle cueillit enfin la palme du martyre en abandonnant sa tête au bourreau. »

Quant à l'œuvre indigeste des diverses légendes sur Sainte-Bazeille, nous renvoyons nos lecteurs aux *Notes et Pièces justificatives* de la fin du volume, n° I.

§ II. — Un petit édicule ou oratoire, sans style, flanqué aux angles de gros contreforts qui paraissent être du xve siècle, et mesurant 8^m 88 de longueur sur 5^m 82 de largeur, se voit encore au lieu de Neuffons, à un demi-kilomètre environ (ouest) de la ville, près de la route nationale d'Agen à Bordeaux. On la nomme *chapelle de Neuffons*, à cause de la tradition locale d'après laquelle la tête de Sainte Bazeille détachée du tronc par la hache du bourreau, rebondit neuf fois sur le sol, et de chaque point où elle avait touché la terre jaillit une source ou fontaine : de là, dit-on, l'origine de neuf fontaines, à Neuffons ; de là, le nom de Neuffons (*novem fontes*) donné à la localité où Sainte Bazeille fut martyrisée, au terrain sur lequel on construisit une chapelle en l'honneur de la sainte. On prétend qu'il existe ou qu'il existait neuf fontaines dans le village et autour de la chapelle. Nous avons remarqué seulement à la base du mur méridional de cet ancien oratoire, vers le milieu de sa longueur, le bassin d'une fontaine, qui sourd un peu au-dessous du niveau du carrelage de la chapelle. La prairie qui l'entoure, est surabondamment arrosée de cette eau. Une autre localité en Réolais, située près du Drot, porte pareillement le nom de Neuffons. Quelques-uns croient que le mot Neuffons vient plutôt de *nova fons*, *niou* ou *neü fons*, parce qu'une source nouvelle aurait jailli en cet endroit.

Nous trouvons une délibération de la Jurade en date du 6 août 1730. A la demande de M. Mc Joseph de Loménie, curé, et selon l'ordre verbal de Mgr Mongin, évêque de Bazas, lors de sa visite, l'Assemblée arrête que les consuls enverront incessamment dans cette dernière ville chercher une pierre sacrée pour mettre à la chapelle de Neuffons dédiée à Sainte Bazeille. Ils achèteront aussi un tableau, un crucifix, un devant d'autel, une clochette et les ornements nécessaires pour dire la messe, ainsi qu'un coffre fermant à clef pour servir de vestiaire. Puis, à la date du 3 décembre suivant, il est dit dans le même *Registre de la Jurade :* le 30 octobre dernier, on alla en procession générale à la chapelle de Neuffons qui venoit d'être pourvue de tous les objets du culte... L'Assemblée arrête qu'en place du tableau, lequel seroit dévoré par les rats et l'humidité, il seroit commandé au sieur Vacquey, sculpteur à Marmande, pour la somme de 25 livres, une statue de Sainte Bazeille convenablement peinte. — C'est cette statue en bois peint ayant une couronne sur la tête, une palme à la main et une hache sous les pieds, que l'on voit encore dans la chapelle de Neuffons.

§ III. — Une autre église, c'est l'église paroissiale actuelle, située dans la ville. Elle a porté dans le principe le nom de *Chapelle de Sainte-Marie-Madeleine* et porte depuis au moins trois siècles, d'après les registres paroissiaux, le titre *d'Eglise de Notre-Dame.* Tous les offices y étaient célébrés à cette époque.

On ignore quel en est le fondateur. Elle a été vraisemblablement bâtie pour la commodité des fidèles qui étaient obligés de sortir du bourg afin d'aller à la paroisse.

Le sanctuaire semi-circulaire dont la base jusqu'à plus d'un mètre au-dessus du sol est en belles pierres de taille, et le portail latéral, de gauche, de style roman, dénotent une construction qui ne peut être postérieure au commencement du XIIIme siècle. Elle pourrait être plus ancienne. Elle porte l'empreinte de remaniements qui l'ont complètement défigurée. Privée de voûte, sauf dans le sanctuaire remanié aussi, elle a deux nefs d'inégale largeur[1], depuis une restauration qui eût pour objet d'élargir l'enceinte à l'époque, sans doute, où l'office divin

---

[1] La grande nef a 24 mètres de longueur jusqu'au sanctuaire roman qui mesure 6 mètres de profondeur ; elle a 10 mètres de largeur. La petite nef, construite vers la fin du XVIe siècle pour l'élargissement de l'église, a la même longueur sur une largeur de 5 mètres.

fût définitivement transporté de l'église de Sainte-Bazeille hors les murs dans celle-ci. On voit que les arcatures qui séparent ces deux nefs, ont été mal taillées dans l'ancien mur de droite. La nef de gauche, plus large, formait primitivement l'unique nef, correspondant au sanctuaire roman. — La porte principale, percée sur la façade de cette nef, nous indique par son ogive flamboyante l'époque de sa construction. La tour, surmontée d'une gracieuse flèche et placée sur le côté gauche, remonte à l'occupation anglaise [1].

Nous espérons que *l'Histoire de la ville de Sainte-Bazeille* paraîtra au moment où l'église paroissiale aura reçu la splendide restauration que lui préparent le zèle infatigable de M. le Curé, le concours dévoué de la Municipalité et du Conseil de Fabrique et l'inépuisable générosité de plusieurs familles notables. Deux monuments seront ainsi élevés à la gloire d'une ville, dont l'importance au moyen-âge semble avoir dépassé celle de Marmande et d'autres cités aujourd'hui plus grandes et plus favorisées.

L'église de Notre-Dame ou plutôt, pour parler le langage des vieilles chartes, la chapelle de Sainte-Marie-Madeleine, fut donnée, dès l'année 1121, aux Bénédictins de La Réole avec tous les droits curiaux sur tous les habitants du bourg, c'est-à-dire avec les offrandes et les rétributions pour les baptêmes, les sépultures et les mariages, mais les évêques eurent soin d'expliquer qu'ils n'entendaient pas donner l'ancienne église paroissiale qui était hors du bourg. L'acte de cette donation est conçu en ces termes : « Moi, Bertrand [2], évêque de Bazas, je

---

[1] NOTA. — Quand nous écrivions ces lignes, la restauration de cette église qui fait disparaître cette disposition n'était pas encore commencée.

[2] Bertrand de Baslada, évêque de Bazas, de 1103 à 1126.

donne et concède à la chapelle de Saint-Pierre de La Réole [1], la chapelle qui a été construite en l'honneur de Sainte-Marie-Madeleine, qui est appelée Sainte-Bazeille, pour qu'elle ait tous les droits paroissiaux sur les habitants du bourg, présents ou futurs, les offrandes et les rétributions pour les baptêmes et les sépultures, excepté sur ceux qui ont été jusque-là les paroissiens de l'église anciennement fondée dans ce dernier lieu [2]. » Ayrard était alors prieur [3] du monastère de La Réole.

---

[1] La chapelle de St Pierre de La Réole appartenait au couvent des Bénédictins. « Ce monastère ou prieuré de La Réole, dans le diocèse de Bazas, sur la rive de la Garonne, à l'endroit qui s'appelait auparavant *Squirs* et qui, changeant après son nom à cause de la Règle de St-Benoît, se dit la Réole (Regula), eut pour premier fondateur Charlemagne. Ce prince l'enrichit, dès l'année 777, de grands domaines et de nombreuses églises et le rattacha à l'Abbé et au monastère de Fleury, sous le vocable de l'Apôtre St-Pierre. — Après sa destruction par les Normands en l'an 848, le couvent de La Réole trouva de seconds fondateurs, pour ainsi parler, ou mieux des restaurateurs. Quand les Normands eurent passé, Gombaud, évêque et duc de Gascogne et Guillaume de Sanche, son frère, comte des Gascons, le rétablirent à la sollicitation de leurs parents et amis et le dotèrent de biens et d'églises, et, à l'arrivée de Richard, alors abbé de Fleury, le lui redonnèrent à lui et à son monastère, avec ses appartenances, églises, villes, bourgs, vignes, bois, prés, pâturages, cours d'eaux et justices qui lui avaient autrefois appartenu. »

(*Sancti Petri de Regula regalis prioratus historica chronologica sinopsis seu de rebus notatu dignis incliti monasterii regulensis liber qui octavus inscribitur.* Anno 1728. Dom Maupet (Prior).

[2] Ego Bertrandus Vasatensis episcopus, dono et concedo capellæ Sancti Petri de Regula quæ constructa est in honorem Sanctæ Mariæ Magdalenæ, quæ vocatur Sancta Basilia, ut habeat jura parochialia de habitantibus, intra castrum, integré in omnibus de habitantibus, advenis præsentibus et futuris extra castrum cœmeterium et baptisterium, exceptis illis qui antea fuerunt parochiani Ecclesiæ antiquitus ibi fundatæ. » Anno 1124. *Mémoires de Dom Michel Germain. Cartul. Reg.* — *Arch. hist. de la Gir.,* II, 113. — *Biblioth. nation.,* 11819, fol. 54 à 66.

[3] Dixième prieur et successeur d'Austendus.

Il dut s'élever de longs et nombreux différends entre l'Evêque de Bazas et les chapelains, d'une part, et les bénédictins, de l'autre. Aussi, en l'année 1143, Guillaume, archevêque d'Auch,[1] confirma la donation faite par Bertrand de Baslada au monastère de La Réole, de la chapelle de Sainte Marie-Madeleine, située dans le bourg de Sainte-Bazeille[2].

En 1177, Guillaume Arnaud étant prieur[3], l'Evêque de Bazas, Garsias de Benquet, voulant éviter désormais tout litige entre les évêques et le prieur et ses moines, déclara ce qui appartenait aux bénédictins et aux chapelains : « Dans la chapelle du bourg de Sainte-Bazeille, les moines doivent avoir la moitié de tout et la présentation du chapelain[4]. »

Ce règlement fut confirmé, l'année suivante, par Gérard de La Barthe, archevêque d'Auch et légat du Saint-Siège, dans une sentence datée de La Réole (1178)[5].

Plus tard, le 5 Mars 1311, Guillaume Arnaud, évêque de Bazas, invoquant la teneur des lettres d'un de ses

---

[1] L'évêque de Bazas était à cette époque un des suffragants de l'archevêque métropolitain d'Auch.

[2] « Anno 1143. Guillelmus, archiepiscopus Ausciensis, confirmavit donationem factam à Bertrando, episcopo Vasatensi, monasterio Sancti Petri de Regula, Ecclesiæ Beatæ Magdalene in castro Sanctæ Basilicæ (*Ex. Cartul.*, jam citato, fol. 36).

[3] Treizième prieur de la Réole.

[4] « Anno 1777. Garsias de Benquet, episcopus Vasatensis, ad vitanda litigia inter episcopos Vasatenses et priorem necnon monachos de Regula, declaravit quam portionem in ecclesiis monachi et quam capellani, ad præsentationem prioris per episcopum instituti, haberent, scilicet... in capella Burgi Sanctæ Basilicæ habent monachi medietatem in omnibus et capellani præsentationem. » *Ex. Cartul. Reg.* fol., 87. — *Arch. hist. de la Gir.*, II, 346-348.

[5] *Ex. Cartul. Reg.*, fol. 87. — *Arch. hist. de la Gir.*, II, 348.

prédécesseurs, Bertrand de Baslada, confirma de nouveau la première donation [1].

Enfin en l'année 1477, Raymond du Trueil, aussi évêque de Bazas, donna à Jean de Gaing, quarantième prieur du couvent de La Réole, des lettres en vertu desquelles il confesse et reconnaît que ledit prieur avait, d'après une ancienne et louable coutume jusqu'alors observée, le droit de présentation aux églises de Saint Pierre et de Saint Aignan..., de Saint Vivien de Balsan, de Saint Albert de Landerron, du bourg de Sainte-Bazeille et de Saint Eparque de Meilhan [2].

Aux termes de ces donations, l'église du bourg n'était donc qu'une simple chapelle, à laquelle les évêques attachèrent les droits curiaux relativement aux seuls habitants du bourg qui ne seraient pas paroissiens de l'ancienne église, c'est-à-dire que le chapelain de cette chapelle devait

---

[1] « Ego Guillelmus-Arnaldus Dei Gratia Vasatensis episcopus, secundum tenorem donationis et litterarum Domini Vasatensis episcopi, capellœ Sancti Petri de Regula quœ constructa est in honorem Sanctœ Mariœ Magdalenœ in castro quod vocatur Sancta Basilia, concedo et confirmo jura parochialia, cœmeterium, baptisterium, integré in omnibus habitantibus intra castrum, advenis, prœsentibus et futuris, exceptis illis, qui antea fuerunt parrochiani Ecclesiœ antiquitus ibi fundatœ. In nomine Domini. Amen. Anno Domini Nativitatis ejusdem millesimo trecentesimo undecimo, die quinta mensis Martii. » Voir le *Mémoire* déjà cité : Me Chaiz contre Me Fieuzal. *Arch. de M. Lacaze.*

[2] « Anno 1477. Raymundus du Trueil, episcopus Vasatensis, per litteras directas Johanni de Lucro, priori Sancti Petri de Regula, fatetur et recognoscit priorem prœdictum antiquâ consuetudine hactenus laudabiliter observata habere in Ecclesiis de Sanctis (Sti Petri et Sti Aniani) jus prœsentandi et capellaniam Sti Petri de Regula cum sacristania et prœbenda cum plenitudine juris canonicatus, nec non prœsentationem ad ecclesias Sti Bibiani de Balsan, Sti Alberti de Landaron, burgi Sanctœ Basiliœ et Sti Eparchi de Milhan. » *Mémoires de dom Michel Germain. Cart. de la Réole,* 1477.

avoir les offrandes qui y seraient faites et le surplus du casuel.

Mais ces donations ne contiennent pas les dîmes attachées à l'ancienne église, et ne suppriment pas cette église ; au contraire, par clause expresse, elle est réservée.

Il y eut des contestations entre le chapelain et le curé pour la perception du casuel. Afin d'enlever tout prétexte de querelle à l'avenir, le Cardinal de Sainte-Sabine déclara, l'an 1311, que les bénédictins auraient la moitié de tous les revenus de la chapelle du bourg et la présentation du chapelain.

Les bénédictins n'avaient donc, aux termes de cet acte, droit de patronage que sur la chapelle du bourg « in capella burgi » mais non pas sur l'église d'antique fondation « in ecclesia antiquitus ibi fundata » qui est la primitive et la véritable église ; ce qui ne les empêcha pas de prendre le quart de la dîme du blé, en compensation de l'abandon fait par eux à la cure, de la moitié de l'émolument des droits curiaux qu'ils avaient dans le bourg. Ce fut à raison de cet abandon que le vicaire perpétuel vint faire désormais le service divin dans la chapelle du bourg, sans délaisser toutefois l'ancienne église [1]. A quelle époque s'opéra ce changement ? Probablement après la prise de la ville de Sainte-Bazeille par le duc de Mayenne, qui la rasa (1586).

La chapelle de Sainte-Marie-Madeleine prit aussi le nom de chapelle de Mothes. Noble dame Magence de Langon y avait institué et doté de son vivant une chapellenie de la valeur de 15 livres de rente annuelle, et comme elle était morte sans avoir assigné à ladite chapellenie ladite rente, M⁰ Laurent de Lansac, prêtre et

---

[1] Voir le *Mémoire* déjà cité.

chapelain, fit appeler par devant le Seigneur Official de Bazas, noble dame Esclarmonde de Jusix, femme de Raymond de La Mothe, damoiseau, en qualité de première héritière de feu Magence de Langon. Le 19 janvier 1369, Esclarmonde de Jusix comparut devant l'Official, reconnut avec Me Laurent de Lansac ce qui était contenu dans le testament de ladite Magence et attribua au chapelain institué de ladite chapellenie la part qu'elle avait dans les dîmes de Sainte-Bazeille, de Thivras et de Beaupuy et, de plus, toutes les rentes et oblies, qui lui étaient dues dans le dit lieu de Sainte-Bazeille [1].

Les bénédictins avaient aliéné, au commencement du XVIIe siècle, le patronage qu'ils exerçaient en la chapelle de Sainte-Madeleine ou de Mothes, en faveur des d'Auber de Peyrelongue [2], qui étaient devenus dès lors, en qualité de patrons laïques, les présentateurs des chapelains à l'évêque de Bazas, droit dont ils usèrent de père en fils jusqu'à la Révolution.

Nous donnons ici la liste des candidats nommés et présentés par eux à l'évêque de Bazas depuis l'année 1622 :

— Le 6 décembre 1622, Guillaume d'Auber de Peyrelongue, écuyer, procureur fondé d'Alexandre d'Auber, son père, nomma et présenta *Jacques d'Auber*, écuyer, clerc tonsuré, en remplacement de *Raymond d'Auber*, écuyer, clerc tonsuré, décédé le 23 septembre précédent. Le nouveau chapelain prit possession le 6 mars 1623. — La

---

[1] *Titre primitif de la fondation de la dîme inféodée de la chapelle de Mothes de Sainte-Bazeille. Arch. de M. le Marquis d'Auber de Peyrelongue*, de Virazeil. Voir ce document inédit publié in-extenso aux *Notes et pièces justificatives*, n° II.

[2] Voir sur les d'Auber de Peyrelongue la *Notice sur le château, les anciens seigneurs et la paroisse de Mauvezin*, pages 121, 135, 419, 436, 552, 553, 556, 557, 603.

cérémonie de prise de possession s'accomplissait de la manière suivante : Le nouveau titulaire, prenait de l'eau bénite, et revêtu du surplis, se faisait conduire dans la chapelle où il priait et récitait à genoux l'oraison du jour, baisait l'autel et faisait divers autres actes possessoires requis et nécessaires, en présence du curé de Sainte-Bazeille.

— Le 26 mars 1634, Alexandre d'Auber, écuyer, nomma et présenta Mᵉ *Antoine Perret*[1], clerc tonsuré, fils de Jean Perret, habitant de Marmande, en remplacement de Mᵉ Jacques d'Auber, démissionnaire. La prise de possession est du 10 juin suivant.

— *Alexandre d'Auber*, écuyer, lui succéda de 163... à 1639.

— Le 12 novembre 1639, *François d'Auber*, écuyer, clerc tonsuré, remplaça le précédent.

— Le 15 juin 1659, François d'Auber, écuyer, nomma et présenta Mᵉ *Pascal Boulmey*, prêtre et curé de Lagupie, qui prit possession le 8 juillet suivant, en remplacement de François d'Auber, démissionnaire.

— Le 28 janvier 1666, Guillaume d'Auber, seigneur de Peyrelongue, habitant de Marmande, représenté par son fils François d'Auber, nomma et présenta Mᵉ *Vital Guérin*, prêtre, habitant de Marmande, installé le 8 mai suivant, à la place de Mᵉ Pascal Boulmey, prêtre et curé de Meilhan, démissionnaire depuis le 21 janvier précédent.

— Mᵉ *François Perret*, prêtre et curé de Beaupuy lui succéda et mourut en charge.

— Il eut pour remplaçant, le 4 avril 1723, *Léon Ignace d'Auber*, écuyer, clerc tonsuré, qui fut nommé par son père Guillaume d'Auber de Peyrelongue, et reçut ses titres,

---

[1] Voir sur les Perret, *Notice sur Mauvezin*, pages 172-175, 258, 259, 356, 465.

provision et collation de l'évêque de Bazas le 8 avril suivant.

— Me *Ignace Sacriste*, son successeur, reçut ses titre, provision et collation le 26 Mars 1732.

— Le 22 janvier 1755, François d'Auber, écuyer, nomma et présenta Me *Pierre Faure*, prêtre agrégé au collège de Marmande, qui reçut ses titre, provision et collation, sept jours après et prit possession le 13 février.

— Le 6 mars 1762, François d'Auber, écuyer, seigneur de la maison noble de Peyrelongue, Major au régiment de Vogué cavalerie, chevalier de St-Louis, habitant de Marmande, nomma et présenta, Me *Antoine Bernius*, prêtre agrégé au collège de cette dernière ville, qui, ayant reçu ses titre, provision et collation le 10 mars, prit possession neuf jours après [1].

Nous trouvons aussi une baillette faite, le 19 février 1449, par *Pierre d'Auber*, chapelain de la chapelle de Mothes, d'une vigne à Sainte-Bazeille et d'une rente de 4 sols [2].

§ IV. — Une quatrième église, dont on peut voir encore les ruines enchassées dans une exploitation rurale, était située près de la ville, au lieu de *Sérignac* [3], dans l'ancienne propriété de la famille de Bonneau, sur le bord de la route nationale. Tout autour est le cimetière mérovingien et carolingien dont nous avons parlé à l'article I, et où la charrue met constamment à découvert les auges en pierre et les tombes de briques à rebord dont nous avons fait le détail.

---

[1] Document inédit : *Arch. de M. le Marquis d'Auber de Peyrelongue.*
[2] *Ibidem.*
[3] Cette propriété appartient aujourd'hui à Madame la comtesse d'Auberjon. Voir sur les Joly de Bonneau le chapitre IX de cette Histoire.

Ce sanctuaire s'appelait *l'église de Sent Pey d'Aalon de Pascau.*

Oubliée depuis longtemps, j'eus la bonne fortune d'en retrouver les traces et de lui appliquer son ancien titre. Une rue de la ville allant de la place du Château vers le lieu de Sérignac, est encore dans le langage populaire la rue *Sent Pey d'Aaron.*

Il ne paraît de la construction primitive, 1° qu'une double fenêtre ouverte à 7 mètres environ de hauteur sur la façade principale [1], qui a 9 mètres de largeur, et 2° les débris ébréchés de deux corniches courant sur le même mur de droite, dont l'une est placée à 5 mètres environ au dessus du sol, et l'autre à 2 mètres 50, autour d'un sanctuaire carré. Le mur de gauche a disparu. Sa longueur est d'environ 15 mètres.

Le seul document que nous possédions sur cette église, est tout entier représenté par ce passage du *Chronicon Vasatense* reproduit dans les *Arch. histor. de la Gironde*, xv, 25 :

« Bertrand de Baslada de bonne mémoire... fut élu évêque de Bazas à la place d'Etienne (de Sentes) qui avait été déposé. Le nouveau prélat, qui venait de joindre en l'année 1110 le prieuré de Meilhan au monastère de La Réole, lui annexa de même, en 1121, l'église de Sainte-Marie-Madeleine du bourg de Sainte-Bazeille et l'église du même lieu que le vulgaire appelle : Sent Pey d'Aalon de Pascau [2] ».

---

[1] Le grand portail qu'on voit aujourd'hui sur la façade principale a été ouvert en 1663, pour les besoins de l'exploitation rurale, l'ancienne église étant transformée en étable à bœufs et en grange.

[2] « Anno 1110. Bertrandus de Baslada bonæ memoriæ... electus est in episcopum, Stephano deposito. Is prioratum de Milhano cœnobio de Regula univit ; præterea ecclesiam beatæ Magdalenæ castri Sanctæ Basiliæ, anno 1121, et ejusdem castri ecclesiam quam vulgus appellat : Sent Pey d'Aalon de Pascau. »

Nous ne trouvons plus mention de cette église depuis l'année 1121, ce qui nous porte à croire qu'elle avait disparu de bonne heure.

CHAPITRE II

MOYEN-AGE

I

INVASIONS ET AUTRES FLÉAUX

'APRÈS ce qui est rapporté au chapitre Ier, l'on peut conclure sans témérité à l'établissement d'un municipe romain dans le lieu qui prit plus tard le nom de Sainte-Bazeille. Les maîtres du monde savaient choisir admirablement leur terrain pour y fonder des colonies. Or la ville de Sainte-Bazeille est bâtie, comme le Mas-d'Agenais et Aiguillon, au bord du fleuve, sur une douce éminence qui domine la plaine. De même que toutes les villes des rives de la Garonne, elle subit successivement le joug des Visigoths, des Sarrazins et des Normands et fut plusieurs fois saccagée et brûlée.

En 848, les Normands détruisirent la ville et le prieuré de La Réole et sans doute aussi Sainte-Bazeille. Nous n'avons qu'à nous rappeler ici ce que nous avons raconté au chapitre premier, art. II, § I, sur les précautions qui furent prises alors pour soustraire aux ennemis les trésors et les reliques de nos églises et, en particulier, le corps de Sainte Bazeille qu'on ne put remuer de place, et le trésor qui fut caché près de la nef.

Notons en passant, d'après un manuscrit que possède M. O. Gauban et intitulé : *Annales de La Réole, par M. Dupin* : un hiver très rigoureux en 566 ; un horrible tremblement de terre avec un grand déluge qui firent beaucoup de ravages en 574 ; un second tremblement de terre qui ébranla les villes jusques dans leurs fondements, pendant que des feux, sortis de terre, consumaient des villages entiers en 580 ; une grande tempête dans toute la France avec un grondement continu du tonnerre pendant 22 heures, en 753 ; enfin une chaleur extrême dont moururent beaucoup d'hommes et de bestiaux en 1022.

II

PREMIERS SEIGNEURS CONNUS DE Ste-BAZEILLE

LES MÉRONDE
CROISADES ET VIOLENCES

En l'an 977, le seigneur de Landerron et de Sainte-Bazeille [1] dont l'histoire ne nous a pas conservé le nom,

---

[1] Landerron, aujourd'hui Lamothe-Landerron, commune de l'arrondissement et du canton de La Réole (Gironde), à 9 kilomètres de cette

reconnaît devoir l'hommage au Prieur des bénédictins du couvent de Saint-Pierre, pour les droits qu'il exerçait sur le marché de La Réole et aux Salargues[1]. Il y était encore obligé pour ses fiefs en maisons situées dans cette dernière ville et pour tout ce qu'il tenait depuis le ruisseau appelé le Merdey[2] jusqu'à La Réole[3]. Au commencement du XIe siècle, Guillaume-Raymond de Mari-Rotundo est seigneur de Landerron et de Sainte-Bazeille. Vers 1028, il donne audit prieuré de Saint-Pierre la moitié de l'église de Balayssac[4].

Un demi-siècle plus tard, Bertrand et Bernard de Taillecavat, frères, ont des biens à Sainte-Bazeille, et Géraud de Mari-Rotundo[5], du surnom de Méronde, est qualifié seigneur de Landerron et de Sainte-Bazeille. Ce dernier avait pour frère Auger[6] (ou Ogier), huitième prieur du couvent de Saint-Pierre. Nous voyons ces trois seigneurs mettre, en 1097, une partie de leurs biens en gage entre les mains du prieur Auger, pour aller à la Croisade : « Bertrand et Bernard de Taillecavat, voulant aller à Jérusalem pour extirper les ennemis de la religion chrétienne et procurer le salut de leur âme, donnèrent en

---

ville et à 4 kil. de Sainte-Bazeille. — Landerron et Sainte-Bazeille, souvent unis dans les vieilles chartes, formèrent longtemps la même baronnie, comme on le verra plus loin. La seigneurie de Landerron était estimée des plus anciennes de la Guyenne.

[1] Nom d'un ancien quartier de La Réole et que porte encore une de ses rues.

[2] Ruisseau situé entre La Réole et Lamothe-Landerron.

[3] Voir *Coutumes et privilèges de La Réole*, de 977 à 1395 : anciennes coutumes, charte de 977. — *Arch. hist. de la Gironde*, II, 238.

[4] *Guyenne militaire*, tom. II, p. 406. Leo Drouyn.

[5] On le trouve aussi de *Marza Redonda* ou *Rotunda*.

[6] Auger ou Ogier est appelé *de Landerron* ou *de Marza Rotunda*. — *Arch. hist. de la Gir.* V. 141, 168 et 182.

gage au prieur de La Réole, Auger, et à ses religieux, la quatrième partie de l'église de Saint-Airard et le jardin qu'ils avaient dans cette dernière ville, ainsi que la terre qu'ils tenaient des bénédictins au-delà de la rivière du Drot, avec la quatrième partie de l'église de Sainte-Bazeille et les autres biens qu'ils possédaient dans cette église, et ils reçurent en échange 600 sous de monnaie bordelaise[1].

Leur exemple entraîna vers la guerre sainte Géraud de Méronde ou de Mari-Rotundo, seigneur de Landerron et de Sainte-Bazeille et autre lieux et frère du prieur Auger. « Enflammé de l'ardeur du Saint-Esprit, il abandonna ses héritages et résolut d'accompagner ces nobles chevaliers à Jérusalem. Dans ce but, autant que pour la rédemption de son âme que de celle de son père et de sa mère, il nous[2] donna tout ce qu'il avait en alleu dans la ville de Guilleragues[3], à l'exception des fiefs de Guillaume-Garcie, de

---

[1] « Eodem tempore (anno 1097) accidit similiter quod Bertandus, qui dicitur Taillaucavat, ire Jherosoliman pro redemptione animæ suæ voluit, qui, Augerio, priori Regule Sancti Petri, et monachis omnibus, quartam partem ecclesie Sancti Airardi et casallum quem habebat in eadem villa pignus posuit, cum terra quam tenebat à nobis, quæ terra est posita citra aquam que dicitur Drot et cum quarta parte ecclesie Sancte Basilice et cum aliis rebus ipsius ecclesie, quas ipse et frater ipsius possidebant. » — *Arch. hist. de la Gir.*, V, 141 : notices de différents héritages mis en gages pour aller à la croisade. — *Mémoires de dom Michel Germain. Ex cartul. Reg.*, fol. 30.

« Bernardus de Taliacavat, volens similiter in Jerosolimam ad extirpandos christianæ religionis hostes, Augerio, priori Sancti Petri de Regula et fratribus quartam partem ecclesiæ Sancti Airardi et casalem quem habebat à nobis ultra fluvium Drot cum quarta parte ecclesiæ Sanctæ Basiliæ dedit, acceptis sexcentis solidis monetæ burdigalensis. » — *Mémoires de dom Michel Germain : Ex Cartul.*, fol. 30.

[2] Aux bénédictins de La Réole.

[3] Ledit Géraud donna en gage à Auger, les moulins d'Estournet sur le Drot et la forêt de Barta, en un mot, tout ce qu'il possédait, excepté une partie du fief de Guilleragues. — *Arch. hist. de la Gir.*, V, 113. — *Guyenne militaire*, par Leo Drouyn.

Guillaume-Garcie de Nigeon [1], de Jourdain de Saint-Aman [2] et de Théobald d'Armenteils. Il nous concéda de même tout ce qui existait en plaines, forêts, cours d'eau, etc., dans l'alleu de Saint-Pierre. Ensuite, il lui plut, ainsi qu'à notre prieur Auger, de nous donner en nantissement la ville de Sainte-Bazeille, avec les terres, cours d'eau et tout ce qu'il possédait dans la dite ville, en recevant pour tout cela 1000 sols et en outre 500 sols [3]. » — Il ordonna aussi et disposa devant tous que notre prieur de La Réole, son propre frère [4], tant qu'il tiendrait les champs, alleux et

---

[1] Pour Nugean, ancienne paroisse, aujourd'hui section de Monségur.

[2] Sancti Amani.

[3] « Illo eodem tempore Geraldus de Landerron, frater Augerii, Prioris, volens similiter in Jerosolymam, in alodio quidquid habebat in villa Guilleras Sancto Petro nobisque concessit. Deinde Priori Augerio et nobis villam Sanctæ Basiliæ pignori posuit, acceptis mille quingentis solidis. » *Ex. Cartul.*, fol. 30, verso. — « Isto tempore quo milites isti suprascripti ad redemptoris peregrinationis (pour *peregrinationem*) conversi sunt, accidit quod Geraldus de castro qui (pour *quod*) dicitur Landeron, frater prioris nostri Augerii, relictis hereditatibus suis, ardore Sancti Spiritus accensus, cum istis pariter ire Jherosolimam decrevit. Qui, pro redemptione animæ suæ, patris et matris, nobis in allodio quidquid habebat in villa que dicitur Guilleras dedit, preter feodum Garsie Guilhelmi, et preter feodum Guilhelmi Garcie de Nigeon, et preter feodum Gordani Sancti Amani, et excepto feodo Theobaldi de Armenteils. Cætera vero, videlicet planicias, silvas, aquas, omnia in allodio Sancto Petro concessit. Deinde placuit illi et priori nostro Augerio ut nobis villam que nominatur Sancta Basilica, cum terris et cum aquis et cum omnibus rebus ipsius ville, quas in illa die possidebat, pignus poneret, accipiens inde mille solidos et desuper quinquies centum. » *Arch. hist. de la Gir.*, v. 141.

[4] Est-ce ledit prieur Auger ou un frère ou cousin d'Auger et de Géraud de Méronde, seigneur de Landerron et de Sainte-Bazeille, qui se fait religieux de Saint Benoît et donne au couvent de La Réole ses biens de la manière suivante ? « Puisque les misérables humains négligent toujours leur propre salut et manquent d'y pourvoir... et que néanmoins celui que la main du Seigneur n'a pas touché doit assurer

bois susdits, nourrirait ses fils jusqu'à ce qu'il les eut faits chevaliers ; que, plus tard, s'ils parvenaient par intermédiaire à rendre les sommes sus-énoncées, nous les recevrions sans altercation et que la ville de Guilleragues nous resterait en franc alleu. Les garants et répondants furent nous, Arnaud-Bernard de Tauriniac, Grimoard de Picon, Guillaume-Garcie de Gossenac, Bernard Boscet, Monclipe? de Ferrucat, Arnaud-Donat de Garleat, Garsion-Raymond de Juge, Guillaume-Amanieu de Pommiers, Bernard de Juge et Raymond de Gensiac, qui avons dit que nous recevrions l'argent sans altercation, mais que nous ne pourrions le recevoir pendant la vie de notre prieur Auger, qui, tant qu'il vivrait, conserverait la dite ville en sa possession.

---

son salut, pour cette raison, moi, Auger de Méronde, par l'intuition de mes crimes et aspirant à la miséricorde de Dieu, considérant le salut de mon âme pécheresse, j'abandonne la milice terrestre et veux faire profession de moine, selon la règle de Saint Benoît, en faisant une donation solennelle de mes propriétés et des alleux que je puis posséder en partie par hypothèque ou en partie par alleu. Je donne et concède à partir du présent jour, et pour le temps à venir, à Dieu, à la Sainte Vierge Marie, à Saint Pierre, au Bienheureux Saint Benoît, en pleine assemblée du chapitre, devant le seigneur abbé Véran, et aux frères servants de La Réole, la possession et la tenure, sans aucune condition, de tout ce que je puis avoir à Guilleragues, avec les terres, prés, bois, qui sont aux bords du Drot, à l'exception de la manse que tient Guillaume Garsie; et tout cela provient de ce que je puis posséder en hérédité de mon alleu. Je donne encore tout ce que l'évêque Arnaud, vicomte de Vesaulme, peut posséder dans le ruisseau et les nasses, autrement dit les pêcheries qui sont à Bordères, car j'ai sur eux un revenu de 40 sols du Périgord ou de Bordeaux, que je puis toucher en l'une ou l'autre monnaie, selon ma volonté ; et si le même Arnaud ou ses deux fils ne s'en rendent pas acquéreurs, leur vie durant, ils les tiendront en alleu sous ma surveillance ; et afin que ce gage soit assuré, le vicomte de Vesaulme a donné deux répondants, Vital de Gontaud et Arteneuf, pour que je les tienne en alleu, et m'a investi dudit gage. Et, par mes propres mains, à la vue de Raymond Ainier de Garzac et de Raymond

Pour l'exécution de quoi nous avons pris comme notre frère et défenseur Arsive d'Abrion, le vicomte de Vesaulme et Raymond de Gensiac [1]. »

Le prieur Auger, à qui Géraud, son frère, vicomte de Landerron, partant pour Jérusalem, avait remis ses châteaux et municipes, ainsi que tous ses droits dans le fief de Landerron, bâtit une église dans ce dernier lieu et l'enrichit de reliques, de livres et de cloches. A son retour, le noble croisé fut pénétré d'une vive joie à la vue de l'édifice, et de l'avis d'Etienne, évêque de Bazas, le donna au couvent de Saint Pierre de La Réole, l'année 1098 [2].

---

de Juge, pour la rédemption de mon âme, de celle de mon père, de ma mère et de mes autres parents, j'offre à Dieu et aux saints prénommés, cette faible partie de mes possessions. Le reste appartiendra à mes frères, pourvu que de leur propre mouvement, ils respectent mes dispositions et repoussent toute espèce de calomnie, sans quoi ce que je pourrais leur avoir laissé, ne leur appartiendrait pas. Si quelqu'un de mes frères ou de mes héritiers ou toute autre personne osait attaquer cette donation, qu'il encoure le jugement de Dieu, qu'il soit taxé à 300 livres d'amende et que son opposition soit anéantie. — Et pour que cette charte ait son plein effet, je l'ai revêtue de mon sceau, et de ceux d'Auger, de Gaultier, prieur de La Réole, de Boson, moine, de Raymond de Cortabul, de Servat de Garmond, son serviteur, de Gislebert, l'illustre moine de Fleury, d'Ascelin et d'Erbert, son frère.

Fait à Fleury (sur Loire) publiquement, l'an de l'Incarnation de Notre-Seigneur 1080 et du règne de notre sérénissime Roi des Francs Philippe... » Traduction d'une *copie du Cartulaire de La Réole*, page 121. *Arch. de M. Christian de Bentzmann*.

[1] Traduction d'une *Copie du Cartul. de La Réole*, de l'an 977 à l'an 1213, page 30 dudit *Cartul.* et page 67 de ladite copie. — *Archives de M. Christian de Bentzmann*.

[2] « Idem prior Augerius cui frater ejus Giraudus, vicecomes Landeron, Jerosolymam proficiens, castella et municipia sua, totumque suum honorem commendarat in castro Landeron, ecclesiam ædificavit, et reliquias et libros et tintinnabula attribuit. Rediens autem vicecomes Giraudus Jerosolymitano itinere, videns ecclesiam, gavisus est valde et dedit ipsam ecclesiam, concilio Stephani Vasatensis episcopi, Sancto

Une guerre acharnée ne tarda pas à s'élever entre le vicomte de Vasaulme [1] et Géraud de Méronde. Aussi la

---

Petro de Regula. » — *Mémoires de dom Michel Germain, Ex. Cartul.*, fol. 23.

C'est ce que rapporte avec plus de détails un passage de la copie du *Cartulaire* (pages 112 et 113 de la copie), que j'ai sous les yeux :

« Dans le temps où les Gentils envahissaient le saint sépulchre... le très saint homme et digne pape Urbain, s'étant rendu dans les Gaules, par le conseil des hommes religieux, tant des chevaliers que des clercs, déposa la route et le plan du chemin qui conduit à Jérusalem ; ce qu'ayant appris, les nobles de tous les pays préparèrent tout ce qui est nécessaire à un si grand voyage ; parmi eux Géraud de Mari-Rotundo ou de Méronde, homme noble et puissant, n'hésita pas à affronter la mer ; il avait à cette époque comme prieur de La Réole son frère, du nom d'Auger, auquel il recommanda les municipes et tous ses droits. Le même Auger, édifiant une église dans le fief de Landerron, donna au dit Géraud, les livres, les reliques et la sonnerie des cloches. En suite de quoi Géraud, revenant du voyage de Jérusalem et apercevant la construction de l'église, fut pris d'une grande joie et par les conseils du seigneur Evêque de Bazas, fit don de l'église à Dieu, à Saint Pierre de La Réole et à ses moines, et confirma ce don en présence des chevaliers témoins sous-énoncés : Garcias de Raymond de Juge et Raymond de Guardax, Esquivat de Guardax, Raymond-Guillaume de Ruirant et plusieurs autres. » *Arch. de M. Ch. de Bentzmann.*

[1] Ce personnage était un homme de rapines et de violences, si on en juge par les plaintes suivantes des bénédictins de La Réole :

« Dieu glorieux et invincible, Roi de l'Eglise de Saint Pierre de La Réole, laquelle fondée par votre ordre et dédiée à votre Majesté, apaise les querelles, les parjures, les sacrilèges, les vilains qui nous faisaient de grands maux, n'ont pas cessé de nous en faire de plus grands encore, surtout le vicomte de Vesaulme, notre destructeur, qui, avant votre arrivée, avait fait enlever trois de nos moines et nous avait forcé à racheter nos terres qu'il avait dévastées. A votre arrivée, nous, vos serviteurs, espérions qu'il nous laisserait en repos, tandis qu'au contraire il a fait enlever violemment un de nos bourgeois, Boson, et pour sa rançon lui a fait donner 150 livres en monnaie de..., malgré votre défense et interdiction, et nous enlève non-seulement l'église d'Aureliane, qui est de votre compétence, mais encore l'église de Saint Vivien, dans la vallée de Gontard et la ville de Lobanaq. — Raymond-Guillaume de Longbilar nous enlève les cures de Pujeraber et de Falgar,

nouvelle église dépérit-elle pendant de longues années, jusqu'au jour où Raymond de Montaud, fils de Géraud, vint avec les chevaliers de Landerron trouver le prieur de La Réole, Ayrard, pour l'exhorter, lui et ses moines, à reconstruire l'église dans le même endroit. Le Prieur et les religieux la firent enfin rétablir, d'après le conseil de Bertrand de Baslada, évêque de Bazas. Les reliques, les livres et les cloches furent confiés à un moine, nommé Brocard, qui, tant qu'il vécut, maintint la paix dans l'église, et d'autres après lui [1].

---

qui sont dans votre alleu. En outre, Dieu juste, la ville de Nort a été fondée par vos prédécesseurs et dédiée au bienheureux Apôtre Pierre, et aucun homme ne doit vendre ni dans les péages, ni dans les revenus de notre bourg, à l'encontre de vos prohibitions, en outre de ceux à percevoir dans la ville de Saint-Airard, qui se composait de plus de trois cents maisons. Le comte de Poitiers la donna à Dieu et au bienheureux Pierre de La Réole. Il ordonna également que le prieur et les moines jouiraient des dites donations dans tous les revenus qui proviendraient de la ville de Saint-Airard. Le vicomte de Vesaulme, frère de Catus-Amatus, qui est mort dernièrement, nous a enlevé à nous, vos serviteurs, en la détruisant, cette ville bien organisée et appropriée à votre service. Quant aux hommes qui habitaient dans la dite ville, soit qu'ils le voulussent ou non, il les fit transporter dans un certain château qu'il avait fait construire non loin de là. Le même vicomte et ses hommes enlevèrent violemment un marché établi pour les péages de Lordes et deux de nos bourgeois, Vital et Raymond, habitants de notre ville. » *Copie du Cartul.*, pp. 112 et 113. *Arch. de M. Ch. de Bentzmann.* — Il est fait mention du bourg de Vesaulme dans le Cartulaire.

[1] *Mémoires de dom Michel Germain, Ex. Cartul.*, fol. 23.

CHAPITRE III

CAUMONT ET JOURDAIN DE LISLE
CO-SEIGNEURS DE SAINTE-BAZEILLE

I

 la fin du XIe siècle et au commencement du XIIe, Géraud de Méronde ou de Mari-Rotundo possédait, avons nous dit, la baronnie de Sainte-Bazeille et de Landerron. En partant pour la Croisade (1097), il laissait ses fils sous la garde d'Auger, son frère, prieur de La Réole. L'un d'eux s'appelait Raymond de Montaud, mais nous ne savons pas de quelles terres il hérita. Plus d'un siècle s'écoule sans nous fournir de documents.

Dans la première moitié du XIIIe siècle, Gaillard de Lamothe était seigneur de Landerron et probablement aussi de Sainte-Bazeille[1]. Il fit héritière sa fille, Clairmonde

---

[1] Nous trouvons à cette époque et pendant des siècles comme faisant partie de la même baronnie les seigneuries de Sainte-Bazeille et de Landerron.

de Lamothe, épouse de Jean de Grailly, qui devint de la sorte seigneur de Landerron[1]. Après la mort de ce dernier, cette terre fut sans doute confisquée[2], et nous la trouverons bientôt possédée par plusieurs co-seigneurs. Mais n'anticipons pas sur les événements.

En l'an 1210 « l'Abbé de Citeaux et Simon de Montfort, en attendant l'arrivée de Thédise, chanoine de Gènes, que le pape avait envoyé, firent une expédition du côté d'Agen et de Sainte-Bazeille, pour agir contre les hérétiques d'Agenais. Ils revinrent ensuite à Toulouse, d'où Simon alla à Carcassonne dans le dessein de faire lever le siège du château de Minerve[3]. »

---

[1] Voir sur Landerron les *Rôles Gascons*, publiés par Francisque Michel : nos 2082, 2499, 2668, 2738, 2772, 2805, 3073, 3262, 3323, 3332, 4028, 4281.

[2] *Guyenne militaire*, t. II, p. 406. Leo Drouyn.

[3] *Histoire générale du Languedoc*. Dom Vaissette, dern. édit. t. IV, p. 327.

« En 1212, dit J.-F. Samazeuilh (*Histoire de l'Agenais, du Bazadais et du Condomois*, pp. 235-236), sur les instances d'Arnaud de Rovinha, évêque d'Agen, les Croisés se décidèrent à tenter la conquête de l'Agenais. Arnaud, qui avait embrassé la cause de l'Eglise avec passion, offrit d'appuyer Montfort de tout son crédit et de celui de sa maison. Ce capitaine ne se décida pas cependant sans quelque appréhension, à cette entreprise. Déjà, dès l'an 1210, de compagnie avec l'abbé de Citeaux, il avait tenté cette conquête du côté de Marmande et n'y avait obtenu aucun succès. Ainsi donc, raconte à cette date de 1210 la Chronique romane que nous ont conservée les auteurs des Histoires générales du Languedoc, le légat et le comte de Montfort prirent leur chemin droit à Agen et à Sainte-Bazeille, avec toutes leurs troupes, pour s'emparer de quelques places, s'ils pouvaient. Mais ils n'y furent guère prisés, ni redoutés du pays, et, pour cette fois, force fut à ce légat, ainsi qu'au Comte, de s'en retourner sans rien faire de ce qu'ils voulaient, et dans le retour comme dans la venue, on les vit *manger et détruire* le pauvre peuple... La campagne de 1212, en Agenais, obtint un tout autre résultat. »

Guillem de Tudèle mentionne bien un voyage fait en Agenais vers cette époque, remarque M. Auguste Molinier, mais il ne dit pas que Simon de Montfort y ait pris part ; il ne parle que du légat Arnaud-Amaury et de l'évêque Foulques. Cette mission n'eut d'ailleurs aucun résultat. C'est l'Anonyme (tome VIII de cette histoire, C. 46) qui, comprenant mal un vers du poëte, a introduit le Comte de Montfort dans cette affaire.

Après la bataille de Taillebourg, un traité de ligue offensive et défensive fut conclu à Bordeaux, le 22 Août 1242, entre le roi d'Angleterre Henri III et Raymond VII, comte de Toulouse. Cependant une maladie contagieuse venait de forcer les troupes françaises à la retraite, après la conclusion d'une trêve avec ce roi, ce qui était déjà, de sa part, une infraction au traité récemment juré avec Raymond VII. Saint Louis, tout en se retirant, détacha Hugues, évêque de Clermont et Imbert de Beaujeu pour opérer sur les frontières du Quercy contre le comte de Toulouse. Les Français menacèrent Lauzerte et entamèrent l'Agenais par la prise du château de Penne. C'est alors qu'Henri III, voulant faire le semblant de marcher au secours de son allié, convoqua ses barons et ses communes à Sainte-Bazeille. Après avoir parcouru la Guyenne[1], il était le 15 Septembre à Bordeaux, d'où il écrivit le même jour aux prud'hommes de Langon[2] et à ceux de Saint-Macaire[3] de se trouver pour le service militaire à Sainte-Bazeille dans l'octave de la Sainte-Croix. Il écrivit dix jours plus tard à Bertrand, seigneur de Podensac, d'être avec tous ses hommes à Sainte-Bazeille, le jour de la fête de

---

[1] *Guyenne militaire*, t. II, p. 72.
[2] *Rymer*, t. I, pars I, p. 145, 3me édition.
[3] *Ibidem*, pp. 140 à 143, 3me édition. — *Rôles Gascons* publiés par Francisque Michel, t. I, 1885. p. 81.

Saint-Mathieu[1] et adressa le même appel, le 25 Septembre, à tous les seigneurs de Guyenne, leur ordonnant de se rendre dans cette même ville tout équipés et accompagnés des soldats qu'ils devaient fournir[2]. Il fit encore, de La Réole, le 12 Novembre 1243, mandement à divers seigneurs de Guyenne de se trouver en armes à Sainte-Bazeille le Vendredi après l'octave de Saint-Martin[3], pour entrer en campagne. Mais il contremanda un peu plus tard cette armée[4], et Raymond fut réduit à ses propres ressources et ne tarda pas à se soumettre au roi de France, après le Comte de Foix lui-même.

A partir de cette époque l'administration anglaise devient bienveillante, ce qui n'empêche pas les esprits d'être en grande fermentation et le roi de France de continuer la guerre. En l'année 1244, quelques habitants de La Réole livrèrent par trahison cette place aux Français. Mais, une trêve étant intervenue et le sénéchal de Gascogne, Henri de Trubevilla se trouvant à Langon pour la publier, Pierre Caillau, maire de Bordeaux et ses amis lui demandèrent de rétablir dans tous leurs biens et droits et d'autoriser à rentrer chez eux les habitants de La Réole qui avaient été bannis de cette ville pour l'avoir livrée aux ennemis du roi d'Angleterre. Le sénéchal ayant répondu qu'il n'en pouvait rien faire sans l'autorisation de son souverain et le consentement des prud'hommes de La Réole, Pierre Caillau et ses compagnons injurièrent publiquement le

---

[1] *Rymer*, t. I, pars I. 244 et 249. Londini. — *Guyenne milit.*, t. II. p. 209.

[2] *Rymer*, t. I, pars. 1, p. 249. Londini.

[3] *Rôles Gascons*, Fr. Michel, n° 1587, p. 208. — *Biblioth. nation. Collection Bréquigny*, vol. X. p. 71.

[4] *Rôles Gascons*, p. 209.

sénéchal et menacèrent de le tuer. Puis, de retour à Bordeaux, ils en chassèrent ses officiers et baillis, s'emparèrent du château et mirent la main sur les revenus du roi. Ils essayèrent encore de soulever les villes soumises à sa domination, entr'autres Sainte-Bazeille. C'est à cette occasion que les prud'hommes de cette dernière ville portèrent par une lettre tous ces faits à la connaissance d'Henri III, et lui déclarèrent qu'ils avaient refusé de se joindre à ses ennemis, et que les hommes sages de Bordeaux désapprouvaient la conduite du maire et de ses partisans, l'assurant de leur parfaite fidélité à leur duc et seigneur [1].

Ce doit être à cet événement, pense J. F. Samazeuilh [2], que fait allusion Mathieu Pâris en disant que les Gascons qui n'avaient pu retenir à Bordeaux Henri III dont le départ pour l'Angleterre s'effectua malgré leurs sollicitations vers la Saint-Michel de l'an 1243, *simulèrent entre eux une querelle* pour le forcer à regagner le chemin de leurs contrées, ce qui leur aurait réussi, puisque ce roi revint dans l'intention d'apaiser ces troubles. Mais la dépêche de la ville de Sainte-Bazeille ne permet pas de douter que le mal ne fut sérieux.

II

Anissant de Caumont était seigneur de Sainte-Bazeille avant 1247. Au mois de Février de cette dernière année (ancien style), il donna et concéda en pure et perpétuelle aumône à Dieu, à la Bienheureuse Vierge Marie et à

---

[1] *Lettres des Rois et des Reines*, etc. Champollion-Figeac, t. I, pp. 79-80. Tour de Londres. Bréquigny, t. x. Voir *Histoire de La Réole*, par Octave Gauban, pp. 99-100.

[2] *Hist. de l'Agenais*, etc., p. 287.

l'abbé et aux religieux de Grand Selve, la moitié du péage qu'il avait sur tout les objets, tels que sel, vin, huile, blé et autres choses dudit monastère passant par le port ou par la ville de Sainte-Bazeille. Il fit cette donation avec l'intention d'obliger ses héritiers et la scella de ses armes[1].

[1] « Noverint universi et singuli præsentes litteras inspecturi, quod nos Anissantius de Caumonte, domino Sanctæ Basiliæ, dedimus atque concessimus in puram et perpetuam helemosinam Dᵘᵒ Deo et Beatæ Mariæ Virgini, et abbati atque conventui monasterii Grandis Silvæ, medietatem padagii quod habemus, vel habere debemus in rebus emptis vel emendis, venditis vel vendendis quidquid sit illud, sive sal, sive vinum, vel oleum, sive bladum, et in rebus aliis monasterii supradicti, per portum, sive per villam Sanctæ Basiliæ transeuntibus. Et hoc donum et istam helemosinam, per nos et successores nostros facimus inter vivos. Ut autem a nostris successoribus id firmius habeatur, præsentem cedulam sigilli nostri munimine fecimus roborari. Actum est hoc mense febroarii anno Dⁿⁱ millesimo ducentesimo quadragesimo septimo. » *Biblioth. Nat.* ; *Lespine.* v. 126. Caumont. fº 230. *Recueil de Doat*, v. 78, fº 307. Abbaye de Grand Selve.

Nous trouvons (*Ibidem*, Lespine, fº 228. *Ibidem. Doat*, fº 243) l'exemption suivante accordée en avril 1228 (v. st.) par Anerius-Sancius de Caumont, fils de Sancius-Amerius, au même monatère de Grand-Selve, des leudes, péages et coutumes dans tous ses ports : Notum sit omnibus hominibus quod Anerius-Sancius de Calvomonte, filius Sancii Anerii qui fuit, pro salute animæ suæ et patris sui, dedit Domui Grandis Silvæ et fratribus ejusdem domus præsentibus et futuris, omnes leudas et pedagia et consuetudines suas in perpetuum per omnes portus suos, omnium rerum suarum, ut liberé semper transeant in ascendendo et descendendo cum omnibus rebus suis. Hoc donum fuit factum apud Manurt (Monheurt) anno incarnationis Dⁿⁱ MºCCºXXVIIIº mense aprilis. Raymundo Tolosano comite, Aginnensi sede vacante, Ludovisco Rege Francorum. Hujus rei sunt testes W. Saisset de Claromonte, W. de Sancius de Cosals, et Raymundus Guillelmi, frater ejus, et Donatus de Ponte, et frater Raymundus Petri cellararius Grandis Silvæ, qui cartam istam scripsit et sibi hoc donum concessum fuit. » *Collat. sur une copie en parchemin trouvée aux Arch. de l'Abbaye de Grand Selve à Albi le 23 février 1669. Signé de Doat, et plus bas Capot.*

A la suite de cet acte qui est le premier, sont plusieurs autres de même nature, et de même date, dont voici la liste :

Anissant de Caumont, seigneur de Sainte-Bazeille et de Landerron, de Puch et de Monheurt et autres lieux, vivait au temps de Guillaume IIe du nom, seigneur de Caumont, et était de sa maison. Il appartenait à une branche de la famille de Caumont, branche détachée, on ne sait trop à quelle époque, de l'arbre vigoureux implanté depuis un temps immémorial dans le lieu même auquel il avait emprunté son nom[1]. Il était le second fils de Nompar de Caumont, Ier du nom, seigneur de Lauzun, et de Guillelmine de Beauville. Ledit Nompar était frère de Bègue de Caumont, Ier du nom, qui eut pour fils autre Bègue, Anissant et Guichard de Caumont[2]. Ils sont ainsi mentionnés par lettres des années 1237, 1238 et 1243, par lesquelles ces deux seigneurs sont nommés entre les barons

---

« 2° Exemption de leude, péage et coutume accordée au couvent de Grand Selve, par Austor de Lunas, à Monurt, par acte passé apud Agullo (Aiguillon), 1228 apvril ;

3° ... par Vitalis de la Falconera, qu'il avoit... apud Falconeriam, par acte passé apud Agullo, 1228 avril ;

4° ... par Guille Saisset de Claromonte... qu'il avoit apud Clarum-Montem. Acte passé apud Monurt, avril 1228. Témoins Anerius-Sancius de Calvomonte, filius Sancii-Anerii qui fuit, etc.

5° ... par Guill^e Raimond de Pis dit Jinhos. Fait apud Calvum Montem.

6° ... par Pagane, fille de Pierre de Falconera. Fait apud Portum Sanctæ Mariæ. »

[1] Voir pour les seigneurs de Caumont descendants de Guillaume II : *Titres et Mémoires de la maison de Caumont. Missions étrangères*, tom. 160.

[2] L'aîné des trois frères, Bègue 2e du nom, fils de Bègue Ier de Caumont, fut seigneur de Lauzun, de Puymiclan et d'autres terres. Le deuxième, Anissant, vulgairement appelé Ansancy, seigneur de Cancon, de Sainte-Livrade et autres lieux, avait épousé Géralde de Madaillan, fille d'Amanieu de Madaillan, seigneur de Cancon et autres places.

Nous lisons dans les *Registres des chartes du Roy*, coté XI :

« Feuda Agenesii anno 1260, citra Garumnam. De Baillivia Agen, et Marmand. »

« Nos Bego et Anissantius et Guiscardus de Caumonte, fratres,

et chevaliers du diocèse d'Agen. Par la dernière lettre de 1243, est aussi mentionné Amanieu d'Albret. Ils promettent de tenir la main à ce que le traité de Paris avec Raymond, comte de Toulouse, soit entretenu. (*Mémoires de la maison de Caumont : Extrait de l'Inventaire du Trésor des chartes du Roy, qui sont gardées en la Sainte chapelle du Palais à Paris.*)

Plusieurs auteurs, trompés par la parité des noms, ont fait de notre Anissant, le frère de Bègue 2e du nom et de Guiscard et partant le second fils de Bègue 1er de Caumont. Il n'est que le cousin germain des trois frères, Bègue, Anissant et Guiscard, et le neveu par conséquent de Bègue 1er, leur père. (Voir les notes à la fin au bas de la page.)

Anissant de Caumont, seigneur de Sainte-Bazeille, fut allié par mariage à l'une des plus illustres maisons de la Guyenne, car il épousa Rembours de Périgord, dite en latin *Remburgis*, fille d'Archambaud, comte de Périgord, vicomte de Lomagne et d'Auvillars, qui descendait de la race de Charlemagne, et de Marie Bernard d'Anduze. La

---

confitemur vobis magistro Bono Coseti, Judici Aginnensi pro illustri Domino comite Tolosano, et de mandato nobilis viri Gulielmi de Balneolis, senescalli Agenensis et Caturcensis, præsenti et requirenti, nos tenere in feudum à Domino comite quidquid habemus in castro et honore Podiimiclan, et propter hoc debemus cum portionariis nostris unum militem d'ost. Item quidquid habemus apud Mombeus, et propter hoc debemus cum portionariis nostris unum militem d'ost. Item ego Bego, quidquid habeo in castro et pertinentiis de Laudum, et propter hoc debeo cum portionariis meis duos milites d'ost. Item ego Anissancius, castrum de Cancor, pro uxore mea, et quidquid habeo apud Sanctam Liberatam, et propter hoc debeo duos milites d'ost, et pro prædictis hommagium, quod homagium vobis, pro Domino comite recognoscimus, et fidelitatis juramentum facientes, juramus vobis ad sancta Dei Evangelia corporaliter manu tacta, nos predicto Domino comite vitam et membra, honorem et fidelitatem perpetuo servaturos. »

dite Rembours était veuve de lui l'an 1281, comme l'on voit par l'extrait suivant, tiré de l'*Inventaire des titres de la maison du Périgord* : « Donation faite par Archambaud, comte de Périgord, à Rambours sa fille, relicte de feu Anissant de Caumont, chevalier, pour les bons et agréables services faits audit Archambaud par sa dicte fille, de la somme de LX livres de rente sur le péage de la chapellenie de Monpaon, et XX livres sur les oblies de Bénévent en Juin 1281. (*Lespine*, v, 126. Caumont, fol. 221.)

Bernard de Beauville était co-seigneur de Sainte-Bazeille; il figure en cette qualité le 4 Juin 1251 comme témoin de l'hommage rendu par Arnaud Othon (Arnaldus Othonis), vicomte de Lomagne, à Alphonse, comte de Poitiers et de Toulouse, marquis de Provence, pour le château d'Auvillars (castrum Altivillaris) et pour toute la terre qu'il tenait de lui à fief, en Agenais, terre qui était autrefois tombée en commis à Raymond, comte de Toulouse, en vertu d'une sentence rendue par la cour d'Agen. Les autres témoins de cet hommage furent nobles hommes seigneur Guy de Marchia, Amanieu d'Albret, seigneur Guy de Caprasia (ou Capraria), seigneur Robert de Saint-Clair, Raymond Gaucelin de Lunel, Hugues de Rovinha, B. Arnaud de Tantalon, Arnaud de Marmande, Guillaume de Ferriol, Guillaume de Beauville, Bernard de Rovinha, Arnaud de Montpesat, Nompar de Caumont, Gérard d'Armagnac, Guillaume-Raymond de Pins, seigneur de Taillebourg, Sicard Alaman, et vénér. hommes Pons Astroaldi, maître Guillaume de Punctis, seigneur Philippe, trésorier de Saint-Hilaire de Poitiers, et Helia, notaire public d'Agen[1].

---

[1] *Biblioth. Nation* : *Lespine*, vol. 126, Caumont, f° 68. Man. Doat, vol. 247. Collect. tit. concernant les V^{tes} de Lomagne.

La tyrannie du comte de Leicester avait irrité les Gascons ; mais ne voulant pas renoncer à la domination anglaise, parce que, dit Mathieu Pâris, ils n'auraient pas pu vendre leurs vins, ils se décidèrent à envoyer des députés au roi d'Angleterre pour solliciter le rappel de Leicester. Le roi nomma pour vérifier leurs plaintes, des commissaires qui se laissèrent gagner par le Comte. Alors les députés, entr'autres l'archevêque de Bordeaux et les principaux bourgeois de La Réole, signifièrent au roi que s'il n'était pas fait droit à leurs griefs, ils se pourvoiraient d'un autre maître. La conduite de Leicester n'en fût pas moins approuvée[1].

Gaston de Béarn entraîne en l'année 1251 les Gascons dans la révolte[2] et avec plus de cent hommes d'armes, un grand nombre des seigneurs de l'Agenais et les maires de Bazadais à la tête de leurs milices et une grande partie des gens de Sainte-Bazeille, se met à battre de nuit comme de jour le château de La Réole et ceux qui s'y trouvent à l'aide de deux blindes et d'autres engins, contre les lieutenants du roi d'Angleterre[3]. Henri III perd cette ville en 1253. Il descend bientôt après en Guyenne et met le siège devant cette place où se sont enfermés la plupart des confédérés de Gaston de Béarn, principal moteur de la révolte, tandis que le doyen de Saint-André excommunie les révoltés, entr'autres les jurats de La Réole qui figurent parmi les chefs de la faction[4].

---

[1] *Histoire de Libourne*, t. 1 p. 11, par Guinodie.

[2] Cette révolte était motivée par les exactions des officiers du roi, la saisie sans motif des vins de Gascogne à Londres. (Mathieu Pâris, Chronique, t. VII, p. 391).

[3] *Hist. de l'Agenais*, etc. Samazeuilh.

[4] *Hist. de Libourne*, t. VII. p. 12.

Pendant cette guerre, les chevaliers[1], les bourgeois et tous les hommes de Landerron paraissent avoir pris le parti de ce roi, qui, le 17 Septembre 1253, leur écrit de son camp devant Gironde, pour les remercier de leur fidélité et de l'aide qu'ils lui avaient donné ; il leur envoie, en outre, Geoffroy Gacelin et quelques hommes auxquels il a entière confiance pour tenir garnison dans le château de Landerron, afin de faire la guerre à la ville de La Réole, et aussi pour les défendre eux-mêmes. Cependant si l'on en croit une autre lettre de l'année suivante, datée aussi de Gironde le 5 Août, la première n'est pas l'expression de l'exacte vérité. Dans cette seconde lettre, en effet, Henri, à la prière du roi de Castille, remet à tous ceux de La Réole et à tous ceux qui les avaient aidés en Gascogne, nominativement et expressément à ceux de Landerron et à ceux de Sainte-Bazeille, de Gensac et de Pellegrue, à Bertrand de Ladils et à tous les siens, à Pons de Pommiers et à tous les siens, etc, tous les sujets de plainte et de colère qu'il a eu contre eux jusqu'à ce jour. Il veut bien leur pardonner et oublier leur conduite passée[2].

Une autre conséquence de cette révolte, c'est que le 10 Novembre 1253, il est ordonné à Bernard de Beauville de Soumensac de garder jusqu'à nouvel ordre dans ses mains, pour être remis dans celles du roi d'Angleterre, toutes les terres et vignes et tous les revenus de ceux qui ont des fiefs à Sainte-Bazeille. Mêmes lettres sont adressées en

---

[1] Parmi les chevaliers de Landerron sont mentionnés en 1263, Nasans de Serres, Guiraut de Serres, Frozin de Jusix, Gaultier de Serres, Girard de Jusix, Guillena de Forsseds, qui possédaient des terres dans tous les environs de Landerron. *Arch. hist. de la Gironde*, t. III, pp. 13, 14, 15.

[2] *Rymer*, t. I pars II. p. 64, 3me édit. C'est par erreur que Rymer inscrit ces lettres d'abolition à la date de 1261.

même temps à Anissant de Caumont et à Geoffroy Gacelin[1].

Neuf jours après, Henri III fait savoir à tous ses sujets qu'il est tenu de payer à son cher cousin Alphonse, comte de Toulouse, 7258 livres, 2 sous et 10 deniers de la monnaie bordelaise ou en sterlings de la valeur de la dite monnaie, pour tous les maux, rapines, dommages et autres torts que ses sujets de Bordeaux, de La Rochelle, de Rions, de Nérac, de Podensac, de Langon, de Saint-Macaire, de Caudrot, de La Réole, de Gironde, de Sainte-Bazeille et de Meilhan ont faits aux sujets du comte de Toulouse, à Agen, Moissac, Rabastens, l'Isle, Montauban, Marmande, Villemur, Gaillac, Aiguillon, Castelsarrazin, Port-Sainte-Marie, Pinel, Ville-Dieu, Clairac, Caumont, Mas-d'Agenais, Tonneins, Penne d'Agenais, Auvillars, Saint-Barthélemy, Castelmoron et Gontaud[2].

Par mandement du 18 Février 1254, le roi d'Angleterre accorde 500 livres sterlings à Anissant de Caumont et à Isarn (ou Bernard) de Beauville, seigneurs de Sainte-Bazeille, et aux habitants de cette ville, en compensation des pertes par eux subies dans un incendie, et il ordonne de distribuer cette somme en proportion du dommage que chacun a souffert. Le trésorier du prince payera cette indemnité moitié en un mois depuis Pâques, à son retour d'Angleterre, et moitié en un mois depuis le jour de Saint-Michel suivant.[3]

---

[1] *Rôles Gascons.* Fr. Michel : *Au sujet des biens des feudataires de Sainte-Bazeille.*

[2] *Rôles Gascons,* t. I. p. 280.

[3] *Documents inédits relatifs à l'histoire de l'Agenais* publiés par Tamizey de Larroque et reproduits depuis par Francisque Michel dans les *Rôles Gascons,* t. I, p. 318. Coll. de Bréq. t. XI, p. 21. *Biblioth. nat.* Lespine, v. 126, Caumont, fo 231. Pāt. et chart. Vascôn an. 38.

Le 2 Avril de la même année, Anissant de Caumont reçoit pour lui et pour les soldats de la garnison de Sainte-Bazeille des lettres du roi pour toucher 54 livres sterlings de leurs gages, à partir du Dimanche, lendemain de la Toussaint, jusqu'au Dimanche après l'Annonciation[1].

Dans les premiers jours du même mois, le roi délivre à Guillaume de Talina et à Guillaume Torto, citoyens d'Agen, un *laissez-passer* pour les villes de Sainte-Bazeille, Meilhan, Gironde, Caudrot, Saint-Macaire, Langon et Bordeaux, à l'effet d'amener sans péage sur la Garonne 300 tonneaux de vin que lesdits marchands lui avaient vendus pour son usage et celui de son armée[2].

Le 20 Avril, Henri III, étant à Meilhan, défend à Anissant de Caumont de continuer à percevoir à Sainte-Bazeille le péage qu'il y avait jusqu'alors perçu au nom du roi et par les mains d'un certain Bernard de Tirannis (ou de Tirauns), ledit péage devant désormais être pris à Meilhan[3].

Le 13 Septembre, le roi d'Angleterre écrit de Bordeaux qu'il prend sous sa protection Salomon, juif de Sainte-Bazeille, ses hommes, ses terres, ses biens, ses revenus et toutes ses possessions. L'effet de la lettre royale doit durer pendant trois ans depuis l'Octave de la Nativité de la Sainte Vierge[4].

Henr. III, p. 1. memb. 6. Mss. de M. Bréquigny. Cart. coté Guyenne v. Elect. de Condom. — Francisque Michel n'indique pas le jour où a été signé le document, et il a lu *Anaxus de Cavo-monte*. Il dit ailleurs, p. 368, *Annexancius*.

[1] *Rôles Gascons*, Fr. Michel. t. 1. p. 331.

[2] *Rôles Gascons*, p. 328.

[3] *Documents relatifs à l'histoire de l'Agenais*, p. 12, note 2, imprimé depuis dans les *Rôles Gascons* de Fr. Michel, p. 400. *Biblioth. nat.* Coll. de Bréq. t. XI. p. 53.

[4] *Rôles Gascons*, t. 1. p. 511.

Cinq jours après, il est mandé au seigneur et aux prud'hommes de Sainte-Bazeille que, puisque Pierre de Gontaud a demandé de dépendre des tribunaux du roi relativement à toutes les fautes dont il s'est rendu coupable, dans le cas où l'on voudrait l'inquiéter, il ne soit aucunement molesté de ceux qui ont quelque affaire avec lui, tout les droits à Gontaud étant réservés [1].

Nos annales ne nous fournissent plus désormais un seul document sur Bernard de Beauville, co-seigneur de Sainte-Bazeille, qui disparait déjà de notre histoire.

En 1260, Anissant de Caumont, chevalier, seigneur de Sainte-Bazeille, confesse, par devant M⁰ Bon de Coset, juge d'Agen pour le comte de Toulouse et par mandement de Guillaume *de Balneolis*, sénéchal d'Agen et de Cahors, tenir en fief dudit comte, ce qu'il possède au château de Monteton et de Bormont (?) et reconnaît pour cela devoir hommage et serment de fidélité, en présence des seigneurs témoins Arnaud de Marmande et Guillaume de Ferriol [2].

Même reconnaissance par lui faite devant les mêmes personnages pour tout ce qu'il a au château de *Moncasi* (?) et pour le château de Verteuil, et pour tous ses fiefs dans le diocèse d'Agen, à l'exception de ce qu'il tient sur les droits de Clermont [3].

Nous avons vu qu'au mois de février 1247 (v. s.) Anissant avait donné et concédé aux religieux de Grand Selve, la moitié du péage qu'il avait sur les denrées de leur couvent passant par le port et la ville de Sainte-Bazeille ;

---

[1] *Rôles Gascons*, t. I. p. 511.

[2] *Biblioth. nat.*, Lespine, v. 126. Caumont, f⁰ 221 : De Baiula Marmandæ.

[3] *Ibidem*.

nous trouvons, la veille des ides d'avril 1260, d'autres lettres de lui, par lesquelles il quitte aux mêmes religieux la leude et péage qu'il prenait au port de Monheurt sur les blés, vins et autres choses du monastère qu'ils faisaient monter et descendre sur la Garonne[1].

Le 14 Décembre 1262, Anissant de Caumont, seigneur de Sainte-Bazeille, s'engage à payer 50 marcs sterlings au sénéchal de Gascogne, si Garcie-Arnaud de Navailles, vicomte d'Orthez et Marie Bertrand, sa femme, ne tiennent

---

[1] « Anissantius de Cavomonte, D^{nus} de Monurto, diocesis Agennensis, universis Christi fidelibus pntem cartam inspecturis vel audituris, salutem, in eo qui est omnium vera salus. Universitati vræ, tenore pntium innotescat quod nos damus et concidimus in puram et perpetuam eleemosinam, pro salute animæ nræ et parentum nrorum, omnipotenti Deo et beatæ virgini Mariæ et monasterio Grandis Silvæ, ordinis Cisterciensis Tholosanæ diocesis, et toto conventui dicti monasterii, pnti pariter et futuro, de pedagio nostro quod consuevimus recipere apud Monurcum in diocesi Agennensi, libertatem et quitationem dicti pedagii, et liberum transitum de ducentis doliis pleni vini, et de ducentis cartonibus bladi, et salis et piscium et pannorum, quæ pro necessitate dicti monasterii per Garonam, in pedageria nostra de Monurto ascendendo vel descendendo duxerint asportanda. Si vero nos dubitaremus, vel successores nostri dubitarent quod prædicta non essent pro necessitatibus dicti monasterii, unus frater dicti monasterii faceret fidem quod prædicta, scilicet bladum et vinum superius expressa, sint propria prædicti monasterii, et ad prædictum monasterium pertinent, et ut istud donum et ista quitatio robur perpetue firmitatis obtineat, pntem cartam sigilli nri munimine fecimus roborari. Hoc autem intelligimus de vino propriarum vinearum, et de blado propriarum terrarum agriculturæ monasterii supra prædicti. Hujus vero quitationis et donationis sunt testes frater Bertrandus de Bello Castello, prior prædicatorum Agenni, Raymundus Abbas, capellanus Dⁿⁱ papæ, et capellanus et canonicus de Manso, Agennensis diocesis, Raymundus Hugo, miles, Bertrandus de Castro-Maurone, Villelmus de la Fageda, Raymundus de Scerra, domicellus, et ego Arnaldus Johannis de Corde-Vivo cois notarius Mansi, qui pntem cartam scripsi, de voluntate et assensu dicti Dⁿⁱ Anissancii, et sigillum meum apposui. Datum apud Monurtum, pridie idus Apr. anno Dⁿⁱ M^oCC^oLX. » *Bibliot. nat. Lespine.* v. 126, Caumont, f° 233.

pas le traité par lequel ils ont promis au roi d'Angleterre d'abattre le donjon du château de Saut¹.

Nous trouvons à la date du 4 Juin 1270 (v. s.), une assignation de dot sur Sainte-Bazeille. Noble dame Indie, fille du seigneur Jourdain de l'Isle, chevalier, avait épousé Bertrand de Caumont, damoiseau, et avait constitué et assigné à son mari, le jour du contrat, tout ce qu'elle avait et pouvait avoir à Gontaud, à Pinols (ou Pujols?) et à Sainte-Bazeille, ainsi que 1000 marcs d'argent. De son côté, l'époux lui donna pour ses noces 1000 marcs d'argent. Il fut convenu que si Bertrand mourait le premier sans enfant, la dite dot reviendrait à sa veuve et aux héritiers qu'elle instituerait. Pour les 1000 marcs d'argent, le mari engagea à sa femme tous ses fiefs avec leurs appartenances et tous ses biens et droits, meubles et immeubles, jusqu'à ce qu'elle ait pu retirer en fruits par elle-même ou par ses héritiers la valeur des dits 1000 marcs. Dans le cas où Bertrand laisserait des enfants, les dits fruits iraient librement à sa veuve. Mais si Indie de Jourdain décédait sans laisser d'enfants de son mari, celui-ci lui survivant ou non, sa dot irait à Jourdain de l'Isle, son père, et si son père ne vivait plus, à la fille dudit Jourdain ou aux héritiers de cette fille. Il fut enfin stipulé que si Indie mourait la première en laissant des enfants, le mari aurait de la dot de sa femme les 1000 marcs d'argent, pour lesquels elle lui engageait tous ses biens, châteaux, droits, meubles et immeubles jusqu'à ce que la perception des fruits atteindraient la valeur des dits 1000 marcs. Les témoins de

---

Rec. de Doat, v. 78. Abbaye de Grand Selve, f⁰ 409. Collect. à Alby le 15 fév. 1669 sur l'original en parchemin, Signé Doat et plus bas Capot.

¹ *Arch. hist. de la Gironde*, III. 10 et 13.

cette assignation de dot furent : le seigneur Bertrand par la grâce de Dieu comte de Comminges, Donat de Caraman et Bertrand-Arnaud de Levinhena, chevaliers ; Guillaume de Barthélemy, clerc du seigneur Evêque de Toulouse et Arnaud Arguanhati, archiprêtre de l'Isle, Raymond de Castelneau et Hugues de Palacio, damoiseaux, et Pierre d'Arnaud de Dalles, notaire public de Toulouse, qui fit l'acte[1].

Le 13 Mars 1273, « noble homme Anissant de Caumont, chevalier, seigneur de Sainte-Bazeille » avoue tenir en fief du roi d'Angleterre tout ce qu'il possède à Sainte-Bazeille, à Landerron et ailleurs, au diocèse de Bazas[2].

Il reconnait encore le 20 Mars 1274 tenir en fief la seigneurie de Sainte-Bazeille, et Doat-Amanieu et Pierre de Bouglon reconnaissent tenir immédiatement en fief du roi d'Angleterre le château de Bouglon avec toutes ses appartenances et tout ce qu'ils possèdent dans le diocèse de Bazas, excepté ce qu'ils déclarent tenir du seigneur de Sainte-Bazeille entre cette dernière ville et Marmande[3].

---

[1] *Somme de Lisle* CLXXVIII : *Arch. départ. de Tarn-&-Garonne*. Document inédit, publié in-extenso à la fin du volume, *Notes et pièces justificatives*, n° III.

[2] « 1273. Decima tertia die Martii. Nobilis vir Anesensius de Cavomonte, miles, D^{nus} de Sancta Basilia, recognovit quod tenet in feodum a Rege Angliæ quidquid habet apud S. Basiliam, Landaronum et alibi, in diocesi Vasatensi. Pro quibus omnibus debet facere hommagium ligium et obsequium sub ac forma, quod si ipsi pciarii velint eum facere, sit miles vel domicellus cum uno milite pro ambobus. » *Extrait d'un Registre de la Chambre des Comptes de Paris, des hommages rendus au Roy d'Angleterre. Biblioth. Nat. Lespine*, v. 126. Caumont. *Villevieille, Très. Gén.*, Caumont. Bur. des Fin. de Bord. Reg. C. f° 118.

[3] *Arch. hist. de la Gir.* III. 39 : Recognitiones factæ domino regi Angliæ de suis feodis per personnas.

Au mois de Mars 1275, Anissant de Caumont est caution pour Guillaume-Ramon de Pins, chevalier, qui doit rendre au roi les châteaux de Mongaillard, de Gontaud, etc, dès qu'il en sera requis[1].

Le 15 Octobre suivant, il est témoin de la vente faite au roi d'Angleterre par Guillaume-Ramon de Pins, du quart des châteaux, chatellenie et justice de Torrabreu, au diocèse d'Auch[2].

Anissant de Caumont IIe du nom, damoiseau, seigneur de Sainte-Bazeille, de Puch et de Monheurt, succéda à son père, décédé en Juin 1281[3], et épousa, par contrat du 6 Juin 1289, Isabelle de Péberac, fille d'Alexandre, seigneur de Péberac en Agenais, et de Marguerite de Turenne, dame de Bergerac et de Gensac[4], veuve en premières noces de Renaud, sire de Pons, dont elle avait eu deux fils, Hélie Rudel de Pons, qu'elle institua son héritier en ses terres de Bergerac, Monleydier et Gensac ; et Jeoffroy de Pons, auquel elle légua par testament les seigneuries de Castelmoron, Moncuc, Ribérac, Espeluche, Charlus, Martel, Cugnac et autres[5].

Le 20 Mai 1289, Édouard Ier, roi d'Angleterre, par lettres datées de Condat, près de Libourne, donne son consentement à la vente faite par Pierre Bagenal, bourgeois de Sainte-Bazeille, à Raymond Furti de Ladils, chevalier,

---

[1] Villevieille, *Trés. Gén.*, vol. 50. Sainte-Bazeille. Bureau des finances de Montauban. *Somme de l'Isle*, f⁰ 694.

[2] Villevieille, *Trés. Gén.*, Caumont. Bur. des fin. de Bord. Reg. C. f⁰ 49, verso.

[3] Voir : Père Anselme : *Grands offic. de la Couron.* Caumont.

[4] *Villevieille, Trés. Gén.* Caumont. *Biblioth. du Roy. man. de Doat.* t. I. p. 73.

[5] Voir *idem. Lespine*, vol. 126. Caumont, f⁰ 221.

de la septième partie du port de Thouars sur la Garonne, moyennant 175 livres bordelaises, pour laquelle vente Sa Majesté a eu les droits qui lui appartenaient[1].

Pendant les années 1203, 1289, 1290 et 1294, le blé coûta fort cher; et il y eut, en 1253, une famine extraordinaire dans la contrée[2].

La lettre suivante de Philippe IV dit le Bel, nous apprend qu'en 1299 Anissant II de Caumont était déjà mort et que sa veuve Isabelle de Péberac, et Jourdain de l'Isle, chevalier, étaient seigneurs chacun pour la moitié de la baronnie de Sainte-Bazeille : « Philippe, par la Grâce de Dieu, roi des Francs, au Sénéchal de Gascogne, ou à son lieutenant, salut. Nous vous mandons qu'à cause des excès commis autrefois par les baillis de la ville de Landerron contre Jourdain, seigneur de l'Isle et Isabelle, veuve d'Anissant de Caumont, seigneurs chacun pour la moitié de Sainte-Bazeille, vous n'exigiez pas de notre amé et féal Jourdain, seigneur de l'Isle, une plus forte somme que celle qui a été imposée à la dite veuve pour nos droits, à moins qu'il y ait un motif raisonnable que vous aurez soin de nous signifier sans délai. Fait à *Angleura* ?, le vendredi après Pâques, l'an de Notre Seigneur 1299 [3].

Nous avons vu au commencement de ce chapitre, que, dans la première moitié du XIIIme siècle, Gaillard de

---

[1] Biblioth. Nat., *Coll. Bréq.* vol. xv. p. 63.

[2] *Annales de La Réole*, par M. Dupin. Manuscrit de M. Octave Gauban.

[3] Lettre en latin. Document inédit. *Somme de Lisle*, f° v. LXXXVI v° et publié aux *Notes et pièces justificatives*, n° IV. — Arch. dép. de *Tarn-et-Garonne*.

Lamothe est qualifié seigneur de Landerron. Il fit sa fille, Clairmonde de Lamothe, épouse de Jean de Grailly, héritière de tous ses biens. La baronnie de Sainte-Bazeille et de Landerron ne tarda pas à passer pour la moitié à Jourdain seigneur de l'Isle, chevalier [1], époux de Guillomette de Durfort, dame de Clermont-Sous-Biran [2], et par lui à Jourdain de l'Isle, damoiseau, leur second fils, lequel en fit don le 7 Septembre 1312 à sa femme Catherine de Grailly [3], fille de Jean de Grailly, vicomte de Benauges et de Castillon [4]. Celle-ci la donna à Fors de Padern [5], fils de Bernard de Padern. Le document relatif à cette donation, se trouve, sous le nom d'Edouard II, roi d'Angleterre, et avec la date du 24 mars 1315, dans le tome XX de la *Collection de Bréquigny* (p. 93). En voici le sommaire : « Lettres d'Edouard II par lesquelles il confirme et ratifie la

---

[1] Voir la lettre susdite de Philippe IV.

[2] Père Anselme : *Grands officiers*, etc.

[3] *Arch. dép. des Basses-Pyrénées*, E. 18. Le Père Anselme raconte que Catherine de Grailly fut constituée héritière en partie par le testament Jean de Grailly, seigneur de Langon, son oncle, après la mort duquel elle posséda les chatellenies de Curson et de Fleix, pour lesquelles elle rendit aveu avant l'an 1312 à Edouard, roi d'Angleterre. On voit par cet aveu que ces terres avaient été confisquées pour crime de rebellion par ce prince sur le vicomte de Castillon et qu'ayant été possédées par Jean de Grailly, elles étaient passées à Catherine et à Jourdain de l'Isle, son mari, pour lesquelles ils étaient en différend avec Archambaud, comte de Périgord et signèrent un compromis en 1312.

Catherine de Grailly avait épousé en 1299, à Agen, Jourdain VI de l'Isle. Le 25 février 1326, étant veuve de lui, elle dut se remarier à Arnaud de Durfort, chevalier, car nous trouvons dans le Recueil de *Rymer* une lettre de ce jour, du roi d'Angleterre approuvant le projet de ce mariage.

[4] Voir *Documents inédits relatifs à l'Hist. de l'Agenais*, note 2, pp. 41-42.

[5] En latin *Forcius de Padernio*. Le Père Anselme l'appelle (tom. II, p. 706) *Jorcius de Padervio*. La vraie traduction est Fors de Padern.

donation des baronnies de Sainte-Bazeille et de Landerron faite par Catherine de Grailly, femme de Jourdain de l'Isle, en faveur de Sforce de Paderin (Fors de Padern), fils de Bernard de Paderin, auquel Sforce Sa Majesté fait, en outre, remise des droits de lods et ventes [1]. »

Le même jour, Fors de Padern donne lesdites seigneuries à Jourdain de l'Isle, exempté, lui aussi, du paiement des droits dûs au roi, car à la suite des premières lettres, sont reproduites d'autres lettres du même prince confirmant et ratifiant à la même date cette dernière donation [2].

Après la mort de Jourdain VI de l'Isle, arrivée la veille de la Trinité 1323, la baronnie de Sainte-Bazeille et de Landerron revint pour une part à sa veuve Catherine de Grailly, car elle est qualifiée dame de Sainte-Bazeille et de Landerron, et elle institua [3], le 20 Juillet 1333, ses héritiers son frère Pierre de Grailly [4], vicomte de Benauges et de

---

[1] « De confirmatione concessionis factæ Fortio de Paderino, filio Bernaldi de Paderino, de Baroniis et terris de Sancta Bazella et Landerrone. Teste rege apud Windesor 24 martii. » *Catalogue des Rôles Gascons*, t. I, p. 46. An. 1314-1315. Thomas Carte.

[2] *Documents inédits relatifs à l'Histoire de l'Agenais*, note 2, pp. 41-42.

[3] *Biblioth. Nat. Coll. Dupuy.* Document cotté O⁴ : « Le testament de Catherine de Grely, dame de Sainte-Bazeille que faict son héritier Jehan de Grelly, fils de Pierre et substitué audict Jehan le mesme Pierre son père, et sy sa disposition ainsy faicte ne pouvoit valoir leur lègue trante mil livres tournoises, de l'an mil trois cent quarante. » D'après ce qui précède, on voit qu'il s'agit, dans cette note, d'un second testament conforme au premier.

[4] Pierre de Grailly avait cohérité de la terre de Landerron. C'est peut-être alors que cette terre fut divisée en deux grandes seigneuries : celle de Landerron et celle de Lamothe de Serres. La fille de Pierre de Grailly épousa vers 1340 Arnaud de Bannes, dont un des descendants, Georges de Bannes reçut à hommage-lige de Charles d'Albret, le 17 décembre 1469, le territoire de Lamothe de Serres, alors désert et inhabitable. *Guyenne milit.* t. II, pp. 408 et 409. Leo Drouyn.

Castillon et son neveu Jean de Grailly, fils du précédent, pour les terres qu'elle possédait à Sainte-Bazeille et à Landerron, en présence d'Arnaud de Plassano, clerc garde-sceau du roi d'Angleterre, duc d'Aquitaine. Le testament fut écrit par Guillaume de Signa, coadjuteur dudit notaire, par devant les témoins Bertrand de Cases, Bernard de Molena, Arnaud Reverendi de Jusix, Arnaud Clanet, Rev. Guillaume Clanet, Menaud de Pis, Jean de Senen, Bertrand d'Escloat, Arnaud de Laguar, Guillaume G. Vital Ponchet, Bernard Beliot, prêtre, Rev. Fabre de Druilhet, Pierre Dorte et M° Philippe Fabre, clerc, notaire public [1]. Cela fut confirmé par le roi d'Angleterre le 20 janvier 1340 (v. s.). On trouve en effet dans la *Collection Doat*, tome CLXXXV, (pp. 304-311), des lettres datées de ce même jour par lesquelles Edouard III, considérant que Pierre de Grailly, vicomte de Benauges et de Castillon et Jean de Grailly, captal de Buch, son fils, avaient été institués par Catherine de Grailly, dame de Sainte-Bazeille et de Landerron, héritiers de ces deux seigneuries, ordonne au sénéchal de Gascogne de les mettre en possession [2]. Mais nous avons anticipé sur les événements.

IV

Anissant II de Caumont, damoiseau, seigneur de Sainte-Bazeille et de Landerron, de Puch, de Monheurt et autres

---

[1] *Arch. départ. des Basses-Pyrénées.* E. 18. f° 32-35. Texte latin.

[2] « De certiorando Regi ex parte Petri de Greilly, vice-comitis de Benauges super jure suo in locis Sancti Basilii (sic) et de Landerron, cum jurisdictione, virtute testamenti, etc. Teste rege apud Westminster. » *Catalogue des Rolles Gascons.* t. I. p. 102. Ann. 1340.

lieux, était donc mort en 1299. Il avait eu de sa femme Isabeau de Péberac deux fils, Alexandre et Raymond et une fille, Marie. La minorité de ces enfants fut placée sous la tutelle de Laurent de Cajarc, chevalier.

Sur ces entrefaites, de grandes violences étaient exercées à Landerron. Deux frères, les seigneurs Hélie et Arnaud Bernard de Serres, chevaliers, en compagnie de Bertrand de Saint-Michel et d'autres leurs complices, envahirent à main armée les demeures de Géraud-Guillaume-Garcie et Bertrand de Jusix et d'autres leurs parents et alliés. Ils s'y livrèrent à toute sorte d'excès, blessèrent un grand nombre de gens, commirent même plusieurs homicides, brisèrent les meubles et les coffres et en emportèrent les joyaux et tout objet de valeur. Les coupables relevaient de la Juridiction des seigneurs de Sainte-Bazeille et de Landerron, qui étaient Alexandre de Caumont, remplacé par Laurent de Cajarc, son tuteur, et Jourdain de L'Isle, chevalier, représenté par Bernard de Moleria, son bailli. Toutefois l'enquête sur cette affaire et l'arrestation des coupables avaient été remises à Guillaume d'Aulèze, chevalier, châtelain de La Réole et à son collègue Guillaume de Roussillon, châtelain de Saint-Macaire, en vertu de lettres subreptices qu'ils avaient obtenues le 8 août 1302, du vidame d'Amiens, Messire Jean, seigneur de *Pinquonio*, chevalier, député du roi en Gascogne et dans tout le duché d'Aquitaine pour la réforme des abus. Les deux châtelains s'étaient encore permis d'ouvrir les prisons de Landerron et d'en tirer un criminel que les seigneurs du lieu y tenaient enchaîné.

De informando ex parte Petri de Greilly, militis, super locis Sancti Basilii et de Landeron. Teste Rege apud Westminter. » *Idem*, p. 115. Ann. 1343. 30 sept.

Le 16 septembre suivant, jour de dimanche, Laurent de Cajarc et Bernard de Moleria montrèrent et firent entendre par Mᵉ Michel de Sagasse, notaire public de La Réole, en présence des témoins soussignés et par devant Guillaume d'Aulèze, un document public reçu par Mᵉ Jean-Guillaume de Cassanay, notaire public de la même ville, et écrit de la main de Mᵉ Pierre de Pugbonet, par lequel ils protestaient contre l'empiètement desdits châtelains sur les droits de justice des seigneurs de Sainte-Bazeille et de Landerron, relativement aux événements tragiques dont nous venons de parler. Ils en appelaient en même temps au roi de France et mettaient sous sa protection leurs dits seigneurs, leurs terres et juridictions, leurs hommes, partisans, aides et conseillers.

Et là, sur le champ, Guillaume d'Aulèze fit lire par le même notaire deux commissions, l'une, datée de La Réole le 8 août dernier, en vertu de laquelle l'enquête leur était commise, à son collègue de Saint-Macaire et à lui, ainsi que l'arrestation des coupables ; et l'autre, datée d'Agen, le mercredi avant la fête de l'Assomption, leur ordonnant de procéder à la dite enquête, nonobstant que cette enquête eut été remise à Jourdain de l'Isle, seigneur pour la moitié de Sainte-Bazeille et de Landerron, en tant qu'elle pouvait toucher à sa juridiction.

Après cette lecture, le châtelain de La Réole ajouta qu'en vertu de ces deux commissions et malgré la susdite appellation, ils procèderaient encore, son collègue et lui, en la forme qui leur avait été prescrite en tout ce que cette affaire pouvait ou semblait toucher aux droits du roi.

A son tour, Laurent de Cajarc fit donner lecture d'une lettre scellée des armes du vidame d'Amiens, Jean de *Pinquonio*, datée de Bordeaux le mardi avant la fête de Saint-Pierre-aux-liens, 1302, et adressée aux châtelains de

La Réole et de Saint-Macaire, dans laquelle il leur était dit qu'ils tenaient arrêtés par mandement du sénéchal de Gascogne plusieurs chevaliers et damoiseaux de Landerron ; mais qu'ayant reçu lui-même une supplique de Jourdain de l'Isle et de Laurent de Cajarc, tuteur des enfants d'Anissant de Caumont, pour réclamer la remise des prisonniers entre leurs mains et l'exercice de leur propre juridiction contre eux, la connaissance de cette affaire et la poursuite des coupables d'ailleurs leur revenant de plein droit en leur qualité de seigneurs, il ordonnait aux deux châtelains de leur remettre les prévenus, afin de laisser la justice régulière suivre son cours et frapper les coupables.

En conséquence, Laurent de Cajarc fit dresser de tout cela un document public en présence de Jean Paussa, Gaillard Morlan, Arnaud de Serres, Robert Manhan, Bernard de Cayrols et Michel Sagasse, notaire public de La Réole, qui reçut l'acte et le fit écrire de la main de Pierre de Pugbonet [1].

Jourdain, seigneur de l'Isle, chevalier, eut plusieurs différends avec son fils Jourdain de l'Isle, damoiseau, et Catherine de Grailly, relativement à la baronnie de Sainte-Bazeille et de Landerron et aux fruits et revenus qui en provenaient. Cherchant un arrangement, les deux parties, en présence de Mᵉ Guillaume Fabre, notaire public de Sainte-Bazeille et des témoins soussignés, prirent, le 30 juin 1304, pour arbitres Raymond du Frêne, Raymond de Casalet, consuls de cette dernière ville, Bernard de Moleria, chevalier, Philippe de Guas, vicaire de l'église de ce lieu, Raymond de Peyrelongue et Vital de Milotas, dont elles s'engagèrent à respecter la sentence sous peine d'une

---

[1] Arch. départ. de Tarn-et-Garonne : *Somme de Lisle*, fᵒ vᶜ LXXXIII. Document inédit publié in-extenso aux *Notes et pièces justificatives*, nᵒ v.

amende de 1000 livres, pour le paiement de laquelle elles engagèrent tous leurs biens actuels et futurs en présence de discret homme Bernard de Pelet, prieur et seigneur du Mas-d'Agenais, lieutenant du sénéchal de Gascogne.

Les arbitres décidèrent : 1° que Jourdain, seigneur de l'Isle, chevalier, cèderait auxdits époux tout le droit, action et obligation qu'il avait et pouvait avoir sur la baronnie de Sainte-Bazeille et de Landerron et ses appartenances, moyennant les 7000 livres tournoises qu'il avait autrefois payées à Jean de Grailly, chevalier, ou à Pierre de Grailly, son fils et père de Catherine ; 2° que Jourdain, seigneur de l'Isle, prélèverait par tonne de vin, par bateau et toute chose soumise au péage sur la Garonne, les deux deniers qu'il avait autrefois cédés auxdits époux lors d'un accord intervenu entre eux et lui à Grenade, dans le diocèse de Toulouse, ainsi qu'il est contenu dans un document public écrit de la main de Me Pierre-Guillaume Lombard, lieutenant de Blancin Loup, chevalier, sénéchal de Toulouse ; 3° que ledit seigneur de l'Isle sera tenu de pourvoir à l'entretien d'un page et d'une damoiselle pour le service de Catherine de Grailly, sa belle-fille, et que ladite Catherine sera aussi tenue de recevoir trois fois par an, de loger et d'alimenter son beau-père ou de lui donner 500 livres, s'il le préfère, avec la terre de Monségur et les moulins d'Estournet ; 4° qu'enfin les deux parties requerront le seigneur Bernard de Pelet d'interposer son autorité pour l'observation de la sentence rendue par les arbitres. Cet arrangement fut fait dans l'église ou chapelle de la ville de Sainte-Bazeille, en présence de Hélies et Bernard de Serres, chevaliers, Bertrand de Serres, fils dudit Hélies, Bertrand de Serres, fils d'autre Bertrand de Serres, chevalier, Arnaud de La Cassagne, bourgeois d'Agen, Garcies des Angles, Raymond de Licmons, Raymond de la Floreyra, Raymond de Siran, Raymond d'Arnaud de Molera, Gaillard de Ferrussac, Bertrand de Jusix, Dominique de Balairac, Arnaud-Guillaume Esquerra, Pierre de Lavison, Pierre Dorte, Ponce de Malbois, du susdit notaire et de Bernard de Pelet, prieur et seigneur du Mas-d'Agenais, lieutenant du sénéchal, sous le règne de Philippe, roi des Francs, Edouard, roi d'Angleterre, duc d'Aquitaine, Guillaume, évêque de Gascogne [1].

L'aîné des enfants d'Anissant II de Caumont, Alexandre, ainsi appelé en mémoire d'Alexandre de la Pèbre ou de Péberac, son aïeul maternel, ayant succédé à son père dans les seigneuries de Sainte-Bazeille, Landerron, Puch, etc., procède en novembre 1309 avec Raymond de Bouglon, son frère, au partage des biens paternels. L'acte est passé à Sainte-Bazeille [2].

Dans l'acte de mariage passé le 31 janvier 1310 entre Bernardet d'Albret, fils d'Amanieu, sire d'Albret, et Isabeau de Gironde, fille aînée et héritière universelle d'Arnaud de Gironde et de Talèse de Caumont, Alexandre de Caumont, damoiseau, figure en qualité d'exécuteur testamentaire dudit feu Arnaud de Gironde, avec le noble baron Jaufre de Pons, seigneur de Ribérac, le seigneur Thomas de Puch, chevalier, nobles Jean Pansa, Arnaud de Pins de

---

[1] *Arch. départ. de Tarn-et-Garonne : Somme de Lisle*, f° VI^c XXXII v° : Compromissum inter d^{um} Jordanum quondam patrem, ex parte una, et Jordanum ejus filium et Catharinam, ex altera. — Document inédit, publié in-extenso aux *Notes et pièces justificatives*, n° VI.

[2] *Collect. Doat.*, t. 1, p. 234 ; t. 179, pp. 37-47. — *Arch. dép. des Basses-Pyrénées*, E. 216. Ce partage est du jour des nones de novembre 1309.

Curçon, Raymond de Lavison et Gaubert de Mayrac, ami et compagnon d'Arnaud de Gironde. Le tuteur des filles dudit seigneur de Gironde est Pierre de Gavarret[1].

Quatre ans après, Alexandre de Caumont et Raymond de Bouglon réclament la dot promise à Isabelle de Péberac, leur mère, fille d'Alexandre de Péberac et de Marguerite de Turenne, dame de Bergerac, aïeule de Reginal de Pons, père d'Hélie Rudel, seigneur de Bergerac et de Montignac, qui disait que cette dot était excessive. Ils s'en rapportent à la décision d'Amanieu, sire d'Albret, par compromis du 3 mai 1314[2].

Nous trouvons dans les *Arch. dép. des Basses-Pyrénées* (E. 216) un document contenant « l'hommage faict par Garcies de Jusic au sieur de Saincte Bazeille pour les péaiges du port de Sainct Jehan de Juzic, au devoir de cent sols morlas à seigneur nouveau, de l'an mil troys cens quinze. » Ledit Garcies est appellé Garcies Jusix de Meilhan.

En février 1315, Alexandre de Caumont donne des lettres par lesquelles il confirme à l'Abbé et aux religieux de Grand Selve l'exemption à eux accordée par Anissant de Caumont, son prédécesseur, de la moitié de la leude, au port de Sainte-Bazeille, et les exempte de l'autre moitié[3].

---

[1] *Biblioth. Nat. Lespine*, vol. 126. Caumont fo 86 vo. — Mss *Doat*, vol. 179. *Coll. de Foix*, t. xv, fo 202.

[2] *Villevieille. Très. Gén.* Caumont. *Bibl. du Roy.* Man. Doat, t. II, p. 186.

[3] « Noverint universi præsentes litteras inspecturi, quod nos Alexander de Cavomonte, dus Sanctæ Basiliæ, vidimus et diligenter inspeximus quoddam privilegium dni. Anissantii de Caumont, prædecessoris nostri, cum suo sigillo pendenti, monasterio Grandis Silvæ concessum, cujus tenor sequitur in hæc verba : (suit l'acte de donation d'Anissant de Caumont déjà cité.)

« Quod quidem privilegium nos prædictus Alexander ratum et gratum

Alexandre de Caumont eut de longs et vifs démêlés avec Jourdain de l'Isle, seigneur de Cazaubon, Cornillan, Mongaillard et co-seigneur de Sainte-Bazeille; et comme il voulut en tirer raison, l'un et l'autre se battirent en duel le 10 Novembre 1318 par ordonnance de la cour du Parlement. Mais ce combat singulier, où tous deux se portèrent vaillamment et avec un égal avantage, ne termina pas leur querelle. Plus irrité que jamais, Jourdain, qui se livrait depuis longtemps à toute la fougue d'un naturel violent et emporté, courut assiéger le château de son ennemi, le prit, le brûla et le démolit entièrement. Le Parlement à qui l'affaire fut déférée, le condamna à une somme de 3000 livres, les 16 et 31 Décembre 1319, en réparation de la démolition qu'il avait faite, et le renvoya, le 13 mars 1320, par devant Pons d'Osmelats qu'il chargea de terminer leurs différends.

---

habentes ac etiam confirmantes, eisdem abbati et conventui concedimus et donamus pro nobis et successorribus nostris in puram et perpetuam helemosinam aliam medietatem pedagii quod habemus vel habere debemus quoquomodo in portu, seu villa Sanctæ Basiliæ supradictæ, statuentes et concedentes perpetuo ut prædicta Abbas et conventus de rebus suis propriis ipsius monasterii, scilicet de blado, vino, sale, piscibus et aliis rebus propriis, transeuntibus per portum, sive per villam Sanctæ Basiliæ, tam per aquam, quam per terram ascendendo, vel descendendo, leudam vel pedagium ad nos pertinens, nobis, vel successoribus nostris solvere nullatenus teneantur, sed in libertate perpetua ibidem pertranseant quantum ad nos, nostrosque successores spectare potest. Hanc autem confirmationem et donationem fecimus præfatis abbati et conventui in puram et perpetuam helemosinam, donatione perpetua et irrevocabili inter vivos. In quorum omnium fidem et testimonium, sigillum nostrum præsentibus litteris apponi fecimus et appendi. Actum est hoc mense februarii anno Domini millesimo trecentesimo quinto decimo. »

Biblioth. Nat. Lespine, vol. 126, Caumont, f⁰ 229. *Recueil de Doat*, v. 78, f⁰ 307. Coll. sur un petit livre en parchemin contenant 75 feuilles, trouvé aux *Arch. de l'Abbaye de Grand Selve*, diocèse de Montauban, etc. Fait à Alby, le 26 mars 1669. Signé *Doat* et plus bas *Capot*

« D'autres plaintes s'élevèrent bientôt contre Jourdain de l'Isle; il fut, écrit le chanoine Monlesun,[1] accusé auprès de Charles IV sur dix-huit chefs dont le moindre, selon la coutume de France, entraînait la peine de mort.

« Jourdain se sentait coupable : il craignait la rigueur des lois et implora la protection du pape Jean XXII, dont le neveu avait épousé Marguerite de l'Isle-Jourdain, fille de son frère. Le Souverain Pontife l'avait déjà arraché des mains du sénéchal d'Aquitaine qui l'avait jeté dans une prison et chargé de fers comme un vil malfaiteur.

« Jean XXII intercéda en sa faveur et obtint sa grâce. Mais rien ne pouvait changer cette âme féroce ; il reprit le cours de ses brigandages, se fit le protecteur des malfaiteurs de la contrée, ne respecta ni la pudeur des femmes ni la vie des serfs et osa même braver l'autorité royale. *Il advint*, dit le Chroniqueur, *qu'un sergent du roi ayant paru devant lui avec sa masse ésmaillée de fleurs de lys, le bandit le tua avec sa masse même.* Tant de crimes ne pouvaient pas toujours rester impunis. Jourdain fut cité de nouveau devant le parlement de Paris où il parut accompagné de la principale noblesse de la Gascogne. Il ne put néanmoins se défendre contre ses accusateurs à la tête desquels se faisaient remarquer le vicomte de Lomagne, Bertrand de Goth, neveu de Clément V, et le sire d'Albret.

« Malgré les sympathies qui l'entouraient, il fut mis dans la prison du Châtelet, et le parlement l'ayant condamné à mort, il fut traîné à la queue des chevaux et ensuite pendu au gibet de Paris, le samedi, veille de la Trinité 1323. Ce monstre ne laissait point d'enfants. Bernard Jourdain IV, comte de l'Isle, son frère aîné, recueillit une partie de sa succession. Quelques mois auparavant, le comte de l'Isle

---

[1] Monlezun : *Histoire de la Gascogne*, t. III, pp. 182-184.

avait fait ajourner le sire d'Albret et ses enfants, auxquels il disputait un héritage. Cette querelle avait sans doute aigri le sire d'Albret et peut-être provoqué ou du moins envenimé ses dépositions[1]. »

Catherine de Grailly, veuve de Jourdain de l'Isle, dût se remarier avec Arnaud de Durfort, car nous trouvons dans *Rymer*, à la date du 25 février 1326, des lettres du roi d'Angleterre, adressées de Langon à Bernard Jourdain, seigneur de l'Isle, chevalier, pour donner son approbation à ce mariage : « Rex nobili viro Bernardo Jordani, domino de Insula, militi, amico suo carissimo, salutem. Dilecti et fidelis nostri Arnaldi de Duro-Forti, militis, erga nos, totis temporibus, gestus laudabilis et probitatis merita utique promerentur, penes nostros amicos et benevolos interponamus cum efficacia partes nostras. — Cum itaque, ut nobis relatum est, super conjugali copula, inter ipsum et Katherinam, Dominum de Sancta Basilica, quandam uxorem Jordani de Insula, contrahenda, aliquæ prælocutiones jam sunt factæ, ac nos conjunctionem hujusmodi utilem arbitrantes, eam fieri cupimus (dummodo impedimentum legitimum non obsistat) amicitiam vestram specialiter requirimus et rogamus, quatenus præfatam Katerinam, ut hujusmodi consentiat matrimonio, velitis inducere modis et viis, quibus decere videritis, nostri rogaminis interventu. Dat. apud Langeton, vicesimo quinto die Februarii. »

Trois années avant, Catherine de Grailly avait plaidé contre le roi d'Angleterre, duc de Guyenne, pour raison des moulins d'Estournet. Elle obtint main levée au mois d'Août 1330 de la saisie que les officiers du roi en Périgord avaient

---

[1] *Continuateur de Nangis.* — Dom Vaissette. — *Art de vérifier les dates.* Père Anselme : *Grands off. de la couron.* etc. t. IV, pp. 481-482. *Hist. de la Gascogne*, par le chanoine de Moulezun, t. III, pp. 182-184. *Documents historiques sur la Maison de Galard*, par J. Noulens.

faite de ses terres de Curson et de Fleix au sujet du ressort qui fut adjugé au duché de Guyenne, ces terres ayant été données autrefois par le roi d'Angleterre à Jean de Grailly, son aïeul, à condition de l'hommage[1]. Nous avons déjà dit que par son testament et codicile qui furent publiés le 20 juillet 1333, elle institua Pierre de Grailly, vicomte de Benauges et de Castillon, son frère, héritier des terres de Sainte-Bazeille et de Landerron, et Jean de Grailly, captal de Buch, son neveu, ce qui fut confirmé par le roi d'Angleterre, duc de Guyenne, qui manda à son sénéchal le 20 janvier l'an XIV de son règne de les mettre en possession de ces terres et d'informer des droits qui lui compétaient.

Au mois de septembre 1323, Alexandre de Caumont, en sa partie seigneur de Sainte-Bazeille et de Landerron, prête serment de fidélité au roi d'Angleterre devant Raoul Basset[2].

Dans la *Collection de Bréquigny* (vol. LXXII p. 39) on trouve, à la date du 28 septembre 1324, un mandement d'Edouard II, pour que l'on saisisse en leur personne et en leurs biens les habitants de diverses villes rebelles, telles qu'Agen, Port-Sainte-Marie, Tonneins, Marmande, Sainte-Foi, Sainte-Bazeille et Landerron.

Le 14 janvier 1332, le noble baron Alexandre de Caumont, damoiseau, fournit, devant Me Hélies de Maleval, notaire, à noble homme Hélies de Lescours, chevalier, une obligation de la somme de 30 livres, monnaie courante en Bordelais, dont il lui était redevable en vertu du legs de la dite somme fait par le testament d'Anissant son père[3].

---

[1] Père Anselme : *Grand off.* etc.
[2] *Biblioth. Nat.* Coll. de Bréq. vol. LXXI, p. 105.
[3] *Biblioth. Nat.* : Lespine, vol. 126. Caumont, f° 237.

La guerre entre la France et l'Angleterre s'était rallumée en l'année 1336. Sainte-Bazeille appartenait alors aux Anglais. Si l'on en croit un passage des *Chroniques de Froissart*,[1] « Les Français avaient déjà pris en 1338 Sainte-Bazeille et Saint-Macaire. » Un autre passage des mêmes *Chroniques* (Introd. t. II, p. XXIII) paraît remettre cette conquête à l'année 1340. En effet, est-il dit, Bernard Jourdain, comte de l'Isle, était en Gascogne comme un petit roi de France et faisait une guerre acharnée aux Gascons du parti anglais. Les principaux chevaliers du parti français étaient avec ledit comte de l'Isle, Pierre-Raymond, premier comte de Commimges et Roger Bernard, comte de Périgord, Arnaud de La Vie, vicomte de Villemur, Jean de la Baume, vicomte de Tallard, Arnaud d'Euze, vicomte de Bruniquel et le vicomte de Murendom, (peut-être Amaury, vicomte de Lautrec, seigneur de Montredon). L'effectif de leurs forces s'élevait à 6000 chevaux et 10000 fantassins. Les Français prirent Bergerac, Condom, Sainte-Bazeille, Penne, Langon, Prudaire, Civrac.

Si le récit de Froissart est exact, il faut avouer que les Français gardèrent bien peu de temps la ville de Sainte-Bazeille, car « cette place venait d'être prise par les Anglais le 14 octobre 1340, grâce à la défection d'un noble de l'Agenais dont le nom revient fréquemment dans les actes et les chroniques du temps, Alexandre de Caumont.[2] »

La récompense du roi d'Angleterre ne se fit pas attendre, car nous trouvons dans la *Collection Bréquigny* (vol. XXVI, p. 78) des lettres du 6 juin 1341, par lesquelles Edouard III confirme la concession faite à Alexandre de Caumont des

---

[1] Publiées pour la *Société de l'Histoire de France*, par Siméon Luce : Introd. t. I, p. CXCV.
[2] *Hist. Générale du Languedoc*, t. IX, p. 526, note.

droits du roi dans les villes de Sainte-Bazeille et de Landerron. Alexandre y reçoit le titre de *condominus Sancte Basilie et de Landerron*.

Nous avons dit que Bernard Jourdain, comte de l'Isle, qui combattait si vaillamment contre les Anglais, était le frère aîné et l'héritier de Jourdain de l'Isle, seigneur pour la moitié de Sainte-Bazeille et de Landerron. Edouard III, voulant récompenser de ses bons services Bérard d'Albret, lui donna, vers cette époque, la moitié de Sainte-Bazeille, possédée par le comte de l'Isle. Mais Bérard ne la conserva pas longtemps, car des lettres patentes du roi d'Angleterre, rappellent à la date du 1er juin 1341 que ce prince lui a donné 130 livres sterlings à prendre chaque année sur la coutume des vins qui descendent à Bordeaux, pour le dédommager de la perte du château et de la moitié de la ville de Sainte-Bazeille et de sa justice haute et basse que ledit d'Albret avait reçus naguère de ce roi [1]. Dans ces lettres, Edouard ordonna encore à son sénéchal de Gascogne de mettre Bérard d'Albret, seigneur de Vayres et de Rions, en possession des lieux de Sauveterre, Blazimont, Mercamps, Preignac, Cazelles, Saint-Laurent, Saint-Germain, Saint-André-de-Cubzac, etc., valant annuellement 100 livres sterlings, pour l'indemniser de ses dépenses, de ses pertes et de sa prison en France [2].

Les Français reprirent Sainte-Bazeille après un siège qui dura de la fin d'août au commencement d'octobre 1342.

En effet, le 3 juin de cette année, Jean de Marigny, évêque de Beauvais, lieutenant du roi en Languedoc et en Saintonge, convoqua les hommes d'armes de la sénéchaussée de Beaucaire avec ordre de le joindre à Marmande

---

[1] *Arch. départ. des Basses-Pyrénées*, E. 221.
[2] *Idem.*

ou ailleurs le jour de Saint Jean-Baptiste. Il était à Agen le 14 du même mois. Il vint à Marmande onze jours après, dès que la trêve signée le 25 septembre 1340 entre les rois de France et d'Angleterre, eut expiré. Il marcha sur Damazan qui se rendit en août, au bout de quelques jours de siège [1]. Aussitôt après, il attaqua Sainte-Bazeille, *bonne ville fermée* et beaucoup plus forte, dont la soumission lui prit plus de temps. C'est là que 124 sergents que la communauté de Narbonne lui envoyait pour cette expédition, l'allèrent joindre. Pendant que ce lieutenant du roi de France était occupé à assiéger cette place, il expédia des lettres en vertu desquelles il maintenait les consuls de Marmande en possession de la paroisse de Gaujac, au diocèse de Bazas, et il imposa 33000 livres dans la sénéchaussée de Toulouse pour les frais de guerre [2].

Le siège avait commencé avant le 23 août. Robert de Marigny, sire de Tourni, qui se qualifiait « mareschal de nostre sire le roi de France es parties de la Langue d'Oc et de Saintonge », présida aux travaux de cette entreprise. Il était frère de l'Evêque de Beauvais, qui était de retour le 8 octobre à Marmande [3]. Le comte de Foix servait dans l'armée sous Jean de Marigny. La place se rendit et ce succès fut dû en grande partie à la vaillance du sire de Castelbajac, Arnaud-Raymond, dont le lieutenant du roi fait un magnifique éloge dans un acte du mois d'octobre de la même année et qui, pour couronner une série d'exploits, avait seul osé accepter le commandement de la

---

[1] *Notice sur la ville de Marmande*, p. 50. Tamizey de Larroque.
Hist. Gén. du Languedoc, à l'année 1342.

[2] *Notice sur la ville de Marmande*, p. 50.
Hist. Gén. du Languedoc, t. IX, p. 525.

[3] *Hist. Gén. du Languedoc*, Ann. 1342, t. IX, p. 542. — L'évêque de Beauvais séjourna tout le reste du mois d'octobre à Marmande.

bastide mise devant Sainte-Bazeille du coté de Marmande[1].

Alexandre de Caumont fut obligé de traiter avec le comte d'Armagnac pour la reddition du château de Sainte-Bazeille au roi de France[2].

Bernard Ezi, sire d'Albret, fut fait prisonnier par les Français dans cette ville. Aussi Edouard III lui donna-t-il, pour le dédommager, plusieurs seigneuries en Guyenne, et comme le nouveau serment du sire d'Albret l'exposait au courroux de Philippe, il lui promit entr'autres le château de Bourg, reconquis depuis peu par les Anglais[3].

La date de 1340 donnée par Guillaume Bardin de ce siège de Sainte-Bazeille est évidemment fausse d'après ce que nous venons de raconter de cette affaire. Nous avons encore d'autres documents à l'appui. Nous lisons, en effet, dans les *Inventaires des sceaux de la Collection Clairambault*, de G. Demay (tom. II, p. 341. 1886) : « Du mois d'août au mois de novembre 1342, les troupes sont devant Sainte-Bazeille (1907, 2164, 2297, etc.) ; Robert de Marigny, maréchal du roi en Languedoc, est avec elles (5744) ». Des quittances de gages sont données devant cette place et aussitôt payées, ainsi que des indemnités dites « restors » de chevaux perdus à ce siège, comme il suit :

1907. « Castelmoron (Jourdain de)... guerres de Gascogne. — Quittance de gages. — Devant Sainte-Bazeille, 4 octobre 1342 ». (Clair. r. 26, p. 1877.)

2164. « Chanteloup (Pierre de), écuyer... guerres

---

[1] *Hist. Gén. du Languedoc*, an. 1342, t. IX, pp. 543, 544. La brèche fut ouverte dans les murailles situées en face de cette bastide et l'endroit porte encore le nom de *la brèche*.

[2] *Villevieille. Trés. Gén.* Caumont, Bur. des fin. de Montauban. C. de Rod. Liasse 6ᵉ hist. coté 378.

[3] *Guyenne milit.*, t. I, p. 70. Leo Drouyn.

de Gascogne. — Restor d'un cheval. — Devant Sainte-Bazeille, 11 septembre 1342 ». (Clair. r. 28, p. 2083.)

2297. « Chateauneuf de Tursam (Pierre de), écuyer... guerres de Gascogne. — Quittance de gages. — Devant Sainte-Bazeille, 30 août 1342 ». (Clair., r. 29, p. 2175.)

5744. « Marigny (Robert de), chevalier, sire de Tourny, maréchal du roi de France en Languedoc et Saintonge... Restor d'un cheval. — Devant Sainte-Bazeille, 23 août 1342 ». (Clair., r. 70. p. 5475.)

3983. « Garsie (Pierre), écuyer... guerres de Gascogne ; perte d'un cheval devant Sainte-Bazeille. — Quittance de gages. — Castelsarrazin, 27 février 1343, n. st. ». (Clair., r. 52. p. 3905.)

Nous sommes à l'année 1345.

Après la victoire d'Auberoche remportée sur les Français (21 octobre 1345), Henri de Lancastre, comte de Derby, s'en retourna passer l'hiver à Bordeaux. Les Anglais se remirent en campagne de bonne heure pour prévenir sans doute l'armée du duc de Normandie qu'ils voyaient se préparer contre eux [1].

Un conseil de guerre tenu à La Réole par Bernard Jourdain, comte de l'Isle, avait décidé que la campagne serait abandonnée à Derby et qu'on se bornerait à défendre les places fortifiées. Le comte de l'Isle restait à La Réole, où étaient venus se réfugier les assiégés de Beaumont de Lomagne après la prise de cette place, et faisait réparer les murs et les forteresses « tellement qu'elles n'avaient garde d'assaut, que on y fit sur un mois ou deux [2] ».

---

[1] *Hist. de l'Agenais, du Bazadais et du Condomois*, p. 391, Samazeuilh.
[2] Froissart, t. 1, p. 186, liv. 1, chap. 220. — *Lettres des Rois et Reines* etc., t. 1, pp. 79-80. Champollion-Figeac.

Derby faisait à Bordeaux les préparatifs nécessaires pour assiéger cette dernière ville [1]. Il visita d'abord Bergerac, où le comte de Pembrok le joignit avec ses troupes. Il y avait quatre jours que les Anglais étaient dans cette ville « lorsqu'ils s'en partirent. Quand ils furent sur les champs, ils émurent leurs gens et considérèrent leur pouvoir et se trouvèrent mille combattans et deux mille archers. Si chevauchèrent tout ainsi, et firent tant qu'ils vinrent devant un chatel qu'on appelle Sainte-Bazeille. » L'expédition de Derby avait pour but immédiat et capital de prendre La Réole. Le manuscrit de Rome ne mentionne Bergerac ni comme lieu d'étape, ni comme lieu de gîte, occupé par Derby, entre Bordeaux et Sainte-Bazeille. « La première ville, y est-il dit, que il (les Anglais sortant de Bordeaux) trouvèrent, ce fu Sainte-Basille. » — « Les hommes de la ville (Ste-Bazeille) n'osèrent (d'après le manuscrit de Rome) attendre la venue des Englois, car ils n'estoient pas fort assés et alèrent au-devant de euls trettyer, et se rendirent, salves lors corps et lors biens. »

Cette soumission volontaire, inspirée par la peur et prévenant l'arrivée des Anglais à Sainte-Bazeille, soumission qui ne choquait point Froissart lorsqu'il rédigeait le manuscrit de Rome, contrariait vraisemblablement ses vues et ses goûts lorsqu'il rédigeait le manuscrit publié par Buchon ; car, ici, au lieu de rencontrer les habitants de Sainte-Bazeille courant sous l'aiguillon de la crainte au-devant du joug anglais, nous le voyons opposer à Derby un simulacre de résistance, une résistance d'inertie, puisque nous lisons que les Anglais assiégèrent Sainte-Bazeille de tous côtés « et firent grand appareil de l'assaillir. [2] »

Ce qui est bien certain, c'est que les habitants de cette

---

[1] Froissart, t. I, pp. 195-201.
[2] Etudes sur les Chroniques de Froissart, Ch. Bertrandy, pp. 146-147.

ville voyant que les Anglais étaient les maîtres du pays, qu'aucun corps français ne tenait devant eux, qu'enfin tous les seigneurs qui auraient pu les secourir, se trouvaient ou parmi les morts ou parmi les prisonniers de la bataille d'Auberoche, n'offrirent pas grande résistance, se décidèrent à la soumission et jurèrent féauté et hommage au roi d'Angleterre.

L'on est encore embarrassé, répond M. Bertrandy, sur la question de savoir si les Anglais ne firent que coucher à Sainte-Bazeille, ainsi que le rapporte le manuscrit de Rome, ou s'ils s'y reposèrent trois jours et n'en partirent qu'au quatrième, comme le relate un manuscrit de Froissart, coté manuscrit d'Amiens [1].

Derby prit ensuite La Roche-Millon (Meilhan), reçut Monségur à composition, remonta vers Aiguillon qui se rendit à lui et enfin vint porter son camp devant La Réole [2].

M. Bertrandy croit que Derby après la bataille d'Auberoche prit Monségur et que ce que raconte Froissart touchant Sainte-Bazeille, Meilhan, Aiguillon, appartient à une époque postérieure à l'entrée de Derby dans La Réole.

C'est à Raoul de Stafford qu'il convient d'attribuer l'honneur d'avoir soumis, dans un espace de temps compris entre le 13 novembre et le 10 décembre 1345, un certain nombre de localités le long de la Garonne, depuis La Réole jusqu'à Aiguillon.

« Maître de la ville et du château de La Réole, dit M. Samazeuilh [3], Derby marcha sur Montpezat qu'il prit par escalade, non sans y perdre beaucoup d'archers avec le chevalier qui portait la bannière du comte Stafford. —

---

[1] *Etudes sur les Chroniques de Froissart*, Ch. Bertrandy, pp. 146-147.
[2] *Lettres des Rois et des Reines*, etc., t. I, pp. 79-80.
[3] *Hist. de l'Agenais, du Bazadais et du Condomois*, pp. 399-412.

Castelmoron, situé sur la rive droite du Lot, presque en face de Montpezat, fut, au contraire, enlevé par surprise d'après le conseil d'Alexandre de Caumont, l'un des chevaliers gascons servant dans l'armée anglaise. Derby se présenta devant cette ville, puis, feignant de se retirer avec tout son bagage, il ne laissa derrière lui qu'un corps de cent hommes d'armes ; mais à une demi-lieue de Castelmoron, il cacha dans un vallon, ombragé d'un côté par des oliviers et de l'autre par des vignobles, une forte embuscade qui se dérobe avec soin à tous les yeux. — Lorsque ceux de Castelmoron se furent aperçus de la faible troupe restée devant leurs murs, ils s'armèrent à la hâte et firent une sortie, se promettant un succès facile comme un grand butin. En effet, les Anglais plient à la première charge et battent en retraite jusqu'au delà du ravin où le gros de leurs gens s'étaient embusqués. Alors, au cri de Mauny ! Mauny ! (car c'était ce capitaine qui commandait l'embuscade) les Français reconnurent leur imprudence et piquèrent des deux pour regagner leur ville. Mais les Anglais y arrivèrent en même temps, et trouvant les barrières ainsi que les portes ouvertes, ils s'en saisirent sans combat.

Derby sauva cette ville du feu et du pillage pour la donner au chevalier Alexandre de Caumont, au plan duquel il la devait. Celui-ci y commit son frère et Derby lui laissa pour garnison cent archers et soixante bidauts [1]. »

Peu après, Alexandre de Caumont fut moins heureux à Aiguillon. Il fut fait prisonnier à l'assaut du pont de cette ville par Robert d'Angerant, écuyer tranchant de Jean de France, duc de Normandie, fils et lieutenant de Philippe de Valois. Ce prince se fit remettre le seigneur de Sainte-

---

[1] Bidauts : troupes légères armées de dards, d'une lance et d'un poignard.

Bazeille et accorda à celui qui l'avait pris 500 livres de rente annuelle par lettres patentes du 7 Juillet 1346, données « en nos tentes entre Tonneins et Aiguillon[1]. »

S'étant tenu en observation dans La Réole vers les derniers jours du siège d'Aiguillon, Derby se rendit à Bergerac, raconte M. Samazeuilh[2], pour y rassembler ses troupes et les seigneurs de son parti. A Bergerac, il reçut du camp français devant Aiguillon la proposition d'une trêve qu'il refusa, connaissant ce qui se passait en Normandie. Sur quoi, le siège fut levé le 20 août 1346, et les Français battirent en retraite sur Agen, non sans se voir inquiétés par les Anglais qui mirent leur camp sur le Lot au pillage. A cette nouvelle, Derby se porta dans l'Agenais, où il garnit de troupes Villeréal et tous les châteaux du pays. Il en fit autant à Tonneins, que les Français venaient d'abandonner, ainsi qu'à Aiguillon, et s'en revint passer huit jours à La Réole, où il divisa son armée en trois corps. La première troupe fut laissée au sire d'Albret, à Bérard d'Albret, à Alexandre de Caumont et quelques autres, pour garder le Bazadais ; la seconde au seigneur de Duras, comme à d'autres chefs, pour défendre l'Agenais ; avec le troisième corps composé de mille hommes d'armes Derby marcha vers la Saintonge et le Poitou.

Alexandre de Caumont avait marié sa sœur Marie, le 30 Septembre 1341, avec Pierre de Galard, seigneur d'Espiens. On trouve aux *Archives départ. des Basses-Pyrénées* (E. 150) le contrat de mariage et l'acte par lequel ledit Alexandre paie à son beau-frère 3000 livres tournois pour la dot de sa

---

[1] Trés. des Chartes XXXI. — *Maison de Galard*, par J. Noulens, pp. 634-636. — *Grands officiers*, etc., P. Anselme, t. IV, pp. 481-482.

[2] *Hist. de l'Agenais*, etc.

sœur. L'épouse reçoit en dot : robes, lits, ornements et palefroi, 600 écus d'or, 3000 livres tournois petit coin, 200 livres de rente. Pierre de Galard donna quittance de cette légitime et s'engagea à restitution d'une partie, au cas où sa femme viendrait à prédécéder sans enfants[1]. —

Nous trouvons (*Biblioth. nat.*[2]) une quittance donnée le 22 septembre 1341 par Pierre de Galard, seigneur d'Espiens, à Alexandre de Caumont, seigneur de Sainte-Bazeille, de 600 livres, d'une part, et d'autres 600 livres de rente annuelle, pour la dot de Marie de Caumont, sa sœur. L'acte est passé à Landerron, dans la chapelle de Saint-Nicolas, par M⁰ Etienne de Breuil, notaire de Sainte-Bazeille, en présence de Raymond de Pellegrue, fils de Gilbert de Pellegrue, d'Amanieu de Grésignac, de Guillaume-Raymond de Grésignac, de Guillaume-Arnaud de Thivras, de Poncet de Landiras, de Guillaume Gatz de Jusix, damoiseaux.

Ce Pierre de Galard, seigneur d'Espiens, allié à Marie de Caumont, n'est ni Pierre de Galard, grand-maître des arbalétriers et seigneur de Limeuil, ni autre Pierre de Galard, sergent d'armes, sire d'Espiens, surnommé *Junior* dans plusieurs documents, notamment dans une dispense qui lui fut accordée par le pape Jean XXII, en 1333, à l'occasion d'un premier mariage avec Alpais de Montaigu. Il est vrai cependant que ces trois Pierre de Galard, contemporains homonymes de nom et de prénom, s'étaient mariés dans la maison de Caumont. 1° Le grand-maître des arbalétriers, gouverneur de Flandres, négociateur de trois rois de France dans les affaires militaires, religieuses

---

[1] *Maison de Galard*, Noulens, t. 1, pp. 628-633, 634-636.

[2] *Lespine*, v. 126, Caumont, f⁰ 238. Mss. de Doat, v. 187. Titres de Foix, etc., t. 23, f⁰ 266.

ou politiques, n'avait pas épousé, comme l'ont cru le P. Anselme et presque tous les auteurs, Marie de Caumont, sœur d'Alexandre de Caumont, mais bien Talésie de Caumont, morte avant 1333, ce qui est établi par le testament de son frère Guillaume de Caumont, seigneur de ce lieu, qui, le mercredi, après l'exaltation de la Sainte-Croix, institue son héritière Indie de Caumont, et lui substitue Jean de Galard, fils de ladite Talésie, sa sœur, autrefois femme de Pierre de Galard, seigneur de Limeuil [1]. En outre, le mariage de Talésie de Caumont dût être célébré vers 1310 ou 1315, tandis que celui de notre Marie de Caumont est du 20 septembre 1341. 2° Autre Pierre de Galard, sergent d'armes et sire d'Espiens, cousin du précédent, s'était allié une première fois à Alpais de Montaigu, et une seconde à Nauda de Caumont. Le premier mariage est de 1333 et le second antérieur à 1341, date à laquelle ledit Pierre n'était plus, ce qui résulte de la remise de l'amende faite à la dite Nauda, qualifiée sa veuve : *Naudæ relictæ domini Petri de Galardo, militis* [2].

Alexandre de Caumont avait épousé Blanche de La Mothe, fille d'Amanieu de La Mothe [3], seigneur de Roquetaillade et de Langon. Il en eût trois filles et aucun enfant mâle, savoir :

1° Hélène de Caumont, mariée le 26 octobre 1357, avec Bérard d'Albret, seigneur de Gensac, fils de Bernard Ezi, sire d'Albret, et de Mahaud ou Mathe d'Armagnac, sa seconde femme, auquel elle porta les seigneuries de

---

[1] *Villevieille. Trés. Gén.* Caumont, Biblioth. du Roy. Mss. de Doat, t. II, p. 188.

[2] Voir *Documents historiques sur la maison de Galard*, par J. Noulens.

[3] Voir sur les La Mothe : *Notice sur le château, les anciens seigneurs et la paroisse de Mauvezin*, R.-L. Alis, chap. III, IV et V, passim.

Sainte-Bazeille et de Landerron, de Puch et autres lieux, avec le consentement de ses deux sœurs, Isabeau et Marguerite de Caumont, qui lui cédèrent leurs droits et portions par lettres de l'an 1357, 26 octobre [1];

2° Isabeau de Caumont, dont nous venons de parler, qui, le jour du mariage de sa sœur Hélène, lui légua tous ses biens de Sainte-Bazeille, de Landerron, de Puch et autres lieux qui avaient appartenu à Alexandre de Caumont, leur père, en contemplation de l'alliance de ladite Hélène et de Bérard d'Albret. L'acte est passé dans la paroisse de Baleyssague, au diocèse de Bazas, en présence d'Arnaud-Amanieu d'Albret, Guitard d'Albret, Guillaume de Marmande, seigneur de Taillecavat, Rév. de *Lubiis*, Bernard de Ferrand [2], Guillaume-Gassies de Juge, Bertrand de Las Cazes, chevaliers, et vénérables Vital de Fumel, professeur ès-lois et chanoine d'Agen et Guillaume de Cugnos, archidiacre de Gamages et chanoine de Bazas, Jean de Lisiac, licencié et chanoine de la collégiale de *Vinhendualdo*, Roux des Vignes, châtelain de Meilhan, Hélie de Malenat de *Pulcia Arbore*, notaire public de Bazas et d'Agen [3].

3° Marguerite de Caumont [4], qui épousa Gaillard de

---

[1] *Grands officiers*, etc., P. Anselme, t. IV, 481-482.

[2] Voir sur Bernard de Ferrand, la même *Notice sur Mauvezin*, pp. 89-93.

[3] *Arch. départ des Basses-Pyrénées*, E. 150.

[4] Est-elle bien la fille d'Alexandre de Caumont, quoiqu'en dise le P. Anselme ? Elle était veuve en 1357. Elle est dite sœur dudit Alexandre dans « le contrat du mariage de Bérard d'Albret et d'Hélène de Caumont, fille d'Alexandre de Caumont, mariage fait du consentement de dame Marguerite de Caumont, sœur dudict Caumont. Feust baillé en mariage audict Bérard le lieu de Sainte Bazeille et Landeron et Puch, de l'an mil troys cens cinquante-sept. Signé Bernardus et Ayno, notaire. » *Biblioth. Nat. Coll. Dupuy*, vol. 368, coté N°.

Durfort, chevalier, seigneur de Duras et de Blanquefort. Nous trouvons aux *Archives départ. des Basses-Pyrénées* (E. 216), à la date du 26 octobre 1357, une donation consentie en faveur de Bernard d'Albret par Marguerite de Caumont, dame de Duras et de Blanquefort, veuve de Gaillard de Durfort, de tous les droits qu'elle avait, en raison de sa dot, sur l'hérédité d'Alexandre de Caumont, seigneur de Sainte-Bazeille et de Landerron et de Puch. Bernard d'Albret agit au nom d'Hélène de Caumont, fille et héritière dudit seigneur Alexandre. Les témoins sont Arnaud-Amanieu et Guitard d'Albret, frères, fils du sire d'Albret, vén. Vital de Fumel, professeur ès-lois et chanoine d'Agen, Roux des Vignes, châtelain de Meilhan, etc.

Alexandre de Caumont était mort lors du mariage de sa fille avec Bérard d'Albret (octobre 1357.)

« Instrument contenant la cession que faict Marguerite de Caumont au sire d'Albret de tout le droict que luy competoit sur Sainte-Bazeilhe et Landeron de l'an mil trois cens cinq^{te} sept. *Idem*, coté M⁴.

CHAPITRE IV

LES D'ALBRET

I

BÉRARD D'ALBRET

AR son mariage avec Hélène de Caumont, Bérard d'Albret, devient seigneur de Sainte-Bazeille et de Landerron, de Puch et autre lieux. Sainte-Bazeille restera dans l'antique et puissante maison d'Albret jusqu'à Jeanne, reine de Navarre et mère de Henri IV, et par elle à ses descendants jusqu'à Louis XIV.

Quelle est l'origine des Albret ? D'après quelques-uns, elle remonterait aux rois de la première race. Dans son *Histoire de l'Agenais, du Bazadais et du Condomois*, M. Samazeuilh nous raconte (pp. 134-135), qu' « au sein des Grandes

Landes de Gascogne, on trouve les ruines d'un château[1] dont les paysans dérobent, chaque jour, les débris pour en construire des chaumières. De cette antique demeure, il n'est resté d'intact qu'une porte gothique. Mais la pointe de cette ogive s'enfonce aujourd'hui dans le sable et darde

---

[1] « Le pays qui s'étend de Bayonne à Bordeaux s'appelle, en gascon, *las lanas*, en français, *les landes de Bordeaux*. Il est inculte, stérile et très peu habité... Nous passâmes par Labrit, petite localité de quarante à cinquante maisons, où se trouve le château de M. d'Albret avec un fort beau bois. » Le village dont parle Andrea Navagero, l'ambassadeur vénitien qui se rendait en 1528 à la cour de François I*er* (*Relations des Ambassadeurs vénitiens recueillies par Tommoseo*, t. I. *Viaggio del Andrea Navagero in Espagna ed in Francia*, 1528) était le berceau de la famille d'Albret. Perdu au milieu des grandes landes, dans l'étroite mais verdoyante vallée de l'Estrigon, il subsiste encore aujourd'hui sur la route que les voyageurs prenaient au XVI*e* siècle, pour aller de Bayonne à Bordeaux. Du château, il ne reste plus qu'une porte gothique, enfouie à moitié dans le sable. Depuis le moyen-âge, l'immense plaine landaise, que le soleil brûle en été et que l'hiver transforme en marécage, appartenait presque toute entière aux sires d'Albret. Triste et maigre patrimoine, auquel s'ajoutaient, dans la région de l'Adour, les campagnes de Dax et de Tartas, et du côté de la mer, les étangs et les dunes des pays de Seignans, de Marensin, de Maremme et de Born. Mais cette pauvre contrée produisait d'excellents soldats, « legiers de tête, mais bonnes gens d'armes » (*Charles VII et Jacques Cœur*, p. 125, Pierre Clément). On sait quel était le renom de l'infanterie gasconne, au temps de Machiavel, « tout soldat françois, mais qu'il fut vaillant, on le tenoit pour gascon » (Voir *Brantôme*, t. VI, pp. 208, 209, 210, édit. de la *Société de l'Hist. de France*. Machiavel, *Ritratti delle cose di Francia*). La désolation même du pays landais, obstacle insurmontable aux invasions, lui donnait une importance militaire exceptionnelle. Ce désert défendait Bordeaux et la Garonne, mieux que n'eut fait la plus formidable armée. Aussi les seigneurs d'Albret, maîtres d'une position si avantageuse, finirent-ils après trois siècles d'une existence obscure, par éclipser les plus illustres barons du Midi. Eux-mêmes appelaient fièrement leur maison « le boulevard des autres païs estrangers ennemis du royaume de France » (Voir *Biblioth. Nat.*, *Coll. Doat*, t. 222, fº 330 : Lettre à Madeleine de France).

au contraire vers les cieux les deux piliers qui la soutinrent jadis, effet tout à la fois singulier et certain de la mine qui a renversé de fond en comble cette construction, sans en disjoindre les quartiers, sans en mordre le ciment.

« Ce fut le berceau d'une famille noble de chasseurs. A force de les voir courre le lièvre, on prit l'habitude de désigner leur maison par le sobriquet de *Leporetum* dont on fit Lebretum, puis Labrit ou Lebret et enfin Albret. Les d'Albret couraient aussi les héritières. De siècle en

---

« Vassaux des ducs de Gascogne, puis des ducs d'Aquitaine, protectecteurs et bienfaiteurs de l'abbaye de Condom, honorés de charges ecclésiastiques dans l'Evêché de Bazas, témoins de toutes les solemnités religieuses de l'Aquitaine, unis par des liens de parenté aux vicomtes de Béarn, peut-être même chefs d'une partie de l'armée gasconne durant la première croisade (Voir *Notice sur les origines de la maison d'Albret*, du XIe à la fin du XIIIe siècle. A Luchaire), les sires d'Albret paraissaient avoir joué un certain rôle du Xe au XIIIe siècle, dans tous les événements qui ont trait à l'histoire féodale du Midi, et en particulier à celle du Sud-Ouest. On les voit ensuite prendre part à la croisade des Albigeois et se rallier à la cause catholique. Enfin, leur situation comme feudataires du duché de Guyenne les jette dans la guerre trois fois séculaire des rois anglais et des rois de France. C'est alors que la maison d'Albret apparaît, après celle de Béarn, la plus riche et la plus importante de la Gascogne. Arnaud-Amanieu se vantait auprès du prince Noir de pouvoir ranger un millier de vassaux sous sa bannière. Rude, belliqueuse, âpre au gain, cette famille féodale justifiait le proverbe : *Convoiteux comme un gascon*. Elle sut mettre à très haut prix les services qu'elle rendit à la dynastie des Valois, lorsque la guerre de cent ans fit de la Guyenne un des principaux théâtres de la rivalité de la France et de l'Angleterre. Les sires d'Albret eurent l'habileté de quitter à temps la suzeraineté des rois anglais, ducs de Guyenne, pour accepter celle des rois de France. Grâce à la faveur des Valois, leur fortune alla toujours grandissant. Sous Charles V, ils sortent définitivement de leurs genêts et de leurs bruyères, s'établissent en seigneurs péagers, sur les deux rives de la Garonne, enfin s'allient au sang royal par le mariage d'Arnaud-Amanieu avec Marguerite de Bourbon. » *Alain-le-Grand*, pp. 11-12. A. Luchaire.

siècle, leur patrimoine s'agrandit, au moyen surtout de leurs alliances, mais aussi par des usurpations successives, au préjudice du clergé, qui n'eut pas toujours à se louer d'avoir invoqué leur appui. Sous l'occupation anglaise, la maison d'Albret se trouvait déjà puissante, et lors de la campagne du Prince Noir en Castille, celui-ci ayant dit : « Sire d'Albret, avec quel nombre de gens d'armes me suivrez-vous ? » le fier Amanieu répondit qu'*en priant ses féaux, il aurait bien mille lances, sans compter celles qu'il laisserait à la garde de ses seigneuries.* Sur quoi, le duc d'Aquitaine se tournant vers les siens : « Par ma foi ! leur dit-il en anglais, on doit bien aimer la terre où l'on a un tel baron qui peut servir à mille lances ! »

« Vers 1556, la seigneurie d'Albret fut érigée en duché. Les d'Albret tenaient alors le Béarn, le comté de Foix, le comté de Bigorre, l'Armagnac, le Bruilhois, la Lomagne ...... Ils étaient rois de Navarre ...... Pour arriver à cette haute fortune, il fallut, quoi qu'on en eut dit, plus que du bonheur. D'abord, il existait dans cette maison une cause permanente d'extension, c'était une espèce de loi salique, que les Albret juraient tous d'observer *en s'engageant à ne point souffrir que les filles succédassent à l'héritage de leur père et mère, procédant de la seigneurie d'Albret, tant qu'il y aurait des mâles descendants de mâles* (P. Anselme). Ensuite les Albret furent habiles. Après avoir servi avec courage et profit le Prince Noir, on les verra se retourner à propos du côté de la France, et quel que fut le motif secret de ce changement de parti, car il n'est pas facile de sonder le cœur des seigneurs gascons de cette époque, on ne peut disconvenir qu'ils n'aient rendu à notre patrie un service inappréciable, en contribuant pour une grande part à l'expulsion des Anglais et à la constitution de la France *une et indivisible*. On leur reproche de s'être montrés moins guerriers que politiques. C'est une injustice. Ils avaient dignement conquis ce champ de gueules, c'est-à-dire couleur de sang qui formait le fond de leurs armes et sur lequel ils méritèrent plus tard de placer des fleurs de lys. Amanieu II d'Albret suivant, l'an 1096, Godefroy de Bouillon, son parent, à la Terre Sainte, fut le premier qui entra dans Jérusalem, après ce prince. (*Art de vérifier les dates*). Entre autres rencontres, à la grande bataille de Maupertuis, le sire d'Albret combattit avec toute sa famille. Un seul (c'était son frère Germain Bernadet d'Albret) ne peut contribuer à cette victoire. Mais pourquoi ? C'est qu'il venait d'être tué près du prince de Galles, à l'assaut de Romorantin. Le Père Anselme qualifie de *Grand capitaine de tous les Gascons*, Bernard d'Albret, qui, s'étant saisi de Ham, en Picardie, défendit cette place en 1401, avec héroïsme contre les troupes du duc de Bourgogne. A la vérité, le connétable Charles d'Albret perdit la bataille d'Azincourt, mais il y fut tué, l'épée au poing.

« Quant à l'origine de cette maison, Oihenard avance, sans en fournir des preuves, que les sires d'Albret descendaient des rois de Navarre. C'est aussi à cette souche que les fait remonter Favin, en les rattachant aux anciens comtes de Bigorre. Enfin, l'édit d'érection du duché d'Albret affirme que cette *maison avait pris sa première source et origine des roys régnant au pays de Gascogne, du temps du feu roy Charlemagne.*

D'après ces documents, les Albret comme les Armagnac seraient descendus d'Eudes, duc ou peut-être roi d'Aquitaine, et auraient conservé dans leurs veines le sang de Clovis mêlé au sang des princes gascons. »

M. Jules Bourrousse de Laffore travaille depuis vingt-cinq ans à une Histoire généalogique de la race Mérovingienne. Dans cet ouvrage qui aura pour titre : *La Race*

Mérovingienne jusqu'à nos jours, avec preuves, la maison d'Albret a un article important[1].

Bérard d'Albret, le premier seigneur de Sainte-Bazeille de sa maison, est un des six enfants mâles de Bernard Ezi II[2], sire d'Albret de 1327 à 1358, et de Mahaud ou Mathe d'Armagnac[3], sa seconde femme, mariés le 7 avril et le 20 mai 1321, qui eurent :

1º Arnaud-Amanieu, qui a continué la descendance des sires d'Albret ;

2º Jean d'Albret, connu par le traité qu'il fit en 1368 avec le roi Charles V contre les Anglais ;

3º Bernard d'Albret, religieux cordelier ;

4º Bérard d'Albret, auteur des seigneurs de Sainte-Bazeille, qui suit ;

5º Géraud d'Albret, dont il sera question plus loin ;

6º Guitard d'Albret, témoin de l'acte de donation consentie par Marguerite de Caumont en faveur de Bernard d'Albret, le 26 octobre 1357 ;

7º Rose d'Albret, qui, émancipée et assistée de Guillaume-Amanieu de Miossens, son curateur, épousa au mois de septembre ou de novembre 1350, le célèbre Jean de Grailly, plus connu sous le titre de captal de Buch, chevalier de l'ordre de la Jarretière, vicomte de

---

[1] Quand nous écrivions ces lignes, la mort ne nous avait pas encore enlevé cet érudit, dont le zèle heureux et patient n'était égalé que par la gracieuse obligeance.

[2] Bernard Ezi II fit son testament au mois de mars 1340. Il était fils d'Amanieu VII, sire d'Albret et de Rose du Bourg.

[3] Mathe d'Armagnac était fille de Bernard VI, comte d'Armagnac et de Fezensac, mort en 1319, et de Cécile, comtesse de Rodez. Elle était sœur de Jean Ier, comte d'Armagnac, et de Mascarose d'Armagnac (*Notes communiquées par J.-B. de Laffore*).

Benauges et de Castillon[1], appelé Jean III par le P. Anselme, qui ne compte les Jean de Grailly qu'à partir du premier sénéchal de Guyenne de ce nom ;

8° Souveraine d'Albret[2], mariée avec Jean Sanx de Pommiers, seigneur de Lescun, frère de Guillaume de Pommiers décapité par les Anglais, et fils de Guillaume-Sanx de Pommiers, chevalier, et de Jeanne de Fronsac, vicomtesse de Fronsac et d'Uza, dame de Biscarrosse, etc. ;

9° Jeanne d'Albret, mariée le 13 juillet 1350, à Jean, comte de l'Isle-Jourdain, fils de Bertrand, comte de l'Isle-Jourdain et d'Isabelle de Lévis, dame de Sessac ;

10° Marguerite d'Albret, religieuse, à Nérac, de l'ordre de Sainte-Claire, fondé par les Albret ;

11° Cécile d'Albret, religieuse, à Nérac, du même ordre,

12° Géraude d'Albret, mariée en 1372, à Bertrand, seigneur de La Mothe [3].

---

[1] Le célèbre captal de Buch, futur époux, est le fils de Jean IV de Grailly, captal de Buch, vicomte de Benauges et Castillon, seigneur de Puy-Paulin et Castelnau-de-Médoc, et de Blanche de Foix. Il est le cousin-germain de Gaston Phœbus, onzième comte de Foix, vicomte de Béarn, etc., autre personnage célèbre. N'ayant point d'enfant légitime de Rose d'Albret, Jean V de Grailly fait son testament en 1367 et institue Archambaud de Grailly, vicomte de Castillon, son oncle paternel, héritier de tous les biens qu'il possède en Guyenne et dans les duchés et comtés de Bourgogne et de Savoie (*Notes communiquées par J.-B. de Laffore*).

[2] Souveraine d'Albret vécut au moins 50 ans avec son mari dont elle eut : Jeanne de Pommiers, femme de François de Montferrand, chevalier, d'où provinrent :

1° Jeannot de Montferrand, mort en Angleterre ;

2° Bérard de Montferrand qui laissa de Marie de Lalande : Isabeau de Montferrand, vicomtesse d'Uza, mariée avec Pierre de Lur, duquel descendent les marquis et comtes de Lur-Saluces (*Idem*).

[3] *Idem*.

Gaston Phœbus, XIe comte de Foix, vicomte de Béarn, Marsan, Gabardan, etc., et Jean I, comte d'Armagnac, Fezensac, Rodez, etc., se faisaient une cruelle guerre au sujet de la succession de la maison de Béarn. Le comte d'Armagnac était soutenu par un grand nombre de personnages, parmi lesquels se trouvaient naturellement les seigneurs de la maison d'Albret, ses propres neveux, Arnaud-Amanieu, sire d'Albret, Bérard d'Albret, seigneur de Sainte-Bazeille et Géraud d'Albret, tous les trois fils de sa sœur Mathe d'Armagnac. Il y avait aussi Bérard d'Albret, seigneur de Gironde, leur cousin germain.

Le 5 décembre 1362, les deux armées se livrèrent bataille à Launac situé en aval de Toulouse, à deux lieues de l'Isle-Jourdain, vers le nord, sur la rive gauche de la Garonne et de la Save. L'action fut vive et sanglante. Le comte de Foix fut vainqueur, et, après avoir tué bien du monde à son ennemi, lui fit neuf cents gentilshommes prisonniers, au nombre desquels le sire d'Albret et ses deux frères.

Ceux-ci et Bérard d'Albret, seigneur de Gironde, furent amenés le 16 du même mois devant le château de Foix, où le comte Gaston Phœbus leur déclara ne pas vouloir « macérer leur corps par la prison, et les traiter favorablement comme nobles et gentilshommes [1]. » Il assigna aux autres soit la ville de Mazères, soit celle de Pamiers pour prison, pendant un mois, en attendant qu'ils traitassent de leur rançon, avec permission de se promener dans les environs, sans découcher. Les prisonniers s'engagèrent à tenir ces conditions de leur captivité, sous la caution des comtes d'Armagnac et de Comminges et sous peine d'une

---

[1] *Coll. Doat*, t. CXCV, pp. 250 et suiv. — *Arch. hist. de la Gir.*, IV, 127-129.

amende de 200,000 florins d'or. Il en fut dressé plusieurs actes[1].

Le 19 janvier 1363 (v. s.), le comte de Foix donna quittance au sire d'Albret, à Orthez, de la somme de 33,333 florins d'or ²/₃ pour le premier paiement de la rançon de Bérard d'Albret, seigneur de Sainte-Bazeille et de ses frères[2].

Peu après, Guillem-Sans de Pommiers et Ramon de Pellegrue, chevaliers, promettent à Gaston Phœbus de se rendre prisonniers à Orthez, si Arnaud-Amanieu, sire d'Albret, ne paye pas au comte de Foix 37,333 florins pour le reste de sa rançon et de celle de Bérard et Géraud d'Albret, ses frères, et de Bertrucat d'Albret[3].

Gassion de Castillon donne pouvoir à Bérard d'Albret, seigneur de Sainte-Bazeille, à Jean de Loubens et à Bernard de Castillon, son frère, de traiter avec Gaston Phœbus pour sa rançon[4].

Le 15 octobre 1365, Amanieu de Pellegrue, damoiseau, seigneur de Soumensac, fils de feu Amanieu de Pellegrue, damoiseau, héritier de Catherine de Grailly, dame de Sainte-Bazeille et de Landerron en sa partie, cède et transporte en faveur de Bernard Ezi II, sire d'Albret, chevalier, seigneur de Gensac, Castelmoron, etc., la quatrième partie des seigneuries de Sainte-Bazeille et de Landerron et autres biens pour le prix de 2000 nobles d'or de Guyenne (guinées)[5].

Nous trouvons dans la *Collection Dupuy* (*Biblioth.*

---

[1] *Hist. Gén. du Languedoc*, Dom Vaissete, dern. édit., t. IX, pp. 747-749. — *Coll. Doat*, t. CXCV, pp. 250 et suiv. — *Arch. hist. de la Gir.*, IV, pp. 127-129.

[2] *Ibidem*.

[3] *Arch. départ. des Basses-Pyrénées*, E. 301.

[4] *Ibidem*.

[5] *Arch. départ. des Basses-Pyrénées*, E. 216. — *Coll. Doat*, vol. 196, pp. 108-115.

Nat.) la cote d'un « Instrument par lequel apert comme Messire Bérard d'Albret acquist de Nazaoul de Caumont et En Seguin de Gavaudun et En Bérard Ramon Lorp de Caumont sieur d'Agmé la carte partye des seigneuries de Saincte-Bazeille et de Landerron et des moulins d'Estournet ensemble deux quittances de payement de la somme entre eux convenue des instruments d'achapt datté du quinziesme d'octobre mil troys cens soixante cinq et les quittances du dixiesme de février mil troys cens soixante sept et du treiziesme de sept mil troys cens soixante huict. »

Bérard d'Albret, seigneur de Sainte-Bazeille, est qualifié chevalier, capitaine de Lavardac, de Durance et de Feugarolles dans des lettres de Louis de France données à Toulouse le 1er Mai 1369. Il délivre quittance à Etienne de Montméjan le 17 août suivant, de 1000 francs d'or à lui donnés sur ses gages et ceux de 25 hommes d'armes de sa compagnie[1].

Par suite de son mariage avec Marguerite de Bourbon, belle-sœur du roi de France, Arnaud-Amanieu, sire d'Albret, entraîna dans le parti français tous ses parents, tous les seigneurs, ses vassaux et toutes les villes de ses domaines. Il s'était auparavant trouvé engagé dans le parti d'Edouard III, roi d'Angleterre, après la mort de son père qui arriva en 1358, mais Charles V trouva le moyen de l'en retirer en l'honorant de cette alliance avec la sœur de la reine de France. En considération de ce mariage, ce prince lui donna 30000 francs et le roi Charles VI lui transporta le comté de Dreux le 14 janvier 1381. L'année suivante, le sire d'Albret se trouva à la bataille de Rosebecque donnée contre les Flamands. Il fut institué Grand

---

[1] *Alain-le-Grand, sire d'Albret*, A. Luchaire, p. 68.

Chambellan de France, après la mort du comte de Tancarville, par lettres datées du Bois de Vincennes le 17 mai 1382. Il mourut en 1401 [1].

Bérard d'Albret, seigneur de Sainte-Bazeille, reçoit du roi d'Angleterre les villes de Puynormand, de La Bastide et de Villefranche. Il reçoit en 1370 du roi de France les villes de Montségur et de Sauveterre en Bazadais et de Sainte-Foy en Agenais. Le prince de Galles (Prince Noir) fait aussitôt saisir Puynormand, La Bastide et Villefranche qu'il lui a précédemment donnés. Mais trois ans après, voulant gagner le même Bérard, le prince anglais lui en donne main levée. Le seigneur de Sainte-Bazeille n'en demeure pas moins fidèle au roi de France [2]. Charles V lui fait don, à son tour, des mêmes villes de Sauveterre et de Sainte-Foy, et de la prévôté d'Entre-Deux-Mers, dès qu'elles seront rentrées sous son obéissance [3].

Louis, duc d'Anjou, lieutenant de Charles V en Languedoc, accorde 150 livres de rente à Naudon de Podensac, écuyer, en récompense des services qu'il avait rendus en compagnie de Bérard d'Albret, seigneur de Sainte-Bazeille [4].

Le 6 mars 1373, noble et puissant seigneur Béraud d'Albret, seigneur de Sainte-Bazeille (nommé Géraud par erreur); Pierre, évêque de Condom..., Comtebon, seigneur d'Antin, Géraud, comte d'Armagnac, seigneur de Termes, sénéchal d'Armagnac, Menaud d'Armagnac, seigneur de Bilhères, Jean de Faudoas, Béraud de Faudoas, seigneur d'Avenson, chevaliers, tous qualifiés nobles et puissants, et autres assistent comme témoins au contrat

---

[1] *Variétés Girondines*, Leo Drouyn, t. III, p. 275.
[2] *Notes manuscrites communiquées par J.-B. de Laffore.*
[3] *Arch. départ. des Basses-Pyrénées*, E. 221.
[4] *Idem*, E. 201.

de mariage passé à Lectoure dans le château comtal devant Me Pierre Jovini, notaire, entre Jean d'Aragon, duc de Gironne, fils aîné de Pierre, roi d'Aragon, d'une part, et Mathe d'Armagnac, Fezensac, etc., d'autre part [1].

On se rappelle que notre Bérard d'Albret était fils d'une sœur de Jean Ier, comte d'Armagnac. Il était donc le cousin germain d'autre Mathe d'Armagnac qui épousait en 1373 le fils aîné du roi d'Aragon.

Le comte de Foix, le vicomte de Castelbon, les seigneurs de Marsan, de Castelnau et de Lescun, ainsi que l'abbé de Saint-Sever s'étant déclarés définitivement pour la France, le duc d'Anjou, à la tête de 2657 hommes d'armes prit, au départ de Toulouse, le chemin d'Agen et poussa jusqu'à La Réole qu'il soumit, le 27 août 1374, de compagnie avec Louis III, duc de Bourbon. Celui-ci s'était joint au duc d'Anjou après avoir pris sur les Anglais Brives en Limousin et Martel en Quercy. Ces deux princes s'emparèrent successivement de diverses places, notamment de Penne d'Agenais comme de Penne d'Albigeois, en même temps que de Saint-Macaire et de Langon, de Sainte-Bazeille et d'Auberoche, de Condom et de Fleurance. Tonneins se rendit sans coup férir. Du Guesclin était de cette campagne [2]. — Froissart dit (tome I, livre I, chapitre 380, p. 690) que La Réole se rendit au duc d'Anjou par dévouement aux Français et que la reddition de cette place entraîna celles de Langon, Saint-Macaire, Condom, Sainte-Bazeille, Mauléon, Dion, Sébillac « et bien quarante que villes fermées que fort châteaux qui a point de fait se trouvèrent [3]. »

---

[1] *Hist. Généal. de la maison de Faudoas.* 1724, p. 137.
[2] *Hist. de l'Agenais*, etc. Samazeuilh, p. 438.
[3] Voir pour la discussion sur la date du siège de La Réole : *Hist. du Languedoc*, t. VIII, pp. 267, 281 et 483. — Jean Cabaret d'Oronville

En 1377, Bérard d'Albret est chargé par Louis de France, duc d'Anjou, de se transporter dans l'Entre-Deux-Mers, pour recevoir le serment des habitants. Il accordera en même temps toutes les grâces qu'il avisera [1].

Le duc d'Anjou fit une nouvelle campagne en 1377 et reprit quelques unes de ces villes qui étaient retombées au pouvoir des Anglais. Bergerac se rendit le 3 septembre et l'armée française prit ensuite Sainte-Foy, qui fut livrée au pillage. La garnison anglo-gasconne de Castillon finit par rendre cette place et obtint de se retirer à Saint-Macaire. La ville de Sauveterre ne tint que trois jours. Sainte-Bazeille « bonne ville fermée » se rendit également au duc d'Anjou ; Monségur ne résista qu'un seul jour, Auberoche, quatre [2]. — Dans une édition des *Chroniques* de Froissart autre que celle publiée par M. Siméon Luce, on lit (liv. II, chap. IX) : « Comment Castillon sur Dourdogne se rendit et Sauveterre, Sainte-Bazeille, Monségur et Auberoche. » M. Bertrandy (p. 88) assure qu'il s'agit ici de la campagne du duc d'Anjou en 1377. C'est aussi ce qu'indique un passage du *Chronicon Vasatense*, à l'année 1377 : « Thomas de Hitton, lieutenant du roi d'Angleterre, en vient aux mains avec les Français, près de La Réole. Dès que ceux-ci ont pris Castillon, ils gagnent Sauveterre qu'ils enlèvent aux Anglais en trois jours, puis marchent sur le temple de Sainte-Bazeille, et de là sur Monségur et enfin sur Caudrot [3].

---

met ce siège à l'année 1373 dans la *Vie de Louis de Bourbon*, ch. XXI, p. 131.

[1] *Hist. de la Gascogne*, Monlesun, t. IV, p. 121.

[2] *Hist. de l'Agenais*, etc. Samazeuilh, p. 444.

[3] *Arch. hist. de la Gir.*, XV. 48. Extrait du *Chronicon Vasatense* écrit en latin : « dein adoriuntur Beatæ Basiliæ fanum. »

Les hostilités cessèrent de part et d'autre à partir du 22 juin 1380, car ce jour même une trêve fut signée entre Jean de Neuville, lieutenant du roi d'Angleterre en Aquitaine et Arnaud-Amanieu, sire d'Albret et Bérard d'Albret, seigneur de Sainte-Bazeille. Elle partait du 22 juin 1380 et devait aller jusqu'à la fête de la Nativité de Saint-Jean-Baptiste 1381, pour tous les territoires possédés par le sire d'Albret et par son frère, le seigneur de Sainte-Bazeille et leurs alliés. — Le sire de Neuville donne et octroie bon, sauf et sûr parti et bonne sûreté de guerre à toutes les villes, châteaux, forteresses et tous les lieux, terres, pouvoirs, juridictions et plat pays qui sont sous l'obéissance du roi de France et appartiennent au sire d'Albret et à son frère le sire de Sainte-Bazeille et à leurs alliés, ainsi qu'à tous les habitants ou religieux, gens d'église, ou gentilshommes, gens d'armes, ou bourgeois, marchands, laboureurs, enfin à toute sorte de gens de quelque état et condition qu'ils soient, et à tous leurs bestiaux gros et menus, et à tous leurs héritages, à tous leurs bateaux grands et petits, qu'ils soient à flot ou à sec, et à tous leurs moulins de terre et d'eau et à tous leurs autres biens, meubles et immeubles. — Les lieux du sire d'Albret sont : Nérac, Andiran, Estussan, Mongaillard, Vianne, Lausseignan, Durance, Saint-Julien, Avanse, Puch-de-Gontaud, Villefranche-du-Queyran, Casteljaloux, La Bastide-Chastel-Amouroux, Marcellus, Meilhan, Allias... Le Puy-Fort-Aiguille, Nazareth, Argenton, Lavardac, Feugarolles, etc., etc. — Les alliés sont : le sire de Sainte-Bazeille avec tous ses lieux, pouvoirs et juridictions ; le sire et la dame de Pis avec leurs lieux lesquels appartientent audit sire de Sainte-Bazeille, Monheurt, Taillebourg ; Jean de La Barthe avec son hôtel de La Barthe-Coste-Moumit ; messire Guilhem-Raymond de Pis avec son hôtel de

Nazareth ; messire Gaillard de La Mothe, avec ses lieux, pouvoirs et juridictions, Noalhan, Castel-Nef de Marnes, Larochefargues ; le sire de Budos et son lieu de Budos et toute la prévôté de Baissac ; monseigneur Raymond d'Albret avec tous ses lieux, pouvoirs et juridictions, Amos, Caubeyres et Lades ; item le sire de Castets-en-Dorte, avec son lieu de Castets-en-Dorte et sa juridiction ; messires Amanieu Ferrand et Jehan Ferrand [1], frères, avec leurs lieux, Savignac et Cocumont et leurs juridictions ; Vidau de Laussinhan (Lausseignan) avec ses lieux, Le Fréchou, Cauderoue, Labarthe de Loutrange ; Bertrand et Sans de Xaintrailles, frères, avec leurs lieux, Xaintrailles, Villeton, Ambrus, avec leurs partisans, qui sont : Folqueton, fille de messire Fauqued de La Trau et Verdolin de Fauguars, avec leurs pouvoirs et juridictions ; la dame de Buzet, avec sa juridiction ; Peyre de Bédessan et le lieu de Lisse, avec sa juridiction, etc., etc. ; le lieu de Caumont avec ses juridictions et toute la terre de Caumont qui est dedans les metes, Monpouillan, Samazan et Bouglon avec leurs juridictions ; le Mas-d'Agenais avec sa juridiction qui est du prieur du Mas ; les lieux de Damazan, de Mézin, de Poudenas, de Sos avec leurs pouvoirs et juridictions et les lieux et forteresses et plat pays du sire de Sainte-Bazeille et autres lieux susnommés qui sont dessus le fleuve de Baïse et autre part hors desdits metes, les lieux de Sainte-Bazeille, de Landerron, de Castelmoron, etc., etc. ; la dame et le sire de Piis et leurs lieux qui appartiennent au sire de Sainte-Bazeille, Goux, Moncrabeau, Fieux, Calignac, Birac, Verteuil, etc. ; les lieux de Lévignac, Caubon, Monteton, avec leurs pouvoirs et juridictions qui

---

[1] Voir sur Jean et Amanieu de Ferrand : *Notice sur le château, les anciens seigneurs et la paroisse de Mauvezin*, Ch. V. pp. 93-98.

sont de messire Gaillard de La Mothe ; les lieux de Gontaud et d'Hautesvignes avec leurs pouvoirs et juridictions qui sont de Monseigneur Raymond d'Albret ; les lieux de Mauvezin[1], de Seyches, et les autres lieux avec leurs juridictions et pouvoirs qui sont de Messeigneurs Amanieu et Jehan Ferrand et de leur neveu et de Amanieu leur *seniur* ; messire Bertrand de Pommiers avec son hôtel de La Mothe ; le lieu de Sainte-Livrade qui est de messire Auger Mote ; Jean Ferriol, seigneur de Tonneins, et les lieux de Tonneins avec *sous personnes* messire Guilhem de Galhart avec les lieux du bourg de Saint-Pierre (de Tonneins) ; le lieu de Clairac qui est de l'abbé de Clairac ; messire Anissant de Caumont avec ses lieux de Tombebœuf, de Lauzun, de Saint-Barthélemy et de Puymiclan ; etc., etc.[2].

Les hostilités reprennent et sont de nouveau suspendues par une nouvelle trêve, intervenue entre les honorables et puissants seigneurs du conseil du roi d'Angleterre séant à Bordeaux, pour eux et pour les seigneurs barons, maires, jurats et consuls, châtelains, capitaines, villes et forteresses de l'obéissance de ce prince, d'une part, et le noble et puissant seigneur messire Bérard d'Albret, seigneur de Sainte-Bazeille, au nom de l'honorable et puissant seigneur messire Arnaud-Amanieu, sire d'Albret, son frère, pour eux et pour leurs alliés, barons, nobles, capitaines, châtelains, baillis, prévôts, jurats et consuls, villes et lieux placés sous l'obéissance du roi de France, d'autre part.

Sont compris dans la trêve : villes, châteaux, forteresses,

---

[1] Ce document m'avait échappé lorsque j'écrivis la *Notice sur le château, les anciens seigneurs et la paroisse de Mauvezin*.

[2] *Arch. départ. des Basses-Pyrénées*, EE. 48. Orig. parchemin inédit. — Je dois la connaissance de cette trêve à l'extrême obligeance de M. Georges Tholin, notre savant archiviste.

et plat pays entre la Garonne et la Dordogne, savoir : du
Lot, sous Aiguillon jusqu'à Sainte-Livrade, avec Sainte-
Livrade, son pouvoir et sa juridiction ; de là, à Montastruc, avec ce lieu, son pouvoir et sa juridiction ; de là, à
Puy-Dauphin, avec ce lieu et son pouvoir ; de là, à Tombebœuf et à Lauzun, avec ces dits lieux et leur pouvoir ;
de là, à *Briduyra*, avec ce lieu et son pouvoir ; de là, au
pont de Bragayrac, et de ce pont à l'embouchure de la
Dordogne au Bec-d'Ambès ; de là, à la mer, et de la mer
jusqu'à Aiguillon par la Garonne ; et en dehors de ces
limites, le pays que les gens de Sainte-Foy occupent de la
Dordogne aux paroisses de *Chébit* et de Roquette ; et ces
paroisses, qui sont les limites devers Terrefort ; et devers
Terregasque (Espagne) les villes, forteresses et plat pays
qui sont en cette dite province, à savoir, de l'embouchure
de la Baïse au-dessus d'Aiguillon, à Nérac et jusqu'à la
juridiction de Condom, et de là, jusqu'à l'hostau de Tri-
gnan, et de là à Sos ; ledit lieu de Sos et son pouvoir, et
tout le territoire qu'occupent les habitants de Sos depuis
la Gélise jusqu'au pouvoir de Sainte-Maure et jusqu'à l'embouchure de la *Rimbes* qui part de la terre du comte de
Foix, de Gabardan, à Vologues, appartenant à la dame de
Jaulin, ou à Guiron son fils ; de là, jusqu'à Albret, avec
son pouvoir et sa juridiction ; de là, à Tartas avec toute
sa vicomté ; de là, jusqu'à la mer de Bayonne ; de là, à la
Pointe de Soulac ; et de là, par la Garonne, jusqu'à l'embouchure de la Baïse au-dessus d'Aiguillon ; et tous leurs
habitants, gens d'église, gentilshommes, gens d'armes,
bourgeois, marchands, laboureurs et autres, et leurs bestiaux, gros et menus, leurs bêtes carnivores et autres, leurs
bateaux grands et petits avec leurs appareils, leurs terres,
bordes, maisons, leurs moulins d'eau et de vent et tous
leurs biens meubles et immeubles, excepté la terre, les

lieux, villes, forts, et gens de messire Gaillard de La Mothe qui ne sont pas compris dans cette trêve mais dans un traité particulier, savoir : Noailhan, Castelnau-de-Marnes, La Barthe en Lontrange, Fargues, Lévignac, Caubon, ainsi que les villes de la sénéchaussée des Landes qui appartiennent au roi d'Angleterre; — de même, sont compris dans la trêve, en dehors des limites de Terrefort et de Terregasque, Feugarolles, Lavardac, Bedeyssan, Argenton, Fieux, Calignac et le Saumont.

Le maire et les jurats de Bordeaux s'obligent à tenir et à faire tenir ce traité par leurs administrés, et le seigneur de Sainte-Bazeille s'engage, en retour, à l'observer et à le faire observer par les capitaines de Castillon en Périgord, de La Mothe de *Saint-Payssent* et de Montravel [1].

A l'expiration de cette trêve, la guerre reprit avec plus d'acharnement que jamais. Une nouvelle trêve fut signée pour trois ans entre le roi d'Angleterre et Arnaud-Amanieu, sire d'Albret, et Bérard d'Albret, seigneur de Sainte-Bazeille et tous leurs alliés. Le 19 mai 1383, Jean de Harpedane, sénéchal d'Aquitaine pour le roi d'Angleterre promet bon et loyal parti et bonne sûreté de guerre aux dits seigneurs et à leurs compagnons et alliés. Ce traité est signé sur un pré situé entre Langon et Saint-Macaire, le samedi après Saint Fort, le jour ci-dessus. Les seigneurs et les lieux qui doivent profiter de cette trêve, sont énumérés dans le document [2].

Afin de maintenir ce traité, furent nommés conserva-

---

[1] Biblioth. Nat. — F^{ds} Périgord. Lespine, v. 24, f° 76. *Arch. de Pau*, Albret, ch. IV, cotté N°. — Ce document que nous croyons inédit est publié in-extenso aux *Notes et pièces justificatives*, n° VI.

[2] *Arch. des Basses-Pyrénées*. E. 373 n° 2147. L'original en parchemin a été communiqué par M. Paul Raymond, archiviste de Pau, et imprimé aux *Arch. hist. de la Gir.*, t. III, pp. 278 à 281.

teurs de la trêve, pour les Anglais, le sénéchal d'Aquitaine, le maire de Bordeaux, le captal de Buch, le seigneur de Duras, le seigneur de Roazan, Nompar de Caumont et le seigneur de Madaillan ; et, pour les Français, le sire d'Albret, le seigneur de Sainte-Bazeille, Gaillard de La Mothe, le seigneur de Budos, Raymond d'Albret, le *Bort de Lana* et Jean de Ferrand.

Charles VI, voulant récompenser les services de Bérard d'Albret, seigneur de Sainte-Bazeille, et le dédommager des dépenses qu'il avait faites lorsque le roi de France l'avait mandé vers lui, lui accorde par lettres données à Beaugency-sur-Loire le 18 mars 1383, la somme de 1500 francs d'or. La quittance est du 15 mai 1384[1].

Nous trouvons aux *Archives des Basses-Pyrénées* (E. 217), à l'année 1388, une reconnaissance des fiefs dûs à Bérard d'Albret, seigneur de Sainte-Bazeille et de Buzet (Lot-et-Garonne) par Jean de Gimont, Gaillard de Baulac, Guiraud de La Roque, Gassie de Méraut, Arnaud de Tête-Loubère, Ramon Chrestian, Pierre de la Peyre, Marie de Labadie, Pierre de Matar, Jean de Béraut, Bernard de Béljardin, Alaïs d'Aymar, Pierre Colom, Pierre Gombaud, Laurent de l'Ousse, Raymond Barrau, Pierre de Campet, Gaillard de Trincaus, Thibaut des Aias, Martin de Romegose, Vidal du Carpet, Hélie Barda, Martin de Sale, Austruge de Mothio, Jourdain de Maistre, Jean du Fraixe, Arnaud de Flaran, Doat de Laubon, Guilhem Cabey, Bertrand de Feugas, Guilhem Tilhet, Arnaud Porquey, Bertrand de Montazet, Vidal de Villeneuve, Guillard Delbosc et Pierre de Rival.

Au mois de février 1390, Traquet de Braquemont, Hue du Boulay, chambellan, et Nicolas de Rance, clerc et

---

[1] *Grands off. de la Couron.*, P. Anselme.

conseiller, députés du roi de France en Guyenne et Languedoc pour réparer les attentats et dommages faits contre les trêves, délèguent leur pouvoir à Bérard d'Albret, seigneur de Sainte-Bazeille [1].

Par lettres données à Boissy-Saint-Léger, le 26 mai 1395, Charles VI ordonne à ses conseillers sur le fait des Aides en Guyenne et Languedoc de payer à Bérard d'Albret la somme de 3000 francs qui lui est due [2].

Nompar de Caumont, seigneur dudit lieu, Bérard, Mathieu et Bernadet d'Albret, Pons de Castillon, Bertrand de Galard et le bâtard de Pardailhan, traitent avec les rois de France et d'Angleterre touchant le bourg Saint-Pierre de Tonneins qu'ils venaient de prendre le 5 août 1398 [3].

Par de nouvelles lettres données à Rouen le 8 novembre 1399, le roi de France fait mandement à Raoul d'Angerville, gouverneur général sur le fait des Aides pour la guerre au pays de Languedoc, de payer à François d'Albret, seigneur de Sainte-Bazeille, la somme de 1000 francs d'or qui lui reste dûe sur celle de 6000 à lui octroyée pour l'aider à payer sa rançon de « sa prison de Lombardie [4]. »

Notons les calamités arrivées en ce XIV⁰ siècle :

1323, le lundi 22 mai, un tremblement de terre dans la région ;

1338, une horrible famine en France ;

1346, une inondation de la Garonne, la première dont parlent les chroniqueurs ;

---

[1] *Arch. départ. des Basses-Pyrénées*, E. 51.
[2] *Idem.*, E. 52.
[3] *Villevieille*, *Trés. Gén.* Caumont, *Bibl. du Roy*, msc. de Doat, t. II, p. 200.
[4] *Arch. départ. des Basses-Pyrénées*, E. 54.

1346, une grande peste dans toutes les provinces, ayant beaucoup de rapport avec le choléra, qui emporte la 8me ou la 9me partie de la population ;

1351, une disette par suite de la peste, pendant laquelle le blé vaut 35 francs la mesure actuelle (hectolitre).

1372, un tremblement de terre, le 3 mars à minuit ;

1373, une grande famine dans le Bordelais, durant laquelle le boisseau de froment vaut 40 francs à Bordeaux en 1375, soit 39 francs l'hectolitre[1].

II

FRANÇOIS D'ALBRET

Du mariage de Bérard d'Albret et d'Hélène de Caumont, ne fut procréé que François d'Albret, héritier universel de ses père et mère.

François d'Albret, chevalier, seigneur de Sainte-Bazeille et autres lieux, épousa par contrat passé au Châtelet de Paris le 8 janvier 1403 (v. s), du consentement de Charles Ier, sire d'Albret[2], connétable de France, son cousin germain, Jeanne de Roucy, nièce de Jean de Roucy, évêque de Laon, et sœur de Jean de Roucy, comte de Brène, et fille de Hugues, comte de Roucy et de Blanche de Coucy. Il fut stipulé dans ce contrat qu'elle ne réclamerait rien de la succession de ses père et mère[3].

Nous trouvons dans la *Collection Dupuy (Biblioth. Nat.)* un document contenant l'acte de prise de possession d'un moulin sur la rivière du Drot appelé le moulin de Pont, par le sieur de Sainte-Bazeille, le 30 mars 1403.

---

[1] *Annales de La Réole*, manuscrit communiqué par M. O. Gauban.
[2] Tué à la bataille d'Azincourt (1415) qu'il perdit contre les Anglais.
[3] *Arch. départ. des Basses-Pyrénées*, E. 55.

Le 8 juillet 1404, François d'Albret figure comme témoin de la prise de possession de la baronnie de Casteljaloux par le connétable d'Albret, en présence de Pierre de Salpini, évêque de Bazas, de Louis d'Albret, seigneur de Langoiran, frère du connétable, du vicomte d'Orte, du seigneur de Budos, de Bérard d'Albret, seigneur d'Auros, de Raymond d'Albret, de Fanguet de Monpoy, seigneur du Sendat, etc.[1]

Les terres de la seigneurie d'Albret et par contre celles des châtelains et les villes fidèles aux Anglais étaient sans cesse ravagées (1405-1407[2]). Les deux partis réclament la paix. Gaillard de Durfort, seigneur de Duras et de Blanquefort, sénéchal de Guyenne, de l'avis du conseil du roi séant à Bordeaux, accorde le 22 avril 1407, une trêve de 40 jours aux terres et aux adhérents de la dame d'Albret, Marguerite de Bourbon, veuve d'Arnaud-Amanieu, et de son fils, Charles, connétable de France, et du seigneur de Sainte-Bazeille François d'Albret[3].

L'acte désigne individuellement les seigneurs et les localités. Il est convenu qu'on ne donnera aide ni secours à ceux qui n'y sont pas compris, du 22 avril au dernier jour de mai. Toutefois, la trêve ne commencera que huit jours après pour les seigneurs de Pommiers, de Roquetaillade et de Puyguilhem. Au nombre des lieux compris

---

[1] *Hist. de l'Agenais*, etc. Samazeuilh, p. 184.

[2] On trouve aux *Arch. munic. de Bordeaux*, une lettre adressée à Pierre Arnaud de Béarn, dans laquelle il est question de Jean de Ferrand, qui va à la Tresne pour demander une trêve, 1er septembre 1406.

[3] Voir pour cette trêve sur François d'Albret : *Arch. munic. de Bordeaux, Registres de la Jurade* : approvisionnement qu'il prépare, p. 105 ; trêve qu'il négocie au nom de la dame d'Albret, sa cousine, pp. 181, 185, 187, 197, 202, 217, 260 ; lettres qu'on lui adresse, pp. 187, 202, 210, 217, 365 ; sa résidence, p. 278 ; ses messagers, p. 276.

dans la trêve, il y a « lo loc de Senta Bazelha », et parmi les seigneurs adhérents « Bérard de Labrit[1], Ramon et Gualhard de Labrit, sous frays, Micheu de Labrit, Bernadot de Labrit, Thomas et Johan de Labrit[2] ».

En France, pour assoupir les divisions suscitées par la faction des Armagnac et celle des ducs de Bourgogne, on s'avisa d'utiliser les forces du royaume dans une guerre aux Anglais sur toutes leurs possessions. La noblesse adopta ce projet avec enthousiasme, mais la puissance du duc de Bourgogne fit échouer ce projet. En Guyenne on en profita. Gaillard de Durfort, sénéchal de la province pour Henri IV, François d'Albret, seigneur de Sainte-Bazeille et Bernard d'Albret, sénéchal de Bazas pour Charles VI, consentent une trêve au mois de juillet 1410 à Beguey, près Cadillac-sur-Garonne, jusqu'à la Noël.

Une autre trêve intervint le 17 février 1413, car nous trouvons dans la *Collect. Lespine* (v. 24, f° 84) un mandement au sénéchal pour la faire publier[3].

A la date du 24 janvier 1415, les *Registres de la Jurade* (*Arch. mun. de Bordeaux*, p. 108) nous apprennent que le sénéchal allait à Cadillac pour traiter encore d'une trêve, avec le seigneur de Sainte-Bazeille, et que le roi de France (pp. 163-167) chargeait son chancelier M° Jean Andrieu de traiter avec M° Philippe Morgan, ambassadeur du roi d'Angleterre, pour la prolongation de cette trêve qui devait primitivement finir au 1ᵉʳ mai et qui est continuée jusqu'au 8 juin suivant, afin de pouvoir traiter définitivement de la paix[4].

---

[1] Labrit, ancienne forme romane d'Albret.
[2] *Arch. hist. de la Gir.*, VI, 216-220.
[3] *Arch. de Pau*, ch. XVI de l'Arm. de Périgord, n° 166.
[4] Lire les deux lettres des rois de France et d'Angleterre dans ledit *Registre de la Jurade*. — Voir aussi relativement à cette trêve sur

Les troubles, loin de diminuer en France, prenaient une tournure alarmante. Henri comprit que le moment était venu de fondre sur cet état. Il se jeta sur le Nord où il fut partout vainqueur. Azincourt, où fut tué le connétable Charles d'Albret, vit la défaite des Français (1415). — En Guyenne, les affaires de l'Anglais n'étaient pas en aussi bon état. Le comte d'Armagnac, le sire d'Albret et autres seigneurs gascons du même parti combattaient rudement ses sujets. A la fin, ces barons, considérant que le gouvernement de France était entre les mains du duc de Bourgogne, leur ennemi, prirent la résolution de ne pas pousser plus loin leurs conquêtes et conclurent une trêve avec le roi d'Angleterre [1].

Le 1er juillet 1424, Jean de Radclyf, chevalier, sénéchal de Guyenne s'empare sur François d'Albret, ennemi rebelle au roi d'Angleterre, de la ville de Sainte-Bazeille, avec l'aide de Gaston de Foix, captal de Buch, comte de Longueville, et la remet sous l'obéissance d'Henri VI, son souverain. Le captal de Buch, prétendant avoir par héritage des droits sur Sainte-Bazeille [2], occupée depuis longtemps par François d'Albret, fait ressortir combien il serait

---

François d'Albret, *ibidem*, pp. 108, 116, 241, 252, 253, 260, 262, 267, 268, 269, 278, 283; lettres de lui, 116; lettres qu'on lui adresse, 267; ses forces, 116; garanties qu'il donne, 253; pièces qu'il doit transmettre, 267; ses pouvoirs, 269; ses terres, 279, 280; ses représentants, 291.

[1] *Collect. de M. Lacaze*, libraire à Agen.

[2] Nous trouvons au *Catalogue des Rolles Gascons* (t. 1, p. 209), deux documents sur la possession de Sainte-Bazeille par Gaston de Foix, le 1er du 28 juin 1425-1426 : « Pro Gastone de Foix, comite de Longavilla, creato comite de Benauges, et de medietate de Sancto Basilio (sic), et medietate de Landaron, de locis d'Aurós, de Baires, ac etiam de Berteull, de Soros et Casenavé de Serne, eidem concessis. Teste Rege apud Westminster 28 die junii »; le 2me, du 14 août 1432-1433-1434 : « Rex creavit Gastonem de Foix, comitem de Longavilla, in

utile de restaurer cette ville et son château, à cause de sa position avancée sur la frontière des ennemis du roi d'Angleterre et demande, en conséquence, qu'il lui soit alloué les fonds nécessaires à cette restauration. Là-dessus, le 27 mars 1425, le sénéchal accorde 200 nobles d'or par an, pour que Gaston de Foix maintienne la ville et le château qu'il a repris le 1er juillet 1424, et lui promet le remboursement des sommes qu'il emploiera pour rétablir les murailles et les fortifications de ce lieu [1].

Le même jour, François d'Albret perd encore Gensac dont il était seigneur [2].

Henri VI confirme l'an 1430 le traité passé entre Jean de Radclyf, sénéchal de Guyenne et les habitants de Gensac le 1er juillet 1424. Cette ville sera rendue à François d'Albret, s'il rentre dans le devoir, c'est-à-dire sous l'obéissance du roi d'Angleterre. Dans le cas contraire, elle restera au domaine de la couronne [3]. Les mêmes conditions sont renouvelées en faveur des habitants dans un mandement d'Henri VI [4].

François d'Albret, seigneur de Sainte-Bazeille et de Pins, fait son testament à Moncrabeau le 3 janvier 1427 (v. s.). Il institue son héritier, un des petits-fils du connétable d'Albret, Charles d'Albret, son neveu, l'un des fils de Charles II, sire d'Albret, et nomme pour exécuteurs testamentaires les Évêques d'Agen et de Condom, Louis de

---

comitem de Benauges, et concessit eidem comiti medietatem de Sancto Basilio, medietatem de Landeron, et loca d'Auros et de Baires (Vayres) ac etiam loca de Berteull (Verteuil), de Sora, Casenave de Sernes. Teste Rege apud Westminster, 14 die Augusti »

[1] *Arch. hist. de la Gir.*, XVI, 102-104.
[2] *Arch. hist. de la Gir.*, XVI, 16, 102-104.
[3] *Idem*, pp. 207-209.
[4] *Idem*, pp. 209, 210, 214 et 215.

Noailhan, chevalier, seigneur du Fréchou et Jean de La Mothe, chevalier. Il veut être enseveli dans l'église des Frères-Mineurs de Casteljaloux. On dira pour lui des messes dans ladite église et dans celle de Moncrabeau. Il fait appliquer une somme comme restitution à l'œuvre de l'église de Saint-Pierre de Condom. Il exige que les clauses de son contrat de mariage avec Jeanne de Roucy soient exécutées de point en point. Les témoins sont Jean de Masseurt, Arnaud de Bat, Jean Dosnian (ou Dosniau), consuls de Moncrabeau.[1] Il mourut sans laisser d'enfants au commencement de l'année 1435[2].

III

CHARLES D'ALBRET

Le 24 février 1435, Charles d'Albret, seigneur de Sainte-Bazeille, fait à Moncrabeau une donation à Jeanne de Roucy, veuve de François d'Albret. On y voit que ce dernier habitait les lieux de Pembo et de Sainte-Bazeille, où sont des coupes d'or et d'argent, des joyaux pour l'ornement du corps, des ustensiles de ménage, nappes, lits garnis de plume, couvertures de diverses couleurs, écuelles et plats d'argent et d'étain, des bœufs, des chevaux, des porcs, des brebis et des chèvres. Il donne à la veuve du seigneur de Sainte-Bazeille, à titre de compensation, le château de Buzet (castrum de Buzeto) avec toute la juridiction et tous les revenus de quelque part qu'ils proviennent, mais seulement sa vie durant et jusqu'à un prochain mariage[3].

---

[1] *Arch. départ. des Basses-Pyrénées*, E. 62.
[2] *Grands officiers*, etc., P. Anselme.
[3] *Collection Doat*, t. 215, f° 282.

Ladite de Roucy testa le 30 juillet 1448 et fit de nombreux legs. Elle voulut être enterrée au couvent des Frères-Mineurs de Casteljaloux, dans le tombeau de son mari. L'acte est passé à Moncrabeau en présence de Jean, évêque de Condom, de Louis de Noailhan, seigneur du Fréchou, de Jean de Noailhan, son fils, de Pierre de Bomont, seigneur de Bomont, de Pierre de Franchis, prêtre curé de Moncrabeau, d'André de Vila-Sentut, de Me Raymond de Chaba, notaire, de frère d'Arbussan, franciscain [1].

Trois années avant, le 31 mai 1445, transaction fut passée entre Charles d'Albret, comte de Dreux et Jeanne de Roucy, touchant la prétention qu'elle avait sur les biens délaissés par son mari. Charles s'engage à remettre à la veuve de François d'Albret ses tasses d'or et d'argent et d'autres joyaux, bétail, etc., et tous les objets énumérés dans l'acte précédent du 24 février 1435. Il lui abandonne les terres qu'il possède au lieu de Gensac et le lieu de Sainte-Bazeille. Il lui accorde en pure donation 1000 moutons d'or. L'acte est fait à Buzet en présence d'honorable homme seigneur Louis de Lasseran, damoiseau, seigneur de Massencome, lieutenant de noble et puissant seigneur Oddon de Lomagne, chambellan du roi de France et son sénéchal d'Agenais [2].

En l'année 1442, l'armée française avait envahi l'Agenais et de la fin d'août à la fin de septembre, prit par assaut ou par capitulation Caumont, Marmande, Sainte-Bazeille, Meilhan, Mauvezin, Langon, etc. Toutes ces villes livraient à Charles VII le cours de la Garonne jusqu'à Saint-Macaire [3].

---

[1] *Arch. dép. des Basses-Pyrénées*, E. 607.
[2] *Coll. Doat.* t. 217, fo 178-210.
[3] *Notice sur la ville de Marmande*, Tamizey de Larroque, p. 64.
— *Hist. de la Conquête de la Guyenne par les Français* (Bordeaux,

En février 1452, les Anglais prennent, pillent et abandonnent Sainte-Bazeille [1].

Dans un acte présenté au mois d'octobre 1455 pour le sire d'Albret au roi Charles VII et à son conseil, il est dit que 220 livres de rente données autrefois sur le péage de Marmande par Jeanne de Périgord à son mari, Anissant de Pins, chevalier, seigneur de Taillebourg, confirmées par le roi Charles V en 1371, et passées par succession d'héritage à François d'Albret, qui fut seigneur de Sainte-Bazeille, de Taillebourg et de Pins, n'ont jamais été payées ni audit Anissant ni audit François, à cause des guerres et tribulations [2].

Dans une réponse des commissaires du sire d'Albret, du mois d'octobre 1456, relative aux articles conclus entre Jean d'Albret, vicomte de Tartas, son fils, et les commissaires du roi, il est rappelé qu'il y a 126 ans ou plus, messire Bérard d'Albret épousa la vraie dame de Sainte-Bazeille et Landerron et acheta la petite part d'aucuns autres qui disaient avoir droit et en fut institué seigneur toute sa vie. De lui et de ladite dame fut procréé messire François d'Albret, qui fit héritier Charles d'Albret [3].

On lit dans la *Collection Doat* (t. 220), des lettres datées d'Agen le 14 mai 1461, et rapportant l'hommage fait à Charles VII par Brandelis, seigneur de Caumont, de

---

1866 in-8º). Henri Ribadieu, p. 159. — M. Ribadieu emprunte ces renseignements à la relation du voyage à Bordeaux de l'évêque Thomas Beckington en 1443, relation qui a paru en anglais par les soins de M. N. Harris Nicolas (1828) et qui a été traduite librement en français par M. Gustave Brunet, sous le titre de *Journal du voyage d'un ambassadeur anglais à Bordeaux en 1443*.

[1] *Antiquitez*. Darnalt, fº 105.
[2] *Coll. Doat*, t. 219.
[3] *Idem*, fº 215.

diverses seigneuries, parmi lesquelles figurent Sainte-Bazeille, Taillebourg, Cancon et Piis, tenues et mouvantes du roi de France à cause de ses comtés et sénéchaussée d'Agenais.

Charles II, sire d'Albret, consacrant par un acte solennel une vieille coutume de sa maison, établit, en 1456, que la seigneurie et le domaine d'Albret ne pourraient être démembrés ni aliénés, mais seraient transmis de mâle en mâle par ordre de primogéniture, constitution que ses trois fils, Arnaud-Amanieu, sire d'Orval, Jean, vicomte de Tartas, et Charles, sire de Sainte-Bazeille, s'engagèrent par serment à maintenir [1].

En 1469, Louis de Noailhan, chevalier, seigneur du Fréchou et de Buzet, fait donation à Charles d'Albret, seigneur de Sainte-Bazeille, de tous les droits qui lui avaient été cédés par feu Jeanne de Roucy, de son vivant, dame de Sainte-Bazeille, et de tous ceux qu'il avait acquis des Frères-Mineurs de Casteljaloux et des Ermites de Saint-Augustin de Mézin [2].

En vertu de lettres patentes données à Saint-Jean-d'Angély, le 7 octobre 1469 par Charles, fils et frère du roi de France, duc de Guyenne, comte de Saintonge et seigneur de La Rochelle, Pierre Morin, son trésorier général, Jacques Berziau, maître de ses comptes, et Bernard de Gots, lieutenant du sénéchal d'Agenais et de Gascogne furent chargés du recouvrement des terres, places, seigneuries, droits et devoirs indûment occupés et détenus dans l'Agenais par plusieurs nobles et gens d'église. Ces trois commissaires étant à Lectoure, avaient subrogé à leurs droits Jean de Montravel, écuyer, receveur ordinaire de la sénéchaussée

---

[1] *Arch. départ. des Basses-Pyrénées*, E. 95.
[2] *Idem*, E. 216.

d'Agenais, et Robert de Balzac, seigneur de Rieumartin, avait rendu cette subrogation obligatoire en délivrant audit Montravel des lettres de *pereatis*. En conséquence, le 11 janvier 1470, ce dernier part du Mas-d'Agenais, se rend à Marmande, y assemble les consuls et, assisté de Jean de Fonpeyre, substitut du procureur ducal, leur demande de lui faire savoir les usurpations qui pouvaient être venues à leur connaissance. Trois jours après, un dimanche, les consuls répondent qu'en visitant leurs archives, ils ont trouvé un document qui prouve qu'au delà de leurs limites et assez près de Mauvezin, est un lieu nommé Castelnau, de l'ancien domaine du duc de Guyenne, jadis habité et de bonne valeur, mais ne produisant, depuis, qu'herbages et aglanages, dont le profit était partagé entre les seigneurs de Sainte-Bazeille et de Mauvezin, qui se le sont approprié comme s'il fut de leur domaine. Et là-dessus, ils exhibent un antique document en bonne forme reçu par Mᵉ Guillaume Constantin, notaire public, de l'an 1317, époque où, voulant terminer un débat qui durait depuis longtemps entre la ville de Marmande et les habitants de la bastide de Castelnau (chacun prétendant que la paroisse de Beaupuy était en sa juridiction), le sénéchal de Guyenne les mit d'accord et divisa cette paroisse comme on le voit dans ce titre [1]. — Ils remontrent, en outre, qu'un nommé Jamet de Landeroat et le seigneur de Sainte-Bazeille ont usurpé plusieurs droits qui appartenaient au duc de Guyenne dans les environs de Marmande [2].

Le mardi suivant, 16 janvier, le commissaire fait une double expédition ; il se rend d'abord au pont de Castelnau et de là à l'ancienne mothe de ce lieu sur l'emplacement de

---

[1] *Arch. hist. de la Gir.*, v, 349.
[2] *Notice sur la ville de Marmande*, pp. 66-67.

l'ancien château, sous un grand chêne, où il ordonne d'apposer un écusson ducal.

Il s'en vient ensuite devant un castel appelé Castelcu. Laissons Jean de Montravel parler lui-même de la fin de sa journée :

« A la requête du substitut du procureur de Mgr le Duc, j'avais fait ajourner par lettres les baillis et consuls de Sainte-Bazeille pour visiter certaines limites faisant la division et le partage entre Castelnau, Sainte-Bazeille et Marmande, parce que, ni moi commissaire, ni aucun des consuls et habitants de Marmande qui m'accompagnaient, ne connaissions ces limites, ni n'avions documents qui en fissent mention, si ce n'est un vieil instrument que nul n'entendait. En cette visite, je trouvai un petit château appelé Castelcu, qu'un gentilhomme de Sainte-Bazeille nommé Jamet de Landeroat avait usurpé. Celui-ci carnalait souvent le bétail des habitants de Marmande, malgré que ledit lieu fut de la juridiction de cette dernière ville, comme il m'apparut par la déposition de plusieurs. Aussi, à la requête dudit procureur ducal, je le mis en la main de mondit seigneur et le déclarai être de la juridiction de Marmande, devant ledit sieur de Castelcu qui n'en fut aucunement contredisant. Et parce que pareillement je fus informé que les seigneurs de Sainte-Bazeille faisaient souvent pareils exploits, c'est à savoir, prenaient le bétail des habitants de Marmande sur les vignes de ladite ville et sur une grande partie des terrains qui sont près desdites vignes et de la juridiction, j'y fis mettre, à la requête dudit procureur, les armes ducales et scier plusieurs arbres en signe que c'était de la terre de mondit seigneur.

« Et là même, en la présence dudit sieur de Sainte-Bazeille, je défendis de par mondit seigneur audit de Sainte-Bazeille et à tous autres, sous peine de 25 marcs d'argent, et à Jamet de Landeroat, sieur de Castelcu, qu'ils ne fussent si hardis de prendre aucun bétail, ou de faire aucun exploit de seigneurie ou de juridiction, auxquelles inhibitions le procureur de Monsieur de Sainte-Bazeille s'opposa et je lui assignai le jour à comparoir par devant Messeigneurs les Maîtres des comptes de mondit seigneur de Bordeaux, au dernier jour du mois prochain venant.

« Et, partant de là, nous descendîmes dessous les vignes de Marmande, et quand nous y fûmes, à cause que j'y vis une grande altercation entre les habitants sur les terrains d'en bas, je n'y pus rien plus pour ce jour expédier. Et comme les procureur et consuls de Sainte-Bazeille me remontrèrent qu'ils n'avaient pas le temps nécessaire pour quérir et visiter leurs livres, chartes, documents et renseignements touchant lesdits territoires, confrontations et limites, ils me demandèrent plus grand délai, et pour ne leur donner cause d'appeler, voulant obtempérer à leur requête, et du consentement de mondit seigneur, en sa sénéchaussée d'Agenais ou de son substitut et des consuls, manants et habitants des lieux de Marmande et de Sainte-Bazeille, je donnai temps de produire ou dire devant moi ce qu'ils voudraient dire ou produire ou de poursuivre leur opposition, et je les assignai au jour de mi-carême prochain venant[1]. »

En 1471, Charles d'Albret, seigneur de Sainte-Bazeille, oncle d'Alain, sire d'Albret, essaie vainement de se faire prêter hommage de fidélité par les gens de l'Armagnac et des Landes[2]. « Ledit Monseigneur de Saincte Bazeille se pourtait seigneur de Lebret et se vantait de faire l'ommaige

---

[1] *Arch. hist. de la Gir.* V. 351-353. Le document est écrit en langue romane.
[2] *Arch., depart des Basses-Pyrénées.* E. 84.

à mondit seigneur de Guyenne, etc. » Alain parcourt les terres d'Albret et reçoit le serment des consuls qui partout viennent en procession au-devant de lui, avec croix et bannières[1]. Le frère de Louis XI, Charles de Guyenne, dont les préférences étaient pour le sire de Sainte-Bazeille, n'osa pourtant pas s'opposer à l'installation d'Alain, et fit de vains efforts pour attacher celui-ci à sa cause en le détournant de celle du roi de France[2]. Il n'y réussit que trop bien.

Ruffec de Balsac, sénéchal de Beaucaire et Gaston de Lion, sénéchal de Toulouse, furent chargés par Louis XI de conduire contre Jean V d'Armagnac et les seigneurs coalisés une armée composée de 500 lances, d'un corps de francs-archers et d'un train d'artillerie. Ils firent si bien que bientôt il ne resta guère que la ville de Lectoure à Jean V qui s'y était renfermé. — Le sénéchal de Beaucaire étant resté à la garde de l'Armagnac, celui de Toulouse poussa du côté de Bayonne, dont il reçut le serment de fidélité, ainsi que celui des villes de Dax et de Saint-Sever. Puis il revint en Armagnac où, de concert avec l'autre sénéchal, il assiégea Jean V dans Lectoure.

Sur ces entrefaites, Charles, duc de Guyenne, instigateur de cette révolte contre son frère, avait vécu! On a parlé diversement de cette mort qui survint le 28 mai 1472 à Bordeaux et que l'histoire met sur le compte de Louis XI. — Innocent ou coupable de fratricide, le roi de France ne perdit pas un instant pour en profiter. Il partit aussitôt pour la Guyenne, qu'il réunit à la couronne et où il établit Pierre de Bourbon, sire de Beaujeu, en qualité

---

[1] *Biblioth. Nat.*, série des titres 2811. Lettre adressée à Louis XI par un officier d'Albret.

[2] *Alain le Grand*, A. Luchaire, pp. 17, 18.

de gouverneur. Celui-ci marcha contre le comte d'Armagnac qui tenait toujours dans Lectoure, assiégée par les sénéchaux de Beaucaire et de Toulouse. Bientôt Jean V se vit investi par une armée de 40.000 hommes. Ce n'est pas cependant à ces forces imposantes qu'il céda, mais bien à la famine qui désolait la place. Par la capitulation qu'il obtint en juin 1472, (v. s.) il consentit au roi l'abandon de tous ses domaines sous la réserve d'une pension de 12000 livres et des villes d'Eauze, de Fleurance, de Barran et de Nogaro, pour y faire sa résidence.

Mais en octobre suivant, le comte d'Armagnac, à l'instigation et à l'aide de Charles d'Albret, dit le Cadet, seigneur de Sainte-Bazeille, son cousin germain, rentra par surprise la nuit dans Lectoure, s'empara de la personne du gouverneur de Guyenne, Pierre de Bourbon, sire de Beaujeu, ainsi que de plusieurs de ses officiers et les fit jeter en prison [1].

Madame d'Albret, mère du seigneur de Sainte-Bazeille, se montra plus joyeuse de la prise de Lectoure que courroucée. Néanmoins, la mère et le fils essayèrent de donner le change aux gens du roi. Celle-là envoya au sire de Beaujeu, pour charmer ses loisirs de prisonnier, « deux livres contenant, l'un la vie des Saints et l'autre ung traité d'histoire. » Celui-ci feignit de se croire captif comme Beaujeu et les autres. Mais personne ne s'y trompa. Il allait et venait sans gardes et s'entretenait tous les jours « avec messire Jean d'Armagnac, soit à l'église, soit à son logis [2]. »

---

[1] *Histoire de l'Agenais*, etc. Samazeuilh, t. 2. pp. 37-39.

[2] *Biblioth. Nat.* Collect. Legrand, t. xxi, folio 57 : Procès de Charles d'Albret, témoignage de Pierre de St-Romain, son écuyer, dit Talorges. — *Alain-le-Grand, sire d'Albret* (1440-1522) par A. Luchaire, p. 18-20.

Au mois de janvier de l'année suivante 1472, (v. s.) Jean Geoffroi dit le cardinal d'Albi ou d'Arras, le seigneur de Lude et les sénéchaux de Toulouse et d'Agenais partirent pour l'Armagnac chargés des vengeances du roi de France. Le comte Jean, d'après le récit de M. Samazeuilh, défendit Lectoure avec beaucoup de résolution. On désespérait de le réduire par la force. On eut recours à d'autres moyens. Prodigue de promesses qu'on ne devait pas tenir, le cardinal d'Arras réussit à surprendre son ennemi. Le comte capitula, remit le château de Lectoure aux troupes royales et se retira de sa personne dans une maison particulière pour s'y livrer avec sa femme à leurs préparatifs de départ. C'est là que se présentèrent le lendemain Robert de Balsac, neveu du comte de Dammartin, et Guillaume de Montfaucon. A leur suite marchait un franc-archer du nom de Pierre Gorgias. Parvenus sur l'escalier, il rencontrèrent un gentilhomme, Boralhan, qu'ils font tuer sous leurs yeux. Cependant, c'est avec des paroles d'amitié que ces deux seigneurs abordent le comte d'Armagnac ainsi que la comtesse, assis tous les deux sur un banc, dans la chambre qu'ils occupaient depuis leur sortie du château. Mais presque aussitôt : « Achevez et exécutez ce que vous devez », s'écrie Guillaume de Montfaucon, en se tournant du côté de Gorgias et Jean V tombe mort sous les coups de cet archer.

Tombé au pouvoir de ses ennemis, Charles d'Albret, seigneur de Sainte-Bazeille, fut envoyé au château de Poitiers où on « l'enferra avec une grosse chaîne de fer de cinq pieds de long, deux gros anneaux et quatre boucles de fer[1] ».

---

[1] *Série des titres, dossier d'Albret.* Quittance de Jean Roques, serrurier de Poitiers (13 avril 1473). — *Alain-le-Grand, sire d'Albret,* pp. 18-20.

Le Parlement de Bordeaux, transféré alors à Poitiers, instruisit son procès, le reconnut coupable de trahison et de lèse-majesté et le condamna à être décapité[1]. Il subit cette peine le 7 avril 1472 (v. s.) sur une place de cette dernière ville.

Nous trouvons aux *Archives historiques de la Gironde* (t. XXIII, p. 518) le compte suivant des frais de son exécution : Du septiesme jour d'apvril 1472 avant Pasques. Au conseil du Roy, estant à Poitiers où estoient messire le chancelier, messire Guillaume Cousinot, chevalier ; M° Pierre Brager, président au parlement de Bordeaulx ; Pierre Preignant ; Guillaume Damiet ; Jean Chanibon ; Henry de Livres ; Jehan Pellieu ; Aubert de Velly ; Jehan de Langlée, et plusieurs autres, commis et ordonnez à faire le procès de feu messire Charles d'Allebret, dit le Capdet, qui aujourd'huy pour ses démérites a esté exécuté en ceste ville de Poictiers,

A esté commandé et enjoinct et ordonné à Estienne de Bonney, recepveur ordinaire en Poictou pour le Roy, nostre sire, de faire et paier des deniers de sa dicte recepte, les mises et despenses necessaires pour l'execution dudict defunct.

C'est assavoir :

A Colas, bastard de Maulevrier, pour l'eschaffault de bois qu'il a convenu faire tout neuf pour executer ledict deffunct la somme de VII livres, XII s. VI d. t.

Item, audict de Maulevrier, pour les charpentiers qui ont faict et dressé en grande diligence ledict eschaffault et

---

[1] Le roi prodigue, d'un autre côté, ses récompenses à ses trop fidèles lieutenants. Rufec de Balsac obtint des dépouilles du comte d'Armagnac, Malauze, Clermont-Soubiran et la 4ᵐᵉ partie de la seigneurie d'Astafort. L'assassin Pierre Gorgias reçut une coupe d'argent pleine d'écus d'or *(Histoire de l'Agenais*, etc., tome II, pp. 38-39).

pour le clou qu'ils y ont mis, et pour la despense d'aucuns sergeans qui ont esté présens pour les faire besongner dilligemment, la somme de LXX s. t.

Item, audict de Maulevrier, pour une douloire (hache) toute neufve pour executer ledict deffunct la somme de XX s. t.

Item, audict de Maulevrier, pour une paire de chausses, un bonnet, une paire de gans qu'il a baillés à maistre Pierre — maistre des haultes œuvres et pour son sallaire d'avoir executé ledict deffunct, la somme de L s. t.

Item, audict de Maulevrier, pour la trompette et la cryée qui ont faict le cry à la dicte execution, la somme de V s. t.

Item, à Jehan Roques, claveuzier, tant pour une grosse chaisne de fer de cinq pieds de long ou environ, deux gros anneaulx ou fers turquoys, esquels ledict feu Capdet a esté enferré et qui ont esté mis en terre avec luy ; pour quatre boucles ès gehayens [1], (ou de la torture) dudict chasteau, que pour plusieurs journées que ledict claveuzier a vacqué à ferrer et refferer ledict Capdet, la somme de C s. t.

Toutes lesquelles sommes ainsi baillées par ledict de Bonney, receveur susdict, montent à la somme de dix-neuf livres, dix-sept sols, six deniers tournois [2].

Faict audict Poictiers, le jour et an que dessus.

Signé : DESMOULINS.

S'ensuyvent les quittances [3]. »

---

[1] La quittance donnée par Jehan Roques porte : « pour quatre boucles de fer mises es gesnes du chasteaux de Poitiers. »

[2] Environ 600 francs de nos jours.

[3] Il faut que l'on sache qu'en 1452, le malheureux époux de Jeanne de Foix avait consenti, en faveur du roi de France, la donation de tous les domaines de la maison d'Armagnac *s'il venait à mourir sans enfants mâles !*.

On ne sait si Alain, sire d'Albret, intercéda en faveur de son oncle, Charles, sire de Sainte-Bazeille, auprès de Louis XI. Il se montra du moins « fort déplaisant des cas que ledit sire de Sainte-Bazeille avoit advisés, commis et perpétrés. » (*Alain-le-Grand*, p. 19.)

Au moyen de cet avortement commandé par la cupidité la plus odieuse, Jean ne laissa que deux fils naturels et une fille naturelle du nom de Rose, qu'épousa Jacques de Villemur, seigneur de Pailhey en Gascogne. Il ne resta de cette noble famille que Charles, frère du malheureux Jean V et par conséquent son héritier, à défaut de la donation de 1452. Celui-ci se trouvait prisonnier à la Bastille dès 1469. Ses biens furent confisqués et donnés au sire Alain d'Albret en juin 1473. Mais Louis XI étant mort le 30 août 1483, Charles d'Armagnac obtint des Etats de Tours en 1484, qu'on le réintégrat dans la possession du comté d'Armagnac et des autres seigneuries de sa famille. Cependant, comme Louis XI avait disposé de l'Armagnac en faveur de Pierre de Bourbon et d'Anne de France, femme de ce dernier, en dédommagement de 15000 écus perdus par le sire de Beaujeu à la prison de Lectoure ; comme, en outre, ceux-ci avaient cédé ces 15000 écus au sire d'Albret, Alain reçut de Charles d'Armagnac la cession de ce même comté. Plus tard, Alain s'étant brouillé avec la cour, fit rendre le 27 novembre 1484, par le parlement de Toulouse un arrêt qui, *vu l'imbécillité et la mauvaise conduite de Charles d'Armagnac*, défend à celui-ci l'aliénation de ses biens, dont la même décision commet l'administration au sire d'Albret, son cousin. Armé de cette pièce, Alain renferme Charles d'Armagnac d'abord dans le château de Tournon, puis dans le château de Casteljaloux, opposant ainsi l'arrêt du parlement de Toulouse à des lettres par lesquelles le roi de France ordonne la saisie du comté d'Armagnac, en octobre 1485, *attendu les crimes et rebellions d'Alain, sire d'Albret*. D'un autre côté, Charles, secondé par sa femme Catherine de Foix, par le duc d'Alençon et le seigneur de Château-Guyon, ses propres parents, ainsi que par les trois Etats d'Armagnac, qui attestèrent que ce prince n'était *ni prodigue ni troublé de sens*, obtint de Charles VIII l'ordre de sa liberté. C'est Guinot de Lauzière, sénéchal de Quercy, qui fut chargé de se faire remettre ce noble prisonnier et qui le conduisit à la cour, en avril 1486. Pourtant l'on trouva prudent de donner à Charles d'Armagnac des curateurs, ce qui n'empêcha pas la cour de lui faire souscrire une confirmation de la donation de 1452, en faveur du roi de France (*Hist. de l'Agenais*, etc., t. II, pp. 38-39).

Charles d'Albret eut une fille, Marie d'Albret, qui perdit Sainte-Bazeille par le don qu'en fit le roi de France à Alain, sire d'Albret, par lettres du mois de juin 1473, ainsi conçues :

« Louis XI, par la grâce de Dieu, etc.,

« Charles d'Albret, dit le Cadet, était adhérent, allié et complice de feu Jean d'Armagnac, en son vivant nostre rebelle et sujet désobéissant et coupable de lèse-majesté, ainsi qu'il a été déclaré par notre parlement. Charles d'Albret étant en la ville de Lectoure en la compagnie de notre cher et amé cousin, le sire de Beaujeu, notre lieutenant dans le duché de Guyenne, et de plusieurs autres gens de notre conseil et feignant de nous être bon et loyal, donna le mauvais conseil à Jean d'Armagnac de prendre la ville et le château de Lectoure. Jean d'Armagnac avec grand nombre de gens prit d'emblée et de nuit la ville et le château, et notre cousin et lieutenant le sire de Beaujeu et plusieurs notables hommes de notre conseil et les ont détenus longtemps prisonniers en la dite ville. Aussi pour recouvrer la dite ville et la remettre sous notre obéissance, il nous a convenu de faire assembler en armes grand nombre de gens, tant de notre ordonnance, nobles, francs-archers, que autres, lesquels ont tenu le siège, pendant quelque temps, devant la dite ville et jusques à ce qu'elle fut prise. Après cette prise et la délivrance des prisonniers, voulant savoir la vérité, nous avons fait prendre ledit feu Charles d'Albret et envoyé devers notre amé et féal chancelier et gens de notre conseil assemblés en grand nombre à cet effet dans la ville de Poitiers. Reconnu coupable des crimes susdits, il fut condamné, exécuté, et ses biens furent confisqués.

« Mais nous rappelant les grands, louables et recommandables services que ceux de la maison d'Albret ont fait depuis longtemps et font chaque jour à nous et à la couronne de France, nous donnons, cédons, transportons et délaissons par ces présentes à notre cher et amé cousin, Alain, seigneur d'Albret, comte de Dreux, de Gaurre et de Périgord, vicomte de Limoges et seigneur d'Avesnes, les places et baronnies, terres et seigneuries de Sainte-Bazeille, Gensac, Montenc(?), Landerron, Blasimont, Pellegrue, Vayres, Puynormand, Villefranche en Périgord et tous les autres biens, meubles et immeubles, rentes, arrérages, possessions et autres choses quelconques qui auraient appartenu audit Charles d'Albret. — Donné à Amboise au mois de juin 1473[1]. »

Louis XI venait de reconnaître qu'Alain d'Albret n'était en rien responsable du crime de son parent. C'est ainsi que tant de bourgs populeux et commerçants vinrent compléter le domaine déjà considérable des sires d'Albret dans le val de la Garonne.

IV

ALAIN, SIRE D'ALBRET

Le nouveau seigneur de Sainte-Bazeille se qualifiait sire d'Albret, comte de Dreux, de Gaure, de Périgord, de Penthièvre, de Castres et d'Armagnac, vicomte de Tartas et de Limoges, captal de Buch et seigneur d'Avesnes[2].

Les rédacteurs de l'*Art de vérifier les dates* (t. IX, p. 273), prétendent que ce fut en 1473 qu'Alain obtint la confiscation des biens de son oncle, Charles d'Albret ; mais on

---

[1] *Arch. hist. de la Gir.*, VI, 193, 194.
[2] *Alain-le-Grand, sire d'Albret*, A. Luchaire, p. 89.

voit que, dès 1471, le sire d'Albret agissait déjà comme propriétaire de la seigneurie de Sainte-Bazeille. Il la tenait sans doute alors à titre provisoire, et il la posséda deux ans plus tard à titre définitif [1].

M. Achille Luchaire nous fait de ce personnage le portrait suivant : « Alain, sire d'Albret, surnommé le Grand, était né vers 1440 [2] dans le diocèse de Saint-Brieuc [3]. Il était fils aîné de Jean d'Albret, vicomte de Tartas, qui mourut avant son père Charles II, sire d'Albret, un des seigneurs du midi qui avaient le plus puissamment aidé le roi Charles VII à chasser les Anglais de la Guyenne. Il avait pour mère Catherine de Rohan, fille d'Alain IX, vicomte de Rohan et de Léon.

« Fils d'un père gascon et d'une mère bretonne, Alain était dépourvu de la vivacité et des dehors brillants qui caractérisent les méridionaux, sans posséder les qualités solides des gens du nord. Son extérieur lourd et grossier, son regard farouche et dur, sa figure toute couperosée [4] lui donnaient plutôt l'aspect d'un chef de soudards, que du représentant d'une grande famille féodale. De plus, comme son bisaïeul le connétable, il était boiteux et de petite taille, défauts physiques qui paraissent héréditaires dans la maison d'Albret [5].

---

[1] *Documents inédits relatifs à l'Hist. de l'Agenais*, Tamizey de Larroque, pp. 69-71. Note de l'auteur.

[2] *Arch. des Basses-Pyrénées*, E. 95. Déposition d'Alain au procès du maréchal de Gié. Il a 63 ans en 1504.

[3] *Idem*, E. 86. Dispense du pape Innocent VIII, pour le mariage d'Alain et de Françoise de Bretagne.

[4] Dom Morice, *Hist. de Bretagne*, année 1487, d'après Jaligny ; détails reproduits par Cherrier, *Hist. de Charles VIII*, t. 1, dans son récit de la guerre de Bretagne.

[5] Palma Cayet, *Chronologie septennaire*, p. 37, dit de Catherine de Bourbon, sœur d'Henri IV : « qu'elle avait une jambe un peu courte,

« Quand il fut en âge d'être pourvu, son grand-père lui donna la seigneurie de Rions, en Bordelais [1], et, en 1456, le maria à Françoise de Blois, héritière de cette famille de de Blois-Bretagne qui avait si longtemps combattu la maison ducale des Montfort [2]. Le châtelain de Rions devint alors, du chef de sa femme, un puissant feudataire dont l'autorité s'exerçait, en concurrence avec celle des sénéchaux de Périgueux et de Limoges, sur une des plus belles parties du plateau central. Comte de Périgord et vicomte de Limoges, il alla résider au château de Montignac, manoir pittoresque qui domine la gorge verdoyante de la Vézère [3].

« Son père Jean d'Albret, vicomte de Tartas, était mort en 1467 ; son grand-père, Charles II, sire d'Albret, succomba à son tour en 1471, et Alain, comte de Périgord, fut appelé par la loi constitutive de la maison, à hériter des titres et des vastes domaines des sires d'Albret. Il se trouva donc posséder, dans la région girondine, des châteaux et des péages sur tous les points importants du cours de la Garonne, depuis Bordeaux jusqu'à Agen. Une partie du Bazadais lui était soumise avec Castelmoron et surtout Casteljaloux, où tous ses ancêtres, de père en fils, se faisaient enterrer sous l'habit de Saint François. C'était le Saint-Denis des sires d'Albret. Plus au sud viennent les possessions landaises, les vicomtés de Dax et de Tartas, la sei-

---

qui est une note de ceux d'Albret, comme estait Alain, sire d'Albret, etc. » Le connétable d'Albret, Charles Ier était, lui aussi, de petite taille, faible et boiteux (de Barante, *Hist. des ducs de Bourgogne*, t. II, p. 42).

[1] *Arch. des Basses-Pyrénées*, E. 69. Contrat de mariage d'Alain d'Albret et de Françoise de Bretagne.
[2] *Item* et en outre, E. 71 et 648.
[3] *Alain-le-Grand*, pp. 14-15.

gneurie de Labrit et les cantons maritimes où étaient les étangs et les dunes du pays de Seignan, de Marensin, de Maremme et de Born. Mais là, l'autorité féodale était en lutte avec celle du sénéchal des *Lanes* établi, pour le roi, aux deux sièges de Dax et Saint-Sever.

« Dans la région gasconne, Alain était encore maître de la partie du Condomois où se trouve Nérac, la vieille ville romaine, devenue la principale résidence des sires d'Albret depuis le commencement du xive siècle. Il détenait même un coin de la vallée du Gers, entre Lectoure et Auch, c'était le comté de Gaure, enclavé dans les terres du comté d'Armagnac, et qui avait le bourg de Fleurance pour capitale. Enfin la seigneurie de Saint-Sulpice en Albigeois, le comté de Dreux avec ses magnifiques forêts et ses vastes champs de blé, plusieurs hôtels à Bordeaux et à Paris achevaient de faire du sire d'Albret un des plus riches propriétaires du royaume. Il faut ajouter ce qui lui venait du chef de sa femme en particulier les fiefs normands d'Aumenêche et d'Ecouches, certaines localités du pays de Penthièvre, et surtout la seigneurie d'Avesnes et de Landrecies, riche propriété relevant du comté de Hainaut[1].

« Parmi ces seigneurs fastueux dont Charles VIII et Louis XII s'entouraient à Amboise et à Blois pour les entraîner ensuite à la conquête de l'Italie, Alain d'Albret menait une existence retirée, obscure, presque ignorée. Ce n'était ni un ennemi obstiné, ni un courtisan assidu du pouvoir royal. Aussi put-il traverser plusieurs règnes sans être trop violemment et trop ouvertement inquiété, et transmettre à ses successeurs, dont le dernier fut notre Henri IV, la principauté la plus vaste que la féodalité non capétienne ait conservé après Louis XI[2].

---

[1] *Alain-le-Grand*, etc., pp. 13-16.
[2] *Idem*, p. 6.

« Alain, maria, par contrat du 14 juin 1484, son fils aîné Jean, à Catherine, comtesse de Foix et reine de Navarre, fille de Madeleine de France. Par cette alliance, les terres du sire d'Albret et de son fils constituaient ainsi, des rives de la Garonne à celles de l'Ebre, un groupe féodal compacte, en partie dépendant de la couronne de France, en partie souverain, sorte d'Etat intermédiaire entre les deux grandes nations française et espagnole[1]. »

La majeure partie des domaines d'Albret s'étendait entre Toulouse et Bordeaux, remarque M. A. Luchaire, et les habitants avaient à redouter les prétentions exagérées d'Alain sur les droits de péages. « Les Toulousains ne nous aiment pas », dit quelque part un homme d'affaire du sire d'Albret[2]. Les gens de Bordeaux lui étaient d'autant moins favorables qu'il portait journellement atteinte à leurs intérêts les plus chers en entravant le commerce de la Garonne. Il exerçait en effet le droit de péage sur toute la partie du fleuve comprise entre Bordeaux et Agen, à Tonneins, La Mothe, Caumont, Taillebourg, Sainte-Bazeille, Meilhan, Jusix, Pellegrue, Bordères, Gironde, Langon, etc[3]. Les taxes que prélevaient ses receveurs étaient établies sur toute espèce de denrées, d'objets de commerce et autres : « blé, huile, vin, sel, merlus, harengs, draps, cuirs, pastel, bon vin, moulins garnis de leur appareil, pourceau mort ou vif, brebis, saumon, lamproie, *juif* et *juive, juive enceinte,* épicerie, plomb, étain, cuivre, fer, bœufs, vaches, chèvres, verre, craie ou plâtre, roussin, jument, âne ou ânesse[4] », rien n'échappait à l'avidité du fisc seigneurial. On comprend que les négociants borde-

---

[1] *Alain-le-Grand*, etc., pp. 23-25.
[2] *Biblioth. Nat., Fonds St-Germain*, ms. 16834, fo 64.
[3] *Arch. des Basses-Pyrénées*, E. 76. Lettres de Charles de Guyenne.
[4] *Idem*.

lais vissent d'un fort mauvais œil ce seigneur péager qui réduisait aussi considérablement leurs bénéfices.

Un des premiers soins de la monarchie capétienne avait été d'accorder une protection efficace aux marchands et d'assurer la sécurité des voies de communication les plus fréquentées. Mais réduire les innombrables péages qui entravaient le trafic, était une œuvre difficile et de longue durée. Pendant longtemps les rois n'obtinrent guère de résultat que dans l'étendue de leur domaine immédiat, ou dans le voisinage de leurs châteaux. — En 1470, la ville de Bordeaux demande à Charles, duc de Guyenne, frère de Louis XI, qu'on applique les ordonnances de Charles VII aux péages du sire d'Albret sans cesse accrus et devenus, à l'entendre, une véritable cause de ruine pour le commerce de la Garonne. Le prince Charles, intéressé à défendre les marchands, lance le 18 mai de cette année, contre le feudataire, une ordonnance qui fixait, dans le plus grand détail, le tarif des droits que le sire d'Albret était accoutumé à percevoir et défendait expressément à ce feudataire d'en prélever d'autres, sous peine de la confiscation des péages et d'une amende de 500 marcs d'argent. Le péage à Sainte-Bazeille sur chaque pipe de blé, vin, huile, miel, sel, merlus, harengs et autres poissons salés était de 3 deniers tournois, tandis qu'à Taillebourg et à Meilhan, d'une maille et à Gironde d'un denier [1]. — Le sire d'Albret trouvant étrange que la royauté déterminât ainsi, à son gré, le chiffre du revenu que, de temps immémorial, ses ancêtres tiraient de la Garonne, résista à l'injonction du suzerain et plaida au parlement de Bordeaux contre le syndic des marchands bordelais uni au

---

[1] *Collect. Doat*, t. 222. — *Arch. des Basses-Pyrénées*, E. 76. Lettre de Charles, duc de Guyenne.

procureur du roi ; six ans après (18 décembre 1476) une lettre de Louis XI vint confirmer l'ordonnance du duc de Guyenne [1]. Le parlement de Bordeaux arrêta, le même jour, qu'en attendant la fin du procès et le prononcé du jugement, le sire d'Albret ne percevrait de ses péages que ce qui avait été déterminé par les édits royaux [2]. Alain comprit qu'il devait se soumettre et se résigna « comme vrai obéissant à la justice du roy » à voir ses péages diminués, s'il faut l'en croire, de la moitié de leur valeur. — Mais les prétentions des gens du roi et des commerçants allaient plus loin : à la suppression totale des péages. Un grand pas fut fait dans cette voie lorsque, sous le règne de Louis XII, le maire, le sous-maire et les jurats de Bordeaux obtinrent du roi l'autorisation « de faire conduire et mener 3000 tonneaux de blez par lesdites rivières sans paier aucun droit de péage. » Cette fois, l'indignation du sire d'Albret éclata ; par ses soins une sorte de ligue défensive se forma entre tous les nobles et gens d'église qui possédaient péages sur la Garonne, le Tarn et le Lot, et une réclamation collective fut, de leur part, directement adressée au roi, qui, semble-t-il, n'en tint aucun compte [3].

Une sentence arbitrale, du 11 mai 1478, rendue entre Alain, sire d'Albret et le syndic des marchands fréquentant les rivières de Dordogne, Garonne et autres cours d'eau du duché de Guyenne, déclare que le sire d'Albret a droit de péage à Monheurt, au Mas, à Taillebourg, à Sainte-Bazeille, à Meilhan, à Gironde, etc., savoir, pour les seigneuries de Sainte-Bazeille et Thivras un droit de 4 sols 7 deniers, à la charge d'affranchir les marchands de tous autres droits de

---

[1] *Arch. des Basses-Pyrénées*, E. 76. Lettre de Louis XI.
[2] *Ibidem*.
[3] *Alain-le-Grand*, etc., p. 132-138.

péage qui pourraient être dus ou prétendus dans lesdits lieux par tous autres péagers [1].

Le 22 novembre 1478, Jean de Landeroat, rend foi et hommage à Alain d'Albret, à raison de sa maison noble de Thivras sise dans la ville de Sainte-Bazeille, de son péage de mer et du passage de Garonne, le tout dépendant de la baronnie de Sainte-Bazeille [2].

Le serment de fidélité fut prêté par les habitants de Sainte-Bazeille à Alain, sire d'Albret, le 7 juin 1481. Nous trouvons, en effet, dans la *Collection Dupuy* (*Bibl. Nat.*) un document signé de Glane et Drard contenant « un instrument de serment presté par les mannans et habitans de Saincte Bazeilhe au sire d'Albret sur les foy loyauté obeyssance et subiection a luy appartenant, du septiesme jour de juing l'an mil quatre cens quatre-vingt-ung. »

Le 14 février 1486, noble homme Arnaud de Landeroat, tant pour lui que pour Charles et Isabelle de Landeroat, ses neveux, donne à fief, selon les usages et coutumes de Sainte-Bazeille, à Antony Peyrard une place pour faire bâtir et édifier un moulin, et un journal de terre à Sainte-Bazeille au lieu appelé « au rieu caillau », pour 30 ardits de rente et cinq pugnières de blé meture [3].

---

[1] *Arch. départ. de la Gir.* Extrait du *Registre du Conseil d'Etat*, C. 2584, année 1736, 24 avril.

[2] *Ibidem.*

[3] Noble homme Arnaud de Landerrouat tan per Siu que per Charles et Isabel de Landerrouat sous nepvosts a baillat à fieux selon fors et coustumes de Saincte-Bazeille à Anthony Peyrard une place per far bastir et ediffiar ung moullin et ung journal de terre à Saincte-Bazeille au loc appelat au rieu caillau per trente ardits de rente, cinq pugneres de blad mesture (*Extrait des baux et fiefs et reconnaissances des rentes de la ville, faubourg ou barris et juridiction de Sainte-Bazeille, tiré d'un*

CHAPITRE IV

En cette même année, au premier bruit de la coalition féodale que devait terminer la guerre folle, le parlement de Toulouse met la main sur les terres d'Albret[1].

Jean de Ségur, écuyer, seigneur de Pardaillan, et Gaston de Montferrand, chevalier, seigneur de Montferrand, se disputaient la charge de gouverneur de la place de Sainte-Bazeille. Leur querelle fut portée devant le parlement de Bordeaux, qui, le 30 décembre 1488, ordonna « que la capitaine (sic) et garde de la place de Sainte-Bazeille sera régie et gouvernée par celui qui par le comte d'Angoulême, gouverneur et lieutenant du roi notre sire en ces pays et duché de Guyenne sera député jusques à ce que par le roi notre sire autrement soit ordonné. » La même cour « fait inhibitions et défenses auxdites parties de procéder par voie de fait, ni à port d'armes, l'une à l'encontre de l'autre, sous peine de mille marcs d'or et de confiscation de corps et biens ; aussi fait commandement à même peine que dessus audit sieur de Montferrand de bailler et de livrer ladite place à celui qui par le Gouverneur sera commis et député, et sans depens et pour cause [2]. »

Les revenus d'Alain d'Albret s'élevaient annuellement à la somme de 250.000 livres, soit environ 7.500.000 francs de notre monnaie[3]. Mais ses dépenses sont si grandes[4]

---

libre (sic) de feu sieur Giraut, escuyer, seigneur de Serres, de Castecu et Doriolle). — En 1493, Arnaud de Landeroat prenait le titre de seigneur de la maison de Serres, de Castecu et d'Auriolle.

[1] Alain-le-Grand, etc., p. 200.
[2] Arch. départ. de la Gir., Registres du Parlement de Bord. Arrêts B. 3 (1472-1489). Inédit.
[3] Biblioth. Nat., Coll. Doat, t. 231, f° 83 bis. — Alain-le-Grand, etc., p. 59.
[4] Voir pour ses dépenses, celles de sa maison, de sa femme, de sa famille, etc. : Alain-le-Grand, etc., pp. 50-59 ; et pour l'administration de ses domaines et des procès, ibidem, pp. 79-108.

qu'il contracte de nombreux emprunts et en est réduit à engager ou même à vendre ses terres et baronnies [1]. C'est ainsi que le 14 juillet 1491 Raymond de Saint-Maurice, chevalier, seigneur de Castaing et de Saint-Andreu, avait reçu pour sa vie durant du sire d'Albret la baronnie et les revenus de Sainte-Bazeille pour ses bons et recommandables services. Mais le 8 juin 1515, ledit Raymond « voyant et considérant les grandes affaires et charges de son dit seigneur d'Albret, de son bon gré et franche volonté » voulut et consentit que le sire d'Albret pût prendre, cueillir et lever tous les revenus, profits et émoluments qui proviendraient de Sainte-Bazeille, excepté 500 livres de rente annuelle qu'il se réservait pour lui-même [2]. Le consentement d'Alain est du 30 mai suivant [3].

Le 27 juin 1515, Alain d'Albret rend à François Ier ses foi et hommage pour raison des comtés d'Armagnac, de Périgord, de Gaure, etc., des terres et seigneuries d'Albret, Nérac, Casteljaloux, Moncrabeau, Fieux, Espiens, Monheurt, Taillebourg, etc., et des seigneuries et terres de Meilhan sur Garonne [4], Sainte-Bazeille, Landerron, etc [5].

Au mois de septembre 1517, il y eut un accord sur procès par lequel Alain d'Albret renonçait à inquiéter sa sœur Marie d'Albret au sujet de la succession de Boffile de Juge, son époux, et lui abandonnait la seigneurie de

---

[1] Voir pour l'énumération des terres du sire d'Albret engagées par lui ou vendues: *ibidem*, pp. 64-65, note.

[2] *Coll. Doat*, t. 230, p. 267. — *Documents inédits relatifs à l'Histoire de l'Agenais*. Tamizey de Larroque, p. 69-71.

[3] *Arch. des Basses-Pyrénées*, E. 216.

[4] Mention est faite d'un autre Meilhan-sur-Tartas.

[5] *Arch. hist. de la Gir.*, xxv. 563. Extrait par Baradat de Lacaze des *Arch. Nation., Papiers Bouillon*.

Sainte-Bazeille pour la payer d'une partie de ses droits [1]. Le sire d'Albret avait, le 23 août 1480, marié sa dite sœur [2] avec le capitaine lombard Boffile de Juge, une des âmes damnées de Louis XI et créé par ce prince vice-roi de Roussillon et comte de Castres [3].

Jean d'Albret, roi de Navarre, comte de Foix et de Béarn, fils d'Alain, mourut, le 17 juin 1517, à Monneins-en-Béarn, quatre ans après que Ferdinand le Catholique eut conquis la partie du royaume navarrais qui s'étendait au midi des Pyrénées. Dès lors, le sire d'Albret eut entre ses mains séniles tous les domaines de sa maison et les gouverna au nom de son petit-fils, le jeune roi de Navarre, Henri II. Il ne pouvait déjà presque plus sortir de ses manoirs de Nérac et de Casteljaloux [4]. Il fit son testament le 1er octobre 1522, en faveur de son petit-fils, héritier de tous ses biens. Il y rappelle avoir donné la seigneurie de Landerron avec justice et autres appartenances à son « amé et féal conseiller et médecin maistre Antoine de Chamborel [5], seigneur de Caubon et de Landerron...., et aussi, ajoute-t-il, depuis, lui avons donné les cens, rentes et émoluments à nous appartenant en la paroisse de Saint-Martin de Serres [6], jurisdiction de Sainte-Bazeille, et pareil-

---

[1] *Essai généal. sur les Montferrand de Guyenne*, Communay.

[2] *Arch. des Basses-Pyrénées*, E. 81. Contrat de mariage de Boffile de Juge et de Marie d'Albret.

[3] Voir sur cet aventurier lombard : Dom Vaissete, *Hist. du Languedoc*, t. v. années 1469-1497. — Henri, *Hist. du Roussillon* (Paris, 1835) 2me partie, pp. 138, 144, 169, 170. — *Biblioth. Nat.*, Coll. Legrand, t. xxv, fo 385 et xxvi, fo 350. — Enfin *Arch. des Basses-Pyrénées*, E. 84, plusieurs lettres de Boffile à Alain, et E. 144-148.

[4] *Alain-le-Grand*, etc., p. 42.

[5] Nous retrouverons les Chamborel plus loin.

[6] Nous verrons plus loin que les Noguères de Sainte-Bazeille devinrent seigneurs de Saint-Martin par leur alliance avec les Chamborel.

lement lui avons donné 3 deniers tournois de notre péage que nous avons accoutumé prendre à Sainte-Bazeille sur Garonne. Et pour qu'il soit plus enclin à nous servir dorénavant et à prier Dieu pour nous après notre décès et pour lui aider à marier une ou deux de ses filles, nous lui avons donné et donnons 60 marcs d'argent à les prendre de notre vaisselle de cuisine et de buffet. » Il lègue à Jean Martret, son secrétaire, 2000 livres tournois et 40 marcs d'argent de sa vaisselle « pour lui aider à marier sa fille[1]. »

Alain termina ce même mois d'Octobre (1522) dans sa résidence de Casteljaloux, terre sacrée où tous les sires d'Albret, ses ancêtres, avaient voulu mourir et être ensevelis, une carrière de 82 ans. Il fut inhumé dans le tombeau de sa famille, à l'église des Frères-Mineurs de cette ville[2].

Signalons : la Garonne prise par les glaces en 1405 ; — grande cherté des vivres dans le Bordelais en 1414 ; — un tremblement de terre pendant la nuit, pour la Chandeleur 1427 ; — une grande disette, durant laquelle la mesure équivalente à notre hectolitre est vendue 39 francs ; — un grand froid de 42 jours, depuis le 26 décembre, qui gèle les rivières, les blés et les vignes et les arbres fruitiers en 1481[3].

---

[1] Il paraît que les filles étaient déjà à cette époque d'un placement difficile. — Collect. Doat, t. 233, f° 129. — Arch. des Basses-Pyrénées, E. 112 : Testament d'Alain. — Hist. de l'Agenais, etc., p. 71.

[2] Alain avait eu de Françoise de Bretagne, outre Jean d'Albret, Pierre d'Albret, comte de Périgord et Gabriel d'Albret, seigneur d'Avesnes et vice-roi de Naples, ainsi que quatre filles (Hist. de l'Agenais, etc., t. II, p. 70).

[3] Annales de La Réole, M. Dupin, manuscrit de M. O. Gauban.

V

HENRI II D'ALBRET ROI DE NAVARRE

Henri d'Albret, seigneur de Sainte-Bazeille, se trouvait déjà, depuis la mort de son père, Jean d'Albret et de sa mère, Catherine de Foix, roi de Navarre, comte de Foix et vicomte de Béarn, Marsan, Tursan, Gabardan, Captieux, etc.; à la mort d'Alain, son aïeul, il devint sire d'Albret, comte de Gaure, de Dreux et de Périgord, vicomte de Marenne, de Tartas et d'Aillas. Il épousa, l'an 1527, la belle et savante Marguerite de Valois, veuve du duc d'Alençon, et sœur de François Ier, qui lui apporta pour sa dot les duchés d'Alençon et de Nemours, avec le comté d'Armagnac, riche apanage par lequel le roi de France voulut prouver et sa tendre amitié envers sa sœur et sa juste reconnaissance envers le prince devenu son beau-frère.[1] C'est ainsi que ce mariage fit passer le fief d'Albret sous la domination presque directe des Valois. Il annonçait et préparait une réunion qui ne devint effective qu'en 1589, lorsque Henri III, roi de Navarre et duc d'Albret, arriva au trône de France sous le nom d'Henri IV.

Henri II d'Albret fut un courtisan, le compagnon des plaisirs et des guerres de François Ier. A Pavie, il se battit vaillamment à côté du maître et, comme lui, tomba au pouvoir des Espagnols. Devant son éducation à son aïeul le sire d'Albret, Alain, secoué par tant de revers et de succès, il mérita que Charles-Quint dit de lui : « Je n'ai trouvé qu'un homme en France, et c'est le roi de Navarre ! » Il avait échoué néanmoins dans ses efforts pour recon-

---

[1] *Hist. de l'Agenais*, etc., p. 71. M. Samazeuilh nous a fourni tout ce qui regarde les rois de Navarre, devenus seigneurs de Sainte-Bazeille.

quérir son royaume. Retenu prisonnier dans le château de Pavie, il parvint à s'évader. « Il avait avec lui le baron d'Arros, un page et un valet de chambre. On choisit une nuit obscure; des échelles de cordes furent tendues, le roi descendit le premier, il fut suivi par le baron d'Arros et le valet de chambre nommé Francisque. Le jeune page resta seul, chargé de couvrir la retraite du roi. Il se mit dans le lit du prince et lorsque les gardes vinrent le matin, suivant leur usage, ouvrir les rideaux, le jeune homme leur dit en imitant la voix de son maître : « laissez-moi dormir encore. » Ce stratagème réussit ; l'on ne s'aperçut que le soir de l'évasion de Henri ; il dut peut-être sa liberté à l'adresse de son page. Aussi devons-nous consacrer ici le nom de cet enfant intéressant : c'était François de Rochefort.[1] »

Du mariage de Henri d'Albret avec Marguerite de Valois, naquit Jeanne d'Albret, la plus riche héritière de son temps, qui fut donnée en mariage, l'an 1548, au duc de Vendôme, Antoine de Bourbon. Quant au roi de Navarre, il eut la consolation de ne descendre dans la tombe qu'après avoir vu naître, au château de Pau, le 13 décembre 1553, son petit-fils, Henri de Bourbon, le futur Henri IV. — Henri d'Albret mourut l'an 1555.

Le 20 mars 1555 (v. s.), Jean de Ciret, conseiller au parlement de Bordeaux, commissaire sur ce départi, ordonne que le tableau contenant le droit de péage de Thivras Soubiran, en l'honneur de Sainte-Bazeille, autrement appelé d'Auriolles, que Pierre Giraud et Jean de Landeroat, écuyers, seigneurs de la maison noble de Serres, dite d'Auriolles au lieu de Sainte-Bazeille, et Bernard de

---

[1] Faget de Baure. — Voir *Hist. de l'Agenais*, etc., p. 71.

Landeroat, aussi écuyer, fils dudit Jean, ont le droit de prendre, soit affiché au lieu accoutumé [1].

VI

JEANNE D'ALBRET

Jeanne d'Albret, reine de Navarre, compta depuis cette dernière année (1555-1572), la seigneurie de Sainte-Bazeille parmi ses innombrables domaines. Ce fut par lettres patentes du 2 décembre 1555 que fut érigé le duché d'Albret. Son titulaire fut autorisé à y créer à perpétuité un état et office de sénéchal avec un lieutenant-général, et sous ces deux grands officiers d'Albret, quatre sièges *ayant chacun lieutenants particuliers, garde des sceaux, avocats, procureurs, greffiers, sergents et autres officiers*. Le premier de ces sièges fut à Nérac, le second à Casteljaloux, le troisième à Tartas et le quatrième à Castelmoron. Les appellations devaient ressortir de la cour du parlement de Bordeaux. — Sainte-Bazeille dépendit du second siège, celui de Casteljaloux [2].

Jeanne d'Albret avait introduit le protestantisme dans ses Etats. — La lettre suivante écrite le 18 janvier 1560, par les membres du Parlement de Bordeaux à Catherine de Médicis, nous fait connaître l'agitation calviniste et les excès commis à Sainte-Bazeille et dans les villes de la région.

« Madame,
« Par l'extraict des informations que nous envoions à
« Sa Majesté, nous trouvons que Bragerac (Bergerac),

---
[1] *Notes manuscrites des archives de M. Leo Drouyn*, à Bordeaux.
[2] *Hist. de l'Agenais*, etc., tome II, p. 75.

« Saincte-Foy, Aymet, Gensac, Castilhon, Milhan, Laver-
« dac, Thonenx, Cleyrac, Saincte-Bazille, Mussidan,
« Montségur, Agen, Villeneufve, Sainct-Jehan-d'Angely,
« Marennes, Oleron, Arvert et lesdits lieux de Marmande
« et Gontault, et autres plusieurs lieux de ce ressort com-
« mencent grandement à s'éloigner de la parolle de Dieu
« et de son église, venir aux armes en grand nombre et
« congrégations de gens, en beaucoup desdicts lieux,
« rompre les ymages, gecter les prebstres de l'autel en
« célébrant la messe, brusler custodes et armoiries où re-
« pose le Saint Sacrement de l'autel et faire d'autres exé-
« crables excès qui sera le bon plaisir de Vostre Majesté
« entendre par l'extraict des informations sur ce faictes,
« que nous vous envoions; vous suppliant très humble-
« ment, Madame, en conservant le nom de très chrétien
« qu'il a pleu à Dieu mettre sur la couronne du Roy,
« vouloir prendre ses affaires en main et y commander
« telles expéditions que Vostre Majesté verra y estre
« nécessaires, etc.

« Les gens tenans le Parlement du Roy à Bourdeaulx,

« DE PONTAC. »[1]

Les mêmes conseillers du Parlement, s'adressaient cinq jours après (23 janvier), au roi de France, en ces termes :

« Notre souverain seigneur,

« Mardi dernier, le seigneur de Burie, vostre lieutenant général en vos païs et duché de Guienne, en l'absence du Roy de Navarre, nous communiqua des lettres qu'il avoit pleu à Vostre Majesté luy escripre, ensemble de la Royne, tendant toutes deux à mesme commandement, de se transporter ez lieux de Marmande et Gontault pour pourvoir à

---

[1] *Arch. hist. de la Gir.*, XIII, 147.

l'inconvénient qui est advenu esdicts lieux puis peu de jours, etc. »

« Les gens tenans votre Parlement à Bordeaux.

DE PONTAC[1]. »

Le 14 octobre, les mêmes écrivent au roi la lettre suivante :

« Nostre souverain seigneur,

« .....A Saincte-Bazeille les huguenots ont voulu baptre ung pouvre religieux observantin, venant de la prédication ; ung jour de feste, luy firent plusieurs insolences tant en l'église en laquelle ledict religieux s'estoit retiré que en la rue publique où fut agrédé, etc.

« Les gens tenans la Chambre par vous ordonnée durant les vacations.

DE PONTAC[2]. »

Monluc nous apprend (livre v, p. 239) que tout le pays de Bazadais était révolté, sauf La Réole.

Le 14 Juillet 1569, il y eut à Casteljaloux une assemblée des députés des bastilles de Samazan, Marcellus, Meilhan et Sainte-Bazeille, au sujet de la solde des compagnies de M. de Monluc, et de la décharge des arquebusiers que devait fournir le Bazadais. Les jurats de Casteljaloux délibèrent d'envoyer l'un d'eux à Nérac, pour savoir quelle est la portion payée par cette ville, et ce député demeure autorisé à offrir, s'il le trouve nécessaire, un présent à M. de Monluc, pour *amortir la garnison*[3].

---

[1] *Arch. hist. de la Gir.*, XIII, p. 149.
[2] *Ibid*, p. 131.
[3] Extrait des *Registres de la Jurade de Casteljaloux*.

CHAPITRE V

LES BOURBON

I

HENRI III, ROI DE NAVARRE

(FUTUR HENRI IV, 1572-1610)

L E futur Henri IV ne semble avoir fait qu'une seule visite à sa ville de Sainte-Bazeille : il y passa les journées du 22 et 23 janvier 1577 [1].

Après la révocation de l'édit de mai 1576, résolu d'assiéger Marmande, quoique cette ville fût alors très bien fortifiée et abondamment pourvue de munitions, ce prince ordonna en 1577 à Lavardin de faire les approches de la place,

---

[1] *Séjours et Itinéraire de Henri IV, avant son avènement au trône de France*, à la fin du tome II des *Lettres missives*, p. 552.

mais il commençait à se repentir de cette tentative regardée comme une folie par ses plus anciens capitaines quand il apprend que Biron et le comte de Foix se sont avancés jusqu'à Sainte-Bazeille, afin de surveiller les travaux du siège. Il leur envoie sur le champ Ségur et Duplessis-Mornay, les chargeant d'entamer avec eux des négociations. Le canonnier qui servait la seule couleuvrine qu'eussent les calvinistes venait d'être tué, les boulets manquaient d'ailleurs et l'on n'entendait plus depuis Sainte-Bazeille aucune décharge dans le lointain. Les deux généraux catholiques en témoignent leur étonnement à Duplessis, mais l'habile diplomate se tire d'embarras en leur affirmant que si le canon se taisait, c'est parce que les boulets ont assez élargi la brèche pour faire donner l'assaut. Biron et le comte de Foix se laissent prendre à cette ruse et engagent eux-mêmes les gens de Marmande à conclure une trêve avec Henri de Bourbon[1].

En la même année, la portion calviniste des habitants de Sainte-Bazeille adresse au roi de Navarre la requête suivante, à laquelle ce prince répondit favorablement comme on va le voir.

« Au Roy de Navarre, gouverneur lieutenant général en Guienne.

« Sire, les habitants de votre ville et juridiction de Sainte-Bazeilhe vous remontrent très humblement que la [plus] part d'eulx sont de la relligion refourmée et pour ceste cause se sont tousjours employés à l'entretenement des ministres de la parolle de Dieu selon le peu des moyens que Dieu leur a donné, d'autant qu'ils sont fort paouvres et en ces guerres ont grandement souffert, tellement que à cause de

---

[1] Extrait des *Coll. de M. Lacaze*, libraire à Agen. — Voir *Notice sur la ville de Marmande*, Tamizey de Larroque, p. 73-77.

ce ils n'ont heu moien, long temps y a, de soulager le sieur de Cazaulx, leur ministre aussi que, à la vérité, led. sieur de Cazaulx avoit des moyens à luy particuliers pour s'entretenir et pour ceste cause, veu leur paouvreté, il les soulageoit. Mais maintenant que led. sieur de Cazaulx est privé de la joissance de ses biens qui sont à Marmande et ez environs et les ennemis les possèdent, ils sont sans aucune commodité ne moien d'entretenir led. sieur de Cazaulx ; comme il est aussi en sorte que en défaut d'entretenement il sera contrainct de les abandonner et se retirer ailheurs. Par quoy, sire, il plairra à Vostre Majesté donner moien aux supplians d'entretenir led. de Cazaulx et, pour ce faire, vouloir donner et accorder la dixme des blés et vins de la paroisse de lad. ville de Sainte-Bazeille, appartenans aux chanoines de Bazas, prieur et recteur de la Reule (La Réole), lesquels tiennent contraire party, et les supplians prieront Dieu pour vostre prospérité et santé. »

« Le Roy de Navarre, gouverneur et lieutenant-général pour le Roy en Guienne a accordé et donné, accorde et donne aux habitans de Saincte-Bazeilhe supplians la somme de quinze livres ts. par chacun mois, à iceulx prendre sur les deniers des décymes et biens ecclésiastiques, pour leur ayder à entretenir le sieur de Cazaulx, leur ministre, de laquelle somme leur sera expedié mandement. Faict au conseil de la Majesté dud. seigneur tenu à Bergerac, messires de la Noüe de Glatteins, chancelïer et autres y estans, le dernier jour de may mil cinq cens soixante-dix-sept.

« Henry [1]. »

---

[1] *Arch. des B.-Pyr.* E. 2288. Original papier. Document inédit, qui m'a été gracieusement communiqué par le savant abbé Dubarrat, aumônier du Lycée de Pau.

Le roi de Navarre a signé lui-même.

En conséquence, fut expédiée la lettre suivante :

« A Monsieur et frère Monsieur de Chalup, commis par le Roy et notre caissier de la recette des deniers et affermes ecclésiastiques de Bazadois, à Bazas.

« Monsieur et frère. Je vous prie bailler et délivrer des deniers de votre recepte que vous pouvez avoir en voz mains et avez receu jusques au XVIIe de septembre dernier, à Me Jehan de Cazaulx, ministre de la parolle de Dieu en la ville de Saincte-Bazeilhe, la somme de trente livres tz. à lui ordonnez par le Roy de Navarre pour ses gaiges et entretenement pour le mois d'aoust et de septembre derniers passez, qui est à raison de xv l. par mois et en me raportant la carte et quictance dud. de Cazaulx au nom de M^o Marc Duperray, trésorier de l'extraordinaire de la guerre, de lad. somme de xv l. pour chacun desd. deux mois revenant à la somme de xxx l. Je vous tiendray compte d'icelle et vous en fournirai de ma quictance sur les deniers de l'ordinaire et *recepte* (?).

« Faict à Agen, le XVIIe jour d'octobre mil v c. soixante dix-sept.

« Votre amy : NICOLAU. »

Jean de Cazaulx avait écrit le 3 septembre précédent à Monsieur de Chalup, à la Réole :

« Monsieur, je ne vous scaurois rescrire aultre chose si ce n'est que je vous eusse communicqué et fait voir mes mandements, si j'eusse peu aller en seureté jusques à la Réole, comme j'espère de faire, si Dieu me donne le moien d'aler jusques à Bergerac; cependant pour le regard de ce que j'ay receu, je vous en rendray bon comte quant il sera besoing, et si vous n'avez point plus de fascherie d'aultre affaire, je vous prie pour ce regard ne vous en donnez point de peine, et en cest endroit je pryrai Dieu, Monsieur, vous tenir en sa garde.

« De Saincte-Bazeilhe, ce iiie de septembre 1577.

« J. DE CASAULX [1]. »

Le 8 octobre 1578, Catherine de Médicis donne, de Sainte-Bazeille, des instructions à chacun des baillis et sénéchaux pour faire exécuter l'édit de pacification [2].

La guerre de surprises et de pillage que se faisaient catholiques et calvinistes n'était pas la seule cause des souffrances de la population. L'autorité royale elle-même procédait par des mesures violentes qui indignaient les vrais amis du roi. Le 26 février 1580, le maréchal de Biron [3] envoyait à Henri III un mémoire dans lequel il dépeignait l'état des esprits et la situation cruelle des choses. Il lui signalait les meurtres qui se commettaient tous les jours, les arrestations arbitraires, les brigandages exercés sur les routes, les levées illégales d'impôts, la saisie des revenus municipaux, etc. Ce mémoire, qui avait pour objet d'ouvrir les yeux au roi sur les faux rapports qu'il recevait, était l'acte d'un bon citoyen [4].

Le 5 mai de la même année, à minuit, le roi de Navarre fait enfoncer les portes de Cahors avec les pétards. De Cahors, ce prince s'était porté dans l'Armagnac, pour empêcher la noblesse de ce pays de se réunir au maréchal de Biron. Nuit et jour à cheval, il battit un de ces partis dans le voisinage de Vic-Fezensac, et un autre aux portes de Beaumont-de-Lomagne. A la nouvelle de ces deux combats, Biron sentit l'urgence de se mettre en campagne, et

---

[1] *Arch. des B.-Pyr.* E. 2288. Original (papier). Inédit et communiqué par M. l'Abbé Dubarrat.
[2] *Catalogue des manuscrits français*, t. II, p. 205. Ancien fonds.
[3] Armand de Gontaud, premier maréchal de Biron.
[4] *Hist. de La Réole.* Oct. Gauban, p. 222.

comme il avait donné rendez-vous à toutes ses troupes dans la ville de Marmande, Henri partit de Nérac, pour le combattre, le 15 juin 1580. La veille, il avait nommé André de Meslon [1] gouverneur de la ville de Monségur, dont ce capitaine s'était emparé le 18 mai précédent et qui était à présent chargé de pourvoir sa nouvelle conquête de vivres et de munitions [2]. Ce jour même (15 juin), à son passage par Casteljaloux, il lui écrivit de se trouver à Sainte-Bazeille avec le plus de gens de pied et de cheval qu'il pourrait rassembler, à la date qui lui avait été déjà indiquée par le capitaine Favas. Du voisinage de ces deux armées, l'une qui occupait Tonneins et Sainte-Bazeille, l'autre Marmande, il résulta divers combats entre les coureurs des deux partis, et l'on sent combien le pays dut souffrir de ces hostilités [3].

« Cependant le roy de Navarre avec partie de ses forces, raconte François de Syreuilh [4], estoit (juin 1580) dans la ville de Thouneins et Alavardin [5], son lieutenant dans la ville de Sainte-Bazille. — Le vendredi VIII juillet, le sieur mareschal de Biron partit de La Réole pour s'en aller à Marmande et marcha en bataille avec deux pièces de baterie, d'autant qu'il avoit à passer au-devant la dite ville de Saincte Bazille où l'ennemi estoit, et s'arrêta quelques heures au-devant de la dite ville, mays les ennemyes ne firent semblant de sortir et craignant estre assiégés, myrent

---

[1] Meslon était chargé depuis le 17 avril 1580 du gouvernement des contrées entre la Dordogne et la Garonne.

[2] *Variétés Girondines.* Leo Drouyn, 1878, t. I, p. 282, 283.

[3] *Hist. de l'Agenais,* etc., p. 241, 247.

[4] *Arch. hist. de la Gir.,* XIII, 320, 321 : Extrait du *Journal de François de Syreuilh,* chanoine de St-André, publié par Clément Simon sur l'initiative de Madame Marie de Raymond, 1893.

[5] Jean de Beaumanoir, sieur de Lavardin, né en 1551, maréchal de France en 1595, mort en 1614, alors lieutenant du roi de Navarre dans la ville de Ste-Bazeille.

le feu aulx faubxbourg et les firent brûler, et environ dix granges pleines de bled, foin et paille. — Dans peu de jours après que le sieur mareschal fut arrivé à Marmande le roy de Navarre partit de la ville de Thouneins et s'en alla. Alavardin aussi s'en alla de Saincte-Bazille, y laissant garnison. — Au partir de Thouneins qui fut environ le xv juillet, monsieur le mareschal s'en vint à la Mothe-Moncauze[1] et fit approcher son camp pour faire les préparatifs pour assiéger la ville de Saincte-Bazille, occupée par les ennemys qui furent sommés de se rendre, à quoi ils ne voulurent obéir. Mays tout aussitost il survint une grande maladie au camp dont plusieurs en moururent, qui fut cause que beaucoup de soldats s'en allèrent du camp, et plusieurs gentilshommes tombèrent malades et s'en alloint à la file, dont mondict sieur mareschal de Biron, marri et fasché luy-même, tumba malade et enfin fut contrainct, sur le commencement du mois d'aoust de licencier un chescun pour s'en aller repatrier et changer d'air, à la charge de le venir trouver dans quinze jours ou trois sempmaines après. »

C'est pourquoi Biron écrivit le 3 août au roi de France et lui raconta que voulant assiéger Sainte-Bazeille, la maladie dispersa son armée, et qu'un arquebusier accompagnant le sieur de Lassale envoyé pour traiter la paix, reçut devant cette ville un coup d'épée quand Favas arriva pour crier holà. Voici cette lettre :

---

[1] C'est du camp de La Mothe-Mongauzy que Biron écrivit le 25 juillet 1580, au roi de France :
« Sire, estant à Tonneins, je fus adverty que le roy de Navarre s'estoit venu loger à Monségur, deux lieux d'ici. Incontinent, je fis deloger vostre armée que j'ay ici pour l'aller trouver, mais à my-chemin, nous sceumes qu'il s'estoit retiré. Nous sommes venus loger en ce lieu de La Mothe-Montgause pour assiéger la ville de Saincte Bazille ». *Arch. hist. de la Gir.*, XIV, 162.

« Sire, par mes deux précédentes des xxvᵉ et xxxᵉ du passé, Vostre Majesté aura veu la payne en quoy j'estois pour le manquement de gens de pied. Toutefois estant venu quelque argent, les mestres de camp et cappitaines vindrent asseurer tous les sieurs et le président de Nesmond que leurs soldats se rassembleroyent et asseuroyent d'employer leurs vies, de sorte que monstrant quelque nombre d'hommes, je ne conseilhé de leur fayre faire monstre. L'on me donna par après advis qu'il y avoit ung très grand nombre de passevolants ; sur quoy je attandis trois jours ; enfin nous accordasmes avec les cappitaines et leur en fut diminué huict cens.

« Sur ce il intervint une maladie soudayne et contagieuse[1] et le peu d'affection qui estoit en noz gens de pied, cela m'arresta de assaillir Sainte-Bazilhe, veu que ne pouvant comporter de demeurer en ung village, mal aysément le feroient-ils en tranchées. Sur ce, il se trouva deux partis : l'ung que je m'en devois aller en Agenois et en Gasconie pour lever de nouvelles forces et aussy gagnier païs et plusieurs villes qui n'attendoyent que nostre venue ; l'autre que nous allissions prendre Castelz....

« Sire, avant hier le sieur de La Sale, que Monseigneur vostre frère[2] envoyoit vers le roy et la royne de Navarre, ayant esté vers elle, s'en venant par icy, vint auprès de Saincte-Bazille, ayant avec lui ung harquebuzier de la garde dudict roy de Navarre, lequel voyant venir quinze chevaulx sortis par le derrière de la ville de Saincte-Bazille ledit harquebusier avec sa cazacque alla au devant cent cinquante pas, leur criant qui il estoit, le bonnet au poin. Nonobstant

---

[1] « La maladie qu'on appelle Michelle, qui est comme la coqueluche, mais plus véhémente, augmenta de la sorte que la moytié de l'armée en fut malade », écrit Biron dans la même lettre.

[2] Le duc d'Alençon.

cela, il eust un grand coup d'épée à travers le corps, puis vindrent tuer ledict La Sale. En mesme temps arriva Favas qui fist holla..... Voici qu'esloignera beaucoup ceste négociation de paix, etc [1]. »

Biron suivit le premier avis de son conseil.

Au commencement du mois d'août, le maréchal de Biron, qui s'était porté de Tonneins sur le Port-Sainte-Marie, était de sa personne dans Agen, d'où il fit quelques démonstrations, d'abord contre le Mas-de-Verdun, puis contre Sainte-Bazeille. C'est à ce propos que Henri, roi de Navarre, écrivait au commencement d'août à M. de Saint-Geniès : « Le maréchal de Biron est maintenant à Agen avec l'artillerie, faisant semblant d'aller vers Saincte-Bazeille où j'espère si bien pourvoir qu'il n'y gaignera la seconde fois pas plus que la première [2]. »

Biron faisait semblant en effet d'aller vers Sainte-Bazeille afin de masquer ses desseins contre la capitale de l'Albret, où le roi de Navarre venait de se renfermer, ce en quoi il réussit parfaitement. Cependant, il dut se contenter, bien malgré lui, de la prise de Mézin et de deux autres villes où il n'osa même pas laisser de garnison[3].

Il fut alors question de négocier une trêve pour traiter la paix. Le 15 octobre suivant, Favas offrit au maréchal de Biron de faire publier la trêve à La Réole, Bazas, Casteljaloux et Sainte-Bazeille, si le maréchal voulait en faire autant, de son côté, à Castets, Meilhan et Marmande.

Lettre de Jean II de Favas [4], gouverneur de La Réole, à Biron :

---

[1] *Arch. hist. de la Gir.*, XIV, 167.
[2] *Recueil des Lettres missives de Henri IV*, publié par M. Berger de Xivrey, t. I, p. 213.
[3] *Hist. de l'Agenais*, etc., t. II, p. 250.
[4] L'un des plus célèbres capitaines du XVIe siècle. Il épousa le 27 jan-

« Monsieur mon cousin [1], vous avez peu cognoistre par la précédente que je vous ay escript, comme je dézirois faire publier la tresve et l'observer tout ainsin qu'elle avoit été accordée par Monsieur [2] et le roi de Navarre, lequel néantmoingts m'enjoignoit, par la lettre que pour cest effest m'avoit escript, de me gouverner, à la publication de la dite tresve, tout ainsin que les villes tenant vostre party en feroient, et d'autant que je croy que l'instruction dudit sieur Roy n'a en cella chantgé, voilà pourquoi je suis tout prest de mon cousté la faire publier en ce lieu, à Bazas, Casteljaloux et Saincte Bazeille [3]. »

Cette proposition fut acceptée, mais l'exécution dura peu, car nous voyons, en novembre suivant, le maréchal de Biron [4] menacer de nouveau Sainte-Bazeille et Henri charger le capitaine Favas de pourvoir à la défense de cette place, où ce prince envoya aussi le capitaine Marrac.

Le roi de Navarre écrivait en effet à M. de Meslon, le 16 novembre :

---

vier 1572 Louise de La Chassaigne, dame de Castets-en-Dorthe, veuve de Gaston d'Arzac, et se fit protestant en 1576. Voyez, entre autres, les *Mémoires du duc de La Force*, publiés par M. le Marquis de Lagrange, et une *Notice sur les deux Favas*, par M. Anatole de Barthélemy (Bibl. de l'Ecole des Chartes, 2ᵉ série, t. II, p. 545).

[1] Rien ne constate quel était le chef des armées catholiques auquel Fabas donnait le titre de *mon cousin*. Nous avons adopté le nom du maréchal de Biron, uniquement parce qu'il fut gouverneur de Guyenne jusqu'en 1581. *Arch. hist. de la Gir.*, I.237.

[2] Le duc d'Alençon, frère de Henri III.

[3] *Arch. hist. de la Gir.*, I 237.

[4] Quelque temps après, ce maréchal se cassa la jambe et plus tard il perdit sa charge de lieutenant de Guyenne. C'étaient les derniers moments du maréchal de Biron comme lieutenant du roi en Guyenne. L'influence de la reine Marguerite, sur laquelle il avait osé faire tirer le canon à Nérac, et peut-être aussi celle du marquis de Trans, firent remplacer Biron dans cette charge par le maréchal de Matignon. Ce fut une des conditions du traité de Fleix.

« Monsieur de Meslon, D'autant que monsieur de Biron fait advancer son armée vers Ste-Baseille, j'ay donné charge au sieur de Favas, de pourvoir à ce qu'elle soit accommodée de vivres, hommes et autres choses nécessaires, et s'en aller au partir d'icy à Monségur pour donner ordre au tout[1] ».

Il écrivait encore au même : « Mellon, j'ay advisé d'envoyer le cappitaine Marrac à Saincte-Bazeille. Faictes-le partir incontinent, sans amener pas un cheval et le moins de goujats qu'il pourra. Vous scavés combien la diligence est utile en ce faict[2]. »

Un traité de paix fut signé le 26 novembre 1580, entre le roi de France et le roi de Navarre, par l'intermédiaire du duc d'Alençon. Ce traité avait été précédé de la trêve dont nous avons parlé, à l'occasion de laquelle Favas avait offert au maréchal de Biron de faire publier dans leurs gouvernements respectifs que « liberté entière était donnée de circuler et de trafiquer en toute sécurité à Bazas, Casteljaloux et Sainte-Bazeille, où commandait Fabas, et à La Réole, Meilhan, Marmande, gouvernés par le maréchal. »

Depuis l'édit de pacification, écrit M. Leo Drouyn[3], les trésoriers avaient exactement payé les garnisons des places de sûreté ; mais ils refusaient de continuer. Le roi de Navarre fut obligé de donner le 30 juillet 1581, à M. de Meslon, gouverneur de Monségur, l'autorisation de faire arrêter devant la ville de Sainte-Bazeille, les bateaux chargés, jusqu'à occurrence de la somme due depuis le dernier paiement. — Trois jours après, le roi étant à Nérac lui recommande de laisser passer librement le capitaine Mou-

---

[1] *Recueil des Lettres missives de Henri IV*, etc., t. I, p. 327-328.
[2] *Ibidem*, p. 328.
[3] *Variétés Girondines*, 1878, t. I, p. 291. Pièces justificatives n° IX, t. II.

lard, parce qu'il avait beaucoup souffert dans les guerres passées. — Afin de donner plus de facilités pour lever cette contribution, ce prince le nomma gouverneur de la ville et du château de Sainte-Bazeille, et c'est en cette qualité qu'il lui écrivit de Nérac, le 9 août, pour lui recommander de ne laisser passer aucun bateau, quel qu'il fût et quelque passeport qu'on lui montrat, jusqu'au paiement intégral des garnisons [1].

Le 13 août 1581, Henri de Navarre adressa la lettre suivante :

« A Monsieur de Melon, gouverneur de la ville de Monségur.

« Monsieur de Melon, j'envoye le capitaine Prantinhac à Saincte-Bazeille, pour, en vertu de la commission que je luy ay faict despescher, arrester les bateaulx qui monteront et descendront le long de la Garonne, jusques à ce que vostre garnison et celle de Figeac, à laquelle est due cinq mois, soit entièrement payée. Le sieur de Meausse m'est venu trouver tout exprès, m'ayant représenté l'estat de la dicte ville, si misérable, qu'on n'en doibt attendre qu'une indubitable perte, s'il n'y est pourveu. Par ainsy faictes assister ledict Prantinhac de tout ce qui sera besoing [2]. »

Ce prince écrit le même jour :

« A Monsieur de Melon, capitaine et gouverneur de ma ville de Sainte-Bazeille.

« Monsieur de Melon, j'ai donné passeport à Pierre Tuffeau, présent porteur, pour luy laisser un bateau chargé de bled froment, à luy appartenant. Et pour ce que je desire que ledict bateau passe sans difficulté, je vous en ay

---

[1] Je ne trouve, ajoute M. Leo Drouyn (*ibidem*), que deux lettres portant l'adresse de gouverneur de la ville et du château de Sainte-Bazeille ; elles sont datées des 9 et 13 août 1581 et sont écrites de Nérac.

[2] *Recueil des Lettres missives de Henri IV*, t. I, p. 399.

bien voulu escrire la présente pour vous prier que, nonobstant toutes lettres et mandemens que j'en pourrois avoir faictz au contraire, vous mandez aux soldatz qui sont à Sainte-Bazeille ou à celluy qui les commande, de laisser passer le dict bateau [1]. »

Le maréchal de Matignon reçut de Henri la lettre suivante, datée du 27 novembre :

« A mon cousin, Monsr de Matignon,
   « mareschal de France.

« Mon cousin..., Il est besoing de faire loger la compagnye du capitaine Belsunce dans quelque ville, affin d'éviter aux plainctes qu'on pourroit avoir d'icelle, sy elle tenoit les champs ; ainsy que j'ay commandé à Bissouze, mon secretaire, vous faire entendre de ma part, et la résolution que j'ay prise de la mettre à Saincte-Baseille ; vous pryant d'envoyer ung commissaire pour ly conduire, après qu'elle aura esté payée pour trois mois. Car aultrement elle n'y pourroit estre qu'avec l'oppression et foulle des habitans de la dicte ville [2]. »

François de Noguères, fils de Jacques de Noguères, succéda à M. de Meslon dans le gouvernement du château et de la ville de Sainte-Bazeille [3].

La lettre suivante, adressée le 8 avril 1582, par le roi de Navarre, à MM. du Parlement de Paris, nous montre quelle confusion de pouvoirs régnait à ce moment qu'on appelait pourtant un temps de paix. Henri se plaint de la défense faite aux habitants de Sainte-Bazeille de faire aucune garde et de l'ordre d'abattre les fortifications :

« A MM. de la Court du Parlement de Paris tenant la

---

[1] *Recueil des Lettres missives de Henri IV*, t. I, p. 399.
[2] *Ibidem*, t. I, p. 416.
[3] *Arch. de M. le Marquis de Bonneau*, au château de Bonneau.

Chambre de l'edict establie par le Roy mon seigneur en Guyenne :

« Messieurs, j'ai esté adverty d'un arrest qui a été ces jours passés donné par la Chambre de la Tournelle en la court du parlement de Bourdeaux, par lequel, entre aultres choses, est défendu aux habitans de ma ville de Saincte-Bazille de faire garde quelconque, et à eux enjoint d'abattre et desmolir les fortifications qui y sont, trouvant bien estrange que la dicte Chambre de la Tournelle entreprenne ainsi de connoistre des choses où j'ay le principal interest, contre l'interdiction à eux faicte par l'edict et articles des conférences ; et encores plus de ce que telles défenses ne sont faictes aux villes de La Réole, Marmande et aultres, mais au contraire, on leur permet et ordonne de faire la dicte garde ; et au lieu d'abattre et desmolir leurs fortifications, les réparent et mettent en meilleure défense, et m'asseure qu'ils diront qu'ils ne font rien que par autorité du magistrat et supérieur. Et si ceulx du dict Saincte-Bazille ont fait quelque forme de garde, les mauvaises actions et deportemens de leurs voisins, et les troupes et compagnies tenans les champs ne leur en ont donné que trop d'occasion. Et de faire ainsy desmolir mes villes et laisser en leur entier les aultres, c'est chose qui n'est point de l'intention du Roy mon seigneur ; et m'asseure qu'il ne vouldroit point permettre qu'il me fust faict une telle indignité[1]. »

Cette lettre n'eut point l'effet que ce prince en attendait, les fortifications durent être démolies, car nous verrons bientôt que Sully se plaint que Sainte-Bazeille fut sans rempart pour résister au duc de Mayenne.

---

[1] *Recueil des Lettres missives*, etc., t. VIII, p. 224-225.

Etienne Vilotte [1] fut commis au mois de février 1583, à la garde du château de Sainte-Bazeille, par le roi de Navarre qui écrivait, le 22 juillet suivant, à M. Deymier [2] :

« Monsieur Deymier,

« D'autant que j'aurois, au mois de Feverier dernier, commandé à Estienne Villotte, l'un de mes subjets et abitant de ma ville de Sainte-Bazeille, de prandre garde à la seureté et conservation de mon chateau, qui est en ycelle et de laisser entrer personne jusques à ce que j'aurois pourveu en la place du feu cappitene Nogueres, [3] à qui je avois donné auparavant la charge, et que pour avoir ledit Villotte feit et executé mon commandement, il est néanmoins poursuivi comme désobéissant à justisse, n'ayant voulu laisser entrer le vieus senechal de Guienne, qu'il ne congnoissoit point, ne aussi les gens de sa compagnie, lesquels je n'usse voulu permettre y entrer, je vous ai bien voulu écrire la presante pour vous dire que tout ce qui est fait en ce negoce a esté par mon commandement comme j'ay plus particullierement discoureu à Monsr de Foy pour le faire entendre à Messrs de la Chambre. Et pourtant vous ferés chose qui me sera agréable de vous employer pour ledit Villotte en tout ce que vous pourrés, ce que j'estimerés coume si c'estoit en mon propre, attendeu que c'est par mon exprès commandement. En quoi m'asurant que vous ferés tout devoir, je vous feré plus longue lettre que

---

[1] Voir sur les Vilotte *Notice sur le Château, les anciens Seigneurs et la paroisse de Mauvezin*, pp. 79, 80, 176, 300, 417, 425, 426, 577, 586, 597. — Voir aussi la présente *Histoire*, chap. IX.

[2] Voir sur les Deymier, *ibidem*, pp. 176, 376, 379, 432 et passim. Ch. VIII. — Voir aussi *Hist. de Sainte-Bazeille*.

[3] François de Noguères : Voir sur les Noguères, *ibidem*, pp. 229, 230, 412, 424, 575, 576, 586, 588, 589. — Voir aussi la présente *Histoire*, chap. VI, VII, VIII et XI.

pour prier le Créateur vous avoir, sieur Deymier, en sa sainte garde.

« A Bazas, ce 22ᵉ de juillet 1583.

« Vostre bon amy,

« HENRI[1]. »

Le 13 juin 1583, le roi de Navarre donne « procuration à Monsʳ Mᵉ Pierre de Mesmes, écuyer, seigneur de Ravignan, conseiller et maître des requêtes dudit roi, premier président en la ville et parlement de Pau, à l'effet de vendre purement et simplement à perpétuité et à jamais, sans réservation d'aucun rachat, ou bien aliéner avec réservation dudit achat et tout autrement, ainsi que ledit de Mesmes avisera à faire, savoir, tels biens du domaine dudit seigneur roi, qui lui appartiennent en propriété ou en usufruit en le duché de Guyenne, et ce, à tels personnages et à telles sommes que led. de Mesmes avisera être à faire, et particulièrement les comtés d'Aillas, de Gironde et les baronnies de Vayres, Meilhan et Sainte-Bazeille. Cadillon, not.[2] »

Nous n'avons aucun renseignement au sujet de la lettre suivante de Henri de Navarre au maréchal de Matignon, de la fin de septembre 1583 :

« .... Je vous prie despecher une exemption de logies pour mes terres, et nommément pour celles de Casteljaloux, où *Lapeyre*[3] *fait tous les désordres du monde*. Le capitaine Domeneies saura bien faire valoir vostre sauve garde[4]. »

Il s'agit ici de François de Lapeyre, capitaine et gouver-

---

[1] *Arch. de M. Théobald Guibert*, de Marmande. — *Notice sur le château de Mauvezin*, pp. 586-588.
[2] *Arch. de M. Leo Drouyn*, de Bordeaux : Notes manuscrites.
[3] Voir sur les Lapeyre, chap. VI, VII et IX. — Voir aussi *Notice sur le château de Mauvezin*, pp. 227, 230, 234, 238, 240, 243, 289, 424, 428, 431, 576, 577, 578.
[4] *Hist. de l'Agenais*, etc., t. II, p. 257.

neur de Couthures, durant les troubles de la Religion. Il était fils de Jean de Lapeyre et de Marguerite de Lescure.

Le 22 septembre 1584 jugement rendu par le sieur Le Vesnier, en vertu duquel sur le vu, entre autres titres, d'un aveu fourni par Pierre Guiraud, sieur d'Auriolle, devant ledit Le Vesnier, de tout ce qu'il possède dans la juridiction de Sainte-Bazeille, il est ordonné que distraction serait faite sur papier terrier du domaine de Sa Majesté en la juridiction, d'une maison et place en ladite ville, de la moitié d'un droit de péage sur la Garonne en cet endroit, et de la moitié d'un droit de passage sur ladite rivière que les sieurs de Landeroat avaient coutume de lever, suivant les tableaux et arrêts de la Cour du Parlement de Bordeaux, pour en jouir par ledit sieur d'Auriolle, à la charge d'en faire les foi et hommage audit seigneur roi et de payer les droits et devoirs seigneuriaux [1].

Dans le *Livre de contrôle* tenu par Etienne Vilotte, du 5 août 1585 au 19 mars 1586, est indiqué le passage des bateaux à Sainte-Bazeille, « lieu estably pour la recepte de l'impost par le roi de Navarre sur les marchants montans et descendans sur la rivière de Garonne [2]. »

Henri de Navarre écrit (1585) à Auzerée, son valet de chambre et trésorier du péage établi sur la Garonne, à Sainte-Bazeille, Caumont, etc. :

« Auzerée, lorsque les gens de guerre seront arryvés et le gouverneur, vous pourrés me venyr trouver. Yl faudra regarder à la levée de l'ymposition [3]. »

Il lui écrit encore le 25 décembre, de Montauban :

---

[1] *Arch. dép. de la Gir.* C. 2584 : Extrait du Registre du Conseil d'Etat, année 1736, 24 avril.
[2] *Arch. des Basses-Pyrénées.* B. 1566.
[3] *Arch. hist. de la Gir.* II, 157, 158.

« Je luy mande (à Favas) bien expressément qu'il donne ordre de ne laisser lever aucune imposition sur les marchandises passant sur la rivière, si ce n'est de celles qui passent par Sainte-Bazeille, suyvant la permission que je luy en ay faicte expedier et non autrement.... Au reste, je vous ai bien voullu escrire que j'ay faict une nouvelle ordonnance pour le regard de l'imposition qui se doilt prendre sur le postal : assavoir que de chaque balle de postal, on prendra au Mas-de-Verdun, ung escu, ou à Montauban, s'il passe par le Tarn ; à Caumont, vingt sols, et à Sainte-Bazeille, aussi ung escu, qui sont en somme sept livres pour chacune balle [1]. »

En l'année 1585, les Calvinistes ne tenaient d'autres places sur la Garonne, que Castetz et Sainte-Bazeille. Pour cette dernière, le sieur de Vivant la fortifia, comme il fit, depuis, Monheurt et Meilhan [2].

Le 20 juillet, M. de Turenne étant à Bergerac, en qualité de lieutenant pour le roi en Guyenne, donne commission au sieur de Vivant de commander aux villes et juridictions de Caumont, Sainte-Bazeille et Damazan [3].

La paix ne fut pas de longue durée. Les hostilités avaient repris, lorsque vers la mi-carême de l'année 1586, le roi de Navarre écrivit :

« A Monsieur de Vivant,

« J'ay escript à mon cousin, monsieur de Turenne, pour vous balher des gens pour Saincte-Bazeille et Caumont, [4] » et le 18 mars suivant, cette autre lettre datée de Sainte-Foy :

---

[1] *Arch. hist. de la Gir.* II, 158.
[2] *Faits d'armes de Geoffroy de Vivant, publiés d'après le manuscrit original, par Adolphe Magen,* Agen, 1887, p. 33.
[3] *Ibidem,* p. 33, 34.
[4] *Recueil des Lettres missives de Henri IV,* t. II, p. 201.

« Monsr de Vivans, j'envoye demain, dix-neufiesme, deux compagnies dans Sainte-Baseilles. Je vous prie vous y trouver pour les y [recepvoir], et si l'ennemy y tourne, asseurez-vous que j'y mettray plus de six cens hommes ; et pour ce, resolvez-vous de vous y jeter, comme vous m'avez promis[1]. Si vous pensez le faire, je vous enverray douze ou quinze gentilshommes des miens, qui ont envie d'estre à un siège avecques vous[2]. »

Presque aussitôt, vers le 20 mars, ce prince lui écrit encore :

« Monsr de Vivant, parce que vous m'avez mandé que ne pouviez vous mettre dedans Sainte-Bazeilles, parce que vous estiez obligé de garder Caumont, qui est à la vérité de grande importance, j'ay pensé d'y donner ordre et la pourvoir de gens et munitions, afin qu'elle ne vienne en la phissance de noz ennemis ; et parce que, ne trouvant ici des compaignies assemblées, il a fallu m'ayder du régiment de Coroneau qui estoit à Montpaon[3], je luy ay commandé de se mettre dedans Saincte-Baseille. »

Et encore le 2 avril suivant, de Sainte Foy :

« Monsr de Vivans, J'ay si bien pourveu à Saincte-Baseille, qu'ils s'y morfondront pour le moings, s'ils en viennent à bout, ils ne seront plus en estat d'aller à Caumont[4]. »

La ville de Sainte-Bazeille n'avait alors pour murailles que les maisons des habitants, la plupart desquelles n'étaient que de bois et de terre. En prévision du siège, les gentilshommes et les soldats de la garnison, parmi lesquels

---

[1] Ce ne fut pas à M. de Vivant, mais à M. des Pueilles, que fut définitivement confié ce commandement.

[2] *Recueil des Lettres missives*, etc., t. II, p. 201.

[3] Dans le canton de Sainte-Affrique, dép. de l'Aveyron (Rouergue).

[4] *Recueil des Lettres*, etc., t. II, p. 205.

était Sully lui-même, s'employèrent de leurs propres mains à fortifier la place. Ils y firent de profonds retranchements, de larges et hautes terrasses [1], et cinq bastions en terre [2], de telle sorte qu'après ces travaux, la ville était environnée de grands éperons, casemates et boulevards hors de l'enceinte et en très belle assiette [3].

Quelques jours avant l'attaque, le roi de Navarre avait envoyé pour y commander en cas de siège « le sieur Despueilles, gentilhomme de bonne qualité, estimé fort vaillant et grandement expérimenté pour la défence des places assiégées, auquel il bailla trois cens harquebusiers et trente gentilshommes de sa maison pour l'assister et apprendre le mestier sous luy [4]. » Or, parce que Despueilles était allié à la maison de Courtenay, dont était la femme de Sully, ce dernier, dont il recherchait fort l'amitié, importuna tellement le roi, contre l'avis de ses parents et amis, qu'après plusieurs refus, ce prince le nomma entre les trente gentilshommes qu'il avait destinés pour aller avec ce capitaine [5]. Ceux-ci, à peine arrivés dans la place, la jugèrent encore pire qu'on ne l'avait faite et se mirent à la fortifier comme il est dit plus haut [6].

---

[1] *Mémoires de Sully*, t. I, pp. 50-52. Edit. Michaud et Poujoulat.
[2] *Hist. de l'Agenais*, etc. t. II, p. 280.
[3] *Mémoires de Philippe du Plessis, sieur de Mornai*, t. I, p. 493. *Journal de l'Etoile*, t. III, p. 277. Paris 1744.
[4] *Mémoires de Sully* t. I, pp. 50-52. Edit. Mich. et Pouj.
[5] *Ibidem*.
[6] Dans une autre édition des *Mémoires de Sully*, livre second, p. 215, t. I., ce gentilhomme dit : « Le gouverneur de cette petite place était Despueilles de la maison de Courtenay, et réputé très brave homme, ce qui me fit naître l'envie de m'y enfermer avec lui contre l'avis de plusieurs de mes parents et amis, qui sans doute le connaissaient mieux que moi. Le roi de Navarre me refusa longtemps la permission que je lui demandais, enfin vaincu par mon importunité, il me donna trente hommes, avec lesquels je me jettai dans Sainte-Ba-

« Monsʳ le mareschal de Matignon se préparoit d'attaquer Castetz[1]. Monsʳ de Vivant estant à Saincte-Baseilhe où il commandoit, adverty que ses troupes tenoient la campagne deçà et delà la rivière de Garonne, vers le Bourdelois et Bazadois, fit faire une cavalcade au sieur de Doyssac, son fils, dudit Sainte-Baseille et, ayant rencontré dans le bourg du Begay la compagnie du cappitaine Frances, la deffit et força une maison forte où ledit cappitaine s'estoit retiré, qui y fut tué et tous ses hommes mis en pièces[2]. »

« Voyant que Matignon n'avait encore attaqué aucune place, et qu'il s'excusait de le pouvoir faire, Mayenne s'avança pour lui donner moyen par l'approche de ses forces d'entreprendre sans crainte le siège de Castels, place forte sur la Garonne, fortifiée de longue main, laquelle pour gagner du temps mondit sieur de Mayenne reçut à composition, suivant laquelle elle fut rasée et démolie[3]. »

« Bientôst après M. le mareschal de Matignon ayant attaqué Saincte-Bazeille, où M. de Vivant avoit jeté quelques gens de pied, soubs la conduite du sieur d'Andine, mareschal de logis de sa compagnie, quoyque luy mesme

---

zeille. Je trouvai que la place était par elle-même fort mauvaise, sans remparts, n'ayant que des maisons de boue que le canon traversait de part en part. »

[1] Il venait de se manifester un grand désaccord entre Mayenne et Matignon : celui-ci craignant de ne jouer, dans cette guerre, qu'un rôle secondaire ; celui-là ne cherchant, en effet, qu'à s'attribuer toutes les gloires et se plaignant des contradictions de son collègue, qui, d'ailleurs, avait, à cet égard, des ordres particuliers et secrets. Matignon, dissimulant son dépit, se réunit au duc de Mayenne pour assiéger Sainte-Bazeille. (*Histoire de l'Agenais*, etc., p. 280.)

[2] *Faits d'armes de Geoffroy de Vivant*, etc., p. 37-38.

[3] *Mémoires de Philippe Du Plessis, sieur de Mornai*, t. 1, p. 493.

fut en jalousie d'estre attaqué dans Caumont, qui l'empeschoit de se despourvoir, ledit sieur d'Andine s'estant deffandu quelque temps, attira sur ses bras l'armée de M. de Mayenne [1]. »

En effet, de Montignac qu'il venait de prendre, Mayenne était venu, après la prise de Castets, attaquer la ville de Sainte-Bazeille, où, quelques jours auparavant, le roi de Navarre avait envoyé Despueilles pour y commander [2].

Le *Journal de Faurin* atteste que ce siège commença le 9 avril [3].

La ville fut battue furieusement de dix-huit pièces de canon. Les maisons, percées d'outre en outre, tombaient en ruine, et volaient en éclats de tous côtés. Les boulets traversaient même la place d'une extrémité à l'autre [4]. Malgré ce bombardement, les Calvinistes avaient pratiqué de si profonds retranchements hors des murailles, qu'ils demeuraient à couvert en toute assurance et que Sully incitait toujours ses compagnons à soutenir un assaut, avant que de vouloir entendre à parlementer [5]. Le gouverneur Despueilles paraissait d'abord plein de résolution et avait déjà fait éprouver aux assaillants de grandes pertes, mais après les premières

---

[1] *Faits d'Armes de G. de Vivant*, p. 38.
[2] *Mémoires de Sully*, t. I, p. 50. Edit. Mich. et Pouj.
[3] *Lettres missives de Henri IV*, t. II, pp. 208-209. Note du bas de la page. — Dans l'édition de 1878, in-4°, p. 136, Faurin dit : « De là (de Castets) aussi battirent à vingt pièces la ville de Sainte-Basilhie », et à la page 138 : « Sur la fin du mois d'apvril, la ville de Sainte-Bazilhie a esté prise par les papistes et par le camp de M. Dumaine (Mayenne) ; et c'est par composition, armes, vie sauve à tous les habitants et soldats. Ils l'avoient battue ci-devant à vingt pièces de canon. Incontinent ils l'ont rasée. » Il est certain que Sainte-Bazeille était prise avant la fin d'avril, d'après une lettre du roi de Navarre adressée vers le 20 avril à M. de Vivant. Voir *Lettres missives*, etc., t. II, p. 208.
[4] *Mémoires de Sully*, t. I, pp. 50-52. Ed. Mich. et Pouj.
[5] *Ibidem*.

attaques, jugeant, par les effets désastreux de l'artillerie ennemie, que la place n'était pas tenable, « soit que son grand jugement et sa longue expérience luy fissent mieux recognoistre le péril, l'impossibilité d'une suffisante défence ou d'un prompt secours, soit pour d'autres raisons, si tost qu'il vit la bresche faicte, il pratiqua de ses parens et amys dans l'armée ennemie qui demandèrent de parler à luy, lesquels entrèrent dans la ville sur sa foy et le sçeurent si bien manier, intimider les habitans et la pluspart des soldats, qu'eux s'offrant de demeurer pour luy en ostage, il sortit dehors, alla trouver M. du Mayne et traitta avec luy, sa personne estant en la puissance des ennemis, qui fut une de ses fautes, dont il fut le plus blasmé. Et depuis estant rentré en icelle, il acheva de si bien induire les soldats et les habitans à son advis, que nonobstant l'opposition de tous vous autres [1] qui estiez de la maison du Roy et tout ce qu'en particulier comme son amy vous lui sçeutes dire, vous fustes constraint de suivre la pluralité des voix par un silence plein de dépit et de regret de vous estre venu fourrer dans cette place pour en sortir sans combat, de laquelle la capitulation fut d'autant plus blasmée qu'elle se trouva plus avantageuse et plus exactement observée : les roys et les chefs d'armée approuvant davantage que l'on sorte des places le baton blanc en la main, après avoir tenté tout hasard et péril, et s'estre défendu jusqu'à l'extrémité, que de s'en venir avec armes et bagages, tambour battant, enseignes déployées, mesches allumées des deux bouts, balles en bouches et pièces roulantes, et ne s'estre point battus [2]. »

---

[1] *Ibidem*. Sully, comme on ne l'ignore pas, se fait adresser des discours par ses secrétaires.

[2] L'Etoile (*Mémoire-Journaux de Pierre de l'Estoile*, Paris, 1875, t. II, p. 334) dit que Sainte-Bazeille fut rendue dans le mois d'avril,

Le sieur de Vivant, ignorant que la garnison de Sainte-Bazeille avait promis de capituler et de se rendre le lendemain, avait jeté la nuit avec beaucoup de péril une compagnie de gens de pied menée par le sieur Dandiran, qu'il fit descendre de Caumont par eau, mais les assiégés jugeant que le secours était petit pour résister à deux si grandes armées, continuèrent à minuit leur capitulation; mais le sieur Dandiran fit la sienne à part et fut conduit jusqu'en vue de Caumont, tambour battant et enseigne déployée[1].

La mauvaise humeur que le roi de Navarre ressentit de cette capitulation, ressort des termes mêmes de la lettre suivante datée de Surgères, qu'il écrivit vers le 20 avril 1585 au gouverneur de Caumont :

« Monsr de Vivant, je ne vous diray aultre chose sinon que j'ay trouvé fort estrange qu'on soit entré en négociations et traicté avec les ennemys, sans m'en advertir et sans nécessité, laquelle debvoit estre proposée par les assiegez, et non pas que nous en fissions nous mesmes les ouvertures. Cela fait cognoistre à nos ennemis qui ne sont pas si bien comme aulcuns pensent, que nous n'avons pas

---

mais sans faire mention du jour : « En ce mois la ville de Saincte-Bazile, en Gascogne, que le duc de Maïenne avoit assiégée et battue de dix-huit canons, lui fut rendue par les huguenots, avec composition fort avantageuse pour eux, et peu pour les soldats de la Ligue, qui ne trouvoient nul proufit à la prise de telles places où ils ne faisoient butin que de quelques rats affamés ou de quelques chauves-souris enfumées. » Toutefois, si la prise de Sainte-Bazeille n'était pas un exploit militaire pour le prince Lorrain, c'était un véritable échec pour le roi de Navarre. Les *Mémoires de Vivans* parlent des efforts de ce gentilhomme, qui envoya vainement au secours de cette ville une partie de la garnison de Caumont, où il commandait ; et le ton d'une lettre de Henri à Vivant que nous donnerons plus loin, s'accorde parfaitement avec ce que raconte Sully, du mécontentement que ressentit le roi de Navarre.
— *Mémoires de Sully*, t. 1, pp. 50-52. Ed. Mich. et Pouj.

[1] *Faits d'armes de Geoffroi de Vivant*, etc., p. 38.

le cœur qu'ils craignoient. — Je vouldrais, Monsr de Vivant, que vous sçachiez, et avec quel mépris de nous et de quelle façon nos ennemis parlent de ce traicté[1].

Aussi, lorsque Sully revint de Saincte-Bazeille à Bergerac, trouva-t-il le roi si fort courroucé contre les gentilshommes de sa maison envoyés à ce siège, qu'il ne voulut pas en voir un seul, croyant que tout s'était passé de leur avis. Mais quand il eut été instruit de la vérité, il demeura plus content d'eux et tourna toute sa colère contre M. Despueilles. Il l'envoya quérir et lui dit : « Eh bien ! M. Despueilles, qu'avez-vous fait de la place que je vous avois donnée en garde pour le service de Dieu et la conservation des Eglises ? Car je sçai bien que ces gentilshommes que je vous avois baillez pour acquérir de l'honneur et apprendre le mestier avec vous n'ont pas esté de votre opinion . » A quoi l'autre (tout en furie et mutiné de ce qu'il avait ouï dire que le Roy l'accusoit de laschté), lui répondit : « Sire, j'en ai fait ce que Vostre Majesté en eust peu faire, si, estant à ma place, elle eust rencontré tous les habitans et la plus grande partie des soldats entièrement bandés contre toute autre résolution que celle que j'ay prise. » — « Par Dieu, repartit le roi, plus irrité qu'auparavant, vous n'aviez que faire de m'alleguer ainsi mal à propos, et par ma com-

---

[1] *Recueil des Lettres missives de Henri IV*, t. II, pp. 208-209. En rapprochant toute cette lettre des principaux succès de la campagne du duc de Mayenne, énumérés, tant dans la relation publiée par ordre de ce prince, que dans la réponse qu'y fit Mornay dans les *Mémoires manuscrits sur Geoffroy de Vivans* et dans les *Œconomies royales*, on reconnaît qu'il s'agit de la capitulation de Sainte-Bazeille.

— Henri écrivit encore le 29 avril à M. de Ségur :

« Monsr de Ségur, le grand effort de cette armée depuis cinq ou six mois est tombé sur deux maisons assez mauvaises que vous cognoissez, Montignac et Saincte-Bazile, et sur la maison privée d'un gentilhomme nommé Castets, laquelle est au sieur de Fabas. » — *Lettres missives*, etc., t. II, p. 211.

paraison penser couvrir vostre faute ; que je n'eusse jamais commis une telle lascheté, sçachant trop bien que ceux de nostre profession sont obligés de préférer l'honneur à la vie ; et en tout cas je n'eusse jamais fait cette bestise que de laisser entrer mes ennemis en ma place, avec une entière liberté de parler à un chacun, et encore moings me fus-je mis entre leurs mains pour capituler. Et afin que par vostre exemple les autres soient enseignés à user de plus de générosité et de prudence, suivez cet exempt des gardes, qui vous mènera où vous méritez. » « Et en ceste sorte, sans luy donner loisir de répliquer, il fut mené en prison, de laquelle il sortit huit jours après, tant à la prière de ses amys et parens, que pour le besoin que le roi de Navarre avoit de se servir de sa trouppe[1]. »

Nous trouvons aux *Archives des Basses-Pyrénées* (B. 2819 et 2841), sous la signature originale de *Henri* : 1º un mandat adressé de Lectoure le 20 février 1586 par le roi de Navarre à son trésorier, Adrien Auzerée, receveur particulier à Sainte-Bazeille, de payer aux mains du sergent Dade, commandant une compagnie dans cette dernière ville, 133 écus 1/3 pour le mois de mars ; et 2º la solde d'un achat d'une barrique de prunes de Saint-Antonin et d'une barrique d'huile pour la garnison. Cette seconde pièce est datée de Bergerac, le 1er mai.

Dans un acte de l'année 1718, les consuls de Sainte-Bazeille exposent « qu'ils n'avoient pas d'archives, qu'en l'année 1586, leur ville fut pillée et en partie brûlée par les gens de la Relligion prétendue reformée[2]. »

Après la prise de Sainte-Bazeille, les Ligueurs marchèrent sur Monségur, qu'ils assiégèrent au commencement de

---
[1] *Œconomies royales*, 1re partie, chapitre xx.
[2] *Arch. de M. Benléjac*, de Lagupie.

Mai et bombardèrent avec dix-huit canons. Le siège dura plusieurs jours. « Les huguenots se rendirent à composition, qui ne leur fust nullement gardée, car ils furent tous taillés en pièces par les troupes du duc de Maïenne, qui alleguoit pour ses défenses que c'estoient ceux qui estoient sortis de Sainte-Bazile et avoient juré de ne jamais porter les armes contre le Roy, et que, puisqu'ils avoient rompu leur foy, qu'il n'étoit pas tenu de leur garder la sienne, par le vieil mot latin qui dit : *Frangenti fidem, fides frangatur eidem*[1]. »

Quelque temps avant le 25 janvier 1590, Henri IV avait eu besoin de toutes ses forces, écrit M. Leo Drouin[2], pour aller dans la haute Gascogne où s'assemblaient les ennemis; Matignon enjoignit à quelques capitaines qui étaient avec leurs soldats entre les rivières de l'Isle, de la Dordogne et de la Garonne, d'avoir à rejoindre M. de La Force aux environs de La Réole. La plupart désobéirent et se mirent à ravager le pays. Matignon leur ordonna de congédier leurs troupes sous peine de la vie, et commanda à tous les officiers du roi, aux maires, consuls, communautés, de s'assembler au son du tocsin, de courir sus aux contrevenants, de les faire prisonniers et de les mener à la justice pour être punis comme criminels de lèse-majesté. Il ordonna ensuite à tous ceux qui ne voudraient pas aller rejoindre le roi, quand bien même ils auraient une commission de lui, de quitter dans huit jours la province de Guyenne, à moins qu'ils n'obtiennent une nouvelle commission.

Le 28 février 1590, le même maréchal annonce à Henri IV qu'il a laissé le sieur de Barrault et le sieur Saint-Léger et une partie de la compagnie du sieur de Favas, à Sainte-Bazeille, pour y tenir contre les Ligueurs :

---

[1] *Mémoires-Journaux de Pierre de l'Estoile*. Paris, 1875, t. II, p. 233.
[2] *Variétés Girondines*. Pièces justific. n° XII, t. II.

« Siré,

.... J'ay advisé laisser le sieur de Barrault à Sainte-Bazeille et le sieur de Saint-Léger avec luy et une partie de la compagnie du sieur de Favas, qui pourront fayre environ cent chevaulx et cinq cents harquebusieurs que je leur fais bailler. Je me trouve très empêché à recouvrer des moyens pour subvenyr à leur entretenement, qui reviendra par moys à plus de trois mille cinq cens escuz, dont je leur fais bailler la moitié en argent et l'autre en vivres. Le sieur de Barrault est en très bonne vollonté d'y bien servir Vostre Majesté. Le sieur de Ruat, qui estoyt de la Ligue, s'en est retiré avec asseurance et promesse doresnavant servir V. M. Je ne m'en asseure gueres, ny en tous ceux qui en ont esté, que s'ils voyoient quelque occasion où ils peussent faire quelque coup important, qu'ils ne le fassent, etc.

De Bordeaux, ce dernier février 1590[1]. »

Par une ordonnance du mois de mars de cette année, Matignon exempta des ordres qu'il avait donnés, le sieur de Meslon et ses compagnies qu'il se réservait d'employer pour le service de Sa Majesté. — A cette occasion, ce dernier reçut deux lettres, une de M. de Turenne et l'autre de M. de Matignon. La seconde seule nous intéresse. Elle est datée de Bordeaux, le 3 mars :

« Monsieur de Meslon, Depuis que je vous ai escrit, j'ay receu lettres de Messieurs de Turenne et de Fabas qui me mandent être nécessaire de vous rendre le cinquiesme de ce mois vers Marmande et Sainte-Baseille. Je vous prie bien fort vous y achemyner avec toutes vos troupes pour y estre audit jour où je ne taudrai me trouver, Dieu aydant, lequel je prie, après m'estre recommandé à vos bonnes

---

[1] *Arch. hist. de la Gir.* IV. 233.

grâces, qu'il vous tyene, Monsieur de Meslon, en sa sainte garde.

Vostre entièrement bon et plus parfet amy.

« MATIGNON [1] »

Meslon [2] ne se pressait pas de condescendre aux prières de ces deux capitaines ; mais Catherine, sœur d'Henri, fut mieux écoutée. Il dut partir après avoir reçu de cette princesse une lettre datée de Pau, le 6 mai suivant [3].

Le 14 mars 1597, le sieur Orgier cèdée au sieur de Massiot, seigneur de Longueville, en vertu du retrait exercé par Léonarde de Lagarde, son épouse, comme plus proche lignagère des demoiselles Anne, Jeanne et Louise de Giraud, la moitié du passage sur la Garonne, port et havre de la ville de Sainte-Bazeille, que lesdites demoiselles Giraud et leurs auteurs avaient coutume de lever en commun avec Jacques de Landeroat, sieur d'Auriolle [4].

Nous trouvons aux *Archives historiques de la Gironde* (t. XXV, p. 276) une ordonnance pour l'exécution de

---

[1] *Variétés Girondines*. t. I, pp. 323-325.

[2] Jean de Meslon, sieur de Combes, frère consanguin d'André de Meslon, né le 2 octobre 1567, servit aussi Henri IV avec distinction. Le 12 décembre 1596, il passa, comme capitaine d'une compagnie de cent hommes de pied, dans le régiment de Navarre. C'était alors une récompense de passer dans un ancien corps. Il partit avec le duc d'Epernon pour le nord de la France, assista au siège de Chartres, où il fut blessé d'un coup d'arquebuse ; il se fit transporter à La Réole en brancard, ne pouvant supporter d'autre voiture à cause de cette blessure et de plusieurs autres à la tête et au bras... Le sieur de Combes fut gratifié de la charge de gentilhomme servant du roi. Il fut assassiné, en 1605, au pont de la Gupie, près de Sainte-Bazeille, par Messieurs de La Marche, qui se vengèrent ainsi d'une insulte qu'ils en avaient reçue. (*Variétés Girondines*, t. I, p. 342-345.)

[3] *Ibidem*, t. I, pp. 323-325.

[4] *Arch. du départ. de la Gir.* C. 2584. Extrait du Registre du Conseil d'Etat, année 1736, 24 avril.

l'édit de Nantes dans le Bazadais envoyée par M. de Caumont La Force le 27 juin 1600 : « Les commissaires députés par le Roy en l'étendue du ressort de la Court de parlement de Bourdeaux, pour l'exécution de l'esdict du mois d'Apvril mil cinq cent quatre-vingtz-dix-huict faict à Nantes, à tous ceux que ces présentes lettres verront, salut.

« Sçavoir faisons que, sur la requeste à nous présantée par ceux de la religion prétandue reformée de la seneschaussée de Bazadois tendant à ce qu'en procédant à l'exécution de l'esdict, il nous pleut remetre et restablir l'exercice de la dicte religion es villes de Bazas, La Reolle, Monsegueur, Langon, Gironde, Castelmoron, Sainte-Bazeille, et autres lieux où il estoit en l'année 1577...., etc. »

La région eut à endurer pendant le XVIᵉ siècle les calamités suivantes[1] :

En 1531, une disette de blé : la poignée (⅛ hectolitre) valait à La Réole 40 sous ;

En 1547, un obscurcissement qui dura trois jours, occasionné par des astéroïdes passant entre le soleil et la terre ;

En 1565, une grande disette, des inondations, des neiges extraordinaires et des gelées au printemps ;

En 1569, un grand froid ;

En 1570, une gelée excessive pendant trois mois ;

En 1572, un froid qui glaça la Garonne, aux fêtes de Noël ;

En 1575, une disette pendant laquelle la mesure équivalente à notre hectolitre valait 42 francs ;

De 1585 à 1586, une peste ;

---

[1] *Annales de La Réole*, par M. Dupin : msc. de M. O. Gauban.

En 1587, une disette où le blé valait 61 francs (mesure de notre hectolitre) ;

En 1591, une disette de blé, qui se vendait 52 francs (la susdite mesure) ;

En 1594, une disette pendant laquelle le boisseau valait 7 écus à La Réole.

Nous trouvons aux *Archives des Basses-Pyrénées* (B. 1543) dans une ordonnance donnée en l'an 1606 par la Chambre des Comptes de Nérac et dans une quittance produite devant cette Chambre par Isaac Jausselin, trésorier, que le sieur Béraut était fermier des péages de Sainte-Bazeille.

Le 13 février de cette dernière année, Etienne Vilotte, co-seigneur de la maison noble de Serres, dite d'Auriolle, rend en cette qualité au sujet du fonds noble et de ses rentes, foi et hommage au Roi de Navarre, duc d'Albret, en la forme suivante :

« Les gens tenans la Chambre des Comptes et conseil de Finances établi par le Roy, en la ville de Nerac, pour les affaires de son ancien domaine, commissaires en cette partie députés, salut.

« Sçavoir faisons qu'aujourd'huy, date de ces presantes, s'est comparen et presanté en ladite Chambre, Estienne Villotte, sieur de la moitié de la maison noble de Serres, dite Doriolle size en la ville de Ste-Bazeille, lequel en presance et du consentement de Mre Samuel Paulhac, procureur général d'Albret et domanial en ladite Chambre, étant teste nue, les deux genoux à terre, l'épée desceinte, tenant les mains jointes entre celles du sieur de La Valade, president en ladite Chambre, a fait et presté les foy et homage et serment de fidélité qu'il est tenu de faire à Sa Majesté duc d'Albret, pour raison de la susdite moitié de maison noble de Serres dite Doriolle consistant en maison, metairie de Lanauze et appartenances d'icelle et en la moitié des cens et rantes de ladite maison noble, et generalement de tout ce qu'il possède en plain fiefs, dependances d'icelle maison, le tout assis en la baronie de Ste-Bazeille, et a promis et juré à Pierre Vivant qu'il sera bon, loyal et fidele vassal de Sa Majesté et de ses successeurs ducs d'Albret, leur bien et honneur pourchassera et guardera et leur mal évitera de son pouvoir, bon conseil leur donnera quand requis en sera, leurs secrets ne revelera ny ne se trouvera en lieu auquel contre leurs personnes bien et honneur, famme, enfans et gens de leur conseil soit aucune chose conspirée ou machinée, et quand sçaura avoir esté fait par autres les avertira au plutost que faire se pourra, servira, guardera et deffandra sa dite Majesté et ses successeurs et leur honneur contre toutes personnes, le Roy souverain seullement excepté, et generallement faira, tiendra et accomplira les clauses contenues ez chapitres de fidelité vieux et nouveaux : et pour ces foy et hommage, ledit Villotte nous a presentement baillé un baiser à la bouche, que nous de Lavalade avons receu de luy sans prejudice d'autre plus grand devoir auquel il pourroit estre teneu et redevable et sauf en autres choses le droit de Sa Majesté et de l'autrui en toutes, à la charge que ledit Villotte sera teneu bailler par le menu son adveu et denombrement desdits biens et fiefs, dont il a fait à presant l'hommage et icelluy verifier par devant le sieur de Lariviere, reformateur du domaine d'Albret au ressort de Casteljaloux, commissaire en cette partie député, dans les quarante jours portés par l'ordonnance, et néantmoins de raporter le procès verbal de ladite verification dans un mois après en ladite Chambre pour estre mise au Thresor, autrement à faute de ce faire, icelluy hommage est déclaré pour non fait et pour non advenu : par quoy nous mandons et ordonnons en vertu du pouvoir à nous donné à tous les justiciers et officiers de sa dite Majesté audit duché que où lesdits biens seroient prins et saisis ou autrement empechés à faute du presant homage auparavant non fait, qu'ils les mettent incontinent à plaine delivrance et en laissent et souffrent jouir et uzer plainement et paisiblement ledit Villotte, car tel est le bon plaisir de Sa Majesté. En témoin de quoy nous avons fait mettre et apposer le sceau de ladite Chambre aux dites presantes signées de nostre main et du secrétaire d'icelle.

« Donné au chateau de Nérac en la dite Chambre et conseil le treiziesme jour du mois de février mil six cens six. Ainsi signé de Lavalade, de Vacquier, de Brassay, Dulong, Paulhac.

« Par ordonnance de la dite Chambre, ainsy signé Dupin et scellé[1]. »

II

LOUIS XIII, DUC D'ALBRET

Les guerres de religion recommencent dans l'Agenais.
Le duc de Mayenne donne les exemptions suivantes du logement des troupes à Ste-Bazeille :

« Le duc de Mayenne et d'Aiguillon, pair et grand chambellan de France, gouverneur et lieutenant général pour le Roy en Guyenne,

---

[1] *Archives de M. Maurice Boisvert*, de Beaupuy. Inédit. — Par une transaction du 13 septembre 1604 retenue par Me Prioret, notaire royal de Marmande, Etienne Villotte, marchand de Ste-Bazeille, acquit des terres de la famille de Giraut. (Voir sur cette famille l'appendice n° 2 du Livre de raison des Fontainemarie.) *Arch. de M. Boisvert.*

« Nous deffendons à tous cappitaines, chefz et conducteurs de gens de guerre tant de cheval que de pied, de loger ny souffrir qu'il soit logé aucun desdictz gens de guerre dans les maisons appartenantes au sieur de Noguères[1], cappitaine et colonel des compagnies de la ville de Bourdeaux qu'il a, sçavoir, la maison et metterye qu'il a en la juridiction de Ste-Bazeille que nous reservons pour nostre logement, les autres au lieu de Puimiclan, Marcellan, Cadaujac, du Fraitz en la parroisse de St-Martin, jurisdiction dudict Ste-Bazeille, lesquelles maison et metteryes leurs circonstances et deppendances nous avons prins et mis, prenons et mettons par cez presentes soubz la protection et sauvegarde du Roy et nous deffendons trez expressement d'icelluy prendre enlever ny fourrager aucuns bleds, vins, foraige ne aultres choses quelconques sur peine de punition exemplaire. En tesmoing de quoy nous avons signé ces dictes presentes et icelles faict contresigner par nostre secretaire ordinaire.

« Faict à Bourdeaux le xxvii jour de juillet mil six cens vingt.

MAYENNE.

Par Monseigneur,
SIGAULD[2]. »

« Monsr de Nogueres, j'ay reçeu vostre lettre et veu ce que vous m'avés escript de l'apprehension que les habitans de Ste-Bazeille ont d'avoir quelque département pour ayde de Marmande. Mais cella ne peut estre y ayant donné l'advis qui estoit de besoing lorsque le Roy estoit à Blaye, où le departement général de toutes les troupes, tant de cheval que de pied, que Sa Majesté laisse en ceste province

---

[1] Jean de Noguères, fils de François de Noguères, gouverneur de Ste-Bazeille.
[2] *Arch. du Marquis de Bonneau.*

fust arresté, où j'obtins la susdite descharge et exemption, de sorte que personne ne peust plus rien ordonner au contraire, et leur escrips qu'ilz ne reçoivent aucunes troupes ny fournissent contribution ny ayde sans lettres expresses de Sa Majesté et mon attache sur icelles, et n'ayant esgard à qui que ce soit hors de cest ordre. C'est pourquoy ilz ne doibvent estre davantaige en peyne pour ce regard, ce que vous leur ferés entandre plus particulièrement et que j'auray soin de leur soulagement, comme il est raisonnable, puisqu'ilz ont esté assés foulés des logemens qui y ont esté faictz. Et croyés qu'en tout ce qui sera de vostre particulier encous je vous temoigneray que je suys,

Monsr de Noguères,

Vostre tres affectionné et parfait amy,

Mayenne. »

Le 26 Juin 1621, un samedi, Mayenne s'empare de Caumont, le sieur de Barraut bordant la Garonne et tenant la droite avec huit ou neuf cents hommes ; plus haut, et sur le penchant de la montagne, le sieur de Castelnau commandant les troupes sorties de Marmande, et le sieur de Château celles de Sainte-Bazeille et d'autres villes voisines [1].

Le 31 août 1621, Louis XIII, occupé au siège de Montauban, écrit les deux lettres qui suivent, l'une à Jean de Noguères, sieur de Lagrange et de Monplaisir, pour le confirmer dans la charge de gouverneur du château et de la ville de Sainte-Bazeille, et l'autre aux consuls et habitants de ladite ville pour leur ordonner de reconnaître ce nouveau commandant et de leur obéir :

« Monsieur de Noguères, sçachant que mon cousin le

---

[1] *Hist. de l'Agenais*, etc., t. II, p. 351.

duc de Mayenne vous a commis au gouvernement de la ville de Saincte-Bazeille, j'ay eu le choix qu'il a faict de vous pour ce subiect fort agréable et auray à plaisir que vous y demeuriez, m'assurant que vous apporterez le soing et dilligence requise pour la seureté et conservation de ladite place, et vous ay bien voulu fe[1] cette-cy pour vous dire que vous en faciez vostre debvoir et que vous employez ce qui deppendra de vous pour maintenir ladite ville en mon obeissance ; sur ce je prie Dieu, Monsieur de Noguères, vous conserver en sa saincte garde. Escript au camp devant Montauban le xxxi° jour d'aoust 1621.

Louis.

Phelipeaux. »

« A nos chers et bien amez les consulz et habitanz de nostre ville de Saincte-Bazeille.

De par le Roy,

Chers et bien amez, nous avons sceu le choix que mon cousin le Duc de Mayenne a faict du sieur de Noguères pour commander dans nostre ville de Saincte-Bazeille, ce que nous avons eu fort agréable et aurons à plaisir qu'il y demeure sur l'asseurance que nous avons de sa fidellité et qu'il apportera ce qui deppendra de luy pour vostre bien et repos et pour la conservation de cette place soubz vostre obéissance, et vous faisons cette-cy par laquelle nous vous mandons et ordonnons de le recongnoistre et luy obéir en tout ce qu'il vous fera sçavoir estre de noz intentions de service. Sy n'y faictes faulte.

---

[1] Abbréviation pour *faire*.

Donné au camp devant Montauban cé xxxi° jour d'aoust 1621.

Louis.
Phelypeaux [1]. »

Ledit de Noguères fut créé chevalier de l'ordre de la Très Sacrée Vierge Marie et de Saint Michel le 24 octobre 1623 [2].

Par contract du 5 novembre 1629, Marguerite de Landeroat, veuve de Pierre de Roldes, cède, à titre d'engagement pour cinq années, à Jean Collomb, moyennant 2000 livres, son droit de péage sur la Garonne, à cause des ports de Thivras et Soubiran en la juridiction de Sainte-Bazeille [3].

En l'année 1634, Noël Fautoux, sieur de Lanauze, met et donne aveu et dénombrement par devant les Président trésoriers généraux en la Généralité et Voirie de Guyenne, des biens nobles qu'il tenait et gardait à foi et hommage du roi, comme les ayant acquis de Jean Simon, sieur de Mirailh, par contract du 11 octobre 1826 [4].

Nous trouvons de la même année un amortissement en faveur des consuls et communauté de Sainte Bazeille, de 170 journaux de *padouens* donnés depuis de longues années par les ducs d'Albret [5].

En 1632, François et Michel de Noguères, consuls de cette année, quittent, d'accord avec la Jurade, la taille

---

[1] *Arch. de M. le Marquis de Bonneau.*
[2] Voir le certificat *ibidem*.
[3] *Arch. départ. de la Gir.* C. 2584 : Extrait du Registre du Conseil d'Etat, année 1736, 24 avril.
[4] *Idem*, Bazadois. Lanauze. Année 1634.
[5] *Arch. départ. de la Gir.* C. 5829. Bazadois. Lanauze.

des biens montant à 4 livres, 7 sols, à Jean de Lapeyre, capitaine et jurat de Sainte Bazeille, gendarme de la compagnie du duc d'Epernon alors sur pied, à cause des services qu'il avait rendus et pouvait encore rendre à la communauté[1].

Ils payent la somme de 26 livres 18 sols pour les frais de la procession qui se faisait sur l'eau, d'après un ancien usage, le jour de l'Ascension et à laquelle prenait part la paroisse de Castelnau de Crussol-sur-Gupie. Il est alloué 2 livres 4 sols pour la location des bateaux, 6 livres pour 10 mousquetaires et le reste pour une collation donnée comme d'habitude aux ecclésiastiques, officiers et jurats.

On lit dans les *Registres paroissiaux* :

« L'an mil six cens trente-quatre et le neufiesme du moys de febvrier, je soubzsigné, vicaire de la ville de Sainte-Bazeille, déclare avoir bény la cloche en l'honneur de Notre-Dame, suivant la permission qui m'a esté donnée par Mons. le Grand Vicaire général de Bazas, faicte par la ville de Ste-Bazeille, étant consuls François Roubert, sieur de Lisle et Michel Forestier. Feust parrin messire Jean Franc^s de Boissignac, seigneur et baron de La Mothe-Landeron, Sainct Surin et La Marche ; marrine Madam^{lle} Jeanne de Leur de Salusse. En foy de quoy me suis soubzsigné aussi les parrints bas nommez.

F. de Boissignac parrain, I de Lhur de Salusses marrine, Honoré de Lur de Saluces Monferrant, F. Montferrant, Leur de Saleuces, Crochet vicaire, etc. »

En l'année 1636, Jean Moreau, consul, paie pour la communauté la somme de 100 livres au précepteur de

---

[1] *Arch. de M. Bentéjac*. Copie d'une délibération des Registres de la Jurade.

la jeunesse de Sainte-Bazeille, plus celle de 118 livres au R. P. Joachim, prédicateur du carême, à raison de 32 sols par jour pour sa nourriture, et 8 sols pour la chambre, le bois, etc.[1]

Le curé de la paroisse a écrit en tête du registre des baptêmes et des sépultures de l'année 1636 :

« Molliter ossa cubent Eor. qui scripti sunt In hoc libro post hujus vitæ ærumnas.

« Liber eorum qui renati sunt ex aqua et spiritu sancto. »

Le 25 mai 1640, transaction sur procès entre Jean de Cazenove, sieur de Harles et d^{lle} de Roldes, son épouse, d'une part, et le sieur Jean Collomb, d'autre, par laquelle, au moyen de la somme de 2400 livres que le s^r Collomb de Chambert s'est obligé de payer au delà du prix porté par un précédent contrat, ce dernier prélèvera les deux tiers du péage sur la Garonne, à Thivras et Soubiran[2].

Le 6 août 1642, quittance de 133 livres, 13 sols, 4 deniers donnée par le duc d'Albret au sieur Collomb pour les deux tiers des droits de lods et vente de l'acquisition des droits de péage sur la Garonne à cause des ports de Thivras et Soubiran[3].

En 1644, Me Antoine Larroque est précepteur de la jeunesse de Sainte-Bazeille[4].

Le 28 avril 1647, « Jean Lete, natif de Clayrac, abjura la religion prétendue réformée entre les mains de Monseigneur l'évesque de Bazas et fut reçeu par le mesme seigneur dans le giron de l'église catholique, apostolique et romaine

---

[1] *Arch. de M. Bentéjac.*

[2] *Arch. du départ. de la Gir.* C. 2584 : Extrait du Registre du Conseil d'Etat, année 1736, 4 avril.

[3] *Ibidem.*

[4] *Arch. de M. Bentéjac.*

et après avoir été catéchisé, reçeu à la confession et communion dans l'église Notre-Dame de Sainte-Bazeille et, après le cinquiesme may audict an, fut célébré le mariage entre Ledict Lete et Andrine Sargos de la présente ville de Ste-Bazeille[1]. »

---

[1] *Regisire parois.*

CHAPITRE VI

LES BOUILLON

Ducs d'Albret

VIE MUNICIPALE

I

ouis XIV céda au duc de Bouillon le duché d'Albret avec d'autres terres et seigneuries, en échange des principautés de Sedan et de Raucourt. Le contrat porte la date du 20 mars 1651, mais la convention remontait à l'année 1642. On avait dit que le duché d'Albret *passeroit entre les mains de son nouveau maître et de ses descendants avec*

tous les titres, dignités et prééminences anciennes, pour avoir leur effet du jour de leur première possession. Mais lors de l'enregistrement de cet acte au Parlement de Paris, il fut stipulé *que la pairie d'Albret ne pourroit avoir son effet et son rang, que du jour du présent arrêté, et en obtenant par M. de la Tour d'Auvergne des lettres de Sa Majesté.* Ces lettres furent accordées; mais M. de Bouillon mourut avant leur enregistrement, ce qui en nécessita de nouvelles. Le prince de Condé avait nommé le chevalier de Rivière gouverneur de l'Albret. Mais c'est M. de Morin, baron du Sendat, qui fut revêtu de cette charge, sous le premier duc de Bouillon, et qui la passa à ses enfants jusqu'aux Mazelières qui leur succédèrent immédiatement [1].

C'est ainsi que Sainte-Bazeille changea de maître et appartint, comme faisant partie du duché d'Albret, aux ducs de Bouillon jusqu'à la Révolution française.

Le 31 mars 1652, Jean Dutrieux abjura la R. P. R. dans l'église de Notre-Dame.

Nous lisons dans les *Registres paroissiaux* :

« Ont resceu les cérémonies du baptesme dans la présente églize de Notre-Dame de Ste-Bazeille Pierre Girard et Jeanne Edmonds avec David, Elie et Simon Girard leurs enfants, après avoir fait abiurration de la religion prétendue refformée et resceu l'absolution de l'excommunication par M. de Loménie, curé de lad. parroisse, suivant la permission que luy en envoya Monsieur Boulos, vicaire général de Monseigneur l'evesque de Bazas.

CHEVASSIER, vicaire. »

Nous sommes aux troubles de la Fronde.

Au mois de mars 1652, le prince de Condé, venant de Tonneins avec les troupes de Balthazar, obligea le Mas-

---

[1] *Hist. de l'Agenais*, etc., t. II, p. 456.

d'Agenais et Marmande à recevoir garnison[1]. Puis il quitta la Guyenne le 24 mars, et son frère, le prince de Conti « ne trouvant pas sa sûreté dans Agen, qui avait déjà traité avec le comte d'Harcourt[2] », se présenta devant Marmande. Mais d'après Labenazie (t. I, p. 352), « on ne voulut pas souffrir qu'il entrat dans la ville. On permit seulement qu'il passât le long des murailles.

Le comte d'Harcourt, quittant Agen, descendit sur des bateaux au Mas-d'Agenais, qu'il fit capituler, et y établit son quartier général, le jour même 10 avril. Le lendemain il fit une excursion à Marmande, pour témoigner lui-même aux habitants la satisfaction que lui causait leur retour à l'obéissance du roi et pour leur faire prêter un nouveau serment de fidélité. Au milieu des démonstrations empressées des habitants, deux villes voisines, Monségur et Sainte-Bazeille vinrent, par députés, lui apporter leur soumission[3].

De son quartier général, le comte d'Harcourt écrivit à Le Tellier, ministre de Louis XIV, une lettre dont nous extrayons le passage suivant :

« Au camp du Mas d'Agenois, le 15 avril 1652.
    Monsieur,
Depuis la prise de ce lieu, il ne s'est rien passé de considérable de deça, que la soumission de bon nombre de petites villes qui promettent fidélité, comme Sainte-Bazeille, Montpezat, Bazas, Tartas et Casteljaloux[4]. »

Il y eut quelque combat autour de Sainte-Bazeille vers le milieu de mai, car les *Registres paroissiaux* de Notre-Dame

---

[1] *Hist. de la Guerre de Guyenne*, par Balthazar, édit. de M. Moreau, biblioth. elzévirienne, 1858, p. 321.
[2] *Ibid.*, p. 322.
[3] *Souvenirs du règne de Louis XIV*, par le comte de Cosnac, t. II, p. 280.
[4] *Arch. du Ministère de la Guerre*, vol. CXXXIII.

mentionnent deux soldats tués qui furent inhumés, savoir, Jean Cornil, le 15 de ce même mois et Arnaud Rapin, fils du métayer du sieur Labarthe, le lendemain.

Raymond de Lapeyre[1], d'abord capitaine d'infanterie au régiment de Boisse, puis de cavalerie à celui de M. Du Coudray-Montpensier, était en cette année, commandant de Sainte-Bazeille.

Ce gouverneur, possédé d'une grande avarice et entaché depuis longtemps de félonie, exerçait une véritable tyrannie sur les habitants par ses immenses levées et exactions qui s'étendaient même sur les lieux circonvoisins, tellement que le pays était réduit à la misère et plongé dans le désespoir[2]. Ce fut surtout le désir de terminer ces épreuves, bien plus que le profit qu'on pouvait tirer de la réduction de cette place, qui engagea Mgr. le Prince de Conti à s'en emparer. Aussi résolut-il d'y envoyer une partie de ses troupes et donna-t-il ordre à M. de Galapian[3] de les y conduire de la Réole avec une partie de son régiment et de celui de Montmorency.

Le 7 août, les habitants de Meilhan, conduits par le sieur Graves de Marès et le sieur de Noguères, capitaine d'infanterie, livrent combat à Lapeyre devant Sainte-Bazeille et lui prennent neuf de ses cavaliers. Le capitaine de Noguères lui en prit trois de sa main et se comporta généreusement.

---

[1] Voir sur Raymond de Lapeyre, qui habitait le château de Lalanne, près de Sainte-Bazeille, et sur sa famille, le chap. IX de la présente *Histoire*.

[2] Voir sur le même personnage la *Notice sur le château de Mauvezin*, pp. 236-241.

[3] Pierre de Lusignan, baron de Galapian, 3e fils de François, premier marquis de Lusignan et de Marguerite de Nuchèze. Ce fut son frère aîné, le marquis François II, qui prit une si grande part aux troubles de la Fronde bordelaise : il était lieutenant général dans l'armée des princes.

Les *Registres paroissiaux* rapportent l'acte d'inhumation d'un cavalier nommé Antoine, serviteur de M. Lafleur, qui fut tué dans cette affaire.

Le 15 du même mois, sur les sept heures du matin, le sieur de Galapian se rend devant cette place, accompagné de cent fantassins volontaires, commandés par le sieur Henry et de cinquante cavaliers de La Réole avec une vingtaine de bourgeois de Sainte-Bazeille réfugiés dans La Réole, conduits par le sieur Vilotte La Hage, lieutenant du sieur Vilotte La Garrossy, qui était alors à Bordeaux.

A peine arrivé, M. de Galapian fait sommer la ville de se rendre. Le gouverneur épouvanté juge qu'il lui faut déguerpir avec ses cavaliers. Ceux de Sainte-Bazeille recourent à M. de Galapian pour obtenir une composition qui leur est accordée, et ils sortent sur le champ avec armes et bagages et une escorte jusqu'à Marmande.

Bien que la majeure partie des habitants fut sympathique au parti des Princes, quelques citoyens de cette ville avaient si bien profité des circonstances qu'ils l'avaient auparavant fait soumettre à l'obéissance *mazarine* et avaient fait aussi nommer Lapeyre pour gouverneur, contre le désir des fidèles de l'autre parti, qui avaient saisi cette occasion pour venir à la hâte à Bordeaux demander au prince de Conti que, si la force avait surmonté le devoir et leur volonté, il leur fut du moins permis de former entre eux une compagnie sous la conduite du sieur Vilotte La Garrossy. — Aussi les habitants de Sainte-Bazeille reçurent-ils M. de Galapian, suivi de ses cavaliers, aux enthousiastes acclamations de « Vive le Roi et Messieurs les Princes ! »

Le soir même, sur les onze heures, Lapeyre vient avec sa cavalerie jusques aux faubourgs de la ville pour tâcher de faire quelque surprise, mais il y rencontre quelques cavaliers frondeurs aussi éveillés que lui et sa compagnie qui le chargent avec tant d'ardeur « qu'ils lui firent avouer qu'il avoit plus esté incommodé du chaut la nuit que le jour, combien que caniculaire. » On lui tua deux hommes, on lui en blessa un autre et son cheval mortellement.

Les sieurs Vilotte de La Garrosy, Vilotte de La Hage et de Noguères ne cessaient de harceler Lapeyre dans des courses continuelles, et l'incommodaient beaucoup. Un autre combat se livra le 29 août à la porte de la ville, où furent tués, d'après les registres paroissiaux, Jean Dubernard, marchand, Tartas, officier du régiment de Galapian, et un nommé Lamarche, soldat du même régiment. Enfin, les habitants de Sainte-Bazeille, conduits par La Garrossy, se comportèrent fort courageusement au siège de Langon[1].

Le comte d'Harcourt avait remis son armée vers le 12 août 1652 dans les mains des lieutenants généraux Sauveboeuf, Lillebonne et Marin.

Le 11 septembre, le comte de Lillebonne écrivait à Le Tellier :

« Monsieur,..... Avant hier, sur les advis que nous eusmes que le peuple de Marmande avoit tenu quelques discours séditieux sur ce que les ennemis ayant repris Sainte-Bazeille, ont esté prendre du bétail à leurs portes, et sur les bruits que les partisans de M. le Prince ont faict courir de son retour en Guyenne avec de nouvelles troupes, nous y avons envoyé M. le comte de Vaillac pour tascher de calmer ces esprits et les deffendre des courses qu'on leur faict, avec ordre aux trouppes que commandoit le sieur de Sainte-Colombe d'aller recevoir ses ordres[2]. »

---

[1] Voir la Mazarinade publiée en note des pages 228-231 : *Notice sur le château de Mauvezin* et dont l'original est dans la *Collection d'Izon*, de M. J. Delpit.

[2] *Souvenirs du règne de Louis XIV*, t. v, p. 73.

Les trois généraux de l'armée royale marchent sur Marmande au commencement d'octobre, et quand le marquis Du Plessis-Bellière les a rejoints, ils arrivent le 12 de ce mois devant Sainte-Bazeille, qui avait refusé de payer sa part des contributions imposées aux villes de l'Albret[1]. Ils attendaient des ordres de la Cour, mais pour ne pas rester inactifs, ils se mettent à faire le siège de cette place, où commandait La Madeleine[2], capitaine au régiment de Conti infanterie, qui ne peut tenir que trois jours. La ville est prise le 15 du mois. De tous ceux de la place, le gouverneur et deux capitaines ont seuls la liberté de se retirer, toute la garnison est prisonnière et obligée de prendre parti dans les troupes du roi[3]. « Je serois parti plus tost, écrit le 15 octobre Plessis-Bellière à Mazarin, si j'avois eu les ordres positifs du détachement des troupes lesquelles n'ont esté rendues ni à M. de Sauvebœuf, ni à moy, que le quinze courant devant Sainte Bazeille dont j'ay fait le siège en attendant lesdits ordres, afin que mon passage en cette province ne fut pas inutile au service du roy. Nous l'avons prise à discrétion et toute la garnison qui estoit composée du régiment de Galapian et de cent cinquante hommes détachés de Conty, lesquels faisoient en tout trois cents hommes de pied et quarante officiers.

D'Agen le 27 octobre 1652[4]. »

---

[1] *Hist. de l'Agenais*, etc., t. II, p. 441.

[2] Lieutenant au régiment d'Enghien en 1644 ; il fut blessé à la bataille de Fribourg. En 1668, il concourut à la défense de Candie comme major de la brigade de Saint-Paul dans l'armée du maréchal de Navailles, et reçut, dans une sortie de la fin du mois de décembre, une blessure dont il mourut peu de temps après. (C. Moreau, éditeur des *Mémoires de Balthazar*.)

[3] *Gazette* du 26 oct. 1652, p. 1003. Nouvelles envoyées de Bordeaux le 17 du même mois.

[4] *Souvenirs du règne de Louis XIV*, t. v, p. 108-109.

Les *Registres paroissiaux* mentionnent un soldat du régiment de Conti, nommé Grateloup, natif ou marié dans Mucidan, mort le 13 octobre ; un soldat du même régiment, Jean Latavyne qui était marié à La Réole, mort le 15 ; un soldat appelé Mouzon, de la ville de Mouzon, du régiment de Périgord, mort le 19 ; plus cinq autres soldats de la garnison, morts de la peste, les 20 novembre, 20 décembre 1652, 4 et 24 janvier et 9 février 1653.

Nous trouvons dans les *Archives de M. Bentéjac* les extraits suivants du Livre de la Jurade :

« Le régiment de Galapian étant venu loger en ville et la communauté ayant accordé du vin à MM. les officiers, il se seroit trouvé que le sieur Gouzil leur en auroit fourni pour la somme de 400 livres. »

Le 28 août 1656, « les sieurs David Merlande, capitaine, et Guilhem Andrieu, consuls, représentent que, suivant l'arrêté de la Jurade du 26 août, ils auroient fait compter et liquider la depence que les officiers du régiment de M. de Galapian firent en 1652 chez la veuve Roubin, laquelle dépence s'élève à la somme de 159 livres, 5 sols. »

En l'année 1653 « disent les sieurs consuls (David Merlande et Jean Lacam, capitaines) avoir payé pour la communauté à Monsieur de Lapeyre, escuyer et lors gouverneur de Ste Bazeille la somme de 1600 livres, selon la quittance du 25 avril 1653 ;

« Plus audit s^r Lapeyre 3700 livres, selon sa quittance du 11 mai 1653 ;

« Disent lesdits consuls que, M. de Sauvebœuf estant venéu loger dans la presente ville, ils lui auroient fait present de 6 livres, 5 sols de foin pour son cheval. »

En l'année 1659, « représentent les sieurs David Merlande et Rolland Gouzil, consuls, qu'il auroit été procédé au calcul et licquidation des sommes dues par la communauté au sieur Michel Dupeyron du Fort en présence de tous les jurats, et ce seroit trouvé lui estre dûe la somme de 500 livres pour reste de l'avance par lui faite à MM. les généraux de l'armée du Roy, lors de la réduction de la présente ville, avec l'interest de la dicte somme qui eschoit au 8e novembre prochain, prenant lesdits interests à 233 livres, 7 sols, 4 deniers. »

Dans un acte du 26 juin 1669 en faveur de M.Me Bertrand de Noguères et signé Ragot et Labat *(Archives de M. Bentéjac)*, nous lisons :

« A comparu M.Me Bertrand Noguères, advocat et a dit que les maisons de feu sieur Jean Gayrard et demoiselle Marie Noguères et celles de M.Me François Noguères, son père, situées au faubourg de Ste Bazeille auroient esté entièrement bruslées par la garnison qui estoit dans la ville en l'année 1652 et la veille du siège. Sieur Jean Ragot, procureur postulant au présent ordinaire et sieur Philippe Labat, baile de la présente cour, après avoir juré de dire la vérité, témoignent avoir vu que les officiers du régiment de Mgr le Prince de Conti en garnison à Ste Bazeille mettoient le feu aux maisons de M.Me François Noguères et de feu Jean Gayrard, lesquelles furent bruslées avec toutes les autres qui estoient au faubourg de ladicte ville le mois d'octobre 1652 et veille du siège. »

En cette année 1652 et la suivante, il y eut une grande mortalité dans Sainte-Bazeille. La peste y fit de cruels ravages. Le nombre des morts fut :

en juin.......... de 24 personnes,
en juillet......... 28 —
en août.......... 39 —
en septembre... 82 —
en octobre...... 89 —
en novembre.... 91 —

en décembre.... 73 personnes,
en janvier 1653   37   —

Puis la mortalité devient normale. Le mois de février ne compte que 8 décès. Mais il y eut recrudescence cinq mois après, savoir :

en août............ 18 morts,
en septembre..... 32   —
en octobre........ 30   —
en novembre...... 18   —

Parmi les personnes notables mortes pendant l'épidémie, nous trouvons :

14 juin 1652, M. de Sangosse, sieur de Belloc, qui fut porté à Tarsac ;

17 juin, François de Noguères, fils de M. Jacques de Noguères, avocat, et de demoiselle Andrée de Lapeyre ;

4 juillet, Marie de Noguères, veuve de sieur Jean Gayrard ;

7 juillet, Pierre de Noguères, capitaine ;

7 juillet, demoiselle Marie Seguin, femme de M.Me Bertrand Noguères, avocat, fils de M.Me François de Noguères, procureur du roi ;

20 juillet, M. Raymond de Lapeyre, écuyer, sieur de La Sauviolle ;

5 août, M. Jean de Noguères ;

4 septembre, demoiselle Anne de Noguères, fille de M. Pierre de Noguères et de demoiselle Suzanne Vilotte ;

23 septembre, M. Pierre de Noguères, fils de M. Pierre de Noguères et de Marie Lafon ;

24 septembre, M. Jacques de Lapeyre, fils de M. Jean de Lapeyre, juge, et de Marguerite de Noguères ;

25 septembre, M. Louis de Lapeyre, fils des précédents ;

1 octobre, M. François de Lapeyre, fils des précédents ;

1 novembre, M. Vilotte, fils de M. Vilotte de La Garrossy ;

8 novembre, demoiselle Suzanne de Tastes, veuve de M. Rapin, lieutenant de juge ;

12 décembre, demoiselle Isabeau de La Vallade, veuve de M. Raymond de Lapeyre, sieur de La Sauviolle ;

21 septembre 1653, demoiselle Marthe de Noguères, fille de M. Jacques de Noguères, sieur de S¹ Martin et de demoiselle Andrée de Lapeyre ;

22 novembre, demoiselle Jeanne de Sangosse, femme de M. David Merlande, consul. (*Registres paroiss.*)

Aux fléaux de la peste et de la guerre il faut ajouter un débordement de la Garonne, survenu le 6 juin 1652, qui enleva la récolte ; le prix du blé monta, pour la mesure équivalente à notre hectolitre, à 45 livres. Ce débordement avait été précédé d'un autre arrivé l'année précédente, qui avait emporté la moitié des fruits de la terre [1].

Les *Registres de la Jurade* de Casteljaloux mentionnent à la date du 27 février 1653, des courses de ceux de Marmande, de Sainte Bazeille et du Mas aux environs de Casteljaloux. « Ce matin, ils ont enlevé des bestiaux à Roques, ainsi qu'à Mauleyres. » On fait un rôle des habitants qui ont des chevaux et des armes « pour entrer en campagne et courir sus aux voleurs. » Ordre aux paroisses de sonner le tocsin quand on apercevra l'ennemi et de s'attrouper en armes. On écrit aux habitants de Marmande qu'on n'est dans l'intention de faire la guerre à personne et on les prie de restituer les bestiaux enlevés, sous la menace d'employer la force. La ville s'engage à dédommager ceux qui sortiront en campagne, des pillages que ces courses pourront leur occasionner [2].

---

[1] *Annales de La Réole*, msc. de M. O. Gauban.
[2] *Hist. de l'Agenais*, etc., t. II, p. 456.

En avril, 1654. Durant la maladie de M. M⁰ Jacques Rapin, curé de Sainte Bazeille, M. Ducau, prêtre et chanoine de la Cathédrale de Bazas et député du chapitre, administra le sacrement de baptême à plusieurs enfants de la paroisse.

Le 18 octobre 1654, M. Rapin, curé, est inhumé dans l'église de Notre Dame. M. de Sabourin, grand archidiacre de Bazas, officie avec l'assistance de M. Boutin, curé de Beaupuy et de M. le curé de Gaujac.

Dans une copie du *Livre consulaire* de Sainte Bazeille on lit à la date du 18 mai 1660 : « Représentent les sieurs consuls (Mᵉ François de Noguères, procureur du roi et M. Pierre Deymier, fils de M. Nicolas Deymier) qu'ils auroient dépensé la somme de 13 sols pour le feu de joie et la procession faits en l'honneur du mariage du Roy et de la paix, et qu'ils auroient aussi envoyé à Clairacq, suivant l'ordre de M. l'Intendant, quatre hommes pour la démolition des fortifications dudict Clairacq, à raison de 12 sols par jour pour chaque homme, lesquels auroient coûté en tout 50 livres 12 deniers. »

Vers la fin du mois de novembre, le feu prit à la maison appelée de *La Grange*, près de la ville, demeure de Jacques de Noguères, écuyer, seigneur de Saint Martin. A la nouvelle du sinistre, M. de Loménie, curé de Sainte-Bazeille, se transporta processionnellement à deux reprises différentes sur les lieux en portant le Très-Saint-Sacrement, pour tâcher d'arrêter par des prières publiques la violence de l'incendie. La maison devint la proie des flammes avec tous les meubles, effets, titres, papiers et documents qu'elle renfermait. Un frère même dudit seigneur de Saint-Martin y périt dans le feu. (*Arch. du Mⁱˢ de Bonneau.*)

Le 8 avril 1663, Jacques Granouilhat, brassier, habitant

de Monségur, abjure la R. P. R. dans l'église de Notre-Dame de Sainte-Bazeille.

Le 29 septembre 1664, M. le Curé bénit une petite cloche pour l'église de Notre-Dame. Les parrains sont les deux consuls Michel Dupeyron Dufort et Jean Lacam, avocat, et la marraine est Marguerite de Noguères, veuve de Jean de Lapeyre, juge de Sainte-Bazeille[1].

II

Raymond de Lapeyre, avons-nous dit plus haut, avait été gouverneur de Ste-Bazeille pendant les troubles de la province. Son cousin, Jean de Lapeyre, sieur de La Sauviolle, venait d'être condamné le 10 mars 1667 à payer 100 sols d'amende et à faire l'aveu de ses fautes, pour avoir chassé sur les terres de son seigneur Henri de Boisse, marquis de Mauvezin, et l'avoir injurié. — Mais, loin d'apaiser le sieur de Lapeyre, la modération de cet acte de justice ne servit, au contraire, qu'à l'irriter davantage, et lui suggéra, comme moyen de vengeance, d'autres manœuvres encore plus répréhensibles contre le seigneur de Mauvezin. Il fit éclater d'affreuses menaces, comme celle de vouloir l'assassiner, passa même des paroles aux actes et chercha, depuis, l'occasion d'exécuter son criminel dessein. Trois ou quatre jours après ledit appointement, s'étant fait accompagner de Raymond de Lapeyre, son cousin, sieur de Lalanne, de son valet, des nommés Gachet et Sainseric, tous à cheval et armés

---

[1] *Reg. parois.*

d'épées, de pistolets et de fusils, et de trois ou quatre hommes à pied portant aussi des armes, il vint se poster avec eux assez près de la maison seigneuriale de Mauvezin, dans un petit bois appelé Garenne du château, où il se mit au guet, pour voir sortir son ennemi et le tuer, tentative qui fut reprise le surlendemain par Raymond de Lapeyre, suivi de trois ou quatre domestiques. Ce dernier avait déjà été condamné par défaut le 28 Mai 1655 en vertu d'un arrêt du parlement de Toulouse à la peine de mort, pour ses violences et brigandages commis dans la guerre. N'ayant jamais pris la peine de s'en justifier, ni de se faire inscrire sur les registres du procureur général pour bénéficier de l'amnistie pleine et entière que Louis XIV accorda, dès la conclusion de la paix, à tous les gens d'armes, il fut arrêté et constitué prisonnier le 31 juillet 1667, en vertu d'une ordonnance du parlement de Toulouse en date du 3 juin précédent. Mais dans l'intervalle qui s'écoula entre le prononcé dudit décret et son exécution, Lapeyre, averti à temps et soupçonnant le marquis de Boisse d'être l'instigateur de ces poursuites, s'était hâté de présenter une requête à l'intendant Pellot, par laquelle il demandait à être mis sous la protection du roi et de la justice, offrant de se rendre en telle prison qui lui serait désignée. La réponse du sieur Pellot fut une défense aux habitants de Sainte-Bazeille et à tous autres, de ramener le décret de prise de corps, à moins qu'il ne l'eût visé, sous peine d'être procédé à l'extraordinaire à l'égard de tout contrevenant. Des défenses particulières et verbales avaient été faites au marquis de Boisse par M. de Saint-Lucy, lieutenant du roi dans la province, de n'agir contre le sieur suppliant par aucune voie de fait.

Néanmoins, le sieur Molinier, huissier du parlement

de Toulouse, chargé par le procureur général de faire l'arrestation, se présentait d'abord, le dernier jour de juillet, chez le marquis de Boisse, lui rendait compte de son mandat et lui demandait, en vertu des ordres qu'il avait reçus, de vouloir bien lui faciliter la capture du sieur Lapeyre. Le seigneur de Mauvezin témoigna plus tard, dans un interrogatoire ouï par M. M° Daguesseau, avoir seulement répondu à l'huissier qu'il pouvait, en vertu de sa commission, aller prendre Lapeyre, domicilié seulement à une lieue de là, mais s'être gardé de lui prêter aucun secours, ni d'ordonner à ses gens de l'accompagner, et que, si quelques-uns l'avaient suivi, c'était sans son ordre ni sa participation, mais bien pour en avoir été requis par le commissaire.

A sept heures du soir de ce même jour, Lapeyre était arrêté, conduit à Toulouse, enfermé le deux août, dans les cachots de la conciergerie. Il demanda, le lendemain, d'être reçu opposant à l'exécution de l'ordonnance du parlement de cette ville et élargi des prisons où il était détenu, en invoquant les bénéfices de l'amnistie royale. Il obtint, six jours après, son absolution et la liberté, avec permission de poursuivre les dépens contre qui il appartiendrait, et avec défense à quiconque d'attenter à sa personne.

Cependant, le jour même où le prisonnier présentait son instance pour sortir des chaînes, son épouse, Marie-Ursule de Verdun portait plainte devant l'intendant Pellot contre les sieurs François Rapin, avocat, Jean et François Bèze capitaines, frères, Etienne Dupeyron, jurat, François Dupont, habitants de Sainte-Bazeille, Jean-Pierre Dandirac, sieur de Verderi, Pierre Cussol, Jean Labadie et Jacques Dubois, de Mauvezin, et autres leurs complices, qu'elle accusait d'avoir maltraité son mari, lors de sa capture, commis envers elle certains actes de violence et pillé sa maison. Raymond de Lapeyre vint confirmer à son tour les plaintes de sa femme, et voici les détails qu'il donna au sieur Pellot sur son arrestation :

« Le dernier juillet 1667, à la tombée du jour, entrent dans la maison du suppliant (au château de Lalanne) trente-cinq ou quarante hommes, armés de mousquetons et de pistolets, et plusieurs étaient masqués et déguisés, et celui qu'on voyait à leur tête était le nommé Cussol, écuyer du sieur d'Escodéca de Boisse, accompagné de La Verderi, d'autres gens, domestiques du seigneur de Mauvezin, et d'autres de Sainte-Bazeille, qui sont énoncés dans les informations. Ils tirent un coup de mousqueton au suppliant et lui donnent plusieurs coups de bout de pistolet en lui disant : « Nous te voulons faire gentilhomme. » Puis ils maltraitent la demoiselle sa femme, lui percent de l'épée le visage et la main, la traînent par toute la basse-cour, lui donnent un coup de mousqueton sur le ventre qui la fait avorter aussitôt, rompent une malle où ils prennent beaucoup de papiers très importants, dérobent les cuillers et les fourchettes d'argent qui sont sur la table, frappent les valets et les servantes qui les veulent empêcher de piller le reste, enlèvent le suppliant, le mettent sur un cheval aveugle, le démontent en chemin, battent un prêtre qui lui portait des vêtements, et enfin, pendant deux nuits et deux jours, le cortège va à travers bois et champs, sans suivre aucune grande route ; on fait passer le malheureux captif près de la maison de Merville, appartenant à la dame belle-mère du marquis d'Escodéca de Boisse, sous les fenêtres, n'ayant pour tout vêtement qu'un caleçon de toile, un pourpoint de treillis et un bonnet à la tête ; on le passe en triomphe pour faire voir son autorité, on lui porte, chemin faisant, deux cents fois le pistolet à la face et on le fait prier Dieu pour le préparer à mourir. — Est-ce la manière, Monseigneur, de conduire un prisonnier...? »

Le vice-sénéchal de Bordeaux avait déjà fait les premières informations, lorsque les sieurs Rapin et Bèze, frères, se mirent d'eux-mêmes en prison dans cette ville, pour y poursuivre leur justification par devant le sieur Pellot. Mais ils furent, après vingt-deux jours, remis en liberté, ce qui donna lieu de croire qu'on ne leur pouvait faire extraordinairement le procès, aucun décret, d'ailleurs, n'ayant été décerné à leur encontre, et refus leur ayant sans cesse été opposé, de les recevoir en leur *alibi*, qui est toujours de droit *in limine litis*.

Cependant le sieur Lapeyre, ayant surpris, le 23 septembre 1667, un arrêt du conseil d'Etat du roi, d'attribution de juridiction au sieur Pellot, qui jusque-là avait été incompétent d'en connaître, les accusés se remirent de nouveau en prison, où ils restèrent plus de huit mois, pendant lesquels il n'y eut point, dirent-ils, de souffrances qui n'aient été exercées en leurs personnes par des cruautés inouïes, dont ils ne purent se libérer qu'à prix d'argent, au moyen d'un traité passé, le 24 avril 1668, entre le sieur Rapin, faisant au nom d'eux tous, et le sieur Lapeyre: les détenus s'engagèrent à payer à l'autre partie la somme de 2000 livres, pour ses prétendus dépens, dommages et intérêts.

Mais, le 4 août de la même année, l'intendant Pellot rendit, conjointement avec le présidial de Condom, une sentence rigoureuse contre les défaillants, qui furent condamnés par défaut et contumace, à payer 105,000 livres d'amende et les dépens, et à servir neuf ans dans les galères, s'ils pouvaient être appréhendés, sinon, en effigie, c'est-à-dire dépeints à un tableau attaché à une potence, qui serait dressée sur les places publiques de Condom, de Sainte-Bazeille et de Mauvezin. Et il fut, en outre, décerné un décret d'ajournement personnel contre le sieur de Boisse.

Toutefois ce jugement avait été rendu en violation des ordonnances concernant l'instruction des procès criminels, puisqu'entre autres choses, il n'y avait jamais eu de décret contre aucun des accusés, et que les officiers du présidial de Condom étaient la plupart parents du sieur Lapeyre. Aussi la cassation en fut-elle ordonnée par arrêt du 25 septembre 1669, rendu au rapport de M. de Bignon, maître des requêtes, et M. Pellot céda la place à M. d'Aguesseau, qui devait procéder avec le concours d'un des présidiaux de la Généralité de Guyenne autre que celui de Condom. « Mais au lieu de suivre la loi qui lui avait été prescrite, objectèrent les accusés, le sieur d'Aguesseau aurait fait trois choses contraires : — la première, d'avoir rendu *seul* un appointement à l'extraordinaire contre le sieur de Boisse, bien qu'il n'y eut aucune charge, ni plainte, ni information contre lui, dont la cassation, d'ailleurs, a été introduite au conseil et y est à présent indécise ; — la seconde, d'avoir fait aller lesdits Dupeyron et Verderi de prison en prison, et subdélégué ensuite M. de Goffreteau, pour leur faire *seul* l'instruction dudit procès et aux autres accusés de même, jusques à jugement définitif exclusivement ; — la troisième et dernière, d'avoir condamné lesdits Rapin, Bèze l'aîné, Dupeyron et Verderi sur cette procédure, nulle, vicieuse et abusive, par son jugement du 18 septembre 1670, en une espèce d'amende honorable, à la somme de 1200 livres, pour des intérêts civils, et solidairement aux dépens. » Nous apprenons par une autre pièce du procès que ces dépens se montaient à 12000 livres et devaient amener la ruine des condamnés. Aussi appel fut-il interjeté au conseil, de ce nouvel arrêt ; et l'affaire y restait encore indécise, lorsqu'intervint, en avril 1671, une sentence arbitrale, qui mit fin à toute nouvelle procédure et tint lieu de règlement définitif. En effet : « Par devant les notaires du Roy au Chastelet de Paris soubsignés, furent presans en leurs personnes Henry d'Escodéca de Boisse-Malvoisin, demeurant ordinairement à Malvoisin en Bazadois et de present logé à Paris, paroisse de Sainct-Sulpice, tant en son nom que comme se faisant fort de François Rapin, Etienne Dupeyron, bourgeois et jurats de Ste-Bazeille, Jean et François Bèze frères, capitaines, habitans de la jurisdiction de *Dame* (?), Jean Pierre d'Audirac, sieur de Verderi, capitaine, habitant de Mauvoizin en Bazadois, par lesquels Rapin, Bèze, Dupeyron et la Verderi, ledict sieur de Boisse promet en son nom faire ratiffier ces presentes et en fournir acte de ratification dans un mois de ce jour, d'une part, et noble Raymond de Lapeyre, seigneur de Lalanne Dauriolle, demeurant ordinairement audit lieu de Lalanne Dauriolle, près Saincte-Bazeille en Albret, estant de présent logé à Paris, à la Croix de Lorraine, rue de Pélican, paroisse St-Eustache, d'autre part, lesquelles parties disant que pour terminer le procèz pendant entr'eux au conseil, pour raison de l'enlèvement fait de la personne dud. sieur de Lapeyre, de son emprisonnement ès prisons du parlement de Tholose et des violences qu'il prétendoit avoir esté exercées en sa personne, ils auroient remis leurs intéretz entre les mains de MM. Les Comtes de Vaillac et de Gouhas, avec pouvoir de choisir les arbitres et tous arbitres que bon leur sembleroit, par compromis sous seing-privé du 4 avril 1671, etc., » et il est dit que par sentence arbitrale, le sieur de Boisse fut condamné, tant pour lui que pour ses domestiques, en la somme de 6000 livres payables dans un an[1].

Nous avons un contrat du 14 juillet 1668 par lequel sieur Jean Vilotte vend à François Laberchède toutes les rentes qu'il possédait dans la « *ville, barrys ou fauxbourg et jurisdiction de Ste-Bazeille*. Sçaichent tous presans et advenir que aujourd'hui quatorziesme du mois de juillet 1668 après midy dans la ville de Marmande en Agenois pardevant moy notaire royal d'ícelle et tesmoins bas nommés a esté presant Jean Vilotte, sieur de la Nauze, habitant de Fauillet, lequel de son bon gré et volonté, a fait vente par ces presentes à sieur François Laberchède, bourgeois de la presante ville, presant et acceptant, sçavoir est de toutes les rentes directes et foncières à luy appartenantes assignées sur divers fonds et terres, vignes et maisons en la ville et juridiction de Ste-Bazeille, lezdits biens possédés par divers tenanciers et emphitéotes venant de la maison noble de Serres et dépendantes de la maison noble de Lanauze appartenant audict sieur la Berchède, etc. » On cite dans cet acte le dénombrement rendu « par feu noble Pierre Giraut, sieur d'Auriolle, au roy de Navarre conseigneur dudit Ste-Bazeille le 20^{esme} septembre 1584 qu'il a remiz ez mains dudit s^r Laberchède en un petit livre couvert de parchemin en 47 feuillets, ledit dénombrement expédié à Estienne Villotte, agent dudit sieur vendeur, le 13e d'avril 1606. — Il y est fait mention aussi d'un Jean Vilotte le 4 décembre 1581 avec « six ardits de rente. »

Le 18 novembre, M. Jean Dubernard, clerc tonsuré et précepteur de la jeunesse de Sainte-Bazeille, est inhumé, à l'âge de 60 ans, dans la chapelle de Saint Roch de l'Eglise de Notre-Dame.

---

[1] *Arch. du château de Mauvezin*. — Voir *Notice sur le château de Mauvezin* de la page 233 à la p. 243.

III

Nous trouvons dans les *Archives de M. Bentéjac*, à la date du 9 octobre 1674, une requête adressée à M. le maréchal d'Albret par M. Mᵉ Bertrand Noguères, avocat et procureur du roi, disant « que ce jour devant sa maison située au-devant de la grand'porte de Sᵗᵉ-Bazeille, les sieurs Limajour, jeune, Rayne, son beau-frère, Lespiau, prestre, son précepteur, Monlon, Sangosse, Belloc et autres à lui inconnus, tous armés d'épées et de fusils, seroient venus, environ sept à huit heures du matin, dans la presante ville et qu'ayant trouvé ledict suppliant devant sa porte, ils se seroient rués sur lui et l'auroient maltraicté à coups de poing, de soufflets et frappé du bout des fusils et auroient même donné des coups de pied dans le ventre de la demoiselle sa femme et de ses domestiques, sans qu'il se soit jamais rien passé entre eux et ledict suppliant, ny que l'on puisse l'attribuer à autre chose qu'à la coutume qu'ont ces gens de faire de telles actions. »

En l'année 1674, les consuls Barthélemy Sainserric et Pierre Merlande paient les gages de 100 livres au prédicateur du carême, la somme de 6 livres 6 deniers pour la procession sur l'eau du jour de l'Ascension, plus celle de 8 livres 7 sols 3 deniers pour la conduite d'une chaîne de forçats, et la somme de 221 livres 15 sols 3 deniers pour « l'équipage de cinq soldats donnés à M. le mareschal d'Albret, plus la somme de 13 livres 10 sols 8 deniers pour le passage dudit mareschal et la somme de 17 livres 18 sols 4 deniers pour sa dépense. » (*Arch. de M. Bentéjac*).

Le 7 octobre 1682, Anne Marc abjure la R. P. R. dans l'église Notre-Dame.

Le 10 janvier 1683, Pierre Désière, natif de Montpellier, fait la même abjuration ainsi que Jacques Bouillaguet, de Landeroat, le 3 mai suivant.

Les *Registres paroissiaux* font encore mention, à la date du 5 mars 1685, du naufrage entre Hure et Tartifume, de deux bateaux de Sainte-Bazeille chargés de blé et montés par sept hommes et six femmes, qui furent tous noyés, savoir : « Pierre Rifaud, marchand, le jeune Carcos, les deux frères Cazaubon, Martin Chandillon, Dupeyron, Bertrand Faure, des Oliviers, Isabeau Dumas, femme de Pasquet, le jeune, la femme de Montastruc, métayer de M. de Saint-Martin, Marie Patache, femme dudit Carcos, Maria Dupeyron, femme d'Isaude, la servante de M. de Saint-Martin et la servante de M. Jacques Rousset. Quelques-unes de ces femmes furent retrouvées et ensevelies dans le cimetière de la paroisse de Bourdelles.

Le 6 avril 1685, sous le consulat de Pierre Merlande et de Jean Lacam, la cloche refondue de l'église est bénite.

Le 22 octobre 1685, Jacques Bazeilles, cavalier de la compagnie de M. le marquis de Gauges, capitaine dans le régiment de Chevilly, abjure la R. P. R. en présence de M. Mᵉ Bertrand de Noguères, procureur du roi, et des sieurs Jean Goyneau et Jean François Biot, consuls.

Le 18 novembre, pareille abjuration faite par Jean Pierre Vernet, dragon de la même compagnie, en présence des sieurs Pierre Merlande et François Boissonneau, jurats.

Le 13 juin 1686, abjuration de la R. P. R. par Jeanne Duffour, de Montauban, en présence de MM. Nicolas

Dubernard, Bertrand de Noguères, procureur du roi, Jean Goyneau et François Biot, consuls[1].

Le 12 juin 1688, hommage fut rendu dans le château de Nérac par Messire Jacques de Fontainemarie[2], sieur de Beaufossé en Bordelais et de Castécu en Agenais, conseiller du roi en sa cour des Aides de Guyenne, au duc de Bouillon, représenté par le président d'Andiran, pour les rentes d'Auriolle de haut qu'il venait d'acquérir de Jean Laberchède, sieur de Lanauze, habitant dans sa maison noble de Lanauze, juridiction de Sainte-Bazeille[3].

Le 26 juillet 1690, dame Anne Sacriste, veuve de Nicolas de Brocas, écuyer, sieur Du Frêche, est inhumée dans l'église Notre-Dame après avoir abjuré la R. P. R. Elle avait été assassinée dans sa maison, la nuit du 23 au 24 du même mois[4].

En l'année 1692, Bertrand de Noguères inscrit dans le livre de raison de sa famille la note suivante sur les revenus du curé de Ste-Bazeille :

« Le s^r curé a les novales très considérables, la sixiesme partie du disme des bleds de la paroisse, et six barriques de vin, plus un journal 3 quarts vigne en disant 12 messes obituaires chaque année, un *Libera me, Domine*, tous les dimanches à la fin des Vêpres ; plus jouit d'un quart de terre léguée par s^r Jean Rapin dans son testament reçu par M. Me Goyneau, notaire, à la charge d'une messe

---

[1] *Registres parois.*
[2] Voir sur les Fontainemarie *Notice sur le Château de Mauvezin*, p. 319, 345, 362, 434, 440. — *Livre de raison des Fontainemarie*, par Tamizey de Larroque.
[3] *Archives de M. Maurice Boisvert.*
[4] *Regist. parois.*

obituaire chaque année; plus 3 livres de rente obituaire pour messe haute que les consuls payent; plus 3 livres 10 sols de rente foncière. (*Arch. de M. Bentéjac*).

Les calamités qui fondirent sur la région pendant le XVIIe siècle furent :

En 1615 un grand froid et d'abondantes neiges pendant lesquels le cent de fagots vaut 8 livres, la bûche 9 livres, le faissonat 18 livres, prix exhorbitants ;

En 1618, un grand débordement de la Garonne au mois de février ;

En 1622, le picotin (3 livres) de sel se vend, le 15 janvier, 25 sols ; il ne valait ordinairement que 3 ou 4 sous ;

En 1624, le froid glace la Garonne qu'on traverse à pied et à cheval, le 9 février, et avec des charrettes en décembre 1623 et en janvier suivant ; les arbres et les vignes furent gelées ;

En 1628, les charrettes peuvent de nouveau traverser la Garonne gelée ;

En 1629, une peste ;

En 1630, une disette en septembre, octobre et novembre, pendant laquelle le sac de blé vaut 20 louis au lieu de 4 à 5 livres, année commune ; beaucoup de personnes périssent.

En 1651, un débordement de la Garonne qui emporte la moitié des récoltes ;

En 1652, un autre débordement, le 6 juin, qui enlève tout, et la peste, qui fait de grands ravages;

En 1653, une recrudescence de la peste en août, septembre, octobre et novembre ;

En 1665, un rude hiver ;

En 1677, la Garonne prise par les glaces ;

En 1693, la Garonne fermée par les glaces pendant un mois[1].

IV

Le 26 mai 1703, M. Mᵉ Bertrand de Loménie, docteur en théologie, ancien curé de Sᵗᵉ-Bazeille est inhumé dans le chœur de l'Eglise de Notre-Dame, à l'âge de 80 ans[2].

Le 23 juin montre fut faite par Alexandre de Lansac, seigneur marquis de Roquetaillade, sénéchal d'Albret, en conséquence des ordres du roi et Mᵍʳ de Sourdis, commandant en Guyenne : « Nous, Alexandre de Lansacq, etc., ayant mandé au sieur de Mothes, lieutenant général au siège de Casteljaloux, de convoquer à ce jour la noblesse de la sénéchaussée...

Nous avons procédé à la montre de tous les gentilshommes et gens vivant noblement qui ont été mandés par ledit sieur de Mothes, lieutenant général, où se sont trouvés les sy-dessous nommés qui sont

« Monsieur de Lapeyre, à Sainte-Bazeille.

« Monsieur Saint-Martin, de Sainte-Bazeille, absent, etc »[3].

---

[1] *Annales de La Réole*, par M. Dupin, ms. de M. O. Gauban.

[2] *Regist. parois.*

[3] *Arch. hist. de la Gir.* x. 260. Lapeyre présent à la montre de Casteljaloux est sans doute Jean François de Lapeyre, seigneur de Lalanne, qui eut de son mariage avec Anne de Brocas, baronne de Trenqueléon, Gaspard, baron de Lapeyre, colonel d'infanterie et brigadier des armées du roi, mort le 30 mai 1745 des blessures qu'il venait de recevoir à la bataille de Fontenoy, — M. de Saint-Martin est Jean de Noguères, marié à Jeanne Dubois. Voir sur les familles de ces deux personnages chap. IX.

Il n'y eut jamais aucun couvent de religieux ou religieuses à Sainte-Bazeille, malgré plusieurs tentatives qui furent faites pour en établir.

C'est ainsi que le 11 octobre 1705, M. Mᵉ Jean Dubernard Grandchamps, lieutenant de maire, avait obtenu une délibération de la Jurade exprimant le consentement de la communauté à la fondation d'un couvent d'Augustins que désirait faire à Sainte-Bazeille le sieur Joseph Francia, habitant de Bordeaux.

Le R. P. Cursol, ex-provincial et prieur des Augustins de cette dernière ville, s'intéressant fort à la réalisation de ce projet, reçut de l'Evêque de Bazas la lettre suivante :

« A Paris, 15ᵉ avril 1706.

« Mon Révérend Père,

« Monsieur Gineste, pour qui j'ay beaucoup de considération, m'a remis la lettre du feu Père Provincial, qui me prioit de donner mon approbation pour l'établissement de vos pères à Sᵗᵉ-Bazeille.

« Comme c'est une affaire qui souffrira beaucoup de difficulté à la Cour, le Roy n'en voulant plus absolument permettre, il est bon de prendre toutes les mesures et les précautions nécessaires, afin qu'il ne survienne aucun obstacle, ny aucune opposition. C'est pour cet effet qu'il est nécessaire que j'envoye un de mes vicaires généraux sur les lieux, pour assembler la communauté, et toutes les parties intéressées, afin qu'elle n'aye plus rien à dire, j'écriray pour cet effet à Bazas afin qu'on aille sur les lieux pour procéder, ainsy qu'il conviendra, afin que sur le procès verbal je puisse donner mon consentement.

« Je suis véritablement,

Mon Révérend Père,
Votre très humble et très affectionné serviteur,
J.-J. Ev. de Bazas.[1] »

Quelque temps après, les maire et consuls de Sainte-Bazeille représentèrent à la jurade que Jean Dubernat, ci-devant lieutenant de maire, mû par un intérêt particulier et un faux zèle, avait fait le 11 octobre 1705 une assemblée clandestine composée de six ou sept de ses plus proches parents et de quelques autres notables pour obtenir le consentement de la communauté à ladite fondation ; qu'il importait de révoquer une telle délibération consentie de la sorte ; que, d'ailleurs, la petitesse et la pauvreté du lieu ne permettaient pas un établissement de ce genre. Ils rappelèrent qu'autrefois les Minimes avaient tenté une pareille fondation dont la communauté s'était toujours défendue et à laquelle Messieurs les Evêques n'avaient jamais voulu donner leur consentement, à cause que les habitants avaient toujours exposé : 1° que les couvents, situés dans leur voisinage, étaient plus que suffisants pour donner le secours spirituel à ceux qui aimaient mieux se servir de leur ministère que de celui des dignes prêtres séculiers du lieu, et 2° que les religieux desdits couvents venaient en foule en divers temps de l'année faire la quête dans la juridiction de Sainte-Bazeille. — Il fut, en conséquence, décidé par tous que la délibération du 11 octobre 1705 et tous les autres actes qui pouvaient s'y rattacher, demeureraient annulés. L'évêque de Bazas était en même temps prié de refuser son consentement à tout établissement de religieux en cette ville [2].

[1] Arch. de M. Bentéjac.
[2] Arch. de M. Bentéjac.

Le 11 janvier 1710, le nommé Hables, garçon hollandais, abjura la R. P. R. dans l'église de Notre-Dame [1].

Dans un état des sommes que levait le sieur Lacourrège sur les rôles de la taille en l'année 1711, nous trouvons :
« 70 livres sur l'article de Jean de Noguères, escuyer ;
60 livres sur l'art. de noble Jean-François de Lapeyre, escuyer ;
60 livres sur l'art. de noble Nicolas de Brocas, sieur du Frêche, escuyer ;
25 livres sur l'art. de noble Gabriel de Brocas, sieur de Tampouy, escuyer ;
100 livres sur l'art. de M.Me de Blanc, conseiller du roi en la Cour, escuyer ;
70 livres sur l'art. de Daniel et Noé de Capdeville ;
30 livres sur l'art. de noble Jean de Labail, escuyer ;
29 livres, 6 sols sur l'art. de Joseph et Guillaume de Tastes, escuyers ;
50 livres sur l'art. de Jérémie Joly de Sabla [2], etc., etc. [3] »

Le 2 avril 1712, François de Fontainemarie, conseiller du roi en la Cour des Aides de Guyenne fait au château de Nérac, par devant le substitut du procureur de son Altesse le duc de Bouillon l'hommage suivant, pour raison des rentes acquises par feu son père dans la baronnie de Sainte-Bazeille :

« Guillaume de Canterac, écuyer, seigneur d'Andiran, conseiller du Roy, président au siège présidial de Nérac, commissaire député pour la réception des foys et hommages deubs à S. Al. Mgr Godefroy Maurice de la Tour

---

[1] *Regist. parois.*
[2] Voir sur la famille des Joly Chap. IX.
[3] *Arch. de M. Bentéjac.*

d'Auvergne, par la grâce de Dieu souverain duc de Bouillon, duc d'Albret et de Château-Thierry, comte d'Auvergne et du Bas Armaignac, vicomte de Turenne, pair et grand chambellan de France, gouverneur et lieutenant général pour le Roy du haut et bas pays et province d'Auvergne, sçavoir faisons que ce jourd'huy bas écrit, s'est presanté par devant nous dans le château de Nérac Mᵉ Jean Berretté junne[1], procureur au siège de la presante ville, au nom et comme procureur constitué par messire François Fontainemarie, conseiller du Roy en la cour des Aydes de Bordeaux, y habitant, par procuration du 22ᵉ mars de la presante année 1712 en original passé par Larroque, notaire royal de la ville de Marmande en Agenois en original remise au greffe de nostre commission, ledit sieur de Fontainemarie n'ayant pas peu venir en personne à cause de son indisposition dont ledit Berretté, son procureur, a rapporté le certificat joint à ladite procuration, lequel en présence et du consentement de M.Mᵉ Jean-Louis de Pérès, substitut du procureur de sa dicte Altesse, étant à genoux tête nue sans manteau, bottes, épée ni éperons, tenant ses mains jointes entre les nôtres, a fait et prêté sa foy et hommage et serment de fidellité que ledit sieur de Fontainemarie doit à sa dite Altesse comme duc d'Albret pour raison des rentes acquises par le feu sieur de Fontainemarie, son père, dans la baronnie de Sainte-Bazeille, de Jean Laberchède, sieur de Lanauze, co-seigneur des rentes d'Oriolle de haut... [2] »

Les archives de la mairie de Sainte-Bazeille ne nous ont conservé les Livres de la Jurade que depuis l'année 1713, avec deux interruptions, la première de l'année 1715 à

---

[1] *Sic* pour jeune. Cela peignait la prononciation locale.
[2] *Arch.* de M. Boisvert.

l'année 1721 et la seconde de 1722 à 1729. La perte des anciens registres est bien regrettable pour nous ; dans un acte de l'année 1718, les consuls exposent « qu'ils n'avoient pas d'archives ; qu'en l'année 1586 leur ville fut pillée et en partie brulée par les gens de la Relligion prétendue réformée ; et qu'en 1652, étant survenus des troubles dans la province, elle fut obligée de soutenir un siège, ce qui est cause que presque tous les titres et papiers de la ville sont perdus. » Ils ajoutent que les consuls « ont ensuite produit les privilèges de la ville rétablis et confirmés par Louis XIII en 1626. » Il est non moins regrettable que les privilèges de la ville de Sainte-Bazeille dont il est ici question, n'aient pu être retrouvés malgré nos recherches. M. Bentéjac, maire de la commune, annonce dans une lettre à M. le Préfet de Lot-et-Garonne qu'il en envoie la copie aux Archives départementales. Mais cette copie elle-même est perdue.

Tout ce qui suit est extrait, à moins d'avis contraire, des Livres de la Jurade :

Le 5 mars 1713, à la Jurade convoquée par le sergent Jacques Lhuile au son de la cloche, sont venus : Antoine Rapin, maire et premier consul et Hellies Joly de Sabla, deuxième consul, Pierre Lacourrège, assesseur, Dubernard, Jean Rapin, Vilotte Lagarrossy, Mathurin Boissonneau, jeune, et Capoulade, greffier.

2 avril. Après enchère, la grande boucherie est affermée à Nicolas Cazenave pour 120 livres, à condition qu'il vendra jusqu'à la fin de l'année la viande à raison de 9 sols la livre ; et la petite boucherie à Jean Ragot, qui vendra à raison de 5 sols la livre. Ont signé : Antoine Rapin, maire et consul, Alain Joly Blazon de Sabla, consul, Pierre Lacourrège, assesseur, Lacam, Jean Rapin, Jean de Noguè-

res Saint-Martin, Pierre Lacourrège, Barthélemy Ferrand, Mathurin Boissonneau, jeune, Sainsarric, jurats, François Deymier, procureur du roi, de Brezets, syndic, Capoulade, greffier.

7 juin. Représentent les sieurs maire et consuls à la Jurade, qu'il a été extrait du rôle de la taille de la ville et juridiction de Sainte-Bazeille composés de 7271 journaux 16 lattes, 8 escas, savoir, 389 journ. 8 lat. 19 esc., partie de non valeur, partie possédée par des *misérables* qui difficilement peuvent payer la taille, et le restant étant des titres cléricaux, savoir, pour la paroisse de Sainte-Bazeille 106 journ. 14 lat. 17 esc. en 27 articles, dans lesquels sont compris 12 journ. 9 lat. 9 esc., pour le titre clérical de M.Me Jacques Lacam, prêtre ; 5 journ. 12 lat. 9 esc., pour le titre clérical de l'abbé de Lapeyre ; 16 journ., pour le titre clérical de M.Me François Dubernard, prêtre ; — pour la paroisse de Lagupie, 148 journ. 17 lat. 15 esc., en 35 articles, dans lesquels sont compris : 18 journ. 18 lat. 19 esc., pour le titre clérical du sieur Lacam, prêtre ; 8 journ. 2 lat., pour le titre clérical du sieur Seguin, prêtre ; — pour la paroisse du Petit-Saint-Martin[1], 134 journ. 6 lat. 7 esc., en 45 articles, dans lesquels sont compris : 19 journ., 18 lat., pour le titre clérical du sieur Lacam, jeune, prêtre ; en sorte que le rôle de lad. juridiction aux fins du dixième se trouve réduit à 6881 journ. 17 lat. 9 esc.

Pour fêter la nouvelle de la paix entre Louis XIV et la reine de la Grande Bretagne, le roi de Portugal, le roi de Prusse, le duc de Savoie et les Etats Généraux des Provinces-Unies, on alluma un feu de joie et on distribua au

---

[1] Les trois paroisses de Sainte-Bazeille, de Lagupie et du Petit-Saint-Martin formaient à cette époque la juridiction de Sainte-Bazeille.

peuple deux boisseaux de blé, deux barriques de vin et de la poudre à canon.

Le 6 juillet, 9 livres, 8 sols, 6 deniers sont payés pour la collation donnée aux prêtres et au peuple, lors de la dernière procession sur la Garonne dite de Castelnau, et pour le bateau qui a transporté les fidèles.

Le pain vaut à ce moment 26 deniers la livre.

Les délibérations des 19 août et 10 septembre accusent la grande pauvreté des habitants de la communauté. A cette dernière date, « représentent à la Jurade les sieurs consuls que Antoine Rapin, premier consul, est allé à Bordeaux présenter une requête à Mgr l'Intendant pour demander une décharge de la somme de 1584 livres 6 deniers, droit à prélever sur la viande vendue par les officiers de contrôleur des suifs, à laquelle requête le seigneur Intendant auroit répondu : *soit communiqué au sieur Fontanieu*, qui a dit se retrancher à la somme de 1056 livres, 4 deniers. Il est arrêté par tous que, les habitants étant si pauvres que la plupart ne peuvent acheter de la viande à cause de son prix élevé, il est impossible de lever ladite somme et que la communauté s'en remet à la discrétion du seigneur Intendant, suppliant Sa Grandeur d'accorder une décharge pure et simple. »

15 octobre. Il a été dépensé pour la fête donnée à l'occasion de la prise de Landau la somme de 106 livres, savoir : 36 livres en pain [1] distribué au public ; 30 livres en vin ; 30 livres et 16 sols en poudre ; 30 sols aux tambours ; 5 livres 5 sols pour le bois ; 40 sols en cierges, et 9 sols en une perche pour tenir le bûcher.

---

[1] La livre de pain bis valait 26 deniers, prix très élevé et la viande était aussi très chère.

24 octobre. Représente le sieur maire, qu'au préjudice de ce que la communauté s'est pourvue devant Mgr l'Intendant pour avoir une décharge absolue de la somme de 1584 livres 6 deniers, il fut signifié au sieur Antoine Rapin qu'une garnison serait établie à Sainte-Bazeille, à faute du paiement dudit impôt.

27 décembre. Il est délibéré qu'il sera fait, à l'occasion de la prise de Fribourg, un feu de joie avec toute la pompe et la magnificence possible.

28 décembre. Représentent à la Jurade les maire et consuls, qu'il vient d'arriver une compagnie du régiment de cavalerie d'Estaniol pour loger en la ville, sans qu'ils en aient eu avis ni reçu d'autre ordre que celui que les officiers de ladite compagnie leur ont remis tout présentement, daté du 25 de ce mois et signé : *le maréchal de Montrevel*. Il est arrêté par tous que les maire et consuls logeront la compagnie de cavalerie, en donneront avis à Mgr le maréchal de Montrevel et à Mgr de Curson et leur représenteront la pauvreté des habitants et la disette des fourrages, afin d'obtenir un délogement dans le plus bref délai.

Ce même jour, Jean Rapin, maire et 1er consul et François Sainsarric, consul, prêtent serment avant leur entrée en charge.

1714, 21 janvier. Les sieurs Rapin, maire et 1er consul et Lacourrège, assesseur, reçoivent 7 livres 10 sols pour aller complimenter M. de Guionnet, conseiller au parlement de Bordeaux, nommé intendant de Mgr le duc de Bouillon dans le duché d'Albret, et lui demander sa protection et se rendre par la même occasion chez Mgr de Curson pour le prier de régler le paiement des droits attribués aux officiers de contrôleur des suifs et pour lesquels ils viennent de recevoir une autre contrainte.

2 février. Représentent les sieurs consuls Rapin et Sainsarric, qu'ils reçurent le 20 du mois dernier une lettre du sieur Briol leur donnant avis qu'il venait en cette ville avec trois hommes pour établir une garnison en pure perte sur les consuls et la communauté, à défaut de paiement des 1584 livres 6 deniers susdits. Il est arrêté par tous qu'on ira devers lui pour le prier de se retirer. Et de fait, le sieur Briol aurait accordé de s'en aller, en lui payant trois journées, à raison de 6 livres par jour.

27 février. Le sieur Rapin, maire et 1er consul représente qu'en conséquence de l'acte de Jurade du 2 de ce mois il était allé à Bordeaux faire la révérence de la part de la communauté à M. de Guionnet, qui l'aurait assuré d'une protection particulière pour cette communauté, et qu'ensuite il avait vu le sieur de Fontanieu au sujet de la décharge d'inspecteur du suif, qui lui aurait conseillé de présenter une requête à Mgr de Curson, tendant à ce qu'il lui plut de modérer ladite finance et donner des aides à cette communauté d'une tierce portion, ce que le sieur maire, qui parle, avait fait sur le champ. Sa requête fut appointée par Mgr de Curson d'un renvoi à M. de Bourriot, son subdélégué. Il est arrêté par tous que les sieurs maire et consuls enverront un exprès à Bazas vers M. de Bourriot.

11 mars. Il est alloué à Me Pierre Dubosc, clerc tonsuré, nommé régent latin en remplacement de Me Currain de Daubèze, les gages de 125 livres chaque année. Ses élèves lui donneront 12 sols par mois.

17 décembre. Jean Ragot, boucher du grand banc, est condamné à 10 livres d'amende applicables au luminaire de l'église pour avoir vendu la viande 9 sols la livre au lieu de 8 sols, prix convenu dans le contrat d'afferme. Ordre lui est donné de livrer de la bonne viande grasse et d'expo-

ser sur la place publique les veaux et les bœufs avant de les tuer.

Le 4 février 1715, les *Registres paroissiaux* mentionnent l'abjuration faite de la R. P. R. par Elie Joly de Sabla, sieur de Blazon, jurat de Sainte-Bazeille, âgé de 40 ans, fils de Jérémy Joly de Sabla et de Anne d'Aricaut, décédés, en présence d'Alain Joly de Sabla, premier consul, et de Jean Durand, avocat, etc.

Le 17 décembre 1721, Jean de Noguères, écuyer, sieur de Saint-Martin, maire et 1er consul, Me Ignace Noguey, avocat, second consul, Jean Lacam, David Merlande, Jean-François Biot, François Deymier, François Sainsarric, Antoine Rapin, Jean Dupeyron, Me Pierre Lacourrège, docteur en médecine, Alain Joly de Sabla, Mathurin Joly de Sabla, Joseph Merlande, Me Jean Durand, Joseph Mouchet, jurats, Me de Brézets, juge royal, Me Goyneau, procureur fiscal, Seguin, syndic de Lagupie et Capoulade, greffier, arrêtent qu'il sera construit deux guérites pour les deux sentinelles qui veillent aux deux portes de la ville.

Le 22 février 1722, sont maintenus dans leur fonction les régents latin et français, et les autres gagistes de la communauté.

15 mars. Il est délibéré que chaque boucher aura un abattoir, un troupeau, un pasteur et un débit particulier, sous peine de 300 livres d'amende. Le boucher de la grande boucherie ne pourra vendre la livre de mouton et veau de lait que le prix mentionné par la délivrance, et la livre de bœuf et grand veau que selon la taxe fixée par le corps de ville. Il en sera de même de la petite boucherie. Ne seront vendus au poids ni tête, ni langue, ni pieds, ni entrailles, sous les mêmes peines que dessus. Le boucher du grand banc pourra vendre à l'œil l'agneau, depuis Pâques jusqu'à la St Jean, et, au prix du mouton, de la

S₁ Jean à la Noël. Lesdits bouchers seront tenus d'attacher et d'exposer au pilier de la halle les bœufs, vaches et veaux, et de porter la viande à leur banc les samedis et veilles des fêtes.

22 mars. La grande boucherie est affermée à Guillem Rapin, homme d'armes, pour 10 livres, à condition de ne vendre le veau et le mouton que 8 sols la livre et le bœuf selon la taxe. Son troupeau sera confisqué s'il nourrit des brebis parmi les moutons. — La petite boucherie est affermée à Bernard Dupuy pour 435 livres, à condition de ne vendre la viande qu'à raison de 5 sols la livre.

25 mars. Il est arrêté que le bateau de blé meture amené par le sieur Ferrand sera débité, pour obéir à une lettre de Mgr l'Intendant, après l'examen qu'en auront fait les meuniers, boulangers et fourniers de la ville.

7 avril. Ledit blé ayant été trouvé mauvais d'après l'échantillon du pain, il est enjoint au sieur Ferrand de l'enlever dans huit jours de la ville et de la juridiction.

L'érection du duché d'Albret et l'organisation judiciaire, qui en fut la conséquence et dont nous avons parlé, ne portèrent aucune atteinte au droit de la justice des consuls, ces derniers siégeant avec l'*assesseur perpétuel*, créé par Henri d'Albret, comme ils l'avaient fait antérieurement avec le *baile* des sires d'Albret. Mais alors survinrent et l'article 50 du cahier d'Orléans, et l'art. 24 de l'édit de janvier 1560, et l'art. dernier de l'édit de novembre, même année, abolitifs des deux degrés de juridiction dans la même ville.

Ce fut même, au bout de quelque temps, un moyen d'enlever aux consuls la connaissance des causes criminelles et de ne leur laisser que la simple police. C'est ainsi que le régime municipal qui avait pu résister à beaucoup de révolutions, n'existait plus à l'époque où nous sommes arrivés. A la perte de la plus noble des prérogatives attachées à la charge de consul, celle de la justice, était venu se joindre la perte de la liberté des élections consulaires. Le corps de ville, en masse ou par ses délégués, créait directement les consuls, au bon temps du régime municipal, et le seigneur n'avait le droit que de surveiller les formes de l'élection. Dans les dernières années, on ne laissa aux électeurs que la faculté de dresser une liste double, et même en quelques lieux triple, du nombre des consuls à élire, et c'est sur cette liste de candidats au consulat que le seigneur ou le prince firent désormais le choix des officiers de la commune. On sent que dès lors ces derniers furent plutôt les créatures du pouvoir que les élus de la municipalité. Et ceci est d'autant plus vrai, qu'en même temps les agents du pouvoir s'immisçaient dans les élections, pour obtenir des candidats à leur convenance. — A la vérité, l'on trouve à la date du 26 décembre 1650, un arrêt du parlement de Bordeaux qui fait inhibitions et défenses aux jurats de déférer à l'avenir aux ordres ou lettres des gouverneurs de la province ni autres, pour raison des élections, à peine de la nullité et de 4000 livres d'amende contre les contrevenants, et de répondre, tant par les nominateurs que par les nommés, et un chacun d'eux solidairement, de tous les dépens, dommages et intérêts des communautés et des particuliers. — Mais il suffit de considérer la date de cet arrêt pour que l'on soit autorisés à croire que le parlement le rendit bien plus par ressentiment contre le dernier gouverneur de Guyenne, que par attachement à notre régime municipal[1].

Nous trouvons dans les Registres de la Jurade, à la

---

[1] *Hist. de l'Agenais*, etc, t. II, p. 456.

date du 17 mai 1722, que les sieurs maire et Lacourrège, jurat, étant allés à Bordeaux pour saluer M. de La Mazelière, qui avait quitté Nérac, ce nouveau gouverneur s'informa auprès d'eux de la manière dont on procédait à l'élection consulaire dans la juridiction de Sainte-Bazeille, prétendant que la communauté devait envoyer la liste double des candidats à S. A. Mgr le duc de Bouillon. Nos deux députés répondirent que depuis qu'ils avaient l'honneur d'être agrégés au corps de ville, la communauté était dans l'usage d'élire et confirmer elle-même les consuls en vertu des anciens titres et privilèges donnés à leur ville. Le sieur de La Mazelière répliqua qu'on n'avait qu'à se rendre à Nérac pour y porter les titres justificatifs desdites prétentions.

L'assemblée appelée à délibérer, arrêta par tous que les dits sieurs députés iraient à Nérac vers M. de La Mazelière pour l'assurer de nouveau des respects de la communauté et lui marquer qu'elle aura toujours une parfaite soumission aux volontés de Son Altesse et aux siennes, espérant bien que Mgr le duc de Bouillon et lui-même feront attention et auront égard aux droits et prétentions de la communauté après avoir examiné leurs titres et privilèges.

M. de La Mazelière écrivit le 31 Mai aux consuls de Sainte-Bazeille, pour demander l'envoi de la liste double en vue des élections consulaires. Cette lettre entraîna un second voyage des deux susdits députés à Nérac, pour y expliquer les intentions de la communauté.

Le 19 juin, à leur retour de cette dernière ville, les députés rendirent compte à la Jurade de l'accomplissement de leur mission et dirent que M. le Gouverneur n'avait pas trouvé suffisantes les délibérations du 17 mai et 4 juin. Les sieurs de Brezets, juge et Goyneau, procureur fiscal émirent aussitôt l'avis de faire adresser par les consuls la liste double des nouveaux consuls à Mgr le duc de Bouillon suivant l'usage. Mais il fut arrêté par tous que le présent corps agirait par avis de conseil pour la conservation des droits et prétentions de la communauté.

2 août. La Jurade constate qu'il y a journellement des réfractaires pour faire la garde aux portes de la ville selon les ordres de Mgr le duc de Berwick. Le jour d'hier, notamment, Jean Brabat, dit Vidon, tonnelier, refusa la faction, de sorte que la garde fut imparfaite, ce qui a obligé le consul de le mettre ce matin en prison. L'assemblée réclame bonne garde et approuve l'emprisonnement de Brabat qui ne sera délivré que demain au moment où il ira monter la garde.

23 août. Est approuvée la dépense de 15 livres 10 sols 6 deniers pour la chaîne de forçats qui passa le 7 juillet devant Sainte-Bazeille sous la conduite du sieur Tauzin, lesquels couchèrent chez Danois, aubergiste. Ledit Tauzin reçut du consul huit hommes armés avec poudre, plomb et chandelles pour la garde de nuit, et quinze tireurs de cordes jusqu'à Marmande.

21 septembre. Le consul prend en fraude le boucher de la grande boucherie qui a tué des brebis et en a porté la viande à son banc. Cette viande amenée dans le corps de ville, est soumise à l'examen de Nicolas Cazenave, Bertrand Bertrin et Bernard Dupuy, bouchers, et reconnue être de brebis. Sur la requisition de Me Bertrand Goyneau, procureur, elle demeure confisquée et sera distribuée aux pauvres et le boucher Rapin est condamné à 3 livres d'amende.

12 novembre. L'assemblée voulant procéder à l'élection et nomination des deux consuls, pour l'année 1723, selon la volonté du duc de Bouillon, délibère que la liste double

des candidats dont deux seront proposés par le sieur Noguey, consul, et deux autres par le corps de ville, sera remise à Son Altesse, par l'entremise de M. de La Mazelière, gouverneur d'Albret. Il est arrêté que ledit sieur Noguey choisira lui-même les quatre sujets proposés et que les sieurs Lacourrège, médecin et Goyneau iront les présenter à Nérac.

20 novembre. L'assemblée approuve le choix fait par M. de La Mazelière, des sieurs Hellies Joly Blazon de Sabla comme premier consul, et Michel Lacam comme second.

Il y avait dix-huit ans que Bernard Lerin, fermier du bateau de poste de Marmande à Bordeaux appartenant à M. de Collin, faisait avec Jean Confoulens, jeune, Pierre Confoulens dit Cadet et Jean Pludimet, ses associés, le transport des voyageurs et des denrées entre ces deux villes et celles des rives de la Garonne, lorsque le 26 septembre 1724, il renouvela les pactes du fermage, en s'engageant comme par le passé à porter par eau deux fois la semaine, le dimanche et le mercredi, de Marmande à Bordeaux ou de Bordeaux à Marmande, toute personne avec son bagage moyennant 12 sols ; l'eau-de-vie pour 20 sols la pièce avec les hommes même qui conduiront cette marchandise ; le fer, le plomb, le cuivre, le beurre, le savon, la résine pour 5 sols le quintal ; les huiles, plâtres, sucres, cassonnades au même prix ; le vin pour 50 sols le tonneau ; le chanvre pour 5 sols le quintal, le sel pour 15 sols la mipe ; le poisson salé pour 20 sols la barrique ; les harengs blancs pour 15 sols la barrique ; les harengs rouges à 10 sols le barril ; la morue blanche pour 1 sol par couble ; la sèche à 5 sols le quintal ; la sardine à proportion ; les huîtres à 5 sols le sac, etc. (*Arch. de M. Bentéjac.*)

Nous constatons une lacune dans le Registre de la Jurade jusqu'au 25 juillet 1729.

A cette dernière date, sont 1ᵉʳ consul, Mᵉ Pierre Lacourrège, docteur médecin; 2ᵐᵉ consul, sieur Pierre Merlande; juge royal, Mᵉ Nicolas de Brezets; procureur fiscal, Mᵉ Bertrand Goyneau; jurats, sieurs Antoine Rapin, Jean de Noguères, écuyer, sieur de Sᵗ-Martin, Durand, Joly de Sabla, Dupeyron, Mouchet, Noguey, Merlande, et greffier sʳ Capoulade.

Les consuls représentent que M. de Bayle, subdélégué à Marmande, leur a envoyé une requête avec une ordonnance de Mᵍʳ de Boucher, intendant, du 21 de ce mois, laquelle requête a été présentée par quelques habitants de Marmande et artisants de Sainte-Bazeille pour faire supprimer l'imposition de 675 livres employées chaque année au paiement des gages du prédicateur, des régents latins et français et des autres fonctionnaires de la communauté. Il est arrêté par tous que l'entreprise desdits particuliers est bien hardie et que les consuls y répondront incessamment et exposeront à Mᵍʳ l'Intendant qu'il est absolument nécessaire que l'établissement de cette imposition faite de temps immémorial en conséquence des arrêts du conseil, subsiste et qu'il lui faut un fonds fixe et annuel pour payer les prédicateurs, régents et autres gagistes de la communauté, puisque c'est l'intention de Sa Majesté suivant les nouvelles déclarations, et qu'en conséquence ceux-ci continueront à recevoir le même traitement.

Les officiers des deux compagnies de cavalerie en garnison dans cette ville demandant journellement des réparations à leurs casernes et écuries, l'assemblée, considérant que les consuls en ont déjà fait plusieurs et n'ont point d'argent, arrête que la communauté se pourvoira par devant Mᵍʳ l'Intendant.

24 août. Les consuls représentent qu'ils ont répondu à la requête que plusieurs habitants de Marmande taillables de Ste Bazeille avaient présentée à Mgr l'Intendant pour obtenir la suppression des 675 livres affectées aux gagistes de la communauté. Depuis, M. Faget, secrétaire de M. de Bayle, subdélégué alors absent, a envoyé au consul une réplique anonyme et non signée, par laquelle 1° il est conclu que les consuls de Ste Bazeille rendront compte devant M. de Bayle, de toutes les transactions passées depuis 20 ans et que le tout sera communiqué aux forains; et 2° il est interdit de ne faire à l'avenir l'imposition des 675 livres et autres que par ordre de Sa Grandeur. Il est arrêté par tous que, l'affaire étant de la dernière gravité et portant atteinte aux privilèges de la ville et à des établissements utiles au public et confirmés par les règlements et arrêts du conseil et déclarations de Sa Majesté, attendu l'absence de M. de Bayle qui est aux Eaux de Teray, le sieur Lacourrège, 1er consul, député pour aller à Bordeaux porter à Mgr l'Intendant les écritures de part et d'autres concernant ladite affaire, demeura également chargé d'y porter les pièces justificatives du droit de la communauté, afin que Sa Grandeur puisse donner sa décision.

2 octobre. Représentent les consuls que Mgr le duc de Duras vient de les informer de la naissance du Dauphin. L'assemblée arrête que le corps de ville assistera au Te Deum, allumera un principal feu de joie et fera toutes les réjouissances publiques que lui permettront ses ressources. En conséquence, il y aura une fontaine de vin en un coin de la halle, une distribution de viande, de pain et de vin aux pauvres et aux cavaliers des deux compagnies du régiment Royal-Piémont; un festin public pour les membres du corps de ville, les principaux habitants de la

juridiction et les troupes bourgeoises qui se mettront sous les armes. Les tables seront placées dans l'hôtel de ville et sous la halle. Les consuls feront bonne provision de verres et de bouteilles pour en casser lorsqu'il sera bu à la santé de Mgr le Dauphin et de leurs Majestés le Roi et la Reine ; ils disposeront toutes choses pour lesdits festins de manière à susciter une joie éclatante et feront distribuer de la poudre aux cavaliers et à tous les habitants capables de tirer au feu de joie, aux feux d'artifices le long de la rivière et ailleurs.

1er décembre. Il fut dépensé pour fêter cet heureux avénement 517 livres 16 sols, 4 deniers, savoir : 4 livres 5 sols en rubans pour cocardes distribuées aux sergents des compagnies bourgeoises, au porte-enseigne, aux tambours et fifres ; — 16 livres 16 sols en bois de chêne et chandelles de cire ; — 150 livres en un quintal de poudre à feu pour les compagnies bourgeoises et les cavaliers casernés le jour du feu de joie et pendant les jours suivants où les réjouissances ont continué avec feu d'artifice et tir du canon ; — 78 livres 2 sols en un veau gras acheté au métayer du sieur Goyneau, en viande de mouton et autre prises aux bouchers du Grand et Petit banc, et en viande de cochon délivrée par Jacques Guichard pour être distribuée aux pauvres, aux cavaliers des deux compagnies et au festin public de l'hôtel de ville et de la halle ; — 41 livres 10 sols en volailles, chapons, gelinotes, poulets, pigeons et canards ; — 40 livres 18 sols 4 deniers en pain pris chez les boulangers de cette ville et de La Réole pour les pauvres, les cavaliers et le festin ; — 60 livres en vin pour la fontaine publique, les cavaliers et le festin ; — 15 livres en lard, graisse, beurre, œufs, sel, épiceries, ail, oignons, échalottes et fleur de farine des tourtières ; — 18 livres en desserts, fromage, fruits, chataîgnes et dragées ; — 25 livres en verres et bouteilles qu'on a cassés en buvant à la santé de Mgr le Dauphin et de leurs Majestés le Roi et la Reine ; — 14 livres 10 sols en bois et chandelles, employés pendant deux jours et demi et une partie de la nuit pour préparer et faire cuire les viandes ; — 15 livres pour le paiement des cuisiniers et des serviteurs ; — 7 livres aux tambours et fifres ; — 5 livres 10 sols pour des serviettes fines et cuilliers qui se sont égarés et perdus lors du festin ; — 6 livres pour avoir fait blanchir deux fois les nappes, serviettes et autre linge qui avaient servi au festin fort gâtés par le vin répandu ; — 5 livres en chandelles pour les illuminations du soir le jour du Te Deum et du feu de joie et les soirs des jours suivants pendant lesquels on a continué les réjouissances sur la place publique et le long de la rivière au devant de la ville ; — 15 livres 5 sols pour la dépense des fusiliers, tambours et fifres et des matelots qui portèrent les sieurs consuls et les jurats au bateau de Mgr l'Intendant qui passait, laquelle dépense a été faite à la clôture des réjouissances, chez la veuve de Louis Martin et chez Peignes, cabaretiers.

8 décembre. Le consul représente qu'il est temps de procéder à la nomination des consuls pour l'année 1730. Mais, attendu que le corps de ville qui doit être composé de 24 prud'hommes, n'est pas au complet, à cause de la mort de plusieurs, que d'autres n'entrent pas et que ceux qui restent sont en petit nombre comme il se voit par les signatures des délibérations et n'ont pas rendu compte, les consuls ne peuvent pas proposer des sujets convenables en nombre suffisant. L'Assemblée arrête que dans une telle situation et vu la pénurie d'habitants capables et solvables, elle réclamera l'autorité de Mgr l'Intendant. A ces fins, les consuls représenteront cet état de choses à

Sa Grandeur et la supplieront de permettre sous le bon plaisir du roi que, nonobstant l'incompatibilité, le nombre des prud'hommes soit rempli au moyen de personnes capables et solvables de ladite ville, ainsi que cela se pratiquait avant l'année 1690 et la transaction du 19 mai 1705, pour la régie des affaires publiques et la levée des deniers royaux.

6 janvier 1730. L'Intendant accorde ce qui précède, à condition de se conformer pour la nomination des collecteurs à la déclaration de Sa Majesté et aux ordonnances rendues en vue de son exécution. Ceux qui ont géré les affaires de la communauté seront tenus de rendre compte de leur administration dans un mois en la manière accoutumée.

22 janvier. M. de Bayle, subdélégué à Marmande remit dimanche dernier au sieur Laccourrège, consul, les deux requêtes que la communauté avait présentées à Mgr l'Intendant contre les requêtes des forains et des habitants de la présente juridiction qui demandaient la suppression de 675 livres annuelles des traitements municipaux susdits, avec une ordonnance du seigneur Intendant, du 2me de ce mois, qui déboute lesdits forains et habitants de leurs prétentions et ordonne que les comptes rendus depuis 20 ans par ceux qui ont géré les revenus de la communauté, seront représentés dans la quinzaine de la signification de ladite ordonnance.

Le sieur Lacourrège consul alla le 17 janvier à Nérac pour prêter au nom de la communauté foi, hommage et serment de fidélité à S. A. Mgr le duc de Bouillon, comme duc d'Albret, pour raison de son avènement audit duché.

1er février. Sont nommés jurats les sieurs François Biot, Pierre Deymier-Madaillan, Me Barthélemy Lacourrège, docteur en médecine, Joseph Noguey, Jean Philipeau aîné, Etienne Goyneau-Grandchamps, et Jean Clerc, chirurgien. — Trois jours avant, les sieurs Pierre Uteau et Georges Gouzilh avaient été nommés collecteurs de la paroisse du Petit-Saint-Martin, et les sieurs Jean Gabourias et Jean Robereau de celle de Lagupie.

19 mars. La Petite boucherie est adjugée à Bernard Dupuy qui la transporte à Bernard Lagraulet, pour 510 livres, à condition de ne vendre la viande que 4 sols la livre; et la Grande boucherie audit Bernard Dupuy pour 310 livres, à condition de ne vendre que 10 sous la livre.

20 août. L'Assemblée arrête que la demoiselle Suzanne Chaniart est reçue pour régente des filles, aux gages de 40 livres par an et de deux chambres d'habitation. Les enfants lui payeront 5 sols par mois, et 10 sols quand elles sauront écrire.

26 novembre. Sont payées 10 livres 8 sols 8 deniers pour la collation, et 8 livres à Jean Roubin pour le bateau, le jour de la procession de Castelnau sur la Garonne.

18 décembre. Sieur Antoine Rapin est nommé premier consul et sieur Etienne Goyneau, second consul, pour l'année 1731.

30 juin 1732. La principale cloche de l'Eglise Notre-Dame est bénite par M. l'archiprêtre et curé de la ville, sous le consulat de François Deymier, notaire royal et Biot. Le premier consul est parrain et demoiselle Boissonneau femme d'Antoine Rapin, marraine. (*Regis. parois.*)

31 janvier 1733. Sieur Blazon Joly de Sabla est premier consul et sieur Jean Philipeau, second consul.

15 mars. La Grande boucherie est affermée à Michel Sage pour 500 livres, et la Petite à Bernard Dupuy pour 420 livres.

16 août. Défense est faite aux aubergistes et cabaretiers

de se servir de certaines bouteilles qu'ils appellent *façon de Hollande* et qui ne tiennent pas au-delà d'une tierce, et ordre leur est intimé de vendre le vin en égard au prix du tonneau, selon la coutume ancienne, les statuts et privilèges de la ville.

23 août. Plusieurs amendes dont le montant sera distribué aux pauvres par M. le curé, sont infligées à des marchands et débitants qui se servaient de poids, balances, mesures et bouteilles faux et défectueux.

4 décembre. Sont nommés premier et deuxième consuls pour l'année 1734 sieurs Michel Lacam et Pierre Deymier-Madaillan.

14 mars 1734. Chacun est tenu de réparer la rue au-devant de sa maison, surtout la rue du château qui est la plus fréquentée pour aller à l'église et que suivent la procession de la Fête-Dieu et les autres processions de l'année.

29 août. Le corps de ville, considérant que le sieur Delbac, régent latin s'attache moins au progrès de ses élèves qu'à l'accroissement de son revenu, et que le nombre des écoliers diminue au lieu d'augmenter, nomme à sa place le sieur Guillaume Eugène Riordan, de nation irlandaise, habitant de Bordeaux, en qualité de régent principal, qui devra ouvrir ses cours le 1er octobre prochain, aux gages de 200 livres annuelles, et, de plus, à raison de 6 sols par mois pour chaque élève commençant, de 8 sols pour celui qui apprend à écrire, de 12 sols pour celui qui compose, et de 18 sols pour les plus avancés et les élèves de rhétorique.

21 novembre. « Le Roy ayant par son édit de novembre 1733 rétabli les offices de gouverneur, lieutenant de roy, maire, lieutenant de maire et autres offices des hôtels de ville de son royaume, Sa Majesté auroit en même temps,

par arrêt de son conseil du 29 novembre 1733, permis aux villes et communautés d'acquérir et de réunir à elles lesdits offices, et par le même arrêt ordonné que lesdites villes et communautés ne pourroient être reçues à rembourser les particuliers qui auroient acquis lesdits offices, lesquels en jouiroient comme titulaires, ainsi que leur ayant-cause, ce qui est très intéressant à la communauté de prévenir, d'autant plus qu'elle a vers elle des preuves qui ne la persuadent que trop qu'il ne convient pas d'avoir des officiers municipaux perpétuels, à cause des contestations fréquentes avec le juge et le lieutenant, puisque, pour s'en délivrer, elle est en instance devant Mgr de Boucher, intendant de cette province, contre le procureur fiscal de cette ville, lesdits juge et lieutenant prétendant les fonctions de maire et le procureur fiscal celle de procureur syndic, attachées à leurs offices en conséquence d'une transaction du 19 mai 1705, homologuée par arrêt du Parlement de Bordeaux qui leur attribue la faculté de clore et arrêter les comptes et de garder les clefs des archives.

« Mais les consuls s'étant consultés sur l'exécution de cette transaction, il leur auroit été dit que la communauté n'avoit pu la consentir, soit sur le fondement des anciens statuts, soit sous prétexte de l'usage, parce qu'elle n'étoit que dépositaire des fonctions des offices municipaux, dont le Roy lui avoit confié la nomination, et que ces fonctions étant purement royales, ne pouvoient jamais résider dans l'officier du seigneur, ni faire un attribut de sa charge, Sa Majesté devant retrouver dans la main de la communauté et non dans celle des officiers du seigneur les fonctions desdits offices en leur entier, lesquels offices n'étant pas même cessibles de la part du Roy, n'ont pu l'être de la part de la communauté dans l'intérêt du juge, lieutenant de juge et procureur fiscal, d'autant mieux encore que l'ancien statut fut anéanti par l'édit de Sa Majesté de l'année 1547, qui prohiba aux villes et communautés d'élire ni confier aucunes fonctions municipales aux officiers des cours et juridiction tant supérieures que subalternes, à peine d'amende contre les élisants... etc.

« L'assemblée arrête que Sa Majesté sera très humblement suppliée, sous le bon plaisir de Mgr l'Intendant de Guyenne, de rétablir la communauté dans la faculté d'élire des officiers municipaux, nonobstant la transaction du 19 mai 1705 qui demeurera par ce regard comme non avenue en circonstances et dépendances comme attentatoire à la disposition des édits et règlements ; qu'à ces fins et pour donner à S. M. des preuves du zèle et de l'obéissance de la communauté, elle a autorisé par ces présentes le sieur Jean Phelipeau, jurat, auquel elle donne pouvoir de se transporter au bureau des offices municipaux de la généralité de Bordeaux, à y faire la soumission de ladite ville pour la levée des offices de maire ancien et alternatif et celle de procureur sindic, dont la communauté s'oblige de payer la finance. »

1735, 20 novembre. Me Riordan, régent latin, démissionnaire, est remplacé par Me Joseph Lafaille.

1736, 2 septembre. Les consuls représentent que la mission a commencé en cette ville le 19 du mois dernier, et doit finir le 17 du présent mois et qu'il est d'usage de planter en pareille circonstance une croix de pierre ou de bois aux frais de la communauté. L'assemblée arrête que les collecteurs et syndics ayant été appelés, il sera fait, sous le bon plaisir de Mgr l'Intendant et sans tirer à conséquence pour l'avenir, une croix de pierre qui sera placée au-delà du pré de Lamothe, sur le canton des chemins tendant de cette ville à La Réole et de Meilhan à Monségur et Castelnau.

27 novembre. M° Jean Claude Gros, natif de St-Claude (Franche-Comté) succède à M° Joseph Lafaille en qualité de régent latin. L'assemblée arrête que, pour satisfaire à la preuve de capacité qu'exige le présent corps de ville, les consuls accompagnés de prud'hommes compétents, se transporteront dans l'école, afin d'être témoins et examinateurs de la méthode dont se servira le sieur Gros. Après ladite épreuve, la capacité de ce dernier fut reconnue et louée.

1737, 10 février. Nous trouvons encore pour consuls sieurs Michel Lacam et Pierre Deymier.

1er décembre. M° Jean-Claude Gros, régent latin, quitte sa charge, et la communauté arrête que, sous le bon plaisir de Mgr l'Intendant, le régent latin recevra désormais 300 livres au lieu de 200, afin d'en avoir un qui soit ferme et stable.

1738, 8 janvier. M° Ignace Noguey, avocat à la cour est nommé premier consul, et M° Barthélemy Lacourrège, docteur en médecine, second consul.

15 janvier. La femme du sieur Goyneau est nommée, sur la recommandation de l'évêque de Bazas, régente des filles, en remplacement de Mlle Latour, décédée.

14 février. M° Jean-Jacques Bedout Nadalens est pris pour régent principal, latin et français et pour professeur de rhétorique. Le sieur Capoulade avait fait l'intérim en attendant cette nomination.

25 mai. Le corps de ville permet de vendre le pain de froment 19 deniers la livre.

10 juin. Les sieurs jurats Pierre Lacourrège, Jean Mouchet, docteurs en médecine et Antoine Rapin sont choisis pour constater le dommage causé tant par les pluies

continuelles et les débordements des rivières que par d'autres fléaux de Dieu.

1739, 1er mars. La viande, veau et mouton, est taxée à 10 sols la livre jusqu'à la Saint-Jean, à 9 sols de la Saint-Jean à Noël; l'agneau à l'œil; le bœuf selon la taxe en vigueur, la brebis et la vache à 5 sols.

11 novembre. Le corps de ville arrête qu'une seconde cloche sera fondue pour l'église.

Nous lisons dans le livre de raison de M. Philipeau, à l'année 1740 : « Vers la fin février jusqu'au 15 mars, de fortes gelées gèlent quantité de bois des vignes. On assure qu'à Paris il a fait autant de froid qu'en 1709. Cette gelée arriva à Paris en janvier, pendant qu'il tomboit à Ste-Bazeille beaucoup de pluie. Le mois de may, du 1er au 8me, gelée presque tous les jours, glace de l'épaisseur d'un liard, qui n'a pas fait beaucoup de mal. Le 9me, gelée beaucoup plus forte, glace épaisse d'un écu de 6 livres, ce qui a gelé beaucoup le jet de la vigne. Le 17me, glace de l'épaisseur d'un liard. Du 1er octobre au 22me, gelées blanches. » (Arch. de M. Bentéjac.)

Le 2 novembre 1741, est décédé Messire Joseph de Loménie, prêtre et curé de Ste-Bazeille, à 11 heures et demie du soir, à l'âge de 75 ans, après avoir reçu les sacrements. Il est inhumé le lendemain dans l'église par M. Mercier, curé de Baleyssac, vicaire forain, assisté de ses confrères soussignés : Laujacq, curé de....., Faugeroux, curé de St-Michel et Mongausy, Rousseau, curé de St-Martin de Serres, Noguey, curé de Lagupie, Joly de Sabla, prêtre desservant de la paroisse de Ste-Bazeille, Bacot...

1742, 6 janvier. M.Me Joseph de Loménie, curé de Ste-Bazeille, décédé le 2 novembre 1741, est remplacé par M.Me Laurent Chaix, sieur Dumola, qui avait été présenté pour ladite cure le 5 du même mois par le sieur Latapy, chanoine hebdomadier de l'église cathédrale de Bazas. Ce même jour l'Evêque lui donna le titre et le nouveau pasteur prit possession de sa paroisse le lendemain.

Le 27 octobre précédent, le sieur de Loménie avait consenti une procuration *ad resignandum* en faveur de M.Me Fieuzal, qui, le 19 du mois de novembre obtint de Rome le titre de curé de Ste Bazeille avec la clause *per obitum* et *quovis modo*. M. Fieuzal fit procès à M. Chaix, nommé par l'Ordinaire quelques jours avant. Parut un arrêt du 7 février 1743 qui maintint ce dernier en possession du bénéfice.

25 octobre. M. Joseph de Bentzmann, écuyer[1], est maire de Ste-Bazeille, les sieurs Jean Lantillac, vivant noblement et Jean Clerc, sont consuls.

1743, 16 avril. Etant satisfaits de la mission du R. P. Casimir, capucin, les maire et consuls sont autorisés par la communauté de tirer un mandat de 100 livres sur le collecteur principal de la présente année pour les honoraires du prédicateur.

15 novembre. Mgr le Marquis de Tourny est intendant de la province en remplacement de Mgr de Boucher.

5 décembre. Me Jean Philipeau est installé en qualité de conseiller et procureur du roi à Sainte-Bazeille.

1744, 8 mars. Il est permis au boucher du Grand banc de vendre la viande, veau et mouton, à raison de 12 sols de Pâques à la Saint-Jean et à raison de 11 sols de la Saint-Jean au carnaval ; le bœuf à la taxe, et l'agneau à l'œil. Le boucher du Petit banc pourra vendre la brebis à raison de 6 sols la livre.

---

[1] Voir sur les Bentzmann leur généalogie, ch. IX.

1746, 10 août. Une boucherie de cochons est établie par là communauté.

Il est arrêté que le régent latin recevra 300 livres de gages annuels, plus une livre par mois de chaque élève.

1747. En cette année, sont maire M° Etienne Boissonneau, consuls anciens sieurs Jean Mouchet et Michel Lacam et consul électif sieur Jean Clerc.

1747-1748. La disette est générale. Elle est encore augmentée ici par de désastreuses gelées. Le corps de ville délibère de venir au secours des pauvres et des mendiants et de taxer les viandes.

1748, 26 mai. Il a été dépensé pour la procession de Castelnau qui s'est faite sur l'eau le jour de l'Ascension, selon l'ancienne coutume, la somme de 22 livres 13 sols en distribution de pain et de fromage.

2 juillet. Le débordement de la Garonne et de la Gupie, les grands froids de l'hiver, les chaleurs excessives du printemps et les intempéries de l'air ont causé des dommages considérables à la récolte.

15 septembre. La mission prêchée par les RR. PP. Capucins est clôturée par l'érection sur la place de la Tuque, devant la porte de St-Pey, d'une croix, dont la pierre a coûté 12 livres, la chaux 4 livres 10 sols et la façon 36 livres.

1750, 14 juin. En vue de la visite de Mgr l'Evêque de Bazas, la communauté acquiert un dais en damas bordé d'argent et décide de mettre 40 hommes sous les armes en donnant un quart de poudre à chacun.

19 juin. Monseigneur J.-B. Amédée Grégoire de Saint-Sauveur, évêque seigneur de Bazas arrive du côté de Beaupuy. On lui a fait préparer une tente sous l'orme près de la croix, à la porte de St-Pey. Un consul, accompagné d'une cavalcade, va le joindre sur le grand chemin

de Marmande pour le mener sous la tente, où Sa Grandeur revêt ses habits pontificaux. « Nous maire et consuls, lisons-nous dans le *Registre de la Jurade*, nous nous presentâmes au-devant de la tente, nous eûmes l'honneur de le haranguer, et ensuite lui ayant presenté le dais, nous eûmes celui de le prendre en ce lieu sous le dais, les troupes en haies, et l'accompagner ainsi en ville, à la porte de laquelle M. le curé, suivi du clergé, le harangua et ensuite processionnellement, chantant le Te Deum on le conduisit en l'église de cette ville où, étant entré et ayant fait des prières, il en partit pour se rendre à la maison de M. de Tilhaut en cette ville où il logea, y ayant été conduit par nous maire et consuls, toujours les troupes en haies ; et ayant resté en cette ville jusqu'au 21 du mois de juin, à son départ on le conduisit jusqu'au delà de l'église hors ville, toujours les troupes en haies et sous les armes ; pour le tout quoy on a fait des dépenses 61 livres 3 sols 2 deniers, plus 3 livres 10 sols 9 deniers. »

1751, 7 février. Le corps de ville renouvelle l'habillement rouge des sergents de ville et leur chapeau garni d'un galon d'argent et d'un bouton.

4 avril. La Fabrique étant pauvre reçoit de la communauté la cession d'un terrain vaquant de temps immémorial.

25 avril. Un débordement de la Garonne détruit la récolte.

20 mai. Une troisième porte de ville est ouverte.

1752, 4 janvier. Me Nadalens, régent latin, étant mort, on met à sa place Me André Capoulade, dont la nomination est agréée par l'Evêque le 13 du même mois. Il reçoit 300 livres de gages annuels et 20 sols de chaque élève, et demeure exempt de capitation, guêt, garde, logement des gens de guerre et autres charges publiques dépendant de la communauté. Il fera classe en hiver de 8 heures du matin à 11 heures, en été de 7 heures à 10, et le soir de 1 heure à 4. Les vacances seront d'un jour par semaine et du 1er septembre à la fin d'octobre. Sera tenu le sieur Capoulade d'avoir les égards convenables pour la communauté en général et pour chacun de ceux qui la composent en particulier ; il veillera en dehors du collège, autant qu'il lui sera possible, à ce que ses écoliers se comportent sagement et civilement. Il les mènera à l'église, principalement pour les vêpres, auxquelles il assistera lui-même pour surveiller leur conduite et leur tenue.

24 janvier. Dans quelque épuisement que soit la communauté, pour seconder néanmoins les vues de nos seigneurs du Parlement et manifester l'amour qu'elle a pour la personne sacrée de Sa Majesté et son zèle pour le bien et le service de l'Etat, elle donnera de ses revenus la somme de 400 livres pour la construction d'un vaisseau de guerre qui doit être offert au roi.

2 février. Le corps de ville fait l'établissement et les règlements d'une compagnie de milices bourgeoises pour la patrouille de Sainte-Bazeille.

21 février. Le sieur Cicéron, régent français, est cassé aux gages comme incapable.

2 mai. La communauté élève une protestation contre la conduite de M. Bernus, prêtre de Marmande, nommé chapelain de la chapelle de Mothe, qui, contrairement à l'usage, ne dit pas une messe les fêtes et dimanches dans l'église de la ville, mais qui vient la dire seulement le vendredi. Les héritiers du sieur Lacourrège, qui possèdent les titres de cette messe, devront les remettre à la Jurade dans la huitaine. — Des réparations à la charpente et à la toiture de la chapelle de Neuffons sont reconnues nécessaires et décidées.

11 mars. Six douzaines d'ormeaux seront plantées sur

les anciens fossés de la ville qui ont été comblés pour les ouvrages du grand chemin neuf.

23 juillet. Une grêle survenue la nuit du 10 au 11 de ce mois, ravage la récolte.

L'Etat et le Roi accordent aux pauvres de Sainte-Bazeille un secours en argent, en blé et en riz.

4 décembre. La nouvelle porte de ville portera gravées sur le frontispice au dehors les armes du roi avec l'inscription « du règne de Louis XV » avec le millésime 1752 ; et au dedans les armes de la ville telles qu'on les trouve à la porte vers le faubourg *Des Barris,* appelée de La Réole. De ce même côté on gravera l'inscription suivante : « Mre Louis Urbain Aubert ch^{er} marquis de Tourni intendant, Me Etienne Boissonneau, avocat, juge et maire alternatif, Jean Mouchet consul alternatif, Pierre Biot consul électif, Jean Philippeau procureur du roi » avec le millésime 1752 ; et la porte sera nommée *porte de Tourni.*

1754, 25 avril. Le R. P. Daniel, capucin, reçoit 100 livres pour le carême qu'il a prêché à la satisfaction de tous.

1755, 31 mars. Le Père prédicateur du carême reçoit 100 livres pour ses honoraires.

1756, 20 avril. La même somme est donnée au prédicateur du carême.

1757, 23 février. Le poisson blanc qui pèsera au-dessous d'une livre, est taxé pour le carême, 7 sols la livre ; celui d'une livre jusqu'à deux, 8 sols ; celui qui s'élèvera au-dessus de deux livres, 10 sols. L'anguille, le brochet et autres poissons fins, 10 sols. La taxe du saumon et du créac (sic) demeure réservée.

16 octobre. Défense aux aubergistes et cabaretiers, d'acheter, de vendre et de débiter aucune espèce de vin forain, sous quelque prétexte que ce soit.

30 novembre. Il est ordonné aux habitants et aux servantes de Messieurs les bourgeois de cette ville de tenir la rue au-devant de leurs maisons nette de tous bourriers et immondices et de mettre en pile lesdits bourriers proche la muraille de chacun. Défense de pousser dans le canal où doivent passer les eaux pluviales les bourriers qui seront portés hors ville tous les mardis et samedis.

21 décembre. Des parents se plaignent du peu de progrès que font les garçons à l'école du sieur Cicéron, régent français, qui les dissipe et les applique à ses propres affaires, les envoyant à sa campagne pour garder sa chenevière lorsqu'elle a été ensemencée. Il quitte lui-même son devoir pour élever quantité de volailles « et depuis quelque mois a quelque paire de pigeons auxquels il est aveuglement attaché. » Une telle négligence oblige un grand nombres de parents à envoyer leurs enfants dans une autre école située à l'extrémité de cette juridiction. Depuis l'année 1747 qu'il est rentré en charge, le sieur Cicéron n'a pas su former un seul écolier qui ait pu ni su écrire pour la communauté lorsqu'elle s'est trouvée chargée d'écritures. En conséquence, le sieur maire destitue ledit régent et prie la Jurade de jeter les yeux sur un sujet plus capable.

1758, 28 mars. Il sera donné suivant l'usage 100 livres au Père prédicateur du carême, plus 18 livres à titre de gratifications, sans tirer à conséquence.

10 mars. M° Rabier est nommé régent français.

4 juin. Mgr l'Intendant a donné ses ordres aux maire et consuls pour ôter la régence au sieur Rabier, reçu sans approbation de l'Evêque de Bazas.

25 juin. Il est délibéré qu'un député, le sieur Augan, consul élu, et le sieur Rabier iront vers l'Evêque pour solliciter l'approbation du nouveau régent.

2 juillet. L'évêque leur demande un certificat du curé de Sainte-Bazeille justifiant des bonne vie et mœurs et capacité du sieur Rabier.

12 juillet. Les maire, consuls élus, procureur du roi et Jean Chaubin, jurat, se rendront auprès de M. le curé et lui exposeront que la Jurade pense que M. le curé pourrait avoir quelque mécontentement de ce qu'on a procédé sans son concours pour destituer l'ancien régent et instituer le nouveau. La communauté serait mortifiée d'avoir manqué à ses devoirs, et s'il n'y a que cela qui porte obstacle à la concession de son suffrage, M. le curé est prié de s'en expliquer et de vouloir s'accorder avec le corps de ville qui sera charmé d'agir de concert avec lui pour le bien public.

23 juillet. M. le curé répond qu'il est sensible aux politesses de la communauté, mais qu'il ne reconnait d'autre régent français que le sieur Cicéron. Les délégués lui avaient cependant produit une requête en tête de laquelle était une ordonnance de Mgr l'Evêque et une délibération de la Jurade et les approbations qu'avaient le sieur Rabier.

12 novembre. La Jurade rappelle aux aubergistes et cabaretiers la défense de débiter de vin aux habitants pendant les offices de l'église, ni de leur donner des cartes ou des dés à jouer les jours de fêtes et de dimanches. La femme Capdeville ayant donné du vin et des cartes à deux concitoyens pendant les vêpres le jour de la fête de Sainte-Bazeille, patronne de ce lieu, est condamnée, à la requête du procureur du roi, à une amende de 3 livres par corps.

L'Evêque consent à ce que la régence du français soit donnée à tout autre qu'au sieur Rabier, moyennant qu'il plaise à M. le curé et qu'il soit examiné conformément aux règles prescrites. La Jurade délibère que, pour se procurer un nouveau régent français, des affiches seront apposées dans les villes voisines.

27 décembre. Le sieur Jean Bergé, natif de Monségur, ayant rempli les conditions requises, est nommé régent français.

1759, 25 mars. Sainte-Bazeille étant portée pour 900 livres dans un don gratuit à faire au roi, la Jurade trouve la somme au-dessus des ressources modestes de la communauté et demande que sa part soit diminuée.

17 avril. Le R. P. Casimir reçoit, outre ses honoraires, pour la prédication du carême, une gratification de 12 livres.

29 avril. M. Joseph de Bentzmann, écuyer, offre à la communauté de lui vendre et céder sa charge de maire ancien.

28 juin. Le sieur Bergé, reçu par la communauté, ne s'étant pas fait approuver par l'Evêque, le sieur Pierre Mausset, consul, et plusieurs jurats ont cherché un régent français et ont trouvé le sieur Vignaut, régent de Lagruère. Mais M. le curé lui refuse son suffrage, parce qu'il soutient le sieur Cicéron.

15 août. Le corps de ville annonce que deux compagnies d'infanterie vont arriver le 21 du courant.

6 décembre. Le consul sieur Pierre Mausset nomme et présente pour le consulat sieurs François Merlande et Jean Labadie. La Jurade décide d'envoyer la présente délibération à M. de La Mazelière, gouverneur et intendant du duché d'Albret, afin qu'il choisisse et nomme un des deux sujets pour l'exercice d'un consul électif de l'année 1760.

1760, 2 avril. Une compagnie du bataillon de milice de Libourne doit arriver le 12 du courant.

26 mai. La foire du 25 février, jour de St Mathias, ayant été dérangée par le mauvais temps, fut renvoyée au

18 mars, et les villes et bourgs voisins en furent informés par affiches, ce qui fit croire qu'il y avait une foire par mois comme dans d'autres lieux. La Jurade délibère qu'il serait avantageux, en effet, d'avoir une foire par mois, qui serait fixée au troisième mercredi, jour ordinaire du marché.

1761, 22 mai. M⁰ Capoulade, régent latin, est nommé greffier commis.

1762, 5 décembre. M. Faget de Caseaux, subdélégué, a envoyé au maire une requête présentée depuis longtemps par M. le curé et autres habitants de Sainte-Bazeille pour demander que le sieur Cicéron, ci-devant régent français, reprit sa charge. Cette requête parut du temps de Mgr de Tourny, père, qui avait autorisé la destitution. Elle a été remise ensuite à M. de Tourny, fils, aussi intendant, qui n'a point désapprouvé ce qu'avait fait son père. Tout cela ne semble pas avoir lassé le sieur Cicéron, qui a fait agir devant Mgr de Boutin, actuellement intendant.

1764, 11 mars. On réparera le banc dans lequel prennent place pendant l'office divin les sieurs maire et consuls.

17 mars. Le sieur Rousset, consul, représente que M. de Lugat, curé, et le R. P. Casimir, l'ont prié de proposer à la Jurade de vouloir bien consentir à ce qu'il n'y ait que deux offices par semaine et un autre le dimanche, sans rien diminuer de l'honoraire, vu l'âge avancé et maladif du prédicateur du carême. La proposition est acceptée.

21 mars. M. le curé de Lagupie charge M. Mouchet, consul ancien, de remercier la Jurade de lui avoir envoyé un secours de 50 livres pour les pauvres de sa paroisse et celui de 2 livres de cire blanche pour brûler devant l'autel de Saint Jean pendant l'office des fêtes et dimanches ; il termine sa lettre en assurant que cette aumône ne pouvait mieux arriver que dans ce misérable temps de calamité.

27 mai. Vu la disette de cette année qui a augmenté des trois quarts le nombre des pauvres, il est arrêté qu'on ne donnera que 10 miches de pain de 20 livres, un *choine* (sic) de 2 livres, 2 bouteilles de vin et un peu de fromage aux fidèles et au prêtre qui feront la procession de Castelnau sur la rivière, le jour de l'Ascension.

12 décembre. Le sieur Cicéron présente une requête à la communauté pour recevoir les gages qu'il réclame depuis sa destitution, c'est-à-dire depuis cinq années. La Jurade fait sa requête pour renvoyer les parties devant les juges.

1765, 6 janvier. Le seigneur Intendant a condamné la communauté à payer au sieur Cicéron les quartiers échus de ses gages dans la huitaine du jour de la signification de l'ordonnance.

1766. Le corps de ville déclare la communauté impuissante à payer les 520 livres qui sont demandées pour don gratuit à Sa Majesté, parce que presque tous les habitants sont dans l'indigence occasionnée surtout par la perte des deux dernières récoltes, dont l'une fut emportée par la grêle et l'autre, l'année passée, par les débordements de la Garonne, les grandes pluies et le froid excessif qui ont enlevé les fèves, les pois et les fourrages.

2 mars. L'évêque de Bazas, de passage à Sainte-Bazeille, interdit le sieur Cicéron dans les fonctions de régent qu'il continuait contre le gré de la communauté et approuve la nomination du sieur Pierre Douet, de Bazas, aux gages de 180 livres et d'un logement convenable. Les enfants qui commencent à lire, lui donneront 6 sols par mois, ceux qui écrivent, 10 sols et ceux qui apprennent l'arithmétique, 15 sols. Le régent demeure exempt de capitation, corvées et logement des gens de guerre.

Même jour. Le grand débordement de décembre dernier a emporté les fonds de terre, déraciné les blés et les guérets et traîné dans le fonds de la basse-rivière de grandes quantités de sable. La forte gelée de cette année a causé un dégât plus considérable sur les blés et les vignes presque entièrement gâtés, sur les fèves, pois, lins et fourrages totalement perdus. La Jurade n'accepte pas l'avance des semences de mars, parce que plus de la moitié des biens de la paroisse sont possédés par des non-domiciliés qui sont en état de fournir des semences de mars à leurs métayers et faisandiers. Quant aux habitants, ils feront des emprunts pour s'en procurer.

20 mai. Depuis plusieurs années les habitants ont été privés des sermons de l'Avent et du Carême, sous prétexte du modique honoraire que la communauté est dans l'usage de donner depuis près d'un siècle. Attendu que de concert avec l'évêque et sous son bon plaisir il n'y aura de sermon que le dimanche pendant l'avent et le mercredi et le dimanche pendant le carême, le corps de ville fixe à 250 livres l'honoraire du prédicateur de l'avent et du carême, et la communauté présentera chaque année à l'évêque conjoinctement avec M. le curé, le prêtre qui sera chargé de cette mission.

16 novembre. Divers particuliers, malgré les défenses précédentes, se sont portés et se portent journellement à détruire les chemins qui sont au midi et au couchant de la gravière près du village de St Pey d'Aaron, dit Fenouilla, en y tirant du gravier des deux côtés, au point que si cet empiétement durait davantage on détruirait totalement ces chemins qui sont des plus utiles au public, et notamment celui du couchant où passent les processions solennelles. En conséquence, de nouvelles mesures sont prises à l'égard des contrevenants.

28 décembre. Trois jurats se transporteront sur les

lieux où le débordement a fait des ravages, pour en dresser un rapport.

1767, 16 août. Sieur Mathurin Joly Blason de Sabla, ancien capitaine d'infanterie, consul élu, la communauté étant assemblée ainsi que les collecteurs et habitants des paroisses de la juridiction, a dit : 1º que les sieurs Chollet père et fils, notaires, préposés en 1761 par le sieur Barthouil du Taillac, lors intendant de S. A. Mgr le duc de Bouillon, pour continuer le Terrier de la présente juridiction commencé par feu Me Seguin, notaire, se conduisent dans leurs opérations d'une manière tellement inique vis-à-vis des tenanciers que l'humanité exige que la communauté prenne des mesures pour arrêter les progrès de leur avidité ; 2º que les sieurs Chollet, abusant de la confiance de Son Altesse et agissant contre ses intentions bienfaisantes, au lieu de continuer et de parachever le Terrier, l'ont recommencé, en ne faisant que les reconnaissances déjà consenties devant Me Seguin, qu'ils les font même les unes sans le consentement et en l'absence des tenanciers, et les autres en intimidant les censitaires par des menaces de les ruiner en frais de justice, ce qui n'arrive que trop, les sieurs Chollet exigeant de gré ou de force par des saisies et exécutions, des droits illégitimes et exhorbitants desdites reconnaissances. — La communauté, délibérant sur des abus aussi préjudiciables, a d'une commune voix arrêté qu'il sera fait de très humbles représentations à Son Altesse, pour la supplier d'arrêter de telles entreprises et de déférer les sieurs Chollet à toutes Cours où besoin sera, afin de réprimer « leurs exactions tortionnaires » ; et pour l'exécution de la présente délibération la communauté a d'une voix unanime nommé syndics sieurs André Rousset, jurat, et Alexis Joly de Sabla, ancien officier d'infanterie, auxquels elle donne plein pouvoir, avec promesse de les relever indemnes.

28 décembre. Le roi accorde des lettres de provision datées de Versailles pour l'office de gouverneur de la ville de Sainte-Bazeille en faveur de noble Guillaume de Tastes, ancien officier au régiment de Monboissier.

Dans un mémoire que sieur Nicolas Mouchet, avocat en la Cour et juge de la ville de Sainte-Bazeille, dressa pour Mgr de Dudon, procureur général au parlement de Bordeaux, sur les difficultés qui se présentaient dans l'exécution de l'édit du mois de décembre 1767 relativement à la nomination de Députés conformément à l'article 58, on lit :

« Ste-Bazeille a été gouvernée par deux consuls qui sont à la nomination du duc de Bouillon et prêtent serment devant son juge.

« Elle contient dans son enceinte 700 personnes, dans les faubourgs 400 et dans la campagne 958, soit en tout 2038.

« Il y a deux paroisses, Lagupie et le Petit-St-Martin, qui dépendent de la justice de Ste-Bazeille et qui ont 1200 personnes. Ces deux paroisses ne contribuent point au don gratuit ni au logement des troupes si elles ne sont pas casernées, mais si elles le sont, ces paroisses fournissent à l'ustensile, sauf le bois qui est à la charge de la ville. La campagne du chef-lieu contribue au don gratuit, mais pour ce qui est du logement des troupes, elle est dans le même cas que les deux paroisses.

« Dans la totalité de la paroisse de Ste-Bazeille, il y a 488 cotisés de tout âge, sexe et condition.

« Il n'y a dans la ville, paroisse et juridiction que deux personnes comprises sur le rôle de la noblesse, dont l'une est presque toujours infirme. Il n'y a pas un officier militaire de marque ou de pension. Il n'y a actuellement que deux officiers de justice, l'office de lieutenant étant vaquant.

« On ne connoit pas un commensal de la maison du roi, ni un avocat.

« Il a trois médecins et trois chirurgiens. Il y a 14 bourgeois qui forment le corps municipal, dont quelques-uns sont médecins, marchands, notaires ou chirurgiens, de telle sorte que cette classe se réduit à neuf.

« Il y a onze personnes qui font un petit commerce, les autres sont artisans, métayers, filles ou veuves.

« Ste-Bazeille doit être placée non dans la seconde classe, mais dans la dernière. »

Il est vrai que la communauté n'accepta pas ce tableau trop chargé en noir.

1768, 15 juin. Les gages du régent latin, fixés en 1737 à 300 livres, sont réduits à 150 livres, attendu la pénurie des enfants qui apprennent le latin, sans préjudice néanmoins d'augmenter lesdits gages dans la suite, s'il le faut.

Les gages du régent français restent fixés à 180 livres; ceux du sergent de ville seront de 75 livres, avec logement, et ceux du valet de ville de 90 livres, auxquels il sera donné, en outre, un habit complet tous les trois ans, un chapeau, deux paires de souliers neufs, deux ressemelages et deux paires de bas neufs à chacun par année. Les gages du garde des jettins seront de 120 livres, au moyen de quoi il sera tenu de la culture et de l'entretien des allées de la présente ville; ceux de l'horloger de 24 livres; et la communauté continuera de payer la capitation des gagistes, comme il est d'usage sauf celle du régent français.

14 août. Le veau se vendra 14 sols la livre, le mouton 12 sols à la Grande boucherie, tant que la cherté des

animaux subsistera, et la viande de la Petite boucherie se vendra 8 sols.

24 août. Il est délibéré que les maire et échevins écriront à S. A. Mgr le duc de Bouillon, pour qu'elle consente à la construction d'une maison curiale sur les fossés ou sur la place appelée du Château.

1769, 25 mai. La Jurade autorise M. le Curé à vendre ou à échanger la lampe, une chaîne et trois cœurs d'argent, pour leur substituer une lampe, une croix et un encensoir avec sa navette d'argent hâché. De plus, l'église manquant de chappe, chasuble, dalmatiques et devant d'autels de couleur noire, ces objets étant à la charge de la communauté, il est délibéré que M. le Curé fera teindre en noir deux dalmatiques jaunes qui sont dans la sacristie, ainsi qu'une robe de damas bleu qui a été donnée, qu'il achètera du damas blanc pour faire la chappe et demandera à Toulouse un devant d'autel gauffré noir.

2 juin. Les maire et échevins, faisant droit à la réquisition du procureur syndic, arrêtent que défenses seront faites à tous marchands d'étaler, vendre et débiter les jours de fête et de dimanche quelle chose que ce soit sur la place publique, sous la halle ou ailleurs, sous peine de confiscation de la marchandise et de telle amende que de droit, à la réserve de la vente des légumes, fruits et ustensiles nécessaires à la vie.

8 septembre. Il tomba le 7 septembre vers minuit (du 6 au 7) une grêle si abondante et si forte dans les paroisses de Ste-Bazeille, de Lagupie et du Petit-St-Martin, que tous les raisins, regains et autres fruits furent emportés. Le dégât fut tel qu'il ne parut nul vestige de récolte. En conséquence, MM. Noguey, premier échevin, Seguin, Capoulade et Relion, conseillers de ville, sont chargés d'aller constater les dommages.

10 septembre. Sieurs Mathurin Joly Blazon de Sabla, maire, Ignace Noguey, docteur en médecine et Jean Philippeau, échevins, représentent que Seguin, valet de ville, remplit si mal ses fonctions qu'il doit être chassé. Le nommé Ragot, tombé en démence, outrageait le public et fut mis en prison par diverses fois. Il est sorti en pratiquant des trous et démolissant les murs qui ont trente pouces d'épaisseur, ce qui n'a pu se faire que du consentement dudit Seguin, qui a dû lui fournir des outils. Ledit Seguin a dit hautement, d'ailleurs, que si ledit Ragot restait dans la prison, il ne voulait plus être sergent de ville, propos répété aussi par sa femme. Ce qui prouve encore sa complicité dans cette évasion, c'est qu'il n'a pas averti les magistrats du travail de Ragot ni de son évasion. Ceux-ci ne l'ont apprise que par le menu peuple qui en a fait des risées. — L'assemblée arrête que Seguin sera chassé, cassé aux gages et dépouillé de la livrée de ville, et le mur réparé aux dépens de la communauté.

29 septembre. Il est délibéré, sur la réquisition de M. Rousset, procureur syndic, qu'il sera pris incessamment des moyens par la communauté pour arrêter divers ouvrages qui tendent à la perte du port. En effet, les gens d'affaire de M. de Camiran, conseiller au Parlement de Bordeaux et M. Vilotte, avocat audit Parlement, font depuis bien du temps des entreprises dans leurs possessions bordant l'entrée du canal qui procure à la ville les avantages d'un port. Ce genre de travail devient de jour en jour préjudiciable à la ville et aux habitants qui seront privés de ce qu'ils ont de plus cher. Il sera convoqué pour le 8 octobre une assemblée générale des personnes notables de cette juridiction et de celles de Castelnau, Caubon, Lévignac, Taillecavat et Duras qui sont intéressés à la conservation du port, afin d'aviser aux mesures à prendre.

8 octobre. Cette assemblée générale composée du corps de ville de Ste-Bazeille et de deux habitants des lieux susnommés, décide que M. de Brezets, avocat, sera consulté et que M. Rousset, procureur syndic et M. Desqueyroux, son adjoint, écriront à MM. de Blanc, Camiran, conseillers au Parlement, Courrèges et Villote, avocats, pour leur proposer l'intention de la Jurade et savoir s'ils ne voudraient faire couper dans leurs possessions, afin de donner un libre cours au passage des eaux et par là procurer le rétablissement du port ardemment demandé par tous les habitants.

23 novembre. M. de Brezets répond qu'il faut d'abord lever un plan de la situation des lieux et de la largeur du canal. La Jurade autorise MM. Rousset et Desqueyroux : 1° à demander un plan et à le rapporter à l'Assemblée pour sa vérification, 2° à faire tous actes conservatoires et oppositions contre toute œuvre nouvelle, plantations, appositions de nasses ou autres entreprises qu'on pourrait élever le long du canal depuis son ouverture du côté de Couthures jusque vis-à-vis le port de Ste-Bazeille.

8 décembre. Les cabaretiers de la ville, prétextant que la grêle a laissé peu de vin, disent qu'il n'a pas la qualité requise et demandent à en acheter au dehors. Les maire et échevins, faisant droit au réquisitoire du procureur syndic, ordonnent que ceux qui auront du bon vin rouge vieux ou nouveau à vendre, seront tenus de venir le déclarer au greffe dans le délai de quinze jours et défendent aux cabaretiers d'en acheter ailleurs, sous peine de confiscation et d'amende.

20 décembre. A la requête du procureur syndic rappelant les arrêts de 1718 et 1724 relatifs à la police des villes et bourgs et les ordonnances de François Ier d'août 1536 et arrêts du parlement du 2 janvier 1672, les maire et échevins interdisent aux cabaretiers de recevoir aucun

consommateur les jours de fête et de dimanche pendant l'office divin, à l'exception des étrangers, sous peine de 58 livres d'amende, tant contre les uns que contre les autres. Il est également interdit de recevoir personne au cabaret après 8 heures du soir en hiver et 10 heures en été, sous les mêmes peines.

30 décembre. On payera le plan du canal à M. Laguette, ingénieur des Ponts et Chaussées de la province, soit 160 livres pour le plan, 10 livres pour l'adjoint qu'il mena avec lui et 27 livres pour la dépense qu'ils prirent chez le sieur Desportes.

1770, 12 janvier. La communauté fera réparer à ses frais le mur du nord de la chapelle de Neuffons qui menace d'une ruine prochaine.

Mme veuve Goyneau, régente des filles, aux gages de 52 livres, se trouvant atteinte d'une paralysie, est remplacée par Mme Jeanne Lanauze, femme du sieur Desportes, marchand, aux mêmes gages. Ses élèves lui donneront, en outre, celles qui commencent à lire 6 sols par mois, celles qui écrivent 10 sols, et celles qui sont à l'arithmétique 12 sols.

21 mars. Le fermier de la Grande boucherie exposera au pilier de la halle les animaux destinés à la consommation et pourra vendre à la livre tête, pieds, langue et entrailles, le veau à 12 sols, le mouton et le bœuf suivant la taxe, l'agneau à l'œil jusqu'à la Saint-Jean et 12 sols ensuite. Il sera tenu à ne garder aucune brebis dans son troupeau, par conséquent, à n'en tuer ni débiter, sous peine de confiscation et d'amende arbitraire ; il sera de même tenu à porter sous la halle tous les veaux et moutons en entier pour y être dépécés et vendus, et à porter, le samedi pendant l'hiver, de la viande à son banc, à en avoir les vendredis et samedis et jours de Vigile pour les malades,

à tuer des bœufs de quinze en quinze jours, depuis la Toussaint au Carnaval. Il ne pourra s'associer ni directement ni indirectement avec le fermier de la Petite boucherie.

La liberté demeure réservée aux habitants de tuer, vendre et débiter des cochons, en payant au fermier 5 sols par tête.

Le fermier de la Petite boucherie attachera également au pilier les bêtes qu'il devra abattre, ne pourra vendre à la livre tête, pieds, langue et entrailles, entretiendra son banc de bonne viande de vache, brebis et chèvre, mais sous peine de confiscation et d'amende arbitraire si la viande est défectueuse. Il lui est interdit de garder aucun mouton dans son troupeau, sous les mêmes peines.

1er avril. Représentent les maire et échevins que M. Laguette, sous-ingénieur des ponts-et-chaussées, leur a envoyé un plan et un devis d'une maison curiale selon l'ordonnance de Mgr l'Intendant, du 14 juillet 1768. Il est porté par l'article 7 de ladite ordonnance que le logement convenable d'un presbytère comprend trois chambres et une chambre de plus, si le curé a un vicaire ; que dans ce logement ne seront compris greniers, caves, granges, cuviers, écuries, à moins que pour ce dernier objet l'étendue de la paroisse ne soit assez considérable pour obliger le curé à entretenir un cheval, ce qui doit être dûment constaté dans la délibération des habitants. Et par l'art. 8, il est dit que pour mettre Mgr l'Intendant en mesure de décider si cette écurie est absolument nécessaire, l'article de la délibération qui en fera mention, doit contenir la mesure de l'étendue de la paroisse en circonférence, longueur et largeur et donner la distance du presbytère aux maisons les plus éloignées. C'est sur ces objets qu'ils prient l'assemblée de délibérer, et d'autant encore que par la même instruction il est porté en l'art. 14, que les habitants déclareront s'ils entendent s'assujettir à faire gratuitement eux-mêmes sous forme de corvées le transport des matériaux et déblais, le remuement des terres et autres travaux de même nature, pour diminuer le prix de l'adjudication. Et comme dans la paroisse il y a 160 paires de bestiaux bons à la charrue, lesdits maire et échevins demandent à l'Assemblée s'il ne conviendrait pas d'obtenir de Mgr l'Intendant la faculté de faire gratis 480 charrois, soit 3 charrois par chaque paire de bestiaux pour le transport des matériaux, le gravier nécessaire étant à pied-d'œuvre et se trouvant en creusant les fondements ; le sable n'est pas loin, et le tireur de pierre de Maubin doit rendre sur le chantier les quartiers à raison de 12 sols chacun. Au moyen de ladite corvée, le prix de l'adjudication diminuerait d'au moins 720 livres, attendu que par l'art. 27 de ladite instruction, il est dit que, pour mettre Sa Grandeur en état de juger si le montant de l'adjudication devra être imposé en une ou plusieurs années, on aura soin de marquer la partie des fonds qui n'est point assujettie à la taille en pays de taille réelle ; et comme il ne s'en trouve point de cette espèce dans cette juridiction, Sa Grandeur sera très humblement suppliée de permettre à la communauté de faire la construction aux dépens des deniers communs, après l'adjudication.

Il est délibéré qu'il en sera ainsi sur tous les points et qu'il sera exposé à Sa Grandeur que cette paroisse a quatre lieues de tour, des maisons éloignées d'une lieue et 1800 communiants et que, par conséquent, la chambre marquée pour un vicaire et l'écurie pour un cheval, sont de toute nécessité.

4 juin. La communauté présente à Mgr l'Intendant l'état suivant de ses revenus et dépenses :

Revenus :

	liv.	sols	den.
« Municipaux ou octrois imposés sur le Rolle de la taille suivant une ordonnance de M. de Pellot en l'an 1666	676	»	»
Boucheries	800	»	»
Revenus de 45 journaux de jettins : aubarèdes et terres labourables :			
Aubarèdes	450	»	»
Terres labourables.	400	»	»
TOTAL.	2326	»	»

Dépenses :

Secrétaire greffier.	200	»	»
Sindic receveur.	100	»	»
Régent du latin	150	»	»
Régent du français	180	»	»
Régente	52	»	»
Valet de ville qui est logé	75	»	»
Valet de ville qui n'est pas logé . . .	90	»	»
Celui qui a soin de monter les poids de l'horloge	24	»	»
Garde des jettins	120	»	»
Prédicateur de l'Avent et du Carême . . .	150	»	»
TOTAL.	1141	»	»

Autres dépenses annuelles :

4 paires de souliers, 4 ressemelages et 4 paires de bas pour les valets de ville	30	»	»

	liv.	sols	den.
Pour la rente du bien de la communauté . .	13	17	4
Pour la taille dudit bien	76	»	»
Pour le loyer de la maison de M. le curé. .	50	»	»
Pour un *obit*	5	»	»
La communauté est dans l'usage de payer aux collecteurs la taille pour 9 journaux tombés en non-valeur qui se sont montés pour l'année 1770	15	6	»
Pour le vingtiesme des foires et marchés . .	32	11	»
Pour du pain qu'on distribue aux pauvres à une procession, suivant l'ancien usage .	30	»	»
Pour un bateau qui porte la procession sur l'eau le jour de l'Ascension.	9	»	»
Pour le voyage de Condom pour faire vérifier les Rolles de la taille, pour droit d'enregistrement des baux-à-ferme et recollement du tableau	45	»	»
Pour le port des lettres ou paquets que la communauté reçoit ou affranchit . . .	12	»	»
Pour le papier marqué pour les livres de ville et autres pour l'usage de la communauté	12	»	»
Pour la vérification des Rolles de la capitation	6	»	»
Pour le port des deniers royaux en la ville de Bordeaux, suivant l'usage	50	»	»
Pour la cire pour les officiers municipaux les jours du *Corpus Christi*, St Jean B^{te}, Noël, etc.	16	»	»
Elle donne aussi par an aux paroisses de Lagupie et du Petit-St-Martin pour leur portion des patrimoniaux pour subvenir aux besoins de leur paroisse et notamment au loyer de la maison de leur curé . .	120	»	»

Pour l'entretien de l'horloge, cordes et autres choses	liv. sols den. 30 » »
Il est d'usage que lorsqu'on procède à la repartition des cotes de la capitation, il en coûte à la communauté	24 » »
Pour l'entretien de la halle, maison de ville et prison	20 » »
Pour l'entretien des fontaines	40 » »
Pour l'entretien des ponts	20 » »
Pour l'entretien des bois qui soutiennent les cloches et des planchers dans le clocher	60 » »
Pour l'entretien du pavé, des places publiques	10. » »
Pour l'entretien de la maison appelée l'Hôpital, qu'occupe le régent françois . . .	20 » »
TOTAL.	813 4 4

Dépenses qui se font tous les 3 ans :

« On fournit aux valets de ville un habit complet et un chapeau bordé en argent 200 » »

Autres dépenses qui arrivent par temps :

« Lorsque la chaîne des forçats passe, on fournit et on paye des hommes pour tirer la corde jusqu'à Marmande. . . . . 24 » »

Lors des changements des seigneurs Evêques et qu'ils font leur tournée, il est d'usage que la communauté fournit la garniture d'un dais à l'entrée de la paroisse pour l'accueillir . . . . 40 » »

Quand des trouppes viennent hiverner ou en quartier, ce qui est arrivé 5 fois en 15 ans, on est obligé, si c'est de la cavalerie, de fournir des écuries et des maisons pour

	liv. sols den.
des casernes ; si c'est de l'infanterie, on les caserne seulement, et la communauté paye le loyer de ces maisons suivant les ordonnances pour les soldats et la chandelle pour le corps de garde ; on estime que ces 5 fois il en a coûté 3000 livres, soit par an	200 » »
Lorsque Nosseigneurs gouverneurs, commandants des provinces et intendants viennent prendre possession de leur gouvernement, la communauté est obligée de faire une députation pour leur faire la révérence et leur marquer son obéissance, le voyage coûte	60 » »
Pour les robes consulaires qu'on achète tous les 30 ans qui coûtent 600 francs, soit par an	20 » »
Il est aussi à observer qu'en temps de guerre, mariages et naissances de nos princes et princesses, on reçoit des ordres pour faire des feux de joie et réjouissances publiques dont on ne peut apprécier la dépense ; mais en 1728, lors de la naissance de Mgr le Dauphin, il en coûta.	500 ». »

Autres dépenses qu'on ne peut prévoir qui peuvent arriver :

« Il fut payé à un avocat l'année 1769 pour deux différentes requêtes	13 16 »
A M. le Curé il fut payé le 18 août 1769, suivant une délibération de MM. les notables pour avances qu'il avoit faites pour l'achat d'un ornement complet en	

	liv.	sols	den.
noir pour l'Eglise, la fabrique n'ayant pas de revenu	151	1	»
Pour avoir fait ou chaussé les pioches pour tirer la grave pour le grand chemin royal	20	1	»
Pour une procédure en police pour prouver la démence de Ragot	12	»	»
En 1769 pour l'achat de 12 chaises et réparation d'autres de l'hôtel de ville. . . .	21	»	»
La demoiselle Cazenove s'étant adressée à la cour de l'élection de Condom concernant son art. de taille, on fut obligé pour répondre à sa requête de s'adresser à un avocat, à qui il fut payé.	10	16	»

1771, 15 mars. La taxe de la viande est pour la Grande Boucherie : le veau jusqu'à la St-Jean 13 sols la livre, le mouton 12 sols ; depuis la St-Jean, le veau 12 sols, le mouton 11 sols ; et pour la Petite Boucherie : la vache et la brebis 8 sols.

30 décembre. Demoiselle Catherine Piraube est nommée régente des filles à raison de 100 livres par an, à la place de demoiselle Lanauze, décédée. Les élèves commençantes lui donneront 6 sols par mois, celles qui écrivent 10 sols, et celles qui feront de l'arithmétique 12 sols.

1772, 12 juillet. Demoiselle Marie Vidal, femme du sieur Blondet, maître perruquier de cette ville, remplace, à la régence des filles, demoiselle Catherine Piraube, démissionnaire.

1773, 28 mars. Il est délibéré que l'ancien port sera rétabli dans le lieu appelé *le port de Desqueyroux* ou dans le lieu appelé *La Garrossy*, ou bien même au-dessous de ce dernier ou au-dessus du premier.

L'aggrégation des prud'hommes est fixée à seize, au nombre desquels sont sieurs Joly de Sabla, Noguey, médecin, Philippeau, avocat, Clerc et Mouchet, médecins.

23 mai. Les sieurs Sabla, Joly de Blazon, abbé Sabla, Goyneau des Barris, Noguey, médecin, Mouchet, médecin, Mouchet jeune, Philippeau, Chaubin, Rapin-Lanauze, Clerc, Lançon, Claris fils et Marque, laboureur, sont nommés commissaires pour composer le bureau qui pourvoiera à la nourriture et subsistance des pauvres conjoinctement avec les sieurs curés et les officiers de justice et de police. Dans ce bureau seront traités et réglés tous les moyens qui tendent au bien et soulagement des pauvres. 1° Les commissaires demeurent chargés de faire l'état des pauvres ; 2° il sera donné à chaque pauvre une livre et demi de pain par jour, et si c'est un enfant, une livre, sauf au bureau d'augmenter ou de diminuer l'aumône, selon la prudence ; 3° le bureau demeure également chargé d'établir la taxe des seigneurs du lieu et des fiefs, des décimateurs, des taillables et généralement de tous ceux qui ont ou perçoivent des revenus, à proportion de leurs facultés ; 4° M. le Curé demeure prié et accepte de faire la recette des taxes qui seront fixées et arrêtées par le bureau ; 5° il nommera d'office un greffier, s'il en est besoin ; 6° il sera battu *un ban* pour faire inhibitions et défenses aux pauvres de vaguer et demander l'aumône, et 7°, il est ordonné aux indigents étrangers de se retirer dans leur paroisse.

28 mai. Il sera distribué aux pauvres chaque semaine 915 livres de pain. La taxe fixée s'élève à la somme de 1430 livres 10 sols à prélever sur les contribuables. Et comme il y a beaucoup de pauvres honteux, MM. le Curé, l'Abbé de Sabla, Noguey et Mouchet, médecins, demeurent priés de faire telles distributions que leur prudence et

les besoins de ces familles ont droit d'attendre de la charité, en observant tout le secret qu'exige une si délicate fonction.

1775, 30 avril. Les gages de M⁰ Blanchet, régent latin, sont élevés de 150 à 300 livres.

1777, 2 novembre. Sieur Jean Guichard, marchand de farines en détail, de la ville de Bordeaux, ayant légué par son testament du 3 juillet 1757 la somme de 1300 livres à 13 filles des plus pauvres, natives et habitantes de Sainte-Bazeille, au moment de leur mariage, à raison de 100 livres chacune, MM. le curé, le maire, le juge et les consuls désignent celles qui auront part à cette faveur.

1778, 13 mai. M⁰ Blanchet, régent latin, refusant de quitter sa maison « située dans une position indécente », pour aller habiter celle que la communauté lui présente, demeure cassé aux gages.

19 juillet. « Par devant nous, notaire royal à la ville de Marmande en Agenois, soussigné, en presence des témoins bas nommés, fut presente haute et puissante demoiselle mademoiselle Angélique de La Peyre, seigneuresse de la maison noble de la Lanne et fiefs en dependants, etc., demeurante dans son château dudit la Lanne, paroisse de Sᵗᵉ-Bazeille en Albret, agissante au nom et en vertu du pouvoir verbal qu'elle a de haute et puissante dame madame Angélique Gabrielle Joumard des Achards de la Brangelic, veuve de haut et puissant seigneur François de Galard, comte de Béarn, Brassac, seigneur haut justicier de la Mothe Landeron et autres lieux, agissante aussi pour Mʳᵉ Pierre Louis François Alexandre de Galard, chevalier de Béarn, fils à la dite dame, chevalier de Malthe, gentilhomme d'honneur de Monsieur, frère du Roi, demeurants à Paris, au Luxembourg, paroisse Sᵗ-Sulpice,

et à laquelle dite dame comtesse de Béarn, de même qu'à mondit seigneur le chevalier, son fils, ladite demoiselle comparante promet faire approuver et ratifier ces presentes...

« La dite d^{lle} de La Peyre baille par cet acte à Jean Desqueyroux, marchand, fils d'autre Jean, aîné, et encore à autre Jean Desqueyroux, fils de feu encore autre Jean, les deux premiers cousins germains, demeurants dans les fauxbourgs et ville de Ste-Bazeille...... le droit et privilège de tenir et avoir des bateaux pontés et non pontés, au port de Ste-Bazeille, pour charger et faire transporter les personnes, denrées et marchandises qui se présenteront au-devant ledit port, pour être portés et rendus au-devant le port et havre de la ville de Bordeaux et autres ports...

« De tout quoy les parties nous ont requis acte, concédé, fait et passé au château dudit La Lanne, susdite paroisse de Ste-Bazeille, l'an 1778 et le 19e du mois de juillet, avant midi, en présence de Mr Me Antoine Mouchet, d^r en médecine, demeurant dans la ville dudit Ste-Bazeille, et Pierre Massu, cuisinier de ladite d^{lle} de La Peyre, demeurant audit La Lanne, qui ont signé avec ladite d^{lle} de La Peyre... » (*Arch. hist. de la Gir.* XXVI, 65-69. Bail à ferme du privilège de la poste à eau de la Garonne depuis Sainte-Bazeille jusqu'à Bordeaux).

1779, 19 décembre. Me Douet, régent français, et d^{lle} Marie Vidal, régente des filles, négligeant l'éducation de la jeunesse, sont cassés aux gages.

1780, 19 janvier. Me Pierre Larroche, habitant de la ville de Monségur, est nommé régent latin aux gages de 300 livres.

23 juillet. Me Antoine Rabier, natif du Petit-St-Martin, est nommé régent français aux gages de 200 livres.

8 août. Le plancher du clocher et le plafond de l'église

de la ville et la chapelle de Neuffons seront réparés aux dépens de la communauté.

9 novembre. La communauté, mécontente du sieur Larroche, régent latin, lui retire ses fonctions et charge le sieur Capoulade, secrétaire greffier, d'écrire à MM. Labotière frères, à Bordeaux, pour qu'ils aient la bonté de faire mettre sur les affiches que la régence du latin est vacante à Ste-Bazeille et que si quelque sujet capable désire occuper cette place, il peut se présenter à MM. les officiers municipaux de cette dernière ville, qui lui feront d'assez bonnes conditions pour pouvoir vivre honnêtement.

1781, 19 mars. Mr Jean Courtade, maître-es-arts en l'Université de Bordeaux, natif de Bernat-de-Bat, au diocèse de Tarbes, est reçu pour la régence du latin aux gages de 500 livres. Les écoliers de la paroisse et juridiction lui donneront en plus 30 sols par mois, et ceux des autres paroisses 3 livres. Ledit sieur régent se logera et donnera de vacances un jour par semaine et du 15 septembre à la Toussaint.

25 mars. L'Evêque de Bazas refusant son approbation audit sieur Courtade jusqu'à ce qu'il ait porté à Sa Grandeur une lettre du curé de Ste-Bazeille, la communauté délibère que le sieur Capoulade ira prier M. le curé de vouloir signer la délibération qui nomme le sieur Courtade pour régent latin.

15 novembre. Pour célébrer la naissance de Mgr le Dauphin on a chanté le *Te Deum*, allumé un feu de joie autour duquel 120 hommes ont tiré des coups de fusils, et illuminé les maisons et les édifices publics. De plus, il y aura mercredi dans l'hôtel de ville un grand banquet à 5 francs par tête, où sont invités les bourgeois, les fils de bourgeois et les principaux habitants. Une colla-

tion et un bal seront donnés le dimanche suivant aux dames et demoiselles qui seront invitées par billet. Trois tambours et trois fiffres joueront à cette fête, et 8 quintaux de pain et une barrique de vin seront distribués aux pauvres sous la halle.

1782, 14 juillet. Les gages du sieur Courtade qui a manqué d'exactitude, sont diminués de 100 livres. Les enfants ne paieront plus que 20 sols par mois. La classe durera 3 heures le matin et 3 heures le soir. Les vacances iront du 7 septembre au lendemain de la Toussaint.

10 novembre. Me Jacques Martin Duthil, de Carcassonne, est nommé régent latin à la place du sieur Courtade et aux mêmes conditions.

1784, 5 mai. La Jurade fournit, comme par le passé, le pain des pauvres et le bateau pour la procession sur l'eau du jour de l'Ascension.

17 septembre. Sieurs Deymier, consul, Joseph Goyneau procureur syndic, Michel Chaubin, jurat et Nicolas Mouchet, syndic de la paroisse de Lagupie, commis pour reconnaître les graviers et alluvions qui se sont formés sur la rivière de Garonne, disent devant l'Assemblée : « Nous nous sommes transportés au-dessous de la ville, au lieu appelé le port de Desqueyroux, où nous avons fait les observations suivantes :

1° Avons remarqué qu'autrefois la rivière de Garonne se divisoit en deux branches au-dessus de la ville dont l'une arrosoit ses murs et formoit son port appelé Desqueyroux, lequel étoit aussi utile par sa proximité que commode par la situation naturelle du terrain et où les bateaux et les marchandises étoient en sûreté et à l'abri des vents et des orages ; 2° que cette branche de rivière qui est totalement encombrée sans espérance d'y voir rétablir cet ancien port, présente un terrain sablonneux, susceptible de production auquel on a donné le nom de *Sablier*. 3° Dans la partie centrale dudit Sablier avons remarqué sur le ruisseau du moulin de la ville un ponteau que la communauté, toujours attentive au bien public et au progrès du commerce, secondée des bontés de M. Dupré de St Maur, intendant de cette Généralité, vient de faire bâtir par la voie d'un atelier de charité. 4° Avons remarqué que la communauté a déjà fait tracer sur le sablier deux chemins, dont l'un, dans la partie inférieure va aboutir à la Garonne et y doit former un port commode et utile au commerce de ses habitants et au débouché des productions de son territoire et de celui de plusieurs paroisses voisines qui viennent aboutir de trois lieues à la ronde. Le second chemin, qui est marqué dans la partie supérieure du Sablier va également joindre dans la partie supérieure la Garonne où il procurera au public, non seulement un second port nécessaire, mais encore une communication très avantageuse avec le port et bourg de Couthures, pour le commerce de la Lande, dont nous étions privés, n'ayant point de chemin de communication, du moins praticable ; 5° Que ledit ruisseau depuis le ponteau jusqu'aux possessions des héritiers du sieur Dezets, a une largeur convenable et qu'au moyen de quelques réparations elle seroit suffisante à lui faire porter de petits bateaux en l'eau haute jusques au ponteau ou port de Desqueyroux qui viendroient par ce moyen charger ou déposer les marchandises sous les murs de la ville, ce qui présente un avantage d'utilité et d'économie publique. 6° Nous avons remonté du côté de la Garonne le long de l'île de Bournan sur un gravier atterri ; nous avons trouvé que les propriétaires de l'île se proposoient de planter ledit gravier, d'où il résulteroit un préjudice considérable pour notre navigation, en ce que ce gravier, ainsi planté, seroit susceptible de s'accroître très considérablement dans la partie inférieure et par là, il nous éloigneroit de plus en plus la Garonne de nos murs et insensiblement le port que la communauté se propose d'établir pour la commodité et utilité publique, seroit couvert par cette île de Bournan. Il s'est formé dans la rivière de Garonne au-devant de la ville et sous les murs trois graviers : le premier étoit, il y a environ douze ans une branche de la rivière de Garonne qui formoit sous les murs de la ville à côté d'un rocher sur lequel elle est bâtie, un port de Desqueyroux où les bateaux et les marchandises étoient à l'abri des vents et des orages. La position avantageuse de ce port avoit fait de Sainte-Bazeille l'entrepôt de plusieurs paroisses qui venoient y embarquer les productions de leur territoire, de trois lieues à la ronde. Le second et le troisième gravier sont en perspective l'un de l'autre au couchant de l'île Bournan. »

5 décembre. Il est délibéré qu'afin de prévenir la perte des lettres qui sont adressées à la communauté et aux habitants, il sera fait deux boîtes fermant à clef pour y mettre les correspondances allant au courrier ou en venant ; qu'une des boîtes avec la clef sera déposée dans les mains du directeur du bureau des postes de Marmande qui sera prié de mettre dans ladite boîte toutes les lettres du district, sauf les lettres de ceux qui voudront les faire retirer par exprès ; que la clef de ladite boîte restera toujours aux mains dudit sieur Directeur, et que la boîte contenant lesdites lettres sera remise fermée à clef à la personne choisie par la communauté pour aller retirer ladite boîte ; que cette dite boîte sera remise chaque jour de courrier et aussitôt après l'arrivée du messager, chez le sieur Rabier, régent français,

commis pour la recevoir, l'ouvrir, enregistrer les lettres et soudain les faire distribuer à leur adresse ; qu'il sera pareillement fait un tronc dans un lieu sûr du sieur Rabier, où sera placée la seconde boîte qui sera également fermée à clef et servira à recevoir les lettres que les habitants voudront faire porter au bureau de Marmande, lesquelles le sieur Rabier sera tenu d'enregistrer et d'envoyer chaque jour de courrier audit bureau dans ladite boîte fermée dont il retiendra la clef, attendu qu'il y aura encore une autre clef dans les mains du Directeur. Le sieur Rabier recevra, à titre de dédommagement, 48 livres par an, des deniers de la communauté, plus 12 livres pour aller tous les lundis et autres jours au courrier allant et venant, et porter les papiers des registres qui seront paraphés et numérotés par un officier municipal. Ont signé : Mouchet, 1er consul, Deymier consul, Joly de Blazon, de Bentzmann, Edouard Noguey, Merlande, Chaubin, Baudichon, Rabier, Goyneau, procureur-syndic, Mouchet, syndic de Lagupie, Capoulade, secrétaire greffier.

1785, 23 janvier. Pour le plus grand avantage du public, le messager qui ira chercher les lettres au bureau de Marmande sera obligé de s'y rendre tous les jours de courrier, c'est-à-dire le mardi, le vendredi et le samedi au matin, pour arriver à Sainte-Bazeille, au lieu où se tiendra le bureau, à 9 heures en été et à 10 heures en hiver. Il sera également tenu de partir de Sainte-Bazeille le lundi à 10 heures du matin et le jeudi à 11 heures, pour porter avec exactitude la boîte aux lettres. La communauté a nommé à cette charge Anne Martin, dite *La Cardine*, qui a accepté et promis d'observer tous les règlements de sa commission.

3 avril. La Fabrique se trouvant sans ressources, il sera remis à M. l'archiprêtre, curé de Sainte-Bazeille, l'ancienne

garniture du dais et la somme de 150 livres pour l'achat d'une nouvelle garniture. Les officiers municipaux sont chargés d'acquérir les montants en bois conformes à la garniture.

20 avril. Après lecture de la lettre du comte de Fumel, datée du 16 et annonçant la naissance d'un second prince, l'Assemblée arrête que les officiers municipaux s'entendront avec M. l'Archiprêtre pour le *Te Deum* ; que, la veille, il sera battu de la caisse et joué du fiffre, que le lendemain le peuple sera mis sous les armes et assistera au *Te Deum*; qu'il sera fait un feu de joie auquel assisteront les officiers municipaux et le corps de ville ; que ledit feu sera allumé sur la place où est le ponteau du ruisseau dit *de la ville* ; que ladite place et ledit ponteau seront appelés *la place et le pont du duc de Normandie*, en l'honneur du prince dont la naissance est la cause de la joie publique ; qu'il sera donné à chacun des habitants placés sous les armes un quart de poudre pour tirer et 20 sols pour boire à la santé de l'enfant royal ; que chacun des officiers municipaux aura, selon l'usage, une torche de cire fine et une paire de gants blancs, ainsi que chacun des membres du corps de ville ; que pour témoigner d'une plus grande allégresse il sera donné un « ambigu » à la communauté et que tout sera fait de ses deniers.

Même jour. La communauté considérant qu'il n'y a point d'objet plus utile que la communication d'une ville aux rivières navigables, que, depuis l'ensablement du bras de rivière qui baignait les murs de cette ville et formait son port, la communauté a déjà fait des dépenses très considérables pour procurer à cette juridiction et à plusieurs paroisses voisines l'avantage d'un nouveau port, que pour cet objet elle a fait bâtir un pont sur le ruisseau appelé du moulin de la ville et commencer un chemin qui part de la porte des Barris jusqu'au dit ponteau, chemin qui se divisera en deux branches dont une se portant dans la partie inférieure dudit canal à sec, doit aboutir à la Garonne où il formera le nouveau port, et l'autre branche ira vers la partie supérieure dudit canal à sec pour communiquer au port de Couthures et favoriser le commerce de la Lande.

La communauté offre en conséquence pour ces travaux la somme de 600 livres, espérant que Nosseigneurs les commissaires départis voudront bien prendre ces dépenses en considération et fournir aux frais de l'achèvement.

15 avril. Jean Baptiste Joly de Blazon de Sabla, vivant noblement et habitant de cette ville, prête serment par devant Me Jean Courrèges, conseiller du roi, juge royal de Meilhan, de l'office de maire de Ste-Bazeille dont il a été pourvu par Sa Majesté et qui est vacant depuis le décès de sieur Nicolas Clerc.

1er mai. La procession sur l'eau le jour de l'Ascension se fera selon l'ancien usage aux frais de la communauté.

8 juin. Les sieurs Mouchet et Deymier donnent leur démission de la charge de premier et second consul.

Il est délibéré que pour l'avantage de la communauté, celle-ci réunira et rachètera à son profit tous les offices du corps municipal; que pour cet effet elle offrira la somme de 6000 livres demandée par Mgr le Contrôleur général, ainsi qu'il fut écrit par M. Colombet, subdélégué, le 4 avril 1784; que Mgr le Contrôleur général sera supplié d'autoriser la communauté à réduire le nombre de ses officiers à deux consuls et un procureur syndic et qu'elle nommera seule les consuls, qui seront changés chaque année, ainsi qu'il était d'usage, avant l'édit de création des charges municipales de l'année 1733.

9 octobre. La communauté procède à l'installation par devant le maire, des sieurs Michel Chaubin, avocat en la cour et Jean Baudichon, nommés premier et second consul par brevet de Sa Majesté du 9 septembre dernier.

30 octobre. Malgré tous les règlements de police, il est arrivé plusieurs fois que des jeunes gens sortant des auberges et cabarets, lieux de débauche, à des heures indues, la tête échauffée par le vin, ne font que courir dans la ville et les faubourgs et s'y livrent à toute espèce de désordres, la Jurade, à la requête du procureur syndic, renouvelle les défenses faites aux aubergistes et cabaretiers de ne recevoir personne chez eux, hormis les étrangers, pendant l'office divin, et après 9 heures du soir en hiver et 10 heures en été, à peine de 50 livres d'amende pour la première fois contre lesdits aubergistes et cabaretiers, et de 20 livres contre ceux qui seront trouvés dans leurs établissements, et à peine de la prison et d'amende double en cas de récidive.

1786, 10 janvier. Il est interdit de laisser vaguer par les rues les cochons, les oies et les canards qui prennent le pain à la main des enfants et qui pourraient leur faire du mal, à peine d'amende et de confiscation de ces animaux.

20 janvier. La Jurade porte plainte par devant Mgr l'Intendant contre sieurs Jean Mouchet, négociant et troisième consul, Antoine Mouchet, ancien premier consul, Guillaume Deymier Madaillan, ancien deuxième consul, Guillaume Deymier, Edouard Noguey, Jean Capoulade, de Bentzmann, jurats, Nicolas Mouchet, syndic de la paroisse de Lagupie et Uteau, syndic de la paroisse du Petit-St-Martin, pour les obliger à se rendre aux assemblées de la communauté dont ils se sont absentés depuis le 14 septembre 1785.

9 juin. Les officiers municipaux répondent à M. de La Faurenque qu'attendu que les revenus d'octroi sont ceux qui se perçoivent sur les vins et autres denrées et marchandises de consommation, la ville de Ste-Bazeille n'a jamais joui de semblables revenus.

1788, 2 janvier. Les sieurs Baudichon, consul et Merlande, jurat, s'adjoindront les sieurs Jean Marque, laboureur et Jean Claris, artisan, pour aller constater les dégats occasionnés par le débordement dans toute la basse-rivière, et voudront bien aussi se transporter sur la haute plaine pour y reconnaître les dommages causés par les pluies continuelles qui ont couvert de flaques d'eau la plupart des terres et contrarié les semailles.

Il y eut deux débordements, le premier à la fin de décembre 1787 et le second en janvier 1788. Les deux tiers de la récolte furent perdus dans la basse-rivière et un quart dans la haute plaine.

31 mars. Il sera adressé à Mgr l'Intendant une requête pour le supplier qu'en considération de cette calamité publique, il veuille bien retirer son ordonnance frappant sur la paroisse une imposition pour refaire le carrelage et le recrepissage de l'Eglise de Notre-Dame de cette ville, et renvoyer à la communauté l'acte d'adjudication qui avait été faite de ces travaux par devant M. Colombet de la Faurenque.

1er avril. Il n'est pas un seul propriétaire imposé sur le rôle de la capitation, qui ne le soit à raison de 12 à 15 sols par journal. Les jurats demandent qu'à cause de son immense fortune, le sieur Mouchet soit imposé pour 120 livres, car il possède dans trois paroisses 234 journaux de fonds et un moulin à eau.

27 avril. L'assemblée vote 18 livres pour le pain et le

bateau de la procession dite de Castelneau qui se fera sur l'eau, selon l'ancienne coutume, le jour de l'Ascension.

8 mai. Mgr François Claude Michel Benoit Le Camus, chevalier, seigneur châtelain et patron de Neville, etc., intendant en la Généralité de Guyenne, ordonne que la somme de 1030 livres sera payée sur les deniers de la communauté à l'adjudicataire des travaux de carrelage et recrepissage de l'Eglise de Notre-Dame de Ste-Bazeille.

7 juillet. *Le Livre de la Jurade* renferme l'extrait suivant du Registre du Conseil d'Etat, du 7 mars 1786 :

« L'île de Bournan contient 49 arpents 3 perches 143 pieds ou 65 journaux bazadois, 14 lates, 15 escats. Elle est bornée au couchant par le lit de la Garonne et entourée dans toutes ses autres parties par un bras du même fleuve actuellement à sec, sur lequel bras ou canal la ville de Ste-Bazeille avoit autrefois un port qui est aujourd'hui comblé. Il s'est formé dans cette partie de la Garonne, trois graviers blancs. Ladite île de Bournan est aujourd'hui couverte de saules et possédée par M. Le Blanc de Mauvezin et M. Mc Courrèges, avocat au parlement de Bordeaux. »

Le roi en son conseil a ordonné et ordonne que les accroissements survenus à l'ancien canal actuellement à sec au delà du ruisseau du moulin seront et demeureront réunis au domaine de la couronne, et fait Sa Majesté la concession aux habitants de la communauté de Ste-Bazeille dudit canal et desdits accroissements par eux en jouir à titre d'accroissement et de propriété incommutable, à la charge 1° de faire construire un port, qui aboutira auxdits graviers, et des chemins pour y conduire ; 2° de payer au domaine de Sa Majesté une redevance annuelle et perpétuelle de 5 livres de blé par journal payables en argent à raison de 1 sol 6 deniers la livre pendant les 20 premières années et ensuite selon l'estimation qui en sera faite et renouvelée tous les 20 ans, sans qu'en aucun cas ladite estimation puisse être moindre de 1 sol 6 deniers la livre. Ladite redevance sera double tous les 40 ans, pour tenir lieu à Sa Majesté des droits seigneuriaux casuels.

Les *livres de la Jurade* offrent encore mille particularités intéressantes qu'il eut été trop long de reproduire. Ils prouvent surtout le soin dévoué que prenait des intérêts intellectuels, moraux et matériels l'ancien corps de ville, si jaloux d'ailleurs de ses prérogatives et de ses libertés. On trouvera au chapitre ix la liste de tous les maires et consuls dont il nous a été possible de retrouver les noms.

CHAPITRE VII

RÉVOLUTION

u 28 juillet 1788.
« Dans l'hôtel et maison commune de la ville de Sainte-Bazeille, y étant s^r Jean Baptiste Joly Blazon de Sabla, maire, sieurs Michel Chaubin et Jean Baudichon, consuls et s^r Goyneau, p^r sindic, la Jurade ayant été convoquée aux formes ordinaires, y sont venus les soussignés.

« Sr Joseph Goyneau, procureur sindic, dit qu'il a été envoyé à la presente communauté un arrêt du Conseil d'Etat du Roy en date du 5 du présent mois de juillet, par lequel il est porté Art. 1er que tous les officiers municipaux des villes et communautés du royaume seront tenus de rechercher incessemment dans les greffes des villes et communautés tous les procès-verbaux et pièces qui peuvent avoir été faits concernant la convocation des Etats généraux ; et comme il se pourroit que dans la présente communauté il ait été fait anciennement quelque élection auxd. Etats généraux, Luy qui parle requiert qu'il sera fait incessemment dans les archives du présent hôtel-de-ville les recherches pour voir si on peut y trouver quelques titres relatifs à l'art. 1er dud. arrêt, et a signé :

GOYNEAU, procureur sindic.

« Délibéré qu'il sera fait incessemment les recherches ci-dessus requises pour se conformer en tous points aud. arrêt. Fait aud. hôtel de ville lesdits jour et an que dessus.

« Joly de Blazon, maire ; Chaubin, p^r consul ; Baudichon, consul ; Capoulade, secrét^{re} g^l. »

« Du 9 janvier 1789.

« Dans l'hôtel et maison commune de Sainte-Bazeille, y étant, etc., (comme ci-dessus) sieur Joseph Goyneau, procureur sindic, dit qu'après avoir pris communication d'une lettre écrite à MM. les officiers municipaux de la part de MM. les députés de Casteljaloux du 31 décembre dernier, Luy qui parle requiert qu'il sera fait incessemment une assemblée du Tiers-Etat pour qu'il y soit nommé deux députés conformément à lad. lettre, et a signé

GOYNEAU, procureur syndic.

« Délibéré que la presente assemblée demeure renvoyée et fixée à dimanche prochain, onzième du courant, à une heure de relevée, à laquelle assemblée seront convoqués et invités les habitants de tous les ordres formant le Tiers-Etat de la présente juridiction, qu'il sera même donné coppie(de la susd. lettre aux sindics des parroisses de Laguppie et du petit St-Martin, pour qu'ils en délibèrent avec le Tiers-Etat de leur paroisse et tous rassemblés led. jour et heure que dessus au present hôtel-de-ville, pour être pris telle délibération qu'il appartiendra. Fait aud. hôtel-de-ville lesd. jour et an que dessus, au surplus que la susdite lettre sera transcritte à la suite de la presente délibération et que les officiers municipaux enverront un exprès à Casteljaloux, pour s'informer si l'assemblée de la sénéchaussée ne seroit pas retardée, attendu la rigueur du temps et l'impossibilité de voyager dans des chemins de traverse à cause des glaces, le tout aux dépens de la communauté.

Joly de Blazon, maire, Chaubin, premier consul, Baudichon, second consul, Capoulade, Deymier, Mouchet, d. m., Edouard Noguey, Mouchet, sindic de Lagupie, Uteau, sindic du petit St-Martin, Coupalade, secret^{re} g^r. »

« Copie de la lettre adressée à MM. les officiers municipaux :

« Casteljaloux, le 31 décembre 1788.

« Messieurs,

M. Brostaret, jurat de Casteljaloux, a reçu un paquet à l'adresse de MM. du Tiers-Etat de la ville et sénéchaussée dud. Casteljaloux contenant un exemplaire imprimé d'un projet de restauration des Etats de Guyenne qu'on se propose de demander au Roy, avec quelques observations qui ont déjà été faites à Bordeaux sur ce projet. Le clergé et la noblesse de Casteljaloux ont en même temps reçu un semblable paquet. Il paroit par ce projet, par l'adresse et surtout par les observations qui l'accompagnent que les vœux du clergé, de la noblesse et du Tiers-Etat de Bordeaux qui en sont les auteurs, sont que chaque ordre de chaque sénéchaussée envoye ses députés le plus tôt possible à Bordeaux, afin que tous les députés réunis puissent travailler à la conception du plan dont on nous a envoyé le projet.

« M. Brostaret n'a cependant pas voulu prendre sur luy de convoquer, sans y être autrement authorisé des Tiers-Etats de la sénéchaussée, mais il a fait préliminairement une assemblée du Tiers-Etat de Casteljaloux qu'il a consulté à ce sujet, il y a été nommé dix commissaires et arrêtté qu'ils seroint chargés de vous écrire, ainsi qu'aux autres communautés de la sénéchaussée, pour vous prier de vouloir bien assembler le plus tôt possible le Tiers-Etat de votre communauté, pour qu'il y puisse être nommé à la pluralité des suffrages deux députés qui, réunis avec ceux que la communauté de Casteljaloux nommera dans une assemblée prochaine et ceux qu'on enverra des autres communautés, puissent tous de concert examiner et réfléchir le plan projetté pour les Etats provinciaux, faire un cahier des observations et instructions qu'ils croiront à propos de donner aux députés chargés de représenter la sénéchaussée à Bordeaux et nommer les députés.

« L'assemblée des différents députés des communautés de la sénéchaussée est fixée au mercredy quatorze du mois de janvier prochain à neuf heures du matin dans le réfectoire des RR. PP. Cordeliers de Casteljaloux, vous voudrés bien les faire trouver au temps indiqué.

« Nous sommes avec attachement, Messieurs, vos très humbles et très obéissants serviteurs.

Les commissaires nommés par le Tiers-Etat de Casteljaloux,

BROSTARET, DARTAUT, SAMAZEULH, BUFFANDEAU.

« Du 12 janvier 1789.

« Dans l'hôtel et maison commune de la ville de Ste-Bazeille, etc...

« Représentent les maire et consuls que conformément à la délibération du neuf du present mois, ils ont convoqué les habitans de tous les ordres formant le Tiers-Etat de la presente jurisdiction pour délibérer sur les motifs de la lettre de MM. les commissaires du Tiers-Etat de la ville de Casteljaloux dattée dud. Casteljaloux du 31 décembre dernier, qu'ils remettent sur le bureau.

Joly de Blason, maire — Chaubin, p^r consul — Baudichon, segon consul.

« Le procureur sindic, qui a pris communication de la susd. délibération et lettre, dit qu'il s'en remet à ce que la presente assemblée (les membres qui la composent, étant animés du bien public et a signé), délibèrera.

Goyneau, procureur sindic.

« Tous les habitants du Tiers-Etat de la presente jurisdiction de Ste-Bazeille qui ont eu communication de la lettre de MM. les commissaires du Tiers-Etat nommés à Casteljaloux en datte du 31 décembre dernier, de la délibération du corps municipal et d'une lettre de M. Brostaret, jurat, sans datte responsive à celle que le corps de ville écrivit aud. s^r Brostaret, commissaire du Tiers-Etat dud. Casteljaloux, délibérant sur les objets que lad. lettre du 31 décembre dernier contient sans tirer à aucune conséquence pour le nombre des députés que la presente communauté sera ou pourra être en droit d'avoir pour la représenter comme Tiers-Etat dans les assemblées particulières de la sénéchaussée et des Etats Généraux, pour seconder l'esprit patriotique qui anime le Tiers-Etat dud.

Casteljaloux et pour concourir à ce qui est le plus avantageux, ont unanimement à la pluralité des trois quarts des voix nommé pour leurs députés et représentans aux assemblées de la sénéchaussée de Casteljaloux fixées au quatorze du présent mois et autres Messieurs Nicolas Mouchet, avocat en la cour et Edouard Noguey, bourgeois jurat, lesquels ils chargent d'assister à lad. assemblée de Casteljaloux, de prendre connaissance du plan du projet de restauration des Etats de Guyenne, de donner à lad. assemblée toutes les observations qui peuvent être nécessaires aux intérêts généraux des Tiers-Etats, même, si les sieurs députés le jugent nécessaire, de demander une suspension des délibérations pour faire connaître au Tiers-Etat de cette juridiction les objets dud. projet de restauration, pour recevoir les réflexions des presents Etats relativement aux objets sur lesquels ils trouveront à propos d'en référer à la présente assemblée, et lesd. s^{rs} députés, autant que le temps le permettra, partiront lundy ou mardy prochain pour être à l'assemblée au jour indiqué, et leur dépense sera aux dépens de la communauté. Fait audit hôtel de ville lesd. jour et an que dessus.

« Joly de Blazon, maire; Chaubin p. consul, Baudichon, second consul, Goyneau, procureur sindic, Noguey, Chollet, Mouchet, d. m., jurat, Deymier, jurat, Uteau, sindic du petit St-Martin, Noguères, Ferrand, Marque, Dupins, Castaing, Bouty, Uteau, Clavié, Despins, Peyrey, Grammont de Laroche, Segrestan, Tessier, Charlot, Barbarin jeune, Uteau, Larquey, Dubourg, Grillon, Uteau, Uteau, Mouchet, sindic de Lagupie, acceptant la députation, Edouard Noguey, acceptant la députation, Capoulade. »

16 janvier. Mr Me Nicolas Mouchet, avocat et juge et M. Edouard Noguey, commissaires députés, étant de

retour de Casteljaloux, la communauté renvoie à un autre jour l'examen de leur rapport et leur alloue la somme de 39 livres 10 sols pour leur voyage (*Registre de la Jurade*).

10 mars. Sur la représentation des maire et consuls et pour obéir et se conformer aux lettres de convocation de Sa Majesté et à leur règlement, il est nommé dans l'assemblée du Tiers-Etat de la ville et paroisse de Ste-Bazeille et des paroisses de Lagupie et du Petit-St-Martin, huit députés pour aller à l'assemblée de la sénéchaussée de Casteljaloux fixée au douze du même mois, afin d'y porter leur cahier des doléances, plaintes et remontrances et il est en même temps délibéré que la dépense de la dite députation ainsi que de la députation au sénéchal de Castelmoron sera supportée par la communauté (*Reg. de la Jurade*).

18 mars. La Grande boucherie est adjugée à Jacques Monicart, pour la somme de 700 livres, et la Petite boucherie à Pierre Boissonneau, pour la somme de 660 livres. Le boucher de la première vendra la viande de veau ou de mouton durant le cours de l'année 1789 à raison de 15 sols la livre, et celui de la Petite boucherie à raison de 10 livres, sous la réserve que les officiers municipaux pourront en augmenter ou diminuer le prix, selon la cherté des bestiaux. Lesdits bouchers seront tenus d'attacher au pilier de la halle, les bœufs, vaches et veaux qu'ils voudront tuer et ne pourront vendre à la livre ni pieds, ni langues, ni entrailles des bêtes abattues, sous peine d'amende. Ils devront entretenir les boucheries de bonne viande sous peine de confiscation et d'une amende qui sera fixée au gré des officiers municipaux, et porter à leur banc sous la halle les veaux et moutons tout entiers, comme aussi tenir du mouton les jours d'abstinence pour les malades, et débiter la viande audit banc tous les samedis

de chaque semaine, dans l'après-midi, depuis Pâques jusqu'à la S⁺-Jean-Baptiste et depuis Notre-Dame de septembre jusqu'au Carnaval. Défense au boucher de la Grande boucherie de garder dans son troupeau et de tuer ni brebis, ni chèvres, sous peine de confiscation et d'une amende arbitraire, et liberté pour tous les habitants de tuer et vendre des cochons, à condition de payer auxdits bouchers cinq sols pour chacune de ces bêtes. (*Reg. de la Jurade.*).

12 mai. La Jurade délibère de donner au peuple pour la procession dite de Castelnau une certaine quantité de pain, qu'elle fixe à 5 quintaux, en considération de l'année qui est mauvaise, et de faire monter un bateau le jour de l'Ascension à l'endroit accoutumé, pour la somme de 18 livres, suivant l'ancien usage.

9 juin. Les maire et consuls font une visite aux boulangers et les trouvent totalement démunis de farine et de blé. Ne voulant pas laisser manquer de pain la ville le reste de la semaine et principalement le jour de la Fête-Dieu et celui de la foire principale du lendemain, appellent les boulangers à l'hôtel de ville et leur proposent un parti de blé que les Bertrin, marchands, avaient apporté de Bordeaux. Et sur la difficulté que font les boulangers d'employer ce blé, attendu le prix trop élevé de 28 livres 5 sols par sac, mesure de La Réole, et le manque de bonne qualité, les maire et consuls leur passent 40 sols par sac au nom de la communauté, soit un total de 98 livres pour 40 sacs qui furent livrés auxdits boulangers et dont le prix est avancé auxdits Bertrin, le 1ᵉʳ juillet suivant, par le sʳ maire, Joly Blazon de Sabla. (*Jurade*).

— « Du 6 juillet 1789

« Dans l'hôtel et maison commune, etc.,

La communauté étant assemblée, se sont présentés plusieurs habitans lesquels ont dit que de tous temps cette parroisse étoit desservie par un curé et deux vicaires, à raison de son étendue et population qui est très considérable ayant au moins deux mille communians ou environ ; qu'actuellement la paroisse n'a qu'un seul vicaire, lequel s'est encore chargé de la desserte de la paroisse de Tibras éloignée de la presente ville de trois quarts de lieue, de manière que quelque zèle que MM. le curé et son vicaire portent dans leur fonction, il n'est pas que le service de la parroisse ne puisse en souffrir quelquefois même être privée d'une messe intermédiaire qui est indispensablement nécessaire à la parroisse.

« Sur quoy a été délibéré d'une voix unanime qu'à la diligence de MM. les officiers municipaux de la présente communauté il sera représenté à Mgr l'Evêque de Bazas une requette à l'effet de le supplier d'accorder à la parroisse un second vicaire, à raison de la population et de l'étendue de la parroisse, suivant l'usage observé de tous les temps, que le seul vicaire actuel remettra sa mission pour le service de la parroisse de Tibras, pour s'occuper entièrement au service de cette parroisse, la parroisse de Tibras pouvant être desservie par son curé ou par un des prêtres de la ville de Marmande qui sont dans l'ordre séculier ou régulier en très grand nombre et à un quart de lieue dud. Tibras.

« Au surplus est arretté que, si contre toute attente, M. l'Evêque ne statuoit pas sur la délibération de la communauté, la même délibération sera envoyée à M. Broustaret, député des communes de cette sénéchaussée, lequel sera prié d'en référer aux Etats Généraux. Fait aud. hôtel de ville lesd. jour et an que dessus. Signeront les officiers municipaux, bourgeois, jurats et autres habitans qui scavent signer.

« Joly de Blazon maire, Chaubin, premier consul, Baudichon, second consul, Goyneau, procureur sindic, Mouchet, sindic de Lagupie, Capoulade, jurat, Deymier, jurat, Mouchet, d. m., jurat, Edouard Noguey, Rousset, Merlande, jurat, Tessier, Feugas, Desqueyroux, De Soines, Blondet, Bourg, Segrestan, Peyrey, Bizier, Guirand, Buquet, Bertrin père, François Bertrin, Jeanneau, P. Simon, Chaubin, Jeanneau, Marrens, Rabier, Pierre Maurin, Capoulade, secret^{re} g^r. »

22 juilet. On fait prendre la cocarde à tout le monde et le 30 du même mois il vient une grande épouvante. Toute la nuit on est sous les armes, chacun pleurant et criant : « Nous sommes tous perdus. » On forme des bataillons. (*Notes manuscrites des demoiselles Goyneau : Arch. de M. Joly Blazon de Sabla, de Bordeaux*).

« Du 31 juillet 1789.

« Dans l'hôtel et maison commune de la ville de Ste Bazeille se sont assemblés les habitans, lesquels considérant qu'il s'étoit répandu le jour d'hier un bruit qui nous annonçoit des troubles arrivés dans certaines parroisses sur le Drot et même sur la grande route; cela auroit jetté l'alarme parmy eux, ce qui auroit donné lieu à une assemblée généralle pour veiller à leur seureté ; que toutes ces considérations devant déterminer tous les habitants à s'ériger en milice bourgeoise pour la deffence de la patrie et de la cause commune, ils ont, pour cet effet, cru qu'il convenoit de nommer un certain nombre de citoyens les plus notables dans tous les ordres, pour concurremment avec MM. les officiers municipaux et tous ensemble ou en particulier s'occuper et juger de tous les objets qui peuvent concerner la police; qu'il est encore de la prudence de former un corps de troupes bourgeoises pour la seureté et tranquilité de tous les individus de la juridiction et de leur propriété. En conséquence lesd. habitans ont nommé et député MM. les officiers municipaux, MM. d'Uzar, Rapin, Bentzman, Deymié, Noguey, hors ville, Rousset, Mouchet juge et Chollet, Mourgues, Navar, La Roche, Chaubin, Teyssier et Ferrand, pour concurramment avec MM. les députés qui seront choisis parmy les Ecclésiastiques de la présente ville procéder au choix d'un nombre de notables habitans choisis dans tous les ordres, lesquels assisteront et serviront de conseil auxd. officiers municipaux pour l'administration des affaires de la police, à l'exception des petits faits journaliers qui pourront se présenter et qui seuls demeureront à la décision de MM. les officiers municipaux ; le même commité formera un corps de troupes bourgeoises pour veiller à la tranquillité et seureté publique, lequel régiment sera sous l'inspection de l'Etat-major dans lequel les capitaines seront répartis. Les s^{rs} Chaubin et Rousset sont priés d'aller devers le clergé pour le prier de vouloir assister par leurs députés aud. commité qui se tiendra à une heure après-midy de ce même jour pour cet objet. Fait lesd. jour et an que dessus.

« Joly de Blazon, maire, Chaubin, premier consul, Baudichon, second consul, Goyneau, procureur sindic, Buquet, Peyrey, Guiraud, Tessier, Ferrand, Mourgues, Beylard, Maubourguet, Beaupied, Noguères, Bourg, Charlot, André Bertrin, Blondet, Ragot, Feugas, Laroche, Rabier fils, Jeanneau, Capoulade, secrét^{re} g^r. »

— « Dud. Jour trente un juillet 1789.

« Dans l'hôtel et maison commune, en conséquence de l'arretté de ce jour, Nous, Jacques de Lugat, archiprêtre curé de la presente ville, Deviaux, prieur de Montgausy, députés du clergé ; MM. d'Uzard, Rapin, Bentzmann, Cholet, Deymié, Noguey, hors ville, Rousset et Mouchet,

Navar, La Roche, Chaubin, Mourgues, Teyssié et Ferrand, électeurs pour les habitans, avons décidé d'une voix unanime et d'un commun accord que le conseil de police adjoint auxd. s^{rs} officiers municipaux pour conjoinctement avec eux procéder à l'administration de la police relative à la tranquilité publique, le tout conformem^t à la délibération de ce jour, sera composé provisoirement du comité ci-dessus.

« Tout comme aussy avons procédé à la formation d'un corps de troupes bourgeoises sous le nom de Régiment de Ste Bazeille, composé de deux bataillons de quatre compagnies chacun, les soldats duquel Régiment seront tenus d'obéir exactement à l'Etat-major ainsi qu'aux capitaines, lieutenants, sergents et caporaux.

« Lequel comité, procédant à la nomination du susd. Etat-major et officiers dud. Régiment, a nommé

D'Uzard, colonel général ;
De Rapin, colonel en second ;
De Noguey, hors ville, lieutenant-colonel ;
De la Roche, major ;
Navar, adjudant aide-major ;
Blondet, quartier-maître ;
Henry Mouchet, porte-drapeau du premier bataillon ;
Denis Mouchet, porte-drapeau du second bataillon ;
Bucquet, dit Bel-Air, sergent-major ;
Sarramona, tambour-major.

Et pour officiers des compagnies du premier bataillon :
Capitaines : MM. Rousset, Bentzman, Noguey Edouard, Mouchet L'Isle.
Lieutenans : MM. Groullié, Rapin Lanause, Ferrand, Chaubin, marchand.

« Et pour officiers du second bataillon :

Capitaines : MM. Deymié, Cholet, Mourgues, Lagorce Morian.

Lieutenans : MM. Teyssier, Peyrey, Noguères, fils aîné, Joly de Sabla.

« Et pour sergents des susd. compagnies :
Premier bataillon, *Compagnie de Rousset* : Bougés ; *Compagnie de Bentzman* : Guilhaume Dupons ; *Compagnie de Edouard Noguey* : Dutrieux ; *Compagnie de Mouchet L'Isle* : Rabié fils.

Second bataillon, *Compagnie de Deymié* : Beaupié ; *Compagnie de Cholet* : Peyrey jeune ; *Compagnie de Mourgues* : Clarys fils ; *Compagnie de Lagorce Morian* : Janneau aîné.

Caporaux du premier bataillon, *Compagnie de Rousset* : Bertrin aîné, à l'hôpital et Barbaroux tailleur ; *Compagnie de Bentzman* : Antoine Maubourguet, et Guillaume Martinet Tracagnol ; *Compagnie d'Edouard Noguey* : Brunet aîné, et Maubourguet aîné ; *Compagnie de Mouchet L'Isle* : Maubourguet jeune, et Faugas maréchal.

Caporaux du second bataillon, *Compagnie de Deymié* : Jean Visières et Peyron père ; *Compagnie de Chollet* : Ragot père et Faurillot ; *Compagnie de Mourgues* : David, menuisier et Durand tisserant ; *Compagnie de Lagorce Morian* : Voyer, scellier et Morin père.

« Et led. commité a ensuite délibéré qu'il seroit achetté aux frais et dépens de la communauté deux drapeaux, un blanc et un second portant les couleurs de la nation, avec leur batton, lance fleurdelisée et fourreaux ;

« A été délibéré aussy par led. commité qu'il sera achetté aux frais et dépens de lad. communauté cinquante livres de fine poudre et deux cens livres de gros plomb, dont le total sera mis en dépôt dans les archives de l'hôtel de ville pour servir en tant que de besoin. Fait et arrêté aud. hôtel-de-ville lesd. jour et an que dessus.

« Chaubin, premier consul, Baudichon, second consul, Goyneau, premier sindic, Lugat, archiprêtre, de Vios, prieur de Mongausy, Uzard, Rapin aîné, de Bentzman, Noguey, Rousset, Chollet, Deymier, Mourgue, Ferrand, Navar, Grammont de la Roche, Tessier, Mouchet, Mouchet, Capoulade, secrétaire-général. »

5 août. Le comité de police arrête qu'en tout temps les boulangeries devront être suffisamment garnies de pain de froment et de meture et que les boulangers seront tenus de faire du choine, chacun à son tour. — Le prix du veau et du mouton de la Grande boucherie ne pourra s'élever au-dessus de 16 sols la livre, ni celui de la brebis, de la chèvre et de la vache de la Petite boucherie au-dessus de 11 sols.

24 août. Les habitants étant capitulairement assemblés dans la maison commune, après lecture faite de l'ordonnance de M. l'Intendant du 27 juillet dernier qui accorde à la paroisse de Ste-Bazeille, à titre de secours, une somme de 600 livres, pour être distribuée aux plus pauvres d'entre eux qui ont éprouvé des pertes par suite des grêles, orages et débordements, arrêtent qu'en considération de la grande misère d'un nombre considérable d'individus de cette paroisse, le comité, à la tête duquel est M. le curé, aura la bonté de représenter à M. l'Intendant que le moyen le plus propre de repartir ledit secours serait de le faire distribuer aux plus nécessiteux par les soins de la communauté, les habitants renonçant volontairement en faveur des pauvres au droit qu'ils auraient sur cette somme.

30 août. Les habitants ne trouvant pas suffisant les six membres déjà choisis pour les représenter au comité, nomment dans l'hôtel-de-ville le sieur Michel Noguères

à la place du sieur Guillaume Chaubin, dont la charge de syndic-receveur est incompatible avec la première, et les sieurs Beylard, Bertrin père, hors ville, Ragot père, Segrestan père, Buquet et Claris père.

Ont signé : Beylard, Bertrin, Ragot, Segrestan, Buquet, Clarys, Noguères, Chaubin, premier consul, Baudichon, consul, Noguey, de Bentzman, Uzard, Rapin, Grammont de Laroche, Deymier, Mourgues, Mouchet, Joly de Sabla, Tessier, Ferrand, Navar, Charlot, Blondet, Chollet, Claris, Feugas, Rabier, Bourg, Bouillou, Maubourguet, Bizier, Barbarin, Guiraud, Tessier, Dupons, André Bertrin, Relion, Charlot, Beylard, Bertrin, Jean Bertrin, Despeyroux, Desqueyroux, Michel Segrestan, Philipot, Junqua, Dutrieux, David fils, Pierre Charlot, Neychens, Germain Sauvestre, Ragot fils, Capoulade secrétaire-général.

31 août. Sur la demande de M. Uzard, colonel des troupes patriotiques, le comité délibère qu'à la diligence de MM. les officiers municipaux il sera fait et adressé une requête à Sa Grandeur Mgr l'Intendant pour qu'elle veuille bien faire fournir 31 fusils avec bayonnettes, fourreaux et ceinturons à la compagnie des grenadiers et garde montante desdites troupes patriotiques. Dans le cas où Sa Grandeur ne pourrait faire faire cette fourniture gratis, la communauté la prendrait à sa charge.

Un autre délibération du comité du 3 septembre nous fait connaître que la communauté avait fait l'avance des frais nécessités par la députation des sieurs Mouchet et Rousset, choisis pour aller élire les députés du Tiers-Etat aux Etats-Généraux. Ce même jour, le bureau, chargé de la distribution des secours desdites 600 livres aux plus pauvres de la paroisse, demeure composé de MM. Lugat, curé et archiprêtre, Mouchet, hors ville, Noguey, hors ville, André Beylard, Rapin, Pierre Bertrin et Navar.

« Du 4 septembre 1789, dans l'hôtel et maison commune le comité étant assemblé aux formes ordinaires et la cloche ayant sonné, s'y sont rendus les soussignés.

« A été dit par le sieur Chaubin, un des consuls, que, sur l'avis qu'il a eu que pour l'achapt du nombre de fusils mentionnés dans la délibération du jour d'hier, il n'étoit pas nécessaire de l'authorisation de M. l'Intendant, la ville de La Réolle ayant fait un pareil achapt de ses propres deniers pour se prémunir et se mettre à l'abri des incursions des brigands annoncés dans plusieurs ordonnances, Luy qui parle est d'avis qu'il soit délibéré qu'en dérogeant et annullant la délibération du jour d'hier, comme entraînant après elle beaucoup trop de délay pour la fourniture des armes requises, attendu l'urgence du cas et que les énoncés dans les différentes ordonnances ne nous donnent que trop lieu de craindre, il sera achetté incontinant et sans délay aux frais et dépens de la communauté le nombre de trente-un fusils avec chacun sa bayonnette et fourreau, à l'imitation de la ville de La Réolle. »

Le comité se rallie à l'avis du premier consul et adopte sa proposition. Ont signé :

« Chaubin, premier consul, Baudichon, second consul, de Vios, prieur, Uzard, Noguey, Rapin, Rousset, Deymier, Chollet, Buquet, Mourgues, Claris, Navar, Tessier, Ferrand, Ragot, Beylard, Bertrin, Capoulade, secrétaire-général. »

30 septembre. L'assemblée du comité décide que la communauté fournira, à partir du 1er octobre, aux patrouilles qui passent la nuit dans le corps de garde, un fagot de faissonat et deux buches, qu'elle fera construire une petite chambre lambrissée à côté du corps de garde avec une cheminée, pour l'officier qui sera de garde, et

qu'elle achètera un reverbère ou lanterne vitrée, pour être placé sous la halle. Ont signé :

« Lugat, archiprêtre, président du comité, Joly de Blazon, maire, n'étant pas d'avis qu'on batisse un second corps de garde, Baudichon, second consul, *idem*, Chaubin, premier consul, *idem*, Noguey, de Vios, prieur, Rousset, de Bentzman, Mouchet, d. m., Mouchet, Chollet, Deymier, Buquet, Ferrand, Tessier, Uteau, Mourgues, Ragot, Noguères, secrétaire. »

« Du 14 octobre 1789.

« Dans l'hôtel et maison commune de la ville de Ste-Bazeille y étant sieurs Joly de Blazon, maire, Chaubin, Baudichon, consuls, et sieur Joseph Goyneau, procureur sindic, la Jurade ayant été convoquée aux formes ordinaires et la cloche ayant sonné y sont venus les soussignés :

« Sieur Joseph Goyneau, procureur sindic, dit que les habitans désireroint que la communauté fit venir un journal de Paris pour être informés des nouvelles et de l'activité de l'Assemblée nationale, le tout paroissant utile à la tranquilité publique, en conséquence requiert qu'aux dépens de la communauté on faira venir led. journal à l'adresse des officiers municipaux, et a signé : Goyneau, procureur sindic.

« Délibéré et arretté que pour satisfaire au désir public, MM. les officiers municipaux feront venir à leur adresse led. journal de Paris pour être déposé au present hôtel-deville où chacun des habitans pourra venir en prendre lecture et que les frais seront des deniers de la communauté...

« Joly de Blazon, maire, Chaubin, premier consul, Baudichon, second consul, Mouchet, sindic de la paroisse de Lagupie, Chollet, Mouchet, d. m., Mourgues, Ferrand, Noguères, Ragot, Capoulade, secrétaire-général. »

4 novembre. « Les messieurs qui composent le comité étant assemblés dans l'hôtel et maison commune de la presente ville, M. Lugat, archiprêtre et curé et président du comité, a dit et représenté qu'il y a déjà quelque temps que le present comité luy fit l'honneur de le choisir et de le nommer pour remplir la place de président, que jusques à ce moment il a fait tout son possible pour correspondre de son mieux aux vues et à la confiance que luy ont témoignée les messieurs qui composent le comité en lui faisant l'honneur de le choisir pour remplir la place de président, mais que ne pouvant continuer de remplir cette place, attendu les fonctions journallières de son ministère, les devoirs multipliés que lui impose son bénéfice et plusieurs autres affaires particulières, il supplie très instamment le present comité de voulloir bien accepter sa démission et procéder à l'ellection d'un nouveau président. Au reste, il ose vous assurer, Messieurs, qu'il se fera toujours non seullement un honneur mais encore un devoir d'assister, aussi souvent qu'il luy sera possible, à toutes vos assemblées et qu'il s'estimera trop heureux de pouvoir en quelque chose concourir au bien qui vous anime, Messieurs, et qu'il n'a pour but et fin que de procurer et maintenir la paix, l'union et la concorde parmy vos concitoyens et a signé : Lugat, archiprêtre, président du comité.

« Vu la démission et les raisons qui ont déterminé Mr J. Lugat de se démettre de la présidence, les soussignés ont procédé par la voye du scrutin à la nomination d'un nouveau président et, après qu'on a été trois fois au scrutin, M. Mouchet, hors ville, a été celluy qui a réuny le plus de voix et en conséquence il reste nommé et choisy pour remplir dans le présent comité la place de président ».

6 novembre. M. Antoine Mouchet, docteur en médecine, donne sa démission de capitaine à cause de son âge et de son état, et demande que son fils Denis étant à même d'entrer en pension, soit également dispensé du service de porte-drapeau. Le comité, à l'unanimité des voix, refuse d'accéder à la double pétition du sieur Mouchet, qui devra se conformer ainsi que son fils à toutes les exigences du service ; mais il est délibéré et arrêté, d'après l'avis de MM. les officiers de l'Etat-major, que pour le soulagement des officiers et des soldats, les compagnies seraient de trente neuf soldats et auraient un sous-lieutenant, un sergent et un caporal de plus chacune.

11 novembre. « Vu la déclaration du roi portant sanction d'un décret de l'Assemblée nationale, du 21 octobre 1789, pour l'établissement d'une loi martiale, le sieur Rousset ne voulant se trouver compromis en rien de ce que le comité pourroit faire dans ses arrêtés, donne sa démission de membre dudit comité duquel on l'avoit honoré ». Suivent les douze articles de la loi martiale.

22 novembre. Le sieur Chaubin, premier consul, ayant appris par la copie d'une lettre de M. Naü de Bellisle, député aux Etats Généraux, à l'adresse des officiers municipaux de La Réole, que l'Assemblée nationale allait se décider pour l'établissement d'un troisième grand département, intermédiaire entre Bordeaux et Agen, et qu'en même temps les députés de la ville de Bazas insistaient fortement pour que le chef-lieu de ce nouveau département fut établi dans la ville de Bazas, l'assemblée municipale et le comité de Ste-Bazeille, sur l'avis dudit premier consul, ayant égard pour le bien général à l'immense

population qui se trouve dans le pays de l'Entre-deux-mers de la Garonne à la Dordogne, comparativement à celle de la région de Bazas composée de landes très peu habitées ; considérant, en outre, que la ville de La Réole se trouve véritablement au centre, supplient instamment l'Assemblée nationale de vouloir fixer pour chef-lieu du département intermédiaire qu'elle se propose d'établir entre Bordeaux et Agen, la ville de La Réole, en observant néanmoins que si ledit département comprend les Assemblées provinciales, celles-ci puissent se tenir dans chaque ville des arrondissements.

Nous trouvons dans les *Registres municipaux*, à la date du 2 décembre, la copie des Lettres patentes du Roi, en forme d'édit, portant sanction des décrets de l'Assemblée nationale, contenant réformation de quelques points de la jurisprudence criminelle.

4 décembre. En vertu des dites lettres et des dits décrets, l'Assemblée municipale procède à la nomination des notables, savoir, des sieurs Baudichon, Edouard Noguey, Rapin, Capoulade, Claris père, Ragot père, Marque et Dubourg jeune, chargés de choisir parmi eux les adjoints, qui devront assister à l'instruction des procès criminels.

6 décembre. L'Etat-major et les officiers, convoqués dans l'hôtel de ville, délibèrent d'un commun accord que la troupe nationale demeure composée d'un régiment, de deux bataillons et de quatre compagnies et que chaque compagnie comprendra trente-neuf fusiliers, un capitaine, un lieutenant, un sous-lieutenant, trois sergents et trois caporaux et dressent la liste suivante :

Etat-Major :

Colonel, M. Rapin, gendarme réformé avec pension,
Lieutenant-Colonel, M. Noguey, hors ville, ancien conseiller à la table de marbre,
Major, M. Laroche,
Major en second, M. Navar,
Aide-major, M. Buquet,
Aide-major, M.
Quartier-maître, M. Blondet, faisant fonction de Lieutenant,
Porte-drapeau du 1er bataillon, M. Henry Mouchet,
Porte-drapeau du 2me bataillon, M. Denis Mouchet,
Sergent-major, M. Rabier, fils, faisant fonction de sous-lieutenant,
Tambour-major, M. Sarramouna,
Chirurgien-major, M. Capoulade,
Aumônier, M. l'Abbé Vios, prieur de Mongauze.

Premier Bataillon :

Capitaines, grenadiers : MM. Rousset, capitaine commandant, Bentzman, Noguey Edouard, Mouchet Lille ;

Lieutenants, grenadiers : MM. Groullier, Ferrand, Chaubin, marchand, Tessier, père ;

Sous-Lieutenants, grenadiers : MM. Jean Rougés, Guiraud, dit Languedoc, Rabier, fils, Antoine Maubourguet ;

Sergents, grenadiers, *Compagnie de Rousset* : MM. Bertrin, aîné, à l'hopital, Barbarin, tailleur, Ricard, fils ;

Sergents de la *Compagnie de Bentzman* : Junqua, aîné, dit cadet, Charlot, maçon, Lagraulet, forgeron ;

Sergents de la *Compagnie de Noguey Edouard* : MM. Guilhaume Clouet, Maubourguet, aîné, à l'hopital, Maubourguet, dit Gauchey ;

Sergents de la *Compagnie de Mouchet Lille* : MM. Feugas, maréchal, Cadet Bourg, Charlot, aîné ;

Caporaux, grenadiers : *Compagnie de Rousset* : MM. Dupons, fils, aîné, Junqua, jeune, Dupons, tonnelier ;

Caporaux de la *Compagnie de Bentzman* : MM. Janeau, à Sallet, Bertrin, charron, Monget, père ;

Caporaux de la *compagnie de Noguey Edouard* : MM. Jean Dupons, boulanger, Sauvestre, jeune, Barbarat, oncle ;

Caporaux de la *compagnie de Mouchet-Lille* : MM. Bertrand Charlot, Segrestan, fils aîné, André Bertrin, maréchal;

Second Bataillon

Capitaines, chasseurs : MM. Deymier, Chollet, Mourgues, Lagorce ;

Lieutenants, chasseurs : MM. Noguères, fils, Blondet, Claris, père, Joly de Sabla ;

Sous-lieutenants, chasseurs : MM. Beaupied, Jean Peyrey, jeune, Claris, fils, Janeau, fils, cloutier ;

Sergents, chasseurs : *Compagnie de Deymier* : MM. Viziers, en ville, Dupeyron, Provançal ;

Sergents de la *compagnie de Chollet* : MM. Ragot, père, Jacques Dutrieux, fils, Relion, père ;

Sergents de la *compagnie de Mourgues* : MM. Brunet, serrurier, David, menuisier, Durand, tisseran ;

Sergents de la *compagnie de Lagorce* : MM. Baptiste Clouet, Tessier, fils, Beylard, menuisier ;

Caporaux, chasseurs : *compagnie de Deymier* : MM. Pallard, fils aîné, dit Bandh^me, Baptiste Laumon, Léonard, de *Coulin*.

Caporaux de la *compagnie de Chollet* : Philipot, aîné, Dutrieux, fils, à la Brèche, Ferrand, jeune, à la Brèche;

Caporaux de la *compagnie de Mourgues*: MM. Jean Bertrin, au pont; Guilhaume Martinet, sacristain, Peyrey dit Janillon;

Caporaux de la *compagnie de Lagorce* : Peyron, fils de la veuve Chaubin, Fréchinet, Relion, fils.

« En conséquence dudit règlement, la ditte troupe nationnalle, voulant se donner un état stable, a délibéré qu'il seroit choisi par les membres qui la composent six d'entr'eux pour aller devers MM. les officiers municipaux et comité de ladite ville lorsqu'ils seront assemblés, pour les prier de prendre en délibération sur leur livre de ville l'état ci-dessus pour constater l'établissement et la stabilité de la ditte troupe nationale. « Délibéré que les députés, savoir : MM Noguey, Bentzman, Rousset, Mouchet Lille, Laroche et Navar demeurent chargés de présenter le présent état à MM. les officiers municipaux et comité assemblés et de les prier d'y faire droit, etc.

« Blondet, quartier-maître. »

20 décembre. Pardevant les maires et consuls, les sieurs Baudichon, Edouard Noguey, Rapin, Capoulade, Claris, père, Ragot, père, Marque et Dubourg, jeune, prêtent serment, promettent et jurent à Dieu de remplir fidèlement leur fonction de Notables er surtout de garder un secret inviolable sur le contenu en la plainte et autres actes de la procédure criminelle à laquelle ils seront dans le cas d'assister.

Sergents de la *Compagnie de Noguey Edouard* : MM. Guilhaume Clouet, Maubourguet, aîné, à l'hopital, Maubourguet, dit Gauchey;

Sergents de la *Compagnie de Mouchet Lille* : MM. Feugas, maréchal, Cadet Bourg, Charlot, aîné;

Caporaux, grenadiers: *Compagnie de Rousset* : MM. Dupons, fils, aîné, Junqua, jeune, Dupons, tonnelier;

Caporaux de la *Compagnie de Bentzman* : MM. Janeau, à Sallet, Bertrin, charron, Monget, père;

Caporaux de la *compagnie de Noguey Edouard* : MM. Jean Dupons, boulanger, Sauvestre, jeune, Barbarat, oncle;

Caporaux de la *compagnie de Mouchet-Lille* : MM. Bertrand Charlot, Segrestan, fils aîné, André Bertrin, maréchal;

Second Bataillon

Capitaines, chasseurs: MM. Deymier, Chollet, Mourgues, Lagorce;

Lieutenants, chasseurs : MM. Noguères, fils, Blondet, Claris, père, Joly de Sabla;

Sous-lieutenants, chasseurs : MM. Beaupied, Jean Peyrey, jeune, Claris, fils, Janeau, fils, cloutier;

Sergents, chasseurs: *Compagnie de Deymier* : MM. Viziers, en ville, Dupeyron, Provançal;

Sergents de la *compagnie de Chollet* : MM. Ragot, père, Jacques Dutrieux, fils, Relion, père;

Sergents de la *compagnie de Mourgues* : MM. Brunet, serrurier, David, menuisier, Durand, tisseran;

Sergents de la *compagnie de Lagorce* : MM. Baptiste Clouet, Tessier, fils, Beylard, menuisier;

Caporaux, chasseurs : *compagnie de Deymier* : MM. Pallard, fils aîné, dit Bandh^me, Baptiste Laumon, Léonard, de *Coulin*.

Caporaux de la *compagnie de Chollet* : Philipot, aîné, Dutrieux, fils, à la Brèche, Ferrand, jeune, à la Brèche;

Caporaux de la *compagnie de Mourgues*: MM. Jean Bertrin, au pont; Guilhaume Martinet, sacristain, Peyrey dit Janillon;

Caporaux de la *compagnie de Lagorce* : Peyron, fils de la veuve Chaubin, Fréchinet, Relion, fils.

« En conséquence dudit règlement, la ditte troupe nationnalle, voulant se donner un état stable, a délibéré qu'il seroit choisi par les membres qui la composent six d'entr'eux pour aller devers MM. les officiers municipaux et comité de ladite ville lorsqu'ils seront assemblés, pour les prier de prendre en délibération sur leur livre de ville l'état ci-dessus pour constater l'établissement et la stabilité de la ditte troupe nationale. « Délibéré que les députés, savoir : MM Noguey, Bentzman, Rousset, Mouchet Lille, Laroche et Navar demeurent chargés de présenter le présent état à MM. les officiers municipaux et comité assemblés et de les prier d'y faire droit, etc.

« Blondet, quartier-maître.»

20 décembre. Pardevant les maires et consuls, les sieurs Baudichon, Edouard Noguey, Rapin, Capoulade, Claris, père, Ragot, père, Marque et Dubourg, jeune, prêtent serment, promettent et jurent à Dieu de remplir fidèlement leur fonction de Notables et surtout de garder un secret inviolable sur le contenu en la plainte et autres actes de la procédure criminelle à laquelle ils seront dans le cas d'assister.

4 janvier 1790. Défense est faite par le maire et les consuls à tout agent de l'administration de rien recevoir à titre d'étrenne ou de gratification.

15 février. Il est procédé par les électeurs à la nomination du corps municipal et des notables composant le conseil général de la commune, ainsi qu'il suit d'après le tableau qui figure dans le *Registre*.

Maire

MM. Rousset Antoine. . . . 57 voix sur 69

Officiers municipaux :

MM. Claris, père . . . . . 60 voix sur 68
    Marque . . . . . 48 — —
    Bertrin, au pont, père . 43 — —
    Beylard, père . . . 40 — —
    Capoulade . . . . . 39 — —

Procureur de la commune :

M. Michel Chaubin . . . 52 voix sur 56

Notables :

MM. Janneau, à Sallet . . 57 voix sur 66
    Dupeyron . . . . 54 — —
    Larquey . . . . . 53 — —
    Bouty . . . . . . 47 — —
    Mourgues . . . . . 44 — —
    Antoine François . . 44 — —
    Segrestan, père . . . 43 — —
    Navar . . . . . . 41 — —
    Barbarin . . , . . 38 — —

Chaubin, aîné . . . 36 — —
Pierre Moreau . . . 33 — —
Bertrin, à l'hôpital . . 30 — —

« Ce que nous avons reconnu et reconnaissons véritable. En foy de quoy avons chacun signé à Sainte-Bazeille ledit jour, mois et an que dessus.

     JOLY DE BLAZON, ancien maire,
     CHAUBIN, ancien consul,
     BAUDICHON, ancien consul,

Suivent les signatures de tous les nouveaux élus.

Même jour. Sieur Michel Noguères est nommé par le nouveau conseil secrétaire greffier, aux gages de 150 livres par an, pour faire les écritures de la municipalité, à l'exception des rôles des impositions ordinaires.

Le maire et les officiers municipaux, voulant former, suivant l'art. 35 du décret de l'Asssemblée nationale, un bureau composé du tiers des officiers municipaux et exclusivement chargé, d'après l'art. 37 dudit décret, de la régie des fonds de la communauté, nomment le sieur Claris, pour former avec le maire ledit bureau, pendant que les quatre autres, sieurs Marque, Bertrin, Beylard et Capoulade formeront le conseil municipal.

26 février. L'union et la tranquilité régnant parmi la majeure parti des habitants, ainsi que la bonne intelligence entre la population de la ville et celle de la campagne, le conseil général de la commune, ayant également en vue de faire des économies sur le bois, l'huile et la chandelle, déclare inutile et suspend la patrouille nocturne, excepté les nuits qui précèderont les jours de dimanche et de fête, de foire et de marché.

25 mars. Le conseil général nomme l'ancien syndic, sieur Guillaume Chaubin, syndic-receveur ou trésorier communal, aux gages de 60 livres.

Nous trouvons dans les *papiers de M. Lacaze*, libraire à Agen, la lettre suivante adressée « à Messieurs de Fumel Montaigu, de Cessac et de Saint-Amans, commissaires du Roy au département de Lot-et-Garonne, à Agen :

Ste Bazeille, 11 avril 1790.

Messieurs,

Nous avons l'honneur de vous accuser la réception que nous fimes hier, 10 du courant, ainsi que la transcription que nous en avons fait faire ce jourd'hui sur les registres de la municipalité de notre ville, de la commission dont Sa Majesté a bien voulu vous charger pour la formation et l'établissement du département de Lot-et-Garonne, ensemble une lettre à l'adresse de la municipalité de chacune des paroisses qui doivent former le canton de Sainte-Bazeille, lesquelles (lettres) nous leur avons fait parvenir en les priant d'apporter la plus grande célérité à en remplir les vues.

« Comme l'article 2 de ces lettres patentes porte qu'il est entendu que les villes emportent le territoire soumis à l'administration directe de leurs municipalités, nous avons l'honneur de vous observer que les parroisses de Lagupie et partie de celle de Saint-Martin qu'on dénomme Petit-Saint-Martin, ne formaient cy-devant avec la paroisse de Sainte-Bazeille qui en était le chef-lieu, qu'une seule et même municipalité, se sont aujourd'hui séparées, n'ont plus voulu former des coalitions avec nottre municipalité.

« Nous avons l'honneur de vous observer encore que la paroisse de Saint-Martin étant désignée pour faire partie du canton de nottre cité, nous ignorons si l'on a voullu entendre le Petit-Saint-Martin seullement ou si c'est la paroisse de Saint-Martin en entier, attendu que le Petit-Saint-Martin qui cy-devant étoit du ressort de nottre municipalité, n'a point d'église parroissiale et est seulement et fait partie de la paroisse de Saint-Martin, qui a l'église paroissiale dans sa municipalité qui est séparée de celle du Petit-Saint-Martin.

« Nous attendons sur ces objets que vous nous fassiez l'honneur de nous en éclaircir et que vous nous en envoyiés la décision, ainsi que la commission dont le roy vous a chargés le porte et vous y autorise.

« Nous avons l'honneur d'être avec respect, Messieurs, vos très humbles et obéissants serviteurs.

Rousset, maire,
Claris, premier officier municipal,
Beylard, officier municipal,
Noguères, secrétaire.

25 avril. La troupe nationale prétendant avoir été détruite par la délibération du 26 février précédent, le conseil général proteste contre cette fausse interprétation et continue au sieur Buquet la charge d'entretenir les fusils, moyennant la solde de trois livres par mois.

28 avril. Le conseil général délibère qu'il sera écrit au commandant et à l'état-major de la troupe nationale pour les prier et requérir de faire assembler leurs hommes, afin de prêter serment entre les mains des officiers municipaux de maintenir de tout leur pouvoir la constitution du royaume, d'être fidèles à la nation, à la loi et au roi et de prêter main forte toutes les fois qu'ils en seront requis par les corps administratifs et municipaux pour l'exécution des

ordonnances de justice et pour celle des décrets de l'Assemblée nationale acceptés et sanctionnés par le roi.

2 mai. Vu les lettres patentes du roi sur un décret de l'Assemblée nationale contenant diverses dispositions relatives aux municipalités, du mois de janvier dernier, lesquelles portent, à l'article 1er, que nul citoyen ne pourra exercer en même temps, dans la même ville ou communauté, les fonctions municipales et les fonctions militaires, M. Rousset, maire, donne sa démission de capitaine des grenadiers et MM. Claris et Noguères la donnent aussi de lieutenant des basses compagnies.

Du même jour. La municipalité choisit, aux gages de 36 livres en qualité de son correspondant général à Paris, M. Jean Antoine Frédéric Roque, avocat, représentant le bureau général de correspondance des municipalités, afin de pouvoir s'adresser à lui pour toutes les affaires qu'elle aura à traiter dans la capitale : mémoires, placets et requêtes à présenter, éclaircissements et renseignements à prendre ou à donner, représentations particulières soit au roi, soit à l'Assemblée nationale, visites, sollicitations auprès des députés de ce département relativement à des intérêts locaux et autres objets.

9 mai. Il sera distribué, selon l'usage ancien, 5 quintaux de pain aux pauvres qui se rendront à la procession dite de Castelnau, et du *choine*, du fromage et du vin aux prêtres et officiers municipaux, et il sera apprêté un bateau pour les paroissiens.

16 mai. Les officiers et soldats de la garde nationale prêtent entre les mains des municipaux le serment dans la forme prescrite et indiquée plus haut.

La lettre suivante est écrite « à Monsieur de Saint Amans, commissaire de Sa Majesté au département de Lot-et-Garonne, Agen.

Ste-Bazeille, le 24 may 1790.

Messieurs,

J'ai l'honneur de vous prévenir que l'assemblée primaire de Sainte-Bazeille convoquée le 19 du present pour neuf heures du matin, fut terminée dans le courant du même jour avec beaucoup de tranquilité ; et que les suffrages du premier tour de scrutin se trouvèrent réunir la pluralité absolue en faveur de Messieurs Claris, traiteur à bœufs, Beylard, marchand chapelier, et de votre serviteur ; et que pour le second tour de scrutin Monsieur Rapin cadet, ancien gendarme, se trouve réunir le plus grand nombre de suffrages, ce qui remplit le nombre d'électeurs que notre assemblée doit élire.

J'ay l'honneur d'être avec respect, Monsieur, votre très humble et très obéissant serviteur.

Rousset, président ».

Les assemblées primaires se tenaient dans l'église paroissiale (petite église) et dans l'église Notre-Dame. Il y avait 872 électeurs actifs et 9 élus.

La population de la commune était alors de 2400 âmes.

5 juin. Une partie de la garde nationale de Bordeaux devant passer dans la ville le lendemain matin, en revenant de Montauban, celle de Sainte-Bazeille fait une souscription pour lui offrir un déjeuner, et le conseil général offre 20 miches de pain, en considérant « qu'il ne peut être rien de plus avantageux pour le soutiende la nouvelle constitution que de telles agapes fraternelles ».

Du 20 juin 1790.

« Dans l'hôtel et maison commune l'assemblée municipale ayant été convoquée aux formes ordinaires et la cloche ayant sonné, y sont venus les sieurs Jean Claris, Jean Marque, Pierre Bertrin et Jean Capoulade, officiers municipaux.

« A été dit par le sieur Chaubin, procureur de la commune, que, comme on ne sauroit trop se méfier des menées sourdes des ennemis de la nouvelle constitution, il croit qu'il est de son devoir essentiel de prévenir la municipalité qu'il pourroit très bien arriver qu'afin d'ôter au peuple toute espèce de moyen pour la soutenir conformément au serment qu'il en a fait, ses ennemis cruels pourroient soudoyer des gens sans aveux pour détruire dans un instant la récolte actuellement pendante et à la veille d'être cueillie. La facilité avec laquelle cette destruction pourroit s'opérer, jointe à la mauvaise idée que la conduite de ces ennemis fait naître dans les esprits patriotes, luy fait craindre que durant la nuit nos bleds ne soyent incendiés lorsqu'ils seront au moment d'être récoltés. Et comme ce moment n'est pas elloigné, et considérant en même temps que rien ne pourroit être plus affligeant pour la patrie que cette destruction, luy qui parle requiert que l'Etat major de la garde nationale de la presente ville sera invité et par tant que de besoin requis de faire faire la patrouille durant toutes les nuits, à commencer le dix-neuf du courant jusques après la perception totale de la récolte en bled; que cette patrouille, s'agissant de l'intérêt général, sera composée de vingt hommes dont seize iront par différents détachements rôder dans la campagne autour des pièces ensemencées pour empêcher le malheur préveu et arrêter et conduire en même temps dans les prisons du present lieu toutes personnes suspectes et qui leur seront inconnues qu'ils trouveront dans le cours de leur ronde, à charge par eux de rendre compte le lendemain à la municipalité de l'emprisonnement qu'ils auront fait, et a signé : Chaubin, procureur de la commune.

« Délibé ainsy qu'il a été cy-dessus requis, etc. »

20 juin. La municipalité prie le commandant de la troupe nationale de venir à l'hôtel de ville pour y prendre communication du décret de l'Assemblée nationale relatif à la fédération des gardes nationales, et des troupes du royaume et pour le mettre à exécution, afin que les membres choisis par ladite troupe puissent se rendre jeudi matin, 24 du courant, dans l'hôtel de ville de Marmande.

22 juin. Le procureur de la commune blâme l'état major du régiment patriotique qui paraît vouloir entreprendre sur les droits de la municipalité. Le conseil général, considérant que l'intérêt public réclame dans les circonstances présentes le secours de la patrouille, délibère qu'il sera tout de suite envoyé au corps de garde le nombre de vingt fusils, pour servir à ladite patrouille qui doit commencer à monter ce soir ; que, de plus, pour pouvoir charger les fusils en cas d'événement extraordinaire, il sera remis au quartier-maître quatre livres de poudre et huit livres de gros plomb.

23 juin. M. Antoine Rousset, élu par les électeurs de Marmande administrateur du district, envoie au conseil général sa démission de maire de la commune de Sainte-Bazeille.

4 juillet. Elu maire par l'assemblée des citoyens actifs réunis extraordinairement dans l'église hors la ville, sieur Jean Joly de Blazon jure par devant les officiers municipaux de maintenir de tout son pouvoir la constitution du royaume, d'être fidèle à la nation, à la loi et au roi et de bien remplir ses nouvelles fonctions.

La municipalité écrit la lettre suivante :

A Mr Rapin, commandant de la troupe patriotique :

A Ste-Bazeille, le 14 juillet 1790.

MONSIEUR,

« Nous venons d'être prévenus par MM. Laroche et Navar que vous exigiez de la municipalité une seconde invitation de sa part pour remplir les fonctions du grade dont vous êtes honoré. Nous avons cru que vous deviés être assez prévenu par notre première lettre et la proclamation qui a été faite qui invite tous les bons patriotes à se réunir aujourd'huy pour cellebrer l'anniversaire du 14 juillet.

Mais puisque vous avés besoin d'une seconde invitation, nous vous prions de voulloir vous rendre à nos désirs en assistant à la messe qui doit se chanter vers les dix heures dans l'église de dedans la ville, et au *Te Deum* qui se chantera égallement, le tout en l'honneur de la confédération généralle. Par ce moyen le serment civique qui se prêtera au lieu indiqué dans votre lettre, sera prêté avec toutes les formalités requises, et ce sera le vray moyen d'obtenir la paix et la tranquilité que nous sommes jalloux de maintenir conformément aux vues de l'auguste Assemblée.

Nous avons l'honneur d'être avec respect, Monsieur, vostres très humbles et très obéissants serviteurs,

JOLLY DE BLASON, maire, CLARIS, MARQUES, BEYLARD et BERTRIN, Officiers municipaux.

26 juillet. La municipalité, préocupée du maintien de l'ordre et de la tranquilité, requiert le commandant de la troupe patriotique de faire monter et fournir une garde suffisante tous les jours de foire et de marché, afin de veiller

à ce qu'il ne se commette aucun désordre, à la charge par ladite garde de donner connaissance aux municipaux des personnes qu'elle aura été dans le cas d'arrêter et de conduire en prison, pour que la municipalité inflige la peine. Et faute par M. le commandant de déférer à la présente délibération et réquisition, la municipalité le rend garant et responsable de tous les événements fâcheux qui pourraient, ces jours-là, se produire.

8 août. Un attroupement sans armes de quarante-cinq à cinquante citoyens s'étant formé sous la halle, le Maire, revêtu de son écharpe, leur demande le sujet pour lequel ils sont réunis. Ils répondent qu'ils ont une pétition pour la municipalité à laquelle ils s'occupaient d'envoyer six d'entr'eux. En conséquence, Michel Bertrin, fils aîné de Pierre Bertrin, Antoine Janneau, fils aîné, Jean Maubourguet, Jean Moreau, dit *Montille*, Jean Dupons et Jean Bertrin, tous lieutenants, sergents et volontaires dans la troupe patriotique entrent dans l'Hôtel de ville comme députés par leurs camarades. Ils disent qu'ils furent surpris, hier, vers dix heures du soir, d'entendre battre la retraite, et plus surpris encore ce matin lorsqu'assemblés en corps de troupe par ordre de leur commandant, ils ont entendu la lecture d'une délibération en forme de consultation du Directoire désapprouvant le refus qu'opposa mercredi dernier la municipalité à l'acceptation du choix fait par une partie de l'Etat-major, de la personne de Jean Peyrey, lieutenant, en qualité de député pour aller accueillir la bannière accordée au département de Lot-et-Garonne par la fédération générale. La raison du refus opposée par la municipalité est que Jean Peyrey vient de faire banqueroute et qu'il est censé avoir perdu son droit de citoyen actif. Donc les comparants prient, au nom de leur assemblée, la municipalité d'instruire MM. les Anministrateurs du Directoire du

département des raisons qu'ils viennent de donner et qui les empêchent de recevoir parmi eux ledit Jean Peyrey jusqu'à ce que, conformément au paragraphe 1er de l'instruction de l'Assemblée nationale sur la formation des nouvelles municipalités, ledit Jean Peyrey ait entièrement satisfait ses créanciers et fasse cesser par là le moyen d'exclusion de citoyen actif prise de son insolvabilité actuelle. De tout quoi lesdits comparants ont requis acte à ladite municipalité qui leur a été octroyé et ont signé.

Le même jour l'Assemblée municipale, faisant droit à la réquisition du procureur de la commune, se fait l'honneur d'envoyer à MM. les Administrateurs du département le procès-verbal dont elle a donné acte aux comparants y dénommés pour être par le Directoire pris en telle considération qu'il lui plaira.

13 août. Sieur François Castaing prête serment par devant les officiers municipaux de bien et fidèlement exercer la charge de collecteur dont il vient d'être revêtu.

16 septembre. Sieur Jean Janneau est élu officier municipal en remplacement du sieur Jean Marque, décédé.

23 septembre. Le Maire dit à l'Assemblée municipale qu'il a reçu avant-hier un extrait des registres des délibérations du conseil du district (séance du 20 septembre), d'où il résulte que ledit maire doit envoyer à M. Rousset, administrateur du district, les pièces justificatives du refus que le corps municipal a fait de recevoir l'inscription de Jean Peyrey sur le tableau des citoyens actifs, et qui prouvent manifestement que ledit Peyrey est insolvable.

1er novembre. Attendu que le courrier passe près des murs de Ste-Bazeille et que les habitants peuvent n'être plus obligés de payer un sol en plus du capital de chaque lettre, le Conseil général supplie MM. les administrateurs du département d'aviser au moyen de faire arrêter le courrier, pour y prendre et laisser les lettres et paquets des citoyens de la ville et de ceux des villes et villages circonvoisins.

16 novembre. Sieurs Jean Claris et Jean Larquey, nouvellement élus officiers municipaux, sieurs Jean Bertrin, aîné, Jean Despeyron, Jean Chaubin, Jean Feugas, Pierre Bertrin et Jean Bourg, nouveaux notables, prêtent serment par devant sieurs Joly de Blazon, maire, André Beylard, Jean Capoulade et Jean Janneau, officiers municipaux.

3 décembre. La municipalité de Marmande invite la municipalité de Ste-Bazeille à assister, le mardi suivant, à l'installation des juges du district. Sont députés à cette cérémonie sieurs Joly de Blazon, maire, Capoulade, officier municipal et Chaubin, procureur de la commune.

28 décembre. Lecture est faite devant l'Assemblée municipale de la lettre suivante de M. Lugat, archiprêtre et curé :

« L'Assemblée nationalle, Messieurs, a déclaré par ses décrets que dors en avant les frais du culte divin devoint être à la charge de la nation, je crois devoir vous en rafraychir la mémoire et vous demander à qui est-ce que je dois m'adresser pour me fournir soit le luminaire, soit l'encens, le pain et le vin qui sont nécessaires pour le Saint Sacrifice. Jusques à ce jour j'ay *fourny* tous ces objets à *mes dépens*, mais aujourd'huy je crois devoir vous avertir que je ne puis continuer de faire ce que j'ay fait et en conséquence je réclame cy-dessus pour samedy prochain premier de l'an 1791. J'espère que la municipalité voudra bien les faire fournir.

« J'ay l'honneur d'être avec respect, Messieurs, votre très humble et très obéissant serviteur,

LUGAT, archiprêtre. »

« Délibéré que affin que le culte divin ne soit pas discontinué dans la présente paroisse la municipalité priera M. le sindic-fabricien de rendre son compte de fabrique pour et affin que l'argent qu'il se trouvera avoir en mains en cette qualité puisse servir à l'entretien des objets demandés par ledit s^r Lugat jusques à ce que le département du Lot-et-Garonne, sur l'avis du district, ait pourveu aux dits objets, conformément à la dite lettre, dont coppie luy sera envoyée avec la présente délibération et que cependant, en attendant la susdite reddition de compte et l'ordonnance ou délibération du Directoire dudit département sur l'objet de ladite demande, mond^t s^r Lugat demeure prié par ces dites presentes de voulloir continuer lad^{te} fourniture, sauf juste et légitime indemnité.

« Et néanmoins sur la communication qu'a prise de la présente délibération led^t s^r sindic-fabricien, s'étant chargé luy-même de faire la fourniture dont s'agit, la prière cy-dessus délibérée envers Mond^t s^r le curé demeure révoquée. »

14 janvier 1791. Sieur Antoine Mouchet, docteur en médecine et ancien jurat, élu juge de paix par l'Assemblée primaire le 26 décembre 1790, prête serment en cette qualité devant le Conseil général de la commune.

« Du 28 janvier 1791.

« Dans l'Hôtel de ville et maison commune, le Conseil municipal étant assemblé, etc., a été dit par le procureur de la commune que samedy dernier, vingt-deux du courant, il fit remettre à M^r le curé de la présente ville, ne pouvant y aller luy-même, et ce par le s^r secrétaire-greffier de la présente municipalité, deux lois, l'une relative aux impositions indirectes et autres droits actuellement existants et faisant partie des receptes publiques ou de celles des anciennes provinces et aux octrois et droits qui se perçoivent au proffit des villes, communautés ou hôpitaux ; et l'autre relative au serment à prêter par les évêques, cy-devant archevêques et autres ecclésiastiques, fonctionnaires publics, affin de les publier le lendemain jour de dimanche au prône ou à l'issue de la messe, conformément aux décrets de l'Assemblée nationale ; que néanmoins, malgré cette remise, led^t s^r curé n'a pas fait la d^{te} proclamation. Partant, luy qui parle requiert que la municipalité, chargée de l'exécution des lois, instruise le Directoire du district de ce reffeus, pour et affin de se mettre à l'abry de tout blâme, à raison de l'inexécution des lois qui lui sont envoyées, et a signé : Chaubin, pr. de la commune.

« Déliberé que faisant droit à la réquisition cy-dessus attendu déffaud de proclamation au prône des lois énarrées dans ladite réquisition, la présente délibération constatant le susdit reffeus de la part du sieur Lugat, curé, sera envoyée au directoire du district.

« Fait en municipalité ledit jour mois et an que dessus.

« Joly de Blazon, maire, Capoulade, Jannau, Beylard, officiers municipaux, Noguères, secrétaire-g^r. »

« Coppie de la lettre écrite en réponse au procureur de la commune le 29 janvier 1791 dattée de Marmande par le procureur-syndic du district de Marmande :

MONSIEUR,

« Le dellay fatal pour la prestation du serment que MM. les ecclésiastiques doivent prêter en exécution de la loy du 26 décembre ne sera échu que de demain en huit. Ainsi vous ne devés point faire aucune démarche vis-à-vis les ecclesiastiques de vottre territoire. Et quoy qu'on en dise, je suis persuadé qu'après qu'ils auront examiné et réffléchy les principes de leur religion, ils ne verront point dans la loy de la constitution civile du clergé aucune disposition qui blesse ou gêne leur conscience. J'ose même croire qu'ils se prêteront à cet acte de civisme qu'ils doivent à la révollution et au puple (sic) qui leur est confié dont ils sont véritablement aimés.

« Je suis avec des sentiments fraternels, Monsieur, le procureur-syndic du district

Signé : « Mouchet. »

« L'original de laquelle lettre a été laissé ez-mains de M. le curé, pour luy servir de garant dans la continuation des fonctions de son ministère. »

« Du 13 février 1791.

« Dans l'hôtel et maison commune de la ville de Sainte-Bazeille le conseil municipal assemblé, etc., a été dit par le sieur maire que, chargé par la loy relative aux serments à prêter par les évêques, cy-devant archevêques et autres ecclésiastiques, fonctionnaires publics, du 26 décembre 1790, sur le décret de l'assemblée nationale du 27 novembre précédent, de dénoncer le deffaud de prestation de serment des ecclesiastiques, fonctionnaires publics, les sieurs Jacques Lugat, curé et Léonard Pasquerie, vicaire de la présente ville ne s'étant nullement présentés par devant nous, pour se concerter, non plus qu'au greffe de la présente municipalité, pour y faire leur déclaration de leur intention de prêter le dit serment, et d'effet ne l'ayant en conséquence point prêté, ce reffeus et deffaud de prestation de serment de leur part l'oblige de les dénoncer, comme il fait par le présent procès-verbal au sieur procureur-syndic du district de Marmande, le tout conformément au susdit décret du

27 novembre et ont signé : Joly de Blazon, maire, Capoulade, Larquey, Beylard, officiers municipaux, Noguères, secrétaire et greffier. »

(*Registres de la municipalité.*)

6 mars. Arrêté du directoire qui autorise la municipalité de Marmande à démolir les portes de la ville de Sainte-Bazeille.

« Affiche n° 3— Vente des biens nationaux— 1791.

« Département de Lot-et-Garonne.

« District de Marmande.

« Lundi prochain 14 mars 1791 à neuf heures du matin, en exécution des décrets de l'Assemblée nationale, etc, il sera procédé en la grande salle ordinaire des assemblées sise à Marmande dans le couvent des cordeliers à la publication, réception des enchères et adjudication définitive et à l'extinction des feux du plus offrant et dernier enchérisseur des fonds, pleine propriété et jouissance des biens et domaines nationaux dont la désignation suit :

(Au n° 7 de l'affiche) « le domaine de *La Clotte* situé dans la paroisse de Sainte-Bazeille, du revenu de 2.450 l. ci-devant possédé par les dames religieuses de l'Annonciade de Marmande, pour lequel le sieur Daubert de Peyrelongue a fait une offre de 5.400 livres.

... (Au n° 8 de l'affiche) « un journal de terre au lieu appelé à   paroisse de Sainte-Bazeille dépendant de la cure dudit lieu, pour lequel le sieur Blazimet a offert 1400 livres.

... (Autre affiche n° 11) « un pré situé au lieu appelé *au Goulard*, paroisse de Sainte-Bazeille, contenant huit lattes, ci devant joui par le curé de Sainte-Bazeille et estimé 308 livres, pour lequel le sieur Bernard Uteau, de la Sablette, a offert le prix de l'estimation.

... (Autre affiche n° 12, au n° 4) « environ un journal de terre labourable au lieu appelé au *Portanei*, paroisse de Sainte-Bazeille, ci devant joui par le curé de Sainte-Bazeille et estimé 792 livres.

... (Au n° 5) « un journal de terre, au lieu appelé au *pré des jettins*, paroisse de Sainte-Bazeille, ci devant joui par le curé de Sainte-Bazeille, estimé 1188 livres.

... (Au n° 6) « environ un journal de terre labourable au lieu appelé à *Jurques*, paroisse de Sainte-Bazeille, ci devant joui par le curé de Sainte-Bazeille et estimé 748 livres.

« Pour lesquelles précédentes pièces le sieur Uteau Bernard, de La Sablette, a offert le prix de l'estimation. »

23 mars. M. Lugat, curé, sollicite une indemnité du directoire à raison de l'augmentation par lui faite au presbytère de Sainte-Bazeille.

24 mars. Délibération du directoire relative aux pièces sur lesquelles le traitement de Mr Lugat a été arrêté et duquel il demande la révision.

26 mars. Autre délibération du directoire qui arrête qu'il n'y a pas lieu d'accorder au sieur Lugat l'intérêt à 4 % des fonds obituaires de la paroisse de Sainte-Bazeille.

30 mars. Arrêté du directoire qui détermine le compte de régie du sieur Lugat, ci devant curé.

27 avril. Il est délibéré que le sieur Lugat sera payé des fonds obituaires à proportion du service de l'intérêt à 4 % du produit de la vente des pièces de terre portées dans l'état des biens nationaux, et qu'il n'y a pas à délibérer sur les autres objets de sa demande. (*Papiers de M. Lacaze, libraire, à Agen.*)

1ᵉʳ juin. Le conseil municipal de Sainte-Bazeille vote pour la procession sur l'eau, d'ancien usage, la somme accoutumée. La procession a été retardée à cause du mauvais temps.

18 juin. Le conseil municipal, après avoir constaté la diminution considérable des revenus, casse aux gages le régent du latin, sieur Duthil, et le garde des jettins, sieur Rondereau, pour faire des économies.

22 juin. Le directoire arrête que les biens dépendant de la cure de Sainte-Bazeille seront vendus, sauf à payer au sieur Lugat, 4 % du prix, à condition qu'il justifie que lesdits biens sont affectés à l'acquit des services ou fondations.

26 juin. Dans la crainte de l'enlèvement du roi, le conseil délibère qu'il sera écrit à M. le commandant de faire faire une patrouille tant le jour que la nuit et qu'à cet effet, conformément à l'arrêté du directoire du département il sera établi un poste sur la grand'route, où la patrouille sera tenue d'arrêter toutes les voitures et tous les citoyens courant la poste et de les reconduire à la présente municipalité où ils devront exhiber leur passeport, à faute de quoi les voyageurs seront mis en état d'arrestation jusqu'à ce qu'ils aient justifié de leur domicile, de leur bonne vie et mœurs et des motifs et du terme de leur voyage.

27 juin. Le directoire arrête que les biens délaissés par sieur Joly de Sabla seront affermés; et que la dame Mouchet Uzard produira la justification de propriété de ses biens.

29 juin. On fait des visites domiciliaires et l'on trouve des paquets de poudre dans la boutique du sieur Antoine Mourgues et chez les sieurs Jean Capoulade, Guillaume Navar, Guillaume Chaubin, Michel Paloque, et des pierres

à fusil chez le sieur Jean Rapin. Ces objets sont transportés à l'hôtel de ville.

29 juin. La lettre suivante adressée à M. Bascans, prêtre habitué de Sainte-Bazeille, venait d'être interceptée.

« Monsieur, sy vous êtes dans l'intention d'aller demain à Lalanne, veuillez prendre la peyne de continuer votre promenade jusques au Mirail, j'aurois besoin de vous parler, et il n'est pas prudent, je pense, de me transporter à Sainte-Bazeille à cause de la foire. Vous obligerez celuy quy a l'honneur d'être votre très humble et dévoué serviteur,

ANGLADE, prêtre.

« Ce 10 juin 1791. » (sans nom de lieu).

« Par devant les sieurs Joly de Blazon, maire, André Beylard, Jean Capoulade, Jean Jannau, Jean Claris et Jean Larquey, officiers municipaux, comparaît sieur Bertrand Grilhon, suivi de la garde nationale, lequel leur remet la lettre qui avoit été cachetée avec une hostie blanche et dans l'état actuel décachetée. »

Lecture faite de la lettre, la garde nationale témoigne que pour la sûreté publique elle désire s'assurer s'il n'y avait pas des armes, des munitions ou autres instruments dangereux dans le ci-devant château du Mirail du sieur Labarthe et dans celui de Lalanne de la demoiselle Lapeyre, les officiers municipaux considérant qu'ils doivent employer tous les moyens possibles pour maintenir le bon ordre, la paix et la tranquilité et concilier le respect dû aux personnes et aux propriétés avec la sûreté de l'Etat, ouï et ce requérant M. le procureur de la commune, il est délibéré que la troupe nationale est requise sur sa demande de se transporter dans lesdits châteaux et d'y faire des perquisitions sous la conduite du commandant, sous-commandant et autres officiers nécessaires accompagnés des sieurs maires et officiers municipaux.

La visite est faite à 7 heures du soir, sous le commandement des sieurs Grammont de Laroche et Godefroy Rapin, qui déclarent, eux et leurs hommes, sur le procès verbal du même jour : « qu'après une exacte visite, il ne s'est absolument rien trouvé de dangereux et de suspect qui peut être dans le cas d'intimider et de faire naître de mauvais soupçons dans l'esprit des patriotes zélés pour le soutien de la constitution. »

9 juillet. La municipalité notifie à l'Etat-major de se conformer au décret de l'assemblée nationale en excluant de leurs corps les domestiques à gages qui, au mépris dudit décret, y ont été incorporés.

10 juillet. Défense est faite aussi de monter la garde pendant le jour, le danger n'existant plus.

12 juillet. Les Municipaux approuvent la nomination par la garde nationale des sieurs Godefroy Rapin, commandant en second, Antoine Joly et Jean Dupons, officiers, députés pour aller à Agen prêter le serment fédératif expliqué dans l'arrêté du directoire du département, séance du 21 juin dernier.

17 juillet. Le directoire arrête que les biens de la dame Mouchet Uzard seront eximés de la liste des émigrés, et que la déclaration des revenus du curé de Sainte-Bazeille pour servir à la fixation de son traitement, sera renvoyée au district de Marmande.

23 juillet. Le directoire arrête que les biens du sieur Sabla Laprade seront eximés de la liste des émigrés.

27 juillet. Le directoire arrête que le receveur du district de Marmande remboursera aux sieurs Navar et Chaubin ce

qu'ils ont payé au-dessus de 45 francs de capitation, à raison de l'exploitation de la dîme de Sainte-Bazeille pour l'année 1790.

31 juillet. Le directoire arrête que la dame Moustier aura la jouissance des biens sequestrés, délaissés par son mari, en versant au sequestre l'intérêt de la somme de 14000 francs.

9 août. Le directoire annulle une délibération du conseil général de la commune de Sainte-Bazeille relative au sieur Bertrin, nommé receveur provisoire des rôles.

12 août. Le Conseil général repousse la demande des habitants de Castelnau et de Lagupie qui voulaient augmenter le territoire de leur paroisse au détriment de celle de Sainte-Bazeille. Cette ville contenait alors 1200 âmes dans ses murs.

26 août. Le directoire reconnaît la validité de la créance de sieur Lugat, qui réclame la somme de 600 francs dûs aux pauvres de Sainte-Bazeille.

1er septembre. Le directoire déboute le sieur Joly Sabla de sa demande en main levée du sequestre des biens de son fils, émigré.

6 septembre. Arrêté du directoire relatif au double traitement demandé par le sieur Cabannes, vicaire de Ste-Bazeille.

18 septembre. On ne trouve personne qui veuille se charger de remplir la charge de receveur municipal pour lever l'impôt collecteur de 1791 et le nouvel impôt. M. Guillaume Deymier, jeune, élu en cette qualité par le conseil général, le 21 août précédent, n'avait pas accepté, non plus que M. Edouard Noguey, nommé le 29, qui donna le prétexte de sa mauvaise santé, ni M. Jean Mouchet, négociant, élu le 31, et refusant à cause de ses infir-

mités, ni M. Bentzmann, élu le 15 septembre, et donnant pour son refus la raison de son absence. Craignant à leur tour d'être élus, les membres du conseil général de la commune « considérant que leur qualité de notables ne doit pas les priver d'une faculté (du refus) dont il est libre à tout autre citoyen de jouir, suivant l'arrêté du département du 9 août 1791, d'autant mieux que, comme les autres citoyens, ou chacun d'eux a ses affaires journalières et beaucoup plus considérables même que ceux qui se sont jusques à présent demis, ont déclaré unanimement ne pouvoir procéder à la nomination d'aucun d'entr'eux, offrant même de donner leur démission de la charge de notable, à supposer qu'elle feut dans le cas de les astreindre et obliger à accepter la charge de receveur du nouvel impôt. » Le directoire avisera sur les moyens à prendre.

28 septembre. Le directoire écrit au procureur syndic du district de Marmande sur certaines démarches inconstitutionnelles que le sieur Mouchet, ex-curé non conformiste de Beaupuy, s'est permis de faire, et sur le refus qu'opposent les citoyens de la municipalité de Ste-Bazeille de se charger du recouvrement des impositions.

22 octobre. Le conseil général de la commune délibère qu'en vertu de l'arrêté du département et du mandement de l'évêque, il sera chanté un *Te Deum* en action de grâces pour l'achèvement de la constitution française, laquelle, sera proclamée dans tous les carrefours et lieux accoutumés de la ville le 23 du courant, et ledit mandement lu au prône par M. Courrèges, curé constitutionnel, et sera fait un feu de joie sur la grande route royale, auquel assistera la garde nationale, qui tirera des salves d'artillerie.

14 novembre. Sont élus maire, M. André Beylard ; officiers municipaux, MM. Antoine Mourgues, Charles

Timothée Grouillier et Pierre Bertrin; notables, MM. Antoine Guiraud, Jean Janneau, Jean Ragot, François Antoine, Bernard Barbarin, Guillaume Claris et Antoine Blondet.

24 novembre. Le conseil municipal établit la taxe de la viande : le bœuf ne pourra être vendu au-dessus de 12 sols, 6 deniers la livre ; le veau et le mouton, au-dessus de 15 sols; la vache, brebis et chèvre, au-dessus de 10 sols.

9 décembre. Arrêté du directoire relatif au compte de régie et fixation du traitement définitif du s^r Lugat, cy devant curé de Ste-Bazeille.

18 décembre. Le conseil général de la commune demande à emprunter la somme de 6.000 livres sur celle de 100.000 envoyée au département, afin de pourvoir à la subsistance des habitants et en particulier des pauvres cultivateurs qui se trouvent privés cette année de la ressource des années précédentes, à savoir, de trouver des négociants pour leur prêter du blé, à cause du ravage et de la détresse causés par les pluies printannières.

9 janvier 1792. Le conseil municipal prie les administrateurs du district d'avoir la bonté de nommer des commissaires pour constater sur place les dégâts occasionnés par le débordement de la Garonne du 16 et du 17 décembre dernier, et par celui du 25 du même mois, qui ont surtout dévasté la basse plaine. Il espère qu'on enverra des secours proportionnés aux pertes.

15 janvier. Le Conseil général délibère, sur une réclamation des fermiers des revenus communaux, qu'il leur sera fait raison de la perte qu'ils ont subie par suite de l'enlèvement des fonds, après estimation des experts, mais que, pour les ravinements et autres dégâts occasionnés par les

deux débordements dans les fonds ensemencés, il ne pourra leur être donné de dédommagement, parce que ces dernières pertes entrent dans le cas fortuit dont la communauté s'est préservée par une clause insérée dans le bail à ferme, la faculté étant d'ailleurs offerte aux fermiers d'abandonner leur bail pour le temps qu'il leur reste à courir.

23 janvier. Une délibération de ce jour nous apprend qu'une commissionnaire allait encore comme par le passé, chercher et porter les correspondances au bureau de poste de Marmande.

26 janvier. Le Conseil général insiste auprès du Directoire du département pour recevoir, à titre d'emprunt, les 6.000 livres déjà demandées le 18 décembre, attendu 1º que par on ne sait quelle fatalité les négociants ne veulent pas fournir la même ressource que les années précédentes, malgré que le pauvre et malheureux paysan leur offre comme de coutume bonne et suffisante caution ; et 2º que le prix du blé a beaucoup haussé depuis et qu'on a le mal au cœur de le voir hausser chaque semaine.

19 février. Le directoire du département ayant répondu à ces plaintes en n'envoyant que la somme de 1.005 livres, 6 sols, 10 deniers, la municipalité déclare ne pas pouvoir fournir, moyennant ce faible secours, au besoin de la plus petite partie des agriculteurs nécessiteux et considère que la majeure partie des habitants, ne pouvant participer à l'avantage de l'emprunt, est capable de s'exaspérer contre les officiers municipaux et se laisser entraîner à quelque insurrection. Pour toutes ces graves raisons le conseil général délibère que ladite somme ne sera point acceptée, afin d'éviter toute jalousie entre les citoyens qui seraient dans le cas d'user de la faculté de l'emprunt.

27 mars. Les sieurs Beylard, maire, et Chaubin, procureur de la commune, se rendront à l'invitation à eux adressée par le directoire du district, de se joindre aux autres maires et procureurs, afin de conférer au susdit directoire sur les affaires publiques.

18 avril. Une délibération de ce jour arrête qu'il sera procédé à la vente du terrain qui sert de douves ou fossés autour de la ville, au plus fort enchérisseur.

23 avril. Nous trouvons (*Papiers de M. Lacaze*) la copie du document suivant :

« Canton de Ste-Bazeille.

« Municipalité de Ste-Bazeille.

« Etat des émigrés conformément à l'arrêté du département de Lot-et-Garonne du 3 avril 1792.

« Le sieur André Uzard, ci-devant garde du roi, n'a rien en propre. Observation. S'est absenté depuis le mois de septembre dernier, marié avec demoiselle Jeanne Mouchet, veuve Desetz, qu'en se remariant avec ledit sieur Uzard ne s'est rien constitué, et, par conséquent, les grands biens qu'elle possède lui sont paraphernaux. Quant au sieur Uzard, nous ne lui connaissons pas de biens fonds dans ce pays-ci.

« Le sieur Joly Blazon

« A sa mère qui est jouissante des biens de feu son mari. Mais le sieur Blazon, depuis la mort de son père, a hérité d'une.... d'une de ses sœurs décédée, et est absent depuis le mois de décembre dernier.

« Le sieur Mouchet, fils aîné au négociant, a son père et sa mère et nous savons pour l'avoir ouï dire que depuis sa longue absence il a fait le voyage de l'Amérique, d'où il est revenu sans avoir paru dans le pays, en sorte qu'on ne peut savoir quel parti il peut avoir pris.

« Fait et arrêté dans la municipalité de la ville de Ste-Bazeille, chef lieu de canton, département de Lot-et-Garonne, district de Marmande, par nous maire et officiers municip. de laditte ville soussignés et ce en exécution de l'arrêté du directoire dud. département, séance du 3 avril 1792 et le 23 avril 1792.

« BEYLARD, maire, MOURGUES, BERTRIN, CLARIS, GROULIER, officiers municipaux, NOGUÈRES, secrétaire-général. »

A la suite nous lisons cet autre document sans date :

« Les pauvres de la municipalité de Ste-Bazeille ont droit à une rente de 600 liv. au capital de 15.000 liv. constituée sur le ci-devant clergé de France par acte du 30 juin retenu par Castel et Gibet, notaires à Paris. C'est le sieur Bori, receveur des décimes à Agen, qui acquitte ladite rente à la décharge du receveur général du clergé à Paris.

« Le directoire du département ayant par son arrêté du 26 août 1791 classé par mégarde cette rente au nombre de celles indiquées par la loi du 27 avril 1791 et, en exécution de l'article VII du titre 2, levé une ordonnance de payement sur le receveur du district de Marmande pour la rente échue au 1er avril 1791, les fonds en ont été faits par la trésorerie nationale, remis au receveur du district et acquittés au sieur curé chargé de les distribuer.

« Si ce versement a occasionné ou doit occasionner quelque interversion dans l'ordre du paiement dans l'ordre des rentes du clergé, M. le Ministre de l'intérieur est prié de faire remplacer les 600 liv. dans la caisse qui les a fournies à la décharge du clergé. »

29 avril. La municipalité fait afficher l'adresse suivante :

CITOYENS,

« La guerre est déclarée, et nous avons cette confiance

en Notre Seigneur, que notre bonne cause triomphera, pourveu toutesfois que par notre intolérance et notre inconduite, fruits malheureux de la désobéissance à la loy, nous ne nous rendions pas indignes de sa divine protection. Nous sommes libres, il est vray, chers concitoyens, mais comme la liberté ne consiste que dans la faculté de pouvoir faire tout ce qui ne nuit pas à autrui, n'irritons pas le ciel en outrepassant les bornes de cette faculté ; ne faisons à autrui que ce que nous voudrions qu'il nous feut fait, la loy qui est l'expression de la vollonté générale, deffend absollument toutes les actions nuisibles à la société, tous les individus quelconques qui composent cette société, sont également sous sa protection ; par conséquent c'est se rendre extraordinairement coupable à ses yeux que de ne pas avoir pour les personnes et leurs propriétés, tout le respect qu'elle nous ordonne si spécialement d'avoir. Jusques à présent vos officiers municipaux ne se repentent point d'avoir accepté les places dont vos suffrages les ont honorés ; mais, chers concitoyens, frères et amis, de quelle amertume leur cœur ne s'abreuveroit-il pas, si, en imitant le mauvais exemple des lieux circonvoisins, vous vous portiez à quelque insurrection contre ceux ou celles de nos frères ou sœurs qui par délicatesse de conscience ou fautte de sçavoir, croient pouvoir se dispenser de venir à la messe de notre estimable curé constitutionel ! Vous le scavés, frères et amis, la loy leur laisse à cet égard une pleine et entière liberté, le décret rendu dans la séance du 23 août 1789 dit en termes exprès, que nul ne doit être inquiétté pour ses oppinions même relligieuses. D'après cella, de quel droit pourriez-vous vous croire authorisés de les inquiétter en la moindre chose sur cet objet ? L'infraction de la loy est déléguée expressement à notre vigilance ; suivant son expression et sous notre responsabilité nos frères en Jésus-Christ, quoyque momentanément séparés de nous, doivent demeurer intacts ainsy que leur propriété à l'abry de son égide. Dans cet état, à quoy vos municipaux, chers amis, ne seroient-ils donc pas exposés si, faütte de surveillance et précaution de leur part, votre zelle outré pour la patrie vous engageoit à vous porter à quelque insulte contre eux ? Mais songés, je vous prie, que tout amour outré est plus tost considéré comme mal que comme bien, car toutes choses poussées à outrance enfantent le mal même dans la sainte religion que nous proffessons, puisqu'il est vray que sans elle nous ignorerions peut-être encore ce que c'est que le fanatisme, source féconde de tant de maux.

« Dans cet état, nos chers concitoyens, au nom du divin autheur de notre très sainte relligion, au nom de la nation, de la loy et du roy, nous vous invitons à la paix intérieure, qui seulle sera capable de fléchir la collère du Tout-puissant irrité contre l'un ou l'autre des deux partis.

« BEYLARD, maire,
LARQUEY, off. mp¹.
MOURGUES, off. mp¹.
CLARIS, off. mp¹.
GROULIER, off. mp¹.
NOGUÈRES. sʳᵉ gʳ. »

5 mai. Le conseil général de la commune accepte, à titre d'emprunt, la somme de 1.005 livres 6 sols 10 deniers pour subvenir au besoin des agriculteurs nécessiteux et délègue les sieurs Antoine Mourgues, officier municipal et Jean Chaubin, notable, pour aller le jour même au district retirer ledit secours et en fournir bonne et valable quittance.

9 mai. Cette somme demeurera entre les mains du sieur Antoine Mourgues qui la délivrera par portions aux por-

teurs d'un mandat du greffier de la municipalité signé par M. le maire et un officier municipal lesquels ne signeront lesdits mandats qu'au préalable ceux qui voudront participer au présent emprunt n'aient fourni bonne et valable caution, s'engageant par un bon billet à payer la somme empruntée, dans tout le mois de décembre prochain, à partir du 1ᵉʳ janvier dernier. L'intérêt leur sera remis ou ne sera pas exigé dans le cas où la nation n'en exigerait pas elle-même.

10 mai. Sieurs Pierre Bertrin et Antoine Mourgues sont envoyés à Marmande pour retirer un nouveau secours, à titre d'emprunt, de la somme de 2.020 livres, et en donner quittance.

12 mai. Le conseil général fidèle à l'ancien usage, donne 4 quintaux de pain froment aux pauvres de la paroisse, et du pain et du vin pour le déjeuner du prêtre et autres assistants à la procession dite de Castelnau, qui doit se faire mardi 15 du courant. Un bateau sera également disposé pour recevoir les fidèles qui voudront assister à la procession sur l'eau le jour de l'ascension.

14 mai. Le rôle de la contribution mobilière paraît mal fait au conseil municipal. Dans chaque cote d'habitation l'augmentation proportionnelle a été si mal gardée que les plus pauvres payeront proportionnellement trois fois plus que les plus riches, et que plusieurs cotes mobilières non sujettes à l'augmentation, ont été augmentées.

Le conseil général de la commune délibère qu'attendu que toutes les cotes d'habitation sont portées au-delà du quarantième des revenus des contribuables, lequel quarantième est le maximum fixé par le décret, Messieurs du directoire du département sont priés d'ordonner que les dites cotes seront réduites ainsi et comme elles sont fixées dans la matrice du rôle déposée au directoire du district.

24 mai. Le conseil général, considérant que la somme de 6.069 livres imposée par le directoire du district sur le rôle de la contribution mobilière de la présente paroisse, est si excessive que la grande majorité des habitants ne pourront jamais la payer, ce qui fournira aux ennemis du bien public une excellente occasion pour faire adopter leurs perfides insinuations jusqu'à présent infructueuses, pétitionne auprès des administrateurs du directoire du département, afin qu'ils aient la bonté d'ordonner que chaque cote d'habitation sera réduite au quarantième du revenu des logements.

Une insurrection s'élève contre M. Lugat, pour l'obliger à quitter la ville, où il exerçait le saint ministère auprès de tous ceux qui ne reconnaissaient pas comme légitime le curé constitutionnel.

30 mai. Les officiers municipaux font afficher en conséquence la délibération suivante :

« Ce jourd'huy trentième du mois de may, l'an quatre de la liberté 1792, le corps municipal étant assemblé au lieu de ses séances ordinaires, considérant que l'insurrection dont ledit corps municipal fut prévenu le jour d'hier par le bruit public, et notamment par la lettre du s^r Lugat, prêtre, qui annonce que les citoyens de la présente ville se disant amis de la constitution luy ont notiffié d'avoir à quitter la présente ville dans un dellay preffix et de ne plus y reparoître ; considérant que la démarche de ces citoyens est inconstitutionnelle, parce que, si ledit s^r Lugat s'est rendu coupable pour avoir agi contre les décrets de l'Assemblée nationale, c'est devant les tribunaux qu'il doit être accusé et qui seuls sont capables de lui infliger la peine que son infraction aux lois pourra mériter ; considérant encore que par la disposition de l'article IX de la déclaration des droits de l'homme et du citoyen, tout homme est présumé innocent jusques à ce que il ait été déclaré coupable, ledit corps municipal, meu par toutes ces considérations, ouy et ce requérant le procureur de la commune, improuve la conduite desdits citoyens et les invite au nom de la nation, de la loy et du roy, a respecter les personnes et les propriéttés, les invite pareillement à dénoncer à la présente municipalité tant ledit sieur curé que toutes autres personnes qu'ils connoîtront avoir enfreint la loy, affin que ladite municipalité puisse à son tour les dénoncer à l'accusateur public.

« Fait et arrêté en municipalité le dit jour mois et an que dessus.

« Affiché le 30 mai 1792. »

30 mai. *Les papiers de M. Lacaze* nous fournissent la copie du document suivant :

« Supplément à l'état des émigrés de la commune de Ste-Bazeille.

« — Bonneau, frères et fils de famille, possèdent deux maisons, un journal $^1/_2$.

« — Les héritiers de feu s^r Labail possèdent 65 journaux de fonds ; Gratian Monnereau et Jean Segrestan en sont fermiers.

« — Bonneau de Casteljaloux possède 162 journeaux en deux métairies.

« — Les sieurs Moustier, frères, de la ville de Marmande, possèdent 92 journaux divisés en un vignoble et une métairie qui est affermée à Pierre Claris.

« — Dublan Mauvesin possède 90 journaux 13 lattes et deux métairies affermées par Michel et François Rapin, frères.

« — Tastes, jeune, de Marmande, possède 65 journaux 15 lattes divisés en une métairie et un vignoble tenus à titre de ferme.

« Beylard, maire, Bertrin, Mourgues, Claris, officiers municipaux.

« A Ste-Bazeille le 30 may 1792.

« — Les héritiers du sieur Camiran possèdent dans la municipalité de Ste-Bazeille 23 journaux 13 lattes en pré ou aubarède, duquel bien le sieur Bertrin, officier municipal est fermier pour une somme de 960 liv. par contrat retenu par Pouvereau à la Réolle.

« — Antoine Joly Blazon :

« Mobilier	2000 liv.
« Quatre maisons, 9 lattes, un escat . .	4000 »
« Jardin, 10 lattes	500 »
« Terres, 34 journaux, 4 lattes, 3 escas.	27200 »
« Prés 12 journaux, 9 lattes, 13 escas .	12000 »
« Patures, un journal, 9 lattes	900 »
« Moulin, un journal, 11 lattes . . .	6000 »

« — Camiran :

« Prés, 23 journaux	35000 »

« — Les deux fils de Bonneau de Casteljaloux :

« Mobilier	2400 »
« Deux maisons, un j^l. une latte, un esc^t.	6000 »
« Terres, 124 journaux, 10 lattes, 9 escas.	99200 »
« Prés, 32 journaux, 6 lattes, 15 escas .	38400 »
« Vignes, 3 journaux, 2 lattes, 10 escas .	4500 »

« — André Uzard n'a rien en propre.

« — Le Blanc, de Bordeaux :

« Mobilier	1260 »
« Deux maisons, 8 lattes.	4000 »
« Terres, 60 journaux	48000 »

« Friches, 3 journaux	1000 liv.
« Prés, 28 journaux.	33600 »

« — Moustier, frères :

« Deux maisons, 8 lattes	9000 »
« Terres, 62 journaux	43400 »
« Prés, 12 journaux	12000 »
« Vignes, 13 journaux.	19500 »

19 juillet. Le conseil général, considérant que la patrie est en danger, délibère que jusqu'à nouvel ordre un officier municipal, à commencer par le sieur maire, se tiendra avec deux notables en surveillance permanente le jour et la nuit à l'hôtel de ville, pour garantir la sûreté publique.

Même jour. Louis Boyer remplace Jeanneton, femme de Jean Monget, porteuse de lettres au bureau de Marmande, aux gages de un sol par lettre et de 24 livres par an.

3 août. Le conseil général délibère que la commune aidera gratuitement les familles des courageux citoyens qui voudront partir pour défendre la patrie en danger, et que la présente délibération sera envoyée au directoire du département pour le prier d'autoriser la dite commune à imposer au marc la livre sur l'imposition foncière la somme que ledit conseil général trouvera nécessaire pour cet objet.

25 août. Le maire représente que le 4 de ce mois il fut fait une pique pour attacher à l'arbre de la liberté et payé 12 livres pour boire aux citoyens qui s'engagèrent, et qu'aujourd'hui il a été célébré un service pour les patriotes morts à la journée du 10 août à Paris, pour lequel le sieur maire acheta 10 cierges de demi-livre. Ces diverses dépenses sont au frais de la communauté.

4 septembre. « Par devant nous maire, et officiers municipaux, etc, s'est présenté sieur Bertrand Noguey,

prêtre, lequel a déclaré que depuis environ un an il avoit quitté la paroisse dans laquelle il exerçoit des fonctions religieuses et que depuis ce temps il avoit demuré dans le sein de sa famille habitant dans la présente municipalité et nous a déclaré aussy voulloir y continuer son domicile sous notre surveillance, de laquelle déclaration il nous a requis acte que nous luy avons octroyé et a signé avec nous. Noguey, prêtre, Beylard, maire, Mourgues, off. mp¹. »

Pareille déclaration de résidence de la part de M. Jean Chaudruc-Duclos, prêtre, et de M. Jean François Ferrand, ayant quitté leur paroisse, l'un depuis 6 mois et l'autre depuis 15 mois.

Les prêtres non assermentés sont forcés de partir pour l'exil. En conséquence, 10 septembre, « Dans la salle des séances de la municipalité de Ste-Bazeille s'est présenté sr Bertrand Noguey prêtre, cy devant curé de Laguppie résidant depuis un an de la présente ville lequel, pour satisfaire à l'article 2 de la loy du 26 août dernier, a déclaré qu'il étoit dans l'intention de se retirer en Espagne à St-Sébastien, de laquelle déclaration nous a requis acte et qu'il lui soit expédié un passeport à ce nécessaire et a signé avec MM. les officiers municipaux de cette commune. »

Son passeport donne le signalement suivant : « âgé de 67 ans, taille 5 pieds 2 pouces, visage plein, petit menton, bouche grande, nez ordinaire, yeux saillants et gris et gros, cheveux gris, le devant de la tête chauve, sourcil chatain clair. » On lit à la suite : « Le dit Noguey sera tenu de sortir du district de Marmande et du département de Lot-et-Garonne dans le dellay de huit jours, et du royaume dans le dellay de quinze jours. Le sieur Noguey tiendra la route suivante : de Ste-Bazeille à Langon, de Langon à Bazas, de Bazas à Roquefort, de Roquefort au Mont-de-

Marsan, du Mont-de-Marsan à Tartas, de Tartas à Dax et de Dax à Bayonne, et dans le cas où les circonstances le forceroient à prendre une autre route, il sera tenu de se présenter à la première municipalité avec le présent passeport et d'y prendre une nouvelle route. »

Le même jour, acte identique d'émigration de M. Jean Chaudruc Duclos, curé et chanoine sacriste de la Réole, pour St-Sébastien.

Le signalement : « âgé de 60 ans, taille 5 pieds 4 pouces, visage long, maigre, menton un peu fourchu et allongé, petite bouche, nez long, sourcils chatain foncé, yeux gris petits et enfoncés, portant perruque. »

Autre passeport pour M. Léonard Pasquerie, vicaire de Ste-Bazeille, dont le signalement porte : « âgé de 38 ans, taille 5 pieds 2 pouces, visage rond, bouche petite, menton rond, nez ordinaire, cheveux chatain longs sur le derrière, yeux gris un peu gros, sourcils chatain ;

Et pour M. Jean François Ferrand, curé de Castelnau, « âgé de 50 ans, taille 5 pieds 5 pouces, visage large, menton gros, yeux gris enfoncés, sourcils foncés, cheveux gris crépés ; »

Et pour M. Jean Pierre Bascans, prêtre habitué de l'église paroissiale de Ste-Bazeille, « âgé de 45 ans, taille 5 pieds 1 pouce, visage long et maigre, menton allongé, bouche grande, nez gros, yeux gris enfoncés, sourcils chatain foncé, cheveux noirs, une petite verrüe à la joue droite. »

12 septembre. « Le directoire du département applaudit au zèle de MM. Jean Maubourguet et Jacques Fourton, mais, attendu que le département a déjà fourny plus de vollontaires que le nombre fixé par la loy du 22 juillet, les dits sieurs sont invités à se retirer dans leur municipalité jusqu'à ce qu'ils reçoivent un nouvel avis de l'administra-

tion. Il leur sera payé par le district d'Agen trois sols par lieue jusqu'à Ste-Bazeille.

« Fait en directoire du département de Lot-et-Garonne le 12 septembre 1792 l'an IV de la liberté.

CREBESSAC, BARSALOU fils aîné, LAMARQUE, J. B. BRELLON, COUTAUSSE pr. g^l sindic »

14 septembre. André Maury, capucin, fait devant les municipaux la même déclaration de résidence que les autres ecclésiastiques dont nous avons parlé.

« 6 octobre, An 1er de la République, le citoyen Alexandre Courrèges (curé) a juré d'être fidel à la nation et de maintenir la liberté et l'égallité ou de mourir en la défendant. »

13 octobre. Comparait devant la municipalité le citoyen J. B. Mouchet Taillebourg, fils aîné du citoyen Jean Mouchet, négociant de Ste-Bazeille. Il veut faire la preuve qu'il n'est point émigré comme il en avait été soupçonné et produit des pièces qui prouvent que depuis le mois de janvier précédent il a fait sa résidence à Paris, où il a prêté le serment de liberté et d'égalité à la section de la Butte des Moulins, ainsi qu'un extrait du procès verbal de l'Assemblée générale de ladite section du 9 septembre 1792 qui atteste qu'il a donné à cette section le plus beau de ses chevaux, etc., et que depuis le 23 juin 1789 il a visité Paris, Londres, la Suisse et l'Amérique pour ses affaires commerciales.

Même jour. Le citoyen Antoine Mouchet, juge de paix de Ste-Bazeille prête devant la municipalité le serment civique.

25 octobre. Le citoyen Bertrand Rapin produit un certificat de la commune de Riom, département du Puy de Dôme, du 24 septembre 1792, pour lever tout soupçon sur son absence momentanée.

27 octobre. Les résolutions suivantes sont prises pour la célébration de la fête nationale : « Vu le décret de la Convention nationale du 28 septembre dernier et l'arreté du département de Lot-et-Garonne, le Conseil général de la commune se rendra avec les citoyens de la commune qui voudront les accompagner autour de l'arbre de la liberté, place de la Révolution, pour y chanter l'himne des Marseillois. Vu et considéré que la commune n'est pas dans le cas de faire de grandes dépenses, désirant néanmoins ledit conseil général procéder à ladite fette avec tout l'éclat dont elle est susceptible, a délibéré qu'il sera distribué à la classe indigente de la présente municipalité le nombre de cinq quintaux pesant de pain pour luy donner lieu et facillité de se réjouir ; qu'au surplus il sera également fourny un viollon et tambour et fifre, le tout aux dépens de la dite commune, pour faire amuser ceux qui ayant de quoi vivre, seront d'ailleurs bien aises de ne pas payer les instruments propres à leur divertissement.

« Arrête qu'en conséquence tous les citoyens demeurent invités par le présent arrêté à assister demain, jour de dimanche, à trois heures de l'après-midy, à la fette civique, et que, pour faire observer la tranquilité et l'ordre qui doivent reigner dans de pareilles fêtes civiques, une garde de vingt citoyens gardes nationaux seront requis, etc.

« Beylard, maire, Bertrin off. municip., Guiraud notable, Blondet notable, Chaubin, p^r de la commune, Noguères, secrétaire greffier. »

(Où sont les autres officiers municipaux et les notables ? Depuis le 3 août, c'est l'infime minorité du Conseil général qui assiste aux séances.)

7 novembre. Après affiches posées relatives à l'adjudication des piques que la communauté doit faire fabriquer pour l'armement des citoyens, un seul adjudicataire se

présente, Pierre Segrestan, fils aîné, taillandier, qui se charge de faire 68 piques à raison de 5 livres, 10 sols chacune.

12 novembre. Deux officiers municipaux et deux notables seulement assistent à la séance pour nommer l'officier public.

15 novembre. Le zèle des autres ayant été réchauffé, le Conseil général, au nombre de dix membres, élit les citoyens Antoine Blondet et Antoine Guiraud, en qualité d'officiers publics, pour tenir les registres des naissances, mariages et décès.

29 novembre. Prêtent serment les citoyens Michel Chaubin, homme de lois, élu juge de paix par l'assemblée primaire du 25 précédent, ainsi qu'Antoine Blondet, Jean Claris, André Beylard et Antoine Bertrin, assesseurs, et Pierre Teyssier, fils, greffier.

3 décembre. Le nouveau Conseil général élu se compose des citoyens André Beylard, maire, Antoine Blondet, procureur de la commune, Antoine Mourgues, Charles Timothée Groullier, Antoine Bertrin, Jean Claris et Jean Dupeyron, officiers municipaux, Jean Ragot, aîné, Jean Feugas, François Chollet, aîné, Pierre Bertrin; Jean Janneau, Guillaume Claris, fils, Jacques Dupons, Jean Bertrin à l'Hôpital, Jean Moreau, Jean Dupons, tonnelier, Jacques Maubourguet et Jean Baudichon, notables. Le citoyen Noguères est élu secrétaire, et les citoyens François Chollet, aîné et Jean Dupeyron sont nommés officiers publics en remplacement des citoyens Antoine Blondet et Antoine Guiraud, démissionnaires.

11 décembre. Antoine Maubourguet, menuisier, reste adjudicataire de 230 manches de piques à raison de 25 sols chacun.

26 décembre. Les notaires ne pouvant exercer leur

ministère s'ils ne sont pourvus d'un certificat de civisme et la présente municipalité comptant dans son sein trois notaires publics, Chaubin, Chollet et Goyneau, le Conseil général ne délivre ledit certificat qu'au citoyen Michel Chaubin, et délibère, en outre, que pour occuper la classe indigente, il sera adressé une pétition au département pour pouvoir faire démolir les portes de Ste-Bazeille, à l'imitation des villes voisines.

8 janvier 1793. Une lettre du directoire du district annonce au citoyen maire qu'il revient à la présente municipalité une somme de 2.880 livres en coupures d'assignats de 10 et 15 sols pour être employés à l'échange d'assignats de plus fortes sommes et principalement à la rentrée des contributions.

Depuis la dernière élection, la moitié des membres du Conseil général n'assiste pas aux séances.

30 janvier An II de la République française. Le conseil général de la commune certifie que la dame Suzanne Lacropte Boursac, âgée de 41 ans, ci-devant chanoinesse du chapître de *Bourbour*? taille 5 pieds, yeux petits et bleus, nez gros un peu aquilin, bouche moyenne, un peu gravée de petite vérole, cheveux chatain clair, habite dans sa maison depuis le 22 du présent mois, qui est le jour de son arrivée de Paris, où lui fut expédié un certificat de présence par le commissaire de police de la section de la Croix Rouge.

7 février. Le citoyen maire ayant mis sur le bureau une lettre du citoyen Boucherie, administrateur et directeur du bureau des impositions du district de Marmande tendant à une imposition de frais locaux, le citoyen procureur de la commune, considérant que ladite municipalité est obérée de dettes, qu'elle n'a pu payer ses impositions des années 1790 et 1791, et qu'elle a quantité d'autres dettes pour lesquelles les créanciers demandent chaque jour et sans ménagement,

lui qui parle requiert que le conseil délibère dans sa sagesse sur les sommes qui sont nécessaires à la municipalité et qu'il en motive les besoins, conformément aux états qui lui sont adressés. Le Conseil municipal arrête qu'il sera demandé aux citoyens administrateurs du directoire du département et du district de leur accorder une imposition locale de la somme de 2.580 livres pour subvenir aux besoins les plus pressants, savoir :

« Pour l'année 1791 :

Droits de perception des contributions foncières et mobilières	600 liv.
Pour l'année 1792 :	
Pour pareille perception	600 »
Pour le régent françois	280 »
Paiement et entretien de 2 valets de ville.	400 »
Paiement du secrétaire greffier . .	400 »
Papier, chandelles et bois	300 »
TOTAL	2580 »

14 février. Le citoyen Martinet, sergent du 2me bataillon de notre département, a remis un arrêté du directoire du 6 de ce mois invitant tous les vrais patriotes à voler au secours de la patrie et à compléter le susdit bataillon. Le conseil municipal requiert le citoyen St-Avit, commandant en chef le bataillon du présent canton, d'ordonner à tous les gardes nationaux du présent canton de se rendre à Ste-Bazeille le 24 du courant dimanche à neuf heures du matin pour faire ledit recrutement.

14 et 16 mars. Les citoyens Guillaume Moreau, Pierre Teyssier et Nicolas Mouchet Lille, ayant subi le sort, se font remplacer.

18 mars. Les citoyens Chollet aîné, Guiraud, Chaubin et Ragot aîné, parlant au nom de la *Société des amis de la liberté* formée le 1er juillet 1791, demandent au conseil général la salle de la maison presbytérale pour y tenir provisoirement les séances de ladite *société* les dimanche, mardi et jeudi de chaque semaine. Ledit conseil, d'accord avec le cⁿ. curé qui n'habite pas ladite maison, donne son consentement.

21 mars. D'après un arrêté du directoire du département demandant 301 hommes ou *volontaires de la Vendée*, au district de Marmande et 17 à Sᵗᵉ-Bazeille, se sont fait inscrire les citoyens :

« Jean Péré, domestique de Mathieu Rapin; Pierre Jusix, chez Andrieu; Pierre Lamarque, charroyeur de Marmande.; Jean Boissonneau, 2ᵐᵉ canonier à Gaujac ; Jean Brunet; Michel Maubourguet, menuisier ; Jean Duflaud, forgeron du Petit-Saint-Martin ; Jean Junqua ; Jean Peyrey second, tailleur ; Etienne Dupuy, maçon ; Antoine David, menuisier; Antoine Gatteau ; Jean Bizier, tonnelier ; Jean Ragot, troisième ; Pierre Sauvestre, charpentier ; Jean Laffitte, laboureur (qui a été réformé) ; François Janneau, fils ; Guillaume Claris ; Jean Picard, lesquels devront se rendre dimanche prochain devant le directoire pour y prendre les ordres. »

16 mars. Le citoyen Bentzmann, adresse aux cˢ officiers municipaux et notables de Sainte-Bazeille la lettre suivante :

CITOYENS,

« Comme héritier de feu Timotté Joly Sabla, mon oncle, par son testament du 1ᵉʳ mai mil sept cent quatre-vingts onze, et décédé le 9 novembre même année, étant chargé d'acquitter un legs de dix mille livres qu'avoit fait feu Alexis Joly Sabla son frère et mon oncle par son testament du quatre septembre mil sept cens quatre vingt cinq qui le chargeoit de faire acquitter ledit legs par ses héritiers ou ayant cause comme appert par lesdits testaments que je produiray s'il est nécessaire, pour la rente d'ycelle somme de dix mille livres être employée aux bouillons des pauvres et au soulagement des familles honteuses de cette paroisse, et comme le testament du légataire porte que cette susdite somme devra être payée aux dames de la charité ou au curé de cette paroisse après le décès de Thimotée Joly Sabla, son frère, aux fins de placer cette susdite somme, et de l'intérêt d'ycelle en faire à leur gré et vollonté la distribution en faveur desdits pauvres de la présente paroisse ; voyant dans ce moment que je ne puis me délibérer de cette manière, les corporations étant abolies par un décret de l'assemblée nationale, je crois ne pouvoir mieux m'adresser qu'à vous, citoyens officiers municipaux et notables, pour vous déclarer que mon intention est dans ce moment de me libérer de cette dite somme de dix mille livres que je suis chargé d'acquitter. Je vous prie donc à cet effet de peser dans votre sagesse aux fins de placer cette dite somme de la manière la plus assurée et la plus légalle au plus grand avantage des pauvres de cette paroisses. En attendant votre décision, j'ay l'honneur d'être avec fraternité,

Bentzman.

Ste-Bazeille le 16 mars 1793. »

26 mars. Le conseil municipal placera ladite somme de 10.000 livres à l'intérêt et la retirera dans le cas où un hôpital serait fondé.

30 mars. Le conseil municipal délibère au nombre de 4 membres qu'il sera commandé deux paires de souliers

pour chaque volontaire et envoyé les 48 paires déjà faites, les cordonniers refusant de faire les 60 autres paires demandées par le directoire du district, à cause du besoin de divers particuliers qu'ils sont obligés de servir.

3 avril. « Devant le conseil municipal s'est présenté le citoyen André Maury, prêtre régulier, ci-devant capucin, qui, après avoir pris communication de l'arrêté du département, du 30 mars dernier, relatif à l'arrestation et détention des ecclésiastiques non assermentés, a déclaré vouloir y satisfaire pleinement sur le point de la détention et vouloir se rendre à Agen dans la maison qui lui sera désignée. Nous lui donnons à sa demande copie de cette délibération et l'attestation de sa conduite régulière n'ayant commis aucun acte contre les lois. »

3 avril. Le conseil général au nombre de 12 membres, forme son comité de sûreté générale pour surveiller les actions malveillantes de ceux qui tentent d'anéantir la liberté et l'égalité et les dénoncer au comité du chef-lieu du district qui s'adressera ensuite au comité central. Il nomme à cet effet les citoyens Chollet, fils aîné, par 10 voix, Rousset par 8, Godefroy Rapin par 6 et Feugas par 5.

4 avril. Les citoyens André Bertrin et Pierre Bouillou aîné s'étant plaints qu'ils ne trouvaient pas de pain chez les boulangers, ceux-ci sont interpellés par les municipaux. Plusieurs répondent qu'ils font du pain tous les jours et le débitent au premier venu, les autres disent que, s'ils n'en font pas tous les jours, c'est à défaut de grains et à cause du refus des marchands de leur en vendre au cours. En conséquence le Conseil municipal délibère qu'il se transportera, en compagnie des boulangers, dans les maisons où ils croiront qu'il y a du blé au dessus de la provision.

5 avril. Le conseil général, considérant la grande disette

de grains, délibère qu'il prendra des mains du citoyen Bentzmann la somme de 7.000 livres sur celle de 10.000 qu'il doit aux pauvres. Les citoyens Mourgues et Blondet iront à Bordeaux acheter des grains pour cet argent.

7 avril. Le conseil général délibère, en outre, qu'il sera emprunté aux citoyens de la commune une somme suffisante pour approvisionner de grains la ville de Ste-Bazeille.

10 avril. Les citoyens qui ont volontairement prêté pour cet objet, sont :

« Bentzman, 500 livres ; Antoine Blondet, 100 livres ; Bertraud Rapin aîné, 400 livres ; La citoyenne Uzard, 100 livres ; Les citoyennes Noguey, 400 livres ; Godefroy Rapin, 200 livres ; Uteau Risens, 100 livres ; Deymier, frères, 200 livres ; la citoyenne Bouïre, 200 livres ; Arnaud Ferrand, 100 livres ; Michel Rapin, 100 livres ; la citoyenne Rapin, 200 livres ; Tastes du Mirail, 2000 livres ; soit en tout 4500 livres remboursables sans intérêt au mois d'août prochain. »

15 avril. Le directoire du district rembourse à la municipalité 17 quintaux de farine fournis par elle lors du passage à Ste-Bazeille de la cavalerie du département.

16 avril. Le moment devenant de plus en plus critique, le citoyen Louis Lasserre, accompagné du citoyen Pierre Bertrin, membre du conseil général de la commune, est député pour aller acheter dans toute l'étendue du département le blé, le seigle ou les farines nécessaires à la subsistance. Les citoyens Mourgues et Blondet n'ayant pu se procurer à Bordeaux où ils avaient été envoyés, aucune quantité de grains, devenus trop rares, remettent entre les mains des deux premiers la somme de 14559 livres qui leur avait été confiée pour leur commission.

23 avril. Les citoyens Mourgues, Jean Bertrin, Jean

Feugas, François Hyacinthe Chollet se transporteront chez tous les citoyens pour y prendre état des grains qu'ils y trouveront.

Même jour. Les volontaires seront présentés aux citoyens commissaires du conseil exécutif.

30 avril. Le citoyen Jean Uteau, ayant tiré au sort et rapporté un billet portant l'inscription *volontaire*, se fait remplacer par le citoyen Jean Morin de Marmande.

9 mai. Le citoyen Jean Uteau, dit *Tillon*, ayant aussi tiré un billet de *volontaire* se fait remplacer par le citoyen Jean Péré, pour la somme de 700 livres.

Vendredi 10 mai. Le citoyen Courrèges, curé constitutionnel, s'enfuit de Ste-Bazeille sans prévenir personne.

14 mai. Les citoyens Antoine Bertrin et Charles Timothée Groullier, officiers municipaux sont chargés de se rendre immédiatement auprès du citoyen Constant, évêque d'Agen, pour obtenir un autre curé, en attendant le moment des assemblées électorales, la privation de prêtre excitant les murmures publics et des menaces à l'adresse du procureur de la commune.

17-19 mai. Les citoyens Pierre Moreau, Guillaume Martinet, dit *l'Alisé*, et Jacques Claris, se font remplacer par les citoyens Martin Gay, Martial Rousseau et Jean Fabès pour le service militaire.

2 juin. Le procureur de la commune dit avoir reçu la loi du *maximum*. Il fait remarquer que la commune est chargée d'environ 60 boisseaux de meture, revenant à 43 livres 10 sols chacun et qu'aux termes de la loi fixant ledit *maximum* il en résulte une perte considérable pour la municipalité. Le conseil général délibère que ladite meture sera livrée à 32 livres le sac, mesure de la Réole et que la perte restera au compte de la communauté.

3 juin. Le citoyen Joseph Berné se présente devant le conseil municipal et lui exhibe sa nomination de desservant de la paroisse de Ste-Bazeille.

5 juin. Une garde est établie au lieu de la *Barraque*, ainsi qu'au pont de Lamothe, pour empêcher la sortie des grains et farines, et défense est intimée aux meuniers de délivrer des farines sans permission.

16 juin. Le conseil général délibère encore qu'une garde sera placée sur le bord de la Garonne pour arrêter tout bateau chargé de grains, jusqu'à ce qu'on en aura retiré, acheté et porté dans la maison commune la capacité de 100 boisseaux, afin de pourvoir au besoin des habitants, dont la famine pourrait amener une insurrection. Il sera fait en même temps une visite domiciliaire pour trouver des grains.

17 juin. On requisitionne les chevaux pour l'armée.

21 juin. Le conseil municipal assemblé en permanence dans la maison commune, considérant que la disette des denrées de première nécessité est sur le point de soulever le peuple qui réclame à tout instant du pain, délègue le citoyen Groullier pour aller à Marmande réclamer aux administrateurs la portion de blé qui doit revenir à la commune de Ste-Bazeille, dont la population est de 2400 âmes, sans y comprendre les étrangers, les voyageurs et les voisins.

22 juin. Le conseil général siégeant en présence d'un très grand nombre d'habitants invités pour donner leur avis, délibère que la farine ne sera pas livrée aux particuliers au-dessus de 50 livres et que les boulangers prendront, s'ils veulent, la meture qui se trouve dans l'hôtel de ville. Ceux-ci devront néanmoins faire alternativement deux fournées par jour, qui seront distribuées, et la manipula-

tion et distribution s'accompliront sous la surveillance d'un commissaire de la municipalité et dans la salle commune, où le pain cuit sera porté. Les boulangers recevront 30 sols par quintal pour leur travail.

26 juin. Devant le conseil général assisté de plusieurs citoyens, se présente le citoyen Jean Jolly, natif de Tonneins, instituteur français, qui se propose pour remplacer le citoyen Rabier hors d'état d'enseigner à cause de son grand âge. Mais ledit Jolly ne trouvant pas suffisants les gages de 200 livres, il est délibéré qu'un membre de la municipalité se transportera, le jour même avec le citoyen postulant, auprès des administrateurs du district, afin d'en obtenir un traitement en rapport avec les talents dudit citoyen. Ensuite, l'assemblée, dans laquelle se trouvent des habitants de Ste-Bazeille et de Lagupie, décide à l'unanimité de donner 10, 15 et 20 sols par mois pour apprendre à la jeunesse la lecture, l'écriture et le calcul, au lieu de 6, 10 et 15 sols qu'on avait donnés jusqu'ici.

8 août. Voulant prouver à la République entière la joie qu'a porté dans tous les cœurs l'acceptation de la constitution, et manifester de plus en plus le zèle qui doit animer tous les corps constitués, le conseil général délibère qu'il sera chanté une grand'messe, samedi 10 août, fête de la Fédération, et que tous les citoyens seront invités par une affiche et par le son de la caisse et de la cloche, à se trouver à 10 heures du matin dans la grande église, et à solemniser ensuite le glorieux anniversaire toute la journée.

Même jour. Ledit conseil, averti par les citoyens Peyrey et Bertrin qu'une foule d'habitants de la ville et municipalité de Marmande leur ont arrêté, malgré les représentations de ladite municipalité, 48 boisseaux de blé froment qu'ils avaient ramassés dans un domaine de

Druilhet, émigré, décide d'user de représailles et de nommer des commissaires qui seront chargés de visiter toutes les métairies des citoyens ne résidant pas dans la commune de Ste-Bazeille et de leur faire défense d'en laisser sortir aucune espèce de grains. En outre, quiconque vendra ou achètera des grains en dehors du marché, sera condamné à 3 livres d'amende, et des gardes seront placés qui conduiront sur le marché ceux qui auront du blé ou autre céréale à vendre.

30 août. Le citoyen Bentzmann se présente devant le conseil général et se libère en faveur des pauvres des 3000 livres qu'il avait encore à verser, en vertu du testament d'Alexis Joly Sabla, son oncle.

— Même jour. Les gages du citoyen Noguères, secrétaire-greffier, sont portés de 200 à 400 livres.

9 septembre. Il est délibéré aussi qu'on démolira les portes de la ville et le haut des murailles de l'enceinte pour paver le chemin de Ste-Bazeille à Couthures.

11 septembre. Procès verbal est dressé contre certains habitants de la ville qui se proposaient d'enlever de nuit une grande quantité de pain et de l'emporter à Bordeaux. Il fut trouvé chez Jean Guerre, voiturier de Sainte-Bazeille 27 miches cachées, les unes dans des malles et les autres dans du foin, et constaté qu'un tel commerce se faisait depuis longtemps. Une enquête devra rechercher s'il y a complicité de la part des boulangers.

2 octobre. Les citoyens François Mallardeau, Antoine Laffargue et Antoine Bousquet, membres délégués du directoire du district, convoquent dans l'église de Ste-Bazeille les citoyens d'un républicanisme bien prononcé, en vertu d'un arrêté du citoyen Paganel représentant du peuple, qui destitue la municipalité et invite à la nomination d'une nouvelle.

Les citoyens de la commune réunis dans l'église sont appelés par lesdits commissaires à donner leur opinion sur le choix de ceux qui doivent remplacer la municipalité et le conseil actuels et désignent :

Pour maire, Antoine Guiraud ;

Pour officiers municipaux: Brunet, aîné, à l'hôpital, Jean Peyrey, à la Place, Jean Feugas, maréchal, Jean Janneau, à Sallet, Jean Ragot, jeune ;

Pour procureur de la commune: Pierre Douet.

Pour notables: Teyssier, père, André Bertrin, Antoine Maubourguet, Michel Maubourguet, Michel Segrestan, Pierre Bouillou, jeune, Baptiste Clouet, Jean Moreau Mantille, Junqua, cadet, Charlot, menuisier, Antoine Bertrin, Peyron, oncle.

L'arrêté de Paganel est ainsi conçu : « Le même représentant, après s'être convaincu par les témoignages les plus sûrs de l'incivisme de la municipalité de Ste-Bazeille et de son insubordination affectée envers les corps supérieurs qui luy a mérité la juste sévérité de l'administration du département et que le nommé Mouchet, ci-devant procureur-sindic du district, est l'instigateur de tout le désordre qui règne dans la dite municipalité ; considérant qu'une pareille conduite ne peut être tollérée plus longtemps sans que la chose publique en souffre et que les patriotes ne soint la victime d'une poignée d'intrigans ;

« Arrête que la municipalité de Ste-Bazeille est et demure cassée, qu'elle sera renouvellée en entier sous la surveillance des commissaires nommés par le district et qui sont expressemement chargés de mettre le present arrêté à exécution et d'en instruire les représentants du peuple délégués dans le département, les authorisant à prendre toutes les mesures que les circonstances pourroint necessiter;

« Arrête au surplus que le nommé Mouchet Lardan sera

mis en état d'arrestation comme suspect à la dilligence du procureur-sindic du district qui demure responsable de la présente mesure ; et déclare comprendre le conseil général de la commune dans la destitution par luy prononcée pour être renouvellé de même que la municipalité par les commissaires du district d'après l'attestation des citoyens d'un républicanisme reconnu. »

4 octobre. Le nouveau conseil général délibère que la précédente municipalité rendra compte de son administration et qu'inventaire sera dressé de tous les registres, titres, papiers et autres objets déposés dans l'hôtel de ville.

6 octobre. La proclamation de la Constitution qui avait été négligée par la précédente municipalité, sera faite à l'issue de vêpres solennellement et à haute et intelligible voix sur la place publique et aux quatre principaux carrefours et là, tout le peuple jurera, la main levée, *de soutenir la république une et indivisible ou la mort.*

Le procureur de la commune, à la suite de la municipalité, a levé avec elle la main en chacun de ces endroits et prêté ledit serment et le peuple a crié : « *Vive la République une et indivisible ! Vive la Constitution et les sans-culottes !* »

7 octobre. « Aujourd'huy septième du mois d'octobre mil sept cents quatre ving treize et l'an second de la République française, nous maire et officiers municipaux de la présente municipalité, assistés des citoyens maires et un officier municipal des municipalités de Mauvezin, Castelnau, Lagupie et St-Martin, formant le présent canton, réunis dans notre autel commun en execution de l'Arrêté du citoyen Paganel représentant du peuple en datte du 27 septembre dernier, pour procéder à la nomination de deux citoyens pour être adjoints aux citoyens Duzan, Fisellier, officier municipal, Betheile, Mouran fils, Galibert Courrèges,

Rouilhan et Lespinasse, tous les sept formant le comité de salut public près le district de Marmande relatif à l'arrestation des gens suspects, sur quoy nous susdits officiers municipaux nous avons procédé à la dite nomination comme de fait avons nommé à haute voix à la majorité des suffrages les citoyens Laffargue, habitant de la municipalité de Castelnau, et Jean Peyrey, officier municipal de cette ville, commissaires adjoints au comité de salut public, séant à Marmande, chef-lieu de district.

« Pouverreau, maire, Maubourguet, maire, Uteau, maire de Laguppie, Uteau, maire, Guiraud, maire, Douet, pr. de la com^e, Jeanneau, offi. mp^l, Veilhon offi. mp^l, Sauviac, offi. mp^l., Peyrey, mp^l., Uteau, offi. mp^l. »

7 octobre. Le citoyen Noguères est révoqué de ses fonctions de secrétaire-greffier et le citoyen Pierre Tessier, fils, mis à sa place.

11 octobre. Le conseil général arrête que les officiers municipaux pourront autoriser les citoyens nécessiteux à se faire délivrer du blé pour un mois chez les propriétaires qui en auront au-delà de leur provision, et les boulangers de même, afin de fournir du pain aux citoyens qui leur en réclament à chaque instant.

14 octobre. Le conseil général, fixant le *maximun* des salaires, gages, main d'œuvre et journées de travail suivant le décret de la Convention nationale du 29 septembre dernier, arrête 1º que la journée des travailleurs de terre est fixée à 22 sols depuis le 15 octobre au 31 mars, et à 36 sols depuis le 1er avril ; 2º que la journée des artisans est fixée à 36 sols du 15 oct. au 31 mars, et à 45 sols pour le reste de l'année ; 3º que le labour d'un journal sera de quatre livres 10 sols et un charroi de 30 sols.

15 octobre. Les citoyens Antoine et André Bertrin sont élus officiers publics.

17 octobre. La municipalité fera incessamment des visites domiciliaires chez les propriétaires de grains qu'ils croiront suspects d'avoir fait de fausses déclarations et ceux qui seront trouvés dans ce cas, seront poursuivis selon toute la rigueur de la loi du 11 septembre dernier.

20 octobre. Les cabaretiers, excédant le *maximum*, ne pourront vendre le vin qu'à raison de 15 sols le pot.

Même jour. Le conseil général arrête que demain tous les titres, brevets de noblesse, papiers seigneuriaux déjà remis au greffe et les quatre robes et chaperons de l'ancienne municipalité « qui marquent une espèce d'ancien régime, monstres qui ne doivent plus paroître aux yeux des bons républicains sans-culottes », seront livrés aux flammes d'un bûcher jusqu'à leur entière consommation. Le citoyen Berné, desservant de la paroisse, sera invité à dire le même jour une messe pour le succès des armes de la république, à laquelle assistera ledit conseil en corps, et seront invités tous les citoyens et citoyennes. Au dîner civique qui se donnera autour de l'arbre de la liberté et de l'égalité seront réunis tous les bons sans-culottes pour resserrer de plus près les liens qui les unissent.

21 octobre. « Aujourd'hui vingt-un du mois d'octobre mil sept cents quatre vingt-treize, l'an second de la République française une et indivisible, dans l'hôtel et maison commune de la présent ville, à minuit, nous maire, officiers municipaux et membres du conseil général de la dite commune réunis au lieu de nos seances ordinaires pour dresser procès-verbal de tout ce qui s'est passé cette journée, en exécution de notre délibération du jour d'hier, relative au brullement des titres féodaux, des robes et chaperons de l'ancienne municipalité, d'une (*sic*) messe pour le succès des armes de la République et d'un repas civique. Le conseil général en corps réuni dans l'hôtel commun à

huit heures du matin, le citoyen juge de paix de ce canton, ensemble la garde nationale sous les armes, nous sommes transportés dans l'église pour entendre la messe susdite. La messe finie nous sommes mis en marche pour retourner à l'hôtel commun, au devant de la porte duquel nous avons tous ensemble chanté l'imne des Marseillois; cela fait, nous avons fait rendre devant ledit hôtel commun un tombereau, sur lequel nous avons fait mettre tous les papiers susdits. Pour lors, toutes les gardes nationales se sont empressées à prendre les dites robes, pour les porter au bout de leur pique ; ils les ont amoncelées (*sic*) avec leurs couteaux pour en avoir chacun un morceau. Cela fait nous sommes partis pour nous rendre hors ville, au lieu indiqué pour jetter aux flammes les susdits papiers et robes. Pour lors tous les citoyens de la présente ville et faubourg en entonnant sans discontinuer plusieurs imnes patriotiques, ont abhoré tous les titres de nos plus cruels ennemis. Cela fait, nous sommes rendus sur la Grande route hors les murs de cette ville, et près la maison curiale, où nous avons trouvé le bûcher préparé pour la bruleson des susdits papiers. Là étant, nous avons fait décharger les papiers du susdit tombereau, et les avons mis sur ledit bûcher et autour d'icelluy, ensemble les gardes nationales ont chacun mis les morceaux de robes qu'ils avoient au bout de leur pique sur ledit bûcher, et à l'instant nous avons mis tout autour le feu; tandit que tout bruloit, nous avons dansé tous ensemble autour, en chantant *la Carmagnole*, et *Vive la République, périssent tous nos ennemis !!!* Et nous n'avons désemparé qu'à l'entière consommation. D'après cela nous nous sommes mis en marche pour nous rendre sur la place de la Liberté, et tout autour de l'arbre nous avons dansé tous ensemble ; après, avons entonné plusieurs imnes et un chacun les uns après les autres, ont embrassé le dit arbre. Ensuitte nous nous sommes rendus dans notre autel commun en la même compagnie que dessus. Là étant, nous avons arretté que le repas civique seroit le soir à soupé à cinq heures, que tous les citoyens seroient invités à y assister. Il fut nommé de suite quatre commissaires pour faire dresser les tables près de l'arbre de la liberté. En effet, le soir à 5 heures, tous les bons citoyens sans culottes se sons rendus, chacun apportant son plat, se sont mis à table, entourés des citoyennes. Tout le monde a témoigné une joie sans égale en portant des santés à la République, à nos représentants et à nos braves déffenseurs qui combattent les sattelites du despotisme. A la fin du soupé, tous ont chanté plusieurs imnes patriotiques analogues aux circonstances avec entousiasme. En ce moment tous les citoyens ont illuminé sur toutes les croisés de leur maison. Ensuitte tous les citoyens et citoyennes ont dansé autour de l'arbre de la Liberté, et dans toutes les rues avec une gayté incroyable; cet amusement a continué toute la nuit avec tranquilité. »

Nous trouvons dans des *notes manuscrites laissées par les d^{lles} Goyneau* les détails suivants qui complètent le récit de cette fête : « On fit brûler les robes des anciens maires et consuls et les titres de noblesse et tous les papiers de la maison de ville. On fit une procession : il y avoit le tambour et le curé nouveau. On commença à chanter dans l'église l'hymne des Marseillois, on chargea une charrette à la maison de ville, et les citoyens de la municipalité avoient des écharpes en bandoulière aux trois couleurs bleu, rouge et blanc, et les autres citoyens déchiroient les robes avec leur pique, et la populace y crachoit à travers et les déchiroient aussi. En faisant la procession ils sont entrés six citoyens chez un ancien consul, on lui a fait baiser les robes en chantant Vive la République ! On finit la procession en chantant l'égalité et la liberté. On fit un feu de joie pour tout brûler. »

23 octobre. Séance publique. « Le procureur de la c^{ne} est entré et a dit qu'il se trouve beaucoup de gens dans la présente commune qui se sont rendus suspects par leur incivisme ;

« Considérant qu'il est d'une nécessité absolue et de la prudence de la municipalité et conseil général de la c^{ne} de désarmer ces sortes de personnes qui sans cette sage précaution pourroient très bien en faire un mauvais usage, à cet effet, lui qui parle requiert que les ci après nommés soint désarmés, savoir : « Le Mr Chollet, fils, les Mrs Groulier, frères, le Mr Rousset, le Mr Baudichon, le s^r Noguères, le s^r Edouard Noguey, le s^r Ferrand, le s^r Bentzeman, Tastes, la d^{lle} Seguin, Marque, Cousseau, frères, Chollet, père, Rapin Lanauze.

« Le conseil général délibère que lesdits sieurs seront désarmés à raison de leur incivisme prononcé et que copie de la présente délibération sera envoyée à l'administration du district à la diligence du procureur de la commune. »

24 octobre. « Vu l'arrêté du citoyen Paganel, représentant du peuple, délégué par la Convention nationale près les départemens de la Gironde, Lot-et-Garonne et autres circonvoisins, du 7 octobre 1793 relatif aux gens suspects,

« Considérant que l'art. 2 du susdit arrêté porte que les conseils généraux des communes pourront mettre en état d'arrestation dans leur domicile et pour un temps limité les personnes suspectes contre lesquelles on n'auroit pas acquis les preuves suffisantes pour faire ordonner leur arrestation par les comités de surveillance, à la charge toutes fois par les conseils généraux des communes de rendre compte dans les vingt quatre heures à l'administration et au comité de surveillance des districts, des motifs ou des circonstances qui auront déterminé ces mesures de salut public,

« Considérant qu'il y a dans cette municipalité une certaine quantité d'aristocrates et de gens inciviques qui ont toujours manifesté une opinion au désavantage de la République,

« Considérant que ces personnages ne désirent que la destruction et la ruine de la République,

« Considérant les rassemblemens fréquents, la conduite qu'ils ont tenue depuis le commencement de la révolution jusques à ce jour et qu'ils n'ont jamais donné aucune preuve d'attachement à la république et au succès de ses armes, méritent de toute nécessité, pour éviter quelque insurrection, d'être mis en état d'arrestation dans leur domicile pour un temps limité,

« Considérant qu'un Conseil général doué d'un républicanisme prononcé ne doit pas différer plus longtemps ces arrestations ;

« Ouï et ce requérant le citoyen procureur de la commune, le conseil général de la commune délibérant au nombre de 15 membres, arrête

« Que les personnes ci-après nommés en la liste suivante seront consignées et mises en état d'arrestation chez elles pour le temps qui sera également expliqué en la dite liste, et que copie du tout sera envoyé tant à l'administration du district qu'au comité de surveillance de Marmande dans les 24 heures.

« 1. Les citoyennes Noguey, sœurs, hors ville, consignées chez elles pour deux mois,

2. La femme du citoyen Chollet, père, et sa fille, pour 3 mois,

3. François Descamps, tailleur, pour 8 jours,

4. La femme du s^r Rousset, pour 6 mois,

5. La femme de Capoulade et sa fille, femme de Chollet fils, pour 3 mois,

6. Les d^{lles} Biot, sœurs, pour 3 mois,

7. La demoiselle Cazenove, pour 2 mois,

8. La Grignolle, ci devant servante de Pasquerie, ci devant vicaire, déporté, pour 6 mois,

9. Les Ducloses, sœurs d'un ci devant curé déporté, pour 6 mois,

10. Madeleine Clergeaud, pour un an,

11. La femme de Dubourg, dit *Bacoune*, pour un mois,

12. Les demoiselles Bentzman et leur belle-sœur, pour un an,

13. La nommée Fanchon, ci devant servante d'un ci devant chanoine, pour un an,

14. La Sourrissette, pour un an,

15. La demoiselle Rose Philipeau, pour un an,

16. La demoiselle Magdelon Rousseau, pour 6 mois,

17. Les demoiselles Chambaudet et leur servante, pour un an,

18. La demoiselle Ferrand, sœur du ci devant curé de Castelnau, pour un an,

19. La Desqueyrouze, femme de Dupons, pour 3 mois,

20. La femme de Charlot, à la Porte neuve, pour 3 mois,

21. Beylard, père, et sa femme, domestiques d'Uzard, émigré, pour 6 mois,

22. La femme de Sauvestre, aîné, pour 3 mois,

23. Le sieur Ferrand et sa sœur, pour trois mois, et sa femme jusques à la paix,

24. Marque sera mis, après avoir semé, pour 3 mois consigné,

25. La femme dudit Marque et sa tante Andrée jusques à la paix,

26. Le sieur Philipeau, pour 3 mois,

27. La d^{lle} Seguin, pour 6 mois, laquelle sera sommée de se rendre dans sa maison située dans cette ville pour subir son arrestation,

28. Despin et sa femme seront consignés, après avoir semé, pour 3 mois,

29. La femme Rogier, ci devant servante de prêtre déporté, pour 8 jours,

30. Martinet Guillaume, dit *La pitaille*, pour 8 jours,

31. Les d^{lles} Merlande, sœurs, pour 6 mois,

32. Le C^{en} Rapin, fils Lanauze, pour.....;

33. Les d^{lles} Goyneau, sœurs, près la Halle, pour 6 mois,

34. La d^{lle} Rellion, dite *Menette*, pour 2 mois,

35. Le sieur Noguères aîné, ...,

36. Le C^{en} Mouchet, sa femme et son fils Henri et sa servante, pour.....;

« Arrête de plus que les citoyens Peyrey et Ragot, officiers municipaux, demeurent chargés de l'exécution des présentes sous leur responsabilité. »

24 octobre. Vu un paquet du comité de surveillance de Marmande adressé aux officiers municipaux de cette commune et contenant huit mandats d'arrêt contre les sieurs Groullier frères, Beylard père, Claris, Mourgues, Chollet,

Blondet et Rabier, tous habitants de Ste-Bazeille, pour les mettre en arrestation chez eux et désarmer les Groullier frères, comme suspects, le citoyen Guiraud, maire, demeure commissaire nommé pour aller de suite notifier les susdits mandats d'arrêt aux dénommés en iceux et se faire remettre par lesdits Groullier toutes leurs armes.

30 octobre. La municipalité arrête que les armes provenant du désarmement seront envoyées à l'administration du district, savoir : sept fusils doubles, trois fusils simples et une carabine très mauvaise.

31 octobre. Quant aux pistolets et sabres, ils furent remis au district il y a quelque temps, et dans toutes les recherches il n'a été pris que deux sabres et cinq mauvais pistolets. Aucune des municipalités de ce canton n'a fait remettre à celle-ci ni sabres, ni pistolets, malgré les réquisitions qui leur ont été adressées.

2 novembre. Vu l'arrêté des représentants du peuple en séance à Toulouse, portant que les portes, grilles et clôtures de fer des maisons de la ville et de la campagne appartenant aux personnes suspectes, seront saisies pour l'usage de la guerre, ainsi que le plomb, et cela sans indemnité et en forme de contribution,

Considérant qu'il y a chez la citoyenne Lapeyre une certaine quantité de plomb, une rampe de fer devant le jardin, et quatre girouettes du même métal ; qu'il existe également chez la citoyenne Tastes du fer provenant des girouettes ; que chez le citoyen Rousset il y a une dalle de plomb pour recevoir les eaux de la toiture et que cet objet n'est que de luxe ; qu'il y a à la maison curiale de cette ville une petite rampe de fer, et chez le citoyen Castaing une dalle en plomb considérable,

Considérant que tous ces objets sont d'une grande utilité pour le salut de la République,

Sur ce et ce requérant le procureur de la commune, le corps municipal arrête que les susdits fer et plomb seront descendus desdites maisons et transportés de suite à l'administration du district et qu'il sera fait d'autres recherches du fer inutile qui pourroit se trouver encore dans cette municipalité.

Les citoyens Peyrey et Ragot demeurent commis pour l'exécution de la présente délibération.

2 novembre. Les citoyens Antoine Guiraud, maire, Jean Brunet et Jean Feugas, officiers municipaux, sont nommés pour composer le tribunal de police municipale.

6 novembre. Un membre du corps municipal a dit que le fer et le plomb retirés de chez les personnes suspectes, fut de suite transporté à l'administration du district.

« Considérant que chez le citoyen Tastes, reconnu suspect, la municipalité a trouvé un quintal de fer provenant de deux girouettes; plus, chez le citoyen Bentzmann deux boulets de fer pesant 63 livres; plus, chez le citoyen Michel Bordes 21 livres de fer dont il réclame le paiement, comme n'étant pas suspect,

« Le corps municipal arrête que les susdits plomb et fer seront de suite transportés à l'administration du district. »

An II, 1er Frimaire. Le conseil général réduit chaque individu à 1 livre et demi de pain par jour et décide, pour augmenter les subsistances, de faire un mélange de fèves ou de blé d'Espagne avec le blé de froment, et qu'il faut, pour calmer les craintes du peuple, que chaque citoyen, bon sans-culotte, ne néglige rien, afin de persuader à tous que nos représentants prennent toutes les mesures pour nous procurer des subsistances.

15 Frimaire. Un certificat de civisme est accordé, en faveur de leur commerce, aux citoyens sans-culottes Castaing père et fils, marchands de bœufs, domiciliés en cette commune, qui ont été toujours du civisme le plus pur et dans les bons principes de la Révolution.

19 Frimaire. « Dans la maison commune de Ste-Bazeille, le conseil général de la commune assemblé au lieu ordinaire de ses séances,

« Vu l'arrêté du conseil du département de Lot-et-Garonne du 10 frimaire portant que la fette de la Raison sera célébrée dans toutes les communes chefs-lieux de canton, et qui règle les principaux objets de cette fette,

« Considérant que le conseil général de la commune doit s'empresser à célébrer l'heureux jour où la raison et la vérité doit (*sic*) faire connoitre aux hommes combien les erreurs propagées depuis si longtemps étoient funestes au bonheur de tous,

« Sur ce ouy et ce requérant le citoyen procureur de la commune, le conseil général délibérant au nombre de 18 membres, arrête :

« 1° Qu'il sera élevé un autel à la Raison, de forme quadrangulaire sur la place de la Liberté autour de l'arbre qui y est planté, et que des inscriptions analogues à la fette seront placées sur différentes places de l'autel,

« 2° Que des discours seront prononcés en l'honneur de la Raison,

« 3° Qu'il sera chanté des himnes patriotiques en l'honneur de la liberté et de l'égalité,

« 4° Que les jeunes citoyennes de cette ville seront invitées à se vêtir de blanc et à préparer des guirlandes qu'elles suspendront aux quatre coins de l'autel ; qu'il sera formé trois marches où seront placés à la première les vieillards de l'un et l'autre sexe, à la seconde les mères de famille, à la troisième les enfans, et que les aveugles, sourds et muets qui se trouveront dans la présente municipalité seront placés sur les marches de l'autel et représenteront le Malheur honnoré,

« 5° Que la citoyenne Bouyre, fille, est choisie pour représenter la Raison, laquelle se conformera à l'art. VI du susdit arrêté,

« 6° Que la fette sera célébrée demain mardi, jour du second décadi de frimaire,

« 7° Que le lieu du rassemblement sera à la présente maison commune, pour de là partir tous ensemble pour aller à l'autel de la Raison célébrer ladite fette au son des instruments et nous conformer au susdit arrêté. »

Nous trouvons dans des *Notes écrites par les demoiselles Goyneau* la relation suivante de cette fête :

« On fit hors ville un grand théâtre garni de tapisseries prises chez les détenus et de grandes branches de chêne. On passait là, au milieu, en chantant l'hymne des Marseillois et de l'Egalité et de la Liberté. On choisit la plus belle citoyenne de la ville et douze petites citoyennes pour lui faire la jonchée avec des feuilles de chêne. On la monta sur le théâtre, et le plus vieux des citoyens de la ville lui a donné le premier baiser fraternel, et tous les autres citoyens ensuite. La Nation a donné à cette femme cinq cents livres, de la bonté qu'elle a eue de recevoir tant de baisers. Après, un citoyen porte un morceau de bois de 4 pieds de haut et chante l'égalité et la liberté et *Vive la Nation et la République !* Ensuite un autre citoyen porte une bouteille et un verre pour faire boire, et à ces bons républicains on leur sert à boire de trois en trois pas, et celui qui sert en prend autant en chantant continuellement les hymnes des Marseillois. »

20 frimaire. Le conseil général, voulant accélérer la vente des biens des émigrés et faciliter aux chefs de familles indigentes et aux défenseurs de la patrie les moyens d'en acquérir, arrête qu'il sera dressé une liste de tous les chefs de famille, des veufs et veuves ayant des enfants qui n'ont aucune propriété et ne sont point compris sur les rôles des impositions, laquelle liste sera déposée dans les archives de la municipalité, et la copie adressée au directoire du district.

24 frimaire. Ordre est notifié de monter la garde pour arrêter toutes les personnes suspectes et maintenir la tranquilité publique.

26 frimaire. Sont nommés pour se transporter dans les maisons et mettre en réquisition tout le chanvre, fils blanc ou écru, toutes les huiles propres à brûler, graines de rave, de lin ou de navet, les citoyens Antoine Bertrin, Brunet, Feugas, Maubourguet, Moreau, Ragot, Bouillou, Ségrestan, Charlot, Janneau, Antoine Maubourguet, Guiraud, Tessier, Peyron et Bentzmann.

3 nivose. Sont aussi nommés les citoyens Bentzmann, Blondet, Andrieu, Claris père, Dupons, tonnelier, Édouard Noguey, Chaubin, juge de paix, Cazemajou aîné, Dubourg aîné, Marque, Rapin, à Fallot, Maurice Groullier, Bertrin père, au pont, Douet fils aîné, Uteau Risens, Jean Dupons, Guillaume Chaubin et Michel Bertrin, pris indistinctement parmi tous les citoyens, pour procéder au recensement de tous les grains et farines de la municipalité, et surveiller la manipulation du pain et la distri-

bution des grains, afin d'exercer la plus sévère économie dans la consommation des subsistances.

Ledit comité tiendra ses séances dans la salle de la maison curiale et le reste de la maison servira de grenier d'abondance, le tout sous la surveillance des corps constitués et de la *Société populaire*.

8 nivose. Le conseil général de Sainte-Bazeille décerne au citoyen Blaise de Fontainemarie un certificat de résidence, afin de pouvoir toucher sa pension, portée en son brevet, de la somme de 355 livres.

« Nous officiers municipaux et notables composant le conseil général, etc., certifions à qui il appartiendra que le citoyen Blèze Fontaine Marie, ancien capitaine d'infanterie, né à Marmande le 12 janvier 1727, taille 5 pieds 3 pouces, yeux gros, visage rond, bouche moyenne, portant perruque et une blaissure au menton, un coup de byscayen au coup, demeurant dans la paroisse de Mauvezin, a résidé sans aucune interruption dans la République Française, depuis le premier janvier 1792 jusqu'à ce jour, ce qui est attesté par les citoyens Cabanes et Maubourguet.... lesquels ont déclaré qu'il ne jouissoit d'aucun traitement d'activité depuis le 1er janvier 1790, ni d'autre pension que celle portée en son brevet, comme aussi qu'il a acquitté toutes ses impositions de 1791 et 1792, etc. »

8 nivose. « Aujourd'huy huitieme nivose seconde année républicaine, le conseil général de la commune assemblé dans la maison commune de Ste-Bazeille, etc., s'est présenté le citoyen Joseph Berné, prêtre desservant de cette municipalité, lequel réclame un certificat de civisme.

Sur quoi ledit conseil général de la commune délibérant au nombre de douze membres reconnaissant le civisme dudit Berné, lui accorde le présent certificat, pour lui servir et valoir ainsi que de raison. »

14 nivose. L'agent national du district de Marmande requiert la commune de Ste-Bazeille :

1° Qu'elle ait à tenir une correspondance suivie avec le Directoire,

2° Que le procureur de la commune change de nom et porte celui d'agent national de la commune et passe au creuset de l'épuration dans la forme prescrite par la lettre du comité de salut public à lui envoyée par le district le 12 du courant et qu'il transmette la liste de l'épuration dans les 24 heures,

3° Que le conseil général ait à s'occuper sans relâche de correspondre désormais avec le ministre de l'intérieur pour les secours à accorder aux pères, mères, femmes ou enfants des défenseurs de la patrie,

4° Qu'il nommera des commissaires pour inviter tous les citoyens à faire des dons en souliers, bas, mouchoirs, chemises, destinés à couvrir nos braves frères d'armes,

5° Qu'il veillera très attentivement à ce que les cordonniers ne travaillent que pour les défenseurs de la patrie pendant l'époque déterminée par les lois, etc.

14 nivose (1794). Vu l'arrêté du conseil du département, le corps municipal arrête que copie de l'inventaire dressé par la municipalité de toutes les matières d'or, de vermeil, d'argent, de cuivre, de plomb, de fer et autres métaux qui se trouvent dans les églises de Sainte-Bazeille, sera adressée à l'administration du district avec tous les objets inventoriés.

17 nivose. Quinze membres sont nommés qui se transporteront dans les différentes sections de la municipalité

pour faire le dénombrement des animaux nécessaires à la subsistance.

20 nivose. Le citoyen Douet, n'ayant jamais donné que des preuves non équivoques de son civisme et de son sans-culottisme, est réélu à l'unanimité agent national de la commune de Ste-Bazeille[1].

21 nivose. Le citoyen Antoine Bertrin, membre du conseil général, est reconnu, dans le certificat à lui délivré par la municipalité, du civisme le plus pur.

1er pluviose. Les citoyens Salles et Peyronnet, membres du comité de surveillance de Marmande, sont entrés dans la maison commune de Ste-Bazeille pour prendre des renseignements sur les motifs de l'arrestation de la citoyenne Madeleine Mouchet, femme d'Uzard, émigré de cette municipalité. Les officiers municipaux leur déclarent que ladite citoyenne a été mise en état d'arrestation parce qu'elle était femme d'émigré et qu'elle recevait au début de la révolution des assemblées dans la maison qu'elle co-habitait avec le ci-devant curé Lugat, déporté ; mais que, depuis la disparition de ce dit curé, la municipalité n'a plus reconnu à la citoyenne Mouchet des principes contraires à la révolution, qu'elle a même fait des dons patriotiques réitérés et que les présomptions qui l'avaient atteinte au sujet de ses assemblées se sont évanouies dès l'instant que Lugat est sorti de sa maison.

Même jour. Les deux soldats de ville recevront chacun désormais 150 livres par an et seront habillés d'un habit bleu, revers rouge, collet blanc, parement, veste et culotte rouge.

---

[1] Il usa de toute la modération compatible avec sa charge dans un pareil moment, empêcha de plus grands excès et préserva de la peine capitale plusieurs de ces concitoyens.

6 pluviose. L'agent national du district demande des renseignements au conseil général de la commune de Ste-Bazeille sur la conduite des citoyens Rapin aîné et jeune, et Rousset. Il lui est répondu : 1° que ledit conseil général persiste dans la première dénonciation faite au comité contre Rapin aîné ; 2° que Séverin Rapin jeune, a été mis en état d'arrestation, vu le refus de certificat de civisme comme contrôleur que lui a opposé la municipalité de Bazas, dont les citoyens l'ont dénoncé à la présente municipalité ; 3° que, pour Rousset, ledit conseil maintient que ledit citoyen, ci-devant juge du tribunal du district, ne voulut pas, étant dans l'assemblée de Ste-Bazeille le jour de l'acceptation de l'acte constitutionnel, accepter ledit acte, prétextant qu'il voulait l'accepter à Marmande, quoiqu'on lui eut observé qu'au même instant l'acte constitutionnel s'acceptait dans cette dernière ville. Le citoyen Rousset a toujours fréquenté, d'ailleurs, les aristocrates qui ont été chassés du club, et a toujours été réputé suspect.

7 pluviose. Le citoyen Pierre Tessier, père, est nommé officier public à la place du citoyen André Bertrin depuis longtemps malade. Son traitement est porté de 400 à 700 livres.

9 pluviose. Un certificat de civisme est délivré au citoyen Jean Coin, ouvrier forgeron, à son départ pour l'armée en qualité de cavalier jacobin.

10 pluviose. Les amendes perçues sur les contrevenants à la loi du maximum et s'élevant à 400 livres 11 sols, seront employées, en forme d'atelier de charité, à réparer la sortie de la ville depuis la Porte Neuve jusqu'à la grande route.

12 pluviose. Le conseil général certifie que le citoyen

Bertrand Goyneau a exercé la fonction de procureur fiscal de Ste-Bazeille depuis l'année 1781 jusqu'au moment de la suppression de l'office, et qu'il l'a remplie avec autant de zèle que d'intégrité et de désintéressement, prêtant secours à tous et cherchant toujours à concilier les parties.

18 pluviose. A une demande de renseignements de l'agent national du district sur la conduite civique ou incivique du citoyen Tastes aîné, le conseil général de la commune de Sainte-Bazeille répond que le citoyen Tastes, ci-devant marquis, a toujours depuis la révolution manifesté les principes d'un aristocrate et d'un fanatique, qu'il n'a jamais fréquenté les assemblées primaires et donné que des preuves d'un grand incivisme ; qu'il a retiré chez lui des prêtres réfractaires jusqu'à leur départ pour l'Espagne et qu'il faisait dire la messe dans sa maison par un de ces prêtres, y recevait et attirait tous les infâmes fanatisés ainsi qu'une troupe d'aristocrates.

19 pluviose. Le citoyen Janneau est nommé commissaire pour faire chez le citoyen Tastes aîné, une visite des graines et farines.

25 pluviose. « Dans la maison commune de Ste-Bazeille, etc., les maire, officiers municipaux et conseil général, prenant en considération la demande faite par deux députés de la *Société populaire* de cette ville, de consacrer le temple jadis dédié à la superstition, à un culte plus pur, c'est-à-dire à la Raison, à la nature et à toutes les vertus ;

« Considérant que longtemps abusés par les prêtres, les peuples n'ont dû leur malheur qu'à une doctrine qui tendoit à éloigner l'homme des vrais et grands principes, qu'à le tenir dans l'ignorence, qu'à lui faire aimer la paresse, l'anéantissement de lui-même, et à lui faire chérir son esclavage, ouï et ce requérant l'agent national de la commune, au nombre de quinze membres arrête que sur le vœu de la *Société populaire* qui est celui de la municipalité et de cette commune la ci-devant église ne sera désormais que le temple de la Raison, que la *Société populaire* y tiendra ses séances, que le jour du décadi sera le seul jour consacré au repos et au culte de la nature, que ce jour sera particulièrement voué à l'instruction publique, au chant des himnes patriotiques, aux plaisirs, aux danses, à l'allégresse, afin de démontrer aux ennemis du bien public, aux aristocrates et aux bigots que l'amour de la patrie et le bonheur d'être libres doivent seuls exciter notre joie et être la base de la religion d'un peuple républicain ;

« Arrête en outre que le jour du décadi, à l'heure des ci-devant vêpres, la Société sera invitée de s'assembler et de faire lecture des vingt-cinq préceptes de la Raison envoyés et approuvés par les représentants du peuple Tallien et Yzabeau en séance à Bordeaux, ainsi que des discours composés en l'honneur de la Raison ou de la Liberté ;

« Arrête aussi que copie du présent procès-verbal sera envoyée à la Convention Nationale, aux représentans du peuple Tallien, Yzabeau et Monestier, au département, au district et aux Sociétés populaires voisines ou affiliées[1]. »

Même jour. Les assignats à face royale démonétisés devant être annulés et brûlés en séance publique, le citoyen Pierre Douet a dit devant les officiers municipaux qu'il avait en main 4,900 livres desdits assignats et qu'il

---

[1] Les églises de Sainte-Bazeille furent profanées et souillées, les saintes Images traînées dans la rue et mutilées. Deux citoyens qui s'étaient mis à la tête des nouveaux iconoclastes ne tardèrent pas à être frappés de cécité jusqu'à leur mort.

est malheureux pour lui, qui est un vrai sans-culotte, de n'avoir pu les placer, malgré toutes ses démarches pour en acheter des biens nationaux ; mais que cependant, voulant témoigner son obéissance aux lois, il venait les déposer devant la municipalité, afin qu'elle les annulle et les fasse brûler.

27 pluviose. Le juge de paix, sur la dénonciation du citoyen Jean Dupons, tonnelier, prononce la confiscation des grains trouvés chez le citoyen Perrot, métayer du citoyen Tastes, aîné. Ces grains sont vendus 83 livres, 4 sols, 8 deniers, dont la moitié a été payée audit dénonciateur.

Le Martyrologe du clergé français pendant la Révolution (Paris, 1840, in-18, p. 9) mentionne « Augan (N...), prêtre du diocèse de Bazas, né à Sainte-Bazeille, près Marmande (Lot-et-Garonne), condamné à la déportation pour refus de serment ; déposé mort au fort de l'île du Pâté, le 27 pluviose an II (25 février 1794), à l'âge de 37 ans. »

4 ventose. Un certificat de civisme est délivré au citoyen Jean Mathieu Espaignet, à son départ pour l'armée des Pyrénées en qualité d'officier de santé.

Même jour. Le citoyen Jean Peyrey, officier municipal, vient dénoncer devant ses collègues le citoyen Jean Bertrin, dit *le Mulet*, pour avoir hier soir discuté avec lui. Ledit Peyrey lui dit : « Lis l'acte constitutionnel, tu verras le contraire de ce que tu dis. » A quoi Bertrin en colère répondit : « Je me f... de l'acte constitutionnel ! » Peyrey lui répliqua : « Comment ? tu te f... de l'acte constitutionnel ? » — « Oui, je m'en f... », lui répondit Bertrin.

En conséquence, les officiers municipaux adressent la présente dénonciation au directoire du district et au comité de surveillance de Marmande.

9 ventose. « Vu la pétition présentée par la citoyenne Lapeyre au citoyen Monestier, représentant du peuple, pour obtenir son élargissement, le conseil général observe audit citoyen que la citoyenne Lapeyre a été mise en arrestation

1° Comme ci-devant noble,

2° Pour avoir gardé chez elle un prêtre réfractaire jusqu'à son départ pour l'Espagne,

3° Pour avoir reçu des lettres de Paris non signées, la plupart en abrégé, présumées suspectes mais reconnues depuis écrites par une de ses nièces ;

Et observe de plus que l'exposé de ladite citoyenne est en certains points véridique.

« Vu la situation de ladite citoyenne et le dévouement qu'elle a témoignée depuis son arrestation, le conseil général, à la requête de l'agent national, estime que la citoyenne Lapeyre doit être délivrée des deux gardes qu'elle a chez elle et mise en liberté ; mais il estime aussi qu'il doit surveiller les personnes de la dite Lapeyre et sa maison pour qu'il ne s'y introduise des gens suspects. »

Même jour. Il est envoyé au directoire du district 125 draps de lit provenant de dons volontaires et 207 draps de lit saisis chez les prêtres déportés, en faveur des hôpitaux de l'armée.

13 ventose. Le citoyen Jean Jolly, domicilié à Tonneins-La-Montagne, est nommé instituteur de la commune de Ste-Bazeille, pour élever la jeunesse dans les vrais principes de la révolution.

Même jour. Six déserteurs étrangers sont casernés dans la maison appartenant ci-devant à la veuve Joly, mère d'émigré.

17 ventose. La cloche de l'église située hors les murs sera descendue et transportée de suite à l'administration du district, et tout le linge contenu dans l'église de la ville jadis dédiée au culte de la superstition, sera de suite envoyée au même lieu.

25 ventose. Le citoyen Tessier, secrétaire-greffier, est nommé juge de paix du canton et le citoyen Auguste Douet, secrétaire greffier de la commune.

1er germinal. Le conseil général décerne aux citoyens François Chollet et Charles Groullier, entrés depuis plus de quatre mois dans le 22e régiment de chasseurs à cheval, un certificat de civisme et une déclaration de non-noblesse.

2 germinal. L'agent national menace de dénoncer au district tout officier municipal ou membre du conseil général qui ne se tiendra pas constamment à son poste pour déjouer les complots liberticides des aristocrates et fédéralistes qui veulent perdre la république.

6 germinal. Le conseil demande l'autorisation de faire une imposition locale de 3424 livres 5 sols 9 deniers, pour subvenir au besoin de la municipalité à cause des dépenses occasionnées par la permanence du corps municipal et de ses immenses travaux.

8 germinal. Un certificat est donné au citoyen Rousset, de son assiduité à remplir exactement les fonctions qu'il a occupées depuis 1788 jusqu'à son élection de juge au tribunal de Marmande.

— Un certificat de civisme est accordé à la citoyenne Angelique Lapeyre et au citoyen Tastes, aîné, qui se sont toujours empressés de faire des générosités et des sacrifices pour la république, sans avoir donné aucune preuve qu'ils en fussent ennemis.

9 germinal. Nouvel ordre de faire des visites domiciliaires pour découvrir des grains et des farines.

— Le citoyen Pierre Relion reçoit en qualité de défenseur de la patrie un certificat de civisme.

11 germinal. Le conseil général atteste que le citoyen Rapin, aîné, détenu dans la maison d'arrêt de Marmande, a fait preuve d'une bonne conduite dans cette commune avant son entrée dans le 5me régiment de cavalerie, et résidé à Ste-Bazeille depuis son retour de Rioms, vivant en bonne intelligence avec tous ses concitoyens et fournissant à l'emprunt dans les moments de disette, pour l'achat des grains, des sommes proportionnées à ses ressources.

13 germinal. Le citoyen Peyrey est nommé instituteur.

23 germinal. Un certificat de civisme est délivré aux citoyens Morin et Martinet, partant en qualité de tonneliers pour le service de la république.

24 germinal. Le citoyen Jean Lagraulet, fils aîné, reçoit un certificat de civisme où il est déclaré « bon citoyen, vrai sans-culotte, ami des lois et de la Constitution de 1793. »

— Le certificat de civisme accordé au citoyen Rousset, est fondé sur les preuves de son attachement à la révolution depuis 1788 jusqu'en décembre 1792 qu'il fut élu juge au tribunal du district.

29 germinal. Certificats de civisme donnés aux citoyens Mouchet frères, Teyssier frères, et Jean Desqueyroux, fils de Martial, reconnus bons citoyens, amis des lois et de la constitution de 1793 et défenseurs de la patrie.

2 floréal. Autre certificat de civisme en faveur du citoyen Jean Seguin, chapelier, bon républicain, vrai sans-culotte, membre de la *Société populaire régénérée*, ayant

passé par le scrutin épuratoire de la dite *Société des Amis de la Constitution de 1793*.

7 floréal. Autre certificat de civisme aux citoyens Jean Maubourguet, Pierre Junqua et Jean Peyrey, soldats volontaires de la république.

13 floréal. On procède au recensement des cochons qui ont plus de 3 mois et qui sont destinés aux salaisons pour les armées de terre et de mer.

14 floréal. Le tableau politique de la conduite du citoyen Tastes, aîné, et de la citoyenne Angélique Lapeyre, nobles de naissance, est approuvé pour le temps écoulé de l'an 1789 à ce jour.

19 floréal. Même approbation du tableau politique de la vie de la citoyenne Cazenove, noble de naissance.

21 floréal. Tous les citoyens compris dans le rôle de la contribution mobilière et les jeunes gens qui ont atteint l'âge de 14 ans, sont invités à fournir chacun au moins une livre de vieux linge, chiffons ou rognures de parchemin pour la fabrication du papier.

24 floréal. D'après la nouvelle taxe du pain, ceux qui avaient droit à une livre par jour, ne recevront plus qu'une demi-livre, et tous les autres seront réduits à un quart.

— Ordre est donné de procéder à un nouveau recensement des grains et farines.

— Un certificat de civisme est délivré aux citoyens Jacques Fourtin et Michel Galissaires, vrais sans-culottes actuellement au service de la république.

— Onze commissaires sont nommés pour faire le recensement des champs semés en fèves.

— Le corps municipal invite le directoire du district à lui faire compter 2.000 livres pour continuer les travaux entrepris à la salpêtrerie établie à Ste-Bazeille.

26 floréal. Sont institués gardes-champêtres les citoyens Janneau, cloutier, Relion aîné, Baylard fils, menuisier et Jacques Galissaires.

— Certificat de civisme délivré aux citoyens Godefroy Rapin et Guillaume Chaubin, perruquier, vrais républicains et amis de la Constitution de 1793.

1er prairial. Il est procédé à la nomination de huit commissaires chargés de faire le recensement des cendres pour la fabrication de la poudre.

2 prairial. Les citoyens Antoine David, Michel et autre Michel Maubourguet, actuellement au service de la république, reçoivent un certificat de civisme, comme bons républicains.

3 prairial. Le corps municipal constate la disette de pain et décide d'ouvrir une souscription pour acheter du bétail, la commune étant sans ressources pour faire l'avance de l'argent nécessaire audit achat.

6 prairial. Les citoyens qui ont tonneaux, cuves et barriques sont requis de les râcler et d'en porter le tartre à la maison commune, à raison de 5 sols la livre s'ils en exigent le paiement. Ils sont, de plus, requis de garder la lie du vin et de conserver soigneusement l'eau de lessive, afin que la municipalité puisse les faire recueillir ; neuf commissaires sont nommés pour se transporter à cet effet chez les propriétaires.

8 prairial. Le corps municipal paie 49 livres au citoyen Imbert, dit *Provençal*, pour avoir joué du violon les jours de décade au temple de la Raison, depuis le 23 nivose jusqu'à ce jour et lui alloue désormais 100 livres par an pour cette fonction.

— On fait le recensement des vieilles futailles.

11 prairial. Les citoyens Jacques Grillon, Jean Picard, Martin Monguillot et Relion, aîné, obtiennent comme

bons républicains et vrais sans-culottes un certificat de civisme.

13 prairial. Sont approuvés le tableau de la vie politique de la citoyenne Mouchet, femme divorcée et celui du citoyen Antoine Mouchet, médecin (du 1ᵉʳ mai 1789 à ce jour).

— Même approbation est donnée au tableau de la vie politique du citoyen Bentzmann, qui avait pris véritablement la qualité de noble sur son contrat de mariage mais qui n'a jamais démérité de la confiance de ses concitoyens. « Le conseil général de la commune verroit avec mal au cœur qu'il fut privé d'être mis au nombre des sans-culottes et vertueux républicains, n'ayant pas une action incivique à lui reprocher ».

16 prairial. Le conseil retire le certificat de civisme au citoyen Seguin, chapelier, détenu dans les prisons de Bordeaux et « regardé par l'opinion publique comme un frippon pour avoir inculpé plusieurs bons républicains et sans-culottes ».

— Le sieur Seguin fut guillotiné dans cette dernière ville peu de temps après.

18 prairial. Le conseil général considérant que le temple de la Raison de cette commune a besoin d'une grande restauration pour l'orner et le décorer d'une manière convenable ;

Considérant que les dépenses relatives à ces travaux doivent être supportées par les riches, les aristocrates, les fanatiques, les égoïstes, les indifférents ou les modérés dans la révolution, ainsi que par les intrigants, lesquels, faute d'y satisfaire dans un délai moral, verront leurs biens confisqués et vendus, arrête la liste suivante des individus taxés au total de 6.200 livres pour cet effet :

« Tastes Thomas, riche et détenu . . . . 600 liv.
Angelique Lapeyre, célibataire, riche et détenue . 400
La Séguinne, célibataire, riche 400
Guillaume Deymier, jeune, célibataire, riche . 200
Guillaume Deymier, aîné, riche 200
La veuve Dezets, riche 400
Mouchet, hors ville, détenu, riche égoïste . . . 400
Noguey, sœurs, célibataires, riches 400
Les Chambaudettes, célibataires, aisées. . . 25
Le citoyen Bentzman, riche 100
Despin, à Fallot, riche et fanatisé 200
Rapin, frères, à la Geyre, aisés 200
Dubourg, frères, à la Geyre, aisés 100
Marque aux Baronnes et sa tante, aisés. . . 50
Groulié, célibataire, aisé 50
Magdeleine Clergeau, célibataire, riche et
    fanatisée. 200
Edouard Noguey, riche 200
Goinelle, hors ville, aisée. 25
Goinelle, sœurs, aisées et fanatisées 100
Les Biottes, sœurs, célibataires, aisées et
    fanatisées 50
La Cazenove, célibataire, aisée et fanatisée. . 50
Rapin, aîné, détenu et riche 200
Rapin, Godefroy, riche. 100
Rapin, Séverin, célibataire, riche. 150
Petiton Ferrand, riche 150
Tante des Rapin, célibataire, riche et fanatisée 300
Chaubin, sur le Grand-Chemin, aisé . . . 25
Uteau Risens, aisé 100
Pierre Moreau, dit *Pierrichon*, aisé 25
Uteau Tillon, aisé 50
George Cousseau et ses sœurs, fanatisés . . 150

Pouchet, métayer de la Bouyre, fanatisé . . 25
Blondet Bourdelois, modéré 150
Barbarat, marchand de mouchoirs, aisé. . . 150
Dutrieux, tailleur, aisé 50
Bertrin, à l'Hôpital, modéré 100
François Descamps, tailleur, fanatisé . . . 50
Rousset, détenu 25
Treize (pour Thérèze) Bentzeman, aisée . . 50 »

21 prairial. Un certificat de civisme est accordé au citoyen Denis Capoulade, volontaire à Rochefort, bon et vrai républicain.

26 prairial. Les gages des gardes-champêtres sont portés à 3 livres chacun par jour.

28 prairial. La taxe de la journée de ceux qui cultivent la terre est, pendant l'été, de 35 sols pour les hommes et de 18 sols pour les femmes; pour les artisans, 45 sols;

— Pour faucher un journal de pré, 45 sols;

— Pour faucher, bêcher, charger les charrettes, aider à serrer le foin, 12 livres par journal;

— Pour labourer, 4 livres 10 sols par journal;

— Pour un charroi depuis Couthures, 45 sols;

— Pour charroi d'ici à Marmande, 4 livres, 10 sols;

— Pour un charroi de Laponte ici, 1 livre, 10 sols.

1er messidor. Certificat de civisme en faveur des citoyens Jean Rapin et Pierre Bordes, bons républicains et défenseurs de la patrie.

5 messidor. Certificat pour la citoyenne Marie Marguerite Dupeyron, épouse du citoyen Joseph Bentzmann, fille et héritière de feu Jean François Dupeyron, née le 7 août 1761, taille de 4 pieds 10 pouces, cheveux et sourcils

chatain, yeux noirs, nez bien fait, bouche un peu grande, menton rond, figure pleine et unie, laquelle a donné des preuves constantes de son amour et attachement à la république.

6 messidor. Certificat de civisme en faveur des citoyens Alexandre Mouchet, Jacques Pallard et Jolles, bons républicains et vrais sans-culottes.

9 messidor. Les gardes-champêtres se transporteront de suite sur les divers domaines de la commune pour y reconnaître l'état de maturité des seigles et l'étendue du territoire ensemencé, afin que la municipalité puisse déterminer la quantité de grains que chaque propriétaire devra fournir.

11 messidor. L'état de la situation financière de la commune est :

— Actif : le revenu de la récolte pendante dans les biens fonds qui lui appartiennent, évalué 1200 livres;

— Passif : Les pertes ou sacrifices sur les denrées achetées l'année dernière par la commune pour la subsistance des habitants, 1514 livres 7 sols 9 deniers ; et, la présente année, pour perte faite sur la distribution de la viande fraîche, 2.204 livres ;

Pour la dépense des déserteurs étrangers envoyés dans cette commune, 697 livres, soit un total de 4415 livres 7 sols 9 deniers.

19 messidor. Le conseil du directoire du district refuse d'approuver les gages de 3 livres par jour pour chaque garde-champêtre et trouve suffisante la somme de 200 livres par an, à prendre sur les amendes.

21 messidor. Certificat de civisme décerné au citoyen Séverin Rapin, vrai patriote et zélé républicain, admis à la *Société régénérée* de cette commune.

25 messidor. Approbation donnée au tableau politique de la vie du citoyen Jean Mouchet, détenu dans sa maison, et de sa conduite depuis le 1er mai 1789 jusqu'à ce jour.

27 messidor. Le conseil municipal, vu la lettre de l'agent national du district relative à la fabrication du salpêtre, aux termes de laquelle il est menacé par le représentant Fressine d'être traduit au tribunal révolutionnaire s'il ne fait pas exploiter 10 quintaux de salpêtre par décade, en faisant brûler genêts, mousses, fougères, bruyères, chardons, ajoncs et autres herbes et en prenant la suie de toutes les cheminées, nomme quatre commissaires, François Tinus, Bentzmann, Blondet, aîné, et Tessier, fils aîné, pour contraindre les citoyens à faire ramoner leurs cheminées et transporter la suie à la salpêtrerie, et à brûler et réduire en cendre lesdites herbes, et pour requérir des fourniers et boulangers de faire des cendres et de les porter à la salpêtrerie.

1er thermidor. Chaque officier municipal doit, sous peine de dénonciation, être en permanence et rester journellement au poste qui lui a été confié, et les notables devront se rassembler le lendemain de chaque décade à 7 heures du matin, au son de la cloche et sans autre avis.

7 thermidor. Le conseil municipal arrête que les citoyens déclareront à la municipalité le produit détaillé de leur récolte aux époques du 20 thermidor et vendémiaire, tant pour les grains que pour les fourrages.

9 thermidor. Il ouvre une souscription patriotique pour offrir un vaisseau à la Convention nationale et invite tous les citoyens à faire tous les sacrifices que leur permettra leur fortune.

24 thermidor. Certificat de civisme en faveur des citoyens Jacques Carbounet, Jean Sans, François Chasteau, Marrens et Peyneau, bons citoyens, vrais sans-culottes et défenseurs de la patrie.

3 fructidor. Le conseil général nomme commissaires « André Bertrin et Michel Maubourguet, pour l'intérieur de la cité et le faubourg ; Tessier, juge de paix et Charlot, notable, pour la section de Roubin ; Tessier père, et Bouillon jeune, notables, pour la section de la Fraternité-Campagne ; Chaubin et Charlot, membres du comité de surveillance, pour la section Sans-Culottes ; Segrestan, aîné, membre dudit comité et Moreau, notable pour la section Républicaine-Campagne ; lesquels seront tenus de parcourir leur section respective chaque jour de fête ou ci-devant dimanche et d'inscrire sur un tableau tous les individus qu'ils trouveront les célébrer, ainsi que tous les citoyens et citoyennes qui par leur parure affectée ou leur désœuvrance solenniseroient les jours qui retracent le souvenir de la tyrannie et de toutes les horreurs enfantées par le fanatisme ;

« Arrête que les officiers municipaux parcourront, décorés de leur écharpe, l'enceinte de la ville, chaque fête ou ci-devant dimanche, pour faire ouvrir toutes les boutiques qui ne le seroient pas, et faire arrêter tous les individus qu'ils trouveront dans les rues affectant une parure et une oisiveté choquante dans un gouvernement libre ;

« Arrête que les dits officiers veilleront chaque décade à ce que toutes les boutiques soient fermées et à ce que les fêtes décadées soient célébrées avec toute la solennité possible, sous peine pour les citoyens qui refuseroient ou affecteroient de ne pas les solenniser dans les formes prescrites, d'être punis. »

19 fructidor. Le Représentant du peuple, Isabeau, arrête que le citoyen Bertrand Rapin sera mis en liberté pour avoir répondu aux griefs qui avaient amené sa détention.

23 fructidor. Le comité de sûreté générale de la Convention nationale arrête que le citoyen Mouchet père, de la commune de Sainte-Bazeille, sera sur le champ mis en liberté, et les scellés seront levés.

27 fructidor. Le conseil du district exime le citoyen Jean Baptiste Antoine Mouchet Taillebourg de la liste des émigrés, sur le vu d'un certificat de résidence qu'il a obtenu dans la section de la Montagne, commune de Paris.

2me sans culottide. Le représentant du peuple délégué dans le Lot-et-Garonne arrête que le citoyen Tastes aîné, sera sur le champ mis en liberté et que le sequestre apposé sur ses biens sera levé, à cause des sacrifices pécuniaires qu'il a faits pour les pauvres, la défense de la patrie et les subsistances.

3e sans culottide. Le conseil général déclare faux l'exposé qu'a fait de sa vie politique la citoyenne Marie Sabla, veuve Blazon.

An III, 2 vendémiaire (22 septembre). Un certificat de civisme est décerné au citoyen Cazenove qui s'est comporté en vrai et zélé républicain tant qu'il a résidé dans cette commune.

— « Vu le tableau de la vie politique de la citoyenne Marie Joly Sabla, veuve Joly Blazon, sur la conduite qu'elle a tenue depuis le mois de mai 1789 (vieux style) jusqu'à sa réclusion, ouï et ce requérant l'agent national de la commune,

« Le Conseil général, délibérant au nombre de douze membres, observe : 1º que la citoyenne Marie Joly Sabla, pétitionnaire, n'a donné que des preuves contre révolutionnaires depuis le commencement du mois de mai 1789 jusqu'à son arrestation, 2° qu'elle a occasionné l'émigration de son fils, 3° que les propos qu'elle a tenus contre la Révolution ne permettent pas de croire qu'elle fut dans la bonne voie ; que, quant à son âge et à ses infirmités, il l'atteste sincère et véritable. »

7 vendémiaire. Sont en réquisition toutes les plaques de cheminée et tous les chenêts en fer coulé.

9 vendémiaire. Le conseil général refuse le logement au citoyen Joly, instituteur, parce qu'il n'apprend rien aux enfants et qu'il est incompétent pour montrer l'arithmétique et l'écriture.

13 vendémiaire. « Vu la pétition et d'autre part l'avis du comité de surveillance de Marmande, le représentant du peuple arrête que la citoyenne veuve Joly Blazon sera mise sur le champ en liberté.
C. ALEX. ISABEAU. »

17 vendémiaire. Certificat de civisme en faveur des citoyens Jean Brunet, Pierre Tessier et André Bertrin, vrais républicains et bons sans-culottes.

18 vendémiaire. Autre certificat pour Antoine Guiraud, Maubourguet et Michel Maubourguet, et, le 22 du courant, pour les citoyens Pierre Douet, Pierre Bouillou jeune, Moreau Montille et Michel Toumazeau, et le 26, pour les citoyens Antoine Moreau et Raymond Barbarin, défenseurs de la patrie.

9 brumaire. Certificat de civisme en faveur du citoyen Pierre Tessier, fils, juge de paix, et le surlendemain, pour les citoyens Jean Peyrey, Jean Feugas, Michel Segrestan, Baptiste Clouet, Junqua Cadet et Antoine Brunet.

11 brumaire. Le conseil municipal arrête que les scellés seront levés de suite chez la veuve Joly Blazon.

18 brumaire. Certificat de civisme en faveur des citoyens Jean Janneau, Jean Ragot, Pierre Charlot, menuisier, et Peyron, oncle.

13 frimaire. Pareil certificat en faveur du citoyen Rabier, instituteur de Cocumont depuis le mois de février 1793, ci-devant habitant de Bazeille, depuis le mois de septembre 1780.

14 frimaire. Certificat de civisme pour le citoyen Blaise Bernard, et le 19 du courant pour le citoyen Jean Lafargues, tous deux défenseurs de la patrie.

An III (1795), 13 nivose. Autre certificat pour les citoyens Antoine Blondet, jeune, et Michel Noguères, bons et vrais républicains; et le 22 du courant, pour les citoyens Jean Douet et Jean Neychens.

4 pluviose. Des secours sont accordés aux parents des défenseurs de la patrie dont les noms suivent : Jean Lamothe, Bernard Relion, Louis Gibaud, Jean Moreau, Jean Relion, François David, Anne Bourg, Jean Jolles, Michel Dutrieux, Joseph Gabourias, Marie Perrot, Jean Marque et Jean Sans.

21 pluviose. Un certificat de civisme est accordé aux citoyens Jean Gabourias, Jean Peyron et Pierre Aubret, vrais républicains et bons sans-culottes.

1er ventose. La population de Bazeille est de 2.330 individus.

11 ventose. Certificat de civisme pour le citoyen Jean Samsom, défenseur de la patrie, et le 21 ventose, pour les citoyens François Bertrin et Mathurin Uteau, charrons.

18 germinal. Un certificat de résidence au lieu du Mirail[1], est délivré au citoyen Joseph Janvier Tastes, âgé de 45 ans, ci-devant noble ; et, le 21 du présent mois un certificat de civisme à André Palard, bon citoyen et vrai sans-culotte.

23 germinal. Le citoyen André Maury, ci-devant capucin, obtient un certificat de bonne conduite pour les sept mois qu'il a passés dans la commune.

3 floréal. « Le directoire du département autorise le citoyen André Maury ci-devant capucin, reclus dans la maison de Paulin (à Agen), à se retirer dans la com-

---

[1] Nous trouvons dans les archives de M. Bentéjac l'affiche suivante :
« A vendre d'autorité de justice en gros ou en détail :
Le superbe domaine du Mirail, situé dans la commune de Ste-Bazeille, à quinze minutes de la grande route de Toulouse à Bordeaux, à laquelle on parvient par une allée qui est la propriété dudit domaine, à demi heure des villes de Marmande et de Ste-Bazeille, que l'on voit depuis la maison qui se trouve en face de la Garonne.

« Ce domaine est composée d'une très belle maison de maître presque neuve, d'une belle terrasse, dépêches, cellier, chapelle située sur le penchant du coteau, de deux logements pour les vignerons et le colon, de potagers, terres labourables, vignes et prés, de la contenance totale de 24 hectares 30 ares 80 centiares ou 61 journaux 6 lattes 8 escats, etc. Tous ces biens dépendant de la succession bénéficiaire de Messire Joseph Janvier de Tastes de Labarthe, décédé à Marmande, seront vendus par lots ou en bloc aux enchères en la salle d'audience du tribunal civil de Marmande, devant Me Bouet, l'un des juges du dit tribunal à ces fins commis par jugement du 30 avril 1827, etc.

« A la requête de Messire Jean Jacques Gabriel Ursin de Bouquier, écuyer, et de dame Catherine Joseph Véronique de Tastes de Labarthe, mariés domiciliés ensemble de la ville du Mas, le mari pour l'autorisation agissant en qualité d'héritiers bénéficiaires du dit feu Joseph Janvier de Tastes de Labarthe leur ayeul, etc., etc.

« L'adjudication préparatoire des dits immeubles a eu lieu le 23 juin 1827, il n'y a pas eu d'enchérisseurs, etc. »
Voir sur les Tastes *Notice sur Mauvezin*, p. 418, 419, 420, 421.
Nous les retrouverons *passim* dans la présente Histoire.

mune de Bazeille dans la maison de Jeanne Maury, sa sœur, pour rétablir sa santé et jouir de sa liberté provisoire sous la surveillance de la municipalité et le cautionnement du citoyen François Hyacinthe Chollet. »

15 floréal. Les gages de Jean Lauzun et de Bernard Rondereau, soldats de ville, sont portés à 400 livres, à cause de la cherté des vivres.

25 floréal. Vu l'arrêté du district, le conseil général arrête qu'il va ouvrir un registre et inviter les citoyens à venir y inscrire les noms de ceux qui ont participé aux horreurs commises sous la tyrannie qui a précédé le 9 thermidor, et y détailler les actes dont ils auraient à se plaindre.

Dans ces derniers temps, furent faites de nombreuses réquisitions de bœufs, de grains, de légumes, de fourrages pour l'armée des Pyrénées-Orientales, et de fréquents recensements des subsistances.

13 prairial. L'administration du département arrête que le citoyen Pierre Dutrieux, reclus dans la maison de Paulin à Agen, sera mis en liberté provisoire et autorisé à transférer son domicile dans la commune de Bazeille sous la surveillance municipale et le cautionnement du citoyen Jacques Dutrieux, qui demeure chargé de le nourrir et soigner à ses frais.

25 prairial. Les gages du citoyen Douet, fils, secrétaire-greffier sont élevés à la somme de 1600 livres, vu l'excessive cherté des denrées.

29 prairial. Les officiers municipaux ayant trouvé dans la boîte qui vient de la poste, deux lettres timbrées de Lyon, l'une adressée à la citoyenne veuve Joly Sabla et l'autre au citoyen Joly Sabla, lesquelles ont paru suspectes, l'écriture de l'adresse paraissant être celle de Joly Sabla, émigré,

Considérant que la municipalité ne saurait trop user des moyens de surveillance pour découvrir les ennemis de la patrie,

Arrêtent que le citoyen Peyrey, officier municipal, se rendra à l'administration du district chargé desdites lettres pour lui faire part du soupçon de la municipalité.

Le conseil général accorde au citoyen Giffey chargé d'une mission importante par le citoyen Monestier en prairial an II, un certificat attestant la douceur et l'humanité avec lesquelles il s'est conduit dans la commune, n'ayant porté que la consolation et la paix dans toutes les familles de ceux qui avaient été si injustement dénoncés et manifestant le plaisir qu'il avait de ne trouver que des innocents.

10 messidor. La garde nationale composée de 173 membres est réorganisée de la manière suivante :

Premier Peloton :

Sont élus :

Capitaine en premier : Ferrand.
Lieutenant : Claris, fils.
Sous-lieutenant : Blondet.
Sergent-major : Jean Dupons.
Sergents : Guillaume Dupons ; Jacques Dupons ; Antoine Bertrin ; Jean Moreau Montille.
Caporaux : Antoine Maubourguet ; Jean Rapin, fils d'Adam ; Jacques Dutrieux ; Morian Lagorce ; Bertrand Charlot ; André Bertrin ; Jean Cazemajou.

Deuxième Peloton :

Sont élus :

Capitaine en second : Rousset.
Lieutenant : Chollet.

Sous-lieutenant : Peyron.

Sergent-major : Antoine Janneau.

Sergents : Galissaires; Bertrin aîné; Beylard; Michel Segrestan.

Caporaux : Andrieu François Tinus ; Bouillou fils ; Relion jeune; Jean Charlot ; Guillaume Clouet ; Navarre fils ; Noguey.

26 messidor. Un certificat de civisme est délivré au citoyen Jean Philipot aîné, serrurier, vrai et zélé républicain.

20 fructidor. Il est procédé au recensement des citoyens électeurs aux assemblées primaires pour les communes de Castelnau, Lagupie, Saint-Martin et Mauvezin, réunis dans l'église hors les murs pour accepter la constitution et nommer les électeurs, dont le nombre est de 574 pour l'assemblée primaire.

20 vendémiaire an IV.— Le citoyen Auguste Douet est revoqué de la fonction de secrétaire-greffier à cause de son insouciance, et le citoyen Jean Peyrey nommé à sa place, aux mêmes gages.

1er brumaire. Cette commune compte 2.312 habitants et celles du Petit-St-Martin , de Lagupie, de Castelnau et de Mauvezin, en tout plus de 3.000.

11 brumaire. L'administration municipale croit faire acte d'humanité en accordant à la citoyenne Fontainemarie, femme du citoyen Castaignet, émigré, la résidence chez le citoyen Edouard Noguey, son beau-frère ; la dite citoyenne résidait dans la commune de Buzet en 1792, lorque l'administration du district de Casteljaloux ayant fait vendre le mobilier, les fonds et maisons dudit Castaignet, elle fut obligée de se refugier chez ledit Noguey, qui fournit à ses besoins.

12 brumaire. André Maury, prêtre non assermenté, ancien capucin, âgé de 64 ans et Pierre Dutrieux ci-devant frère recollet, âgé de 54 ans, déclarent vouloir obéir à la loi du 4 brumaire relative à l'arrestation et détention des ecclésiastiques non assermentés, et se rendre à Agen dans la maison qui leur sera désignée.

— Vu l'arrêté de l'administration du département, la commune de Ste-Bazeille est divisée en deux communes devant nommer chacune un agent et un adjoint.

La première commune, du côté du levant, portera le nom de *haute*, et celle du couchant celui de *basse*, séparées l'une de l'autre par une ligne de démarcation prise au chemin du Caillou qui conduit de la porte d'entrée du temple de l'Être suprême à la porte neuve et suit ledit chemin jusqu'au pont de la Gupie.

15 brumaire. Sont nommés par l'assemblée communale les citoyens Barthélemy Ferrand et Godefroy Rapin en qualité d'agents des deux communes et Bernard Bascaube et Hyacinthe Chollet en qualité d'adjoints.

24 brumaire. Sont venus devant l'assemblée primaire du canton sous la présidence du citoyen Michel Chaubin les citoyens Godefroy Rapin, agent municipal et Hyacinthe Chollet, adjoint de la commune dite du couchant ; Barthélemy Ferrand, agent municipal et Bernard Bascaube, adjoint de la commune dite du levant; Alexandre Forestier, agent municipal de la commune de Castelnau et Jean Bourgoing jeune, adjoint ; Nicolas Mouchet Lardan, agent municipal de la commune de Lagupie et Simon Guibert, adjoint; François Uteau, agent municipal de la commune du Petit-St-Martin et Antoine Chabiran, fils, adjoint ; Baptiste Prévot, jeune, agent municipal de la commune de Mauvezin et Martin Billaud, adjoint, lesquels ont déclaré

n'avoir provoqué ni signé aucun arrêté séditieux et contraire aux lois et n'être parents ou alliés d'émigrés, et se sont installés dans leurs fonctions.

Le citoyen Michel Noguères est élu secrétaire-greffier.

Le citoyen Chollet est élu commissaire provisoire du pouvoir exécutif auprès de l'administration du canton de Ste-Bazeille, attendu la récusation du citoyen Bentzmann qui avait été provisoirement nommé par l'administration du département.

Les assemblées des cinq susdites communes sont fixées à quatre par mois, chaque mercredi à 8 heures du matin.

Le citoyen Antoine Rousset est nommé juge de paix du canton de Sainte-Bazeille.

2 nivose. Le citoyen François Hyacinthe Chollet donne sa démission d'adjoint et de commissaire provisoire du directoire exécutif près l'administration municipale du canton de Sainte-Bazeille.

4 nivose. Cette démission n'est pas acceptée, mais il est adjoint audit citoyen Chollet le citoyen Ferrand, membre de l'administration.

21 pluviose (1796). Il est dû à la citoyenne Jeanne de Las, veuve Labessède, une pension alimentaire de 900 livres par an à prendre sur les biens du citoyen Coulom, son frère, père d'émigré, qui sont séquestrés depuis le 6 décembre 1793. — Ladite de Las demande le paiement de 1350 livres pour les trois quartiers de ladite pension lesquels ont commencé depuis le 1er juillet 1794 et sont échus le 1er janvier 1796.

Vu l'arrêté du district, du 4 frimaire an III, portant que ladite de Las sera payée de ladite pension, vu l'arrêté du directoire du département, etc., vu le contrat de vente consenti par feu Labessède[1] et sa femme Jeanne de Las au citoyen de Las Coulom, leur beau-frère et frère, à la charge d'une pension annuelle et alimentaire de 900 livres exempte de toute charge nationale imposée et à imposer des biens situés dans la commune de Mauvezin,

L'administration municipale délibère que le receveur des domaines nationaux du bureau de Marmande payera à ladite citoyenne de Las Coulom ladite somme de 1350 livres.

— L'administration municipale refuse de délibérer sur la main-levée de la somme de 7466 livres formée par la citoyenne Marie Françoise Louise Escodéca[2], veuve Verliac-Roffiac. Ladite somme provient des revenus et créances que la municipalité de Mauvezin a perçues sur les biens séquestrés de ladite citoyenne, mère d'émigré, pendant son arrestation.

12 ventose. Le citoyen Chaubin, président de l'administration du canton déclare suspendre ses fonctions d'assesseur au juge de paix, parce qu'il est parent de la femme dudit juge et oncle par alliance du citoyen Espaignet, prêtre sorti en vertu de la loi.

Le citoyen Mouchet Lardan, agent municipal de la commune de Lagupie, fait observer qu'il est frère d'un prêtre déporté et que pour cette raison il suspend ses fonctions jusqu'à ce que l'administration centrale ait décidé si les prêtres déportés doivent être compris dans la classe des émigrés.

Le citoyen Chollet, fils aîné, est nommé commissaire

---

[1] Voir sur les Labessède *Notice sur Mauvezin* p. 227, 290, 357, 430, 432, 436.

[2] Voir sur les d'Escodéca de Boisse *Ibidem*, tout le chap. VI, et sur Marie Françoise Louise d'Escodéca, p. 290, 291, 325, 326, 327, 329, 338, 346, 347, 348.

par le directoire exécutif près la présente administration.

19 floréal. « Nous membres de l'administration municipalle du canton de Ste-Bazeille, attestons que la citoyenne Marie Marguerite Fontainemarie, épouse du citoyen Edouard Noguey, s'est présentée devant nous cejourd'huy et nous a affirmé que la créance de dix mille livres qu'elle a, en vertu de contrat de mariage qu'elle rapporte, sur les biens de Jean Baptiste Fontainemarie, son frère émigré, est sincère, et qu'elle ne lui a point été acquittée. »

27 prairial. L'administration municipale délibère que quatre écoles primaires sont nécessaires pour le canton : la 1re à Ste-Bazeille, la 2me à Lagupie, la 3me à Castelnau et la 4me à Mauvezin ; et qu'elle fournira à chaque instituteur les maisons presbytérales avec leur jardin. Elle estime qu'il doit être attribué à chacun d'eux par mois pour chaque élève, savoir : pour les commençants 20 sols, pour ceux qui écrivent 40 sols et pour ceux qui apprennent l'arithmétique 3 francs.

— L'administration municipale est d'avis qu'il n'y a nulle difficulté à faire main-levée aux citoyennes Denise, Angélique, Thérèze Noguey, sœurs, de 9 journaux 16 lattes de terre situés sur la commune de Lagupie et séquestrés sur la tête du citoyen Bertrand Noguey, ci-devant curé de Lagupie, prêtre déporté ; qu'il y a également lieu à leur faire main-levée de la somme de 1025 livres pour les pactes de la ferme dudit bien, somme échue depuis le 14 floréal an III et pour laquelle lesdites pétitionnaires auront à se pourvoir contre les citoyens Pierre Brouillou et Jean Cazemajou, fermiers, qui n'ont jamais rien payé ou versé dans la caisse du receveur des domaines.

11 messidor. Le citoyen Guillaume Clouet est nommé adjoint de la commune du couchant.

16 messidor. L'administration municipale, vu l'arrêté de

l'administration du département, arrête que le citoyen De Las Coulom, père d'émigré, soit mis tout de suite en possession des biens séquestrés à son préjudice.

20 messidor. Main-levée provisoire est donnée au citoyen Pierre Isaac Joly Bonneau et à la citoyenne Marie Roger, mariés, habitants de Casteljaloux, de leurs biens séquestrés comme étant ascendants d'émigrés.

11 thermidor. Autre main-levée faite à la citoyenne veuve Verliac Roffiac, mère d'émigré, de ses biens séquestrés dans le canton de Sainte-Bazeille.

23 thermidor. « Vu la déclaration des biens immeubles que possède la citoyenne veuve d'Auber dans cette commune pour demander le partage de ces biens à raison de la présumée émigration de son fils second, etc.,

« L'administration, ouy le commissaire du directoire exécutif, cinq membres délibérant, estime qu'il y a lieu de procéder au partage sollicité par ladite déclarante. »

— « Vu la soumission du citoyen Marc Antoine Moustier par lui faite pour acquérir la portion des biens qui doit revenir à la nation, comme représentant Marie et Ursule Moustier, ses filles émigrées,

« L'administration estime qu'il y a lieu à faire procéder par expert à l'évaluation desdits biens. »

— « Vu la soumission du citoyen Chaudordy, habitant d'Agen, par lui faite devant l'administration centrale du département, sur la portion indivise revenant à la nation, comme représentant Jean Coulom, fils ayné émigré, sur les biens de son père situés sur la commune de Mauvezin, etc.,

« L'administration municipale estime qu'il y a lieu à faire procéder par expert, etc. »

7 fructidor. Les citoyens Antoine Moustier fils aîné, homme de loi, demeurant ordinairement à Paris, et

Mouchet Taillebourg, de Ste-Bazeille, sont rayés de toutes les listes d'émigrés où ils ont été inscrits.

19 brumaire, an V. « L'administration, considérant qu'il existait à Ste-Bazeille, avant la révolution, un bureau de charité qui faisoit distribuer aux pauvres la somme de 600 livres de rente annuelle que le ci-devant clergé faisoit pour un capital de 15.000 livres légué aux pauvres par feu sieur Lacam et pris par ledit clergé à rente de 4 %,

« Considérant que depuis la suppression du ci-devant clergé, la nation, qui s'est chargée des dettes dudit clergé, a payé une année ladite rente et que, depuis cette époque qui remonte en septembre 1791, elle n'a fait aucun autre payement et que par conséquent nos pauvres ont dû souffrir de cette privation,

« Considérant encore que les biens qui auroient dû appartenir à feu Joly Blazon, émigré, situés dans cette commune et celle du Petit-St-Martin n'ont été que soumissionnés et que l'aliénation n'en a pas été faite,

« Considérant que ces seuls biens ou partie d'yceux sont dans le cas d'effectuer d'une manière plus convenable le remboursement des 15.000 livres dues aux pauvres par la nation, à cause de leur proximité, etc., etc.,

« Ouy le commissaire du directoire exécutif,

« L'administration arrête que pour remplacement de la susdite somme elle désigne partie des biens ci-dessus indiqués, à moins que dans sa sagesse la nation ne trouve plus à propos et plus avantageux à l'intérêt des pauvres de payer la susdite redevance de 600 livres chaque année, conformément à la disposition de l'article 9 de la loi du 16 vendémiaire. »

Nous trouvons aux *Archives du département de Lot-et-Garonne* le tableau suivant dressé par l'administration municipale du canton de Ste-Bazeille le 25 brumaire an V :

« Département de Lot-et-Garonne,
« Canton de Ste-Bazeille.

« Etat des cy devant églises ou chapelles existant sur le territoire du canton de Ste-Bazeille :

« Ste-Bazeille. — Une dans la ville bâtie en pierre et d'une assez grande étendue, toute décarellée, les autels brisés par les terroristes à la fin de l'an 2me ; — elle n'est pas rendue au culte faulte d'avoir trouvé un prêtre honnête ; — elle ne sert pas à l'exercice du culte depuis sa détérioration ; — elle n'est employée à aucun service public, ou tenue à titre de location ou autrement ; — elle ne sert à aucun usage.

Observation. Mais le peuple attend de trouver un bon prêtre pour reprendre son culte et cette église lui est absolument nécessaire ;

« — Une autre hors ville aussy bâtie en pierre, et d'une plus petite étendue, ayant le cimetière à l'entour ; toute décarellée et a servy pour faire du salpêtre ; les prisonniers de guerre y sont ;

« — Une très petite chapelle aussy hors ville bâtie en pierre.

« Laguppie. — Une bâtie en pierre, d'une médiocre étendue, ayant le cimetière à l'entour ; — est en bon état ; — n'est pas rendue à l'exercice du culte ; — ne sert pas à l'exercice du culte ; — n'est employée à aucun service public ou tenue à titre de location ou autrement ; — ne sert à aucun usage.

« *Observation.* Le peuple attend de trouver un bon prêtre pour reprendre son culte, cet édifice lui est absolument nécessaire.

« Castelnau. — Une bâtie en pierre, d'une médiocre étendue, ayant le cimetière à l'entour ; — est en bon état ;

— est rendue à l'exercice du culte depuis 4 mois ; — sert au culte depuis 4 mois.

« Mauvaisin. — Une bâtie en pierre, d'une médiocre étendue, ayant le cimetière à l'entour ; — est en bon état ; — est rendue au culte depuis 4 mois ; — sert au culte depuis 4 mois.

« Arrêté le présent état par nous membres de l'administration municipalle du canton de Ste-Bazeille.

« A Ste-Bazeille en administration le 25 brumaire, l'an 5me de la République française une et indivisible.

Chaubin, pr. Ferrand, ag.
Noguères, sec. »

(N° 8. Arch. de Lot-et-Garonne.)

15 nivose (1797). Le citoyen Michel Noguères, secrétaire-greffier, donne sa démission, à cause de la réduction à 400 livres de ses gages.

22 nivose. Le citoyen Jean Rapin est élu à sa place.

18 ventose. Le citoyen Prévot, agent municipal de Mauvezin, donne sa démission sous prétexte de ses nombreuses affaires.

— Le citoyen Mouchet Lardan, agent municipal de Lagupie, déclare donner purement et simplement sa démission comme frère d'un prêtre déporté.

— Le citoyen Uteau, agent municipal du Petit-Saint-Martin, donne aussi sa démission, alléguant le poids de ses affaires.

7 floréal. Sont nommés à la place des susdits démissionnaires, savoir : le citoyen Simon Guibert, agent municipal de Lagupie, le citoyen Lafforet, agent municipal de Mauvezin et le citoyen François Uteau, agent municipal du Petit-St-Martin.

En outre, les citoyens Jean Bertrin aîné, et Jean

Bourgoing, déclarent en revêtant la charge de nouveaux adjoints, l'un de Ste-Bazeille et l'autre de Castelnau, n'être parents d'aucun émigré ni provocateur ou signataire d'aucune mesure séditieuse et contraire aux lois, mais être sincèrement attachés à la république et vouer une haine éternelle à la royauté.

14 floréal. Soumission est faite par le citoyen Nicolas Lagorce[1] sur la portion de biens revenant à la nation, comme représentant le citoyen Antoine Joly Blazon, émigré.

L'administration municipale répond à l'administration centrale que « lesdits biens sont abonnés au citoyen Antoine Joly Blazon par succession de Mathurin Joly Blazon, son père, qui laissa en mourant trois enfants ses héritiers par portions égales et légua à Marie Joly Sabla, sa femme, son mobilier de toute espèce et la jouissance de ses immeubles, à la charge de nourrir et entretenir ses enfants. — Après le décès de Mathurin Joly Blazon, un de ses trois enfants mourut en bas-âge. Les droits d'Antoine Joly Blazon ou de la Nation consistent donc dans la tierce partie et un neuvième de ladite succession. — L'administration estime qu'il y a lieu de faire procéder par la voie des experts ».

3 messidor. L'arbre de la Liberté planté sur la place de Ste-Bazeille et renversé par le grand vent d'hier, sera rétabli, mais, pour éviter un pareil accident, le nouvel arbre sera mis devant la maison des réunions municipales.

27 fructidor. En conséquence de la conspiration royaliste dont la nouvelle est arrivée aujourd'hui, les agents

---

[1] Voir sur Nicolas de Lagorce et sa maison : *Notice sur Mauvezin*, p. 260, 263, 333, 336, 383, 422-427, 596, 597.

municipaux de Castelnau et de Mauvezin, communes ayant chacune un prêtre exerçant publiquement en conformité de la loi de vendémiaire an IV, signifieront à ces ecclésiastiques de cesser leurs fonctions jusqu'à ce qu'ils aient prêté le serment de haine à la royauté et à l'anarchie, d'attachement et de fidélité à la république et à la constitution de l'an III. — Ce serment fut, en effet, prêté par Bernard Lespinasse, prêtre exerçant à Castelnau.

27 prairial an VI. Le directoire exécutif arrête que le nom du citoyen Joseph Janvier Tastes soit rayé de toute liste d'émigré et que le séquestre apposé sur ses biens soit levé.

25 vendémiaire, an VII. Le citoyen Michet Douet est reçu instituteur de Sainte-Bazeille.

10 floréal. Les municipalités des communes du canton sont ainsi composées :

Barthélemy Ferrand, élu agent municipal de Ste-Bazeille ;
Jean Bertrin, adjoint ;
Guillaume Claris, fils aîné, élu agent municipal de Ste-Bazeille ;
Jean Ragot, aîné, adjoint ;
Bernard Uteau, élu agent municipal de Castelnau ;
François Pouvereau, adjoint ;
Denis Gadras, élu agent municipal de Mauvezin ;
Nicolas Laforêt, adjoint ;
Nicolas Monchet Lardan, élu agent municipal de Lagupie ;
Pierre Duranthon, fils aîné, adjoint ;
François Uteau, élu agent municipal du Petit-St-Martin ;
Jean Uteau Lagrave, adjoint ;

19 floréal. Bernard Uteau, agent municipal de Castelnau et Guillaume Claris, agent municipal de Ste-Bazeille donnent leur démission. — François Uteau, réélu pour la troisième

fois, ne peut pour cette raison, être agent municipal du Petit-St-Martin. — Jean Ragot, adjoint de Sainte-Bazeille, ne peut exercer non plus cette charge, parce qu'il a pour oncle Barthélemy Ferraud, agent municipal; à son tour, François Pouvereau, ayant pour beaux-frères Forestier et Guibert, ne peut être élu adjoint de Castelnau.

7 messidor. Jean Bordes, officier de santé, est élu agent municipal de la commune de Ste-Bazeille dite St-Pey d'Aaron ;

Jean Dupons, tonnelier, adjoint ;

Jean Uteau Sablette, est élu agent municipal du Petit-St-Martin ;

Jean Escoubès, est élu agent municipal de Castelnau ;

Mestrot fils, adjoint.

18 fructidor. Le citoyen Mouchet Lardan, agent de Lagupie, donne sa démission, à cause d'une lettre que le président lui a écrite en termes peu convenables. L'administration municipale le prie de la retirer.

18 frimaire an VII. Les agents municipaux et adjoints, les commissaire et secrétaire prêtent serment au nouveau gouvernement en la forme suivante : « Je jure d'être fidèle à la république une et indivisible, fondée sur la légalité et liberté et le système représentatif. »

27 pluviose. L'administration municipale, considérant que toutes ses relations commerciales sont particulièrement avec la commune de Bordeaux, qu'elle n'a aucune communication avec la commune d'Agen, que le vœu général de ses administrés du présent canton est de réclamer auprès du ministre de l'intérieur et des conseillers d'Etat d'être réunis au département de la Gironde, demande à faire partie de l'arrondissement de La Réole.

29 brumaire an IX. — Procès des chauffeurs.

« Au nom du peuple français, vu par le tribunal criminel

du département de Lot-et-Garonne l'acte d'accusation dressé par le directeur du jury de l'arrondissement de Nérac contre Jean Ferrier, Jean Vilotte Lanauze, Jean Guytet dit Chiche, Jean Louis Dupillac fils aîné, Guillaume Moureau, Timothée de Vaux, Jean Rambaud, Jean Barbot, Antoine Deymier, Jean Grillon dit Tourneur, Martial Poitevin aîné, Pierre Poitevin second, Etienne Beaudrix, François Bertrand dit Rolland, Jacques Rolle Balayssac, Léonard Douin surnommé Larramé, Jean Fabès dit Lanau, Jean Grillon jeune dit Tourneur, Jean Monguillot dit Volland, Teyssier dit Capardou, Rolland métayer, Jean Vignau dit le Sacre, Rambaud aîné dit Grand poil, Itier dit Cardot, Dubourg fils métayer, Jacques Uteau dit Jacquillet, Moulines journalier et Fraîche métayer, et dont la teneur suit :

Le directeur du jury de l'arrondissement de Nérac au départ. de Lot-et-Garonne délégué par le jugement du tribunal criminel dudit départ. séant à Agen du 12 fructidor courant expose, etc.,... et la déclaration du jury de jugement portant...

... Qu'il est constant que du vingt et un au vingt-deux germinal dernier il a été soustrait et enlevé au citoyen Philipeau, habitant du lieu de Biarnés, commune de Lagupie une somme d'environ 60 francs en argent, une paire de bas de laine, un mouchoir de coton rayé, un grand pot de viande de cochon confit et d'autres effets...

Qu'Etienne Baudrix, journalier, est convaincu d'être l'auteur de la soustraction et enlèvement de ces objets... dans le dessein du crime de vol...;

... Que François Lusseau est convaincu d'avoir aidé et assisté l'auteur ou les auteurs dudit crime de vol dans les faits qui en ont préparé et facilité l'exécution..., qu'il a prêté cet aide et cette assistance sciemment, dans le dessein du crime, qu'il n'a pas aidé et assisté l'auteur ou les auteurs dudit crime dans les faits et actes qui en ont consommé l'exécution ;

... Que ledit Jean Grillon dit Tourneur, tonnelier et cultivateur, est convaincu d'avoir aidé et assisté l'auteur ou les auteurs dudit crime de vol dans les faits qui en ont préparé et facilité l'exécution..., sciemment, dans le dessein du crime ; qu'il a aidé et assisté l'auteur ou les auteurs dudit crime dans les faits et actes qui en ont consomm l'exécution;

... Que le susdit vol a été commis dans l'intérieur de la maison du dit Philipeau..., à force ouverte, par violence envers la personne de la dite maison, la nuit, par plusieurs personnes ; que les voleurs étaient porteurs d'armes à feu ou d'autres armes meurtrières;

— Qu'il est constant que du 22 au 23 germinal dernier il a été soustrait et enlevé à la citoyenne Rolle Balayssac, veuve Lagorce, habitante de Malvoisin [1], une somme en argent...

Que Jean Rambaud est convaincu d'être auteur de la soustraction et enlèvement de cette somme, dans le dessein du crime de vol ;

Que Jean Barbot est convaincu d'être auteur de la soustraction et enlèvement de cette somme, dans le dessein du crime de vol ;

Qu'Étienne Beaudrix est convaincu de la soustraction et enlèvement de cette somme, dans le dessein du crime de vol ;

... Que François Lusseau est convaincu d'avoir aidé et

---

[1] Elle habitait la maison noble d'Artus. Voir sur les Lagorce *Notice sur Mauvezin*, p. 422-427, et sur les Rolles *ibidem*, p. 425, 576, 577, 594, 596.

assisté l'auteur ou les auteurs du dit vol dans les faits qui ont préparé et facilité l'exécution, sciemment, dans le dessein du crime,

Qu'il n'a pas aidé et assisté l'auteur ou les auteurs du dit vol dans les faits et actes qui en ont consommé l'exécution,

... Que le vol a été commis dans l'intérieur de la maison de la dite Rolle Balayssac, veuve Lagorce, à force ouverte, par violence envers les personnes de la dite maison, la nuit, par plusieurs personnes,

Que les voleurs étaient porteurs d'armes à feu et d'autres armes meurtrières ;

— Qu'il est constant que du 30 germinal au 1er floréal dernier il a été soustrait et enlevé à la citoyenne Jeanne Bacot, demeurant à Saint-Michel, canton de Lamothe Landeron une somme de 700 francs ou environ en numéraire, du cochon salé, du linge et autres effets,

Que Jean Ferrier est convaincu d'être auteur de la soustraction et enlèvement de ces objets, dans le dessein du crime de vol ;

Que Jean Louis Dupillac, fils aîné est convaincu d'être auteur, etc.., dans le dessein du crime de vol ;

Que Léonard Douin surnommé Larramé est convaincu, etc..., dans le dessein du crime de vol ;

Que François Lusseau est convaincu d'avoir aidé et assisté, etc., sciemment, dans le dessein du crime,

Qu'il n'a pas aidé et assisté... dans les faits et actes qui en ont consommé l'exécution,

Que le vol a été commis dans l'intérieur de la maison de la dite Bacot, à force ouverte, par violence envers les personnes de la maison, la nuit, par plusieurs personnes,

Que les voleurs étaient porteurs d'armes à feu et d'autres armes meurtrières ;

— Qu'il est constant que du 2 au 3 prairial dernier il a été soustrait et enlevé 5 mouchoirs au citoyen Henri Bertrand aîné, laboureur, habitant du lieu de Fallot, commune de Beaupuy,

Que Jean Ferrier est convaincu d'être auteur, etc., dans l'intention du crime de vol,

Que François Lusseau est convaincu d'avoir aidé et assisté, etc., sciemment, dans le dessein du crime,

Qu'il n'a pas aidé et assisté... dans les faits et actes qui en ont consommé l'exécution, que ce vol a été commis dans l'intérieur de la maison à force ouverte, par violence envers la personne dudit Henri Bertrand, la nuit, par plusieurs personnes,

Que les voleurs étaient porteurs d'armes à feu et d'autres armes meurtrières ;

— Qu'il est constant que du 3 au 4 prairial dernier il a été soustrait et enlevé à la citoyenne Marguerite Seguin, habitante du lieu de Labat, commune de Sainte-Bazeille, une somme de 70 francs ou environ en numéraire,

Que Jean Ferrier est convaincu d'être auteur, etc., dans le dessein du crime de vol,

Que Timothée de Vaux est convaincu d'être auteur, etc...

... Dans le dessein du crime de vol,

Que Jean Rambaud est convaincu d'être auteur, etc...

... Dans le dessein du crime de vol,

Que Martial Poitevin, maçon, est convaincu d'être auteur, etc, dans l'intention du crime de vol,

Que Jean Fabès dit Lanau est convaincu, etc... dans l'intention du crime de vol,

Que Jean Grillon, jeune, dit Tourneur, est convaincu d'être auteur, etc,

Qu'il n'a pas soustrait et enlevé cette somme dans l'intention du crime de vol,

Que Jean Monguillot dit Vollant est convaincu d'être auteur, etc...

Qu'il n'a pas soustrait... dans l'intention du crime de vol,

Que François Lusseau est convaincu d'avoir aidé... etc. sciemment, dans le dessein du crime,

Qu'il n'a pas aidé... dans les faits et actes qui en ont consommé l'exécution,

Que Jean Grillon dit Tourneur, cultivateur et tonnelier est convaincu d'avoir aidé, etc, sciemment, dans le dessein du crime,

Qu'il n'a pas aidé dans les faits et actes qui en ont consommé l'exécution,

Que Jean Grillon jeune est convaincu d'avoir aidé, etc.

Qu'il n'a pas prêté cet aide — sciemment,

Qu'il est convaincu d'avoir aidé... dans les faits et actes qui en ont consommé l'exécution,

Qu'il n'a pas prêté cet aide... sciemment,

(Idem pour Jean Monguillot).

Que le vol a été commis dans l'intérieur de la maison à force ouverte, par violence envers les personnes de ladite maison, la nuit, par plusieurs personnes,

Que les voleurs étaient porteurs d'armes à feu ou d'autres armes meurtrières.

— Qu'il est constant que du 2 au 3 messidor dernier on s'est porté au-devant de la maison du dit Philipeau audit lieu de Biarnès, qu'on a frappé rudement et à plusieurs reprises à la porte de ladite maison, que ledit Philipeau a été sommé de donner une somme de 200 ou 300 francs qu'on lui avait fait promettre, lors de la précédente incursion faite chez lui, de tenir prête, et que ledit

Philipeau ayant refusé d'ouvrir, on l'a menacé de faire enfoncer sa porte par des sapeurs et de mettre le feu au bois qu'il avait en dehors et près de sa maison.

— Qu'il est constant que du 2 au 3 messidor il a été soustrait à ladite Marguerite Seguin une somme de 72 francs ou environ en numéraire.

Que Jean Fabès dit Lanau est convaincu d'être auteur, etc., dans l'intention du crime de vol.

Que François Lusseau est convaincu d'avoir aidé, etc., sciemment, dans l'intention du crime, qu'il n'a pas aidé dans les faits et actes qui ou consommé l'exécution, que le vol a été commis à force ouverte, la nuit, par plusieurs personnes; que les voleurs étaient porteurs d'armes à feu ou d'autres armes meurtrières.

« Signé : CASSANY, chef du jury
SEIGNET, 1er suppléant des jurés,
BAURY et LESPÉS, greffiers. »

L'ordonnance du président du tribunal portant que Jean Villole Lanauze, Jean Guytet dit Chiche, Guillaume Dupillac, Guillaume Moreau, Antoine Deymier, Pierre Poitevin second, François Bertrand dit Rolland, Jacques Rolle Balayssac, Jean Grillon, jeune, et Jean Monguillot dit Vollant sont acquittés de l'accusation portée contre eux; en conséquence ils seront mis en liberté sur le champ.

Le tribunal, après avoir entendu le citoyen Fizelier, premier suppléant du tribunal remplissant les fonctions du commissaire du gouvernement, celui-ci absent pour cause de maladie survenue à la suite de la déclaration du jury qui a requis l'application de la loi, condamne Jean Rambaud; Jean Ferrier, Martial Poitevin aîné, Jean Barbot, Jean Louis Dupillac, Etienne Beaudrix, Léonard Douin, Timothée de Vaux, Jean Fabès, Jean Grillon aîné et

François Lusseau, et chacun d'eux à vingt-quatre années de fer, savoir, les neuf premiers conformément aux articles 1, 4 et 5 de la seconde section du titre du code pénal et le dernier tant en vertu des articles ci-dessus que de l'article 1er du titre 3me du même code.

Ordonnons qu'avant de subir leur peine et en conformité de l'article 445 du code, les dix condamnés seront conduits sur la place publique de la présente ville d'Agen et seront attachés à un poteau placé sur un échafaud qui y sera à cet effet dressé, où ils demeureront exposés aux regards du peuple pendant six heures, ayant au-dessus de leur tête un écriteau où seront inscrits en gros caractères leur nom, leur profession, leur domicile, la cause de leur condamnation et le présent jugement, et ce conformément à l'article 28me du titre 1er du susdit code pénal.

Condamne les dits Rambaud, Ferrier, Poitevin, Barbot, Dupillac, Beaudrix, Douin, De Vaux, Fabés, Grillon et Lusseau solidairement aux frais de la procédure instruite contre eux.

Fait à Agen le 29 brumaire an IX de la République Française une et indivisible, en l'audience du tribunal où étaient présents les citoyens Bory, président, Uchard et Vigué, juges, qui ont signé. »

8 messidor. Le citoyen Beutzmann figure en qualité de maire de Sainte-Bazeille.

28 pluviose an IX. Le citoyen Beutzmann, maire, déclare quitter la présidence du conseil municipal. Le citoyen Chaubin est élu à sa place, et le citoyen Godefroy Rapin est nommé secrétaire.

« Le 16 pluviose an X, à une heure de relevée le conseil municipal assemblé, vu l'état remis par le citoyen maire sur le bureau contenant plusieurs objets pour être soumis à nos délibérations, le conseil municipal prenant en considération le premier article dudit état concernant le libre exercice du culte catholique, apostolique et romain, considérant que le vœu unanime de tous ses concitoyens réclame impérieusement cette liberté,

Considérant encore que ce culte bien loin de nuire en rien à la conservation du gouvernement qui nous régit, n'est au contraire que propre à vouloir sa conservation, puisque le même culte selon son divin autheur commande expressement à tous les fidelles d'obéir à la puissance qui les gouverne ;

D'après ces considérations le conseil municipal délibère que copie de la présente délibération sera transmise au Sous-Préfet du présent arrondissement afin qu'il fasse connoître par l'entremise du citoyen Préfet à notre gouvernement le vœu sincère de nos concitoyens. — Bentzmann, maire, Mouchet, président, Ferrand, Joly Blazon, Chollet, Beylard, Bordes, Godefroy Rapin. »

11 floréal an X. « Les maire et adjoint de la présente commune étant assemblés au lieu ordinaire de leurs séances,

Vu la proclamation des consuls relative au culte et la lettre du Sous-Préfet, etc.

Considérant que le sujet d'une telle proclamation est d'une trop grande importance pour ne pas lui donner toute la publicité qu'elle mérite, puisqu'elle va faire jouir tous les citoyens d'un bienfait si précieux et si désiré et qui fera disparaître tous les éléments de discorde,

En conséquence ont arrêté ce qui suit :

ARTICLE 1er. Il sera écrit dans le jour au commandant de la garde nationale pour le prévenir de faire commander toutes les compagnies qui sont sous sa direction de se réunir en armes à l'hôtel de la mairie à 10 heures du matin pour accompagner les autorités constituées de ce lieu et assister à la publication de la proclamation ci-dessus ; le conseil municipal sera invité à s'y rendre.

Il sera aussi fait une invitation au ministre du culte catholique desservant cette commune le priant qu'après la publication susdite, une messe soit célébrée, à la suite de laquelle il sera chanté un *Te Deum* en action de grâce d'un bienfait aussi précieux, qui, en couronnant la paix générale, assure à jamais la paix intérieure.

Art. 2. Il sera pris chez le Trésorier des revenus communaux de cette commune les fonds nécessaires pour obvier aux dépenses que nécessitera cette fête et d'où doit dériver le bonheur commun.

Fait à Ste-Bazeille en mairie les jour mois et an que dessus. Bentzmann, maire, S. Rapin, adjoint. »

Nous trouvons à cette date comme conseillers municipaux : Chaubin, Bordes, Ferrand, Joly Blazon, Chollet, Beylard, Antoine Mouchet, président dudit conseil, Godefroy Rapin, secrétaire.

15 pluviose an XI. Au nombre des dépenses de la commune pour l'an XII, figurent 200 francs destinés à la réparation des églises de Ste-Bazeille et autres 200 francs affectés à la réfection du presbytère.

16 pluviose. Le maire demeure autorisé à faire dresser les devis nécessaires pour réparer la maison des séances du conseil municipal qui doit être le presbytère.

17 pluviose. Le maire demeure également chargé de faire travailler à la réparation des églises.

19 pluviose. Le conseil municipal, considérant qu'il y a de l'indécence à ce que les jeunes filles aillent à la même institution que les garçons, délibère que le maire prendra des mesures pour trouver une maîtresse d'école.

26 frimaire an XII. Le conseil municipal délibère de faire un traitement de 1000 francs au citoyen Lugat, curé

de Sainte-Bazeille, en sus du traitement qu'il reçoit du gouvernement, jusqu'à ce que ce dernier ait statué à ce sujet.

19 pluviose an XIII. M. le Maire se fera autoriser à rétablir dans l'église le banc qui a servi autrefois et pendant si longtemps aux autorités constituées.

29 thermidor. La somme de 1000 francs est encore votée par le conseil municipal en faveur de M. le curé pour l'an XIV.

— Les Registres paroissiaux nous apprennent que depuis le 16 juin 1800 jusqu'au 1er janvier 1801, M. Espagnet, curé de Mongausy et de Saint-Michel-de-Lapujade, venait exercer les fonctions du divin ministère à Sainte-Bazeille.

Il baptisa :

Le 16 juin 1800, Jeanne Rondereau, âgée de 4 ans, — Pierre Dutrieux, âgé de 3 ans, — Jeanne Guitet, âgée de 3 ans et demi, — Pierre Flouret, âgé de 20 mois, — Jeanne Pouchet, âgée de 22 mois, — Guillaume Bouges, âgé de 5 ans, — Marie Dupons, âgée de 5 ans, — Guillaume Dupons, âgé de 15 mois, — Guillaume Bertrin, âgé de 4 ans, — Marguerite Philipot, âgée de 5 ans, — Jean Rapin, âgé de 9 mois, — Jacques Junqua, âgé de 3 mois, — Marie Junqua, âgée de 5 ans, — Guillaume Sarramona, âgé de 3 ans, — Jeanne Sarramona, âgée de 6 ans, — Guillaume Simon, âgé de 5 ans, — Guillaume Ricaud, âgé de 10 mois, — Jean François Tessier, âgé de 4 ans, — Guillaume Riffaud, âgé de 3 ans, — Elisabeth Philipot, âgée de 30 mois, — Isabeau Philipot, âgée de 5 ans, — Michel Dugrillon, âgé de 3 ans, — Marie Jusix, âgée de 28 mois, — Marie Jusix, âgée de 5 ans, — Jeanne Roger, âgée de 9 mois, — Jean Boissonneau, âgé de 4 ans, — Jacques Combes, âgé de 18 mois, — Marguerite Auroux, âgée de 18 mois, — Marie Auroux, âgée de 5 ans, — Jean Bertrin, âgé de 11 mois, — Françoise Rondereau, âgée de 9 mois, — Marie Riffaud, âgée de 3 ans, — Guillaume Rapin, âgé de 6 ans, — Guillaume Rapin, âgé de 3 ans, — Guillaume Sauvestre, âgé de 4 ans, — Françoise Desqueyroux, âgée de 3 ans, — Marie Ragot, âgée de 23 mois, — Arnaud Ragot, âgé de 3 ans, — Arnaud Ragot, âgé de 5 ans 6 mois, — Jeanne Ricard, âgée de 10 mois, — Madeleine Ricard, âgée de 4 ans, — Jeanne Marguerite Martinet, âgée d'un mois, — Jeanne Claris, âgée de 3 ans, — Louise Rapin, âgée de 6 ans, — Anne Claris, âgée de 3 ans 6 mois, — Guillaume Claris, âgé de 4 ans 6 mois;

Le 17 juin, Catherine Carbonnet, âgée de 4 ans, — Louis Petit, âgé de 3 ans, — Jean Petit, âgé de 6 ans, — Marie Couybes, âgée de 3 ans, — Pierre Samson, âgé de 11 mois, — Jacques David, âgé de 2 ans, — Jacques David, âgé de 7 mois, — Léonard Monicar, âgé de 2 ans, — Madeleine Monicar, âgée de 7 ans, — Madeleine Monicar, âgée de 3 ans, — Bernard Dupons, âgé de 26 mois, — Marie Dupons, âgée de 6 mois, — Guillaume Janneau, âgé de 30 mois, — Anne Janneau, âgée de 4 ans 6 mois, — Guillaume Peyrey, âgé de 4 ans, — Marie Louise Marrens, âgée de 26 mois, — Guillaume Garrau, âgé de 6 ans, — Marie Ricard, âgée de 4 ans, — Marie Lacoste, âgée de 3 ans, — Elisabeth Castaing, âgée d'un mois 17 jours, — Marie Guerre, âgée de 4 ans, — Antoine Martinet, âgé de 3 ans, — Jacques Martinet, âgé de 6 ans, — Louise Martinet, âgée de 31 mois, — Marie Dupuy, âgée de 5 mois, — Guillaume Brinsolle, âgé de 4 ans, — Françoise Dupuy, âgée de 4 ans 6 mois, — Guillaume Dupuy, âgé de 29 mois, — Anne Descamps, âgée de 7 ans, — Anne Descamps, âgée de 4 ans 9 mois, — Jean Descamps, âgé de 2 ans 10 mois;

Le 18 juin, Jean Descamps, âgé de 5 ans, — Jean

Descamps, âgé de 8 mois, — Marguerite Grousard, âgée de 3 mois, — Guillaume Auroux, âgé de 7 mois, — Anne Beaupied, âgée de 5 ans, — Antoine Auroux, âgé de 2 ans, — Jeanne Auroux, âgée de 4 ans 6 mois, — Jean Lagraulet, né le 20 avril 1796, — Jean Lagraulet, né le 14 mars 1795, — Marie Causimon, âgée de 7 ans, — Guillaume Causimon, âgé de 3 ans, — Guillaume Causimon, âgé d'un mois, — Guillaume Dubourg, âgé de 31 mois, — Guillaume Lamothe, âgé d'un mois, — Guillaume Gateau, âgé de 5 ans, — François Beaupied, âgé de 4 ans, — Guillaume Beaupied, âgé de 30 mois, — Catherine Maurin, âgée de 14 mois, — Anne Pouchet, âgée de 3 mois, — Guillaume Poitevin, âgé de 10 mois, — Jacques Ragot, âgé de 3 mois, — Marie Dutrieux, âgée de 4 ans, — Marie Dutrieux, âgée de 6 ans, — Guillaume Dutrieux, âgé de 20 mois, — Guillaume Pouchet, âgé de 5 ans, — Guillaume Bertrin, âgé de 5 ans, — Guillaume Clouet, âgé de 5 ans, — Pierre David, âgé de 3 ans, — Anne David, âgée de 5 ans, — Marguerite Thibaud, âgée de 4 ans, — Pierre Thibaud, âgé de 18 mois ;

Le 19 juin, Jeanne Pouchet, âgée de 18 mois, — Anne Bareille, âgée de 18 mois, — Catherine Monguillot, âgée de 6 ans, — Marie Monguillot, âgée de 4 ans, — Marthe Grilhon, âgée d'un mois, — Guillaume Riffaud, âgée de 7 mois, — Jean François Bertrand Desqueyroux, âgé de 16 mois, — Jean Court âgé de 2 ans, — Marie Rose Turpeau, âgée de 34 mois, — Jean Boissonneau, âgé de 32 mois, — Jean François Turpeau, âgé de 5 ans, — Guillaume Janneau, âgé de 5 ans 6 mois, — Guillaume Ragot, âgé de 5 ans, — Guillaume Ragot, âgé de 3 ans 6 mois, — Guillaume Ragot, âgé de 13 mois ;

Le 2 novembre, Antoine Jusix, âgé d'un mois et demi, — Catherine Rapin, âgée d'un mois et demi ;

M. Lugat, ancien curé légitime de Sainte-Bazeille, reprend ses fonctions au commencement de l'année 1801, et confère le baptême à des enfants ondoyés secrètement pendant la Révolution, savoir :

Le 8 janvier, à Guillaume et Jeanne Beaupied, ondoyés dans leur maison par Catherine Mauget, sage-femme de la paroisse ;

Le 9 janvier, à Guillaume Beaupied, ondoyé dans sa maison par Guillaume Martinet, tisseran, — à Jean Despeyroux, né le 9 décembre 1800, ondoyé dans sa maison par Catherine Mauget, — à Françoise Palard, née le 7 du courant, ondoyée dans sa maison par la même ;

Le 10 janvier, à Jean Capdeville, né le 7 décembre 1800, — à Françoise Estié, âgée d'environ 2 ans — à Anne Dutrieux, âgée de 4 ans et 2 mois, — à Jeanne Dutrieux, âgée d'environ 7 ans, — à Marguerite Estié, âgée de 4 ans et demi, ondoyés de même ;

Le 11 janvier, à Anne Dutrieux, âgée de 3 mois, ondoyée chez elle par Guillaume Martinet, — à Jeanne Beylard, âgée de 3 mois, ondoyée chez elle par Catherine Mauget, — à Marie Garrau, âgée de 11 jours, envoyée chez elle par Guillaume Martinet ;

Le 12 janvier, à André Bouynes, né le 5 juillet 1800, ondoyé chez lui par Anne Jannot, sage-femme de Couthures ;

Le 16 janvier, à Catherine Moreau, née le 18 décembre 1800, ondoyé chez elle par Guillaume Martinet ;

Le 17 janvier, à François Grilhon, âgé de 8 mois, — à Jeanne Brinsolles, âgée de 4 ans, — à Catherine Brinsolles, âgée de 30 mois, ondoyés par Catherine Mauget ;

Le 18 janvier, à Jeanne Riffaud, âgée de 6 mois,

— à Jean Ricaud, âgé de 3 mois, ondoyés chez eux par Guillaume Martinet ;

Le 25 janvier, à Jean et autre Jean Sourget, le premier âgé de 5 ans et 2 mois, ondoyé par Catherine Mauget et le second, âgé de 2 ans et 9 mois, par Marie Boissonneau, veuve de Darras, sage-femme de cette paroisse ;

Le 3 avril, à Bertrand et Anne Barberin, le premier âgé de 5 ans et 3 mois et la seconde âgée de 15 mois ;

Le 6 avril, à Anne Médail, âgée de 4 ans, ondoyée chez elle par Catherine Mauget, — à Marie Martinet, né le 9 août 1800 et ondoyée chez elle par Guillaume Martinet, — à Marie Durand, âgée de 5 mois, ondoyée chez elle par Guillaume Teyssier, laboureur ;

Le 8 avril, à François et autre François Fourcade, âgés le premier de 7 ans et le second de 5 ans, ondoyés chez eux par Jean Cazemajou, laboureur ;

Le 21 avril, à Jean Salvy, né dans le mois de janvier 1799 et ondoyé chez lui par Marguerite Jolles, sa grand'mère ;

Le 23 avril, à François Boissonneau, né le 24 juin 1800, et ondoyé chez lui par Guillaume Martinet ;

Le 8 mai, à Georges Ségrestan, âgé de 14 mois, ondoyé chez lui par Marie Boissonneau ;

Le 10 mai, à Jean Feugas, né le 29 mars 1800, — à Jean Boissonneau, né le 31 octobre 1800, — à Anne Boissonneau, âgée de 3 ans, ondoyés chez eux par la même, — à Marie Beaupied, âgée de 9 mois, — à Marie Bougès, âgée de 6 ans, — à Ursule Bougès, âgée de 3 ans ;

Le 17 Mai, à Antoine Palard, âgé de 5 ans, — à Marie Palard, âgée de 3 ans et 3 mois, — à Jeanne Feugas, âgée de 28 mois, ondoyés par le sieur Larroche, ancien officier ;

Le 7 juillet, à Marie Monguillot, âgée de 3 ans;

Le 26 juillet, à Jeanne Lizotte, née le 4 février 1800, ondoyée par dame Anne Andrieu, veuve Lançon;

Le 9 août, à Jean Boissonneau, âgé de 7 ans;

Le 14 novembre, à Pierre Bertrin, né le 30 janvier 1796, à Anne Bertrin, née le 31 décembre 1797, — à Marguerite Bertrin, née le 20 octobre 1800, — à Guillaume Boissonneau, âgé de 5 ans 9 mois, — à Jeanne Boissonneau, âgée de 14 mois;

Le 31 décembre, à Gabriel Ségrestan, âgé de 3 ans et demi, — à Jeanne Ségrestan, âgée de 6 ans 8 mois.

Monsieur Lugat ajoute cette note : « Les actes de baptême en l'autre part inscrits sont des baptêmes qui ont été administrés dans le tems de terreur par des prêtres cachés et dont la note m'a été remise par des personnes de confiance entre les mains desquelles on les avoient déposés; pour éviter qu'ils ne s'égarent j'ay crû devoir les transcrire cy-après. »

« Je soussigné certifie avoir solennellement baptisé Jeanne Marque, fille légitime de Jean Marque, cultivateur, et de Marie Larquey. Parrein Jean Larquey; marraine Jeanne Larquey, ses oncle et tante maternels, en une maison faute de temple catholique le vingt neuf octobre 1795.

« Signé : DROUILLARD, prêtre insermenté. »

« Je soussigné certifie avoir solennellement baptisé Catherine Bentzman, fille naturelle et légitime de Joseph Bentzman, et de Marie Marguerite Dupeyron. Parrein Jean Bordes, officier de santé; marreine Catherine Thérèze Bentzman, en une maison faute de temple catholique le dix septembre 1796.

« Signé : DROUILLARD, prêtre insermenté. »

« Je soussigné certifie avoir solennellement baptisé Louise Dutrieux, fille légitime de Pierre Dutrieux et d'Anne Faure. Parrein Jean Bordes; marreine Catherine Thérèze Bentzman, en une maison faute de temple catholique le dix septembre 1796.

Signé : DROUILLARD, prêtre insermenté. »

« Le s^r Jean Bordes, chirurgien, nous a déclaré ainsi que plusieurs personnes dignes de foy avoir fait baptiser par M. Ladoire, prêtre, le dix septembre 1796, deux enfants nés de son légitime mariage avec d^{lle} Jeanne Merlande, sçavoir Jean Jacques Bordes, et Catherine Bordes. Le parrein de Jean Jacques a été Jean Jacques Bordes, son oncle et sa marreine d^{lle} Marie Lagorce. Le parrein de Catherine a été Joseph Bourratoire, et sa marreine d^{lle} Catherine Chambaudet.

« Est née Marie Riffaut le 18 août 1798 fille à Pierre Riffaut et à Elisabeth Janneau, et a été baptisée le 29 may 1800. Parrein Guillaume Clouet, marreine Marie Janneau.

« Est née Marie Noguères le 18 Novembre 1799, fille à Michel Noguères et à Marie Janneau, et a été baptisée le 29 may 1800. Parrein Joseph Bentzman, et marreine Marie Dupeyron son épouse.

« Est né Guillaume Riffaut le 10 may 1800, fils à Pierre Riffaut et à Elisabeth Janneau, et a été baptisé le 29 may 1800. Parrein Guillaume Clouet, marreine Jeanne Bentzman.

« Est née Marguerite Ducasse le 10 may 1799, fille à Jean Ducasse et à Jeanne Rondereau, a été baptisé le 29 may 1800. Parrein Jacques Falier, marreine Marguerite Dumas.

« Est née Marie Descamps le 27 décembre 1799, fille à François Descamps, et à Marie Simon, et a été baptisée le 29 may 1800. Parrein M. Bordes, marreine Marie Chavaneau.

« Est née Marie, d'un père inconnu et de Marie Labonne le 9 janvier 1897 et a été baptisée le 29 may 1800, Parrein M. Bordes et marreine Marie Bentzmann.

« Est née Marie Sauvestre le 17 septembre 1794, fille à Guillaume Sauvestre et à Jeanne Ricard, et a été baptisée le 29 may 1800. Parrein M. Bordes, marreine Marie Voyer.

« Est née Françoise Sauvestre le 24 janvier 1797, fille (des précédents), a été baptisée le 29 may 1800. Parrein M. Courrejoles de Marmande, marreine Françoise Barés.

« Est née Catherine Sauvestre le 25 avril 1799, fille des (précédents), a été baptisée le 29 may 1800. Parrein M. Bentzman, marreine Catherine Sabardin.

« Est né Antoine Jambaut le 1er janvier 1794, fils à Jean Jambaut et à Jeanne Causimon, et a été baptisé le 29 may 1800. Parrein Antoine Sourisseau, marreine Jeanne Clouet.

« Est né Guillaume Jambaut le 2 décembre 1798, fils (des précédents) et a été baptisé le 29 may 1800. Parrein Guillaume Sauvestre, marreine Seconde Clouet.

« Est né Antoine Peyrey le 25 décembre 1798, fils à Jean Peyrey et à Jeanne Neichens, et a été baptisé le 29 may 1800. Parrein Antoine Blondet, marreine Marie Beylard. »

« Je soussigné atteste qu'après les informations que j'ay prises et d'après les attestations que m'ont fournies plusieurs personnes des plus respectables de cette paroisse, il est très assuré que les quatorze derniers baptêmes que j'ay inscrits sur ce registre ont été administrés par M. Ladoire, prêtre et alors sous administrateur de ce diocèze.

LUGAT, prêtre. »

Les Registres paroissiaux font mention, à cette époque, d'un grand nombre de mariages validés par M. Lugat. Ces unions n'avaient été contractées que devant l'officier civil pendant les années de la République.

Il y eut de nombreuses calamités à Sainte-Bazeille durant le xviii° siècle.

1705. Le 6 août, la chaleur est excessive; le thermomètre se brise, à deux heures après midi. On fait cuire les œufs au soleil; les vignes sont brûlées.

1706. Le 12 mai, à 10 heures du matin, le jour est tellement sombre que les chauves-souris se mettent à voler.

1709. L'hiver est cruel. Le froid fait descendre le thermomètre à 13 degrés Réaumur au dessous de zéro. La Garonne se gèle le 7 et le 8 janvier et on la traverse, depuis le 12 jusqu'au 25, à cheval ou sur des charrettes.

Le 25, débâcle. Les vignes et les arbres sont gelés, ainsi que les vins en barrique. On est obligé de chauffer le pain pour l'entamer. La terre est glacée à deux pieds de profondeur. Le prix du sac de blé monte de 4 livres à 44 livres. Le tonneau de vin, dont le prix ordinaire était de 35 à 45 livres, vaut 120 livres.

Le 25 juin, la Garonne déborde, et en juillet la grêle complète le ravage.

1712. Le 11 juin, la Garonne sort de son lit et détruit toutes les récoltes. Les eaux montent à plus de 30 pieds au dessus du niveau naturel. Il grêle en juillet, et toute la Généralité de Bordeaux souffre d'une grande disette de grains. L'Intendant, M. de Courson, fait acheter du blé pour les semences et la subsistance du peuple.

1727. La grêle brise les toits les 24 et 28 mai.

1729. La Garonne est glacée et le froid presque aussi vif qu'en 1709.

1731. Une grêle extraordinaire tombe le 1er septembre

à 6 heures du soir. Il y eut un déluge de pluie qui submergea les maisons, des vents impétueux qui déracinèrent les arbres.

1740. La Garonne est prise par les glaces.

1744. Le froid est très intense.

1745. Les pluies sont très grandes.

1748. La disette se fait sentir, l'hiver est très rigoureux, le dégel arrive en février.

1753. Les chaleurs sont très fortes.

1760. Cinq débordements survenus dans l'année anéantissent les récoltes.

1766. La Garonne se gèle fortement du 12 janvier au 2 février. Les charrettes la traversent pendant 15 jours.

1770. Le 7 avril, pluies torrentielles et inondation de la Garonne. L'eau s'élève de 5 pieds au dessus du niveau des plus forts débordements antérieurs; tout le bétail est noyé. La neige tombe du 3 au 10 mai. La Garonne sort sept fois de son lit dans l'année.

1771. Le 21 mai, débordement de la Garonne.

1773. Il y a disette de grains et le boisseau de blé est taxé à 12 livres. Le 27 mai, la Garonne déborde.

1775. Une épizootie fait interdire les foires.

1776. Le thermomètre marque 10 degrés Réaumur au-dessous de zéro. La Garonne est prise par les glaces.

1777. Deux débordements du fleuve, le premier le 31 mai, et le second le 5 juin.

1781. Le 23 juin, ouragan, pluies torrentielles pendant 24 heures, débordements les 24 et 29 juin, bétail noyé. — Le 8 août, orage et grêle, récolte détruite.

1783. Grand froid, et débordement du fleuve le 9 mars.

1786. Le 1er juillet, orage épouvantable.

1788. Le froid est si rigoureux en décembre que la Garonne est toute glacée.

1789. Le 30 juillet, vers 4 heures du soir, épouvante telle que les habitants courent aux armes. — Le 12 août, il souffle un vent de sud si brûlant qu'on rentre dans les maisons comme pour se mettre à l'abri du feu et que les bestiaux reviennent d'eux-mêmes dans les étables en mugissant.

1791. Le 28 décembre, la Garonne déborde.

1792. Le 29 août, grand orage.

1793. Le 12 février, débordement de la Garonne dit de carnaval. Le blé vaut 33 livres, puis 37 livres et demi, la mesure équivalente à notre hectolitre.

1795. Le froid est des plus violents et prend la Garonne dans les glaces. Le 23 janvier, la neige tombée est de neuf pouces d'épaisseur. La température n'avait pas été si basse depuis un siècle et demi.

1796. Le 6 août, grêle fort grosse qui hache les vignes et les arbres.

1798-1799. On traverse la Garonne sur la glace.

1799. Le 28 janvier, à 4 heures du matin, on ressent un tremblement de terre.

(*Annales de la Réole*. Dupin. — Manuscrit O. Gauban).

CHAPITRE VIII

ÉPOQUE CONTEMPORAINE

UR la liste des prêtres qui figurent dans l'organisation du diocèse d'Agen le 8 octobre 1803, sous Mgr Jean Jacoupy, nous trouvons M. l'abbé Bascans, curé de Saint Pardoux, et M. l'abbé Pasquerie, curé de Marcellus, tous deux vicaires de Sainte-Bazeille avant la révolution et prêtres insermentés. Nous avons déjà vu que M. Lugat avait repris son poste à la cure de cette dernière paroisse.

Un ouragan furieux enlève les toits des maisons le 2 décembre 1801 et la Garonne déborde le 31 du même mois.

1803, 14 février. Le froid est si vif qu'il glace les eaux du fleuve.

1806, 19 février. Une mission s'ouvre à Sainte-Bazeille, fait un bien immense et se termine le 4 avril, jour du Vendredi Saint, par la pose d'une croix de bois.

1807, 9 février. Débordement de la Garonne.

1811, 16 février. Nouvelle inondation. En décembre, le blé se vend 36 francs 50 l'hectolitre.

En 1812 il vaut 34 francs, et au mois de mai 55 francs et jusqu'à 68 francs.

1814, 23 avril. « Séance extraordinaire du conseil municipal du 23 avril 1814.

« Aujourd'huy vingt trois avril mil huit cent quatorze, le conseil municipal de la commune de Ste-Bazeille, canton et arrondissement de Marmande, dép^t de Lot-et-Garonne, convoqué extraordinairement par Monsieur le Maire de la présente commune, en exécution de la lettre qu'il a reçu de M. le Préfet sous la datte du 18 du présent mois, à l'effet de délibérer sur le décret du Sénat qui déchoit du trône Napoléon Bonaparte et abolit l'hérédité dans sa famille, et que le peuple français appelle librement au trône de France Louis Stanislas Xavier de France, frère du dernier Roy, et après lui les autres membres de la maison de Bourbon dans l'ordre ancien, et donner son adhésion aux actes du Sénat en reconnaissant le nouveau et véritable Roy des Français.

« Le Conseil municipal délibérant au nombre de 9 membres, le dixième absent, délibère à l'unanimité qu'il adhère d'autant plus volontiers à l'acte du Sénat conservateur, concernant la déchéance dudit Bonaparte et sa famille, qu'il a toujours soupiré après l'heureux retour qui vient de s'opérer et qui rappelle l'ancienne et illustre famille descendante du grand et bon Henry quatre.

« Fait et délibéré en conseil municipal, lesdits jour, mois et an que dessus.

« S. Rapin, maire, Mouchet, adjoint, Beylard, Chaubin, Uzard, Rapin aîné, Ferrand, Bordes, Bertrin. »

Dans les premiers mois de 1817, l'hectolitre de blé vaut 45 francs, et diminue de 3 francs en mai et en juin.

1819, 31 mars. La pose d'une croix en bois sur le grand chemin clôture la mission qui avait duré 31 jours.

L'hiver de 1821 est très froid, et celui de 1821 à 1822 est très doux, le thermomètre ne descend à zéro que quatre fois et au mois de mars la chaleur est de 21° et 28°. En avril, viennent de fortes gelées dont les vignes souffrent beaucoup. Le 30, il y a 25° de chaleur. Orage et grêle le 4 mai. Le vin est en barrique à la fin d'août.

En 1827, inondation de la Garonne : l'eau dépasse l'étiage de 9 mètres 08. Pertes immenses, neiges extraordinaires.

1828, 7 juillet. Orage et grêle, arbres arrachés, récolte perdue.

1829, 6 janvier. Le R. P. Chambret ouvre la mission qui se termine par la pose d'une croix de fer devant l'église.

1829. De grands froids commencent le 19 décembre, avec verglas et neige les 22 et 23 du même mois et les 10, 12 et 17 janvier 1830. Le 27 décembre précédent la Garonne charrie des glaces et est entièrement prise le 28 à midi. Le froid est moins vif du 9 au 14 janvier suivant, mais redouble d'intensité le 15 et le 16. Le 20, une forte pluie amène la débâcle ; les glaçons qui s'entrechoquent, produisent un bruit effrayant. Pendant 24 jours on avait pu traverser le fleuve avec chevaux, bœufs et charrettes.

La gelée fit fendre des arbres énormes ; le pain, le vin et la viande se gelaient, ainsi que la terre à 15 pouces de profondeur. Le thermomètre varia de 7° à 11°, du 25 décembre au 16 janvier. Le vent était nord et nord-est. La Garonne fut prise de nouveau le 4 février. — Les 20 et 23 mai, grêle ; le 25 juillet, chaleur extraordinaire.

Nous lisons dans le *Registre des délibérations du conseil municipal* :

« Aujourd'hui six janvier mil huit cent trente-un, le Conseil municipal assemblé extraordinairement à l'hôtel de la mairie en vertu de l'autorisation donnée par Monsieur le sous-préfet en date du 24 décembre dernier, au nombre de dix-huit, sous la présidence de Monsieur le Maire, Monsieur le Maire a remercié l'assemblée de l'honneur qu'elle lui avait fait de le nommer ainsi que son fils pour porter au Roi Louis-Philippe 1er les félicitations des habitans de la commune sur son avènement au trône, et a demandé que l'adresse et la réponse de S. M., ainsi que l'adresse et la réponse du général Lafayette fussent transcrites sur le registre de délibération pour perpétuer ces actes de patriotisme ; il a également déposé pour être conservé aux archives le *Moniteur* du 28 novembre où était contenue l'adresse, et la réponse du Roi.

« Sur cet exposé le Conseil a été à l'unanimité de cet avis ; en conséquence les pièces ci-dessus mentionnées seront transcrites à la suite de la présente délibération avec les noms des signataires.

« Fait et délibéré à la mairie les jour, mois et an que dessus.

« Blazimet, Uteau, Bordes, Bertrin, Claris, Teyssier, de Bentzmann. »

Adresse des habitans de la commune de Sainte-Bazeille à Sa Majesté le Roi Louis-Philippe Ier :

« La députation de Sainte-Bazeille a été présentée au Roi par Monsieur Merle de Massonneau, député. Monsieur de Bentzmann, maire et président de la députation, a lu l'adresse suivante :

« Sire,

« Les habitans de la commune de Ste-Bazeille, l'une des plus considérables de l'arrondissement de Marmande, qui dès le 3 août, ont arboré le drapeau de la liberté et de la victoire, ne veulent pas être indifférens aux grands événemens qui vous ont porté au trône des Français.

« Comme votre aïeul, Henri-le-Grand, que nous n'oublierons jamais, vous avez arrêté l'anarchie et étouffé la guerre civile prête à nous dévorer.

« Le jour que vous êtes monté au trône, Sire, nous avons espéré ; deux mois de votre règne nous ont convaincus que nous serons heureux et libres sous un si bon prince ; mais aussi aucun sacrifice ne nous coûtera pour défendre votre trône si des insensés osaient l'attaquer : nous sommes organisés en gardes nationales ; nos officiers ont connu autrefois les chemins de la victoire, ils sauront nous guider encore, heureux de verser notre sang pour le Roi, la patrie et la liberté.

« Comptez, Sire, sur vos fidèles habitans de Ste-Bazeille ; leurs vœux sont l'expression du cœur ; ils parlent à Philippe comme leurs aïeux parlaient au bon Henri. »

Le Roi a répondu :

« J'ai la confiance que si les besoins de la patrie vous appelaient sous ses étendards, pour la défendre contre les ennemis du dehors, on vous verrait accourir avec le zèle dont j'ai été témoin lorsqu'en 1792 les bataillons de Lot-et-Garonne sont arrivés à l'armée où je me trouvais. Animé des mêmes sentimens, je saurai défendre la patrie contre toute invasion, maintenir son honneur et l'indépendance nationale. Je sens que tout devient facile quand on est soutenu par le concours et l'assistance de la nation. Le trône qu'elle a élevé et sur lequel je suis assis aujourd'hui par son vœu, ne peut être appuyé que sur les libertés nationales. Il n'y a de garantie pour le trône que celle du règne des lois et du respect des droits de tous. C'est ainsi que j'ai entendu la royauté, c'est le seul motif qui m'a porté à accepter la couronne. Soyez sûrs que je serai fidèle à ces principes tant que j'existerai. »

Monsieur de Bentzmann a eu l'honneur de dîner avec S. M.

« Signataires de l'adresse au Roi : MM. de Bentzmann, maire, Baudet, adjoint, Dupons, Jules Rapin, légionnaire, Dupont, Bordes, Uteau, Capdeville, Sarrazin, Blazimet, Claris, Maubourguet, Gautier, Teissier, membres du conseil municipal, Chaubin, capitaine de la garde nationale légionnaire, Cahuac, notaire, Douet, percepteur, Martinet, négociant, Bertrin, négociant, Teyssier, officier en retraite. »

Adresse de la garde nationale de Sainte-Bazeille

« A Monsieur le Général Lafayette, commandant les gardes nationales de France.

« Général,

« Depuis quarante ans votre nom est l'écho de la liberté. Quel mortel a jamais parcouru une carrière aussi complète : aussi grand dans le Nouveau-Monde que dans la vieille Europe. Heureuse France si féconde en grands hommes, tu as produit des conquérants et des libérateurs ! Nous aimons à parler des grandes actions des uns et des bienfaits des autres ; mais, lorsqu'assis au foyer domestique nous parlons de Napoléon et de Lafayette, que nous racontons les hauts faits du grand capitaine auxquels plusieurs de nous ont pris part, nos femmes et nos filles, en essuyant quelques larmes, nous disent : plus heureux Lafayette ! Son épée n'est sortie du fourreau que pour la liberté des peuples ; elle est pure d'ambition. L'histoire dira ce que nous disons tous : l'un a jeté de l'éclat sur un grand peuple, l'autre a fondé et constamment défendu les libertés de ce même peuple.

« Nous avons une faveur à vous demander, Général, et vous ne nous la refuserez pas, notre nouveau maire qui vous offrira cette adresse, est chargé de vous présenter un drapeau : les ministres de la religion refusent, assure-t-on, de le bénir ; eh bien, avons-nous dit, que le vénérable Lafayette, le patriarche de la liberté, y appose ses mains libres et pures, et si le moment du danger arrivait, nous crierions tous : Au drapeau de la liberté béni par Lafayette ! et nouvel oriflamme nous trouverions notre tombeau autour de lui, ou nous serions vainqueurs !

« Recevez, Général, l'hommage du profond respect avec lequel nous avons l'honneur d'être,

« Général,

« Vos très humbles serviteurs.

« Chaubin, capitaine commandant, légionnaire, Jules Rapin, lieutenant légionnaire, Dupont, lieutenant, Ricard, sous-lieutenant, Bertrin, sergent-major, Ragot, sergent, Caillé, fourrier, Teissier, sous-lieutenant en retraite. »

La même députation s'est aussi rendue chez M. le général Lafayette, qui a bien voulu attacher la cravate au drapeau qui lui a été présenté et il a remis à Monsieur le Maire la réponse suivante pour la garde nationale de Sainte-Bazeille.

« A Messieurs de la Garde nationale de Sainte-Bazeille.

« Mes chers frères d'armes,

« J'ai été bien sensible à la bonté que vous avez eue de faire attacher de ma main la cravate de votre drapeau, et quoique nos amis se soient chargés d'être les interprètes de ma gratitude, j'ai voulu vous témoigner moi-même toute la réciprocité des sentimens d'amitié et de confiance dont vous voulez bien m'honorer.

« Agréez-en, je vous en prie, la cordiale et reconnaissante expression.

« LAFAYETTE.

« Paris, le 4 décembre 1830. »

En 1833, débordement de la Garonne. En juin, la petite vérole attaque les personnes de tout âge.

1835, décembre. La Garonne est prise par les glaces, ainsi qu'en janvier 1836.

1837. Hiver long et rigoureux. Le 2 mai, inondation du fleuve. En juin et en août, très fortes chaleurs.

1840, 16 décembre. Le froid, de 8° Réaumur, glace la Garonne.

Le débordement de janvier 1843 monte à 9 mètres 32,5 au-dessus de l'étiage.

1846. De mai à septembre, grandes chaleurs.

1851, 3 décembre. A la nouvelle du coup d'Etat, les républicains de Marmande s'agitent. La cour de la mairie est envahie par la foule des manifestants, qui force le conseil municipal à déclarer la déchéance de L. N. Bonaparte. L'émotion est plus vive le lendemain à la lecture de la proclamation du ministre de la guerre, Saint-Arnaud, qui ordonnait de fusiller tout individu pris, construisant ou défendant une barricade, ou les armes à la main. Depuis onze heures du matin les rassemblements se multiplient et le mouvement devient général et menaçant, vers six heures du soir, à l'annonce que M. le sous-préfet, Pellenc, vient d'organiser dans son hôtel une réunion armée pour empêcher toute manifestation. En effet, M. Duffour, maire de Marmande, suivi de son personnel et les fonctionnaires, gendarmes et hommes du parti de l'ordre s'étaient groupés autour de M. le Sous-Préfet, dès qu'il eut fait publier en ville et aux environs « de faire respecter les décrets du Président de la République, même par les armes s'il le fallait ». Les républicains exaltés ne parlent de rien moins que d'emporter d'assaut l'hôtel de la sous-préfecture et d'en enlever les armes pour les distribuer au peuple.

L'heure suivante, quelques meneurs entraînent des masses de gens résolus devant ledit hôtel, lorsqu'heureusement MM. Vergnes, Laffiteau, conseillers municipaux, Bacarisse et Mouran, députés par une partie plus modérée de la population, se présentent auprès de M. Pellenc et font ensemble une convention qui apaise les mécontents. De part et d'autre, on devait attendre les événements de Paris ; M. le Sous-Préfet acceptait le concours du peuple, qui devait respecter l'enceinte de son hôtel et n'avoir que la garde de la ville. Il s'engageait à défendre l'entrée à tout corps armé venant à son secours, et pareillement la population ne laisserait venir à son aide, dans les mêmes conditions, aucun étranger.

Le 5 décembre, les nouvelles de Paris et des principales villes de province étant mauvaises pour les républicains, l'agitation recommence de bonne heure et devient tumultueuse. M. Vergnes harangue la foule pour la dissuader de prendre les armes et d'engager une lutte inutile. De sourds murmures lui répondent, et, devant cette obstination à vouloir résister quand même, l'orateur s'écrie : « Le sort en est jeté, organisons-nous, citoyens, pour la défense de la loi ! » A neuf heures du matin, M. Duffour, maire et MM. Morin et Dupont, adjoints, donnent leur démission devant le Conseil municipal, qui prononce aussitôt la destitution de M. le Sous-Préfet et nomme une commission provisoire de trois membres : MM. Vergnes, président, Goyneau et Mouran, aîné, vice-présidents, et lui délègue ses pouvoirs.

L'insurrection armée est décidée. La garde nationale reconstituée a pour commandant le citoyen Bacarisse qui fait sur le champ accepter pour commandant général de la garde nationale de Marmande et des troupes de l'arrondissement l'ex-chef d'escadron Peyronny, dont la réputation de brave officier égalait celle de bon républicain. L'hôtel de la mairie sert dès ce moment à la fabrication des poudres et à la confection des cartouches et des boîtes à mitraille.

Une proclamation de la commission provisoire et un ordre du jour de Peyronny engagent les communes voisines à suivre l'exemple de la ville.

La nuit se passe dans le calme. Le samedi, 6 décembre, jour de foire, des gardes nationaux de plusieurs communes des environs arrivent à Marmande, vêtus de blouses, de vestes, de chapeaux, de berrets et de casquettes et armés de fusils de chasse, de vieilles carabines, de fourches en fer, de faux emmanchées au rebours et même de broches et de bâtons. Les Marmandais seuls fournissent plus de 1.200 hommes, assez bien armés et équipés et deux pièces d'artillerie.

Sur ces entrefaites, MM. le sous-préfet Pellenc et l'ingénieur Joly étaient à Bordeaux demandant des troupes pour marcher sur la ville insurgée. Le général d'Arbouville les renvoie à La Réole rejoindre le lieutenant de gendarmerie Flayelle et ses 33 hommes pour attendre les événements.

Nos révoltés pensaient se relier avec ceux des arrondissements de Villeneuve et de Nérac qui avaient pris les armes, et marcher sur Bordeaux en recueillant le contingent de La Réole. Des estafettes mettraient ces villes en relation.

Mais ce jour-là, les dépêches de Paris et de la province annonçaient la défaite du parti républicain et la complète réussite du coup d'État. On apprenait aussi que des troupes de Bordeaux étaient prêtes à marcher sur Marmande, et que les insurgés de Nérac avaient subi un échec définitif aux portes d'Agen. Peyronny, dont le zèle se ralentissait à ces nouvelles décourageantes, passe la revue de tous ses hommes, les félicite de leur tenue et congédie dans leurs foyers les paysans venus d'ailleurs. Cette dernière mesure exaspère les républicains exaltés qui crient à la trahison. On provoque une revue pour l'après-midi, et l'on fait appel à tous ceux qui voudront se battre. Un peu plus de 200 citoyens sortent des rangs décidés à lutter jusqu'au dernier. Mais à la nouvelle que la tranquillité règne à Paris et dans les grandes villes et qu'une colonne expéditionnaire de 800 hommes composée d'un bataillon d'infanterie, d'un escadron de cavalerie et d'une batterie de canons est en marche de Bordeaux sur Marmande, le désarroi est à son comble, tellement que les chefs eux-mêmes se retirent et vont se coucher vers 10 heures du soir. Pendant la nuit, les plus exaltés s'écrient : « Trahison ! nos chefs se sauvent ! » Des rassemblements se forment partout dans la ville, le tocsin sonne, la générale est battue : « Aux armes ! aux armes ! nous voulons nous battre ! Où sont nos chefs ? » clame-t-on de toutes parts. On fait lever MM. Vergnes, Peyronny et Séré Lanauze : « Mes amis, s'écrie le commandant d'une voix enrouée, je ne puis vous conduire !... Nous ne pouvons courir à un désastre certain, à une déroute inévitable. D'ailleurs, d'après la résolution prise en conseil, dans la soirée, par la majorité des officiers de la garde nationale, la résistance est devenue inutile et nous nous exposons à de grands dangers de la continuer. » — « Nous voulons aller à la rencontre de la troupe, pour nous battre ! » disent les uns. « Vous êtes venu ici nous armer et maintenant vous ne voulez plus marcher ! Allons ! aux armes ! » crient les autres. — « Eh bien ! marchons ! allons nous battre ! » répond Peyronny de sa voix enrouée. Et la foule répète : « Aux armes ! » Ils sortent de la ville au nombre de mille ou douze cents, entonnant la *Marseillaise* et le *Chant du départ* et criant : Vive la République !

Trois heures du matin viennent de sonner. Laissons parler ici M. Neuville (*Proscription de Marmande*, p. 84-93) auquel nous avons emprunté ce qui précède.

« A sa sortie de Marmande, la garde nationale rentra dans le calme le plus absolu... et poursuivit son chemin en très bon ordre, sur la route de Sainte-Bazeille.

« Peu à peu, beaucoup de Marmandais, qui marchaient dans les rangs, s'étaient mis à réfléchir.

« Cette marche, par un froid assez vif et par une nuit silencieuse troublée par les seuls pas cadencés des hommes, avait calmé les têtes trop chaudes. Ce fut pour eux une véritable douche...

« On avait à peine fait deux ou trois kilomètres que quelques courageux soldats-citoyens commencèrent à déserter, en se débandant de la troupe et en se cachant dans les fossés ou derrière de gros arbres, qui à cette époque garnissaient la longue et droite avenue de la route...

« Les gardes nationaux qui formaient le gros de la colonne, allaient cependant d'un pas ferme et résolu.

« Il faisait une nuit étincelante d'étoiles et un clair de lune brillant ; mais avant d'arriver à Sainte-Bazeille, vers les 4 heures du matin, une épaisse vapeur de brouillards s'éleva dans l'atmosphère, qui empêchait de distinguer les objets de loin ; on y voyait à peine à trente pas.

« On arriva au bourg.

« A l'entrée..., se trouvent deux chemins, l'un à gauche, allant vers Couthures, et l'autre à droite, à quelques cents mètres plus loin, se dirigeant vers Castelnau.

« Comme le bruit courait que la troupe de ligne débarquait aux environs de Couthures et pouvait déboucher par le premier chemin, le commandant Peyronny laissa sur ce point un fort peloton avec ordre d'en défendre le passage coûte que coûte et de s'y maintenir vaillamment.

« A peine ces dispositions étaient-elles prises et la colonne venait de continuer sa marche en avant, que le capitaine Séré Lanauze, qui était en tête de l'avant-garde, rebroussa subitement chemin et se replia vivement en disant à son commandant qu'on entendait la cavalerie arriver au galop.

« Alors Peyronny s'avança à grands pas et entendit, en effet, des cavaliers qui galopaient à toute bride, il arrêta sa troupe, fit battre la charge et cria lui-même avec le râle enroué qui remplaçait son tonnerre habituel : « Qui vive ! » à ceux qui approchaient. Mais comme il pouvait à peine parler, une voix plus forte que la sienne répéta ce cri. On n'y répondit pas. Le commandant, devant ce silence, fit taire le tambour et crier de nouveau « Qui vive ! » On répéta pour la troisième fois le même appel. La troupe répondit par le mot « carabine ! » aux trois sommations de Peyronny. La route s'éclaira tout-à-coup, puis l'on entendit le fracas roulant d'un feu de file. Une grêle de balles fondit sur le bataillon Marmandais ; plusieurs de ces balles passèrent au-dessus de la tête des hommes de ce bataillon, mais toutes ne furent pas perdues. L'une d'elles vint atteindre la casquette du commandant dont la visière fut trouée, d'autres blessèrent bien légèrement quelques hommes de la colonne........ Peyronny à cette décharge inattendue, se porta vers la gauche, se retourna vers ses hommes, et, comme la troupe qui venait de faire feu, prenait le galop, le sabre en main, pour passer sur la Garde nationale et la fouler aux pieds, il tira lui-même ses deux coups de pistolet sur les assaillants, puis agitant son sabre en l'air, il s'écria : « Feu ! feu ! mais tirez donc ! »

« Ce commandement, qu'on ne pouvait entendre, fut encore répété par une autre voix et alors une fusillade s'engagea sur toute la ligne des gardes nationaux.

« Elle fut meurtrière dans les rangs des cavaliers. Plusieurs chevaux chancelèrent et s'abattirent.

« Quand le nuage de fumée fut dissipé, Peyronny s'aperçut que ce qu'il avait pris pour un escadron de cavalerie, n'était qu'un détachement de gendarmes, qui, après avoir reçu la première décharge tirée par les Marmandais, tournant bride, s'enfuyait au galop, laissant sur le champ de bataille un maréchal-des-logis blessé et un ou deux chevaux tués ou démontés.

« Après la dispersion de la cavalerie, un feu de tirailleurs fut dirigé sur elle au commandement d'une voix forte qui n'était pas celle de Peyronny, parti de la colonne Marmandaise qui criait : « Feu ! feu ! sur les fuyards ! »

« Cette seconde décharge ne toucha personne ; elle ne fit qu'accélérer la déroute des gendarmes.....

« ..... Après ce court échange de coups de fusils, lorsque l'exaltation causée par l'odeur de la poudre se fut calmée et que les Marmandais jugèrent de la gravité de leur situation et de l'impossibilité de lutter contre des troupes aguerries et disciplinées qui accouraient sur eux, le découragement fut subit et la démoralisation fit de rapides progrès.

« Bon nombre d'entre eux qui n'avaient jamais vu le feu dans aucun combat, furent saisis de terreur aux premières détonations qui éclatèrent, et regrettaient amèrement d'avoir quitté leurs lits bien chauds.

« Le détachement que l'on avait mis en vedette sur la route de Couthures, avait quitté son poste et était venu se joindre au gros de la colonne, aux premières décharges qu'il avait entendues.

« La débandade commença bientôt dans les rangs. De toutes parts on abandonnait le bataillon.

« Les gardes nationaux revenaient sur leurs pas pour s'enfuir vers Marmande ; le long de la route, ils jetaient leurs armes dans les fossés, dans les haies, dans les champs, etc.

« Le commandant Peyronny, sans perdre son temps, releva le moral de ses hommes épouvantés, remit de l'ordre dans leurs rangs et commanda à ceux qui ne s'étaient pas enfuis de se diriger sur Castelnau-sur-Gupie.

« Cette marche de retraite se fit en assez bon ordre, et, en arrivant sur les hauteurs de ce village, le corps des gardes nationaux se composait de deux cents hommes environ qui se trouvaient réunis sous son commandement.....

« Arrivés à Castelnau, on prit une forte position et on y fit une grande halte.

« Au moment où la colonne Marmandaise prenait quelques instants de repos, des hommes s'en détachèrent ; ils allèrent aux cloches et sonnèrent le tocsin pour exciter les habitants de ce village et des environs à se mettre dans leurs rangs ; mais ils carillonnèrent en vain, à peine reçoit-on les recrues de trois ou quatre volontaires.

« C'est aussi pendant cette halte que plusieurs citoyens et des mieux armés avaient déserté sans mot dire. »

« Une telle conduite indigna Peyronny, et, s'adressant à ces hommes, il leur demanda quels étaient ceux qui étaient décidés à mourir. Il ne lui resta, au sortir du village, que soixante-dix à quatre-vingt volontaires, dont le nombre s'éclaircit encore bientôt après.

« M. Peyronny entraîna ces quelques hommes et les fit arrêter tout près de Caubon, sur le bord des bois immenses qui couvrent ce pays. Là, découragé et ne sachant quelle détermination prendre, après une ou deux heures de repos, il réunit ses compagnons, leur remontra l'impossibilité de soutenir la lutte, du moins en ce moment, et les engagea à rentrer chez eux en rapportant leurs armes, qu'un bon soldat, leur dit-il, ne doit jamais abandonner.

« Pendant que Peyronny marchait avec sa colonne vers Castelnau, voyons ce qui se passa à Sainte-Bazeille, sur le lieu où l'engagement s'était livré.

« Les cavaliers qui avaient donné sur la Garde nationale étaient bien des gendarmes, qui, au nombre de 35, sous le commandement du lieutenant Flayelle, ayant dans leurs rangs M. le Sous-Préfet, étaient partis de La Réole, à 3 heures du matin, pour se rendre à Couthures, afin d'y favoriser le débarquement des troupes.

« Ils poussèrent leur fuite jusqu'au second pont de Gupie.

« Dans la journée, M. Pellenc parvint à rallier une douzaine de gendarmes avec lesquels, après avoir eu connaissance de la direction qu'avait prise le corps d'armée de Peyronny, il se rendit à Sainte-Bazeille où il attendit la force armée pour rentrer à Marmande avec elle.

« Sur le champ de bataille, Flayelle, de son côté, se dégagea de dessous son cheval et vint dans l'intérieur du bourg, où il trouva quatre ou cinq de ses hommes, qu'il reprit sous son commandement. Incertain sur la conduite qu'il aurait à tenir, il fut averti par la fumée et par le bruit des roues, de l'arrivée du bateau à vapeur. Un paysan conduisit M. Flayelle et les quelques gendarmes qu'il venait de rallier, sur les bords de la Garonne.

« Il y arrivèrent trop tard : le bateau avait déjà effectué son débarquement et les soldats qu'il portait étaient en marche sur Sainte-Bazeille.....

« Le maréchal-des-logis, Gardette, qui avait eu également son cheval tué sous lui, comme son lieutenant Flayelle, moins heureux que ce dernier, avait été atteint de deux balles dans la cuisse droite !

« Après s'être délivré de dessous son cheval, ce malheureux sous-officier essayait de se traîner sur la cuisse gauche, lorsqu'il fut entouré par deux ou trois retardataires de la colonne insurrectionnelle qui gagnait Castelnau.

Dans un moment de délire, ils se ruèrent sur le pauvre blessé, qui sans mouvement gisait baigné dans son sang et le frappèrent impitoyablement.

« .... Gardette fit le mort devant les actes sans nom dont il était victime......

« Quelques instants après, des habitants de Sainte-Bazeille vinrent au secours du blessé et le portèrent à la mairie où les premiers soins lui furent donnés par M. le docteur Espagnet.

« Une ou deux heures après la bataille, la troupe de ligne qui remontait la Garonne en bateau à vapeur et venait d'atterrir, en face de Sainte-Bazeille, contre les alluvions, au lieu dit de Gachet, à l'instant où la fusillade grondait, entra dans le village. C'était dans la matinée du lundi, 8 décembre, au moment où le bataillon Marmandais occupait les hauteurs de Castelnau.

« L'infanterie, justement inquiète de la défaite des gendarmes, très mal informée du reste par les gens de la contrée et comptant sur une vive résistance de la part des insurgés, que l'on croyait repliés sur Marmande, s'arrêta à Sainte-Bazeille où elle campa jusqu'à l'après-midi, pour laisser arriver la cavalerie qui faisait partie du même corps expéditionnaire.

« ..... Enfin, vers les 3 heures de relevée, ce corps composé d'un bataillon du 75e de ligne, d'un escadron du 13e chasseurs à cheval et d'une batterie du 9e d'artillerie, auquel s'étaient joints les quelques gendarmes que le lieutenant Flayelle et le sous-préfet Pellenc avaient pu réunir au point du jour après l'engagement, fit son entrée dans la ville de Marmande, tambours et clairons en tête avec toutes les autorités locales, qui l'avaient quittée le 5 décembre, lors de la levée de boucliers des républicains. »

1855, 5 juin. L'inondation de la Garonne atteint la hauteur de 9 mètres 695 au-dessus de l'étiage. — On ressent, le 5 décembre, un léger tremblement de terre.

1856, mai. Le débordement dépasse de 0 mètre 140 celui de l'année précédente.

En juin, un second atteint 8 mètres 39.

1861, 27 juillet. Sainte-Bazeille est en fête. Des arcs de triomphe s'élèvent sur la route de Marmande à la limite des deux communes. La population entière, précédée du maire, M. Léopold Bentéjac, à la tête de son conseil municipal, va recevoir solennellement le général de Bentzmann, commandant en chef de l'artillerie du corps expéditionnaire en Chine, qui rentre dans sa patrie, après cette difficile et périlleuse campagne où il avait déployé de remarquables aptitudes militaires et contribué puissamment au succès de nos armes. Il vent faire hommage à sa vieille mère et à son pays des épaulettes étoilées que l'Empereur vient de lui donner en récompense de ses brillants services.

Le bruit du canon et une marche guerrière magistralement exécutée par l'habile fanfare de Sainte-Bazeille[1] signalent de loin l'arrivée du général. M. Bentéjac, son ami et son condisciple, lui souhaite la bienvenue, au nom de ses concitoyens, dans ces termes émus et vibrants :

---

[1] En souvenir de ce jour, le général de Bentzmann donna à la fanfare de Sainte-Bazeille une belle bannière faite d'une robe impériale chinoise. Les musiciens l'ont dignement honorée en la couvrant de médailles et de trophées remportés dans d'importants concours. Puisse-t-elle bientôt sortir de son repos momentané et reprendre ses traditions de victoires pacifiques !

« Général,

« La population qui vous entoure, dit-il, suivait depuis longtemps d'un œil sympathique la marche de vos succès. La vigueur de vos débuts en Afrique et plus tard la distinction de votre attitude en Crimée, lui avaient donné une telle confiance dans votre avenir que son regard, devançant le temps, avait entrevu sur vos épaulettes de colonel l'étoile que vos glorieux services en Chine viennent d'y fixer. Aussi, nous sommes-nous abstenus jusqu'ici de toute manifestation, comme d'une démarche prématurée. Nous vous pressentions général, et nous réservions nos acclamations pour ce nom-là.

« Aujourd'hui, vous nous le rapportez, grandi par le prestige de la distance et rehaussé par le merveilleux éclat de la plus aventureuse expédition qui ait été risquée depuis la conquête du Nouveau-Monde.

« La brillante part que vous y avez prise mériterait, sans doute, moins de simplicité dans les apprêts de notre accueil. Néanmoins, si ce titre de général a pu mieux vous flatter d'abord quand il vous est arrivé de France à travers les mers et que vos soldats l'ont fait retentir sur la terre étrangère comme le lointain salut de la grande patrie, nous osons croire qu'il vous semblera plus doux, sortant de la bouche de vos concitoyens et vous suivant, comme un écho de gloire, jusqu'au seuil de votre foyer. C'est là que se savourent les joies du triomphe, là que se retrouvent les tendres affections, que se rattachent les longues amitiés.

« Au nombre de celles-là, Général, qu'il me soit permis de compter la mienne et de vous dire que, si dans les modestes fonctions que j'occupe, il y a eu un moment heureux, c'est celui où il m'est donné d'être auprès de vous l'organe des félicitations et des vœux unanimes de ce pays qui s'enorgueillit désormais de compter parmi ses enfants un des plus glorieux soldats de l'armée française. »

Ce discours est à peine achevé, les acclamations enthousiastes de la foule expriment éloquemment avec quelle fidélité le premier magistrat a su rendre les sentiments qui font battre tous les cœurs. Le général répond, à son tour, par quelques mots d'une tournure toute martiale et où respirent l'amour de la France et celui du pays qui fait en ce moment une si noble et si touchante réception à l'un des siens, heureux de lui rapporter ses lauriers... Mais non loin de là une vénérable mère attend son aimable fils avec une impatience facile à comprendre.

Le général donne à toute la population rendez-vous pour le lendemain au château de Lalanne. Personne n'y manqua et tous ceux qui assistèrent à cette fête se souviendront longtemps de l'accueil qui leur fut fait par le Général entouré de sa famille.

1866. Le débordement de la Garonne monte à 7 mètres 65, et le 8 décembre de la même année, à 7 mètres 55.

Sainte-Bazeille gardera longtemps le souvenir de l'imposante cérémonie funèbre du 13 juin 1871. La dépouille mortelle du général de Bentzmann était ramenée de Paris où l'intrépide soldat était tombé, victime de son devoir, le 26 décembre 1870, dans le commandement de l'enceinte et des forts de la rive gauche de la capitale assiégée. Une population immense remplissait l'église du cimetière et tous les alentours pour offrir son dernier hommage. Un éloquent éloge retraçant magistralement la belle carrière et les nobles qualités du général fut prononcé par M. l'abbé Castaing, chanoine de Saint-Denis, ancien aumônier de l'armée de Crimée. C'était à la fois un compatriote et presque un compagnon d'armes[1]. Ces deux titres avaient valu à M. Castaing l'honneur de prendre la parole dans cette circonstance ; ils ajoutèrent à son éloquence naturelle quelque chose de particulièrement ému et touchant qui, à plusieurs reprises, fit couler bien des larmes. Puis, M. Léopold Bentéjac, qui dix ans plus tôt accueillait le général à son retour de Chine, prononça sur le bord de la tombe les paroles des derniers adieux. On ne pouvait terminer cette émouvante cérémonie par une note plus patriotique et plus élevée. Le regretté général était le fils aîné de Monsieur Jean Joseph Timothée de Bentzmann et de Madame Thérèze Angélique Françoise Marie Julie de Nélis, habitant le château de Lalanne, dont il a été plus d'une fois question dans la présente *Histoire*. Nous renvoyons nos lecteurs au chapitre IX où sont racontés (généalogie des Bentzmann) les principaux événements de sa carrière militaire.

On trouvera aussi aux *Notes et pièces justificatives* n° VIII quelques-unes des lettres adressées à ce brillant officier par plusieurs maréchaux et généraux du second Empire.

1875, 25 juin. Les désastres de la terrible inondation de la Garonne sont trop présents au souvenir de tous pour que nous ayons besoin d'en faire le récit. Le débordement du mois de février 1879, moins élevé d'un mètre environ que le précédent, est cependant un des plus grands dont fassent mention nos annales.

La ville de Sainte-Bazeille a été pendant ce siècle, comme celle de Clairac, le siège d'importantes chapelleries, qui occupaient jusqu'à 600 ouvriers des deux sexes. Aussi la population a-t-elle atteint en 1832 le chiffre de

---

[1] M. l'abbé Castaing était originaire de Meilhan et sortait du Séminaire d'Agen.

2800 âmes, et en 1860, le chiffre de 3000. Mais la décadence de cette industrie a été si profonde dans ces derniers temps, qu'en l'année 1874, on ne comptait plus qu'une seule de ces fabriques et que depuis une douzaine d'années il n'en existe aucune [1].

Au moment où paraîtra l'*Histoire de la ville de Sainte-Bazeille*, s'élèvera sur l'emplacement primitif, l'église paroissiale de Notre-Dame reconstruite dans un beau style ogival, avec tous les embellissements qui la rendent plus digne de la foi et de la charité des fidèles et de l'importance de l'antique cité, décorée au front d'un nom illustre et saint. Le nouvel édifice sera pour des siècles l'honneur de la municipalité et du Conseil de Fabrique, et proclamera le zèle du vénéré pasteur et la générosité de ses paroissiens, pour la gloire de Dieu et l'édification des âmes.

---

[1] En 1889 un violent incendie anéantit la magnifique usine de céramique dont les voyageurs admiraient, au sortir de la ville, sur le bord de la voie ferrée de Toulouse à Bordeaux, les proportions grandioses et le style quasi-oriental. Il reste encore à Sainte-Bazeille deux excellentes distilleries d'où sortent des liqueurs de premier choix, au nombre desquelles on peut signaler la *Bazeillaise*, heureuse contrefaçon de la *Chartreuse*.

CHAPITRE IX

Curés et Vicaires. — Consuls, Maires et Adjoints. — Personnages Nobles et vivant noblement. — Cadastre — Tableau de la Population de Sainte-Bazeille.

I

CURÉS — VICAIRES

Curés. — 6 novembre 1307, Arnaud Pey; 1599, Guédon; 1604, Paris; 1610-1631, Jean Rapin. — *Vicaires.* — Gaspard Combaron; 1612-1614, Pascal; 1615-1617, Talhiac; 1617-1622, Bonnet; 1622-1624, Du Murat; 1624-1629, Bonnet; 1629-1632, Antoine Vaudon; 1631-1632, Guillaume Durand; 1633-1634, Crochet; 1633-1635, Palard;

Curé. — 1635-1639, Dastruc. — *Vicaires*. — 1635-1636, Pradère ; 1636-..., E. Monzie.

Curé. — 1639-1654, Jacques Rapin. — *Vicaires*. — 1639-1642, Nattes ; 1642-1643, Brousset ; 1643, Disseaut ; 1643-1649, Roustin ; 1649-1653, Brousset ; 1653-1654, Chyrolles.

Curé. — 1654-1698, Bertrand de Loménie. — *Vicaires*. 1654-1658, Deshutry ; 1658-1659, De Maruque ; 1659-1660, J. Heyraut ; 1660-1662, J. Chevassier ; 1662, avril-octobre, Rouffranges ; 1662, novembre-décembre, A. Ganteille ; 1663-1665, Boniol ; 1665-1666, De Moyssandy ; 1666-1671, Lacam ; 1671-1675, Pagès ; 1675-1677, Sensarricq ; 1677-1684, Lacam[1] ; 1684, mai-août, Dubérnard ; 1684-1685, Moulin ; 1685-1689, Lafargue ; 1691-1694, De Laprie ; 1694-1698, Joseph de Loménie[2].

Curé. — 1698-1741, Joseph de Loménie. — *Vicaires*. — 1699-1706, Estieu ; 1706-1708, Lafargue ; 1710-1713, Currin ; 1713-1715, Lacam ; 1715-1716, Bonhore ; 1716-1717, Lavigerie ; 1717-1720, Brun ; 1720-1721, Noguey ; 1721-1723, Bignon ; 1723-1725, Laboual ; 1725-1732, Lapuyère ; 1732-..., Laujac ; 1740-1742, Lartigue, premier vicaire ; Fieuzal, deuxième vicaire ; 1741-1742, Maurice Joly de Sabla, vicaire desservant.

Curé. — 1742-1763, Laurent Chaiz Dumola. — *Vicaires*. — 1742-1760, Monchet ; 1743-1763, Maurice Joly de Sabla ; 1745-1747, J. Goyneau ; 1763, R. P. Casimir, capucin, desservant.

Curé. — 1764-1791, Jacques Lugat. — *Vicaires*. — 1764-1767, Boutet de Lacaze ; 1765-..., Bédouret ; 1767,

---

[1] M. Lacam, d'une famille notable de Sainte-Bazeille, fut vicaire de Jusix dans l'intervalle de 1671 à 1677.

[2] Neveu de M. Bertrand de Loménie, il devient curé à son tour.

Mène Guerre ; 1767, Ferran ; 1767-1772, Peyneau ; 1772-1773, Cadis ; 1773-1778, R. P. Chauvin, mineur-conventuel ; 1778-1780, Couthures ; 1780-1781, R. P. Lantier, mineur-conventuel ; 1781-1791, Léonard Pasquerie.

M. Lugat ayant refusé le 13 février 1791 le serment à la constitution civile du clergé, la paroisse de Sainte-Bazeille reste sans curé légitime, depuis cette dernière date jusqu'au 1er janvier 1801. M. Léonard Pasquerie suivit l'exemple du pasteur, et tous les deux furent déportés.

Le 1er octobre 1791, M. Courrèges, prêtre constitutionnel, prend le titre de curé de Sainte-Bazeille et a pour vicaire, du mois de mai au 15 novembre 1792 M. Antoine Cabanes[1]. Mais, ne se croyant plus en sûreté, il s'enfuit et disparaît le 10 mai 1793. Il est remplacé le 3 juin suivant par M. Joseph Berné, autre prêtre assermenté, qui voit l'Eglise transformée en temple de la Raison le 15 février 1794. Depuis ce jour jusqu'à la restauration du culte catholique, les églises de la paroisse restent fermées.

Du 1er janvier 1801 au 29 janvier 1814, M. Lugat reprend ses fonctions ecclésiastiques, en qualité de curé de Sainte-Bazeille. Les *registres paroissiaux* mentionnent l'acte de sa sépulture en ces termes : « Aujourd'hui trente un janvier 1814 le corps de Jacques Lugat, prêtre et recteur de cette paroisse depuis plus de cinquante ans, décédé l'avant-veille vers les neuf heures du matin, âgé de soixante dix-neuf ans, muni des sacremens de pénitence, eucharistie et extrême-onction, a été inhumé dans le cimetière

---

[1] M. Antoine Cabanes devint curé constitutionnel de Mauvezin en décembre 1792 et remplit la charge d'officier public provisoire dans cette commune pendant quelques mois en 1793. Voir sur ce triste personnage : *Notice sur Mauvezin*, p. 319, 320, 322, 327, 328, 362, 438.

de cette paroisse en présence de MM. Dupin, recteur de Gaujac, Peyneau, recteur de Lagupie, Pourquet, recteur de Couthures, Castanet, recteur de Lamothe, Maury, ancien capucin, et notamment Guillaume Martinet, sacristain et François Martinet, porte-croix qui ont signé avec nous.

Descons, vicaire. »

Du 11 février 1814 au 21 janvier 1839, M. Pierre Descons, d'abord vicaire, succède à M. Lugat dans la cure de Sainte-Bazeille.

De l'année 1839 au 23 février 1874, M. Pierre-Charles Roques.

De l'année 1874 au mois d'octobre 1881, M. Jean Jaffre.

De l'année 1882 à... (ad multos annos), M. Justin Delpuch, qui, pendant son vicariat dans la paroisse de Saint-Etienne de Villeneuve-sur-Lot, a conféré, le 13 mars 1850, le sacrement de baptême à l'auteur de la présente Histoire.

II

CONSULS, MAIRES ET ADJOINTS

1575 Adam Nicol et Arnaud Noguères.
1612 Arnaud Dupeyron et N...
1616 Jean Bèze et N...
1620 Nicolas Deymier et Jacques Moreau.
1621 Michel Deymier et François de Noguères.
1622 Jean Lacam et François Ferrand.
1626 Gabriel Dupeyron et Jean Aulmond.
1627 Jean Gauthier et N...

1628 François de Noguères et Raymond de Lapeyre, écuyer, sieur de la Sauviolle.
1629 Jean de Lapeyre, écuyer et Jean Dupeyron.
1631 Gabriel Dupeyron et Jean de Noguères, capitaine, sieur de La Gaille.
1632 François de Noguères, procureur du roi et Michel de Noguères.
1633 François Robert, sieur de l'Isle et Michel Forestier.
1634 Jean Bèze, vieux, et Michel Dupeyron.
1636 Arnaud Dupeyron et Jean Moreau.
1637 Jean Bèze et N...
1638 François de Noguères et Michel Deymier, sieur de Badiolle.
1639 Jean Lacam et Jean Labat.
1641 Raymond de Lapeyre, écuyer, sieur de la Sauviolle, et David Merlande, capitaine.
1642 Raymond de Lapeyre et Guillem Andrieu.
1643 Jean de Noguères, écuyer, sieur de la Gaille et Michel Forestier.
1644 Michel Dupeyron, fils de feu Guillem Dupeyron, et N...
1645 François Dubernard et Jean Rapin.
1646 François de Noguères, procureur du roi et Pierre Deymier.
1647 Jean Lacam et Jean Dupeyron, notaires royaux.
1649 François Robert, capitaine, sieur de l'Isle, et Jean Moreau.
1650 François Robert, capitaine et Jean Moreau.
1651 Michel Dupeyron et N....
1653 David Merlande et Jean Lacam, capitaines.
1654 Jean Ragot et Jean Dupeyron.
1655 Michel Dupeyron et Jean Dubernard.
1656 David Merlande, capitaine et Guillem Andrieu.

1657 Jean Bèze et N...
1658 Jean de Noguères et François Larroche.
1659 David Merlande et Rolland Gouzil, capitaines.
1660 François de Noguères, procureur du roi et Pierre Deymier, fils de Nicolas.
1661 Jacques de Noguères et Barthélemy Sensarricq.
1662 Jean Dubernard et Antoine Guillem.
1663 Jean Dupeyron et Rémy Rousset.
1664 Michel Dupeyron Dufort et Jean Lacam.
1665 Rolland Gouzil, capitaine et Gilles Biot.
1666 François Dubernard et François Rapin.
1667 François Vilotte, avocat, et Fortis Dupeyron.
1668 François Vilotte et Fortis Dupeyron.
1669 Rémy Rousset et Michel Dubernard.
1670 Jean Dupeyron et Jean Lacam.
1671 Jean Moreau et François Vilotte, avocat.
1672 François Rapin et Jean Dupeyron.
1673 Etienne Dupeyron et Pierre Gayrard.
1674 Barthélemy Sensarricq et Pierre Merlande.
1675 Fortis Dupeyron et Pierre Deymier.
1676 Jean Lacam, avocat, et François Dubernard.
1677 Gilles Biot et N...
1679 Etienne Dupeyron Carles, avocat et François Boissonneau.
1680 Pierre Gayrard et Jean Dupeyron Raulet.
1682 N... et David Merlande.
1683 François Dupeyron et Jacques Rousset.
1684 François Boissonneau, avocat, et Michel Durand, docteur en médecine.
1685 Pierre Merlande et Jean Lacam.
1686 Jean Goyneau, notaire royal, et François Biot.
1687 Pierre Gouzil et Michel Durand, docteur en médecine.

1688 Jean Goyneau, notaire et N...
1689 Michel Dupeyron et François Dubernard.
1691 Jean Bèze et Michel Dupeyron Dufort.
1694 Jean-Joseph Dupeyron et Pierre Lacourrège.
1695 Barthélemy Sensarricq et N...
1697 François Dubernard et David Merlande.
1699 François Deymier et David Vilotte.
1700 Nicolas Dubernard et Mathurin Boissonneau, notaire.
1701 Pierre Merlande et François Sensarricq.
1702 Jean Dupeyron et Jean-François Biot.
1703 Jean Dupeyron et Jean-François Biot.
 Jean Dubernard Grandchamps, lieutenant de maire.
1704 Pierre Lacourrège, docteur en médecine, et Jean-Joseph Dupeyron Lescaley.
 François Deymier, maire.
1705 Pierre Lacourrège et N...
 Jean Dubernard Grandchamps, lieut^{nt} de maire.
1706 Etienne Dupeyron Carles et François Boissonneau.
 Jean Dubernard Grandchamps, lieut^{nt} de maire.
1707 Jean Rapin et Pierre Philipeau.
 Jean de Noguères, écuyer, sieur de Saint-Martin, maire ancien et 1er consul.
 Jean Dubernard Grandchamps, lieut^{nt} de maire.
1708 Jean de Noguères, sieur de St-Martin et Alain Joly, sieur de Sabla.
 Nicolas de Brezets, juge royal et maire alternatif.
 Jean Dubernard Granchamps, lieut^{nt} de maire.
1709 Alain Joly de Sabla et Barthélemy Ferrand.
 Jean de Noguères, maire ancien.
 Jean Dubernard Grandchamps, lieut^{nt} de maire.
1710 Pierre Lacourrège et Hélies Veilhon.
 Jean Dubernard Grandchamps, maire et sous-maire.

1711 Jean de Noguères, maire ancien et 1er consul et Pierre Lacourrège, 2e consul et assesseur.
1712 Jean de Noguères et Pierre Lacourrège.
1713 Antoine Rapin, maire et 1er consul et Elie Joly de Sabla.
1714 Antoine Rapin et François Sensarricq.
François de Noguères, écuyer, sieur de St-Martin, maire.
1715 Alain Joly de Sabla et N...
1717 Alain Joly de Sabla, maire et 1er consul, Hélies Veilhon et Pierre Laccourrège.
1721 Jean de Noguères, maire et 1er consul et Ignace Noguey, avocat.
1722 Jean de Noguères et Pierre Lacourrège.
1723 Elie Joly Blazon de Sabla et Michel Lacam.
1724 Jean de Noguères et Pierre Lacourrège.
1725 Jean de Noguères et Pierre Lacourrège.
1726 Antoine Rapin et Joseph Merlande.
1727 Alain Joly de Sabla, capitaine et Jean Mouchet, docteur en médecine.
1728 Mathurin Joly de Sabla et N...
1729 Pierre Lacourrège et Pierre Merlande.
1730 Pierre Lacourrège et Pierre Merlande.
1731 Antoine Rapin et Etienne Goyneau Grandchamps.
1732 François Deymier, notaire royal et Biot.
1733 Joly Blazon de Sabla et Jean Philipeau.
1734 Michel Lacam et Pierre Deymier Madaillan.
1735-1737 Les mêmes.
1738 Ignace Noguey, avocat, et Barthélemy Lacourrège, docteur en médecine.
1742 Jean Lantillac et Jean Clerc.
Joseph de Bentzmann, maire.
1743-1744 Les mêmes.

1745. Michel Lacam et Jean Clerc.
   Joseph de Bentzmann, maire.
1746 Michel Lacam, consul ancien; Jean Clerc, consul élu ; Jean Mouchet, consul alternatif;
   Joseph de Bentzmann, maire ancien ;
   Etienne Boissonneau, avocat, maire alternatif.
1747 Jean Mouchet, consul ancien; Michel Lacam, consul ancien; Jean Clerc, consul élu ;
   Joseph de Bentzmann, maire ancien ;
   Etienne Boissonneau, maire alternatif.
1748 Jean Mouchet, consul ancien; Jean Clerc, consul élu,
   Joseph de Bentzmann, maire ancien ;
   Etienne Boissonneau, maire alternatif.
1749-1751 Les mêmes.
1752 Jean Mouchet, consul ancien et Pierre Biot, consul élu;
   Joseph de Bentzmann, maire ancien;
   Etienne Boissonneau, avocat et juge, maire alternatif.
1753 Jean Mouchet, consul ancien ; Jean Rapin, consul élu ;
   Joseph de Bentzmann, maire ancien ;
   Etienne Boissonneau, maire alternatif.
1754 Jean Mouchet, consul ancien; Jean Lacam, consul élu;
   Joseph de Bentzmann, maire ancien ;
   Etienne Boissonneau, maire alternatif.
1755 Jean Mouchet, consul ancien; Jean Lacam, consul élu;
   Joseph de Bentzmann, maire ancien ;
   Etienne Boissonneau, maire alternatif.
1756 Jean Mouchet, consul ancien; Joseph Goyneau, consul élu;

Joseph de Bentzmann, maire ancien ;
Etienne Boissonneau, maire alternatif.
1757 Jean Mouchet, consul ancien ; Jean Chaubin, consul élu ;
Joseph de Bentzmann, maire ancien ;
Etienne Boissonneau, maire alternatif.
1758 Jean Mouchet, consul ancien ; Pierre Augan, consul élu ;
Joseph de Bentzmann, maire ancien ;
Etienne Boissonneau, maire alternatif.
1759 Jean Mouchet, consul ancien ; Pierre Mousset, consul élu ;
Joseph de Bentzmann, maire ancien ;
Etienne Boissonneau, maire alternatif.
1760 Jean Mouchet, consul ancien ; François Merlande, consul élu ;
Joseph de Bentzmann, maire ancien ;
Etienne Boissonneau, maire alternatif.
1761 Jean Mouchet, consul ancien ; Jean Dabadie, premier consul ; Pierre Rambaud, consul élu ;
Joseph de Bentzmann, maire ancien ;
Etienne Boissonneau, maire alternatif.
1762 Jean Mouchet, consul ancien ; Jean Chaubin, consul élu ;
Joseph de Bentzmann, maire ancien ;
Etienne Boissonneau, maire alternatif.
1763 Jean Lacam, consul ancien ; Joseph Goyneau, consul élu ;
Joseph de Bentzmann, maire ancien ;
1764 Jean Mouchet, consul ancien ; André Rousset, consul élu ;
Joseph de Bentzmann, maire ancien.
1765 Jean Lacam, consul ancien ; André Rousset, consul élu ;

Joseph de Bentzmann, maire ancien.
1766 Les mêmes.
1767 Les mêmes; Mathurin Joly Blazon de Sabla, consul élu.
1768 Ignace Noguey, docteur en médecine, 1er échevin; Joseph Rapin, 2me échevin;
Mathurin Joly Blazon de Sabla, maire.
1769 Ignace Noguey, 1er échevin; Jean Philipeau, 2me échevin;
Mathurin Joly Blazon de Sabla, maire.
1770 Guillaume Deymier, 1er échevin; Jean Philipeau, 2me échevin;
Mathurin Joly Blazon de Sabla, maire.
1771 Guillaume Deymier, 1er échevin; Timothée Mouchet, 2me échevin;
Mathurin Joly Blazon de Sabla, maire.
1772 Timothée Mouchet, 1er échevin; Jean Capoulade, 2me échevin;
Jean Seguin, maire.
1773 Félix Joly Blazon de Sabla, André Rousset et Dabadie, consuls;
François Rapin, ancien officier au Rég^t d'Aunis-Infanterie, maire.
1774 André Mouchet et Jean Mouchet;
Jean Philipeau, maire.
1775 André Rousset et Félix Joly Blazon de Sabla;
Nicolas Clerc, maire.
1777-1781 Les mêmes.
1782 André Rousset et Jean Mouchet;
Nicolas Clerc, maire.
1783 Les mêmes.
1784 Antoine Mouchet, Pierre Deymier jeune et Jean Mouchet;

Nicolas Clerc, maire.
1785 Antoine Mouchet et Pierre Deymier,
Jean-Baptiste Joly Blazon de Sabla, maire.
1786 Michel Chaubin, avocat et Jean Baudichon ;
Jean-Baptiste Joly Blazon de Sabla, maire.
1787-1790, 15 février. Les mêmes.
1790 Antoine Rousset, maire ;
Claris père ; Marque ; Bertrin père, *au pont ;*
Beylard père ; Capoulade, officiers municipaux.
1791 Joly Blazon de Sabla, maire ;
André Beylard ; Jean Capoulade ; Jean Janneau et
Jean Larquey, off. mun.
1792 André Beylard, maire ;
Antoine Mourgues ; Charles Timothée Groullier ;
Pierre Bertrin ; Jean Claris et Jean Larquey,
off. mun.
1793 André Beylard, maire ;
Antoine Mourgues ; Charles Timothée Groullier ;
Antoine Bertrin ; Jean Claris et Jean Dupeyron,
off. mun.
1793, 2 oct. Antoine Guiraud, maire ;
Brunet, aîné, à *l'Hôpital ;* Jean Peyrey, à la *Place ;*
Jean Feugas, maréchal ; Jean Janneau, à *Sallet* ;
Jean Ragot, jeune, off. mun.
An IV, 15 brumaire. Barthélemy Ferrand, agent municipal (maire) de la commune du levant, *commune haute*, et Bernard Bascaube, adjoint ;
Godefroy Rapin, agent municipal de la commune du couchant, *commune basse*, et Hyacinthe Chollet, adjoint.
An VII, 10 floréal. Barthélemy Ferrand, agent municipal de la *commune haute ;* Jean Bertrin, adjoint ;

Guillaume Claris, fils aîné, agent mun. de la *commune basse* ; Jean Ragot, aîné, adjoint.

De l'an VIII, 8 messidor au 4 mai 1807. De Bentzmann, maire ; Séverin Rapin, adjoint.

1807-1827 Séverin Rapin, maire ; Michel Mouchet St-Denis, adjoint.

Mai 1828 à mai 1829 Uzard, maire ; 1817-1830, 10 août Baudet, adjoint.

Mai 1829-1830, 10 août Espagnet, maire ; 1817-1830, 10 août, Baudet, adjoint.

Du 10 août 1830 à l'année 1831 Joseph Timothée de Bentzmann ; François Rapin ; Arnaud Gauthier ; Raymond Cahuac et Jean Junqua, membres de la Commission administrative provisoire.

1831-1839 De Bentzmann, maire ; 1831-1833 Baudet, adjoint ; 1833-1837 Michel Chaubin.

1840-1842 Jules Rapin, maire ; 1837-1840 Jacques Junqua, adjoint ; 1841-1842 Jean Teyssier dit Chevalier et Claris.

Mars 1842-1843 août Jean Teyssier, dit Chevalier, maire ; 1842 Pierre Martinet, adjoint.

Août 1843-1852 Jules Rapin, maire ;

Jean Espagnet et Jean Dupont, adjoints.

1852 Michel Chaubin, maire provisoire.

Pierre Martinet, adjoint provisoire.

1852-1869 Léopold Bentéjac.

Jean Junqua et Jean Faure.

1869-1870, 4 sept. Léon de Bentzmann, maire.

Jean Planeau et Pierre Bertrin.

1870, 4 sept.-1871 Jacques Martinet, maire provis.

Bertrand Ducaux, adj. provis.

1871-1888 Pierre Martinet ; 1871-1873 Antoine Labory et Pierre Junqua ; 1873-1880 Pierre Junqua et

Antoine Labory ; 1880-1888 Pierre Junqua et Arnaud Baudichon.
1888-18.. Pierre Junqua maire ; 1888-1890 Arnaud Baudichon et Barthélemy Labory ; 1890-18.. Barthélemy Labory et Etienne Baudichon.

GÉNÉALOGIES

§ I. NOGUÈRES

(*D'après les archives de M. le Marquis de Bonneau et de M. Bentéjac et les Registres paroissiaux*)

ARMES : *d'argent au noyer de sinople, support deux lions.*

Cette famille parait être originaire de Sainte-Bazeille.

Un RAYMOND DE NOGUÈRES, né vers la fin du xve siècle, figure dans plusieurs actes, et en particulier dans un contrat de vente de l'année 1539. (*Archives de M. Bentéjac*). Il fut juge royal de Sainte-Bazeille et maria ses deux filles, savoir :

1º Anne avec Colin de Brocas, écuyer, capitaine dans une compagnie de cavalerie franche, habitant de Figuès et veuf en première noces;
2º Jeanne, avec Pierre de Bacoue, écuyer. (*Nobiliaire de Guyenne et de Gascogne* : Généalogie Brocas, t. II. p. 56.)

Un Arnaud de Noguères est premier consul de Sainte-Bazeille en 1575 (*Archives de M. Bentéjac*).

I

NOGUÈRES DE SAINT-MARTIN

I. JACQUES DE NOGUÈRES, écuyer, né vers le commencement du XVIe siècle, épousa Marguerite de Chamborel, fille de N... de Chamborel, écuyer, seigneur de Saint-Martin et en eut :

1º François, *qui suit*;
2º Mondet de Noguères, écuyer, capitaine, marié avec Annette Mathieu, d'où provinrent :

1. Jean de Noguères, écuyer, capitaine, marié le 9 juin 1596 avec Anne de La Veyssière, fille d'Arnaud de La Veyssière et de Billotte Dupuy. Le contrat est passé devant M. Me Bèze, notaire royal de La Réole dans la maison dudit Arnaud de La Veyssière. Le futur époux agit de l'avis de François de Noguères, son oncle, absent, de Jean Gaultier, de Jean Forestier et de M. Me Martin Constantin, son beau-frère ; et la future épouse de l'avis et consentement de ses père et mère, de M. Me Blaise de La Veyssière, juge royal de La Réole, son cousin, de Pierre de La Veyssière, son frère, et de M. Mº Etienne de La Veyssière. Ledit Jean de Noguères est parrain le 20 février 1616 de Jean de Chamborel, fils de Bertrand de Chamborel, écuyer, sieur de Saint-Martin, et de Anne de Noguères. Il agit, le 11 mars 1617, comme père de ses deux fils et administrateur de leurs biens, sa femme étant morte, de laquelle il eut:

    1. François de Noguères, marié avec Isabeau Rivière, habitante de la juridiction de La Réole (*Arch. de M. Beutèjac*);
    2. Pierre de Noguères, écuyer, sieur du Frêche, bourgeois de Ste-Bazeille qui, d'accord avec son dit frère, fait un contrat d'échange le 8 octobre 1628, avec M. Me François de Noguères, consul de Sainte-Bazeille. Il habitait la paroisse de Saint-Martin de Serrès, juridiction de Ste-Bazeille. Ledit contrat d'échange est passé en présence de Jean de Noguères, sieur de La Gaille et de Pierre de Noguères, sieur du Frêche. (*Ibidem*) —Lesdits frères, François et Pierre, agissent tant pour eux comme ayant pris le procès et la cause de Me François de Noguères, procureur du roi, en opposition de noble Jean de

Noguères, écuyer, sieur de Saint-Martin, syndic de l'hôpital de Marmande (*Ibid.*)

Ledit Pierre avait épousé Suzanne Vilotte, dont naquirent :

1. Jean, baptisé le 13 juillet 1623, filleul de Jean de Noguères et de Marie Bèze;
2. Béatrix, baptisée le 3 octobre 1624, filleul de M° Jacques Moreau, avocat, et de Béatrix de Bonneau ;
3. Marie, baptisée le 8 mars 1627, filleule de M° François Dubernard, notaire royal de Sainte-Bazeille et de Marie Vilotte,
4. Marie, née en 1631, filleule de Jean de Noguères, écuyer capitaine, sieur de La Gaille, consul de Sainte-Bazeille et de Marie d'Arnal ;
5. Anne, ensevelie le 4 septembre 1652 (*Reg. parois.*)

3° Jean de Noguères, écuyer, conseiller au parlement de Bordeaux (*Archives de Bonneau.*)

II. FRANÇOIS DE NOGUÈRES, écuyer, seigneur de Saint-Martin, habitant de Sainte-Bazeille, épousa par contrat du 7 mai 1557 passé à Sainte-Bazeille, Marie de Serres, fille de Jean de Serres, écuyer, et de Catherine Foulaney, en présence de François de Lapeyre, écuyer, Adam de Goulard, écuyer, et Jean de Foulaney, habitant de Sainte-Bazeille. Le futur époux est assisté de Jacques de Noguères, son père. Il fut gouverneur de la ville et du château de Sainte-Bazeille. Il eut :

1° Jean, *qui suit ;*
2° Jean de Noguères, écuyer, capitaine. Il partagea avec son dit frère la succession de son père le 17 novembre 1590. Il épousa Jeanne Dupeyron, qui, devenue veuve, se remaria avec Héliot Cousseau. Il testa le 9 novembre 1595 et dut laisser :

1. François de Noguères, procureur du roi à Sainte-Bazeille, né en 1589, dont nous donnerons la descendance à l'article II de la généalogie de Noguères;
2. Marguerite.

III. JEAN DE NOGUÈRES, écuyer, sieur de Lagrange et de Monplaisir, avocat au parlement de Bordeaux, gouverneur de la ville et du château de Sainte-Bazeille, chevalier de l'ordre de Saint Michel, premier jurat de Bordeaux, puis seigneur de Saint-Martin, épousa en premières noces par contrat passé le 17 octobre 1605 à Bordeaux devant M⁰ Labat, Beatrix de Bonneau à laquelle il fut constitué en dot 14600 livres avec clause expresse que tous les joyaux qui lui seraient donnés pendant le mariage lui appartiendraient en propre (*Arch. de M. Bentéjac et du marquis de Bonneau*). — Il épousa en secondes noces, par contrat passé à Bordeaux devant M⁰ Dautiège, Marie d'Arnal, fille de feu M. M⁰ Jean d'Arnal, écuyer et avocat au parlement de Bordeaux et de Marguerite Dupérier. Il fut enseveli le 12 avril 1641 dans l'église de Saint Projet de cette dernière ville.

Il avait eu de Béatrix de Bonneau, sa première femme :

1º Marguerite de Noguères, baptisée le 13 octobre 1620, filleule de M⁰ Jacques Moreau, avocat, et de Marguerite Deymier, femme de M⁰ Martial Rapin, lieutenant de juge à Sainte-Bazeille. Elle épousa le 4 mars 1647 Jean de Lapeyre, écuyer, fils de Michel de Lapeyre et de Andrée Gaulthier (*Reg. parois*).
2º François, baptisé le 20 novembre 1621, filleul de Jean Robert, capitaine, et de Marie Bèze, mort en bas âge ;
3º Jean, baptisé le 7 septembre 1623, filleul de M⁰ Jean Bacquey, avocat au parlement de Bordeaux et de Anne de Noguères, demoiselle de Brocas ;
4º Jacques, *qui suit* ;
5º François de Noguères, écuyer, sieur de Cazenave, baptisé le 5 août 1626, filleul de Jean de Chamborel, écuyer, et de Anne Robert et enseveli dans l'église de Notre-Dame le 7 septembre 1701 (*Reg. parois.*). Il avait épousé Hélène de Lavergne, de laquelle il eut :

1. Catherine, baptisée le 16 décembre 1674, filleule de Jacques de

Noguères, écuyer, sieur de Saint-Martin et juge de Sainte-Bazeille, et de Catherine Lavergne, habitante de Saint-Pardoux près Marmande;

2. Marie, mariée le 7 janvier 1700 à Jean François de Cazenove, écuyer, sieur de Châteauneuf, capitaine au régiment d'Aunis, habitant de Fauguerolles près Gontaud, et ensevelie dans l'église de Notre-Dame le 8 mai 1716 (*Ibid*).

Ledit Jean de Noguères avait eu de sa seconde femme, Marie d'Arnal :

1º Louis de Noguères, écuyer, brigadier des gardes du corps, marié le 20 septembre 1665 avec Marie de Lestrilles, d'où provinrent :

1. Paul, écuyer, né en 1666, sieur de Bonnargues, capitaine au régiment d'Aubigny, et enseveli le 9 septembre 1706, à l'âge de 40 ans dans l'église de Notre-Dame ;
2. N... de Noguères, tué au service du roi et ayant une commission de garde marine (*Arch. du marquis de Bonneau* et *Registres paroissiaux*).

2º Marie, alliée le 30 novembre 1666 à Jean Beaune, fils d'Elie Beaune, avocat, et de Isabeau Rapin. Ledit Jean Beaune testa en 1678 et laissa l'administration de ses biens à Jacques de Noguères, juge de Sainte-Bazeille et institua pour héritier Paul de Noguères, fils de Louis de Noguères et de Marie de Lestrilles et à défaut dudit Paul, ledit Jacques de Noguères, son beau-frère et Jean de Noguères, écuyer, fils aîné dudit Jacques (*Arch. de M. Beaune et de M. Bentéjac*).

3º Jeanne.

IV. JACQUES DE NOGUÈRES, écuyer, sieur de Saint-Martin, avocat et juge royal de Sainte-Bazeille, se maria par contrat du 29 janvier 1648 avec Andrée de Lapeyre, fille de Jean de Lapeyre, avocat et juge royal de Sainte-Bazeille, et de Marie de Labessède. Il fut enseveli le 11 décembre 1696 dans l'église de Notre-Dame ; sa femme était morte à l'âge de 37 ans, le 23 mars 1670, et ensevelie le lendemain dans la même église. Il avaient eu :

1º Jean, sieur de Saint-Martin, baptisé en 1649, filleul de Jean de Lapeyre, avocat et juge, et marié par contrat du 1er mars 1683 passé devant Me Lacam, notaire royal à Sainte-Bazeille, avec Marie de Noguères, fille de Bertrand de Noguères, procureur du roi de ladite ville et de Anne Clerc. Il fut enseveli le 27 septembre 1692 à l'âge de 45 ans dans l'église de Notre-Dame, et sa femme le 15 juin 1684, un an et un jour après le mariage religieux qui avait été célébré le 14 juin 1683 (*Reg. parois.*)

2º Jean, sieur de Lartigue, baptisé le 15 août 1651, filleul de Jean de Noguères, écuyer, son oncle, et enseveli dans l'église de Notre-Dame le 31 octobre 1676, à l'âge de 25 ans;

3º Louis, baptisé le 5 septembre 1655, filleul de Louis de Noguères, écuyer, son oncle et de Marie de Lapeyre, fille de Jean de Lapeyre, juge royal de Sainte-Bazeille;

4º François, baptisé le 9 juin 1661, filleul de François de Noguères écuyer, sieur de Casenave et de Marthe de Lapeyre;

5º Jean, *qui suit*;

6º Marie, baptisée le 6 septembre 1667, filleule de François Boulin, avocat et de Marie de Lapeyre (*Reg. parois.*).

Le 29 mai 1693, Jacques de Noguères, père des précédents, déclare n'avoir qu'une fille et un fils, lieutenant au régiment de la Sarre, qu'un autre de ses fils, lieutenant au régiment de Cursol, a été tué au siège de Besançon et que l'aîné, lieutenant au régiment de Picardie, est mort de maladie (*Arch. du Marquis de Bonneau*).

V. JEAN DE NOGUÈRES, écuyer, sieur de Saint Martin, baptisé le 21 juin 1664, épousa par contrat du 22 septembre 1693 Jeanne Dubois de Saint-Georges, habita Lagrange près de la ville de Sainte-Bazeille et fut enseveli dans l'église de Notre-Dame le 20 avril 1749, à l'âge de 85 ans. Il eut de son mariage :

1º Jean Jacques, baptisé le 9 novembre 1694, filleul de Jacques de Noguères, écuyer, et de Jeanne de Chartres Complestie de Lignières, de la paroisse de Noyan, et enseveli dans l'église de Notre-Dame le 14 août 1706.

2º Marguerite, née en 1695 et ensevelie dans l'église de Notre-Dame le 25 novembre 1747, à l'âge de 52 ans ;

3º Marie, baptisée le 18 avril 1697, filleule de Michel Dubois, écuyer, sieur de Lamothe Saint-Georges, habitant de ce dit lieu et de Marie de Noguères, et mariée le 16 février 1719 à Jean Joseph Duval, écuyer, sieur de Lamothe Cangrand, habitant de La Réole. (*Reg. parois.* et *Arch. du Marquis de Bonneau.*)

II

BRANCHE DES NOGUÈRES

PROCUREURS DU ROI

IV. FRANÇOIS DE NOGUÈRES, né en 1589, dut avoir pour père Jean de Noguères, capitaine, second fils de François de Noguères, écuyer, sieur de Saint-Martin et de Marie de Serres, et pour mère Jeanne Dupeyron. Il fut avocat et plusieurs fois consul de Sainte-Bazeille. Le 26 septembre 1637 il fut reçu, en remplacement de Mᵉ Pierre Janneau, procureur du roi de ladite ville, par devant M. Mᵉ Gabriel de Brocas, conseiller du roi et lieutenant en la cour de la sénéchaussée d'Albret au siège de Casteljaloux [1]. Un de ses fils, Bertrand, qui suit, fait de son père dans le livre de raison l'éloge suivant : « Le troisiesme jour du mois d'octobre 1664 vers la minuit jour de vendredi tirant vers le samedi, Mᵉ François Noguères mon père mourust la veille de son patron et fut honorablement ensepvelly le quatriesme dudit mois par M. Lhomenie curé. Il a esté

---

[1] Ledit Gabriel de Brocas était fils de Colin de Brocas, capitaine d'une compagnie de cavalerie franche, habitant de Figuès, et d'Anne de Noguères, sa seconde femme.

un grand homme de bien et fort craignant Dieu, j'appréhende que ses successeurs ne l'imiteront pas ». Ledit François avait épousé Marie Chaubin, fille de Pierre Chaubin et de Catherine Vignolles (*Registres paroissiaux et Archives de M. Bentéjac*), d'où provinrent :

1° Marie, baptisée le 21 novembre 1617 et femme de Jean Gayrard, morte le 4 juillet 1652 ;
2° Catherine, baptisée le 8 juin 1620, filleule d'André Chaubin et mariée le 7 septembre 1638 avec Odet Destais, bourgeois de Meilhan, fils de feu Jean Destais, jurat de cette dernière ville et de Bertrande Collom. (*Registres paroissiaux et Archives de M. Bentéjac*).
3°. Bertrand, *qui suit*;
4° Autre Catherine, baptisée le 1er janvier 1628, filleule de Bertrand et de Catherine de Noguères et morte jeune ;
5° Marguerite, baptisée le 30 mai 1631, filleule de Bertrand et de Françoise de Noguères et mariée le 19 avril 1650 avec Fortis Carles, bourgeois de Marmande, fils de Gaubert Carles et de feu Jeanne Giraudeau, de Marmande ;
6° Anne, baptisée le 10 octobre 1636, filleule de Jean Gayrard et de Catherine de Noguères et mariée le 4 octobre 1654 avec Bernard Antoine Baradat, Me Chirurgien de Marmande, fils de Jean Baradat et Jeanne Héraud, décédés. (*Ibidem*) ;
7° Autre Marie, filleule de François Maury et de Marie Mareusse et mariée avec Bertrand Laujac, de Cocumont ;
8° Autre Marie, mariée le 15 novembre 1660 avec François Deymier, homme d'armes, âgé de 23 ans, fils de feu Michel Deymier et de Marguerite de Berry. Le contrat est du 23 septembre précédent et retenu par Me Martin, notaire de Castelnau-sur-Gupie.

V. BERTRAND DE NOGUÈRES, avocat, né le 4 février 1624 et baptisé trois jours après, filleul de Bertrand Sainsarric et de Marie de Noguères. Il remplaça son père dans la charge de procureur du roi, fut reçu le 28 septembre 1662 juge de la juridiction de Couthures à la place de feu Jean Courrèges, se démit le 21 mars 1677 de cet office qui fut rempli par François Courrèges. Il fut enseveli dans l'église de Notre-Dame le 15 janvier 1693. Il avait épousé en premières noces le 26 avril 1645 Jeanne de Seguin, seconde fille de Jacques de Seguin, de Monpouillan, et de Marie de Lafon, et ensevelie le 7 juillet 1652. Il en avait eu :

1º Marie, baptisée le 25 août 1646, filleule de François de Noguères, son grand-père, procureur du roi, et de Marie de Lafon, sa grand'mère maternelle ;
2º Jacques, *qui suit;*
3º Autre Marie, baptisée le 26 novembre 1651, filleule de Mᵉ Jean Noguey, son oncle et de Marie de Noguères, femme de feu Jean Gayrard, et ensevelie dans l'église de Notre-Dame le 24 mai 1662.

Ledit Bertrand de Noguères avait épousé en secondes noces au mois de mai 1654 Anne Clerc, fille de Pierre Clerc, de Marmande, et morte le 23 décembre 1682. De ce mariage naquirent :

1. Marie, née le mardi 18 mai 1655, baptisée le 23 du même mois, filleule de Pierre Clerc et de Marie Chaubin et mariée le 14 juillet 1674 avec Jean Goyneau, fils de feu Jacques Goyneau, procureur d'office de la juridiction de Caubon, et de Jeanne Cassereau ;
2. François, né le 8 mars 1657, filleul de Mᵉ François de Noguères, procureur du roi et d'Anne Bourgeois, veuve de Mᵉ Lérisson, apothicaire et tante d'Anne Clerc. Il devint prêtre et curé de Sainte-Croix de Lévignac ;
3. Antoine, baptisé le 15 août 1660, filleul de noble Antoine de Scorbiac et de Léonarde Goyneau ;
4. Bertrand, baptisé le 28 octobre 1662, filleul de Bertrand Laujac, de Cocumont, et de Catherine de Noguères, et mort le lendemain ;
5. Autre Marie, baptisée le 5 janvier 1664, filleule de Jacques Rousset, fils de Rémy Rousset, et de Marie Gayrard ; mariée le 14 juin 1683 avec Jean de Noguères, écuyer, fils de Jacques de Noguères, écuyer, sieur de Saint-Martin et de feu Andrée de Lapeyre, et ensevelie au tombeau de son mari dans l'église de Notre-Dame le 17 juin 1684 ;
6. Autre Marie, morte célibataire ;

7. Catherine, née le 29 janvier 1668 et baptisée le 2 février suivant, filleule de François Sainsarric, prêtre, et de Catherine Perret, et mariée le 23 février 1686 avec Jean Noguey, de Monpouillan. Quand son père testa le 16 mai 1691, il ne lui restait de sa seconde femme que Marie, autre Marie, François, autre Marie et Catherine.

VI. JACQUES DE NOGUÈRES, né le 8 juin 1649 et baptisé le 24 du même mois, filleul de M° Jacques de Seguin, son grand'père et de Marie Chaubin, sa grand'-mère. (*Ibidem.*)

§ II. LAPEYRE

Armes : *d'or au lion de gueules couronné de sable, senestré d'un roseau de sinople surmonté de trois flammes de gueules posées en chef, un et deux et mal ordonnées. (Déclarées à Bordeaux le 21 février 1698).*

Le plus ancien de cette maison que nous fassent connaître nos archives est :

I. JEAN DE LAPEYRE, écuyer, né au commencement du XVI° siècle, qui épousa Marguerite de Lescure et en eut :

1° Arnaud, qui mourut avant son père et laissa plusieurs filles ;
2° François, qui mourut aussi avant son père en laissant des enfants;
3° Pierre qui eut un fils;
4° Michel, capitaine, qui épousa Andrée de Gauthier dont naquirent :

1. Marie, qui se maria avec Charles Chambaudet, juge royal de Monségur et resta sa veuve avant 1642. Nous la trouvons marraine en 1621 de Marie de Lapeyre, fille de Jean de Lapeyre et de Françoise de Ferrebouc, ainsi que d'un autre enfant, dont le parrain fut Jean de Chamborel, fils de Bertrand

de Chamborel, écuyer, seigneur de Saint-Martin (*Registres paroissiaux*).

2. Jean, avocat et Juge royal, civil et criminel de Sainte-Bazeille. Il épousa en premier mariage Marie de Labessède, de Meilhan, ensevelie dans l'église de Notre-Dame le 20 décembre 1641 (*Reg. parois.*), et en secondes noces, le 4 mars 1647, Marguerite de Noguères, fille de Jean de Noguères, écuyer, avocat, sieur de Monplaisir, et de Béatrix de Bonneau, et âgée de 27 ans, ensevelie le 29 juillet 1687 dans la tombe de son mari, inhumé dans l'église de Notre-Dame le 25 août 1661. Il eut de Marguerite de Noguères :

1. Jean, baptisé le 27 décembre 1647, filleul de Jean de Noguères, écuyer, et de Marie de Lapeyre, veuve de Charles Chambaudet, et enseveli dans ladite église, le 12 octobre 1661, à l'âge de 14 ans ;
2. Jacques, baptisé le 20 janvier 1649, filleul de Mᵉ Jacques de Noguères écuyer, et de Andrée de Lapeyre femme de Jacques de Noguères, écuyer, et enseveli à Notre-Dame le 24 septembre 1652 ;
3. François, baptisé le 13 février 1650, filleul de François de Noguères, écuyer, sieur de Cazenave, et de Marthe de Lapeyre et enseveli à Notre-Dame le 10 octobre 1652 ;
4. Louis, baptisée le 16 août 1651, filleul de Louis de Noguères et de Andrée Chambaudet et enseveli à Notre-Dame le 25 septembre 1652 ;
5. Marie, née et ondoyée en 1652 à La Réole, où sa mère était réfugiée à cause du siège de Sainte-Bazeille, et baptisée dans cette dernière ville le 18 décembre 1661 ;
6. Autre Marie, baptisée le 6 mars 1656, filleule de Jean de Noguères, écuyer, fils de Jacques de Noguères, écuyer, et de Marie de Lapeyre, sœur de la baptisée ;
7. Autre Marie, baptisée le 24 mai 1657, filleule de Louis de Noguères, écuyer, et de Marie de Lapeyre, sœur de la baptisée et ensevelie le lendemain de son baptême ;
8. Thérèze, baptisée le 20 avril 1660, filleule de Jean de Noguères, écuyer, fils de Jacques, et de Marie de Lapeyre, sœur de la baptisée (*Reg. parois.*)

Cette branche s'éteignit alors avec ledit Jean de Lapeyre, juge de Sainte-Bazeille, mort le 24 août 1661.

5º François, *qui suit*.

II. FRANÇOIS DE LAPEYRE, écuyer, épousa Antoi-

nette Desclausie. Il fut capitaine et gouverneur de Couthures durant les troubles de la Religion. C'est celui dont parle Henri de Navarre dans sa lettre de la fin de septembre 1583 au maréchal de Matignon : « ... Je vous prie despecher un exemption de logis pour mes terres et nomement pour celles de Casteljaloux, où Lapeyre fait tous les désordres du monde. Le capitaine Domenies saura bien faire valoir vostre sauvegarde ».
Il eut de sadite femme :

1° Raymond, sieur de la Sauviolle, juridiction de Mauvezin, jurat et premier consul de Sainte-Bazeille, enseveli le 20 juillet 1652 dans l'église de Notre-Dame. Il avait épousé Isabeau de Marailhiac de La Vallade, qui mourut le 11 décembre 1652 et dont il eut :

1. Anne, baptisée à Mauvezin le 30 mai 1632, filleule de Pierre de Lapeyre, son oncle, et ensevelie dans l'église de Notre-Dame le 31 octobre 1641 ;
2. Jean, baptisé à Mauvezin le 26 août 1635, filleul de Jean de Labessède, procureur du roi à Meilhan, et de Catherine Fonpaille. Il défendit de concert avec Raymond de Lapeyre, son cousin germain, sa noblesse contre le marquis de Boisse, seigneur de Mauvezin et François Rapin, jurat de Sainte-Bazeille. Il épousa demoiselle Jourdanneau, de Mauvezin. (Voir *Notice sur le château, les anciens seigneurs et la paroisse de Mauvezin*.)
3. Michel, capitaine, baptisé à Mauvezin le 23 août 1638, filleul de Michel de La Vallade, écuyer, et de Marguerite de Ferrand, dame de Mauvezin. (*Registres paroissiaux de Mauvezin*). Il épousa le 9 février 1658, Jeanne Mouguessot. (*Registres paroissiaux de Sainte-Bazeille*.)
4. Autre Jean, qui épousa par contrat du 4 novembre 1686, Marie de Villepreux, fille d'Etienne de Villepreux, écuyer, et de Marie Boisvert (*Arch. de M. de Villepreux*). De ce mariage provinrent :

   1. Anne Marie, baptisée le 17 août 1687, filleule d'Etienne de Villepreux, écuyer, de Marmande, et de Anne de Boissière, aussi de Marmande (*Reg. parois. de Sainte-Bazeille*). Elle épousa Jean de Fontainemarie, dont elle fut veuve en 1772 (*Arch. de M. de Villepreux*).
   2. Raymond, baptisé le 5 mai 1689, filleul de Raymond de Lapeyre, écuyer, et de Hélène de Villepreux (*Reg. parois.*).

2º Pierre, capitaine, parrain de Anne de Lapeyre, sa nièce. Il doit être le mari de Marthe de Noguères, fille de Jean de Noguères, écuyer, avocat, sieur de Monplaisir et plus tard de Saint-Martin, et de Béatrix de Bonneau, mariés en 1605. De cette union naquirent :

1. Marie Madeleine, qui épousa Antoine de Berry, écuyer, capitaine, fils de Pierre de Berry, capitaine. Dans les *Registres paroissiaux de Sainte-Bazeille* ladite Marie Madeleine de Lapeyre est dite fille de Marthe de Noguères, nièce de François de Noguères, écuyer, sieur de Cazenave et cousine de Jean de Lapeyre, écuyer, sieur de Lalanne et de Raymond de Lapeyre, époux de Marie Ursule de Verdun. Veuve d'Antoine de Berry, elle fit son testament le 10 juillet 1733 par devant Mᵉ Goyneau, notaire royal à Sainte-Bazeille, en présence de Elie Joly Blazon, sieur de Sabla, premier consul dudit lieu, Timothée Joly de Sabla, clerc tonsuré, étudiant en théologie, et Alexis Joly de Sabla. (*Arch. de M. de Beauvallon*).

3º Léonard, qui mourut à Mauvezin ;
4º Jean, *qui suit*.

III. JEAN DE LAPEYRE, écuyer, sieur de Lalanne, capitaine au régiment d'Hector d'Escodéca de Boisse et conseiller du roi, mort à Paris en 1636. (*Voir notice sur Mauvezin*). Il avait épousé vers 1617 Françoise de Ferrebouc, qui fut ensevelie dans la chapelle du château de Lalanne, le 3 janvier 1667. De ce mariage provinrent :

1º Raymond, *qui suit* ;
2º Marie, baptisée à Sainte-Bazeille le 6 janvier 1621, filleule de Jean de Lapeyre, capitaine, et de Marie de Lapeyre, fille de Michel de Lapeyre et de Andrée Gauthier. Elle doit être la même que Marie de Lapeyre, mariée avec Jean de Labessède, procureur du roi à Meilhan, que les mouvements de la province forcèrent à se réfugier à Mauvezin, où leur fille Elisabeth de Labessède, fille d'Audot de Labessède et d'Elisabeth de Labessède, fut baptisée le 22 avril 1653. Marthe et probablement Jean inhumé dans l'église de Mauvezin le 21 juin 1717, âgé de 50 ans, sont nés aussi du mariage dudit Jean de Labessède et de ladite Marie de Lapeyre. (Voir *notice sur Mauvezin*).

3° Jean, baptisé le 13 février 1623;

4° Autre Jean, baptisé le 2 mai 1627, filleul de Jean de Lapeyre, avocat et juge de Sainte-Bazeille et de Jeanne de Lapeyre, femme de Pierre Lalyman, bourgeois de Marmande *(Reg. parois.)* Ledit Jean de Lapeyre ou le précédent fut carme et se défroqua *(Notice sur Mauvezin)*.

5° Hector, ondoyé le 21 avril 1631 et baptisé à Mauvezin le 13 décembre 1633, filleul de Hector d'Escodéca de Boisse et de Marguerite de Ferrand, dame de Mauvezin et décédé pendant les mouvements de la province *(Reg. parois. de Mauvezin)*.

6° Probablement Andrée, née au commencement de 1633, morte le 23 mars 1570, à l'âge de 37 ans, qui avait épousé le 20 février 1648 Jacques de Noguères, écuyer, sieur de Saint-Martin, fils de Jean de Noguères, écuyer, avocat, sieur de Monplaisir, puis de Saint-Martin, et de Béatrix de Bonneau.

7° Marguerite. Elle doit être la même que Marguerite de Lapeyre, habitante du château de Lalanne, qui épousa par contrat du 30 avril 1679 passé devant M⁰ Goyneau, Antoine de Berry, écuyer, capitaine, fils de François de Berry, écuyer, homme d'armes et de Catherine de Monzauzy *(Archives de M. de Beauvallon —* Voir *Notice sur Mauvezin)*.

IV. RAYMOND DE LAPEYRE, écuyer, seigneur des maisons nobles d'Auriolle, de Lalanne, de la Sauviolle, etc.; d'abord capitaine d'infanterie au régiment d'Hector d'Escodéca de Boisse, puis capitaine-major au régiment de M. du Coudray-Montpensier, et gouverneur de Sainte-Bazeille durant les troubles de la Fronde, naquit en 1618, obtint avec Jean de Lapeyre, son cousin germain, d'être inscrit au catalogue des nobles de Condomois, fut condamné à mort à cause de ses violences et pillages pendant lesdits mouvements de la province et profita de l'amnistie accordée par le roi aux gens de guerre. Il eut de longs procès avec le seigneur de Mauvezin, comme il est relaté au chapitre VI de la présente histoire. Il épousa vers 1656 Marie Ursule de Verdun, veuve d'Ezéchiel de Cazenove, écuyer, seigneur de Harles, fils de Jean de Cazenove, écuyer, seigneur de

Harles et de Pradines, et de Peyronne de Rolde, et ensevelie le 15 septembre 1680, à l'âge de 50 ans dans la chapelle du château de Lalanne. Raymond de Lapeyre fut inhumé le 7 mai 1702, à l'âge de 84 ans, dans l'église de Notre-Dame (*Reg. parois.*). De leur mariage provinrent :

1º Jeanne, née en juin 1657 et ensevelie le 23 août 1657, dans la dite église ;
2º Jean, né le 26 mai 1658 et enseveli le lendemain, âgé de 12 heures ;
3º Jean François, baptisé le 11 septembre 1659, filleul de Jean de Verdun, écuyer, seigneur de Galand et de Françoise de Ferrebouc et enseveli le 16 mai 1671, à l'âge de 12 ans, dans la chapelle du château de Lalanne ;
4º Marie Anne, baptisée le 14 février 1661, filleule de Jean de Lapeyre, écuyer, sieur de Fontargaut, avocat et juge, et de Marie Anne de Verdun ;
5º Jean François, *qui suit ;*
6º Pierre Antoine, baptisé le 2 avril 1663 ;
7º Marie, baptisée le 22 septembre 1664, filleule de Jean de Lapeyre, habitant de Mauvezin, et de Marie de Verdun, tante de la baptisée ;
8º Gaspard, baptisé le 12 janvier 1666, filleul de Gaspard de Verdun, écuyer, sieur de Galand, et de Marie de Lapeyre, sa sœur. Il devint prêtre, docteur en théologie et curé de Cumon en Périgord et fut parrain, le 27 juin 1705, de son neveu Gaspard de Lapeyre, fils de Jean François de Lapeyre, seigneur de Lalanne et d'Auriolle et baron de Trenqueléon et d'Anne de Brocas ;
9º Jean Joseph, baptisé le 9 avril 1667, filleul de Jean François de Lapeyre, son frère, et de Marie de Verdun ;
10º Autre Marie Anne, baptisée le 21 août 1668, filleule de Gaspard et de Marie Anne de Lapeyre, ses frère et sœur ;
11º Autre Jean Joseph, baptisé le 15 septembre 1669, filleul de Jean Joseph et de Marie de Lapeyre, ses frère et sœur ;
12º Marie Ursule, baptisée le 22 avril 1671, filleule de Jean François de Lapeyre, sieur d'Auriolle, et de Marie de Lapeyre, ses frère et sœur ;
13º Autre Jean Joseph, baptisé le 11 septembre 1672, filleul de Jean Joseph et de Marie Anne de Lapeyre, ses frère et sœur. (*Registres paroissiaux*).

L'un de ces trois frères susmentionnés, du nom de Jean Joseph de Lapeyre, eut de son mariage avec Dame X...

1. Jean Joseph Louis, chevalier, sieur de Harles, cousin germain et héritier universel de Gaspard baron de Lapeyre, chevalier, sieur de Lalanne, brigadier des armées du roi ;
2. Angélique de Lapeyre, cousine germaine et héritière dudit Gaspard de Lapeyre (*Arch. de M. de Beauvallon*).

14° Raymond Pierre, baptisé le 11 mars 1674, filleul de Pierre de Verdun, écuyer, qui signe « Galland de Verdun », et de Marie Ursule de Lapeyre, sa sœur (*Reg. parois.*).

V. JEAN FRANÇOIS DE LAPEYRE, écuyer, sieur de Lalanne et d'Auriolle, baron de Trenqueléon, baptisé le 2 mars 1662 et filleul de Jean François de Lapeyre son frère, et de Françoise de Pinel, épousa Anne de Brocas et en eut quatre fils, dont Gaspard, *qui suit :*

VI. GASPARD DE LAPEYRE, écuyer, chevalier, baron de Lapeyre et seigneur de Lalanne, capitaine des grenadiers du régiment des Gardes Françaises, brigadier des armées du roi, baptisé le 27 juin 1705, filleul de Gaspard de Lapeyre, son oncle, prêtre et curé de Cumon, et de Marie de Verdun, de la paroisse de Caste Luivrex au diocèse de Bazas; eut le bras droit et le petit doigt de la main gauche coupés le 11 mai 1745 à la bataille de Fontenoy et fit le 31 mai suivant son testament en faveur de Jean François de Lapeyre, son cousin germain et héritier universel, et de Angélique de Lapeyre, sa cousine germaine et son héritière particulière.

Nous trouvons dans un acte de 1714, François de Doms, écuyer, agissant au nom et comme tuteur dudit Gaspard de Lapeyre (*Arch. de M. Bentéjac*).

NOTA.— Nous ne pouvons rattacher ni Gasparde ni Marthe de Lapeyre. La première figure dans les *Registres paroissiaux* comme femme de Jean Bèze et comme marraine le 19 décembre 1619 d'un enfant de Sainte-Bazeille; et, le 18 avril 1622, de Gasparde Du Peyron, sa petite fille, née de Michel Du Peyron et de Simone Pouvereau et filleule aussi de Jean Pouvereau, son grand-père; et, en 1625, de Gasparde Dubernard, fille de François Dubernard, notaire royal et de Marguerite Du Peyron et filleule aussi de François Villote, fils de Michel. — La seconde, Marthe de Lapeyre, figure en qualité d'épouse de Me Boulin, de Monségur et de marraine le 16 août 1664 d'un enfant qu'elle tient pour sa fille Jeanne Boulin.

Nous ne savons s'il existe encore des descendants de la famille des Lapeyre.

§ III. JOLY

I. BRANCHE DES BONNEAU

(D'après les Archives de M. le Marquis de Bonneau au château de Bonneau)

ARMES : *d'argent à cinq croisillons de gueule, deux en chef, deux en pointe et un au milieu entre deux lions de gueule lampassés et armés.*

La famille de Joly est originaire de la province de Bourgogne et a pour tige :

I. MENAUT DE JOLY, notable de la ville de Beaune. Il vivait au XIVe siècle et eut :

II. RENAUT DE JOLY, qui fut conseiller de Philippe le Bon duc de Bourgogne, par lettres de provision données à Troyes le 22 avril 1420. Elles se trouvaient avant la révolution au registre de la Chambre des Comptes de Dijon, cotées d'une croix, fol. 146. Il laissa :

III. HENRI DE JOLY, qui ne paraît pas avoir eu d'emploi et fut père de :

IV. JEAN DE JOLY, conseiller du duc de Bourgogne, qui eut :

V. BARTHÉLEMY DE JOLY, dont provinrent :

1º Jacques, seigneur de Champléné et membre du Parlement et de la Chambre des Comptes de Dijon ;
2º Barthélemy, *qui suit*.

VI. BARTHÉLEMY de JOLY, 2ᵐᵉ du nom, fut greffier en chef au Parlement de Dijon et laissa :

1º Zacharie, dont descendent :

1. Hector Bernard, seigneur de Lagrange Dupreix ;
2. Barthélemy, seigneur de Drambon ;
3. Laborde, marié avec Anne Legoux, fille de Germain Legoux, président à mortier au Parlement de Dijon ;
4. Eugénie, dame de Velogni.

2º Françoise, d'où descendent MM. Joly de Fleury établis à Paris ;
3º Edme, *qui suit*.
4º Antoine, d'où sortent les marquis de Blaisy, dont l'un a épousé Marie Thérèze de Courtivon, fille de M. Mᵉ de Courtivon, président à mortier du Parlement de Dijon, et de Marie de Clermont-Tonnerre.

VII. EDME DE JOLY, prit le parti des armes et se maria en province où, ayant été imbu de la doctrine des Calvinistes, il servit dans les différents mouvements de la R.P.R. Ses deux fils participèrent aux guerres de religion dans le pays de Mérindol et de Cabrières et faillirent être enveloppés dans le massacre qui se fit des Calvinistes sous les ordres du Président d'Oppède et du sieur Guérin, avocat général du Parlement de Paris, mais ils furent assez heureux pour se sauver à Genève où l'aîné s'établit. Les descendants de celui-ci changèrent de religion et passèrent à Chambéry où ils occupèrent des emplois honorables dans l'épée et dans la robe sous le nom de Joly de Chamureux. Quant au plus jeune, il va suivre :

VIII. JEAN DE JOLY, intéressé ainsi que son frère dans les ravages commis à Cabrières, et à Mérindol, fut envoyé à Paris par Madame de Cental qui s'était plainte au roi des incendies et des meurtres perpétrés dans ses terres et châteaux et qui avait obtenu le renvoi de son affaire au Parlement de Paris : le jugement ne fut pas favorable à la dame de Cental, ce qui obligea Jean de Joly à se mettre au service de Jeanne d'Albret, qui l'envoya en Béarn avec une commission de capitaine. Il commanda une compagnie de cent hommes à cheval, servit plusieurs années tant en Béarn que dans l'Albret, et, se trouvant en quartier d'hiver au bourg de Cocumont, à deux lieues de Casteljaloux d'Albret, il se maria avec une demoiselle Dulon et acquit plusieurs biens dans ce lieu. Il n'eut pas d'enfants de sa première femme et se remaria avec une demoiselle Seguin, de la ville de La Réole. Il fut massacré à la Saint-Barthélemy, sa maison fut pillée et ses papiers furent perdus. Il eut de sa seconde femme :

IX. JEAN DE JOLY, 2me du nom, né le 16 février 1573, après la mort de son père, selon une attestation de noblesse que fournit un de ses fils nommé Jérémie Joly de Sabla. Il fut mis sous la tutelle d'un oncle, M. de Seguin, de la ville de Meilhan, qui, ayant mal administré ses biens et ne pouvant rendre à son mineur un compte fidèle, par accommodement lui fit épouser sa fille unique Françoise de Seguin, assez riche pour le temps. Il fut procureur d'office de Cocumont et eut :

1° Jean, sieur de Beausoleil, officier au régiment du Roi-Infanterie, tué en 1637 à l'affaire de Leucate ;
2° Joël, *qui suit* ;
3° Jérémie, sieur de Sabla, qui fait la branche de Sabla et *qui suivra* Art. II.
4° Timothée, sieur de Druilha, mort de la peste, à Paris, sans alliance ;
5° N... des Angles tué en 1615 près de Coutras, servant dans l'armée des Calvinistes commandée par MM. de Rohan et de La Force pour empêcher le roi Louis XIII d'aller célébrer son mariage à Bordeaux ;
6° Anne, mariée avec M. Nicolas Ducasse, bourgeois de Casteljaloux. Elle reçut en dot et ameublement la somme de 3000 livres.
7° Marthe, mariée avec M. Jacob Minaut, habitant de la juridiction de Caumont ; elle eut la même dot que sa sœur aînée ;
8° Suzanne, mariée avec M. Me Jean Larrivière, docteur en médecine, habitant de la vicomté d'Aillas ; elle reçut la même dot.

X. JOËL DE JOLY, sieur de Bonneau, écuyer, baptisé à Casteljaloux par le sieur Duluc, pasteur de la R. P. R., au mois d'octobre 1614, servit quelque temps dans le régiment du Roi-Infanterie et se maria avec Jeanne Idida de Léglise, dont il eut :

1° Pierre, *qui suit* ;
2° Isaac, qui n'eut que deux filles de Mlle Laffore, sa femme ;
3° Etienne, sieur d'Esclarens, marié le 26 avril 1681, après la mort de ses père et mère, avec Antoinette de Bacoue, d'où provinrent :

   1. Marie Anne, mariée le 25 novembre 1707 avec Isaac Peyférié, capitaine de cavalerie au régiment de Saint-Germain Beaupré, mort le 15 février 1726. Elle avait porté en dot le fief et la seigneurie de Tauranas, le domaine de Barreyre, le bien de Lagubeyre et plusieurs créances.
   2. Isabeau, mariée le 14 mars 1725 avec Gabriel Ducane, sieur du Mirail. Elle lui porta la maison de Casteljaloux [1], le bien de

---

[1] Cette maison avait été auparavant celle des Saintrailles et appartenait à la famille de Brocas lorsque le 7 octobre 1659 Louis XIV ayant fait son entrée dans la ville de Bazas, y logea en se rendant à

Carnine et la métaire de Sabauras, située dans la paroisse de Mazerolles.

4° N... mariée avec M. de Loches, capitaine d'infanterie au régiment d'Auvergne.

5° Hilaire Joly de Bonneau, témoin au mariage de son neveu J. B. Joly de Bonneau et de Germaine Marie de Brocas.

XI. PIERRE DE JOLY, sieur de Bonneau, écuyer, servit dans le régiment du roi-infanterie, fut conseiller secrétaire du roi près la chancellerie de la cour des Aydes de Guyenne et se maria par contrat du 23 juin 1683 avec Judic de Béraut, fille de Jean de Béraut, écuyer, et de Anne de Brocas. Il fut inhumé dans l'église de Mazerolles le 22 juillet 1737. Il eut 3 enfants :

1° Jean Baptiste, écuyer, seigneur de Sauros, des Matellins, de Lanauze et du Frêche, avocat et subdélégué de l'Intendance de Guyenne à Casteljaloux, né en 1686 et marié le 7 octobre 1710, avec Germaine Marie Sauros de Brocas, fille de feu Antoine de Brocas, écuyer, seigneur de Sauros, et de Marie de Loches, habitants de Casteljaloux. Dans le contrat le futur époux est dit habitant de la paroisse de Mazerolles et âgé de 24 ans, et la future épouse est aussi âgée de 24 ans. Le mariage fut célébré dans l'église de Notre-Dame de Sainte-Bazeille en présence de Nicolas de Béraut, écuyer, conseiller secrétaire du roi, beau-frère de l'époux, de Hilaire de Joly de Bonneau, son oncle, de Alain de Joly de Sabla, jurat de Sainte-Bazeille (*Reg. parois.*). Ledit Jean Baptiste n'eut qu'une fille :

Marie, mariée le 11 septembre 1730 avec Pierre de Joly de Bonneau Lavergne, seigneur de Sauros, son oncle, qui suit :

2° Pierre, *qui suit* ;

3° N..., mariée avec M. Botet de Lacaze.

XII. PIERRE DE JOLY DE BONNEAU LAVERGNE, écuyer, seigneur de Sauros, épousa sa nièce ci-dessus

---

Nérac. Cette demeure avait déjà reçu Louis XIII, à son retour de Monheurt en 1621, et Marie de Médicis, à son retour de Toulouse en 1632. Elle passa plus tard par moitié à M. de Bonneau et à M. de Beaupuy.

nommée Marie Joly de Bonneau, par contrat passé le 11 septembre 1730 devant M. Mᵉ Grassabeau, et en eut :

1⁰ Pierre Isaac, *qui suit*;
2⁰ Anne, mariée avec Guillaume de Tastes, écuyer, du Mas-d'Agenais ;
3⁰ Marie *Lavergne* ;
4⁰ Anne *Birac*. Ces deux dernières passèrent le 30 août 1776, avec leur dit frère Pierre Isaac un traité en vertu duquel il devait leur donner, pour leur part de l'héritage paternel et maternel, une somme de 30.000 livres à chacune.

XIII. PIERRE ISAAC DE JOLY DE BONNEAU, écuyer, seigneur de Sauros, et des maisons nobles de Pouchard, du Frêche, du Tillac, La Flotte, Lanauze et Matellins, se maria en 1761 par contrat passé devant M. Mᵉ Bouhan, notaire à Bordeaux, avec Marie Sozé de Roger[1], fille de Jean Baptiste de Roger, greffier en chef du Parlement de Bordeaux et de Jeanne Suzanne Brondeau. A la suite de l'émigration de ses deux fils arrivée en septembre 1791, il fut détenu ainsi que sa femme, dans la maison d'arrêt du district, où il contracta une maladie grave qui le conduisit au tombeau en l'an VI. Ses biens et ceux de sa femme furent mis sous séquestre. Il adressa le 6 messidor an II à la convention nationale une pétition disant que c'était par une méprise bien funeste qu'il subissait la loi concernant les pères et mères d'émigrés, attendu que ses deux fils n'étaient pas réellement émigrés, mais seulement cachés à cause des poursuites auxquelles ils étaient en butte, ce

---

[1] Elle avait pour sœur autre Marie de Roger, femme de Jean Antoine de Lansac, chevalier, seigneur marquis de Roquetaillade, premier baron du Bazadais.

dont il ferait prochainement la preuve, et suppliant qu'en attendant il puisse jouir de ses meubles par la levée pure et simple du séquestre.— Le 1ᵉʳ vendémiaire an III, la municipalité de Casteljaloux atteste que le citoyen Bonneau et la citoyenne Roger, sa femme, pétitionnaires sont père et mère d'émigrés, qu'ils n'ont point manifesté d'attachement à la révolution, qu'ils ne se sont point opposés à l'émigration de leurs enfants et que, d'après de fortes présomptions, il leur envoient de l'argent. — Le 4 prairial an VI, l'administration centrale du département de Lot-et-Garonne, considérant que la citoyenne Roger, veuve Bonneau est mère d'émigrés et que son domaine du Tillac, commune d'Ambarés, vaut 61.840 francs, lui laisse 20.000 francs et le tiers du surplus et attribua le reste à la nation.
Ledit Pierre Isaac laissa :

1º Pierre *qui suit ;*
2º Antoine, écuyer, appelé en famille Birac, né le 12 novembre 1766, filleul de Jean Antoine de Lansac de Montchevalier, marquis de Roquetaillade, premier baron du Bazadais et de Marie Anne de Joly de Bonneau de Béraut. Il servit dans le régiment de Champagne, émigra au mois de septembre 1791, obtint néanmoins par complaisance, le 21 vendémiaire an IX, de la municipalité de Versailles ainsi que son frère aîné, un certificat déclarant qu'il avait résidé sans interruption dans cette dernière ville, rue Lock, nº 10, depuis l'année 1791 jusqu'au 18 fructidor an V, et mourut célibataire à Mazerolles en 1840.

XIV. **PIERRE DE JOLY DE BONNEAU**, écuyer, appelé en famille Sautos, né le 23 août 1764, filleul de Pierre Joly de Bonneau et de Marie Roger, femme de M. de Lansac, marquis de Roquetaillade, émigra le 27 septembre 1791, servit comme officier dans l'armée de Condé, régiment de Conty-Dragon, avec ledit Antoine, vint s'établir au mois de janvier 1798 à Hambourg, où il se livra avec son frère et M. du Sendat au commerce des vins jusqu'au 10 juillet 1800. Il épousa Marie Elisabeth Duval de Saint-Martin et en eut :

1° Louis, *qui suit ;*
2° Marie Antoine, écuyer, marié avec Marie Caroline d'Ayral de Labroue, d'où :

1. Agenor, mort en bas âge ;
2. Marie Elisabeth Guillelmine, mariée avec le comte Albert d'Auberjon et habitant actuellement le château de Lorette, ancienne demeure des Noguères, sieurs de Saint-Martin ;
3. Marie Amélie Pétronille, filleule du marquis Pierre de Labroue et de Sophie de Labroue, baronne d'Ayral de Sérignac et mariée avec son cousin germain, Jean Baptiste, *qui suivra ;*
4. Marie Gabrielle Berthe, célibataire.

XV. LOUIS DE JOLY DE BONNEAU, écuyer, épousa Marie Elisabeth de Pindré de Flourens, dont il eut :

1° Jean Baptiste, *qui suit ;*
2° Roger Antoine, marié avec Ida de Lagrange.

XVI. JEAN BAPTISTE DE JOLY DE BONNEAU DUVAL, écuyer, habitant actuellement le château de Bonneau, commune de Romestaing, est marié avec sa dite cousine germaine Marie Amélie Pétronille de Joly de Bonneau et a deux fils :

1° Marie Antoine Louis Charles, *qui suit ;*
2° Marie Guillaume Henri Roger, né le 6 août 1875, filleul de Roger Antoine de Joly de Bonneau, son oncle, et de Marie Elisabeth Guillelmine de Joly de Bonneau, comtesse d'Auberjon, sa tante.

XVII. MARIE ANTOINE LOUIS CHARLES DE JOLY DE BONNEAU DUVAL, écuyer, né le 22 juin 1867, filleul de Marie Antoine de Joly de Bonneau, son grand-père maternel et de Marie Caroline d'Ayral de Labroue.

II

BRANCHE DES SABLA

X. JÉRÉMIE DE JOLY, appelé *de Sabla*, à cause de la terre de Sabla qu'il eut pour sa part au marquisat de Grignols, un des fils de Jean de Joly, 2me du nom, procureur d'office de Cocumont et de Françoise de Seguin, vécut dans la R.P.R. qu'abjurèrent presque tous ses enfants, fut capitaine de cavalerie au régiment d'Escodéca de Boisse marquis de Malvoisin, épousa Annye d'Aricaut, fille de Pierre d'Aricaut, de nationalité anglaise, ministre protestant à Nérac en Albret. On l'appelait à Casteljaloux le grand Jérémie à cause de sa taille qui dépassait 6 pieds. Aucun de ses nombreux enfants n'eut moins de 5 pieds 8 pouces et plusieurs eurent 6 pieds, quoique leur mère fut extrêmement petite. Il eut deux filles et vingt-cinq fils, dont vingt-trois entrèrent au service du roi dans le régiment de Sa Majesté et dans d'autres et seize furent tués les armes à la main dans le grade de lieutenant ou de capitaine, avant la mort de leur père. De ces seize tués on n'a retrouvé que deux lettres de lieutenant dans Picardie datées du 1er juillet 1691 et du 15 décembre 1695, et deux commissions de capitaine, une dans Orléans, de l'année 1692 et une autre de capitaine de grenadiers dans le premier bataillon de Guiscard. On ignore leur nom de baptême et celui qu'ils portaient en famille. Nous en mentionnerons neuf dont les sept premiers sont inscrits dans le testament de leur père :

1º Timothée, *qui suit* ;

2º Henry de Joly de Sabla de Laprade, qui fait la branche des Laprade, *qui suivra* Art. III;

3º Gaston, avocat et lieutenant criminel au sénéchal de Casteljaloux, mort sans enfants.

4º Alain, né vers 1654, capitaine au régiment de Picardie en 1691, marié à l'âge de 50 ans, le 17 mai 1704 dans l'église de N.-D. de Sainte-Bazeille avec Jeanne Dupeyron, âgée de 45 ans et veuve de Michel Durand, docteur en médecine et ensevelie dans ladite église, à l'âge de 63 ans le 9 avril 1722, sans avoir eu d'enfants de son second mari. (*Registres paroissiaux* et *Archives du Marquis de Bonneau*). Alain testa dans ladite ville le 24 décembre 1732, voulut être inhumé dans ladite église, fit ses héritiers généraux les enfants de son neveu Mathurin de Joly de Sabla et laissa à Jeanne Durand, fille de Michel Durand et de Jeanne Dupeyron, décédés, l'usufruit et la jouissance de tous ses biens. L'acte fut passé en présence de Jean de Noguères, écuyer, sieur de Saint-Martin, etc. (*Archives de Madame Grammont de Bentzmann* au château de Lalanne).

5º Josué, surnommé Laubice, garde du corps du roi, puis capitaine au régiment d'Aubigné qu'on levait alors, perdit sa commission dans une déroute de l'armée française et entra dans la congrégation de l'Oratoire à la suite d'une malheureuse affaire où le marquis de Fremus fut tué. Il ne laissa pas de descendance ;

6º Pierre, sieur de Druilha, lequel fait la branche des Druilha *qui suivra* Art. IV ;

7º Elie, sieur de Blazon, auteur de la branche de Blazon, *qui suivra* Art. V ;

8º Moncaut, capitaine de grenadiers dans le régiment d'Orléans mort en Flandres, sans enfants ;

9º N... l'aîné, capitaine de dragons dans le régiment du roi tué en duel, sans postérité. Les deux filles N... et N... furent mariées, l'aînée avec M. de Laperche et la jeune avec M. de Lacrosse-Melet. (*Archives du marquis de Bonneau*).

XI. TIMOTHÉE DE JOLY, sieur de Sabla, aide-major et capitaine au régiment de Picardie en 1675, réformé en 1677, fut nommé en 1690 capitaine dans le régiment des milices de Meaux. Il se convertit le premier de sa famille à la religion catholique à la suite des remontrances et des bontés dont il fut l'objet de la part de M. l'Evêque d'Agen, se maria par contrat du 25 septembre 1682, avec Catherine de Collomb, et fit bénir cette union dans l'église de Meilhan le 13 octobre suivant par M. Collomb de Labarthe Verchères, curé de Saint-Albert de Landerron, en présence de nobles Jean de Collomb, écuyer, conseiller et secrétaire du roi, Jean de Collomb sieur de Labarthe, Henri de Joly, sieur de Laprade et Me Bernard Antoine, clerc tonsuré. (*Arch. de M. Bentéjac et Arch. de M. de Bonneau*). Il eût :

1º Elie, capitaine au régiment de la Reine-Infanterie, tué à l'âge de 18 ans à la bataille de Frédelingue ;
2º Mathurin, *qui suit*;
3º N... mariée avec M. de Biroat, de Bazas.

XII. MATHURIN DE JOLY, sieur de Sabla, né vers 1687, lieutenant au régiment de Meaux en 1695, mort capitaine et jurat à Sainte-Bazeille et enseveli le 9 nov. 1733, âgé de 46 ans, dans l'église N.-D. de cette ville, avait épousé le 14 mai 1712, Jeanne Durand, qui testa le 16 mars 1758 en faveur de ses enfants et fut ensevelie le 27 janvier 1759 dans l'église N.-D. — Il avait testé lui-même le 10 nov. 1732, et laissé à sa femme la jouissance de tous ses biens, dont les six fils et la fille qui survécurent, furent héritiers généraux. (*Arch. de Mme Grammont de Bentzmann*). Il eut :

1º Timothée, baptisé à Sainte-Bazeille le 1er avril 1713, filleul de Pierre Timothée de Joly de Sabla, capitaine, et de Marie Bourguignon. Il devint prêtre, docteur en théologie et chanoine de Saint-André de Bordeaux. Il se retira à Sainte-Bazeille, où il testa le 1er mai 1791, légua 500 livres aux pauvres de cette dernière ville, voulut que ses deux nièces Jeanne et Marie Ursule de Bentzmann fussent logées, nourries, chauffées et éclairées chez leur frère, son héritier général, ou reçussent en compensation 800 livres de rente annuelle et viagère chacune et le quart de ses meubles et effets, donna à Maurice Timothée Lantillac, son neveu, 1200 l.

en argent, à Marguerite Dupeyron, femme de son héritier général, une rente de 50 livres et fit son héritier général Pierre Honoré Joseph de Bentzmann, écuyer, son neveu. Il mourut le 6 novembre 1791. (*Arch. de* Mme *G. de Bentzmann*).

2° Alexis, baptisé le 26 juin 1714, filleul de Alexis de Joly de Sabla, capitaine, absent, représenté par Jean Durand, docteur eslois, et de Jeanne Dupeyron, tous de Sainte-Bazeille. Il fut lieutenant au régiment des grenadiers royaux de Modène, quitta le service à cause de sa mauvaise santé et mourut à l'âge de 71 ans le 4 octobre 1785. (*Arch. du Marquis de Bonneau* et *Reg. parois.*) Il avait, le 4 septembre 1783, fait son testament en vertu duquel il léguait aux Dames de la Charité de Sainte-Bazeille 300 livres pour le bouillon des pauvres, et aux mêmes 10.000 livres à distribuer aux pauvres sous la direction de M. le curé ou pour établir un hôpital, s'il était possible, plus 100 livres à la Confrérie du T.-S. Sacrement de la paroisse de Sainte-Bazeille, 1000 livres à sa sœur Marie Anne de Joly de Sabla, femme du sieur de Lantillac, et instituait son héritier général son frère Timothée de Joly de Sabla, chanoine de Saint-André de Bordeaux, qui demeurait avec lui. (*Arch. de Madame G. de Bentzmann*).

3° Jean Joseph, baptisé le 4 septembre 1715, filleul de Jean Joseph Durand, avocat et de Catherine Durand, femme de David Merlande et enseveli dans l'église N.-D., à l'âge de 16 ans, le 13 septembre 1731 (*Reg. parois.*) ;

4° Marie, baptisée le 2 février 1717, filleule de Jérémie Joly de Sabla dit Beson, capitaine, et de Jeanne Dupeyron, sa grand'mère, représentée par Marie Bourguignon, de Marmande (*Reg. parois.*) Elle fut mariée le 3 septembre 1737 à Joseph de Bentzmann, écuyer, fils de feu Jean de Bentzmann, écuyer et de feu Ursule Boissonneau. (*Arch. de Madame Gr. de Bentzmann*).

5° Eugène, baptisée le 20 novembre 1718, filleul de Alain de Joly de Sabla, ancien capitaine, habitant de Sainte-Bazeille, et de Jeanne Bouet. (*Reg. parois.*) Il était mort avant le testament de son père du 10 novembre 1732.

6° Jean Félix, baptisé le 12 janvier 1720, filleul de Jean Joseph Durand, avocat et jurat de Sainte-Bazeille et de Madeleine Thérèze de Cazenove et tué à Bordeaux en 1739 étudiant en philosophie. (*Reg. parois.* et *Archives du marquis de Bonneau*);

7° Michel, baptisé le 30 mars 1722, filleul de Jean Durand, avocat et de Marguerite Merlande, capitaine au régiment de Poitou et tué à la bataille de Rosbach le 15 novembre 1757. (*Reg. parois.* et *Arch. de Madame Gr. de Bentzmann*).

8° Maurice, prêtre, docteur en théologie, vicaire de Sainte-Bazeille baptisé le 9 nov. 1723, filleul de Timothée de Joly de Sabla, écolier, et de Marie de Joly de Sabla, ses frère et sœur, et enseveli à l'âge de 60 ans, le 27 août 1783 dans le chœur de l'église de N.-D., du côté de l'épître (*Reg. parois.*);

9° Pierre Alain, baptisé le 13 septembre 1724, filleul de Pierre Merlande, jurat, et de Madeleine Thérèze de Cazenove, femme de Jean Durand, et enterré dans le cimetière de Sainte-Bazeille à l'âge de 55 ans le 14 avril 1779 (*Reg. parois.*);

10 Jean, baptisé le 30 juillet 1726, filleul de Jean Joseph de Joly de Sabla, son frère, et de Jeanne Thérèze Merlande (*Reg. par.*) Il était mort avant le testament de son père, de l'année 1732.

11° Marie Anne, née le 6 mars 1733, filleule de Félix de Joly de Sabla, écolier, son frère, et de Marie de Joly de Sabla, sa sœur ; mariée le 26 août 1760 avec Jean de Lantillac, vivant noblement, fils de feu Jean de Lantillac, ancien capitaine au régiment de Champagne et de Marguerite Deschamps, en présence de Alexis de Joly, sieur de Sabla, ancien officier, et de Pierre de Joly de Sabla, frères de l'épouse, et ensevelie le 21 vendémiaire an II. (*Registres paroissiaux* et *de l'Etat civil*).

III.

BRANCHE DE LAPRADE

XI. **HENRI DE JOLY DE SABLA**, sieur de Laprade, écuyer, capitaine au régiment de Champagne-Infanterie, fils de Jérémie de Joly, sieur de Sabla, et de Anne d'Aricaut, épousa en 1683 Marie de Lafon, fille unique et héritière de Odet de Lafon, sieur du Breuil et en eut :

1° Odet, *qui suit ;*

2° François, tué à l'âge de 15 ans, lieutenant au régiment de Limousin, à l'attaque d'un ouvrage, lors des guerres d'Italie sous Louis XIV.

3° André, surnommé Laprade, capitaine, au régiment de Limousin, fait chevalier de Saint-Louis le 26 juin 1719 pour les services qu'il rendit au siège de Fontarabie où sa capacité et sa bravoure le firent choisir pour capitaine des sapeurs, ce qui lui mérita aussi 400 livres de pension que le roi lui accorda le 29 janvier 1720. Il jouit quelque temps après sa retraite, de 800 livres de pension. En 1746 il fut commandant du bataillon des milices de Marmande. Il eut de Marie Faget, qu'il avait épousée en 1730, un fils unique :

N..., capitaine premier aide-major du régiment Royal-Roussillon, tué à l'affaire de Berghen en Allemagne, l'an 1758.

4º Probablement Marie, née en 1686, femme puis veuve de Joseph Veyries, ancien cornette de cavalerie, morte à l'âge de 83 ans et ensevelie à Sainte-Bazeille le 13 octobre 1769. (*Registres paroissiaux et Arch. du marquis de Bonneau*).

XII. ODET DE JOLY DE SABLA DE LAPRADE, écuyer, sieur du Breuil et de la maison noble du Roudil, habitant de Couthures, ne servit pas et épousa en 1731 Catherine Pauzet, dont il eut :

1º Jean, *qui suit ;*
2º Probablement Marie, mariée en 1760 avec son cousin Mathurin de Joly Blazon de Sabla.

XIII. JEAN DE JOLY DE SABLA, écuyer, sieur du Breuil, entra le 19 juin 1755 dans la 2ᵉ compagnie des mousquetaires de la garde du roi où il servit jusqu'à la suppression de ladite compagnie. Il eut en 1771 une pension de 300 livres en considération de ses services et de ceux de ses ancêtres. Il conserva la moitié de ses appointements pour son traitement de réforme et reçut la croix de Saint-Louis. Il obtint en 1774 la commission de capitaine de cavalerie. (*Arch. du marquis de Bonneau*).

IV

BRANCHE DES DRUILHA

XI. PIERRE DE JOLY DE SABLA, sieur de Druilha, fils de Jérémie de Joly de Sabla et d'Anne d'Aricaut, se retira du service avec le grade de lieutenant dans le régiment de Champagne et se maria avec Françoise Thérèze de Léglise, dont naquit :

XII. JEAN DE JOLY DE SABLA, sieur de Druilha, marié avec Louise de Draveman, d'où provinrent deux fils :

1° N... fait lieutenant au régiment d'Auvergne en 1758,
2° N... fait lieutenant au même régiment en 1760. Les deux frères furent de la campagne d'Allemagne et se retirèrent du service en 1764. (*Arch. du marquis de Bonneau*).

V

BRANCHE DES BLAZON

XI. ELIE DE JOLY DE SABLA, sieur de Blazon, lieutenant de Grenadiers dans Guiscard, puis capitaine, né vers 1675, était un des vingt-sept enfants de Jérémie de Joly, sieur de Sabla et d'Anne d'Aricaut. Le 4 février 1715, après la mort de ses père et mère, il abjura la R. P. R. dans l'église N.-D. de Sainte-Bazeille, en présence de Alain de Joly de Sabla, premier consul de l'année courante, de Jean Durand, avocat au Parlement etc., et épousa le 26 février suivant, à l'âge de 40 ans, demoiselle Jeanne Bouet, habitante de Saint-Martin de Serres et signèrent au registre : « De Brezets, Gaston de Sabla, Alain de Sabla, Sauvin de Lostère, Lacrosse de Mellet. » Ledit Elie de Joly de Blazon fut jurat et consul de Sainte-Bazeille et fut enseveli dans l'église N.-D., le 7 janvier 1753 ; sa femme, morte le 25 nov. 1736, avait été inhumée aussi dans la même église. (*Reg. parois.*). Ils eurent :

1º Marie Luce, baptisée le 13 décembre 1715, filleule de sieur Joly de Sabla, capitaine, habitant de la paroisse de Saint-Sylvestre de Sadirac, et de Marie Joly de Sabla, habitante de la paroisse de Tarsac. (*Reg. parois.*). Elle épousa noble Blaise de Lagorce, écuyer, en eut plusieurs enfants, demeura sa veuve et mourut le 6 juin 1782. (*Reg. parois.*).

2º Jeanne, baptisée le 5 décembre 1717, filleule de Gaston Joly de Sabla, ancien lieutenant criminel, habitant de la ville de Casteljaloux et de Jeanne Dupeyron, épouse de Alain de Joly de Sabla, habitante de Sainte-Bazeille ; ensevelie dans l'église Notre-Dame à l'âge de 46 ans, le 19 juin 1763. (*Reg. parois.*).

3º Pierre, baptisé le 21 août 1720, filleul de Pierre Bouet, bourgeois de Saint-Martin de Serres et de Jeanne Dupeyron, femme d'Alain de Joly de Sabla, et enseveli dans l'église N.-D. à l'âge de 42 ans le 2 août 1762 (*Reg. parois.*).

Il avait épousé le 11 juillet 1751 demoiselle Marguerite Merlande, d'où provinrent :

1. Marguerite, née le 6 septembre 1751, filleule de François Merlande et de Marguerite Chambaudet et morte le 13 mai 1754 ;
2. François, gendarme du roi, baptisé le 20 octobre 1752, filleul de François Merlande et de Marie Merlande, et mort le 28 août 1782, âgé de 30 ans ;
3. Jean Baptiste, marié avec demoiselle Goyneau, d'où naquit :

Joseph Jacques, baptisé le 26 décembre 1786, filleul de Jacques Goyneau, négociant de Bordeaux et de Marguerite Merlande, sa grand-mère.

4° Jeanne, baptisée le 30 janvier 1722, ensevelie dans l'église N.-D. à l'âge de 37 ans, le 28 octobre 1759 (*Reg. parois.*) ;

5° Jeanne Rose, baptisée le 23 mars 1724, filleule de Nicolas de Brezets, juge royal civil et criminel, habitant de la paroisse de Saint-Martin de Seyres, et de Jeanne Constant, de la même paroisse. (*Reg. parois.*) Elle épousa par contrat du 6 juin 1747, Jacques Goyneau, avocat en parlement, fils de Bertrand Goyneau, procureur du roi en l'ordinaire de Sainte-Bazeille, et de Jeanne Courrèges.

6° Mathurin Joly Blazon de Sabla, baptisé le 2 janvier 1726, filleul de Mathurin Joly de Sabla et de Honorée de Brezets. Il fut capitaine d'une compagnie franche et gouverneur de Meilhan, puis maire de Sainte-Bazeille et mourut le 28 janvier 1777, à l'âge de 51 ans. Il avait épousé en 1760 Marie Joly de Sabla de Laprade, sa cousine, d'où :

1. Pierre, baptisé le 14 mai 1762, filleul de Pierre Joly Blazon de Sabla et de Catherine Pauzet ;
2. Jean Baptiste Antoine, baptisé le 24 mars 1763, filleul de Jean Baptiste Joly de Sabla de Laprade, mousquetaire du roi et de Jeanne Joly Blazon de Sabla, et enseveli le 29 avril 1768 ;
3. Marie Jeanne Louise, baptisée le 28 février 1764, filleule de Jean Baptiste Joly de Sabla de Laprade, mousquetaire du roi et de Marie Joly de Sabla, et mariée le 21 juillet 1788 à Nicolas de Lagorce de Limoges, écuyer, chevalier, fils de Guillaume Morian de Lagorce de Limoges et de Marie Rolle de Baleyssac, habitant de la paroisse d'Artus, juridiction de Mauvezin ;
4. Marguerite, baptisée le 16 février 1765 et morte le 27 avril 1768 ;
5. Marie, baptisée le 7 mai 1766, filleule de Pierre Phélix Joly Blazon de Sabla, son oncle et de Marie Joly de Sabla, sa tante et ensevelie le 4 juin 1779 ;
6. Jean Baptiste, baptisé le 6 juillet 1767, filleul de Jean Baptiste Joly de Sabla de Laprade, écuyer, et de Marie Joly de Sabla sa tante, et mort le 28 avril 1768 ;
7. Elisabeth, baptisée le 13 novembre 1768 et ensevelie le 13 avril 1774 ;
8. Antoine, baptisé le 29 octobre 1771.

7° Philippe dit Phélix, *qui suit* ;

8° Joseph, baptisé le 12 mars 1730, filleul de Pierre Joly de Sabla, étudiant à Marmande et de Marie Joly de Sabla ;

9° Odot Télesphore, baptisé le 5 janvier 1733, filleul de Odot Joly de Sabla, seigneur de la maison noble du Roudil, habitant de Couthures et de Catherine Pauzet, épouse du parrain, le baptême étant donné en présence de Georges de La Jaunie;

10° Louis, dit Lamothe, baptisé le 10 avril 1736, filleul de Pierre de Joly Blazon de Sabla, son frère et de Jeanne de Joly Blazon de Sabla, sa sœur. (*Reg. parois.*) Il devint curé de Belliet. (*Arch. de M. Lodoïs Joly Blazon de Sabla, de Nérac.*)

XII. PHILIPPE dit PHÉLIX DE JOLY BLAZON DE SABLA, consul de Sainte-Bazeille, baptisé le 28 mai 1727, filleul de Pierre de Joly de Sabla, écolier, et de Jeanne de Joly de Sabla, mort après sa femme le 4 septembre 1781 à l'âge de 54 ans. Il avait épousé en 1766 demoiselle Jeanne Billaud et en avait eu :

1° Marie, baptisée le 28 novembre 1767, filleule de Mathurin Joly Blazon de Sabla et de Marie Goyneau et morte âgée de 6 mois le 20 mai 1768 ;
2° Jean, baptisé le 2 avril 1769, filleul de Jean Desportes et de demoiselle de Lanauze et mort âgé de 4 ans le 3 mai 1773 ;
3° Jean, baptisé le 14 juillet 1771 ;
4° Anne, baptisée le 8 mai 1774 ;
5° Bernard, baptisé le 27 avril 1776 et mort le même jour ;
6° Anne, baptisée le 10 avril 1778 ; (*Reg. parois.*)
7° Guillaume, *qui suit :*

XIII. GUILLAUME DE JOLY BLAZON DE SABLA, se maria avec demoiselle N... et en eut un fils, qui suit :

XIV. JEAN DE JOLY BLAZON DE SABLA, marié avec Marie Boisson, habitante de Nérac, d'où provinrent :

1° Célestine, morte au berceau ;
2° Beloni, mort au berceau ;
3° Jenny, morte à Paris à l'âge de 50 ans ;
4° Célestin, marié avec Adeline Bast, de Nérac, dont il n'eut pas d'enfants ;

5° Omer, marié avec Montillette Marie Montaud, de Nérac, d'où naquirent :

1. Un fils mort tout jeune ;
2. Un fils mort tout jeune ;
3. Homerina, mariée à Nérac avec M. Louis Loré ;
4. Nelly, mariée avec M. Dupouy.

6° Adrien, *qui suit* ;
7° Beloni, marié avec Marguerite N..., d'où :
1. Edouard ;
2. Eugène ;
3. Marie.
8° Lodoïs, habitant de Nérac, marié avec Marie Boisson, d'où :
Lodoïska.

XV. ADRIEN DE JOLY BLAZON DE SABLA, marié avec demoiselle Rose Lartigue, de laquelle il eut :

1° Nathalie, mariée avec M. Arnaud Daribeau ;
2° Adrienne, morte à Agen à l'âge de 20 ans ;
3° Amélie, mariée avec M. Pringuey ;
4° Sara, mariée avec M. Bigou ;
5° Siméon ;
6° Roger.

(*Arch. de M. Lodoïs de Joly Blazon de Sabla, de Nérac*).

§ IV. BENTZMANN

(*D'après les pièces authentiques des* Archives de la Famille, les Registres paroissiaux *de l'église Notre-Dame de Sainte-Bazeille et* le Nobiliaire *officiel du royaume de Prusse*).

ARMES : *Tranché d'or et d'azur à un homme tourné de face, vêtu d'un tablier tenant sur le poing droit un faucon regardant à gauche, un ancre posé vers les pieds. Au dessus du casque couronné, pour cimier, un faucon tourné à droite (Nobiliaire allemand, par le baron Léopold de Ledebuhn), et sceaux en cire rouge des susdites archives.*

L'ancienne et noble famille des Bentzmann est originaire du royaume de Pologne ; mais nous la trouvons établie, depuis trois siècles au moins, dans la ville hanséatique de Dantzig, où elle s'était réfugiée pour échapper à la persécution, par suite des guerres civiles qui désolaient sa patrie. Une branche vint se fixer en France, dans la première moitié du XVIIe siècle.

I. GODEFROY DE BENTZMANN, né vers la fin du XVIe siècle, est mentionné comme sénateur de Dantzig. Il eut deux fils : 1° Pierre et 2° Christian, qui devint le chef de la branche française, comme nous le verrons plus loin :

1° Pierre de Bentzmann, l'aîné, sénateur et bourgmestre de Dantzig mourut pendant le siège de cette ville du temps du roi Stanislas, et laissa un fils :

André, sénateur et bourgmestre de Dantzig, mort en 1749, qui eut cinq fils, savoir :

1. Godefroy, sénateur de Dantzig, qui à l'âge de 23 ans voyagea en France, pour compléter son instruction, en compagnie de Jean de Bentzmann, son frère, âgé de 21 ans, et reçut l'hospitalité chez un de ses cousins, Etienne de Bentzmann, chanoine et trésorier de l'église primatiale de Saint-André de Bordeaux (année 1750) ;

2. Jean, dont il vient d'être parlé, auditeur en 1761, conseiller en 1769, bourgmestre en 1778, mort en 1795. Il avait épousé en 1754 Catherine Renate de Schroeder, fille de Christian Gabriel de Schroeder, auditeur, conseiller, maire, mort en 1762, et de Jeanne Constance Ferber. Du mariage de Jean de Bentzmann et de Catherine de Schroeder, qui mourut des suites de couches, était né en 1756 un fils :

Jean Gabriel, qui fit ses études à Leipzig, se voua à la carrière des armes, devint chef d'escadron et se maria à Leipzig avec Jeanne Frédérike Charlotte de Dittmann. Les familles nobles de Schroeder et de Ditmann existent encore en Prusse où elles occupent de hautes fonctions et siègent dans les Assemblées du royaume. — Du mariage de Jean Gabriel et de Frédérike Charlotte sont nées deux filles jumelles :

1. Jeanne Frédérike Julie,
2. Jeanne Frédérike Wilhelmine, nées le 23 septembre 1786.

3. André, sénateur de la vieille ville de Dantzig, mort célibataire en 1809, qui, en 1753 et 1754, voyagea en France, pour acquérir des connaissances, en compagnie de Pierre de Bentzmann, son frère, après le retour de Godefroy et Jean de Bentzmann, ses aînés, visita comme eux Etienne de Bentzmann, chanoine et trésorier de Saint-André de Bordeaux, et s'arrêta aussi chez un autre de ses cousins, Joseph de Bentzmann, habitant de Sainte-Bazeille ;
4. Pierre, sénateur de la ville droite de Dantzig, mort en 1780, qui laissa un fils et une fille, mariés sans conséquence ;
5. Charles, sénateur de la ville droite, mort en 1790, laissant de sa femme, décédée en 1809, deux filles, dont l'une mourut en 1823 et l'autre resta veuve de M. Weber et décéda l'année 1847. Avec cette dernière s'éteignit la branche polonaise de la famille de Bentzmann.

2° Christian, *qui suit.*

II. CHRISTIAN DE BENTZMANN, écuyer, avait quitté Dantzig comme nous venons de voir que le firent ses arrière-neveux et pour les mêmes motifs, voyagea en France « afin d'acquérir les connoissances convenables aux gens de sa condition. » Mais il s'établit en Guyenne, dans la paroisse d'Agnac, juridiction de la Sauvetat-de-Caumont en Agenais, après avoir épousé, vers 1640, demoiselle Jeanne Bruseau. Nous avons de lui de nombreux actes, où il est qualifié d'écuyer et de sieur du Bout-du-Pont. Christian de Bentzmann revint à Dantzig en 1664, pour régler avec son frère aîné, Pierre de Bentzmann, ses droits héréditaires. Après avoir passé un an dans cette ville, il gagna la Hollande pour retourner en France par voie de mer. Mais depuis ce moment on n'eut de lui aucune nouvelle. Il avait laissé en Guyenne sa femme et six enfants. Fort inquiète de la longue absence et du silence obstiné de son mari, Jeanne Bruseau envoya quatre ans plus tard son second fils, Jacques de Bentzmann à sa recherche. Mais n'anticipons pas. Du mariage de Christian de Bentzmann et de Jeanne Bruseau étaient provenus :

1º Gabriel, prêtre, docteur en théologie, chanoine et trésorier de l'église primatiale de Saint-André de Bordeaux ;
2º Jacques, sieur de La Grave, habitant de la paroisse de Saint-Eyrard, juridiction de Duras, dans la maison de La Grave. C'est lui qui partit pour Dantzig, porteur d'une lettre de sa mère à Pierre de Bentzmann, son oncle. Nous trouvons, en effet, à la date du 12 avril 1668, le certificat qui lui fut délivré extraordinairement en la juridiction de Duras attestant qu'il était fils légitime de Christian de Bentzmann et de Jeanne Bruseau et sur le point de se rendre à Dantzig où son père s'était retiré, il y avait environ quatre ans. Dès son arrivée auprès de son oncle, celui-ci s'empressa de répondre à sa belle-sœur, à la date du 6 juin de l'année 1668, pour lui dire ce que nous connaissons déjà de Christian de Bentzmann, ajoutant qu'il retiendra auprès de lui son neveu Jacques jusqu'à ce qu'il ait reçu de nouveaux ordres de sa part. L'adresse est scellée du sceau de ses armes. — Ce fut après la réponse de Jeanne Bruseau que Jacques de Bentzmann, ne doutant plus de la perte de son père et se souvenant que le nom de sa famille était connu en Pologne, passa dans ce royaume et y fut attaché pendant huit ans au grand chancelier de Lithuanie. Il obtint, au moment de son retour en France, le 10 avril 1681, un passeport[1] signé de la main de S. M. Jean Sobieski et scellé du grand sceau du royaume de Pologne, et attestant que noble Jacques de Bentzmann a passé dix ans avec distinction dans ledit royaume et dans le grand duché de Lithuanie et a été attaché

---

[1] Voir ce passeport *in-extenso* aux Notes et pièces justificatives nº VIII.

pendant huit ans avec honneur à la personne de l'Illustrissime Christophore Pac, grand chancelier dudit duché, que ledit noble de Bentzmann a été fortement recommandé par les conseillers du roi et a même bien mérité de sa royale personne. — Jacques de Bentzmann mourut sans postérité à Bordeaux au service du roi.

3º Jean Christian *qui suit*,
4º Pierre, mort au service du roi,
5º Autre Jacques, prêtre et chanoine de l'église Saint-André de Bordeaux,
6º Autre Jean, avocat au Parlement de Bordeaux, marié avec Mlle Brandon, d'où naquit :

1. Jacques, avocat au Parlement de Bordeaux, marié avec Marie de Menou, fille de Pierre Gaston de Menou, écuyer, seigneur de Camboulan, La Carbonnière et autres places et habitant de la ville de Monségur en Bazadais, et de Isabeau de Caumont de Guaches [2].
2. Autre Jacques, prêtre et curé,

7º Honoré, prêtre et curé de la paroisse de Juzac dans l'Entre-Deux-Mers.

III. JEAN CHRISTIAN DE BENTZMANN, écuyer, fut nommé le 12 octobre 1681 à l'office de lieutenant de judicature dans le duché et la juridiction de Duras par Jacques Henry de Durfort, duc de Duras, pair et maréchal de France. Il était encore juge le 15 février 1691. Il épousa Ursule Boissonneau, veuve de M. Me Jean

---

[2] Le contrat de mariage de Pierre Gaston de Menou et d'Isabeau de Caumont fut passé devant Me Robert, not. roy., le 22 août 1716. Isabeau de Caumont est fille de noble Raymond de Caumont de Guaches issu de la maison de La Force habitant de Monségur et de Jeanne du Casta. Ledit Pierre Gaston de Menou eut de ladite de Caumont, sa première femme : 1º Bernard de Menou, marié en 1745 à Françoise du Peyron, sa cousine ; 2º ladite Marie de Menou, alliée audit Jacques de Bentzmann ; 3º Jeanne de Menou, mariée avec Armand d'Auzaneau de Gastebois, gentilhomme périgourdin. Il eut de son second mariage avec Marie Gergerès une fille, Françoise de Menou, mariée avec Joseph de Commarque, chevalier, seigneur de Bouys. (*Nobiliaire de Guienne et de Gascogne*, t. II, p. 92).

Vilotte, procureur en la cour du Parlement de Bordeaux. Il eut de sa femme 4 fils et 3 filles, savoir :

1º Jean, écuyer, mort vieux et célibataire. Une ordonnance du maréchal, comte de Thomond, commandant en chef en Guyenne défendit le port des armes à tous ceux qui ne pouvaient justifier de leur noblesse. A cause de son origine étrangère, Jean de Bentzmann fut appelé à faire ses preuves et nous avons écrite de sa main la requête qu'il adressa en 1757 à Monseigneur de Thomond pour être autorisé à conserver et à porter les armes permises aux nobles par les lois du royaume. Il fait l'historique de sa maison, en dresse la généalogie et l'accompagne du passeport délivré par le roi de Pologne Jean Sobieski, à Jacques de Bentzmann et constatant ses titres de noblesse. Il y joint l'attestation suivante du consul du roi de Pologne à Bordeaux datée du 8 janvier 1756 :
« Nous messire Laurans baron de Rousseau de Doldenheim, consul de Sa Majesté le roi de Pologne, Ellecteur de Saxe et de la nation polonaise, à Bordeaux. Certifions à tous et à qui il appartiendra non seulement pour avoir veu le passeport et certificat signé du Roy de Pologne auquel foy doit être ajoutée, expédié à noble Jacques de Bentzmann, que les autheurs dudit sieur estoient originaires du royaume de Pologne, à present et depuis longtemps à Dantzig, [mais] pour les y avoir veu et connoitre encore aujourd'hui occuper des plasses de scénateur et de bourguemestre, plasses qui ne sont occupées que par la plus haute noblesse. En foy de quoi ay expédié les preseutes auxquelles avons mis le sceau de nos armes, à Bordeaux le 8 janvier 1756.

« L. Baron de Rousseau de Doldenheim »

« Collationné par nous Ecuyer, Conseiller secrétaire du Roy et de la Couronne de France, contrôleur et chancellier près le Parlement de Bordeaux.

« Mérel. »

La requête de Jean de Bentzmann porte en tête : « Vu le passeport du Roy de Pologne et le certificat de son consul à Bordeaux avons accordé au requérant la permission de porter les armes comme bon gentilhomme. Fait à Bordeaux le 5 novembre 1757.

« Thomond. »

2º Joseph, *qui suit*,
3º Etienne, prêtre, docteur en théologie, chanoine et trésorier de

l'église primatiale de Saint-André de Bordeaux. C'est celui-là même qui fut mis en rapport par le consul de Pologne avec Godefroy et Jean de Bentzmann arrivant de Dantzig, comme nous l'avons mentionné plus haut, en l'année 1750. En 1753 André et Pierre de Bentzmann, frères plus jeunes des deux précédents, vinrent à leur tour voyager en France et renouer les liens de famille longtemps interrompus avec la branche française des Bentzmann. Ils visitent Etienne de Bentzmann à Bordeaux, et son frère Joseph de Bentzmann à Sainte-Bazeille et continuent avec eux une correspondance affectueuse qui porte le sceau des mêmes armes, identiques entre les deux branches.

4° Jacques, habitant de Saint-Eyrard, mort avant 1755,

5° Catherine, habitante de Bordeaux,

6° Marie, habitante de Saint-Eyrard, dont nous avons le testament du 10 décembre 1735 instituant pour ses héritiers les enfants de Joseph de Bentzmann, ses neveux et nièces,

7° Marie Anne, religieuse au couvent de Saint-Benoît à Marmande.

IV. JOSEPH DE BENTZMANN DE CHRÉTIEN, écuyer, né en 1700, habitant d'abord Saint-Eyrard dans la juridiction de Duras, puis Sainte-Bazeille, conseiller du roi, maire ancien et perpétuel de cette dernière ville, épouse par contrat du 30 avril 1737 Marie Joly de Sabla, habitante de Sainte-Bazeille et fille de feu Mathurin Joly de Sabla, lieutenant d'infanterie et de Jeanne Durand. Le futur époux est assisté de ses frères et sœurs mentionnés ci-dessus, de son oncle Honoré de Bentzmann, curé de Juzac dans l'Entre-Deux-Mers, etc. Parmi les témoins de la future épouse sont Alexis Joly de Sabla, son frère et Thérèse-Madeleine de Cazenove, sa tante.

Joseph de Bentzmann fit auprès de Mgr de Tourny, intendant de la province, une démarche corrélative à celle que son frère Jean avait faite auprès de Mgr de Thomond, commandant en chef en Guyenne. Celui-ci avait reconnu la validité des titres de noblesse de la famille de Bentzmann, et Mgr de Tourny, comme intendant et visant la reconnaissance faite par le maréchal de Thomond, ordonne aux consuls de Sainte-Bazeille que Joseph de Bentzmann, vu son extraction noble et l'ordonnance dudit maréchal, soit rayé des rôles de capitation de ladite ville. Il s'exprime ainsi :

« Nous faisons défence aux consuls de Sainte-Bazeille de l'année prochaine 1758 et à ceux qui leur succèderont à l'avenir de capiter le suppliant sur le rolle de la communauté de ladite ville, attendu qu'il doit être employé sur celui de la noblesse, et à peine contre lesdits consuls de demeurer responsables en leur propre et privé nom du montant de cette cotte. Fait à Bordeaux le 12 décembre 1757.

« De Tourny. »

Les deux frères Jean et Joseph de Bentzmann avaient ainsi rétabli d'une manière indiscutable devant toutes les juridictions leur qualité de nobles et avaient obtenus tous les privilèges qui y étaient attachés.

Joseph de Bentzmann fut inhumé dans l'église Notre-Dame de Sainte-Bazeille le 11 décembre 1774, à l'âge de 74 ans. Marie Joly de Sabla, son épouse, était morte en avril 1752. De ce mariage sont issus :

1º Jeanne, née et baptisée le 28 novembre 1738, filleule d'Etienne de Bentzmann, chanoine de Saint-André de Bordeaux et de Jeanne Durand, sa grand-mère ;
2º Etienne Timothée, né le 5 octobre et baptisé le 18 du même mois 1739, filleul de Timothée Joly de Sabla, docteur en théologie desservant la paroisse de Bouchet près de Casteljaloux, et de Catherine de Bentzmann, sa tante ;
3º Marie Ursule, née le 21 septembre 1740 ;
4º Joseph, baptisé le 23 mai 1742, qui fut chanoine de Saint-André de Bordeaux ;

5° Anne Colombe, née le 6 décembre 1743, inhumée en 1745 dans l'église Notre-Dame ;

6° Michel, baptisé le 22 août 1745, inhumé en 1750 dans la même église ;

7° Maurice Eugène, baptisé le 4 novembre 1746, inhumé le 17 octobre 1750 à Notre-Dame ;

8° Catherine Thérèze, baptisée le 23 octobre 1748 ;

9° Marie Anne Chrétienne, baptisée le 2 novembre 1749, filleule de Charles Léonard Dezetz, conseiller du roi, lieutenant général à la salle de marbre du Palais à Bordeaux et de Marie Anne Joly de Sabla, sa tante ; et inhumée en 1757 dans l'église de Notre-Dame ;

10° Bazeille Flore Chrétienne, baptisée le 25 octobre 1750 et inhumée en 1779 dans ladite église ;

11° Pierre Honoré Joseph, *qui suit*.

V. PIERRE HONORÉ JOSEPH DE BENTZMANN, écuyer, maire de Sainte-Bazeille, né et baptisé le 21 novembre 1751, épouse, par contrat du 8 novembre 1785, Marie Marguerite Du Peyron, née le 7 août 1761 de Jean François Du Peyron, avocat et maire en titre de Meilhan et de Anne de Bazas. Il traversa toute la période révolutionnaire et eut payé de sa tête, comme tant d'autres le crime d'être né noble si la reconnaissance des habitants de Sainte-Bazeille qu'il avait si longtemps et si paternellement administrés comme maire, ne l'eût soustrait au bourreau[1]. Il avait été déjà arraché à sa famille et enfermé dans les prisons de Bordeaux, d'où l'on ne sortait guère que pour aller à la mort. Une députation de ses concitoyens eut le bonheur d'obtenir son élargissement et le ramena en triomphe dans sa ville natale. Il y mourut en 1807 remplissant de nouveau les fonctions de maire. Il avait eu de son mariage :

1° Jean Joseph Timothée, *qui suit ;*

---

[1] Voir au chapitre VII, page 371, le certificat de civisme qui lui fut délivré par la municipalité de Sainte-Bazeille et empêcha son exécution.

2º Jean François Armand de Bentzmann de Sabla, baptisé le 28 juin 1788. Il suivit la carrière des armes, s'y distingua par son éclatante bravoure, prit part tout jeune aux guerres d'Espagne et subit la terrible détention des pontons espagnols.

Nous le retrouvons en Russie pendant la campagne de 1812. Il mourut capitaine d'infanterie en 1814 des suites de plusieurs blessures reçues pendant cette dernière guerre, notamment d'une balle qui le frappa en pleine poitrine, mais fut amortie par l'épaisseur d'un portefeuille bourré de papiers et conservé dans sa famille. C'était au commencement de 1813 autour de Smolenks[2]. Il fit sur le moment peu d'attention à cette balle qui détermina à la longue les graves désordres internes dont il est mort, car il ne parle que d'une autre balle reçue près du poignet et bien moins funeste. Il écrit de Dresde à sa mère en septembre 1813 :

« Ma chère Maman,

« Je suis arrivé dans cette ville depuis hier. J'ai été blessé le 30 du mois dernier à 10 lieues d'ici. J'ai reçu une balle à 4 doigts du poignet droit. Je l'ai fait extraire ce matin et ne suis point estropié puisque je puis remuer les doigts.

J'ai reçu dans la même affaire un biscayen dans mon schako à deux doigts au-dessus de la tête. Je vais m'en retourner sur les derrières de l'armée pour me guérir...

Adieu, ma chère maman, je te souhaite une bonne santé ainsi qu'à toute la famille. Dis à Saint-Denis que je pourrai faire encore quelques parties de chasse avec lui.

Je vais essayer de signer de la main gauche.

« BENTZMANN. »

3º Zélie Catherine, mariée avec Cibard de Laujac.
4º Bernard, né le 17 octobre 1793 et mort le 25 fructidor an II.

VI. JEAN JOSEPH TIMOTHÉE DE BENTZMANN,

écuyer, baptisé le 24 décembre 1786, filleul de Jean Joseph de Bentzmann, chanoine de Saint-André de Bordeaux, son oncle, et de Anne de Bazas, épouse en

---

[2] Cet incident est relaté dans une lettre de son frère Joseph Thimothée citée plus loin.

1811. Thérèse-Angélique-Françoise-Marie-Julie de Nélis, de Malines, fille de noble Jacques de Nélis et de Claire Anne de Hillema[1], et nièce de Mgr de Nélis, évêque d'Anvers, orateur distingué, qui fut chargé de prononcer l'oraison funèbre de Marie Thérèse d'Autriche, émigra et mourut dans un couvent de Camaldules des environs de Naples.

Jean-Joseph Timothée de Bentzmann avait commencé de servir dans la marine de 1805 à 1808, à Boulogne, sous les ordres de l'amiral Lacrosse, son parent, qui commandait en chef la flottille impériale. Nous le retrouvons officier d'intendance au grand quartier de la grande-armée le 4 janvier 1813, jour où il écrivait de l'île de la Nogat, à sa mère :

« Depuis bien longtemps je n'ai eu le plaisir de vous écrire, ma bonne et respectable mère, j'ai toujours été en route. Je jouis d'une bonne santé. Je suis dans un village à 6 lieues de Dantzig. Sous huit jours j'espère aller dans cette ville où habitaient nos ancêtres et je tâcherai de découvrir s'il n'y en auroit pas encore quelques vestiges. — J'ai fait la route souvent avec Sabla [2]; nous nous étions rencontrés à Smolensk, où je lui ai été bien utile : je lui ai donné des vivres tant qu'il a voulu, nous avons été à une bataille ensemble, il reçut un biscayen sur le teton droit qui ne fit que lui déchirer sa capote, nous étions à côté l'un de l'autre; il a mon-

---

[1] Elle appartenait à une famille seigneuriale puissamment riche de la Frise hollandaise dont une branche devint protestante. Madame de Nélis à qui revenait l'immense fortune de cette branche, la refusa dans la crainte qu'elle ne se fut accrue par des dépouilles de l'église catholique. Cette fortune fit retour à l'Etat. Noble exemple d'une délicatesse bien rare !

[2] Jean-François-Armand de Bentzmann de Sabla, son frère, dont il a été déjà question.

tré beaucoup de sang froid et de gaieté dans cette action où nous avons complètement battu l'ennemi. Il y a longtemps que je ne l'ai vu, son régiment est à quelques lieues d'ici; je lui ai écrit pour qu'il vienne me voir. Mon beau-frère de Nélis est mort victime de sa bravoure. Il s'est couvert de gloire par une charge de cavalerie qu'il a exécuté avec beaucoup d'habileté. Vous ne devez cesser, ma bonne mère, de remercier le Ciel de vous avoir conservé vos deux fils... Adieu, ma chère mère, mes respects à toute la famille...

« BENTZMANN. »

Il eut de sa femme Thérèse de Nélis, qui décéda le 16 mai 1867 :

1° Théobald Jean Raymond Marie de Bentzmann, né le 8 mai 1812 à Malines. Après une brillante carrière militaire, il devint général de division d'artillerie et mourut pendant le siège de Paris, victime de son dévoûment en exerçant le commandement en chef des forts et de l'enceinte de la rive gauche de la Seine qui lui avait été confié sur sa demande malgré l'état très grave de sa santé mortellement atteinte, comme nous le verrons plus loin, par les fatigues et les intempéries subies pendant l'expédition de Chine. Nous allons esquisser rapidement cette belle carrière militaire :

Théobald de Bentzmann entra à l'Ecole polytechnique en octobre 1831 dans les premiers numéros de sa promotion. Envoyé ensuite à l'Ecole d'application de Metz, il nous dit lui-même dans les notes qu'il a laissées : « Je m'agitais dans tous les sens et fis tous mes efforts pour échapper à l'oisiveté de la vie de garnison. » Après des demandes réitérées, il rejoignit notre glorieuse armée d'Afrique au plus beau moment de ses exploits (1837). Présenté à La Moricière, le héros d'Afrique, par celui qui devait être un jour le maréchal Bosquet, le lieutenant de Bentzmann fut aussitôt remarqué par le brillant général et attaché par lui à son état-major. De Bentzmann se dévoua passionnément à cet homme illustre et ne le quitta que lorsque l'exil (1851) arracha à la France celui qui n'avait vécu que pour elle. Ce fut un déchirement pour ces deux cœurs qui se confondaient dans un même amour de la patrie. Nous trouvons dans les notes déjà citées : « Les années que j'ai passées près du général de La Moricière sont les plus heureuses et les plus précieuses dans les souvenirs de ma vie. Doué d'une bravoure entraînante, d'une prodigieuse intelligence et de l'âme la plus noble et la plus haute, il avait tout pour jouer un grand rôle ! Malheureusement la destinée ne l'a pas voulu et a brisé dans toute sa force celui qui aurait pu épargner d'affreux désastres à la France et porter bien haut sa gloire. »

En 1855, nous retrouvons de Bentzmann sous-chef d'état-major de l'artillerie en Crimée, sous les ordres du maréchal Pélissier. Le jeune officier déploya dans ce poste les qualités qui le signalaient depuis longtemps à l'attention de ses supérieurs. Ses services pendant cette mémorable campagne furent récompensés par le grade de lieutenant-colonel, la croix d'officier de la Légion d'honneur, l'ordre du Bain, le Medjidieh, etc., etc. — La campagne d'Italie fut la seule à laquelle de Bentzmann n'assista pas. Comme toujours il brigua le poste de combat, « mais, nous dit-il, on répondit à ma demande qu'on ne pouvait pas donner toujours au même l'occasion de se distinguer et qu'on me réservait pour le poste de sous-chef d'état-major de l'armée de l'Est qui allait se concentrer à Nancy sous les ordres du maréchal Pélissier. » Le rapide succès de nos armes en Italie rendit inutile la formation de ce corps d'armée.

Quelques mois après (1860), l'expédition de Chine étant décidée de concert avec l'Angleterre, le commandement en chef de l'artillerie du corps expéditionnaire fut confié au colonel de Bentzmann sous les ordres du général Montauban. Notre colonel se distingua d'une façon toute particulière dans cette difficile et périlleuse campagne où l'artillerie eut presque seule à décider la victoire. A son retour en France, il fut promu général de brigade et commandeur de la Légion d'honneur en récompense de ses brillants services et la ville de Sainte-Bazeille lui fit une réception triomphale dont les habitants garderont le souvenir. Il prit ensuite le commandement de la brigade d'artillerie de Strasbourg et, trois ans après (1864) nommé général de division, il commande l'artillerie au fort de Vincennes. C'est à ce poste que le trouvent les funestes événements de 1870. Sa santé était gravement atteinte depuis l'expédition de Chine où l'armée avait campé plusieurs mois dans les marais. Le général songeait à se retirer dans sa famille lorsque la guerre éclata. Ici nous cédons la parole à celui[1] qui neuf ans auparavant ayant salué le retour du général triomphant devait

---

[1] M. Léopold Bentéjac, maire de Sainte-Bazeille.

saluer sa glorieuse dépouille, déposée dans le cimetière de Sainte-Bazeille le 13 juin 1871, au milieu du concours de la population éplorée :

« Sans doute, les campagnes d'Afrique, de Crimée et de Chine avaient fait de notre compatriote un glorieux soldat; mais il manquait un couronnement à sa vie, et il était réservé au siège de Paris de faire de lui une victime volontaire du devoir et de l'honneur. Epuisé par une maladie mortelle, mais un instant ranimé par l'air natal, il vint de lui-même s'enfermer dans la capitale au moment où il projetait d'aller demander au climat de l'Italie un hiver plus doux. Il y demeura d'abord sans titre officiel, dans le seul but d'être utile, jusqu'au jour où nos armées vaincues et nos provinces envahies ne laissèrent plus d'autre illusion de salut que ces fières murailles qu'on regardait alors comme un infranchissable rempart. — C'est là que, sans perspective d'avancement ou de gloire, sans obligation de service, sans espoir de vie, ou pour mieux dire, avec certitude de mort, il accepta de se renfermer, en qualité de commandant de l'artillerie de la rive gauche, rude tâche égalée par sa capacité et son énergie, mais malheureusement trop lourde pour son organisation défaillante. — C'est ainsi que, par ce triste hiver, sous le froid et la neige, au milieu des difficultés et des privations d'un siège sans exemple, il abrégea volontairement le nombre de ses jours, content de conserver au service de la patrie les derniers efforts d'un bras qui tombe, les derniers souffles d'une respiration qui s'éteint. »

Sur la feuille des états de services du général, du 15 juin 1869, nous lisons à l'article *action d'éclat* :

« A été cité à l'ordre de l'armée d'Afrique comme s'étant fait particulièrement remarquer dans l'expédition du 2 au 19 juillet 1841, ayant pour but d'introduire un convoi à Maskara et de moissonner autour de cette place (Rapport du général de La Moricière).

« Cité à l'ordre du corps expéditionnaire de Chine le 15 août 1860 comme s'étant fait particulièrement remarquer dans le commandement de l'artillerie à l'attaque du camp retranché à Tang-Kon (Rapport du général Montauban).

« Cité de nouveau le 19 septembre 1860 comme s'étant encore distingué dans le commandement de l'artillerie au combat de Chang-Kia-Wan (Rapport du général Montauban). »

C'est en grande partie à de Bentzmann que nous devons la rapidité de nos succès dans cette première expédition de Chine.

Il était commandeur de l'ordre de la Légion d'honneur, compagnon de l'ordre du Bain d'Angleterre, décoré de l'ordre du Medjidié, grand croix de l'ordre pontifical de Saint Grégoire-le-Grand, grand croix de l'ordre impérial de Saint Stanislas de Russie et commandeur de l'ordre impérial et royal de Léopold d'Autriche. Il mourut célibataire.

2° Léon Jean Charles Marie, *qui suit* :

VII. LÉON-JEAN-CHARLES-MARIE DE BENTZMANN

né le 15 novembre 1813, épousa le 31 janvier 1856, Marie Amélie Delmas de Grammont, fille de Jacques Philippe Delmas de Grammont, général de division, et de Marie Anne de Boëry. De ce mariage sont provenus :

1° Philippine Marie Louise, née le 18 novembre 1856 et mariée le 30 avril 1875 dans l'église de Saint-Thomas-d'Aquin à Paris, avec le comte Renaud Amable de Montaignac de Chauvance, fils de l'amiral marquis Louis de Montaignac de Chauvance, ancien ministre de la marine et ancien sénateur, et de Marie Sabine d'Auberville, sœur de Madame de La Moricière et fille de Marie de Montaigut, comtesse d'Auberville, dont la mère, madame de Montaigut[1] a laissé des mémoires émouvantes sur la période révolutionnaire. — La mort moissonna après quelques mois de mariage, le 5 juin 1876, la jeune et ravissante comtesse Renaud de Montaignac, dont on ne savait assez admirer la grâce touchante et l'angélique beauté.

2° Christian, *qui suit* ;

3° Théobald, né le 2 mai 1861 et marié le 4 avril 1883 avec Jeanne Elisabeth de Lestapis, fille de Henri de Lestapis et de Anna de Lestapis, cousins germains, desquels est issue
Henriette Amélie Sabine, née le 30 décembre 1889.

---

[1] Madame de Montaigut était fille de la maréchale de Noailles qui périt sur l'échafaud à l'âge de 83 ans. Accusée par le Tribunal révolutionnaire de conspirer, la duchesse octogénaire ne répondait pas aux questions qu'on lui posait On prévint l'accusateur public qu'elle était complètemnet sourde. C'est alors qu'il dit ce mot resté célèbre : « mettez qu'elle conspirait sourdement. » Et ce jeu de mots féroce suffit pour faire tomber la tête de la maréchale.

VIII. CHRISTIAN DE BENTZMANN, né le 18 novembre 1857 et marié le 4 avril 1883 avec Clotilde Raymonde Jeanne de Brocas de Lanauze, fille du comte François de Brocas de Lanauze et de Marie Mathilde Françoise de Villespassens de Faure de Saint-Maurice. On n'a pas oublié la suprême distinction de celle qui fut Madame Christian de Bentzmann, emportée dans la tombe par une rapide et cruelle maladie, le 22 octobre 1887, à l'âge de 28 ans, laissant une fille unique :

Geneviève Marie Françoise Léonie, née le 10 avril 1884.

§ V. NOTES GÉNÉALOGIQUES

Extraites des Registres paroissiaux de l'église Notre-Dame de Sainte-Bazeille sur plusieurs familles

Le 5 septembre 1640 est baptisé François Rapin, filleul de François de Tastes[1], sieur de Labarthe et de Landerron et de Marguerite Deymier[2], veuve de Martial Rapin[3] lieutenant de juge. Il est fils de Nicolas Rapin, lieutenant royal de Sainte-Bazeille et avocat en la cour du parlement de Bordeaux, et de Suzanne de Tastes de Labarthe.

---

[1] Voir sur les Tastes : *Notice sur Mauvezin*, pp. 418-421.
[2] Voir sur les Deymier : *Ibidem*, pp. 176, 379, 432, et passim dans le chapitre VIII.
[3] Voir sur les Rapin : *Ibidem*, pp. 238, 240-242, 428, 430.

Le 6 septembre 1640 est aussi baptisé Jacques Rapin, fils des précédents dont la marraine est Léonore de Tastes.

En 1641 est baptisée Marguerite Rapin, fille des précédents et filleule de noble Jean-Jacques de Blan, seigneur de Paulignac, procureur-syndic de la ville de Bordeaux et de Marguerite de Tastes.

Le 11 février 1646 est baptisé Jean Rapin, fils des précédents et filleul de Jean de Sicard, sieur de Saint-Martin.

Le 18 juillet 1651 est baptisé Joseph Rapin, fils des précédents et filleul de François Rapin, écolier et de Françoise Robert, femme de noble François de Tastes, sieur de Labarthe.

Le 8 avril 1652 est inhumé Nicolas Rapin, avocat et lieutenant de juge.

Le 8 novembre 1652 est inhumé Suzanne de Tastes de Labarthe, sa veuve.

Nous trouvons (18 mars 1648) le mariage religieux de François de Tastes, écuyer, sieur de Labarthe, et de Françoise Robert, de Sainte-Bazeille,

29 mars 1652 le baptême de Nicolas de Tastes, fils des précédents et filleul de Nicolas Rapin, lieutenant de juge et de Marguerite de Tastes,

28 juillet 1649, comme parrain d'un enfant, François de Tastes, fils de François de Tastes, écuyer, sieur de Labarthe,

10 novembre 1661, comme parrain, Guillaume de Tastes,

26 avril 1656, François de Tastes, écuyer, sieur de Labarthe, mari de Françoise Robert, mentionné *lieutenant-colonel du régiment de Guyenne,*

21 décembre 1656, comme parrain François de Tastes, écuyer, *mari de Isabeau de Laliman*,

16 mai 1660 comme marraine de Marguerite Cessac, Marguerite de Taste, *veuve de François Robert, sieur de Lisle*,

24 octobre 1662, la sépulture dans la chapelle de Saint-Roch de l'église Notre-Dame de Marguerite de Tastes, âgée de 60 ans, veuve de François Robert, écuyer, sieur de Lisle,

18 août 1697, la sépulture dans l'église Notre-Dame de François de Tastes de Labarthe, écuyer, décédé au Mirail.

29 mai 1646. Sépulture dans l'église de Marie de Robert, femme de Jean de Lescure, avocat.

28 décembre 1646. Sépulture dans l'église d'Anne de Robert, femme de Jean Bèze.

2 juillet 1658. Sépulture dans l'église de François Robert, sieur de Lisle, âgé de 60 ans.

23 avril 1675. Mariage religieux de Vital de Robert, sieur de Rodier, de la paroisse de Saint-Pierre-de-la-Croix, diocèse d'Agen, et de Marie Senigon, de la paroisse de Saint-Jean Puiguillem, diocèse de Sarlat.

7 octobre 1640. Mariage religieux de David Merlande, capitaine et de Jeanne de Sangosse.

8 février 1649. Baptême de Marie Merlande, fille des précédents et filleule de Jean de Sangosse et de Marguerite Merlande.

19 août 1646. Marc de Sangosse, sieur de Belloc, est parrain d'un enfant.

14 juin 1652. M. de Sangosse, sieur de Belloc est porté à Tarsac pour y être inhumé.

22 novembre 1653. Sépulture dans l'église de Jeanne de Sangosse, femme de David Merlande, consul de Sainte-Bazeille.

6 décembre 1664. Sépulture dans l'église de David Merlande, capitaine et jurat.

23 avril 1657. Baptême d'Anne Dupeyron, fille de Jean Dupeyron, sieur de Lescaley et de Marie de Bourgoignon et filleule d'Isaac et d'Anne de Bourgoignon.

29 mars 1666. Baptême d'Etienne Dupeyron, fils des précédents et filleul d'Etienne Dupeyron, sieur de Carles et de Marthe de Labessède.

11 octobre 1657. Catherine Dupeyron, femme de Jean Lacam, capitaine, est marraine (Antoine Lacam, oncle du baptisé, parrain) d'Antoine Lacam, fils de Jean Lacam, avocat.

5 mars 1677. Baptême d'Anne Dupeyron, fille d'Etienne Dupeyron, procureur en la cour du parlement de Bordeaux et de Marthe de Labessède, habitants de Meilhan et filleule de Martial Dupeyron, procureur en la cour du parlement de Bordeaux, habitant de cette dernière ville et d'Anne de Bourgoignon, de Meilhan, en présence de Carles Dupeyron, bourgeois et jurat de Sainte-Bazeille et d'Arnaud Dupeyron Dufort, bourgeois et jurat du même lieu.

29 février 1652. Sépulture dans l'église de Françoise de Chamborel, femme d'Arnaud Dupeyron.

6 février 1690. Mariage religieux de Raymond de Bazignan, écuyer, sieur de Perusca et garde du corps du roi, habitant de la paroisse de Sainte-Christine, au diocèse de Condom, et de Jeanne Dupeyron.

10 novembre 1663. Baptême de Marie Bèze, fille de François Bèze, capitaine, sieur de La Grange, en présence de Jean Bèze, capitaine, époux de Marie de Croysilhe.

22 juillet 1667. Sépulture dans l'église Notre-Dame, de Jean Bèze, lieutenant de la ville, âgé de 64 ans.

4 octobre 1700. Baptême de Thérèse de Cazenove, fille de Jean de Cazenove, écuyer, sieur de Châteauneuf, capitaine au régiment d'Aunis et de Marie de Noguères et filleule de François de Noguères, écuyer et de Madeleine de Cavoir, femme de noble Joseph de Cazenove, habitante de Fauguerolles.

25 août 1702. Baptême de Marie de Cazenove, fille des précédents et filleule d'Antoine de Berry, capitaine et de Marie de Berry, fille du parrain.

23 juin 1732. Marie Ursule de Cazenove de Châteauneuf, religieuse ursuline de Langon est marraine (par procuration) de Marie Ursule Martin.

1er juillet 1767. Sépulture de Madeleine Thérèse de Cazenove de Châteauneuf, veuve de Joseph Durand, avocat, dans l'église Notre-Dame aux tombes de ses pères.

6 janvier 1683. Messire Pierre de Thibaut, trésorier général de France en la généralité de Guyenne, habitant de Bordeaux, est parrain de Pierre Dubernard.

29 avril 1710. Mariage religieux de Jacques de La Jaunie, écuyer, sieur de Monsalès, habitant de la paroisse d'Unet, âgé de 25 ans, fils de feu Pierre de La Jaunie, sieur de Monsalès et de Marie Dufresche, et de Marie Ferran, fille de Barthélemy Ferran, bourgeois et jurat de Sainte-Bazeille et de feu Marie Dubernard.

29 avril 1759. Baptême d'Anne de Lagorce, fille de Blaise de Lagorce, écuyer et de Marie dite *Marion* Faure, son ancien servante.

1er mai 1787. Baptême de Rose de Castaignet, fille d'Hyacinthe de Castaignet, garde du corps du roi, habitant de Buzet, diocèse de Condom, et de Jeanne de Fontainemarie et filleule de Joseph de Castaignet, écuyer, habitant du Port-Sainte-Marie et de Marie Rose Dublan de Fontainemarie, grand'mère de l'enfant, habitante de Marmande.

5 septembre 1656. Sépulture de Isabeau Beaune, âgé de 60 ans, dans l'église Notre-Dame.

28 septembre 1715. Sépulture dans la même église de Jean de Laberchède Lanause, âgé de 60 ans, demeurant à Lanause.

9 mars 1751. Sépulture de Messire Pierre de Doms, écuyer, seigneur de Tamisé, lieutenant-colonel, chevalier de Saint-Louis et pensionnaire du roi, âgé de 65 ans, dans la chapelle de Saint-Roch à Notre-Dame.

11 novembre 1751. « Aujourd'hui 11me novembre 1751 est décédée dans la maison noble de Lalanne dame Anne de Lafare, baronne d'Alais, seigneuresse de Salindre, Saint-Privat et autres lieux, vivante épouse du feu noble messire Pierre de Doms, escuyer, seigneur de Tamisé, lieutenant-colonel, chevalier de l'ordre militaire de Saint-Louis et pensionné du roi, et a été ensevelie dans l'église en ville à la chapelle Saint-Roc le 12me du mesme mois et an. »

27 avril 1762. Sépulture de Marie de Berry de Beauvallon, âgée de 82 ans, dans l'église Notre-Dame.

23 février 1754. Mariage religieux de Messire Jean-Baptiste Le Blanc de Solignac, habitant de la paroisse de Befferry, fils de feu messire Pierre Le Blanc de Solignac, et de dame Marie de Turpeaut, habitante dudit Befferry, et de Marguerite Duval, habitante de Sainte-Bazeille, âgée de 25 ans, fille de messire Jean Joseph Duval et de dame Marie de Noguères.

28 avril 1788. Mariage de Messire André d'Uzard, écuyer, garde du corps du roi dans la compagnie de Luxembourg, capitaine de cavalerie, fils de feu messire Pierre d'Uzard, écuyer, et de dame Louise de Lugat, et de Jeanne Madeleine Mouchet, veuve de feu messire Jean Louis Dezets, conseiller du roi en la souveraine cour des aides de la ville de Bordeaux et fille de M° Jean Mouchet bourgeois, ancien consul titulaire de Sainte-Bazeille et de dame Catherine Angélique Noguey.

19 nivose an II. Dissolution du mariage des précédents.

5 juin 1649. M° François Vilotte, sieur de Lagarossy, avocat, marié avec Anne de Lartigue, fait baptiser sa fille Marie, dont le parrain est Jean de Lartigue, sieur de Caplice, et la marraine Marie Bèze.

11 février 1652. Le même fait baptiser son fils Jean, dont le parrain est Jean Pouvereau, avocat et la marraine Anne Vilotte, ainsi que ses autres enfants qui suivent, savoir :

19 mars 1655, autre Jean, dont le parrain est Jean Bazin, capitaine, et la marraine Marguerite de Tastes de Labarthe,

21 décembre 1656, François, dont le parrain est François de Tastes et la marraine Isabeau de Laliman,

21 février 1658, Suzanne,

19 août 1659, autre François, dont le parrain est François de Tastes et la marraine Catherine de Lescure,

21 février 1661, David, dont le parrain est M° David de Laliman, avocat et juge royal de Marmande, et la marraine Isabeau Bèze.

13 décembre 1678. David Vilotte, fils de M° François Vilotte, sieur de Lagarossy, avocat et d'Anne de Lartigue, épouse Anne Boutin, de Saint-Vivien.

4 octobre 1683. Le même fait baptiser sa fille, Anne

ainsi que le 6 juin 1695, Louise dont le parrain est Jean de Sangosse, de Jusix, et la marraine Louise Calabre, de Castelnau-sur-Gupie.

28 janvier 1699. Sépulture de Anne de Lartigue, veuve de M° François Vilotte, âgée de 80 ans, dans l'église Notre-Dame.

6 septembre 1725. Sépulture de M° Jean Vilotte, ancien procureur au parlement de Bordeaux, bourgeois de Sainte-Bazeille, âgé de 72 ans, dans la même église, en présence de Martial Vilotte, son neveu[1].

IV

EXTRAIT DU CADASTRE DE L'AN 1673

Possèdent moins d'un journal : Antoine Barnie, maçon, Antoine Jammet, Antoine Bazoin, Antoine Gaudon, Ant. Dupuy, Ant. Pons, Ant. Gendre, dit *Périgord*, Arn. Boutin fils, Arn. Beaupied, Arn. Turon, Arn. Casaubon, dit *Piedplat*, Arn. Billau dit *La Trille*, Arn. Fourtin, dit *Braguette*, Adam Riffaud et son frère, Andrée Mondan, veuve de Jacques Grillon, Anne Robereau, Anne Nicol, Bernard Lamothe dit *Pourquey*, Bernard Dumas, B. Cousseau, Bertrand Présignac, Bertr. Jolliet, Bertrand Rapin, Bertr. Faure, Berthomieu Lacourrège, Barthélemy

---

[1] Voir sur les Vilotte : *Notice sur Mauvezin* ; pp. 79, 80, 176, 228, 229, 230, 417, 426, 431, 586-597.

et Bernard Pellusson, Berthomieu Laffargue, Bernarde Jollie, veuve de Jean Dupuy, Berthomine Noguères, femme de Thomas, Bernardine Charrier, veuve de J. Sauvestre, Blaize Marzelle, Charles Mourillon, Ch. Parenteau, Collas Pelluchon, forgeron, Collas Uteau, fils de Pierre, Collas Deveau, jeune, Catherine Brune, Catherine Rambaud, Catherine Gajac, femme de Gabriel Pallatié, *Communaux en pasteng*, Cébie Teyssié, Dominique Vincendeau, Etienne Joly, François Bouzon, Cloupin, Coubert, Vizier, Fr. Jugie, Fr. Grand, Fr. Sourisseau, Fr. Vigneron, Fr. Uteau, dit *Francillon*, Fr. Pouvereau, Fr. Beaupied, Fr. Vigneron, Fr. Gravie, Fr. Loubic, Françoise Mourens, Guiot Maubaret, Gabriel Biot, G. Rellion, Georges Rapin, G. Deschams, G. Fournié, G. Jarrousse, G. Cousseau, Gasparde Roubert, hoirs Jean Beaubois, hoirs Arnaud Pallard, hoirs Pierre Goyneau, hoirs Gauthier Pallard, hoirs Antoine Gauthier, hoirs Meneaud Rolland, hoirs Pierre Sabinet, hoirs Antoine Ribaujie, hoirs Noël Nausan, hoirs Antoine Gautier, hoirs Monceau Fabes, hoirs Pierre Roubin, hoirs Elie Peyrot, hoirs Jean Dupont, hoirs Nanton Dupont, hoirs Matelin Pelluchon, hoirs Marguerite Barreau; hoirs Pierre Junqua, Elie Uteau, Me Jean Gaubert, J. Rillaubet, J. Bazin, J. Dupont et petit J. Galissaire, J. Campot, J. Rapin, fils de Mondet, J. Parenteau jeune, J. Parenteau vieux, J. Martinet, J. Campot, J. Gerbaud, J. Bouzon, jeune, J. Cousinet, J. Maillou, J. Fourestié et Arnaud Persignac, J. Persignac J. Pouchon, J. Maubourguet, J. Chevalier, J. Uteau, J. Dupuy, J. Gabourias, J. Léonardet, J. Deymier, fils d'André, J. Cailleton, vieux, meunier, Me J. Pouvereau, J. Riffaut, J. Boissonneau, fils de Nicolas, J. Boissonneau, fils de Raymond, J. Chaliou, J. Mothes jeune, J. Sarrazin, J. Campot, J. Sauvestre, J. Barangin, J. Brousse,

J. Sangé, J. Monguillot, Jean Murat, tailleur, J. Barrau, J. Lauriol, J. Vizière, J. Courdic *Brique*, J. Auriac, J. Rouleau, J. Labatut dit *Lavantage*, J. Detounet, J. Chaubin, Jacques Dubruilh, recouvreur, J. Trépeau, J. Beaubois, J. Germain Mothes, M̂ J. Deymier, J. Bayet, Joffre Belloc, Isabeau Martinet, Jeanne Peyrey, Jeanne Maubourguet, Jeanne Rapin, Jeanne Monguillot, Jeanne Dechams, Jeanne Maurice, Jeannot Laville, Jammet Rapin, le sieur Pauzet, l'hôpital de la présente ville, Micheau Martineau, M. Tournazeau, M. Gabourias, M. Carpeau, M. Martineau, Martin Rapin, M. Durand, Mathieu Peyneau, Mathelin Junqua, M. Boissonneau, M. Dupons, M. Laffargue, Marceau Joujoux, Menaud Rolland, M. Simon, Marceau Jolly, Marquet Seguin, Micheau Parenteau, Madeleine Roux, Madeleine Uteau, Michelle Péraube, Marie Palissou, Marie Dechams, Marie Leytard, Marguerite Nicol, Nanton Hommeau, Noël Raymond, dit *Senémesi*, Pierre Beaupied, Pierre et Antoine Clémenceau, Pierre Simon Teyssié, Pierre Phélibourg, P. Musotte, P. Gauret, cordonnier, P. Peveau, P. Flouret, P. Ribès, P. Panestier, P. Brinfin, P. Barbat, P. Branchereau, P. Gerbeau, P. Gautier, P. Laborie, P. Fabès, P. Bertrin, P. Poitevin, P. Trapeau, Paul Seguin, Peysot Riffaut, Pélip Labat, Raymond Dupon jeune, R. Lasserre, R. Brinsolle, Rolland Gousil, Simon Boissonneau, S. Chaliou, S. Bizière, S. Braudon, Thomas Uteau, fils de Benoît.

Possèdent de 1 à 2 journaux : Antoine Lalanne, A. Uteau, fils, A. Gentil, A. Brizau, A. Rivière, Arnaud Deymier, jeune, Arn. Labardin, A. Lambert, faure, André Robereau, Arnaude Lafosse, veuve de Jean Lagupie, Anne Lasserre, veuve de Jean Chaliou, Anne Deveau *Friton*, Anne Laubaney, veuve d'André Rapin, Anne Laroche, Anne Junqua, veuve de Jean Pellegrue, Bernard Calleton, Bertrand Rivière, B. Pujau, Mᵉ Bertrand Deloménie, curé de Sainte Bazeille, B. Galissaire, Berthomieu de Doms, Charles Faves, Collas Lacourrège, C. Alleman, C. Deveau, Charles Marques, Denise Billeau, veuve de Bernard Martineau, Etienne Dubourg, François Perinet dit *Merle*, Fr. Gabourias, Fr. et Guillem Amouroux, père et fils, Fr. Clémenceau, Fr. Galissaire, Fr. Gabourin, Fr. Gautier, Fr. Seguin, Mᵉ Fr. Prioret, notaire royal, Fr. Chataigné, Fr. Ricard, Fr. Grillon, Fr. Itier, charpentier, Guillaume Lardit, Guibert, sargeur de La Réole, Guillem Rayaud, Mᵉ Apothicaire, Laville, G. Beaupied, Georges Fourestié, Gasparde Dubernard, demoiselle Gaspard Dubernard, hoirs Mᵉ Jean Féret, hoirs François Dubernard, hoirs Jean Ribès, hoirs Erançois Noguères, hoirs Bernard Bordenave, hoirs Simon Fabès Lerin, hoirs Pierre Beaubois, hoirs Mondet Rapin, hoirs Françoise Constant, hoirs François Clémenceau, Eliot Maubaret, Elie Chaubin *Bataille*, Jean Andrieux, fils de Charles, J. Bourguignon, J. Charrier, J. Noguères, cordonnier, J. Lapeyre, J. Fabès, tailleur, J. Fabès jeune, J. Bion, J. Cloupin, J. Bouzon, cordonnier, J. Jolle, J. Pallard, fils de Gillet, J. Dupont, fils de Pierre, J. Groussac, J. Blanchard, dit *La Ramée*, J. Marc Mourens, J. Sourisseau, J. Utteau dit *Biernés*, J. Lourtet, J. Chabiran dit *Cadet*, J. Bougés, batelier, J. Sebie, J. Langel, Jacques Rousset, J. Rellion, J. Geneste, J. Martin, marchand, Jeannet Gateau, le Purgatoire, Louis Dauros, le sieur Jean Lescure, Micheau Fabès, Michel Sourisseau, faure, Marceau Fabès, jeune, Martial Ferrand, Menaud Peyrey, Men. Labat, M. Dupon, Marguerite Guipoul, Pierre Simon dit *Saint-Araille*, Pierre Philipeau, P. Pepin, P. Uteau, fils de Collas, P. Uteau, fils de Regonde, P. Parrot, Phelipon Rambaud, Raymond Pagès,

R. Chataud, R. Labrousse, brassier, Thomas Uteau, Th. Baudris.

Possèdent de 2 à 3 journaux : Antoine Aumond, A. Roubin, Arnaud Gabiau dit *Camus*, Anne Roubin, veuve d'Adam Faure, Bernard Maubourguet, Charles Marque, François Bousquet, Mᵉ Fr. Duzan, notaire royal, Fr. Dubrena, Fr. Lirest, Fr. Galissaire, F. Loubicq, Gabriel Faure, Guillem Boulin, dit *Bontemps*, Georges Dulluc, hoirs Martin Lasserre, hoirs Micheau Noguères, hoirs Jacques Samuel Bordes, hoirs Micheau Gaborias, hoirs Jean Martineau, hoirs Jean Gabourin, Elie Laroche, sargeur, Elie Chaubin, sergent royal, Elie Maubaret, Elie Pallard, Jean Dubernard, dit *Lagitte*, J. Mourens, J. Baille, dit *Pauchot*, J. Rapin, dit *Constans*, J. Faure, dit *Laborde*, Jean Baufreton et Raymond Sadirac, beaux-frères, J. Clément, Mᵉ J. Courrège, J. Lasserre, J. Bareille, J. Sallet, Jean et Antoine Tiphon, Jean Belloc et Pierre Dubois, J. Seguin, J. Rondereau, J. Pouvereau et J. Bougard, J. Gaudon, J. Constans, tailleur, J. Roubin, J. Pellion, J. Constans, mineur, Jacques Pallard, Jeanne Fabès, Jacquette Ragot, Michaud Béziade, Mich. Noguères, Mathelin François, Marceau Fabès, vieux, Martial et Pierre Court, Marie Uteau, Marie Saussye, Marie Dupon, Marguerite Uteau, Olivier Maurion, Pierre Rapin, Pierre Charrier, dit *Tendut*, P. Beaune, Raymond Fabès, R. Dupon vieux, R. Labrousse, recouvreur, R. Dupon, fils de Peyssot, Simon Maurin, Mᵉ chirurgien, Vacans et bien abandonnés en taillis.

Possèdent de 3 à 4 journaux : Antoine Fautoux, dit *Marionette*, Arnaud Rouzin, laboureur, Collas Mondeau, Catherine Moureau, veuve de Michau Dupeyron, Catherine Dubernard, veuve de Meneaud, François Bareille, Guillem Roubin, hoirs Menaud Andrieux, hoirs Marie Faugère, Elie Veillon, Hurticq Gourdel, Jean Bigier, J. Labat,

J. Toumeyragues, J. Pallard, J. Bouet, recouvreur, J. Gouzil, Jacques Pailhé, charpentier, le sieur Guiraud, Martin Dubrena, Marie Fourestié, Marie Lasserre, Marguerite Larrast, sieur Pierre Beylard, bourgeois, Pierre Roucheau, P. Andureau.

Possèdent de 4 à 5 journaux : Arnaud Teyssié, Anne Lasserre, veuve de Jean Cloupin, Bertrand Dubernard, Daniel Picon, François Billeau vieux, Fr. Ferrand *Rousseau*, Fr. Rondereau, Fr. Dubernard *Mamon*, marchand, Fr. Faure, hoirs Ybounet Fabès, hoirs Jean Galissaire, hoirs Jean Vigié, Jean François Biot, précepteur, David meunier, J. Peyrey, J. Guiraud Guignard, Me J. Ragot, praticien, J. Utteau dit *Magistrat*, J. Gabiot, Jacques Rapin, Jeammet Descors, Micheau Lacourrège, Mich. Capoulade, régent, Mathieu Gaudin, Martial Marque, Nauton Dupon, jeune, Pierre Faugère, Pierre Bazin dit *Troussal*, Peyronne Rapin, sieur Larquey, marchand.

Possèdent de 5 à 6 journaux : Arnaud Pallard, Bertrand Fourtin, François Ferrand, vieux, Fr. Julha, Georges Pallou, fusilier, hoirs Rolland Gouzil, hoirs Rémi Rousset, hoirs Georges Fabès, Eliot Ferrand, Jean Utteau, fils de Jeammet, J. Gabourias, J. Moureau, maçon, Laurent Fabès et ses frères, Léonard Teyssié, Micheau Dupeyron, sieur de Raullet, Pierre Noguères, Pascau Toumeyragues.

Possèdent de 6 à 7 journaux : Arnaud Lasserre, Arnaud Fourtin, Berthomieu Moureau, bourgeois, Guillaume Clerdosse, Gabriel Dupeyron, Jean Maurin, M^e chirurgien, Jean Galissaire, Joseph Peyneau, Marceau Fabès, vieux, Marie Ferrand, veuve de sieur Jacque Lacam, Nauton Soulansey, marchand, Pierre Rousset, procureur, Pierre et Etienne Riffaut, Pierre Gabourias, Pierre Riffaut, jeune, Thomas Sangosse.

Possèdent de 7 à 8 journaux : François Dupeyron, jurat, Fr. Rapin, laboureur, hoirs Jean Dupeyron *Cristallin*, Jean Dubernard *Mamon*, marchand, J. Andureau, noble François d'Auber, écuyer, Micheau Dupeyron, fils de Jean, Pierre Bouchey, Pierre Persignac.

Possèdent de 8 à 9 journaux : Guyon Martin, Jean Andrieux, Jean Jeannet dit *Siotte*, Jean Moureau, bourgeois, Isaac Fourestié, l'hôpital de Marmande, M. le chevalier de Reyrac.

Possèdent de 9 à 10 journaux : François Courrejelongue, Fr. Laroche, jurat, hoirs Raymond Lézian, sieur Jean Dupeyron Raullet, consul, Jacques Teyssié, cordonnier, Mathelin Sarrazin, sieur de Briet.

Possèdent de 10 à 11 journaux : André et Jean Chollet, Barthélemi Senserric, marchand, Mathelin Sarrazin.

Possèdent de 11 à 12 journaux : Sieur David Merlande, hoirs Benjamin Crestien, hoirs François Gaudon, Jean Ferrand, jeune, Jean Roubert, M. Mothes, lieutenant, Nicolas Cousseau, Nauton Dupon, vieux, Pierre Lacourrège, Micheau Dubernard.

Possèdent de 12 à 13 journaux : Hoirs Guillem Andrieux, hoirs François Maurin, sieur Jean Laberchède, Jacques et Etienne Boulin, Pierre Janneau, hoirs Jean Bèze.

Possèdent de 13 à 14 journaux : Bertrand Ferrand, M⁰ François Dubernard, lieutenant de Lamothe, sieur Germain Martin, hoirs Antoine Guillem, Jean Rapin, fils de Meneaud, Pierre Goret.

Possèdent de 14 à 15 journaux : Guillaume Billau, Géraud Rapin.

Possèdent de 15 à 16 journaux : Jean Lourtet, jeune, Jean Roubert.

Possèdent de 17 à 18 journaux : Pierre Laville, M⁰ François Boissonneau, avocat.

Possèdent de 18 à 19 journaux : Sieur Jean Causepé.

Possèdent de 20 à 21 journaux : Catherine Moureau, veuve de Micheau Fourestié ; — de 21 à 22 journaux : hoirs sieur Jean Lacam, capitaine; — de 22 à 23 journaux : sieur Pierre Merlande ; — de 23 à 24 journaux : Mᵉ Gilles Biot, notaire royal; — de 25 à 26 journaux : M. Dupeyron, sieur du Fort ; — de 26 à 27 journaux : Catherine Dupeyron, veuve de Jean Durand, apothicaire; — de 27 à 28 journaux : Mᵉ Jean Aliguet, avocat; — de 28 à 29 journaux : sieur Adam Vilotte, hoirs Mathurin Dubernard ; — de 30 à 31 journaux : Etienne Dupeyron, sieur de Carles ; — de 31 à 32 journaux : sieurs François de Berry des Fontanotes ; — de 32 à 33 journaux : Antoine Uteau ; — de 33 à 34 journaux : la communauté de la présente ville ; — de 34 à 35 journaux : hoirs Mᵉ François Vilotte, avocat ; — de 38 à 39 journaux : sieur Micheau Desportes ; — de 40 à 41 journaux : sieur François Deymier, jeune ; — de 44 à 45 journaux : sieurs Daniel et Noé Capdeville ; — de 45 à 46 journaux : hoirs Mᵉ Jean Dubernard, greffier ; — de 46 à 47 journaux : sieur Jean Simon; — de 47 à 48 journaux : sieur Pierre Deymier dit *Jurque* ; — de 49 à 50 journaux : Mᵉ Jean Lacam, notaire royal ; — de 51 à 52 journaux : sieur Guillaume Deymier ; — de 54 à 55 journaux : sieur Micheau Cloupeau, bourgeois ; — de 55 à 56 journaux : Mᵉ Guillaume Labat, juge de Lamothe ; — de 59 à 60 journaux : noble Jean de Lapeyre, écuyer, sieur de la Sauviolle ; — de 61 à 62 journaux : sieur Pierre Deymier du Casse ; — de 64 à 65 journaux : hoirs Raymond Boissonneau; de 71 à 72 journaux : noble Gabriel de Brocas, écuyer, sieur de Tampouy, les dames religieuses de Marmande ; — de 72 à 73 journaux : Mᵉ Jacques de Noguères, juge de Sainte-Bazeille ; — de 73 à 74 journaux : sieur François Laberchède ; —

de 74 à 75 journaux : hoirs Jean Dupeyron Lescaley ; — de 80 à 81 journaux : Mª Bertrand de Noguères, procureur du roi ; — de 96 à 97 journaux : sieur Jean Beaune ; — de 97 à 98 journaux : sieur Phélip Simon, bourgeois ; — de 100 à 101 journaux : sieur Pierre Tilhau, bourgeois ; — de 102 à 103 journaux : sieur Jérémie Joly de Sabla, avocat ; — de 134 à 135 journaux : dame Marie de Sabourin, veuve de M. de Blanc ; — de 148 à 149 journaux : sieur Guillaume Cloupeau, bourgeois ; — de 149 à 150 journaux : Françoise Roubert, veuve du sieur de Labarthe ; — de 154 à 155 journaux : hoirs de Jean de Lapeyre, juge de Sainte-Bazeille ; — de 173 à 174 journaux : noble Nicolas de Brocas, écuyer, sieur du Fraisse ; — de 176 à 177 journaux : sieur François Rapin, premier consul ; — de 243 à 244 journaux : noble Raymond de Lapeyre, capitaine.

« Monte toute ladite contenance de ladite paroisse de Sainte-Bazeille, terre mesurée et abonnée à un seul et même degré à 4550 journeaux, 5 lattes, 0 escats.

« Auquel susdit nombre ajoutant la contenance des paroises du petit Saint-Martin et de Lagupie qui se trouve monter à 3620 journaulx, il s'en suit que le taillable de Sainte-Bazeille contient 8122 arpents, lesquels reduits au premier degré ne reviennent qu'à 7466 j. 5 l. Monte la contenence de la paroisse de Sainte-Bazeille 4567 j. abonnés tous à un seul et meilleur degré dudit lieu de Sainte-Bazeille.

« Auquel susdit nombre il a été ajouté 430 arpents pour l'abonnement des maison de la ville. Partant contient toute la paroisse de Sainte-Bazeille le nombre de 4997.

« Monte la contenance de la paroisse de Lagupie réduite au premier degré de ladite paroisse à 1701 arpents ; et d'autant que le premier de la ditte paroise est moins estimée que le premier degré de la paroisse de Sainte-Bazeille lesdits 1701 arpents se trouvent réduits à 1417, pour lequel nombre la ditte paroisse de Lagupie doit être employée dans le tarif de la présente juridiction.

« Monte la contenance de la paroisse du petit Saint-Martin réduite au premier degré de la ditte paroisse, à 1210 arpents; et d'autant que le premier degrés de la ditte paroisse est moins estimé que le premier degré de la paroisse de Sainte-Bazeille, les 1210 arpents, comparés à ceux du dit Sainte-Bazeille, sont réduits à 996; pour lequel nombre la ditte paroisse Saint-Martin sera employée dans le tarif de la présente juridiction.

« Partant montent les dites trois paroisses jointes ensemble le nombre de 7410 arpents du premier et meilleur degré de la ditte juridiction.

« DE BARITAULT. »

« NOTA. Sur ce cadastre ne figurent nullement l'ancienne famille Dezetz, auteur de la famille de M. Uzard, ce qui fait qu'on ne peut s'y reconnaître. On n'y trouve non plus sur ce cadastre, ni la chapelle ni aucune église, ni cimetières dans le sol de Sainte-Bazeille. Ces objets là devaient être considérés non imposables. On trouve cependant des Communaux en Pasteng page 52, et des vacants pages 401 et 401 v°. »

Il suit du tableau ci-dessus que le territoire de la seule paroisse de Sainte-Bazeille était divisée en 1673 entre 600 propriétaires environ.

V

STATISTIQUE DE LA POPULATION
DE LA PAROISSE DE Sᵗᵉ-BAZEILLE

(*Dréssée scrupuleusement d'après les* Registres paroissiaux *et ceux de l'état-civil qui leur font suite.*)

Les *Registres paroissiaux* étant incomplets ne donnent pour les années 1612, 1613, 1614 et 1615 que 222 baptêmes. En 1616, 1617 et 1618 on compte 195 baptêmes. L'année 1619 n'a que 26 baptêmes à cause des lacunes du *Registre*. De 1620 à 1629 : nous trouvons 717 baptêmes. Les quatre années suivantes, les registres n'étant pas davantage complets, ne donnent que 189 baptêmes. La lacune s'étend ensuite de 1634 à 1639. Les trois années suivantes, 1640-1642, mentionnent 239 baptêmes.

Enfin, ce n'est que depuis 1643, que nous pouvons établir une statistique régulière de la population par périodes décennales, comme il suit :

TOTAL des naissances	MOYENNE annuelle	CROISSANCE	PÉRIODES Décennales	TOTAL des décès	MOYENNE annuelle	DÉCROISSANCE
789	78 9.10		1643 — 1652	902	90 2.10	113
680	68	353	1653 — 1662	327	32 7.10	
949	94 9.10	710	1663 — 1672	239	23 9.10	
782	78 2.10	508	1673 — 1682	274	27 4.10	
774	77 4.10	422	1683 — 1692	352	35 2.10	
826	82 6.10	416	1693 — 1702	410	41	
802	80 2.10	319	1703 — 1712	483	48 3.10	
694	69 4.10	339	1713 — 1722	355	35 5.10	
863	86 3.10	527	1723 — 1732	336	33 6.10	
777	77 7.10	343	1733 — 1742	434	43 4.10	
658	65 8.10	372	1743 — 1752	286	28 6.10	
713	71 3.10	411	1753 — 1762	302	30 2.10	
817	81 7.10	183	1763 — 1772	634	63 4.10	
718	71 8.10	48	1773 — 1782	670	67	
715	71 5.10	74	1783 — 1792	641	64 1.10	
759	75 9.10	313	1793 — 1802	446	44 6.10	
814	81 4.10	252	1803 — 1812	562	52 2.10	
648	64 8.10	46	1813 — 1822	602	60 2.10	
669	66 9.10	122	1823 — 1832	557	55 7.10	
685	68 5.10	106	1833 — 1842	579	57 9.10	
666	66 6.10	66	1843 — 1852	600	60	
621	62 1.10	39	1853 — 1862	582	58 2.10	
478	47 8.10		1863 — 1872	613	61 3.10	135
444	44 4.10		1873 — 1882	534	53 4.10	90

Nous avons pour les sept dernières années, c'est-à-dire de 1883 à 1889 : naissances, 275 ; décès, 350 ; soit une décroissance de 75. Où allons-nous ?...

NOTES ET PIÈCES JUSTIFICATIVES

I

Diverses légendes sur sainte Bazeille

1° M. l'abbé Jaffre, curé de Sainte-Bazeille (1874-1881) ayant conçu le projet d'une étude sur la patronne de sa paroisse, s'était mis à la recherche des documents et recevait à ce sujet les notes suivantes de M. l'abbé Lavergne, aujourd'hui curé du Fréchou, qui s'occupait d'hagiographie :

29 juillet 1877.—« Le martyrologe espagnol de Tamayo de Salazar donne les légendes de sainte Livrade et de sainte Bazeille. Celle-ci serait fille de Catellius et de Cassia, princes de la Galice et aurait été martyrisée le 27 août à Syrmium dans la Bétique (Andalousie) :

« Syrmium, urbem Bætiæ littoralem advenit (virgo), ubi jejuniis, orationibus et aliis virtualibus exercitiis dedita vitam humili pietatis religione transigebat... Pro fide Christi comprehensa et in carcerem conjecta, eam carnificibus tradidit cruciandam (judex) quousque deos adoret aut vitam emittat. Ad maris igitur littus satellites virginem adducentes, eam tamdiu verberibus afflixerunt quamdiu spiritum sanctissimum virgo cœlesti tradidit sponso. »

« On ne donne pas la date de la mort de sainte Bazeille qui était la septième des neuf sœurs ; mais on peut conjecturer qu'elle fut martyrisée vers le milieu du second siècle, car c'est à cette époque que moururent ses huit sœurs.

« Quelle est cette ville nommée Syrmium que le martyrologe romain appelle *Smyrnam* et les traducteurs de celui-ci, Smyrne ?

« Je vous parlais dans ma première lettre de sainte Bazeille dont on a les reliques à Bayeux. Dans cette ville on parle d'une autre sainte du même nom qui aurait été martyrisée au IXe siècle, lors de l'invasion des Normands. »

2° Consulté à son tour, M. l'abbé Jacomet, chanoine honoraire, professeur au collège de Bazas et très versé dans ce genre d'études, écrivait le 20 octobre 1875 à M. l'abbé Jaffre, la lettre suivante :

« Je me fais un plaisir de vous faire part du fruit de mes recherches. Sainte Bazeille, issue de sang royal, eut pour père Catellius, roi de Galice et pour mère Calsia. Elle naquit à Bayonne, ville sur laquelle s'étendait la puissance de Catellius. Bayonne se nommait alors *Belcagia*. Sainte Bazeille eut huit sœurs : Genivera, Victoria, Eumelia, Germana, Gemma, Marcianna, Quitteria et Liberata. Délaissées par leurs parents infidèles dans le dessein d'en être débarrassés, ces neuf sœurs (*ex eodem partu natæ*, dit la légende) tombèrent entre les mains d'une femme chrétienne qui leur fit donner le baptême. Bazeille étant venue en Aquitaine fut martyrisée à l'endroit qui maintenant porte son nom au diocèse de Bazas. Elle eut, dit-on, la tête tranchée en haine de la foi. Et son chef en tombant fit neuf bonds qui furent marqués par le jaillissement miraculeux de neuf sources, d'où le nom de Neuffons donné à ce lieu où il existe encore une chapelle sous le vocable de la sainte martyre. — Sa fête se célébrait, d'après la liturgie bazadaise du XVIIIe siècle, le 26 octobre. Je n'ai trouvé nulle part la date exacte de son martyre. »

3° Le R. P. Carles, missionnaire du Calvaire, récemment décédé, nous a donné, quelques jours avant sa mort, un opuscule (*1889, Agen, Imprimerie Veuve Lamy*) relatif à la légende de Sainte Bazeille. En voici le passage principal :

« La vierge Bazeille était fille d'un prince païen Catellius, roi ou gouverneur de la Galice et de la Lusitanie ; sa mère Calcia, également païenne, la mit au monde dans des circonstances bien extraordinaires, car la divine Providence voulut qu'elle donnât naissance à neuf filles jumelles[1]. Cet enfantement prodigieux déplut tellement à la princesse, que craignant d'être accusée d'inconduite, elle recommanda à la sage-femme de prendre ses neuf enfants et de les faire périr secrètement dans la rivière. Celle-ci, qui était chrétienne, fut touchée de compassion à l'égard de ces pauvres créatures, et au lieu d'obéir à cet ordre cruel, elle alla dans un bourg voisin et confia ces neuf petites filles à autant de nourrices chrétiennes comme elle, qui en eurent le plus grand soin et leur firent donner le saint baptême. Voici les noms qu'elles reçurent : Genivère, Euphémie, Germaine, Gemme, Marciane, Quitterie, Bazeille et Libérate ou Livrade. Quand elles eurent grandi, on leur fit connaître leur naissance et leur parenté ; élevées selon les enseignements de la divine religion, leur progrès dans la piété et la vertu furent bien grands, car arrivées à l'adolescence elles se consacrèrent toutes à Dieu par le vœu de virginité[2]. Cependant, la persécution ayant été déclarée, elles furent arrêtées comme chrétiennes et conduites devant le tribunal du gouverneur, qui était leur père. Catellius fut étonné de leur beauté, de leur ressemblance et de leur âge

---

[1] Propre d'Espagne : Légende de Sainte Libérate, 20 juillet. « *Uno partu novem edidit filias ut multarum in Hispania ecclesiarum fert traditio.* »

[2] « *Totas se Deo conceptæ virginitatis voto consecrarunt* » Propre d'Espagne.

qui paraissait être le même. Il les interroge aussitôt sur leur origine et leur condition. Genivère, la première d'entre elles, lui répond : « Si vous nous demandez notre origine, vous êtes notre père ; si vous voulez savoir notre religion, nous sommes chrétiennes et servantes de Jésus-Christ [1]. » Le gouverneur surpris demeura comme interdit d'une telle réponse ; mais ayant été informé de la vérité, il employa aussitôt les paroles les plus douces et les plus persuasives, pour les engager à obéir aux ordres des empereurs. Les jeunes filles refusèrent courageusement de suivre ce conseil ; il leur permit alors de se retirer afin de prendre le temps de la réflexion et de se concerter entre elles, pour renoncer au Christ, si elles voulaient éviter les supplices et la mort. Mais, quand elles furent sorties du palais, un ange du ciel leur apparut et les avertit de prendre aussitôt la fuite et de se séparer, pour aller, sous l'inspiration divine, dans des provinces diverses, où elles favoriseraient le progrès de la foi par leurs paroles et leurs exemples. Enflammées par ce conseil venu d'en haut, les jeunes filles se disposèrent à partir ; elles se firent auparavant les adieux les plus touchants, se consolant mutuellement, priant ensemble et versant des larmes de tendresse car elles ne devaient plus se revoir[2]. La Providence veillait sur elles : elles obtinrent toutes la double palme de la virginité et du martyre.

« La bienheureuse Bazeille fut la première victime de

---

[1] Anciens *Bréviaires de Seguenza et de Palentia*. Vieux *Sanctoral de Tolède*. Voir la *Patrologie de Migne*, vol. 31, col. 322.

[2] « *Omnes fugerunt et consolantes se alterutram ut orantes, et simul flentes discesserunt ab invicem.* » *Ibidem*. — Une autre version dit qu'à la sortie du palais, elles furent enfermées dans une prison et qu'un ange vint les délivrer, en leur ordonnant de prendre la fuite. (Tamayo de Salazar. *Martyrolog. Hispanic.* 1er novembre).

la fureur paternelle. Conduite par l'esprit de Dieu, elle traversa les Pyrénées et vint se réfugier dans l'Aquitaine, sur les bords de la Garonne, dans une petite ville appelée Orangia. En apprenant cette fuite, son père entra dans une vive colère et se mit à sa poursuite. Il l'atteignit bientôt et l'ayant fait venir en sa présence, il lui dit : « Pourquoi, ma fille, refusez-vous d'adorer les idoles et de vous soumettre au culte de nos dieux ? » Bazeille répond : « N'est-ce pas une folie d'adorer une idole, et les dieux peuvent-ils préserver de la mort leurs adorateurs ? Qu'ils fassent devant nous quelques grands prodiges, et nous cesserons de les mépriser. » Catellius, espérant gagner sa fille, s'approcha de l'idole et lui fit des libations. Bazeille demande un jour de réflexion. Le lendemain, elle vient auprès de l'idole et, en face du peuple assemblé, elle interroge le démon pour savoir la récompense qu'il donne à ses serviteurs. Le démon répond qu'il leur accordera de nombreuses richesses et une grande puissance [1]. Mais, loin de se laisser séduire, Bazeille déclare publiquement qu'elle n'abandonnera jamais le Christ, pour se soumettre au culte des idoles. Son père, de plus en plus irrité, lui commande, sous peine de mort, d'obéir au plus tôt et d'épouser ensuite un jeune homme de sa cour.

« La vierge persista courageusement dans sa résolution ; elle refusa de sacrifier aux dieux et elle protesta qu'elle n'accepterait jamais un époux mortel. Dès lors elle fut livrée aux bourreaux, qui lui firent souffrir les plus grands supplices. Elle fut d'abord jetée dans l'eau pour être noyée, mais elle en sortit miraculeusement ; on la mit ensuite sur un gril enflammé, qui ne lui fit aucun mal, et on essaya inutilement plusieurs autres tourments [2]. Alors, dans un

---

[1] Légende de l'ancien *Bréviaire de Bazas*.
[2] *Ibidem*.

accès de fureur, son père lui-même, armé d'une hâche, lui trancha la tête. Mais, ô prodige ! avec du sang on vit couler du lait, et la tête[1] tombée à terre rebondit neuf fois et à chacun de ces bonds jaillit une fontaine miraculeuse, d'où vient que ce lieu porte encore le nom de Neuffons[2].

Ensuite la jeune martyre, prenant sa tête dans les pans de sa robe, la porta elle-même à quelques centaines de pas où fut bâtie une église de son nom, pour conserver à jamais sa mémoire[3]. Cette glorieuse mort arriva le 26 octobre, dans les premières années du second siècle. »

« Tous les manuscrits nous disent, ajoute le R.P. Carles, que le père des neuf vierges, Catellius, était roi, préfet ou gouverneur de la Galice et de la Lusitanie ou Portugal et qu'il résidait à Belcagie, capitale de ses Etats : *cujus regni caput Belchagia*. Cette ville ou résidence changea plusieurs fois de nom : *quæ posteà Estuciana civitas vocata fuit* (Anciens bréviaires). Elle fut plus tard appelée Bayonne. Les auteurs espagnols nous font connaître la situation de cette ville : elle appartenait à la Galice et elle était voisine de la cité de Tuy, qui est sur le Minho *In civitate Gallæciæ dicta Belcagia, quæ nunc dicitur Bayona, prope civitatem dictam Tudensem*, dit le Faux-Julien. Le Propre d'Espagne donne les mêmes détails. Un évêque de Tuy, Sandoval nous apprend qu'elle était placée aux extrémités de l'Occident : *Inter finitimos occidentis*. Bayonne d'Espagne est, en effet, sur les bords de la mer, à la dernière limite occidentale de la Galice.

« Mais quelques auteurs, à l'occasion de sainte Quitterie, voudraient substituer la Gascogne au Portugal. Il

---

[1] *Tradition locale* reproduite à Sainte-Bazeille dans des cantiques français et patois de l'an 1710.
[2] *Ibidem*.
[3] *Ibidem*.

faut se souvenir ici que les Gascons, comme le dit Dom Vaissete (*Géographie hist.*, t. VII), étaient des peuples espagnols, qui habitaient la Biscaye et la Navarre; ils passèrent les Pyrénées au VIe siècle, pour s'établir dans le Labourd et la Soule : telle est l'origine du peuple Basque (Vascon), qui n'a pas encore perdu sa langue et son autonomie. On peut donc faire de sainte Quitterie une Gasconne sans qu'elle cesse d'être une Espagnole; les Gascons étaient bien voisins de la Galice. L'ancien Propre d'Agen (1727), dans son *Hagiologium*, dit que sainte Livrade était gasconne : *Ex Vasconia oriunda*; ce qui ne l'empêche pas d'être espagnole ou portugaise.

« Quelques martyrologes (Molanus, Greven) et le *Gallia Christiana* adjugent sainte Quitterie à la Gascogne; cela n'est pas étonnant, puisqu'elle est morte à Aire et qu'elle a rempli tout ce pays de sa renommée[1].

« On a trouvé dans quelques auteurs, comme dans Villégas, le mot *Gallica* au lieu de *Gallæcia*. Ceci n'est guère concluant; l'erreur était facile à un copiste; mais le nom de Lusitanie est uni si souvent à celui de Galice, qu'il est décisif contre la Gaule.

« Mais quelle pouvait être la puissance de Catellius? Nous lisons dans les actes de sainte Quitterie : *Erat quidam rex magnus super omnes occidentales, Catellius nomine, habens uxorem nomine Calsiam* (manuscrit de Rosenthal, Bollandistes). Ceci est certainement emphatique. Nous savons cependant qu'Auguste divisa l'Espagne en trois grandes provinces, la Bétique, la Lusitanie et la Tarragonaise. Si Catellius était à la tête de la seconde, sa puis-

---

[1] Les espagnols font venir sainte Quitterie dans la *Vascetania*, où elle est martyrisée. Mais la *Vascetania* n'est autre que le pays de la Soule, la Gascogne française (Ohiénart). Voilà donc les espagnols confirmant nos traditions locales d'Aire et de tout le pays.

sance était considérable et il pouvait avoir juridiction sur le tiers de l'Espagne. Un texte du Faux-Julien nous dit plus simplement : *Quæ (novem sorores) fuerunt filiæ Lucii Severi, consularis et præsidis Gallœciæ et Lusitaniæ, civis Bracarensis et ejus terræ reguli* (*Apud Migne*, col. 331).

« Cardoso dans son martyrologe (*Martyr. Lusitan.*) et Sandoval (*Historia Eccles. Tudensis*) se faisant l'écho d'une ancienne tradition, nous disent que nos vierges furent baptisées, instruites et fortifiées dans la foi par l'évêque de Tuy, Mantius, et par l'évêque de Braga, Ovidius, qui vivait au second siècle. »

« Les Actes, Du Saussay, Monlezun, Trugillo, le Propre d'Espagne, le Faux Dexter, peuvent varier entre eux de quelques années, mais tous s'accordent pour assigner le second siècle.

Sainte Bazeille a-t-elle été martyrisée dans la ville qui porte son nom près de la Garonne? La vieille chronique de Bazas (*Chronicon vasatense* de J. G. Dupuy, déjà citée au chapitre I de la présente *Histoire*) s'exprime ainsi : *Mire commendatur (locus) reliquiis divæ Baziliæ, quæ ibidem pro Christi defensione capitis obtruncatione coronam martyrii promeruit*. (Extrait de la Préface). Je trouve une nouvelle preuve de notre tradition, ajoute le R. P. Carles, dans le silence des auteurs espagnols. Tamayo de Salazar nous apprend qu'avant lui c'est à peine si on a signalé sainte Bazeille en Espagne : *Ejus acta separatim nullus scripsit* (Martyrologe espag. 29 août, page 613). Il ajoute même qu'il n'a jamais été question de son martyre : *De agone altum silentium* (page 613). Pourquoi ce silence, sinon parce que la sainte est inconnue en Espagne? Les Espagnols, on le sait, sont très jaloux de leur Martyrologe national et ils ont inséré souvent des saints qui ne leur appartiennent pas. Il n'y a qu'à lire Tamayo, toujours zélé à multiplier les saints de son pays : *semper ad multiplicandos Hispaniæ sauctos promptus* disent les Bollandistes (P. Solier, 20 juillet). Si les espagnols ne connaissent pas le martyre de notre sainte, il faut en conclure rigoureusement qu'elle est morte loin de l'Espagne.

« Enfin, les rares auteurs qui en ont parlé, ne s'entendant nullement entre eux, nous fournissent une dernière preuve en faveur de notre tradition. Il faut faire ici trois observations.

« 1re observation. Les auteurs l'ont confondue avec une autre sainte du même nom, honorée à Syrmium, dans la Pannonie inférieure, le 29 août. Ne la trouvant pas, en effet, dans leurs propres Martyrologes, ils l'ont cherchée ailleurs et ils ont cru la découvrir dans cette note des Martyrologes étrangers : *Syrmio, sanctæ Basillæ virginis*. C'est au XVIe siècle qu'ils firent cette trouvaille et c'est probablement le Faux-Julien qui en est l'auteur ; il a été suivi par Bivar, Equilinus, Tamayo et deux ou trois autres. Les Bollandistes ont fait justice de cette erreur : *Non libet adducere hispanos quosdam, qui Basillam cum Syrmio Hispaniæ suæ adscribere conati sunt* (Bolland. 29 août). Ils ajoutent que d'autres auteurs de cette nation, plus prudents, ne sont pas tombés dans cette méprise : *Nam ipsi etiam hispani prudentiores fabulis hujusmodi fidem negant* (Ibidem).

2me observation. La vierge de Syrmium n'a jamais été honorée comme martyre ; de là un grand embarras pour les espagnols. Equilinus, ne lui reconnaissant pas cette qualité, ajoute ces mots : *Ipso die obdormivit in Domino* (Apud. Migne. Col. 327). Bivar et Tamayo, au contraire, veulent qu'elle soit martyre, à cause sans doute de la tradition primitive, qui enseigne que les neuf sœurs versèrent toutes leur sang pour la foi. Cette diversité de sentiments est significative et dévoile l'erreur.

3ᵐᵉ observation. Il fallait trouver en Espagne un Syrmium, qui n'existe pas. Il y a dans l'ancienne Bétique, sur les bords de la mer, la ville de Sexti-Firmium ; c'est là que les espagnols ont placé le martyre de la vierge. Le Faux-Julien écrit, il est vrai, *In civitate Firmii* (Apud Tamayo, 29 août) ; mais les autres écrivent *Syrmiun*, pour être d'accord avec le Martyrologe étranger, qu'ils ont copié. Tamayo cependant est contraint d'avouer que Syrmium n'existe pas et qu'il y a là une correction à faire : *Loco Symii reponendum Sexti-Firmii* (26 mars, page 407). Ils se sont donc trompés. Baronius, dans le Martyrologe romain écrit : *Apud Smyrnam, sanctæ Basillæ virginis*. Mais Châtelain et beaucoup d'autres font remarquer qu'il faut lire *Syrmium*. (Voir les Bollandistes au 27 août).

Un autre auteur espagnol, Jérôme de la Higuéra, ayant lu un manuscrit fautif, portant *Syrio* au lieu de *Syrmio*, fait mourir la Sainte dans la Syrie. Enfin un nouvel auteur la confond avec sainte Basilisse, du 9 janvier.

4° M. l'abbé Caudéran, curé de Saint-Palais de Négrignac (Charente-Inférieure) qui a fait un travail sur les neuf sœurs, transmit le 18 avril 1877, à M. Jaffre, la légende suivante :

« Un haut fonctionnaire romain de la noble famille Catillia, pendant l'exercice de sa charge dans le nord de l'Espagne, se maria avec une noble indigène que les légendes appellent Calsia, Alfia et dont le vrai nom serait peut-être Talisia. Il me faudrait voir d'anciennes chartes pour le déterminer. Ils eurent neuf filles dont plusieurs jumelles (toutes neuf, dit une légende). Baptisées par leurs nourrices, elles vouèrent à Dieu leur virginité. C'était au second siècle. Les légendes nous rappellent les guerres qui, à cette époque, ensanglantèrent le sol de l'Espagne, en faisant envahir la Lusitanie par le jeune roi (gouverneur) de Sicile. La paix est conclue et le mariage de Libérate avec le vainqueur doit en être le garant.

« Mais Libérate est chrétienne, elle est vierge et vouée à Dieu. Son refus est puni de mort. Ses sœurs aussi subissent le martyre en divers lieux, parce que pour épargner un crime à leur père, elles ont fui. Ce fond est certainement vrai, mais beaucoup de détails restent à éclaircir.

« Je sais que les familles Catillia et Talisia étaient très florissantes en Aquitaine. Les copistes ont estropié de quatre façons différentes le nom de la ville dont Catillius était le gouverneur: *Blancagia, Blacagia, Belcajia, Planatia*. Le Bollandiste demande qu'on lui montre cette ville la plus peuplée de la région et inconnue de toute l'histoire. »

Le même abbé avait l'obligeance de m'adresser le 7 juin 1887 une lettre dont j'extrais les passages suivants :

« La légende des neuf sœurs, authentique au fond, a été interpolée, embrouillée, falsifiée par le traducteur, les copistes, les commentateurs, les correcteurs.

« Le père, Catellius ou Catillius est roi d'une ville située dans les Pyrénées, à l'époque romaine. Cela veut dire qu'il est ou bien gouverneur d'une province romaine ou le premier dans un municipe important. Dans le premier cas, cette province ne peut être que la Galice ou la Biscaye, et comme les gouvernements se donnaient ordinairement à des consulaires, l'historien espagnol Tamayo a cherché dans les fastes des consuls et trouvé un Caïus Atilius, qu'il donne pour père aux neufs sœurs, en corrigeant et modifiant le texte.— Dans le second cas, l'embarras est moindre : les familles clientes des Caton donnent des Catulius, Catilius, Catellius avec toutes les nuances d'orthographe.

« La ville principale est appelée *Blancagia* ou *Belcagia*

ou *Castrum Lucii* (qu'on a cherché dans tous les Castelblanco de Castille et les Castelbranco de Portugal). En désespoir et grâce à une leçon *Plancagia* on a fini par remplacer le nom douteux et par inscrire à la place *Pallentia*, ville du nord de l'Espagne. La dernière édition de notre office de La Rochelle adopte cette interprétation que je crois erronée. Pour moi, *Belcagia* est la forme la plus vieille, mais on l'a mal lue. Si on lit *Bescagia* (par s longue et non par l) ou mieux Bascagia, on retrouve facilement le nom de la Biscaye ou province basque.— *Blancagia* est déjà une fausse lecture, doublée d'une interpolation : déplacement de l et addition de l'n. — Plancagia et Planatia s'écartent de plus en plus. Je conclus avec l'ancien Propre d'Agen que le père était gouverneur de Biscaye ou de Gascogne, en donnant à ce dernier nom une signification plus vague que celle que lui ont faites les délimitations géographiques.— L'autre ville nommée est Baïona : de là dispute entre notre Bayonne et Baïona de Tudèle, l'espagnole.

« Uno partu natæ, toutes neuf jumelles ». Ce mot ne se trouve pas dans les manuscrits. On peut donc le mettre en doute, ainsi que l'explication qu'il entraîne. Cependant je crois à des jumelles, au moins à trois : ce serait cette fréquence de gemellations qui aurait effrayé la mère.

« Quant à la disparition momentanée des enfants, ce fait n'a rien d'extraordinaire, à une époque troublée, où le père était probablement presque toujours à l'armée et la famille bien enfermée dans un château fort.

« La fuite des neuf sœurs. La situation authentique des tombeaux de Quitterie à Aire, de Bazeille à Sainte-Bazeille et de Gemme à Corme-Royal près de Saintes, indique bien la marche du tyran, soit le père, soit l'époux, soit l'empereur. Elles fuyent d'Espagne pour aller dans un pays moins tourmenté, peut-être près d'un parent qui leur donnerait protection. »

5° Voici ce que raconte la tradition orale exactement reproduite dans un cantique composé en français et en patois l'an 1710 par Pierre Riffaud, natif de Sainte-Bazeille, curé d'Auriolle près de Pellegrue (*Arch. de M. Labory*) :

« Sainte Bazeille avait huit sœurs qui moururent vierges et martyres ; mais notre Sainte souffrit la première. Le père était païen, gouverneur de Galice et s'appelait Catellius. Païenne aussi, la mère, du nom de Calcia, s'enorgueillissait de sa grossesse et demandait aux dieux la naissance d'un garçon. Trompée dans ses espérances, elle mit au monde à sa grande confusion, neuf filles jumelles. Sourde à la voix du sang, elle charge la sage-femme de les faire noyer. Celle-ci est chrétienne ; elle les recueille et les élève dans notre sainte religion.— Quelques années plus tard, Catellius persécute les chrétiens avec fureur. Dénoncées, les neuf sœurs sont amenées devant lui, dans son palais et reconnues. Le père dit à sainte Bazeille : « Rends grâces à nos Dieux, car je veux te marier à un puissant seigneur. » « Me marier ! répond la jeune fille, je ne veux point, je ne connais qu'un Dieu, qu'un Christ ! » A ces mots, plus méchant qu'un tigre, le persécuteur s'écrie : « Choisis ou de perdre la tête ou de faire ce que je veux. »

« Bazeille profite d'un délai qui lui est accordé, pour s'enfuir dans d'autres régions et servir le vrai Dieu. Catellius la fait poursuivre et la poursuit lui-même. Il l'atteint bientôt dans un bois où elle s'était réfugiée. A la vue de son père, la jeune fille tombe à genoux. Mais plus irrité que jamais, Catellius lui tranche la tête en s'écriant : « C'est ainsi qu'on venge nos dieux ! »

« De cette tête tranchée coulent du sang et du lait, dont l'un est la marque du martyre et l'autre le signe de la chasteté. En même temps la tête de sainte Bazeille fait neuf bonds et neuf sources jaillissent. C'est là qu'on voit une chapelle aux *Neuffons*. A peine décapitée, la vierge-martyre prend sa tête dans les pans de sa robe et la porte à quelques centaines de pas, à l'endroit où l'on bâtit une église en son honneur. Son cœur y repose sous terre et les femmes enceintes y viennent demander une heureuse délivrance et les fidèles y prient pour détourner la mort subite des pécheurs obstinés et obtenir leur conversion. »

Les Bollandistes ont regardé comme insoluble la question de la vie et de la mort de Sainte Bazeille. L'épisode des neuf sœurs jumelles a été avec raison un épouvantail pour les historiens. Les recueils des *Vie des Saints* n'en font aucune mention. Le *Martyrologe de France* de Du Saussay, le *Sacrum Gynecæum* d'Arthur du Moustier, le *Martyrologe universel* de Châtelain n'en soufflent mot. La tradition locale et quelques bréviaires en parlent seuls et sont loin de s'accorder toujours.

II. — *Titre primitif de la fondation de la dîme inféodée de la chapelle de Mothes de Sainte-Bazeille*
1369

(*Archives de la famille de Peyrelongue.*)

In nomine Domini Amen. Noverint universi quod nos officialis vazatensis die datæ infra scriptæ ad causas ordinarie audiendas et jura reddenda apud Vazatum die datæ infra scriptæ pro tribunali sedentes, vidimus, tenuimus, inspeximus, legimus, seu pro lecto habuimus quoddam publicum instrumentum non viciatum, non cancellatum, non abolitum, nec in aliqua sui parte suspectum, sed omni prorsus vitio et suspicione carens, prout in eodem legebatur et prima facie apparebat nobis presentatum pro parte venerabilis capituli ecclesiæ vazatensis, cuius quidem instrumenti tenor talis est :

Conoguda causa sia que com na Maienssa de Lengon qui fo, dementre que vive agosa instituit et dotat una caperania entro a la valor de quinse livres de renda annuala deserviduira en la glisa de Sancta-Bazeilha et dius agos feit son comandament per mort de la deita na Maienssa de Lengon sens que no agos assignat a la deita caperania les deites quinse livres de renda annuala, en laqual caperania mossen Laurens de Lansac prestre sia caperan instituit loqual aga feit apelar per davant londrat seinhor lo senhor official de Bazatz na esclarmonda de Jusics, molher den Ramon Mota, donzet, cum plus prusmara hereteira et tornaleira de laditta na Maienssa de Lengon que fo, et de sos bens et causes, a laqual aga demandat per davant ledit senhor official de Bazats que l'assignes com a caperan instituit a la dita caperania les deites quinze livres de rende annuals per la maneira que la deita na Maienssa ave ordonat en son darrei testament, segont que lodeit mossen Laurens de Lansac com a caperan instituit en la deita caperania et la deita Esclarmonda de Jusix dissoren et reconegoren.

Es assaber que lodeit mossen Laurens de Lansac com a caperan instituit en la deita caperania, et la deita na Esclarmonda de Jusix per sin et per sos hers et successors ab autrey del deit en Ramon Mota son marit se son abenguts enter lor en la maneira et condition que sensec, so és assaber que la deita na Esclarmonda de Jusix ab autrey

volontat et autoritat deldeit son marit cum hereteira et
tornaleira dels bens et causas que foren de la deita na
Maienssa de Lengon per rason de les deites quinse livres
de renda aldeit mossen Laurens degudes cascun an per
rason de ladeite caperania, a ensenssat et ensenssa ab la
tenor et per la tenor daquesta present carta aldeit mossen
Laurens de Lansac cum a caperan instituit en la deita
caperania, tota la part que era ha en les deymes de Sancta
Bazeilha, de Thyvras et de Betpuch, et plus totes les
arrendes et oblies que a ladeita son deguges al loc de
Sancta Bazeilha, exceptat los ters et los quarts del jorn de
la data daquesta present carta entro a la prumeyra festa de
nedal pres denament venent, et de la deite prumeyra festa
de nedal qui ven, a tres ans ampres avenedors complidors
et acabadords, del tot per aver culhir et recebre per lot
deit mossen Laurens o per son commandament tot lodeit
terme, dens loqual terme dessus deit ladeita na Esclarmonda ab autrey desdeit son marit a promes et autreiat
al deit mossen Laurens de Lansac que era assignera ladeita
caperania aldeit mossen Laurens cum caperan daquera
lesdeites quinse livres de renda en bon fius francs et sufficiens, et en lo cas que no les assignes que a bolgut et
autreiat ab autrey deldeit son marit que lo deit mossen
Laurens per rason de lesdeites quinze livres a luy degudes
cascun an per rason de ladeita caperania aia et prenga
longadament de temps lesdeites deymes a leys apartenens
a Sancta Bazelha, a Thyvras, a Betpuch, et les avant deites
oblies et rendes dessus expressades et fassa de tot en tot
per rason de lesdeites quinse livres tant entro na Esclarmonda o sos hers lagen assignat cum a caperan de ladeita
caperania les deites quinse livres de renda franques en
franc alo. Et si per aventura la deita na Esclarmonda o sos
hers assignaven aldeit mossen Laurens o a ladeita caperania

les deites quinse livres de renda franques en franc alo, en
aquet cas lodeit mossen Laurens devré et seré tengut et a
promes de rendre et restituir a la deita na Esclarmonda o
a sos hers les deymes et rendra soltament, equitament et
sens tot contrast. Et a bolgut et comandat et commanda
la deita na Esclarmonda ab autrey deldeit son marit ab la
tenor daquesta present carta a totz aquets als quals a present
aparten et apartenir poyra, que dassi avant paguien aldeit
mossen Laurens so que a leys apartendra o devra apartenir de les deites deymes et les deites rendes que a leys
seran degudes en lo deit loc de Sancta Bazelha et poder
d'aquetz, exceptat los ters et los quarts tant longadament
et tant de temps, entro que era o sos hers lagen assignat
les deites quinse livres de renda et a promés et autreiat la
deita na Esclarmonda de Jusix ab autrey volontat deldeit
son marit que era encontra la deita ensenssa en la present
carta contenguda no vendra ni venir fera per sin ni per
entrepausada persona en judjament ny defore en cort segu-
lar ny de gleisa ab bon guih ni a mal guich en degun
temps ni en degun loc, per degune maneira. Et na renun-
ciat sober asso la deita na Esclarmonda ab autoritat que
dessus a la action et exception en feyt et al beneffici de
restitution en entegre et al dreit que aiuda als deffraudatz
et decebutz et deffraudades et decebudes oltra la meytat del
just et driturey pretz o en autre moneyra es secourut, et a
la ley Julia de font dotal, et a la ley si qua mulier, et al
dret del senat consult belleyan feyt et introduit en subsedi
et en favor de les molhés, et a la costume de Bazadés et
al dret disens que nul contreyt, permission ny obligation
que molher fassa estant en poder de marit a son preiudici
no bal ni ten, et a tota altra aiuda de dreit scriut et no
scriut feyt et a far canon et civil divin humonal special et
general, et a tot for et a tota costuma et a tot usatge et a

tot establiment de loc et de terra et a totes et sengles exceptions de dreit et de feyt declinatoires peremtoires et altres quals que sien et estar pusquen ni degen que aiudar ni baler lo poscossen et degossen a benir o far benir, en tot o en alcuna partida per dugana maneyra per que o per quals la present carta et causas en hera contengudes per dreit o per costuma o efors poscossen o degossen estre impugnades contradeites cassades revocades irritades annulades nulles prononciades enfrintes et affeblides en alcuna maneyra volens et autreians ladeita na Esclarmonda ab autoritat que dessus que aquesta general renontiation aga et aver pusca et dega autant de valor fermetat efficassia et effeyt on cascun dels cas et articles en la present carta contenguts cum si tot et sengles li cas et li artigle de drit et costuma et dels autres causas dessus deitas contraris et adversals, et totes et sengles les renonciations opportunes et necessaris y heren expressatz et expressades declaratz et declarades, renuncians sober asso la medissa na Esclarmonda a la costuma de Bazades et al drit disens general renonciation no valer ni toler drit al renunciant al cas que expressatz no son, et aysso ha mandat promés et autreiat ladeita na Esclarmonda de Jusix per sin et per sos hers ab autoritat que dessus far tener et complir et no bier en contra en et sotz obligation de totz sons bens et causes mobles et non mobles on que sien ni estre degen per totz locz et que en ayssi ho tenga cum deites et que no benga en contra que hec ha jurat als sans evangelis Diu tocat corporalment de sa man dextra et desso bolgoren lesdeites partides que fossen feites dues cartes de una tenor so es assaber a cascuna partida una tant bones et tant fotz et sufficiens cum far poyri ni sabri ab cosselh de savis sens aiudar substancia del feyt. Testes Ard. Prebost, Guillem Bayle, Guillem Carreyra et senheron de la vila notari del principat de Guyayna que la present carta inquiri escrigo et son senhal i pauset. Actum decima nona die Januarii, anno Domini millesimo trecentesimo sexagesimo nono, regnante domino Edouardo, Dei gratia Angliæ rege, domino Hæberniæ, dominoque Edouardo eius primogenito principe Vall. et Aquitaniæ duce, Cornual.comite. Teste G. Bazatensi episcopo. In cuius quidem visionis tentionis inspectionis et prelectionis fidem et testimonium et quod huic presenti transcripto, seu vidimus tanquam originali instrumento publico fides plenaria adhibeatur, Nos officialis Bazatensis predictus sigillum ordinarium curiæ nostræ huic pnti transcripto seu vidimus jussimus impendendum et apponendum. Actum et datum Bazati die vicesima nona mensis aprilis anno Domini millesimo quadringentesimo vicesimo secundo in presentia et testimonio venerabilium et discretorum virorum dominorum Bernardi de Prato, in utroque jure bacallii, Petri de Saboario, presbiterorum, et magistri Guillelmi Arnaldi Calhani, notarii Bazati ad premissa presentium et testium predictorum.

Et mei Raymundi de Solnihaco clerici curiæ Bazati publici auctoritatibus imperiali ac dominorum de capitulo notarii qui premissis visioni, tensioni, inspectioni, prælectioni et omnibus aliis supradictis dum sic ut pronunciarentur agerentur et fierent una cum prenominatis testibus presens fui et presens transcriptum seu vidimus ... extraxi et in hanc publicam formam manu mea propria redegi signoque meo consueto... signavi in fidem et testimonium omnium et singulorum una cum appentione dicti sigilli.

Collationne par nous cons^{er} sec^{re} du Roy maison et couronne de France et de ses finances.

DE LABAT.

III. — *Instrumentum assignationis dotis domine Indie filie nobilis viri Domini Jordani Insule*

(Somme de Lisle CLXXVIII)

Noverint universi quod cum Bertrandus de Calvomonte, domicellus, et Domina India, filia nobilis viri Domini Jordani, domini Insule, militis, ad invicem matrimonium contraxissent, per verba de presenti predicta India, tempore dicti matrimonii et ratione et causa dicti matrimonii, dedit, constituit et assignavit in dotem dicto Bertrando totum hoc generaliter et specialiter quod ipsa India habebat et habere debebat ullo modo apud Gontaudum et Pinolibum (ou Pujolibum — Pinols ou Pujols?) et Sanctam Bazeliam; dedit etiam et constituit dicta India prefato viro suo in dotem et nomine dotis in pecunia numerata mille marchas argenti, de quibus idem Bertrandus se tenuit pro bene paccato et contento, recognoscens et confitens idem Bertrandus de predictis mille marchis sibi ab ipsa India plene satisfactum fuisse, renuncians super hiis exceptioni non numerate et non recepte pecunie, et ibidem predicta India dedit dictas res dicto viro suo cum modis et formis et conditionibus infrascriptis; et ibidem prefatus Bertrandus dedit et assignavit et constituit dicte Indie in dotem et donationem, propter nubcias seu sponsalicii largitione seu augmento dicte dotis, mille marchas argenti cum modis et conditionibus infrascriptis: ita, videlicet, dedit et constituit dicta India dotem prefatam dicto viro suo quod dictus Bertrandus et dicta India insumul, dum vixerint, habeant et teneant et possideant dictas res dotales, et, si contingat dictum Bertrandum premori seu decedere sine prole legitima descendenti ex dicto matrimonio, dicta India superstite, dicte res dotales et dicte mille marche argenti donationis, propter nubcias seu sponsalicii largitate seu augmenti, redeant et libere revertantur ad dictam Indiam et ejus heredes pro eorum voluntate dicte Indie et ejus heredis, perpetuo facienda. Pro quibus mille marche dictus Bertrandus obligavit dicte Indie omnia castra sua cum omnibus pertinenciis suis et bona sua et jura mobilia et immobilia ubicumque sint tenenda, possidenda per dictam Indiam et ejus heredes, quousque de predictis mille marchis dicte Indie esset plenarie satisfactum, fructibus medio tempore perceptis per dictam Indiam vel ejus heredes ex dictis bonis in summam mille marcharum nomine computatarum. Sed dictos fructus habeat dicta India et ejus heredes ex puro dono et mera liberalitate dicti Bertrandi, ita, videlicet, ut predicti fructus ex tunc vel ex nunc pura donatione et irrevocabili inter vivos dicte Indie et ejus ordini et heredi ejus deveniant pleno jure si dicta India decepsit sine infante vel infantibus ex viro suo predicto legitime procreatis; si vero dictus Bertrandus decesserit, superstite dicta India et liberis existantibus, quod res predicte ad dictam Indiam libere revertantur. Si vero dicta India decesserit, infante vel infantibus ex ipsis legitime procreatis, existante dicto Bertrando vel non stante, voluit et concessit etiam dictus Bertrandus quod dicte res dotales deveniant ad dominum Jordanum, patrem dicte Indie, si vixerit tamen; si non vixerit, quod dicta bona deveniant plene ad Jordanum filium dicti domini Jordani vel ejus heredes pro omni eorum voluntate plenarie facienda. Fuit insuper positum et concessum quod, si dicta India decederet, dicto Bertrando superstite, filiis et filiabus existentibus ex ipsis legitime procreatis, quod dictus Bertrandus habeat de dictis bonis dotalibus mille marchas argenti, pro quibus obligavit dicta India dicto Bertrando omnia sua bona, sua castra et jura mobilia et immobilia ubicumque sint presentia et futura, ita ut illa habeat, teneat et possideat, quousque de predictis mille marchis argenti sit eidem integre satisfactum. Hec autem omnia predicta juraverunt predictus Bertrandus et India predicta super sancta dei evangelia, alter alteri servare, tenere et complere et non contravenire per se vel per alium ullo modo. Imo renunciaverunt expresse, sub virtute juramenti, exceptioni non numerate et non recepte pecunie et exceptioni doli, fraudis et omni alii benefecio juris canonico et civili, pro quibus vel aliquo predictorum et obesse alter alteri vel alicui in toto vel in parte, et renunciaverunt insuper omni exceptioni, defentioni, et voluerunt quod renunciationes generales valeant tantum et eamdem obtineant firmitatem ac si speciales essent apposite ibidem et contente. Hoc fuit ita positum et concessum decima quarta die introïtus Junii regnante Philippo Rege Francorum, Bertrando episcopo Tholosano, anno ab incarnatione Domini M° CC° LXX° primo. Ad hec sunt testes Dominus Bertrandus, Dei gracia comes Convenarum; Donatus de Coramano et Bertrandus Arnaudi de Levinhena, milites; Guillermus Bartholomei, clericus Domini episcopi Tholosani et Arnaudus Arguanhati, archipresbyteri de Insula; Ramundus de Castronovo et Hugo de Palacio, domicellus; et Petrus Arnaudi de Dalbs, publicus Tholose notarius, qui cartam istam scripsit.

Copia presens fuit correcta cum originali per me Petrum Defouresio notarium Tholose publicum in quorum fidem signum meum publicum apposui, ut ecce P. de fouresio.

(Transcrit et communiqué par M. Dumas de Rauly, Archiviste de Tarn-et-Garonne.)

(Voir la lettre de Philippe IV dit le Bel à la fin du document V qui suit :)

IV. — *Hoc tangit factum de Sancta Bazilia et de Landerrone super quibus violenciis et gravaminibus illatis bajulis dictorum locorum.*

(*Somme de Lisle f° v°*LXXXIIII)

Notum sit omnibus quod anno Domini millesimo trescentesimo secundo, die Martis ante festum beati Michaellis videlicet, septima die exitus mensis septembris, nobilis vir dominus Laurencius de Cajarco, miles, in presencia testium subscriptorum, ostendit et per me notarium infrascriptum legi fecit quoddam publicum instrumentum, inquisitum, ut prima facie videbatur, per magistrum Johannem Guillermum de Cassanay, publicum notarium ville de Regula, scriptum per manum Petri de Pugbonet, cujus tenor de verbo ad verbum sequitur in hunc modum : Notum sit omnibus quod, anno domini millesimo trecentesimo secundo, die dominica ante festum beati Mathei, apostoli videlicet, XVI die introitus septembris, in villa de Regula ante castrum nobilis viri domini Laurencii de Cajarco, custos administrationis seu tutelle liberorum Anassencii de

Cavomonte, domicelli quondam deffuncti, et Bernardus de Moleria, bajulus nobilis viri domini Jordani de Insula militis, dominorum sancte Bazilie et Landerronii, militis, in presencia testium subscriptorum, per me notarium infrascriptum legi fecerunt coram nobili viro domino Guillermo de Aulesi, milite castellano dicti castri, quandam appellationem in quadam cedulla scriptam tenore qui sequitur continentem : quia appellationis remedium est inventum ad rellevandum opressos et contra justitia aggravatos nec non ad impediendum processus judicium prepositorum castellanorum et aliorum quorumcunque justiciariorum propterea et in quantum procedentium. Vosque castellanus de Regula unacum castellano de Sancto Machario collega vestro ut dicitur in hac parte gravaveritis minus juste et irracionaliter prefatos dominos de Sancta Bazilia et de Landeronio et eorum locatenentes seu bajulos et eorum altam et bassam juridictionem quam in dictis locis habent quia eorum carcerem fregistis seu frangi mandavistis temere et de eodem carcere extracistis seu extraxi fecistis quemdam hominem quem captum tenebant in ipso carcere in forcis vinculis mancipatum suis meritis exigentibus et ex eo etiam quia apud Landarronum in juridictione immediata dictorum dominorum et de hiis quæ in dicto loco dicuntur fore comissa et perpetrata in domo Geraldi de Juxiis et contra eum gentes et familiam suam de quibus cognitio curia et judicium ad plenum fuit reddita dominis antedictis per nobilem virum dominum Johannem vicedominum Ambianencem dominum de Pinquonio ad partes Vasconnie pro reformatione patrie auctorite Regis destinatum ex mandato et litteris sique sunt subreptice impetratis a dicto vicedomino, inquestam fecistis in loco de Landarono et de facto cum de jure non possetis et intendatis etiam usurpare juridictionem dictorum dominorum de Sancta Bazilia et Landerrono et aufferre eis juridictionem, cognitionem et executionem que ad ipsos dominos pertinent cum intendatis aufferre capere personas que de dictis forefactis culpabiles sunt nominati et abs contra ipsas procedere faciendo ut videtur prima facie littere vestre in gravamen et prejudicium dictorum dominorum et bajulorum suorum nosque Laurentius custos et Bernardus de La Moleria bajulus supradicti dictorum dominorum eorumque locatenentes in dictis locis de Sancta Bazilia et de Landerronio senciamus predictos dominos et nos et juridictionem predictorum locorum et nos in personas et loca eorum indebite pegravari per vos castellanos predictos et jus dictorum dominorum et nostrum contra justiciam seu ledi ne aliter super predictis perpetratis ut dicitur cognocendo vel aliter possitis quoquo modo procedere de facto cum de jure non possitis contra nos et dominos dictorum locorum a vobis et vestrum quolibet ex predictis gravaminibus et eorum quolibet et aliis gravaturis in causa appellationis exprimendis nos custos et bajulus antedicti pro dominis antedictis et eorum nomine et nostro quathemus possumus et debemus ad dominum nostrum Regem Francie vel ad illum ad quem de jure fuerit appellandum in hiis scriptis provocamus et appellamus et petimus instanter appostolos nobis dari ; quod si dari denegaveritis et interim de hoc appellamus ut supra supponentes predictos dominos et predicta loca de Sancta-Bazilia et de Landerronio cum jurisdictionibus et aliis omnibus pertinenciis suis et nos et nostra et alia bona dictorum dominorum cum hominibus et subditis suis nec non procuratores, fautores et consiliarios et coadjutores eorum et eis adherentes protectioni predicti domini Regis et illius ad quem prius appellatio tenebit et valebit requirentes te Guillermum de Cossanis publicum notarium ville de Regula inde fieri publicum instrumentum. Et ibidem illico dictus dominus Castellanus legi fecit duas comissiones quarum tenor unius sequitur in hunc modum : Johanes vicedominus de Puiquonio miles domini nostri regis ad partes istas pro refformatione patrie a domino nostro Rege commissarius depputatus nobili viro domino Guillermo de Aulesy de Regula militi et Guillermo de Roussilione castri sancti Machari salutem. Significatum est nobis quod nuper apud Landarronum homicidia, invasiones, vulnera et enormes excessus cum armis commissa fuerunt per dominos Heliam et Arnaldum Bernardi de Seris, milites, fratres et Bertrandum de Sancto Michaelle et quosdam alios eorum complices in personis Geraldi Guillermi Garsie et Bertrandi Juzexs et quorundam aliorum, domos etiam predictorum frangendo, jocalia et res alias inde aportando et alia plura enorma commitendo quare vobis et vestrum cuilibet comitimus et districte percipiendo mandamus quathenus ad dictum locum personaliter accedatis et de predictis veritatem solicite inquiratis et quod inveneritis de predictis nobis fideliter refferatis ut nocentes debite punire possimus interim quos culpabiles inveneritis de premissis arrestetis et eorum bona sub manu regis teneatis. Datum apud Regulam, anno domini m° trecentesimo secundo, octavo die Augusti. — Tenor vero alterius commissionis sequitur sub hac forma : Johannes vicedominus Ambianensis dominus de Puiquonio illustri domini regis miles ad partes Vasconie et totius ducatus Aquitanie per dictum dominum Regem pro reformatione patrie destinatus dilectis suis castellanis de Regula et de Sancto Machario salutem et dilectionem. Cum nos vobis alias comiserimus quod informaretis vos super quibusdam homicidiis invasionibus, vulneribus et aliis excessibus in Landarronio perpetratis in personnam Geraldi de Juzixs et suos consocios vobis iterato mandamus et comittimus quathenus et non obstante quod nos predictam inquestam remiserimus nobili viro domino Jordano de Insula, militi, in quantum posset suam juridictionem tangere, inquiratis super predictis cum veritate potissime. Cum prout intelleximus presens causa pertineat ad dominum nostrum Regem in aliquo secundum tenorem cujusdam supplicationis quam vobis sub sigillo nostro mittimus interclusam et inquestam quam inde feceritis nobis quam citius poteritis apportetis vel mutatis sub vestris sigillis fideliter interclusam mandantes omnibus subditis dicti domini nostri regis vobis et vestrorum cuilibet in premissis et premissa tangentibus pareant et intendant. — Datum apud Aginnum die Mercurii post festum Assumptionis beate Marie Virginis, anno domini M° CCC° secundo. — Quibus commissionibus lectis dixit et respondit prefatus castellanus quod virtute earum tam ipse quam castellanus sancti Macharii, collega suus, in negocio de quo agitur in eisdem commissionibus jam processerant et procederent juxta traditam eis formam non obstante appellatione predicta maxime cum ipsum negocium tangat seu tangere videatur dominum nostrum regem et hanc responcionem suam idem castellanus precipit inseri per me supradictum notarium in hoc publico instrumento, presentibus testibus vocatis et rogatis Andrea de Laval, Aymerico de Cajarco, Guillermo Costa, Othone de Panessac, serviente domini regis, Colardo Gosselini et me notario supradicto qui hec inquisivi et per manum Petri de Pugbonet scribi feci et signo meo signavi : Actum est supra in principio Philippo Rege Francorum regnante, duce Aquitanie, tenente Petro, priore de Regula. Quo instrumento prolecto dictus dominus Laurencius per me legi fecit quandam litteram sigillatam nobilis viri vicedomini Ambiacensis ut prima facie apparebat sigillatam tenorem qui sequitur continentem :

Johannes vicedominus Ambianensis dominus Puiquonini, miles domini nostri Regis Francie ad partes Vasconie et ducatus Aquitanie pro reformatione patrie a majestate regia destinatus, castellano et preposito Reule et castellano sancti Macharii vel eorum locatenentibus, salutem. Cum ratione quorumdam excessuum in tenemento de Landarrone comissorum vos de mandato senescalli Vasconie teneatis arrestatos quosdam milites et domicellos dicti loci et ex parte nobilis viri domini Jordani de Insula, militis domini nostri Regis et Domini Laurencii de Cajarco, militis, custodis terre liberorum Anassercii de Cavomonte, dominorum dicti loci de Landarrone nobis extiterit supplicatum ut eisdem captos predictos remitti faciamus pro justicia facienda cum de hiis que in dicto loco convictuntur ad ipsos ut dominos cognitio et punitio pertineat pleno jure nolentes eorum juridictioni derogare vobis et vestrum cuilibet precipimus et mandamus quathenus vobis presentibus omnes illos quos occasione predicta captos detineatis eisdem domino Jordano pro et domino Laurencio nomine liberorum predictorum vel eorum mandato reddatis et restituatis pro meritis puniendis et servientibus per vos in dicto loco et in bonis dictorum captorum appositos amoveatis sine dilatione quacumque. Datum Burdigale die Martis ante festum Beati Petri ad vincula, anno Domini M° trecentesimo secundo. Reddatis litteras latoribus. Quibus instrumento et littera per me infrascriptum notarium lectis dictus Laurencius de Cajarco voluit et petiit de visione et inspectione eorum fieri publicum instrumentum, testibus presentibus Johanne Paussa, Galhardo Morlan, Arnaldo de Serris, Roberto Manhan, Bernard de Cayrols et me Michaelle de Sagasse, publico notario Reule qui hec rogatus et vocatus inquisivi et premissis interfui et per manum Petri de Pugbonet scribi feci et signo meo signavi. —

Actum anno et die quibus supra in principio, Philippo Rege Francorum regnante, ducatum Aquitanie tenente Petro, priori de Regula.

Hec fuerunt abstracta a suo originali per me Petrum de Fouresio notarium Tholose publicum in quorum fidem hec signo meo publico sequenti signavi.

P. DE FOURESIO.

Lictera Regia super facto de Landerrone excessu per bajulos dicti loci perpetrato contra dominum Jordanum de Insula.

fº VºLXXXVI. vº

Philippus Dei gracia Francorum Rex senescallo Vasconie vel ejus locumtenenti, salutem.

Mandamus vobis quathenus a dilecto et fideli nostro Jordano domino Insule, occasione cujusdam excessus olim per bajulos ville de Landerrone ad ipsum Jordanum et ad Isabellam relictam Amsancii de Sancta Basilia ad quemlibet pro parte media pertinentis ut dicitur perpetrati majorem summam quam dicte mulieri pro emenda nostra imposita fuerit non exigatis aliquathenus vel levatis nisi causa subsit rationabilis quam nobis indilate signifficari curetis. Actum Angleura, die Veneris post Pascha, anno Domini Mº Ducentesimo nonagesimo nono.

Hec fuerunt abstracta, etc.

(Fourès est le notaire qui composa le cartulaire ou Somme dit de l'Isle.)

(Transcrit et communiqué par M. Dumas de Rauly.)

VI. — *Compromissum inter D^{um} Jordanum quondam patrem,
ex parte una, et Jordanum ejus filium et Catherinam,
ex altera.*

Somme de Lisle, f° vi^e xxvii^{ro}

Notum sit quod in presencia mei Guillermi Fabri communis notarii sancte Bazilie et testium subscriptorum constituti nobilis vir dominus Jordanus, dominus Insule, illustris regis Francie miles, ex parte una, et Jordanus, ejus filius, et nobilis Catherina, uxor dicti Jordani, cum assensu et auctoritate dicti Jordani, viri sui, ex altera, super omnibus controversiis, questionibus et debatis que erant exorte usque in diem hodiernam vel oriri poterant quovismodo inter ipsos, et specialiter super ordinatione baronie sancte Bazilie et de Landerrone et super distributione fructuum et provenentium, idem super omnibus aliis questionibus et querellis que nate sunt vel invicem possent nasci exinde de alto et de basso, compromiserunt in Arnaldum de Fraxino, Ramundum de Casaleto, consules dicti loci sancte Baselie, et dominum Bernardum de Moleria, militem, et dominum Philippum de Guas, vicarium ecclesie sancte Baselie, Ramundum de Petralonga et Vitalem de Milotas tanquam in arbitros arbitratores seu amicabiles compositores, dantes eisdem generalem et liberam potestatem et speciale mandatum pronunciandi dictum suum ac voluntatem et ordinationem quomodolibet placuerit eis die feriata vel non feriata, stando sedendo semel et pluries, juris ordine servato vel non servato, in toto vel in parte, partibus auditis vel non auditis, vocatis vel non

vocatis, presentibus vel non presentibus et abs ubilibet et
quomodolibet ipsi dixerunt inter eligendum promittentes
per firmam et legitimam stipulationem prefatus dominus
Jordanus cuilibet conjugum predictorum stipullantium et
sub pena mille marcharum argenti et cuilibet conjugum
predictarum prefato domino Jordano stipulante a quolibet
eorumdem sub pena predicta mille marcharum argenti pro
quilibet comutanda in solidum, quod ipsi tenebunt, serva-
bunt et complebunt quidquid per dictos arbitros seu arbitratores pronunciatum fuerit seu comodolibet ordinatum,
volentes quod pena totiens comitatur per inobedienciam et
parti inobedienti totiens applicetur quotiens aliquis ipsorum
contra dictam pronunciationem venerit in totum vel in
aliqua sui parte, ita tamen quod pena commissa vel non
commissa, dictum et pronunciatio in suo robore perseveret
et pro predictis omnibus et singulis plenarie tenendis et
servandis obligaverunt invicem omnes et singuli supradicti
se et omnia et singula eorum bona presencia et futura in presencia discreti viri D^{ni} Bernardi Peleti, prioris et domini Mansi
Agennensis locumtenentis domini senescalli Vasconie prout
in quadam littera continetur, cujus tenor inferius est insertus,
et ad hec servanda constringi voluerunt per curiam dicti
domini senescalli tanquam pro re confessata coram ipso
judicata et que in rem transiverit judicatam et predicta
omnia et singula se servare plenarie tenere et complere nec
nunquam contravenire de jure vel de facto, in toto vel in
parte, aliqua ratione juraverunt prefati dominus Jordanus
et Jordanus, ejus filius, et nobilis Catherina, uxor sua cum
auctoritate et assensu dicti Jordani, viri sui, sacrosanctis
Dei evangellis corporaliter a se tactis, renunciantes per
juramentum predictum omni juri et consuetidini per quod
premissa vel aliquid de premissis et specialiter pene com-
missio et exactio possent impediri in toto vel in aliqua

sui parte. Èt ibidem prefati arbitrii arbitratores seu amicabiles compositores post multos tractatus varios et diversos inter partes habitos, communicato plurium proborum virorum consilio, partibus presentibus, et hoc cum instancia petentibus pronunciaverunt ut sequitur : Dicemus et pronunciamus quod nobilis vir Jordanus de Insulla, domicellus, et domina Catherina, uxor sua, super omnibus que habebant facere et possunt hinc usque ad diem hodiernam cum nobili viro domino Jordani, domino Insule, milite, patre dicti Jordani et subponant voluntati et ordinationi ejusdem nobilis viri domini Jordani, domini Insule, militis, ita quod idem dominus Jordanus dabit eisdem conjugibus omne jus et omnem actionem et omnem obligationem quam habet et habere potest et debet in terra seu baronia sancte Bazelie et de Landerone et pertinenciarum suarum ratione septem millium librarum turonensium quas olim solvit seu dedit nobili viro domino Johanni de Grely, militi, seu domino Petro de Grayli, filio suo, patre dicte domine Catherine et ratione debitorum per ipsum dominum Jordanum actenus solutorum vel abs quovismodo et ipsi conjuges quittent, cedant et donent quidquid usque ad diem hodiernam ratione fructuum perceptorum et que percipi potuerunt actenus ab ipso domino Jordano petere possent quovis jure scripto, non scripto vel consuetudine et quavisalia ratione. Item quod sit in electionem prefati domini Jordani an pro hiis que tenentur dictis conjugibus facere eisdem cujusdam compositionis inter ipsos facere apud Granatam in Tholosano prout in quodam instrumento publico confecto per manum Petri Guillermi Lombardi, locumtenentis domini Blancini Lupi, militis, quondam senescalli Tholose et autorisante domino Gedo de Malavilla, judice majore senescallie Tholose plenius continetur, donet, quittet et cedat dictis conjugibus duos denarios in dolio quolibet vini et in

navibus et ceteris rebus pedagialibus pro rata liberos et
quittos ab omni onere, hoc excepto quod teneatur contri-
buere in medio salarii et pretii procuratorum, avocatorum
et constumariorum necessariorum in omnibus causis motis
et movendis occasione debitorum que a domino Yzarno de
Bonisvilla debebantur et ea occasione quod limites et jura
terre seu baronie sancte Bazilie et de Landerrone sunt vel
dicuntur esse saisita seu restricta tempore quo dominus
Jordanus predictus gubernavit et tenuit terram predictam et
baroniam et ipse dominus Jordanus habeat et teneat totum
residuum et suum facere possit et omnia alia onera subire
cogatur vel a contra dictus dominus Jordanus toto tempore
dicte compositionis durante habeat et percipiat dictos duos
denarios in quolibet dolio vini et in navibus et ceteris rebus
pedagialibus pro rata cum media predictorum salariorum
et expensarum advocatorum, procuratorum et constumariorum necessariorum in omnibus causis motis et movendis occasionne dictorum debitorum domini quondam
Yzarni et ea occasione quam limite et jure terre seu baronie sancte Bazilie et de Landerone quas idem dominus
Jordanus tenuit, sunt vel dicuntur esse restricta seu saisita
tempore quo idem dominus Jordanus gubernavit et tenuit
terram predictam et baroniam et idem conjuges habeant
et teneant totum residuum et suum faciant et alia omnia
onere subire cogantur toto tempore predicte compositionis facte apud Granatam durante. Item quod idem Jordanus teneatur dicte nobili Catherine cum uno scutiffero una
domicella dumtaxat in victualibus providere si ipsa velit
tenere, manere alias possit esse per se ubi duxerit eligendum et visitare amicos suos quotiens sibi placuerit bis vel
ter tantum in anno; teneatur etiam dictum Jordanum in
suis hospiciis recipere et victualia dumtaxat se tercio
ministrare prout in dicta compositione canetur vel quin-

gentas libras quocunque voluerit eligere et propter hoc habeat terram de Monte Securo et molendina d'Estornel in in omnem casum quicquid de predictis eligerit quandiu sibi tenere placebit. Item quod dictus dominus Jordanus possit et vellit dictum pedagium seu partem ipsius contingentem percipere et levare apud Marmandam vel apud Reulam vel apud sanctam Basiliam vel alibi ubicumque placebit eidem hoc idem dicti conjuges facere possint. Item quod ipsi jurent se predicta servare plenarie et complere nec unquam contravenire de jure vel de facto in solidum vel in parte ratione alicujus juris consuetidinis vel statutis vel alias quovismodo jure vel causa. Item quod requirant nobilem virum dominum Bernardum Peleti, priorem et dominum Mansi agennensis, locumtenentem domini senescalli Vasconie prout in quadam littera sigillo dicti senescalli sigillata plenius vidimus contineri et cujus tenor inferius continetur quod ipse suam auctoritatem predictis interponat pariter et decretum. Item quod dictus dominus Jordanus infra mensem alterum de predictis eligere teneatur post quam electionem factam in curia senescallie Vasconie. Item per predictos predicta omnia jurentur et judicialis auctoritas interponatur pariter cum decreto. Item quod si dictus dominus Jordanus preeligat dictos duos denarios in quolibet dolio vini et in navibus et ceteris rebus pedagialibus pro rata quod ipse facta electione jurata et per senescallum Vasconie confirmata absolvat et quictet et ex nunc quictat et absolvit. In eum casum homines Sancte Basilie et de Landerone et alios dicte baronie subjectos et juramento fidelitatis et aliis quibus sunt eidem abstricti ita tamen quod dicti homines sint per sua juramenta astricti de jurando illo de predictis qui presentem ordinationem servabit cum corporibus et rebus contra illum vel illos qui de jure vel de facto venient contra predicta in totum vel in aliqua sui parte. Item quod eorum quilibet ad requestam alterius ratifficare, approbare teneatur coram senescallo Vasconie quotiescumque fuerit alter per alterum requisitus. Item quod dictus dominus Jordanus ex nunc det auctoritatem dictis conjugibus approbandi testamentum et codicillos dicti domini Johannis de Grayli et remettendi penas coheredibus si forte aliquas incurrerent et ea jurandi cum decreto et auctoritate judiciali et hoc dicimus retenta nobis potestate declarandi et interpretandi quotiens nobis videbitur expedire infra mensem. Tenor autem dicte littere sequitur in hunc modum : Johannis de Asting, miles, senescallus Vasconie, locumtenens domini nostri regis Anglie, venerabilibus viris, Priori de Manso, magistro Ramundo Gaufridi, canonico Sancti Severini et magistro Bernado de Vineis, domini nostri regis Anglie clericis, salutem et dilectionem. Ut pactionibus, conventionibus et contractibus quibuscumque vel quasi inter nobiles viros dominum Jordanum de Insula, militem, Jordanetum, ejus filium et Catherinam, uxorem suam, quomodolibet cellebrandis nec non pactis, conventionibus, stipulationibus et obligationibus quibuscumque et approbationibus super testamento nobilis viri domini Johannis de Greili condam militis, domini Barugii (de Buch?) de Castillone, per heredem et excutorem ejusdem faciendi vice nostra auctoritate possint interponare pariter et decretum nec non ipsa auctoritate nostra confirmare, laudare et etiam aprobare, salvo in omnibus jure domini nostri regis et quolibet alieno, nos occupati magnis negociis ponimus et constituimus loco nostri vobis et vestrum cuilibet in premissis et premissa tangentibus vices nostras plenarie comitentes, dantes nihilominus omnibus meis subditis in mandatum ut vobis pareant efficaciter sicut nobis. Datum Burdigale, die Martis post festum Beati Barnabe Apostoli, anno Domini millesimo tricentesimo quarto ; in quorum testimonium muniri sigillum nostrum duximus apponendum. Postque prefati dominus Jordanus et Jordanus, ejus filius, et nobilis Catherina, uxor sua, super predictis de jure suo et de facto ad plenum certifficati et certi prefatum arbitrium sive dictum et procurationem ibidem approbaverunt, laudaverunt et rattificaverunt et tactis sacro sanctis Dei evangeliis juraverunt et predicta omnia et singula tenere servare plenarie et complere nec unquam contravenire de jure vel de facto in solidum nec in parte, renunciantes omni juri scripto et non scripto, consuetudini et statuti per quod predicta possint infringi in toto vel in parte aliqua sui parte pactum invicem facientes expressum de non utendo aliquo jure vel consuetudine per quod predicta possent infringi in toto vel in parte et ad hoc dictum juramentum voluerunt extendi et ut predicta majorem habeant certitudinem ibidem. dictus dominus Jordanus de predictis eligit duos denarios in quolibet dolio vini una cum navibus et ceteris rebus pedagialibus pro rata duorum denariorum, supplicantes omnes et singuli supradicti prefato domino Bernado Peleti, locumtenenti dicti domini senescalli quod in predictis interponat suam auctoritatem pariter et decretum et ad ea servanda condempnet quemlibet premissorum. Et ibidem dictus dominus Bernardus, locumtenens cause cognitionis prehabita talis qualis consuevit et debet in talibus adhiberi sedens pro tribunali suam interposuit auctoritatem pariter et decretum et precipiendo condempnavit ad predicta servanda quemlibet premissorum et quibus precepto et condempnationi partes acquieverunt et ea in se sponte succeperunt. Acta fuerunt hec omnia apud Sanctam Baziliam in ecclesia seu capella dicti loci, die existus mensis Junii. Testes fuerunt rogati et presentes dominus Helias de Serris; dominus Bernardus de Serris, miles; Bertrandus de Serris, filius dicti domini Helias de Serris, Bertrandus de

Serris, filius condam domini Bertrandi de Serris, militis; Arnaldus de la Cassanha, burgensis Agenni; Garcias de Angles; Ramundus de Licmons; Ramundus de la Floreyra; Ramundus de Siran; Ramundus Arnaldi de Molera; Galhardus de Ferrussaco; Bertrandus de Juzixs; Dominicus G^{tus} de Balairaco; Arnaldus Guillermi Esquerra; Petrus de Lavizon; Petrus Dorta; Poncius de Malobosco, et ego predictus notarius qui ad instanciam et requisitionem partium predictarum hanc cartam scripsi cum alia ejusdem tenore et de partium voluntate, anno Domini millesimo tricentesimo quarto, Regnante Philippo Rege Francorum, Edoardo rege Anglie duce Aquitanie, Guillermo Vasconie episcopo et nos Bernadus Peleti, prior et dominus Mansi locumtenens predictus testimoniis premissis huic presenti et publico instrumento sigillum nostrum duximus apponendum.

Premissa fuerunt abstracta ab eorum originali, etc. (comme aux précédents actes).

(Communiqué par M. Dumas de Rauly.)

VI (bis). — *Trêve de 1381* (v. st.), dernier jour de février.

(B. N. — F^ds Périgord-Lespine — v. 24 — f° 76).
(Arch. de Pau — Albret — Ch. 4.
Cott. N. 9.)

Enseguen de los artigles contenentz et déclaratz la sustancia ordonenses et couvents deu parti et suffrensa que ès estat emprès entre los honorables et poyssents Senhors deu Conselh de nre Senhor lo Rey d'Anglaterra et de Fransa, existent à Bordeu, per eds, cum offïciers é en nomé dey Rey nre deyt Senhor, è per los Senhors, Barons, Major, Jurats è Cossols, Castellans, Cappitaines villas et fortz de la obédiensa de nre deyt Senhor en cest avant deyt parti comprès, d'une part : et lo noble et poyssan Senhor Mossen Bérard de Labrit, senhor de Santa Baselha, en nomé del honorable et puissan Senhor Mossen Arnault Amaniu, senhor de Labrit, son fray, et per siu medis, et de lors autrès aliats, Barons, Nobles, Capnes, Castellans, Baylius, prébots, jurats, cossols, villas et Locs de la obediensa deu Rey de Fransa, en lo deyt pati plus à plen déclarats et comprès, d'autre part, etc...

Et premierement ès ordonuat et accordat p. entre los deyts Senhors, què en la deyt pati sian totas las vilas, castels, fortalessas et plat pays, qui son en los paiis d'entre las doas ribeyras de Garonna et de Dordonha, so es à saber del Cap del Ot d'Agulhon, ayssi com va debert Sancta Livrada, lo dit loc enclus au pati ab son poder et senhoria, et daqui à Montclay d'Agenès, lodit loc ab tot son poder et senhoria enclus en lodeyt pati, et daqui à Montastruc, lo deyt loc ab son poder et senhoria enclus en lod. pati et d'aqui à Puch Daufin, lodit loc ab son poder enclus end. pati et d'aqui à Tumbabeu, è a Lausun, ab lurs poders enclus end. pati, et d'aqui à Briduyra lod. loc et poder enclus end. pati et d'aqui au pont de Bragayrac, et d'aqui ayssi cum Dordonha va entro au Bec d'Ambès. E d'aqui cum la Mar è Garonna sen poya entro Agulhon. E depart de fora cestas deytas métas y seran plustôt so què las gens de Sancta Fé an de la Dordonha en las parropias de Sen Chébit et de Roqueta. E aquestas son las métas devert Terrafort, et devert Terra Gasca y sian ayssi medis, totas las Ciutas, vilas, forts et plat paiis que son en terra Gasca, soes à saber deu Cap de Baysa, qui entra en Garonna au dessus d'Agulhon, ayssi cum hom sen va devert Nayrac et d'aqui entro sus la Senhoria de Condom, è d'aqui entro Meysen lo deyt loc, ab son poder è senhoria enclus au pati en que es Lostau de Trinhan et d'aqui à Sos. Lodeyt loc et poder enclus en deyt pati, et tot so què las gents et habitants deu deyt loc de Sos an de la Gelisa en poder de Santa Mora entro sobre lo cap de la Rimhes cum la Gelisa va, laquau Rimbes part ab la terra deu Comté de Foyxs, de Gavardan ab Volonhes, qui es de la Dona de Jaulin, o de Guiron son filh, et d'aqui à Labrit, ab tot son poder et senhoria, et d'aqui à Tartas, ab tot lo viscomptat de Tartas, è d'aqui entro sobre la Mar de Bayona, et d'aqui à la punta de Solac, et d'aqui cum la Mar è Garona va entro audit Cap de Baysa dessus Agulhon, ab tots lors poders et jurisdictions, è tots los habitans et habitantes, è establissement et sobrevinentz en aquest, sian gens de Santa Gleysa, Gentyns homes, gents darmes, Borguès, Merchants, Laborados, et tota maneyra de gens... et tots lors bestiars, gros et menuts, e totas lors vestias, cavarnias et autres, e tots lors veyssets grans et petits en flot, è ense, en chenau o fora chenau, et tots lurs apparelhs ab totz lurs maynes, bordius, haustaus, et tots lurs molins d'ayga è de vent, è de tots lurs autres bens et causés moblés no moblés, exceptat la terra, locs, vilas, forts et gens de Mossen Gualhard de La Mota, qui no son en cest présent pati, per so guar ed a p. sui medis son pati, losquaus son aquestas, sohen a saber Noalhan, Castelnau de Marnes, La Barra en Loutrange, Fargues, Lavinhac, Caubon, et sian en lodeyt pati totas las vilas, ciutats de las senescaucies de Las Lannes, qui se apertenent à nre dit Senhor Rey d'Anglaterra.

Item es accordat que de part de fora, lad. metas de Terrafort et de Terra Guasca sian més et inscrits en cest present pati so es à saber Fogueyrolas, Laverdac, Vedeyssan, Argenteux, Lo Puy Fortagulha, Nazaret et Moncabreu, Fyus, Calvihac, Lo Semont qui ès de resian moys, ab son poder et senhoria et Arconques... Loquaus locs se gaudiscan de cest pnt pati p. medissa maneyra, cum lo locs que son dedins lasd. metas.

Item que lodeyt pati dure... de la data de cestas présents Letras entro au Jorn de la Festa de Paschas premierement venent, et de ladeyta festa entro que à la fin de dos ans continuats et complis.

..... Que mal guerra ni dampnage durant cest pati no los sera feyt ni dat de Jorns, ni de nuyt, ab bon ginh, ni ab mal ginh, ab escala, ni sens escala, en daguna maneyra, so es à saber los de la Obediensa deu Rey de Fransa, de tots Anglés, en è de quaque part què sian, exceptat deu loc de Montagut, que no fessa guerra cum Angles, ni cum Vernes, en lo pays apaciat, sino que la Comté de Foyxs aguos guerra uberta, et desmandada ab lo Senhor de Labrit, et en aquet cas queu pogossan far cum Vernes ab lo Senhor de Labrit, é als autres qui se monstreren de guerra ab Luy, é no autramen; é los de la obediensa deu Rey d'Anglaterra, de tots los habitans, garnisons et establissements qui son é seran duran cest pati en é defora lo Locs, Ciutats etc, de la obediensa deu Rey de Fransa entre lasditas métas devert Terrafort et devert Terra Guasca, é autrés dessus apaciats.

..... Item et ayssi medis au jurat lo Mayer et los Jurats de la Vila de Borden é sen son obligats de tenir, et far tenir per las gens de lor Vila et Battingas.

..... Item és plus ordenat et accordat que lodeyt Senhor de Santa Baselha fera fermer, jurar é autreyar, à tot son leyau poder, cest pati p. tot lo terme dessus deyt, en la forma et maneyra que dessus és expressat, aus Capitanés de Castelhon, en Peyregort, de la Mota de Sent Payssent é de Montrabel, et sagerar de lors sagets, et *darne* Lettres sagerades de lors sagets, é no remenhs, deven é son tingutz lodit senhor de Santa Bazelha estre avidant é socorrent à tot son leyau poder, à far tenir, gardar é observar lodeyt parti per las garnisons, é gens deus deyts tres Locs per totas las maneyras, vias et remedis que far poyran leyalement, e a bona fé, De la quau Séguransa, autrey é fermament deudit pati passador per los deyts Cappitaynés de Castelhon, de la Mota, é de Montraveu, lodeyt Senhor de Sancta Baselha deu aver certificat los deyts Senhors deu deyt Cosselh deu Rey d'Anglaterra, e si nols y pot far fermar é autreyar que ab garnisons é autrament en totas la maneyras et vias que poyra, ed remediéra, cum mal guerra, ni dampnage non sia feyt, ni dat à las gens é pays deu Rey d'Anglaterra... Dadas et escriutes sur la plassa communau davan lo loc de Langon, lo darradey Jorn de févrey, qui fo lo divendres après Sen Massias apostol; L'an de gracia. m. tres cents quatre vintz.

(En parchemin, avec deux sceaux perdus, reste les Lemnisques.)

VIII. — *Passeport délivré par S. M. Jean Sobieski
à Jacques de Bentzmann*

Joannes Dei gratia Rex Poloniæ, Magnus Dux Lituaniæ Russiæ Prussiæ Samogitiæ Mazoviæ Volhiniæ Xilviæ Podlachiæ Smolensciæ Sueriæ Czernihouiæque.

Universis et singulis Principibus, Ducibus, Ecclesiasticis et Sœcularibus, Marchionibus, Comitibus, Baronibus, Exercituum terraque marique Generalibus, classium Gubernatoribus, Arcium, Præsidiorum Præfectis, Teloneorum, Vectigalium Adminitratoribus, portuum passuum viarumque publicarum Custodibus, urbium Magistratibus, cæterisque officia quævis publica Gerentibus, Amicis et vicinis nostris charissimis Benevolentiæ nostræ Regiæ significationem, subditis vero nostris gratiam regiam.

Nobilis Jacobus Bentzmann consumpto laudabiliter in Regno nostro Poloniæ et magno ducatu Lituaniæ decennio, atque impensis singulariter non sine encomio annis octo obsequio aulico Illustrissimi Christophori Pac supremi Magni ducatus Lituaniæ cancellarii in patriam suam revertitur. Cum itaque idem nobilis Bentzman non tantum a consiliariis nostris sufficienter recommendatus sit, verum etiam ipse de nobis bene meruerit, ne illi regia nostra desimus commendatione et benevolentia, decenter ab omnibus requirimus, quatenus illi liberum, securum ac tutum ubivis locorum concedant et præstant transitum, omnemque humanitatis ac benevoli animi exhibeant contestationem. Quo nomine rem ipsi gloriosam sunt facturi, subditis vero nostris — voluntati nostræ conforment, mandamus. Datum et signatum Varsoviæ die mensis aprilis anno Domini MDCLXXXI Regni nostri VII anno.

JOANNES REX (Ici le grand sceau du royaume de Pologne) *Litteræ Passus nobili Jacobo Bentzman in Patriam redeunti.*

ANTONIUS W. DE SEELT.
Sacrᵉ Regis mstis secretarius.

Donnons des marques de notre bienveillance royale à tous princes et gouverneurs ecclésiastiques et séculiers de notre royaume, marquis, comtes et barons, généraux de nos armées de terre et de mer, gouverneurs de nos places, commandants de nos citadelles et forts, ministres des finances, administrateurs des ports et des routes publiques, magistrats et généralement tous ceux qui sont revêtus d'un emploi public, nos amis et voisins bien-aimés et accordons la grâce royale à nos simples sujets.

Faisons savoir que noble Jacques Bentzmann retourne dans sa patrie, après avoir passé dix ans avec distinction dans notre royaume de Pologne et dans notre grand duché de Lithuanie et après avoir été attaché pendant huit ans avec honneur, à la personne de l'Illustrissime Christophore Pac, grand chancelier du duché de Lithuanie, et attendu que ledit noble Bentzmann a été fortement recommandé par nos conseillers et qu'il a même bien mérité de notre personne, nous voulons bien lui accorder notre recommandation royale et nous entendons que tout le monde le laisse passer librement et qu'on lui prête secours et assistance en quelque lieu qu'il porte ses pas. Nous commandons à nos sujets d'exécuter nos ordres ci-dessus, attendu qu'ils feront en cela une action louable.

Donné et signé à Varsovie, le dix avril de l'an du seigneur MDCLXXXI et de notre règne, le septième.

VIII (bis). — Nous trouvons dans les archives du général de Bentzmann des lettres à lui adressées par un grand nombre de maréchaux et de généraux du Second Empire. Nous donnons ici celles qui peuvent présenter à nos lecteurs un plus vif intérêt.

— Août 1848. Le général Cavaignac au général de La Moricière :

« Mon cher ami,

« La Rochejacquelin soutient mordicus qu'on veut nous enlever tous deux *cette nuit à 2 heures du matin*, ce n'est pas à l'heure fatale de minuit, mais enfin il est sûr de son fait.

« Voyez ce que vous voulez faire pour ne pas tomber au pouvoir de l'ennemi.

« Gal CAVAIGNAC. »

« Cette lettre a été écrite au G^{al} de La Moricière, alors ministre de la guerre, vers le mois d'août (la fin), 1848. Elle m'a été remise pour aller m'entendre avec le Gal Cavaignac au sujet des mesures à prendre.

« DE BENTZMANN. »

Le général Bosquet écrit à M. de Bentzmann, capitaine d'artillerie, officier d'ordonnance du général de La Moricière, à Mascara, une série de lettres très intéressantes sur la guerre dans la province d'Oran et dans la Kabylie, et contenant de piquantes critiques relatives aux circulaires administratives et aux faux rapports adressés au pays sur la situation de la conquête.

— « Sétif, 23 juillet 1850.

« Mon cher Bentzmann,

« Etes-vous encore à Paris et cette lettre vous parviendra-t-elle ? Gagneur, que j'avais prié de me renseigner, de me donner votre adresse, n'écrit plus rien et vous me traitez tous comme un exilé ! Il faut bien cependant que je vous fasse savoir que je ne suis plus dans le pays de Mostaganem, que nous avons ici nos petites révolutions comme vous avez les vôtres à Paris, que nous tâchons de changer les vieux principes de l'armée et de la scène politique comme vous vous exercez là-bas à renverser ceux de la vieille société. Le ministre de la guerre nous aide beaucoup. Ainsi :

« Autrefois, depuis 93, depuis qu'il y a des armées en France, quand un général ou un officier supérieur tombait à l'ennemi, son épée était de droit relevée par un officier de la même armée, mais nous venons de changer tout cela. Le général de Barral vient d'être tué dans une affaire contre les Kabyles et c'est un général de l'armée de France qui est envoyé pour le remplacer, non pas un colonel des nôtres nommé à sa place ; il n'y a pas de colonels dans l'armée d'Afrique.

« Le général en chef et le ministre s'entendent si bien que sur deux généraux envoyés de France on n'en juge pas un seul capable de commander dans une subdivision isolée et active, et alors, pour leur trouver ici un poste en conformité ou en concordance avec leur ancienneté de grade (qui sans doute n'avait pu être calculée d'avance), le général en chef, au lieu de présenter au ministre des objections victorieuses, trouve plus simple de bouleverser toutes les combinaisons antérieures et de changer de pays trois généraux déjà pourvus, Crény, de Salles et moi.

« Au fait, l'Afrique étant un pays uniformisé et qu'on va assimiler à la France, quel inconvénient y aurait-il à donner les commandements de subdivision au hasard et sans aucune appréciation de la convenance de chaque individu ?

« Pour moi, je viens d'être jeté à Sétif. Dans quelques

jours, vienne encore un nouveau candidat de France et j'irai à Batna ou à Milianah, indistinctement. L'Afrique est désormais chose connue et il n'est pas nécessaire d'étudier un pays pour y commander.

« Tout ceci est plus que ridicule, et l'on ne peut pas user plus follement d'un pouvoir sans responsabilité.

« Je n'ai pas besoin de vous dire avec quel regret j'ai quitté Mostaganem. J'aurais pu trouver une consolation dans les témoignages que j'ai reçus le jour du départ : la ville tout entière, les Arabes et ma bonne brigade étaient tous à la plage pour me dire tristement adieu ; chacun comprenait qu'il y avait là une faute et que je ne devais pas m'éloigner de ce pays. La faute et le conseil donné à mon propos, vous devinerez d'où ils partent. On m'a trop désigné pour la province d'Oran. La jalousie et l'envie brûlent toujours, on n'aime pas à voir son héritier près de soi, on n'aime pas ceux qui font réussir une colonisation partout condamnée, on n'aime pas près de soi quelqu'un qui pense, travaille, sait et peut juger. Enfin, il est doux à certains cœurs de faire de la misère à ceux auxquels la fortune a souri. Et je suis enfin loin de la province d'Oran.

« On n'a pas manqué de m'expliquer que le commandement de Sétif était très important, et qu'il y avait dans ma nomination une preuve d'estime et de confiance. J'allais former tête de colonne contre la Kabylie, etc., etc. Mais, en arrivant à Sétif, où je me suis rendu par terre d'Alger, j'ai trouvé, sur la route, trois bataillons qui rentraient à Blidah et je reste à Sétif, avec trois bataillons, pour tenir bon El Çada, le Kodna, l'Ouemougha, la Medjana, le Sahel et le sud de Sétif et la Kabylie jusqu'à Bougie. La plaisanterie est complète. Mais moi qui ne sais pas rire de ces choses-là, j'en ai le cœur serré et fort endolori. Depuis quelques années nous rôdons comme des chiens hargneux autour de cette Kabylie. Chaque fois, on en tire un lambeau, mais en excitant l'intérieur et compromettant tout ce qui serait pour nous si nous entrions largement et de bonne foi dans ces montagnes. Mais nous ne faisons que passer, comme les moutards à travers les feux de la Saint-Jean. Hier, je recevais une lettre fort douloureuse à lire, d'un grand seigneur de Zaouïa, Si Saïd ben Aly chérif, qui commande dans le milieu de la vallée de l'Oued Sahel, entre Aumale et Bougie et qui, à l'origine, comptant sur la continuité de nos efforts, s'est donné à nous. Aujourd'hui, ses gens, violentés par les Zouaoua et tout ce qui tient fièrement contre nous, lui reprochent sa soumission à des gens qui abandonnent leurs amis et qui ne semblent pas comprendre comment on peut tenir ce pays-là. Il se désole et prévoit qu'il sera assassiné. Que voulez-vous que je lui réponde ? On sait cela partout et on me retire les troupes.

« Autre face de la position. L'Ouemougah, La Medjana (plaine et montagne), le Odna et Boucada avec les O. Naïls Chéraya, tout cela est sous la main du Kalifa El Mokrani. C'est entre les mains de ce grand feudataire et non entre les nôtres que tout ce pays a fait soumission, c'est cet homme qui fait là pour nous, et cependant il faut tâcher de nous substituer à lui, il nous faut reprendre une action directe, révolution qui ne se fera pas sans de grands coups de fusil. On compte sur moi pour greffer là-dessus le système de la province d'Oran et on me retire les troupes. C'est une amère plaisanterie et une grosse désolation pour moi. J'ai rêvé plus d'une fois, depuis quelques jours, de demander à être mis en disponibilité...

« ... Le général[1] ne gâte personne de ses lettres, je le

---

[1] La Moricière.

sais, mais j'aurais été heureux, comme un signe de sa bonne amitié, de trouver au bas de sa lettre un mot de sa main, ne fut-ce qu'un mot. Tout cela ne m'empêche pas de lui conserver au fond du cœur cette respectueuse reconnaissance et cette chaleur de dévoûment qu'il sait bien. Voulez-vous être assez bon pour faire agréer à Madame de La Moricière mes hommages les plus respectueux et les plus empressés.

« Je vous serre cordialement la main,

« BOSQUET. »

— « Sétif, le 22 janvier 1851.

« Mon cher Bentzmann,

« Je vois bien que votre diable de caporal fait la fumée épaisse et en fait beaucoup à travers ce tuyau où elle passe sans efforts, mais ne vous y fiez pas, c'est quelque Waterloo-Ratapoil.

« Pour moi, je ne crois pas à la bonne foi des gens perdus de dettes, de conduite douteuse, vivant sur un nom aux dépens du public. Je ne veux pas écouter le conseil des gens masqués en républicains et qui vous servent sous des sauces de l'autre monde, des cuisines impériales, orléanistes ou des lièvres plus faisandés encore. Je ne crois pas à autre chose qu'à la république pure, de bonne foi, énergique et aussi éloignée de la monarchie corrompue que de l'anarchie baveuse et sanglante. Et je ne crois pas que la nation désire autre chose, qu'autre chose convienne à la nation.

« Les gens d'affaires sortis des cabinets des trois restaurations ou de leurs antichambres, les pourris de l'agiotage, les gens faibles ou paresseux et sans travail peuvent rêver d'autres combinaisons. La nation laborieuse, les cœurs droits, la grande masse enfin ne désire que des lois justes pour tous. La république seule nous donnera ces lois, qui ne sont pas encore commencées malheureusement.

« Je ne sais si je me trompe, mais il me semble reconnaître dans l'Assemblée en masse, une émotion toute républicaine. On dirait que son expérience est faite et qu'elle ne veut plus céder à un pouvoir exécutif de mauvaise foi. Tenez, je crois qu'un ordre du jour, comme le suivant, serait accepté.

« L'Assemblée, dans les circonstances que vient de lui faire le pouvoir exécutif, croit devoir au pays l'exposé de sa pensée. Si le pouvoir exécutif a cru voir dans l'appui d'une majorité qui manœuvrait dans un but d'ordre et de calme à ramener partout, un encouragement dans des pensées ennemies de la Constitution et du régime républicain, il aurait commis une cruelle erreur. L'Assemblée, interprète fidèle du sentiment du pays, restera inébranlable dans la légalité, entendant faire loyalement et uniquement les affaires de la nation. »

« Quelque chose comme cela serait adopté et ferait époque. Voilà la pensée générale, éloignée de toute question de famille ou de personne, plus républicaine que ne le pensent plusieurs qui n'osent s'avouer à eux-mêmes qu'ils ne sont plus monarchiens ou plats valets.

« Je vous en conterais plus long si j'avais le temps aujourd'hui de fumer vos pipes, mais au lieu d'attendre à un autre courrier, je vous ai fait ces lignes en courant, vous serrant la main, vous priant d'offrir mes respectueuses amitiés au général, mes compliments les plus respectueux et les plus empressés à Madame de La Moricière et de dire des injures à Gagneur, qui n'écrit plus, si vous avez un moment pour passer chez lui.

« A vous bien cordialement,

« BOSQUET. »

— « De Sétif, le 11 février 1851.

« Mon cher Beutzmann,

« Je me doute bien qu'on ne s'occupe guère, en France, de la pauvre Africa. Mais nous qui sommes présentement dans le pétrin annoncé par le *Charivari*, dans le numéro où il promulguait l'ordre du jour du nouveau gouverneur, nous y pensons beaucoup, et il peut être utile que je vous dise des faits de grande gravité.

« Le premier acte de M. le Gouverneur a été d'annoncer qu'il n'admettait pas les spécialités d'Afrique, que ceux de France valaient bien ceux d'Afrique et mieux. Personnalités assez grossières, mais qui tendaient naturellement à appuyer sa position et expliquer ses prétentions à tout savoir, tout juger sans avoir rien vu, rien appris.

« Cela dit, il s'est mis à la besogne de désorganisation et voici le premier résultat :

« 1° Le bureau arabe d'Oran chassé ;

« 2° Le bureau arabe d'Orléansville vidé (Dichard est remercié et il est dit que le premier capitaine de l'armée, au hasard, le remplacera) ;

« 3° Le bureau arabe de Mostaganem vidé (le commandant Valicon a reçu ordre sec de suivre en France son régiment) ;

« 4° Malgré les observations du général Pélissier, la subdivision de Si Bel Abbès sera commandée par le colonel qui remplacera Mellinet, quel que soit l'homme ;

« 5° Idem pour la subdivision de Batna, qui sera commandée par le successeur de Carbuccia, quel qu'il soit ;

« 9° De Wingi, qui commandait à Bougie et très bien, est nommé lieutenant-colonel en disponibilité. Aussitôt ordre de partir et de donner le commandement au plus ancien officier, le premier venu, au milieu des questions brûlantes de la Kabylie, dont ils me rendront responsable.

« Si ce n'est pas de la folie, c'est de la lâche vanité et il y a là en république cas de conseil de guerre.

« M. d'Hautpoul ne se gêne pas à Alger pour jeter ses fatuités et ses reproches à tout ce qui l'a précédé et à tout ce qui reste ici de l'armée de la conquête. Cet homme, qui n'a pas un grain de poudre sur ses épaulettes, dont l'épée conserve encore l'huile virginale des magasins de Paris, gonflé de rancunes et de vanité, se dépêche de tout brouiller, comme les lâches qui profitent d'un moment d'inattention pour cracher leur bave autour d'eux.

« Mon cher ami, j'ai le cœur très gros et jamais je n'ai été triste et malade d'esprit comme aujourd'hui; non pas découragé, j'espère et je voudrais assommer des gueux comme ceux qui gâtent nos affaires ; mais j'ai dans les yeux des larmes de rage en voyant gâter à plaisir ce qui a tant coûté de sang, d'études et de nobles efforts. Ici, chacun méprise cet homme, mais nul ne peut empêcher la désorganisation. Je vous en écrit pour que vous disiez les faits à ceux qui peuvent, qui doivent aider contre la désorganisation. On cherche tous les jours une occasion de me faire querelle. Il y a rancune dont j'assume les conséquences, et je sais que je ne suis pas épargné dans les lâches ébats de ce gros ventru ; mais je tiendrai jusqu'à ce qu'une parole dite ou parlée me soit personnellement adressée.

« Je vous serre la main, mon cher ami, de bonne vieille amité,

« BOSQUET. »

— « De Sétif, le 22 août 1851.

« Mon cher Bentzmann,

« Le Pacha de Tunis s'avise d'appuyer, avec des troupes, ses prétentions aux mines de plomb de La Calle. Ajoutez que Luzy m'annonce que les tribus des environs de Collo, soumises par M. de Saint Arnaud, ne sont pas soumises du tout et en donnent des preuves très embêtantes; qu'au sud-est les Némencha se conduisent comme des canailles qui nous savent occupés et fatigués ailleurs. Ajoutez encore que le chérif que nous avons chassé de chez nous, s'appuyant sur les Zouaouas qu'on n'a pas voulu réduire, fait face à l'ouest et se fait envoyer d'Alger, par la fraîcheur présente, une série de bataillons qui méritaient un autre sort...

« ... Si nous étions côte à côte là-bas, je vous en conterais long sur les intriguailleries qui ont fait la base et les suites de cette compagnie de la Kabylie... »

— « D'Aguemmoun, le 12 février 1852.

« ... Que je vous dise tout ce que j'ai souffert, tout ce que je souffre encore à la suite de cette incroyable révolution. A la première nouvelle que je reçus par courrier de terre d'Alger, je me pris à sourire, convaincu que la loi ne serait pas violée impunément. Mais peu de jours après, il fallut comprendre que cette grande nation avait peur et que cette armée démocratique comptait en haut plus d'industriels militaires que de soldats dévoués au pays. Je ne puis pas vous exprimer le bouleversement qui s'est fait en moi, en voyant abandonner ainsi lâchement par l'armée ses plus glorieux généraux et en songeant que cette armée obéissait, pour violer la loi au profit de ne sais qui, à ceux qu'elle devrait estimer le moins. Tout cela est hideux et incompréhensible.

« Sous le poids de la rage la plus concentrée, du dégoût qui dure toujours et d'un sentiment de fierté blessée, j'ai envoyé le 7 décembre une demande officielle à la division pour être mis sur le champ en disponibilité. M. de Salles me répondit qu'il ne voulait pas transmettre, m'écrivant gracieusement à cette occasion. J'insistai et il envoya à

Alger. Là, le général Pélissier déchira ma demande et m'écrivit pour me dissuader, Martimprey aussi, tout le monde enfin. Je me révoltais toujours contre l'idée de rester, lorsque le vote des 7,000,000 fut connu et le général Randon et Martimprey m'écrivirent qu'il ne convenait pas de se retirer ainsi. Je cédai et j'en suis là, non convaincu dans le cœur, encore moins tous les jours dans l'esprit. J'aurais été heureux d'un acte de brutalité qui m'aurait rapproché de mes anciens généraux, les seuls hommes que j'aime, que j'estime et que j'honore. Ecrivez-moi ce que vous savez d'eux et si je pourrais de quelque manière leur venir en aide ; je ne vis plus quand il me reste un moment pour réfléchir à la honte qui couvre nos drapeaux et la France entière.

« Dieu vient de me donner une bonne occasion d'employer mon temps au profit de la conquête. Le chérif du Djurjura a tenté un nouvel effort sur la Kabylie de Bougie et je suis parti de Sétif, à marches forcées, pour le combattre avec une poignée de monde rassemblée à la hâte et quelques contingents restés fidèles. Je l'ai mis en déroute le 25 du mois dernier et j'ai fait un exemple terrible en brûlant vingt-trois villages bâtis à chaux, sable et tuiles, sur le territoire de B. Mansour et O. Sidy Moussa qui me servait de champ de bataille. Le chérif s'est enfui vers le centre du Djurjura. Il m'est interdit de marcher en avant, à cause de la saison, et aussi on me refuse les troupes et les moyens nécessaires pour une campagne d'hiver ; mais je tirerai néanmoins de bonnes conséquences de tout ceci, je réorganise les forces militaires du pays à notre profit et je fais une belle route qui de Bougie me conduira sur le plateau central du Djurjura. J'en ai 5 lieues de faites à partir des bords neigeux du plateau. Ce serait plaisir de manœuvrer et d'agrandir la conquête si l'on avait d'ailleurs le cœur à l'aise, mais en regardant la France, le cœur se serre et il ne reste plus que rage et dégoût.

« Dites-moi, dans votre lettre, comment vous pouvez écrite au général[1] comme je vous le demandais. Donnez-moi votre adresse si vous n'êtes plus rue de l'Université. Envoyez au général tous mes sentiments de dévoûment. Je voudrais faire arriver aux généraux Changarnier, Bedeau, Le Flo et à Charras les mêmes souvenirs. Dites-moi comme on pourrait faire. Je songe aussi à Madame de La Moricière dont ces épreuves, j'en suis sûr, n'ont fait que développer les beaux sentiments de courage et de noblesse de cœur. Dieu ne permettra pas que la trahison, le vol et la lâcheté triomphent longtemps en France, et nous réserve de meilleurs jours.

« Qu'il vous rende aussi votre belle santé d'autrefois, mon cher Bentzmann, ce sont les vœux de votre ami

« BOSQUET.

« Aguemmoun, près des B. Hidjen.

« Envoyez cette lettre au général si vous pouvez.[2] »

« De Sétif, le 22 avril 1852.

« Mon cher Bentzmann,

. . . .

« Je pars dans quelques jours pour une nouvelle campagne dans le cercle de Collo. La combinaison qui me met là n'est pour moi ni heureuse, ni flatteuse ou bienvaillante...

« ... Le plan général des opérations en Afrique me semble au moins très maladroit. On pourrait y trouver plus. Il y a cinq points à attaquer avant tout, on a ce qu'il faut et il est certain que le résultat serait complet, c'est le reste du

---

[1] De La Moricière.
[2] Il se plaint, dès les premières lignes, de ce que plusieurs de ses lettres, à divers généraux, ne soient pas arrivées à destination.

Djurjura ; on lui tourne le dos. Le garde-t-on pour plus tard, etc... »

— « Le 24 mai 1852.

« Mon cher Bentzmann,

« ... Je vous écris de chez les Ouled Aïdoun, les plus sales b... et les plus hargneux de ces petits kabyles que nous revisitons cette année et qui sont plus sauvages que jamais. Il nous ont accueilli en faisant le vide devant nous et revenant la nuit en masse pour nous fusiller ; mais je les ai dégoûtés de ces sérénades au moyen de mes zouaves et du 16me léger, et après la quatrième attaque, ils ont eu trop de plaies à lécher pour revenir. Nous nous sommes battus avec les voisins, nous avons eu bataille avec un chérif, etc., etc., enfin le feu a un peu cessé. Nous manœuvrons bien, je l'espère. Le général Mac-Mahon, malgré ses velléités de course, a bien voulu admettre la vraie méthode de patience qui nous donnera des résultats. Nous allons donc à la sape et nous arriverons. Seulement il faut bien convenir que les rapports du général de Saint-Arnaud sur cette partie de la Kabylie ne disent plus aujourd'hui la vérité, et que ce pays n'a aucune, absolument aucune apparence de pays soumis...

« ... Donnez de mes nouvelles aux exilés et donnez-m'en d'eux... »

— « De Sétif, le 22 septembre 1852.

« Mon cher Bentzmann,

« Nous avons fait, cette année, une campagne très sérieuse (en Kabylie). C'est justement pour cela qu'il n'en fallait rien faire savoir au public qui aurait pu apprendre les floueries de l'an passé. J'en garderai un bon souvenir, celui de la confiance des troupes que je menais dans les moments difficiles, et c'est là un dédommagement aux misères, qui ne manquent point d'ailleurs. *Vœ victis !* mon cher ami, et tout naturellement.

« Encore si vous écriviez quelquefois, je saurais quelques nouvelles des exilés. Donnez-m'en donc, car vous devez en avoir et enseignez-moi comme il faudrait faire pour écrire sans faire lire ses lettres à la poste. Encore qu'il n'y ait pas eu de complots à cacher, je répugne assez à laisser souiller des causeries de bon cœur.

« Vous savez que Martimprey est général et parti d'Afrique pour n'y plus y revenir. J'y reste donc un peu seul et un peu comme Marius, proscrit ; seulement, au lieu d'être assis sur des ruines et dans un marais, je suis à cheval et sur des crêtes de montagnes... »

— « Le 26 janvier 1854.

« Mon cher Bentzmann,

« ... Je veux que vous sachiez que les projets de mission en Orient avaient pris, dans ces derniers jours, des proportions très grandes et des formes mieux accusées. Mais je n'ai trouvé ni chez le Kébir, ni chez son commis, des idées bien précises et surtout des plans praticables. Beaucoup de poésie et pas de calculs bien sérieusement alignés. Il a été question d'opérations à tenter sur la côte nord de la mer Noire, avec la flotte et des troupes de débarquement ; mais ces troupes ne seraient pas françaises... Au total, on voulait bien gagner quelque chose, mais sans mettre au jeu.

J'ai démoli ces chimères, parlé net et clair et il y a eu ajournement. Au fond, mon cher Bentzmann, je crois peu à la guerre et beaucoup aux efforts que font les puissances et les nations allemandes pour éviter les chances d'un incendie occidental. Je ne vous parle pas du désir secret que l'on nourrit en France de garder la paix, malgré l'attitude loyale et chevaleresque prise dès le début. Les Anglais, évidemment, demandent de grand cœur qu'on brûle Sébastopol et la flotte russe; que la France s'affaiblisse aussi en perdant du monde sur terre, et l'Angleterre y trouvera des avantages quand le moment sera venu de nous tourner le dos. Sans cette ambition outrageante de la Russie, il me semble que notre alliance naturelle serait là plutôt qu'ailleurs... »

— « De Paris, le 18 septembre 18...

« Me voici, mon cher Bentzmann, voici mes deux mains amies qui pressent les vôtres, ne sachant guère d'autres consolations à vous offrir que de m'attrister avec vous et de prendre ma part d'ami de votre grande et juste douleur[1]. Hélas! celle qui vous frappe est peut-être bien près de m'atteindre et je fais un amer retour sur moi-même en vous voyant si désolé. Ces solennelles occasions dans la vie sont épreuves et enseignements à qui sait en profiter pour une philosophie meilleure. Rien ne tient dans la vie et tout s'en va, les joies de famille comme les joies de jeunesse et les joies du triomphe. Heureux celui qui peut conserver un riche témoignage de sa conscience à travers les funérailles de nos illusions. Mon cher ami, il y a bien des mois, je veux dire des années, que nous ne nous sommes vus à l'aise dans ces causeries, jadis rieuses, où nous regardions l'avenir à travers les verres grossissants et roses de la jeunesse; je sens que je voudrais vous revoir et vous serrer la main, car une des funérailles qui nous arrivent les plus tristes de cette vie, sont les funérailles de nos amitiés; j'y assiste depuis ma rentrée en France et surtout depuis que je m'appelle le Maréchal...C'est l'isolement, non pas brusque, mais lent et certain, qui approche comme la mort. Cela est très vrai, mon cher ami, que plus on a

---

[1] Cette douleur venait à M. de Bentzmann de la mort de sa mère.

gardé son cœur, plus on souffre de cet isolement que font autour de vous les différences de position et l'égoïsme de l'homme qui a passé 40 ans. Il n'y avait à ce résultat qu'un remède, que vous n'avez pas voulu, que je n'ai pas eu le temps de préparer pour moi, une nouvelle famille, de nouvelles affections ; et maintenant il n'est plus temps pour moi. Avisez, croyez-moi, s'il ne serait pas encore temps pour vous. Croyez-moi, c'est une parole d'avenir que je vous dis, la main sur le cœur ; il est vrai que la vie est amère à la fin, fut-elle même glorieuse, elle est amère dès qu'elle est privée des vraies affections. Ecrivez-moi si vous ne venez un moment à Paris ; ne vous enveloppez pas dans votre douleur et cherchez, au contraire, dès que vous en aurez la force, un peu de distraction. Une vieille amitié est un point d'appui dans la tristesse, profitez de la mienne qui est bien vôtre et de tout cœur.

« M^{al} Bosquet. »

Le général La Moricière, détenu à Ham, par suite du coup d'Etat, entretient une correspondance très suivie avec son ancien officier d'ordonnance le capitaine de Bentzmann :

« Ham, le 5 janvier 1852.

« Mon cher Bentzmann,

. . . .

« Le général Saint-Arnaud a fait appeler, il y a trois jours, le Gal de Crény et lui a proposé la direction du personnel et des opérations militaires que celui-ci a refusée. La conversation s'est alors engagée sur ce qui nous concerne, avec le but très probable de nous faire savoir indirectement ce qu'on voulait faire de nous. Or, d'après ce qu'a dit le ministre, voici ce qui serait arrêté : dans quatre ou cinq jours (la conversation avait lieu le 3), on ouvrira les portes de Ham et les prisonniers militaires seront conduits à la frontière avec notification d'un décret qui les exile pour un an. On croit que nous serons libres de choisir le pays où nous chercherons un asile, mais il paraîtrait que le séjour de Bruxelles nous serait interdit.

« On nous emballerait à Ham sans nous laisser revenir à Paris. J'ai l'intention de chercher un refuge en Belgique, j'hésite entre Louvain, Liège et Malines. Je désirerais causer de tout cela avec vous ; de plus, quittant la France sans retourner à Paris, j'aurais diverses dispositions pour lesquelles je voudrais vous prier de m'aider. Voyez donc s'il vous est possible de venir nous voir presque immédiatement après avoir reçu cette lettre. Toutefois, si le G^{al} de La Hotte persiste à vous refuser son concours pour vous faire obtenir une permission, voyez s'il n'y aurait pas danger pour vous à prendre une voie différente. En tout cas, répondez de suite, afin que je puisse vous écrire si je ne dois vous voir avant de quitter la France.

« Mille amitiés,

« G^{al} DE LA MORICIÈRE.[1] »

Le capitaine de Bentzmann, qui demeurait alors rue de Lille, 115, à Paris, fit les démarches nécessaires pour obtenir la permission de voir à Ham le général de La Moricière. Aussi reçut-il du ministre de la guerre le billet suivant :

« Mon cher Bentzmann,

« J'ai parlé de votre projet au ministre ; il m'a dit, avec l'air d'un homme peiné, qu'il vous engageait à *écrire*, mais à ne pas vous déplacer *personnellement* dans l'intérêt de votre avenir.

---

[1] Cette lettre a été remise de la main à la main sans passer par la poste.

« Entre gens aussi intelligents des deux côtés, la correspondance doit suffire.

« A vous,
                                « Blondel. »

Nous trouvons écrit, de la main du capitaine de Bentzmann, au susdit billet : « A propos d'une demande que j'avais faite au ministre pour aller à Ham voir le G^{al} de La Moricière.

                                « de B... »

— « Ham, le 7 janvier 1852.

« Mon cher Bentzmann,

« Je regrette bien vivement de partir sans avoir pu causer avec vous. Mais enfin il paraît qu'il n'y faut plus compter. Cette lettre vous sera remise par Humbert de Clercy qui est venu ici passer 24 heures. Vous avez à Paris le domestique du Gal Bedeau, Gentil, qui part demain à midi pour nous revenir, et de plus le domestique du Gal Changarnier, Jean (n° 3, faubourg Saint-Honoré), qui nous reviendra après demain. Je vous prie de m'écrire par une de ces occasions. Ces deux hommes sont sûrs. Envoyez-moi la liste des individus qui se sont informés de moi, liste que vous me dites que vous avez gardée. Je vous avoue qu'il y a une ou deux personnes dont je suis étonné de ne pas avoir reçu un seul mot. Cela ne me désole pas, mais je suis bien aise, pour ma gouverne, de savoir à quoi m'en tenir.

« Nous ne savons encore ni quand nous partons ni où nous allons...

« ... Je viens d'être assez malade... Je vous dirai que je n'espère pas beaucoup revenir en France après un an. Car, de deux choses l'une : ou les choses se consolideront et alors on satisfera contre nous une haine ardente, ou on aura des inquiétudes et elles motiveront la continuation des mesures arbitraires que l'on prend aujourd'hui. Quand le régime des lois a cessé, il n'y a plus de place sur le sol de la patrie pour les défenseurs de la liberté. Gardez ceci pour vous et n'en dites rien à tous les miens auxquels je veux laisser un espoir que je ne partage guère. Vous voyez maintenant pourquoi j'étais triste pendant la dernière quinzaine. Vous comprenez, en outre, pourquoi je suis assez embarrassé sur les projets relatifs à mon établissement en France.

« Est-il vrai que Riffaut ne vous ait pas donné signe de vie non plus qu'à ma femme et à moi depuis le 2 décembre. R. S. V. P.

« Adieu, je vous embrasse,

« G^{al} DE LA MORICIÈRE.[1] »

— « Cologne, mercredi 14 janvier 1852.

« Il y avait quelque barbarie à me conduire jusques à Cologne dans l'état où j'étais. J'aurais pu avoir des papiers en Belgique, *on* m'en a proposé; mais j'avais promis, et j'ai voulu tenir ma parole, même envers ceux qui n'en ont pas. J'avais lieu de croire que, comme on laissait en Belgique plusieurs de mes compagnons de captivité, on me laisserait à Liège ou à Louvain, il n'en a rien été. Je crois comme vous qu'on se servira de notre solde de disponibilité pour nous assigner une résidence, mais cette action qu'on veut avoir sur nous est aussi une garantie que l'on nous payera. La Belgique est très bien pour nous, mais nous ne devons pas abuser, et elle contient en ce moment un si grand nombre de réfugiés sous sa protection que peut-être y aurait-il abus à demander à y être

---

[1] Le papier de cette lettre porte en tête le monogramme de la Sainte-Vierge-Marie surmonté d'une couronne.

admis. Tenez-moi au courant de ce que l'on dira relativement à nous sur ce sujet, mais rappelez-vous que je ne veux rien demander. Notre dignité exige que nous gardions, vis-à-vis du gouvernement, le même silence qu'il garde à notre égard, et vous savez que depuis le jour de notre arrestation, il ne nous a fait aucune communication. Le C' R' me paraît pouvoir vous renseigner s'il le veut; il peut avoir les nouvelles sans les demander.

« Dans aucun cas, je ne compte rester ici ; ne m'envoyez donc pas de lettre de crédit sur cette ville. D'ailleurs j'ai assez d'argent pour continuer fort longtemps la vie que je mène. Le métier de proscrit n'est pas tout rose, mais il a au moins cet avantage que l'on peut sans vergogne le mener fort économiquement, et c'est ce que je fais. Cologne est très cher et serait une cause pour m'en éloigner. Liège est ce que je souhaite, d'après ce qu'on m'en dit. La vie y est, dit-on, à très bon marché.

« Est-il vrai, comme quelques uns l'ont assuré, qu'on nous considère comme en congé à l'étranger et qu'on ne nous payera qu'à notre rentrée, c'est-à-dire aux calendes grecques?

« Ma femme me dit qu'elle part jeudi. Dites-lui que je me porte bien. Mais pour vous, je suis repris du genou et ne puis bouger de ma chambre, c'est un inconvénient de plus.

« Adieu. Amitiés pour vous et souvenir à ceux qui se souviennent.[1] »

— « Cologne, le 22 janvier 1852.

« Mon cher ami,

« J'ai été plus malade que vous ne croyez. N'en dites

---

[1] Cette lettre, venue aussi par intermédiaire privé, ne porte ni le nom du destinataire ni la signature du général.

rien à ma femme à qui j'ai écrit tous les deux jours. Laguiche est encore ici. Je ne puis encore me tenir levé dans ma chambre plus d'une heure sans que la tête me tourne. La faiblesse des membres est à l'avenant. Le ciel m'a envoyé un brave docteur français, ancien chirurgien major, aujourd'hui chef d'institution à Cologne, qui me soigne très bien. Il a exercé la médecine à Nancy et se nomme Spilleman. D'ici trois ou quatre jours je pourrai, j'espère, quitter Cologne pour Bruxelles, où je me soignerai et terminerai ma convalescence. C'est à ce moment que je chercherai mon établissement définitif, et si Ollivier veut venir me voir, il me rendra alors grand service. Si on nous demande le serment, vous savez bien ce que nous ferons ; il ne me restera qu'à faire régler en ce moment les droits que j'aurai à la retraite, à moins qu'on se décide, en vertu des lois nouvelles, que vingt-neuf ans de services, trente-six campagnes, sans parler des blessures, etc., ne donnent droit à rien. Au reste, pourquoi se gêner ? Cela passerait comme le reste.

« Je ne puis en écrire plus long aujourd'hui.
« Amitié,
« G^l D. L. M. »

Lettres datées de Cologne, des 25, 27 et 31 janvier 1852, dans lesquelles La Moricière parle de ses rhumatismes qui l'empêchent de partir encore pour Bruxelles.

— « Bruxelles, le 24 janvier 1852.

« Mon cher Bentzmann,

. . . .

« Que vous dire ? Qu'il fait ici un froid horrible, tout est glacé, je commence à marcher péniblement dans ma chambre.

« ... Je me suis mis à la bière que je trouve potable ;

au prix où est le vin, c'est une économie de plus de 40 francs par mois. Tous les exilés ont fait de même; il y en a eu pour lesquels ça été un plus grand sacrifice que pour moi. Toute la famille se porte bien et vous dit mille choses. Femme, enfant, belle-mère réussissent très bien dans cette espèce de Sibérie où les habitants sont de très braves gens.

« Je compte, dès le mois de mai, prendre par l'Allemagne le chemin du Piémont et aller aux bains d'Aix, en Savoie. Cela me conduira jusques à la fin d'octobre, et si on ne me tracasse pas dans ce pays, s'il y a encore un Piémont à cette époque, j'irai peut-être passer l'hiver prochain à Nice, pour voir la Méditerranée au ciel bleu et le soleil dont je sens d'autant plus le besoin que je suis mal logé. Ruinez-vous donc la santé au service de votre pays ! C'est bien le cas de dire comme le soldat : « Et ils appellent cela une patrie ! » Qu'on ne lui demande pas de reconnaissance, c'est entendu, mais qu'elle ne vous laisse même pas vous chauffer à son soleil et vous guérir à ses eaux chaudes !... Enfin le pire, c'est que cela durera tant que le gouvernement ne se suicidera pas. Son avenir sera plus ou moins long selon sa conduite. L'anarchie, son héritière naturelle et fatale, fait peur aux plus mécontents, et de là vient l'impossibilité de trouver un drapeau d'opposition. Que Dieu protège la France ! jamais elle n'en a eu plus besoin.

« Mille amitiés,
                                « D. L. M. »

— « Bruxelles, le 31 mai 1852.

« Mon cher ami,

« .... J'ai enfin obtenu d'aller prendre les eaux en Allemagne...

« Vous n'êtes nullement au courant de ce qui a eu lieu

relativement au serment exigé de nous, de ce qui, en un mot, a motivé nos lettres. Vous paraissez croire, comme une partie du public, qu'on ne nous demandait rien. J'avais cru cependant être assez explicite dans ma lettre, mais je ne pouvais pas y tout dire. Sachez donc qu'une première circulaire, datée du 27 avril et sortie du ministère de la guerre, nous a été envoyée ici autographiée. Elle prescrivait le mode de prestation de serment pour les militaires, puis arrivant aux officiers qui sont à l'étranger, elle ne disait rien qui nous fut *évidemment* applicable. Nous nous sommes réunis, nous avons commenté ce texte, et nous avions si peu envie de faire une manifestation sans motifs, que nous avons pris la résolution commune de ne rien dire et de ne rien écrire. Mais, trois ou quatre jours après, les journaux français nous apportent une circulaire, rédigée dans les mêmes termes que l'autre, à cela près seulement de ce qui regarde les officiers résidant à l'étranger. Après avoir énuméré les causes diverses d'absence et voulant nous comprendre sans nous nommer, on ajoute « *ou pour toute autre cause.* » Ce paragraphe ajouté s'étendant à tous les officiers qui, *pour quelque cause que ce soit*, résident hors de France, indiquait, *évidemment, comme je l'ai dit, les généraux proscrits eux-mêmes*. Nous savions, en outre, les alternatives qui avaient eu lieu à cet égard. On voulait avoir un texte au moyen duquel on put nous tordre le col dans deux mois quand on ne penserait plus au serment, et d'ici là on ne nous aurait rien demandé ; mais, le jour venu, la sommation régulière nous eut été faite et, comme nous aurions refusé, on nous eut étranglés entre deux portes, de façon que personne n'en sût rien. Eh bien, puisqu'il fallait mourir, mieux valait se jeter sur l'épée dont on nous menaçait et avoir la chance de blesser au moins la main qui la tenait. Voilà la vérité sur cette affaire et si jamais le bon sens revient à l'armée et au pays, l'on comprendra. Pour aujourd'hui, les écailles que chacun a sur les yeux soit trop épaisses pour que la vision soit nette.

« Adieu et mille amitiés,

« DE LA MORICIÈRE. »

Lettres du général de Montauban.

— « Paris, le 5 décembre 1861.

« Mon cher de Bentzmann,

« ... Vous savez que S. M. l'Empereur vient de me conférer la médaille militaire ; j'en suis très heureux parce que l'on me dit ici que c'est d'un bon pronostic.

« J'ai fait mon entrée au Sénat le 2 et déjà j'ai pu avoir une idée de la manière dont se passent les choses dans cette grande assemblée. Quelques orateurs seulement sont en possession de la parole, la majeure partie écoute et tout le monde vote. Comme je ne veux voter qu'en connaissance de cause, je me range du nombre de ceux qui écoutent, sauf plus tard, si je m'en crois capable, à faire partie de ceux qui parlent, lorsqu'il y aura des questions militaires à traiter.

« Je vous assure, mon cher Bentzmann, que ma vie est bien employée ici et que les journées passent avec une rapidité effrayante. Je travaille du matin au soir, pour ne pas recevoir 30,000 francs du gouvernement, sans chercher à justifier le choix qui a été fait de mon individu pour en faire un sénateur.

« ... Je suis en ce moment en lutte avec le Préfet de la Seine pour notre colonne de Chine. Après avoir décidé l'édification de cette colonne, l'Empereur s'est laissé persuader par M. Hausmann qu'un arc de triomphe qui comprendrait les trois expéditions d'Italie, de Crimée et de Chine, conviendrait mieux. J'ai combattu cette idée, par la raison que chacune de ces expéditions avait un cachet particulier et que les colonnes placées sur trois squares produiraient plus d'effet sur l'esprit de la population parisienne, qu'un monument placé à la barrière du Trône et que personne n'irait visiter.

« Comme l'Empereur va rentrer à Paris, j'espère bien pouvoir lui parler de cette question et lutter contre le Préfet de la Seine, qui n'a que le sentiment des moellons et des pierres de taille, ...

« Tout à vous,
 « G^{al} DE MONTAUBAN. »

— « Paris, 31 décembre 1861.

« Mon cher de Bentzmann,

« ... J'ai remis moi-même les deux petits canons chinois au prince impérial. L'Empereur m'a écrit très gracieusement qu'il désirait que le prince les reçut de la main de celui qui les avait conquis.

« Je me suis donc rendu aux Tuileries à onze heures et demi, et j'ai trouvé l'Empereur et le prince qui ont été enchantés des deux canons et des affûts vraiment très jolis, confectionnés au dépôt central de Saint-Thomas-d'Aquin. J'avais fait inscrire sur l'un Pé-Ho et sur l'autre Pé-King, les deux actes qui ont commencé et terminé notre campagne. J'ai profité des bonnes dispositions de l'Empereur pour lui recommander le nommé Besson, ouvrier de l'Etat, ancien militaire, déjà proposé deux fois pour la croix. L'Empereur, avec cette bonté de cœur que vous lui connaissez, l'a décoré tout de suite; aussi ce brave et vieux soldat en a été tellement ému, qu'une fois hors des Tuileries et en me parlant il m'appelait *Sire*. J'ai été obligé de lui rappeler que je n'étais qu'un très petit sire et qu'il se contentât de me donner ma qualification de général, ... »

— « Paris, le 1ᵉʳ avril 1862.

« Mon cher de Bentzmann,

« ... J'ai appris indirectement que le Gᵃˡ Féray voulait vous présenter à M. de Morni et qu'il avait même employé votre nom auprès de celui-ci pour parler très légèrement de l'expédition de Chine. Il prétendait que vous auriez dit qu'il n'y avait eu aucun danger à courir en présence d'hommes armés de flèches, qui tombaient à 50 pas en avant de nous, et de fusils à mèche qui ne partaient pas ; enfin que le petit nombre d'hommes tués était une preuve du peu d'importance qu'il fallait attacher à cette expédition sous le point de vue militaire.

« Parmi tous les généraux jaloux de notre campagne en Chine, on me dit que le Gᵃˡ Féray est en première ligne. J'ignore pourquoi, car je ne lui suppose pas la pensée d'envier ma position. Quoi qu'il en soit et dans cette fournaise des plus mauvaises passions qui s'appelle Paris, dès qu'un homme paraît devoir sortir de la foule, les calomnies et les mensonges de toute nature abondent. Vous en avez eu la preuve en ce qui me touche. Cependant je tiens tête à l'orage et quels que soient mes détracteurs, ils ne parviendront pas, par des menées sourdes, à me faire tort : si j'ai des ennemis, j'ai aussi des amis puissants. Il importe, dans toutes ces intrigues, que je puisse démêler la vérité et c'est pour cela que je m'adresse à vous en toute confiance. Est-il vrai que vous ayez déjeuné ou dîné avec Morni et qu'il a été question de notre expédition ? Dans ce cas y aurait-il indiscrétion à vous demander dans quel sens le président du Corps législatif s'est exprimé ? M. Morni, pour des raisons à moi connues, avait été très chaud pour la Chine ; mais tout d'un coup, pour d'autres raisons également connues de moi, il a tourné bride et se montre très contraire à notre expédition. Ce n'est pas qu'il puisse faire grand mal dans cette affaire, mais encore faut-il que je me tienne en garde contre mes ennemis.

« Quelle vie, mon cher Bentzmann, que celle des cours et que je regrette d'avoir été fatalement entraîné malgré moi au milieu de tous ces mouvements d'intrigue, moi qui voudrais vivre tranquille au sein de ma famille ! Comment se fait-il qu'une expédition qui devait assurer le repos de mes dernières années en soit devenue le plus grand ennui ! Si j'avais la moindre fortune à moi, je fuierais Paris et j'irais me cacher au fond de quelque bonne province, loin de tout ce monde si malveillant,..... »

— « Paris, le 3 avril 1862.

« Mon cher de Bentzmann,

« ... Je viens de recevoir votre lettre du 2 avril et je vous remercie des renseignements qu'elle renferme ; elle me confirme une fois de plus que tout est mensonge dans ce gouffre de Paris.

« Il n'est pas douteux que sans les circonstances favorables dans lesquelles nous nous sommes trouvés, une poignée d'hommes n'aurait pu venir à bout de 30 à 40,000 hommes, et M. le Gal Féray, comme vous le dites fort bien, sait mieux que personne que la gloire de son beau-père a brillé d'un grand éclat à la bataille d'Isly qui, proportion gardée, a été moins meurtrière encore que notre expédition de Chine. Ce que je vous ai écrit, je le tenais d'un ami intime de Morni et j'étais autorisé à croire que l'on avait cherché un nouveau moyen de déprécier notre campagne. Il est inutile, mon cher de Bentzmann, de donner aucune suite à cette affaire, puisqu'il n'est pas vrai que vous ayez vu M. de Morni. — Je ne sais si vous vous rappelez que j'écrivais de Singapoure au colonel Deschiens qui me parlait de l'enthousiasme qu'excitait l'expédition de Chine : « Mon cher Deschiens, tout en France est feu de « paille : dans trois mois on ne parlera plus de l'expédition de Chine et dans six mois *on ne me pardonnera pas* « *de l'avoir faite.* Me suis-je trompé ?.... »

— « Paris, le 22 avril 1862, 6 heures du matin.

« Mon cher de Bentzmann,

« Il y a un an jour pour jour, heure pour heure, que nous saluions Shanghaï de nos adieux éternels ! Rien ne troublait alors la joie d'avoir fait une telle expédition ; je ne me doutais guère qu'en France une Chambre malveillante chercherait à rabaisser la gloire que nous avions acquise, sinon au prix de beaucoup de sang répandu, au moins au risque de grands périls. Il faut aujourd'hui s'incliner devant le monde des épiciers et cela deviendra général en Europe avant longues années,.... »

— « Paris, le 27 juin 1862.

« Mon cher de Bentzmann,

« ... Que vous dirai-je des affaires du jour ? Les feuilles publiques doivent vous tenir au courant, mieux que je ne saurais le faire, puisque nous sommes retombés en plein régime parlementaire et qu'il leur est permis de tout dire, comme par le passé. Dieu veuille que cette nouvelle phase, dans laquelle le gouvernement de l'Empereur est entré, n'amène pas les résultats que ce système a déjà produits plusieurs fois !...

« ... Voilà bientôt un an, mon cher de Bentzmann, que nous voguions à toute vapeur dans la Mer Rouge, vers l'isthme de Suez. Que de déceptions depuis ces 12 mois écoulés et combien notre expédition, après avoir eu tant de retentissement, a-t-elle trouvé de mécomptes ! Pas un monument qui rappelle le nom de cette épopée dans l'histoire de France ; pas un aigle dont l'étendard conserve le souvenir de ses victoires, qui, si elles n'ont pas coûté beaucoup de sang, n'en ont pas moins amené un résultat immense, dont on n'a pas su profiter ! J'ai reçu une lettre de 8 pages de M. Schmitz, de Shanghaï : il est bien douloureux de voir que les Anglais seuls vont jouir du fruit de nos travaux ! Enfin il faut dire avec les Arabes *Allah !!!*

« Aujourd'hui, il n'est plus question que du Mexique, la Chine, Rome et bien d'autres questions graves sont un peu mises de côté ; mais c'est l'esprit du Français, l'esprit du moment, un feu de paille, etc... »

— « Paris, le 5 juin 1863.

« Mon cher de Bentzmann,

« .... Vous aurez vu le résultat des élections de Paris. Il n'est pas possible de montrer plus d'ingratitude pour un souverain qui a fait plus pour la population ouvrière de cette grande cité que tous ses prédécesseurs réunis. Il faut bien peu connaître le peuple français pour avoir pu croire un instant à sa reconnaissance et je suis bien sûr que l'empereur doit se mordre les doigts de toutes les prérogatives qu'il a abandonnées depuis deux ans, ... »

— « Paris, le 28 juin 1865.

« Mon cher de Bentzmann,

« ... L'on commence donc à comprendre que cette expédition de Chine, qui a fait tant de jaloux, est un fait exceptionnel dans les fastes de l'histoire et je crois qu'elle y vivra bien longtemps après qu'il ne sera plus question du Mexique qui, cependant, a fait deux maréchaux de France. Une chose qui m'a été un peu pénible, c'est d'avoir vu l'amiral Charner nommé amiral pour avoir transporté nos troupes jusqu'à Tien-Tsin, sans avoir couru les risques de les conduire par terre jusqu'à Pékin. Que voulez-vous, mon cher de Bentzmann, il faut être philosophe et prendre les accidents de la vie pour ce qu'ils sont ! Pourvu que je conserve l'amitié de mes compagnons d'armes dans cette mémorable expédition, c'est déjà une récompense des soins que j'ai pris pour qu'elle leur ait été favorable. A ce titre, je compte toujours sur la vôtre, etc... »

— « Evian-les-Bains, 20 juillet 1868.

« Mon cher de Bentzmann,

« ... Evian est un lieu ravissant sur les bords du lac de Genève et nous espérions que l'Empereur se déciderait peut-être à venir habiter cet heureux séjour pendant quelque temps ; il paraît que c'est partie remise à l'année prochaine. Cependant qui peut calculer où chacun de nous sera dans un an ? Je sais bien que depuis quelque temps l'on chante à peu près le même refrain, mais il faudra bien cependant que toute cette incertitude finisse par avoir un dénoûment. Les représentants de la nation expriment si naïvement la crainte qu'ils ont de la guerre, que je suis surpris qu'une puissance voisine, nous prenant pour des *couards*, ne tente pas de nous réduire à l'état de puissance de 2me ordre. Que de changements en France, mon cher de Bentzmann, depuis notre retour de Chine ! Il semblait alors que rien ne pouvait se faire sans notre gouvernement qui était si fort à l'intérieur comme à l'extérieur. Aujourd'hui c'est à peine si le ministre de la guerre peut conserver l'armée sur un pied respectable, encore a-t-il fallu qu'il cédât sur les 7500 hommes de plus envoyés en congé dans leurs familles. Tout est devenu chiffre ; mais que faire vis-à-vis d'hommes qui ne savent pas ce que c'est que l'armée et dont plusieurs ont pu dire qu'il fallait une armée sans esprit militaire, comme si 100,000 hommes animés de cet esprit n'en valaient pas 200,000 levés à la hâte, comme cela a eu lieu au commencement de 93. N'avons-nous pas mieux fait en Chine avec une poignée d'hommes de bonne volonté que nous eussions pu faire avec des conscrits dont la moitié aurait succombé aux fatigues ou aux variations du climat. Ce système d'abaissement de l'armée est proclamé dans toutes les immondes brochures qui paraissent aujourd'hui et qui se sont donné pour mission d'attaquer tout ce qui soutient encore en France la société. L'on attaque de la manière la plus violente l'administration militaire en Algérie, comme si elle était responsable des fléaux qui se sont abattus sur notre malheureuse colonie. Pour les personnes qui, comme vous et moi, avons vu de près les hommes et les choses de l'Algérie, il est curieux de lire des discours comme celui que vient de prononcer dernièrement à la Chambre M. de Languinais, qui n'a jamais habité ce pays. Que faire au milieu de ce déchaînement contre tout ce qui est militaire ? Attendre patiemment l'occasion qui ne peut manquer de se présenter, dans laquelle il faudra avoir recours à l'armée pour rétablir l'ordre, si vivement attaqué chaque jour. Néanmoins, je trouve que la vieillesse n'est pas un privilège quand elle nous permet d'assister au renversement de tous les principes que l'on a respectés dans sa jeunesse. J'ai beau rechercher dans l'histoire, je ne vois aucune transformation sociale semblable à celle qui s'opère depuis quelque temps en France ; il est vrai qu'aux époques antérieures la licence de la presse n'existait pas, et l'on ne connaissait pas les libres-penseurs. Mais je m'aperçois un peu tard, mon cher de Bentzmann, que je vous fais à propos de rasoirs (allusion à un rasoir dont il est parlé dès le début de cette lettre), une tartine politique qui pourrait bien vous faire bailler, et j'aime mieux vous dire en finissant que ma famille et moi nous vous conservons toujours une amitié invariable, etc.. »

— « Quartier général à Lyon, le 23 juillet 1870.

« Mon cher de Bentzmann,

« J'ai reçu votre bonne lettre du 22 courant et je vous assure qu'elle m'a fait un bien grand plaisir. C'est dans la disgrâce imméritée dont je suis victime que je suis heureux d'être entouré de la sympathie de mes amis. Je suis depuis longtemps en butte aux calomnies des jaloux et des envieux que cette campagne de Chine, que vous me rappelez, m'a suscités. Pendant quelque temps, l'Empereur a paru résister aux mauvaises suggestions de mes ennemis, mais quand il a été question de me placer en concurrence avec le G^{al} Le Bœuf pour le maréchalat, alors tout l'entourage s'en est mêlé, et après des promesses réitérées, j'ai succombé dans la lutte. Aujourd'hui qu'il s'agira de nommer d'autres maréchaux, on donne des commandements en chef à ceux que l'on veut favoriser, mais l'on a grand soin de m'écarter, afin que je ne devienne pas de nouveau un concurrent dangereux. J'ai demandé par deux fois des commandements actifs, il m'a été répondu que ma présence était plus utile à Lyon qu'à l'armée et que j'y rendais des services non moins importants que devant l'ennemi. Cette lettre est tout entière de la main de l'Empereur. Telle est la récompense de ce que j'ai fait pour la gloire de mon pays, alors que personne ne voulait ou n'osait se charger de conduire nos troupes à 6,000 lieues de la France.

« Quant à un commandement dans la Baltique, je n'y crois pas le moins du monde ; mais l'opinion générale a été tellement surprise de me voir mettre de côté au moment d'une guerre sérieuse, qu'elle adopte cette espérance pour moi. Merci encore, mon cher de Bentzmann, merci de cette bonne preuve d'amitié. J'espère que votre santé se rétablira complètement avec le régime sage que vous avez adopté. Je regrette cependant pour l'armée que vous n'ayez pas pu en faire partie; on sentira le besoin d'hommes comme vous, sachant tout débrouiller pour arriver au succès.

« Je vous renouvelle, mon cher de Bentzmann, l'assurance de ma sincère amitié.

« Tout à vous,

« Gal Th. de Montauban. »

« P. P. — Nous sommes loin de la fameuse lettre des nations dégénérées. Comment appeler les gouvernements qui refusent les services de ceux qui en voudraient rendre de nouveaux?

Le général Pélissier au général de Bentzmann:

— « Paris, le 9 décembre 1870.

« Mon cher ami,

« Nous sommes à la veille ou à l'avant veille d'une nouvelle tentative. Puisse la Providence inspirer plus sainement que le 30 novembre les hommes qui dirigent les affaires militaires, etc... »

TABLE DES MATIÈRES

DÉDICACE . . . . PAGES I

Lettre de Mgr l'Évêque à l'auteur . . . . II-III

CHAPITRE PRÉLIMINAIRE. — Description archéologique de la ville et du château . . . . V-IX

CHAPITRE I. — Antiquités :

I. Fragments gaulois, gallo-romains et carolingiens. — II. Eglises et chapelles. — § I. Antique église paroissiale de Sainte Bazeille. Légende de sainte Bazeille, vierge et martyre. — § II. Chapelle de Neuffons. — § III. Eglise de Notre-Dame, appelée aussi Chapelle de Sainte-Marie-Madeleine et Chapelle de Mothes, actuellement église paroissiale. Liste des anciens chapelains. — § IV. Eglise de Sent Pey d'Aalon de Pascau 1-29

CHAPITRE II. — Moyen-Age :

I. Invasions et autres fléaux 31-32

II. Premiers seigneurs connus de Sainte-Bazeille : les Mérondes. Croisades et violences 32-39

CHAPITRE III. — Caumont et Jourdain de Lille, co-seigneurs de Sainte-Bazeille :

I. Gaillard de Lamothe, seigneur de Sainte-Bazeille et de Landerron. Clermonde, sa fille et femme de Jean de Grailly, est son héritière. Expédition des Croisés contre les Albigeois, du côté d'Agen et de Sainte-Bazeille. Henri III convoque ses barons et ses communes à Sainte-Bazeille. Lettre des prud'hommes de cette ville à Henri III   41-45

II. Anissant de Caumont, seigneur de Sainte-Bazeille et de Landerron, etc., concède aux religieux de Grande-Selve la moitié du péage à Sainte-Bazeille. Son origine et sa famille. Il épouse Rambours de Périgord. Bernard de Beauville co-seigneur de Sainte-Bazeille. Gaston de Béarn entraîne dans sa révolte contre le roi d'Angleterre les gens de Sainte-Bazeille et de Landerron. Réparation du tort que les gens de Sainte-Bazeille et autres lieux ont fait à Alphonse, comte de Toulouse. Indemnité accordée par le roi d'Angleterre à Anissant de Caumont, Bernard de Beauville et aux habitants de Sainte-Bazeille pour l'incendie de la ville et du château. Gages pour les soldats. *Laissez-passer* pour ladite ville. Défense d'y percevoir le péage. Salomon, juif de Sainte-Bazeille, est pris sous la protectection d'Henri III. Pierre de Gontaud doit dépendre des tribunaux du roi. Hommage d'Anissant de Caumont au comte de Toulouse. Il quitte, aux religieux de Grand-Selve, le péage à Monheurt. Il est caution pour Garcie-Arnaud de Navailles. Assignation de dot sur Sainte-Bazeille. Aveu d'Anissant de Caumont au roi d'Angleterre. Il est caution pour Guillaume Ramon de Pins. Anissant II de Caumont succède à son père et épouse Isabelle de Péberac, Edouard I consent à la vente de la 7mo partie du port de Thouars. Calamités pendant le XIIIe siècle. Lettre de Philippe IV, dit *le Bel*, en faveur d'Isabelle de Péberac, veuve d'Anissant de Caumont. Comment Jourdain de l'Isle devint co-seigneur de Sainte-Bazeille et de Landerron. Catherine de Grailly, sa veuve, est héritière pour une part de ces deux seigneuries et en fait héritiers son frère Pierre de Grailly et son neveu Jean de Grailly.....   45-62

III. Alexandre de Caumont succède à son père Anissant. Violences exercées à Landerron. Arrangement survenu entre Jourdain, seigneur de l'Isle, et son fils Jourdain de l'Isle relativement à Sainte-Bazeille et Landerron. Alexandre de Caumont éxécuteur testamentaire d'Arnaud de Gironde. Il réclame la dot promise à sa mère. Il reçoit l'hommage de Garcie de Jusix. Il donne aux religieux de Grand-Selve l'autre moitié du péage à Sainte-Bazeille. Longs et vifs démêlés d'Alexandre de Caumont avec Jourdain de l'Isle. Crimes, condamnation à mort et exécution de ce dernier. Catherine de Grailly dut épouser, en secondes noces, Arnaud de Durfort. Elle obtient mainlevée de la saisie de ses terres de Curson et de Fleix. Serment de fidélité prêté au roi d'Angleterre par Alexandre de Caumont. Mandement d'Edouard II pour saisir divers habitants de Sainte-Bazeille et leurs biens. Obligation fournie par Alexandre de Caumont à Hélies de Lescours. Prise de Sainte-Bazeille par les Français. Reprise de cette ville par les Anglais, grâce à la défection d'Alexandre de Caumont, qui reçoit une récompense du roi d'Angleterre. Bernard Jourdain, comte de l'Isle, héritier de Jourdain de l'Isle pour la moitié de Sainte-Bazeille et de Landerron, combat vaillamment les Anglais. Edouard III récompense les bons services de Bérard d'Albret en lui donnant la part échue audit Bernard de l'Isle. Les Français reprennent Sainte-Bazeille après un siège de plusieurs mois. Soumission volontaire de Sainte-Bazeille au comte Derby. Ruse employée par Alexandre de Caumont pour faire tomber Castelmoron aux mains de Derby. Il avait épousé Blanche de La Mothe, dont il n'eut que trois filles............ 62-85

CHAPITRE IV. — Les d'Albret :

I. Bérard d'Albret devient seigneur de Sainte-Bazeille, Landerron et autres places par son mariage avec Hélène de Caumont. Origine des Albret. Maison de Bérard d'Albret. Bataille de Launac gagnée par Gaston Phœbus, XIe comte de Foix, sur Jean I, comte d'Armagnac. Captivité de Bérard d'Albret et d'autres ses parents et alliés. Sa rançon et celle de ses frères. Amanieu de Pellegru cède à Bernard Ezi II, sire d'Albret, la quatrième partie de Sainte-Bazeille et Landerron. Acquisition faite par Bérard d'Albret de la 4me partie desdites seigneuries. Ledit Bérard, capitaine de Lavardac et de Durance, délivre quittance à Etienne de Montméjan de 1000 francs d'or pour ses gages. Il embrasse, avec tous ceux de sa maison, le parti français après le mariage d'Arnaud Amanieu, sire d'Albret, avec Marguerite de Bourbon, belle-sœur du roi de France, malgré les dons de plusieurs terres que lui fait le roi d'Angleterre. Charles V fait don des mêmes terres audit Bérard. Bérard est témoin du mariage de Jean d'Aragon avec Mathe d'Armagnac, sa cousine germaine. Campagne du duc d'Anjou contre les Anglais. Sainte-Bazeille est reprise par les Français. Nouvelle campagne du duc d'Anjou qui reprend cette ville retombée aux mains des Anglais. Trève entre Jean de Neuville et Arnaud Amanieu, sire d'Albret et Bérard d'Albret, seigneur de Sainte-Bazeille. Nouvelle trève entre les seigneurs du parti anglais et ledit Bérard, agissant pour son frère, le sire d'Albret. Autre trève signée pour 3 ans entre le roi d'Angleterre et Arnaud Amanieu, sire d'Albret et Bérard d'Albret. Récompense accordée audit Bérard par Charles V. Reconnaissance des fiefs dûs audit Bérard. Pouvoirs délégués audit Bérard pour réparer les dommages faits pendant les trèves. Charles VI lui paie la somme de 300 francs. Bérard d'Albret traite avec les rois de France et d'Angleterre touchant le bourg de Saint-Pierre-de-Tonneins. Le roi de France paie 1000 fr. d'or pour aider François d'Albret, seigneur de Sainte-Bazeille, à se racheter de sa prison de Lombardie. Calamités survenues au XIVe siècle.............. 87-107

II. François d'Albret. Il est fils unique et héritier de Bérard. Il épouse Jeanne de Roucy. Il prend possession d'un moulin. Il est témoin de la prise de possession de la baronnie de Casteljaloux par le connétable d'Albret. Trève accordée par Gaillard de Durfort aux terres et aux adhérents de la dame d'Albret et du seigneur de Sainte-Bazeille. Nouvelle trève consentie par ledit Gaillard et François d'Albret. Une autre trève intervient 3 ans après. Nouvelle trève entre le sénéchal du roi d'Angleterre et le seigneur de Sainte-Bazeille. Prise de Sainte-Bazeille par les Anglais. Prétentions du captal de Buch sur cette baronnie. Rétablissement des murailles et des fortifications de ce lieu. François d'Albret perd aussi Gensac. Son testament 107-112

III. Charles d'Albret. Il est neveu et héritier de François et fait une donation à Jeanne de Roucy. Ladite Jeanne teste à son tour. Transaction passée entre ladite Jeanne et Charles d'Albret. Prise de Sainte-Bazeille par les Français. Prise et pillage de Sainte-Bazeille par les Anglais. Le sire d'Albret réclame une rente de 220 francs sur le péage de Marmande. Hommage de Brandelis, seigneur de Caumont, à Charles VII pour Sainte-Bazeille. Consécration d'une vieille coutume de la maison d'Albret. Cession par Louis de Noailhan à Charles d'Albret de tous les droits à lui cédés par Jeanne de Roucy. Recouvrement des terres indûment occupées par le seigneur de Sainte-Bazeille. Tentative de Charles d'Albret pour obtenir le serment des gens de l'Armagnac et des Landes. Jean V, comte d'Armagnac, perd Lectoure et la reprend par ruse à l'instigation de Charles d'Albret. Capitulation de Lectoure, assassinat de Jean V, arrestation, procès, condamnation à mort et exécution de Charles d'Albret. Louis XI donne à Alain, sire d'Albret, les biens ayant appartenu à Charles d'Albret, son oncle.................................. 112-126

IV. Alain, sire d'Albret. Son portrait. Ses immenses domaines. Ses exactions sur les péages. Il reçoit l'hommage de Jean de Landeroat et le serment de fidélité des habitants de Sainte-Bazeille. Vente de fief. Saisie des terres d'Albret. Ordonnance du parlement de Bordeaux sur la capitainerie de Sainte-Bazeille. Revenus et dépenses d'Alain. Son hommage à François Ier pour Sainte-Bazeille. Alain abandonne cette baronnie à sa sœur Marie d'Albret, femme de Boffile de Juge. Testament et mort d'Alain. Calamités survenues au xve siècle................... 126-137

V. Henri II d'Albret, roi de Navarre. Il succède à son grand-père Alain dans la seigneurie de Sainte-Bazeille. Il a de sa femme, Marguerite de Valois, une fille, Jeanne d'Albret. Ordre d'afficher le tableau des droits de péage à Sainte-Bazeille...................................... 130-140

VI. Jeanne d'Albret. Elle succède à son père dans tous ses domaines et dans la seigneurie de Sainte-Bazeille. Erection de la terre d'Albret en duché. Agitation calviniste à Sainte-Bazeille...................................... 140-142

CHAPITRE V. — Les Bourbons :

I. Henri III, roi de Navarre (futur Henri IV). Sa visite à son château et sa ville de Sainte-Bazeille. Ruse de Duplessis-Mornay pour empêcher Biron et le comte de Foix de porter secours à Marmande, assiégée par les calvinistes. Adresse des calvinistes de Sainte-Bazeille au roi de Navarre, leur seigneur, en faveur de leur ministre. Réponses favorables. Catherine de Médicis donne de Sainte-Bazeille des instructions pour l'édit de pacification. Mémoire du maréchal de Biron au roi de France pour lui dépeindre la situation cruelle des choses. Tentative de Biron pour prendre Sainte-Bazeille. Une maladie contagieuse se met dans ses troupes et les disperse. Négociation d'une trêve. Le roi de Navarre pourvoit à la défense de la ville de Sainte-Bazeille. Traité de paix. Le roi de Navarre autorise M. de Meslon à faire arrêter devant Sainte-Bazeille les bateaux chargés, le nomme gouverneur de cette ville et donne à plusieurs des *laissez-passer* sur le fleuve. La compagnie de Belsunce est mise à Sainte-Bazeille. François de Noguères est nommé gouverneur de la ville et du château. Protestation d'Henri de Navarre contre la défense de faire la garde et l'ordre d'abattre les fortifications à Sainte-Bazeille. Etienne Vilotte est commis à la garde du château. Procuration donnée à Pierre de Mesmes pour vendre et aliéner Sainte-Bazeille et autres baronnies. Lettre de Henri de Navarre au maréchal de Matignon pour se plaindre des désordres que commet Lapeyre, gouverneur de Couthures. Péages sur la Garonne devant Sainte-Bazeille. Geoffroy de Vivant fortifie Sainte-Bazeille dont il est nommé gouverneur. Henri de Navarre pourvoit à la défense de la ville de Sainte-Bazeille. Le duc de Mayenne assiège, prend et rase cette ville. Mécontentement d'Henri de Navarre. Solde de la garnison de Sainte-Bazeille. Les soldats sortis de Sainte-Bazeille sont pris et taillés en pièces par Mayenne au siège de Monségur. Ordre de Matignon à quelques capitaines de congédier leurs troupes pour éviter les ravages du pays. Les sieurs Barrault et Saint-Léger sont laissés à Sainte-Bazeille contre les ligueurs. Ordre à M. de Meslon de s'acheminer vers Marmande et Sainte-Bazeille. Cession d'un droit de péage à Sainte-Bazeille. Ordonnance pour l'exécution de l'édit de Nantes à Sainte-Bazeille et autres lieux. Calamités survenues au XVIe siècle. Le sieur Béraut fermier des péages à Sainte-Bazeille. Foi et hommage d'Etienne Villotte au roi de Navarre.................. 143-175

II. Louis XIII, duc d'Albret, est seigneur de Sainte-Bazeille. Exemption du logement des troupes. Mayenne s'empare de Caumont, le sieur de Chateau commandant les troupes sorties de Sainte-Bazeille. Louis XIII nomme Jean de Noguères gouverneur de la ville de Sainte-Bazeille. Cession d'un droit de péage. Aveu et dénombrement du sieur de Lanause. Amortissement de 170 journaux de *padouens*. Extraits des registres de la Jurade et de l'église. Transaction entre Jean de Cazanove et Jean Collomb... 175-181

CHAPITRE V. — Les Bouillon, ducs d'Albret. Vie municipale.

I. Echange du duché d'Albret pour les principautés de Sedan et de Raucourt. Abjurations de la R. P. R. Toubles de la Fronde. Sainte-Bazeille fait sa soumission au roi. Lapeyre est commandant de la ville. Prise de cette ville par M. de Galapian. Reprise de cette place par les généraux de l'armée royale. La Jurade paie plusieurs dépenses et dégâts occasionnés par les sièges. La peste fait de cruels ravages à Sainte-Bazeille. Débordement de la Garonne. Course des gens de Marmande aux environs de Casteljaloux. Extraits divers des registres de la Jurade et de l'église.. 183-195

II. Différends et procès entre Henri de Boisse, baron de Mauvezin, et Raymond de Lapeyre. Jean de Vilotte vend à François de Laberchède toutes les rentes qu'il avait à Sainte-Bazeille. Inhumation dans l'église de Jean Dubernard, précepteur de la jeunesse..................... 195-202

III. Extraits divers des registres de la Jurade et de l'église. Calamités survenues au XVIIe siècle.................. 203-207

IV. Montre des gentilshommes et gens vivant noblement de Sainte-Bazeille. Vaine tentative pour la fondation d'un couvent d'Augustins dans cette ville. Hommage de François de Fontainemarie au duc de Bouillon. Extraits divers des registres de la Jurade et de l'église : Inhumations dans l'église ; rôles de la taille ; privilèges de la ville ; consuls et jurats ; grande et petite boucherie ; titres cléricaux ; réjouissances publiques ; requête de la Jurade pour obtenir des décharges d'impôts ; logement des garnisons ; instruction primaire et secondaire, régents du latin et du français, régentes, preuves de capacité ; amendes municipales ; arrêtés pour la garde de la ville ; surveillance de la municipalité sur la qualité des vivres, farines, vins, etc. ; revendications des anciens privilèges des consuls et jurats ; chaînes de forçats ; bateaux-poste ; collecteurs ; foi et hommage de la communauté au duc de Bouillon ; processions sur l'eau ; bénédictions de cloches ; règlements de police concernant les cabaretiers, les mesures, l'entretien et la propreté des chemins et des rues ; carêmes, missions, érections de croix, gages des prédicateurs ; constatations des dommages causés par les débordements du fleuve et l'intempérie des saisons ; taxe de la viande et du poisson ; visites épiscopales ; sergents de ville et gardes des jettins ; règlement des milices bourgeoises ; allocations votées par la Jurade pour offrir au roi un vaisseau de guerre ; réparations des églises et chapelles ; protestation de la Jurade contre le chapelain de la chapelle de Mothes ; plantation d'ormeaux sur les anciens fossés ; secours de l'Etat et du roi aux pauvres ; ouverture d'une troisième porte de ville ; foires et marchés ; bancs de l'église pour les consuls ; vigilance de la Jurade sur la confection du livre terrier ; gouvernement de la ville ; chiffre de la population de la paroisse et de la juridiction ; maison curiale ; achats de meubles et d'ornements sacrés ; rétablissement du port ; règlement sur la vente des denrées ; construction d'un canal ; revenus et dépenses de la communauté ; bureau de bienfaisance ; rosières ; ancien bras de la Garonne sous les murs de la ville ; service de la poste aux lettres ; rachat par la communauté de tous les offices du corps municipal ; l'île de Bournan. 207-272

CHAPITRE VII. — Révolution :

Convocation des Etats-Généraux. Dispositions préparatoires pour l'élection du Tiers-Etats. Députés de Sainte-Bazeille aux assemblées de la sénéchaussée de Casteljaloux : pages 273-279. — Divers règlements de police : 279-280. — Demande d'un second vicaire : 280-282. — Grande épouvante et formation de la garde nationale : 282-286. — Règlements de police sur les boulangeries et les boucheries : 286. — Distributions de secours : 286-287. — Armement de la garde nationale : 287, 288, 332, 333. — Abonnement à un journal de Paris : 289. — M. le curé

donne sa démission de président du conseil de police :
290. — Refus d'accepter la démission de M. de Mouchet,
capitaine de la garde nationale, et de son fils porte-
drapeau : 291. — Le conseil municipal demande que le
département intermédiaire à établir entre Agen et Bordeaux ait la ville de La Réole pour chef-lieu : 291-292. —
Réorganisation de la garde nationale : 292-295. — Elec-
tion du conseil général (municipal) : 296-297. — Suspension de la patrouille nocturne : 297. — Demande
de renseignements sur la formation du canton de Sainte-
Bazeille : 298-299. — Procession sur l'eau : 300,313,324.
— Serment des officiers et des soldats de la garde nationale : 300. — Assemblées primaires : 301. — Chiffre de
la population : 301. — Agapes fraternelles : 301. —
Patrouilles de nuit dans la campagne : 302-303. — Fédération des gardes nationales : 303,304,305,306. —
Démission et élection du maire : 303. — On montera la
garde les jours de foire et de marché : 304-305. — Courrier des postes : 306-307. — Installation des juges du
district : 307. — M. le Curé demande des secours pour
les frais du culte : 307-308. — Serment d'Antoine Mouchet, juge de paix : 308. — Refus de serment à la constitution civile du clergé : 308-311. — Autorisation de
démolir les portes de la ville : 311. — Adjudication des
biens confisqués : 311-312. — M. le Curé réclame des
indemnités : 312. — Renvoi du régent du latin et du
garde des jettins : 313. — Poste établi sur la grande
route : 313. — Vente des biens curiaux et afferme d'autres
biens privés : 313. — Visites domiciliaires : 313,314,315,
338,347,358,363,368. — Lettre suspecte : 314. — Etat
des émigrés : 315,316,320,326,327,331. — Somme due
aux pauvres : 316,321,336,337,339,343,389. — Personne
ne veut remplir la charge de receveur municipal : 317.
— M. le Curé de Beaupuy accusé de démarches inconstitutionnelles : 317. — Réjouissances pour la proclamation
de la Constitution : 317. — Nomination du conseil municipal : 317-318. — Taxe de la viande : 318. — Emprunt
et secours : 318,319,323,324,339. — Proclamation
adressée par les officiers municipaux à la population :
321-322. — Rôle de la contribution mobilière : 324-325.
— Le conseil de la commune s'établit en surveillance
permanente : 328. — Dépenses patriotiques : 328. —
Les prêtres insermentés partent pour l'exil : 328,329,330,

331. — Volontaires : 330,331,335,336,337,340. — Serment du curé constitutionnel : 331. — Fête nationale : 332. — Composition du nouveau conseil de la commune : 333. — Certificats de civisme : 333-334-356-360, 361, 362, 363, 365, 367, 368, 369, 370, 371, 373, 374, 376, 377, 378, 379, 380, 382, 383, 388, 389, 393. — Assignats : 334, 364, 365. — Impositions locales : 334, 335. — Société des Amis de la liberté : 336. — Détention des ecclésiastiques : 338. — Comité de salut public : 338, 345, 346. — Achats de blés, seigles et farines : 339, 340, 341. — Règlements de police sur la distribution du pain : 342. — Enquête sur l'exportation du pain : 343. — Fuite précipitée du curé constitutionnel; demande et nomination d'un nouveau curé : 340-341. — Loi du maximum : 340, 346, 347, 362, 373. — Saisie des graines et farines : 341-343. — Réquisitions : 341-381. — Instruction primaire : 342, 366, 368, 378, 387. — Fête de la fédération : 342. — Augmentation de gages : 342-343. — Les portes et le haut des murailles de la ville seront démolis : 343. — Destitution et élection de la municipalité : 343-344. — Proclamation de la Constitution : 345. — Autorisation donnée aux pauvres de se faire délivrer du blé par les propriétaires : 346. — On brûle les anciens titres et les robes et chaperons des consuls : 347-350. — Désarmement et arrestation des gens suspects : 350-354. — Confiscation des portes, grilles et clôtures en fer et des objets en plomb : 354-355. — Ration du pain : 355, 356, 369. — Fête de la Raison : 356-358. — Vente des biens des émigrés : 358. — Comité pour le recensement des grains et farines : 358-359. — Certificats de résidence : 359, 377, 380. — Agent national : 360-361. — Inventaire des matières d'or, de vermeil, d'argent, de cuivre, de plomb, de fer, etc : 360. — Dénombrement des animaux : 361. — Habillement et gages des soldats de ville : 361-381. — Déclaration d'incivisme : 362-363. — Profanation des églises et chapelles : 363. — Temple de la Raison : 363, 363, 370, 371, 372, 372. Confiscation de grains : 365. — Mort d'un prêtre déporté : 365. — Dénonciation : 365. — Elargissement : 366. — Dons volontaires et confiscations : 366-367. — Recensement des cochons et des fèves semées : 369. — Tableaux politiques : 369, 371, 375, 377, 378. — Fabrication du papier : 369. — Salpetrerie : 369, 370, 375. — Gardes champêtres :

370,373,374. — Souscription publique : 370-375. — Exécution à mort : 371. — Situation financière : 374. — Obligation de déclarer les récoltes : 375. — Comité chargé de surveiller l'observation du jour de la décade et la profanation du dimanche : 376. — Elargissements : 377,378,381. — Réquisition des chenêts et plaques de cheminée : 378. — Levée de scellés : 379. — Secours aux parents des défenseurs de la patrie : 379. — Chiffre de la population : 379. — Autorisation de séjour : 380, 381, 383. — Invitation à dénoncer les terroristes : 381. — Lettres suspectes : 381, 382. — Garde nationale : 382. — Recensement des électeurs : 383. — Révocation : 383. Chiffre de la population des communes du canton : 383. — Détention des prêtres : 384. — Nomination des officiers municipaux de la commune : 384, 385. — Pensions alimentaires : 385, 386. — Biens sequestrés : 386. — Démissions : 386, 387. — Réclamation de dot : 387. — Mains-levées : 387, 388, 393. — Tableau des églises et chapelles des communes du canton : 389, 391. — Démissions et élections d'officiers municipaux : 391. — Biens abonnés : 392. — Arbre de la liberté : 392. — Prestation de serment des curés constitutionnels : 393. — Municipalités du canton : 393, 394. — Requête pour introduire le canton dans l'arrondissement de La Réole : 394. — Procès des chauffeurs : 394, 401. — Rétablissement du culte catholique : 401-403. — Réparation des églises et du presbytère : 403. — Recherche d'une maîtresse d'école de filles : 403. — Traitement du curé, 403-404. Rétablissement du banc des autorités municipales dans l'église : 404. — Liste des enfants baptisés secrètement pendant la révolution : 404-411. — Calamités survenues au XVIIIe siècle : 412-414.

CHAPITRE VIII. — Epoque contemporaine :

Prêtres insermentés remis en activité : 415. — Ouragan, hiver rigoureux, mission et pose d'une croix, inondation, cherté du pain : 415-416. — Le conseil municipal exprime sa joie de la Restauration : 416-417. — Cherté du blé, mission et pose d'une croix, hiver rigoureux, mission, orage et grêle, mission et pose d'une croix, hiver de 1830 : 417-418. — M. de Bentzmann, maire de Ste-Bazeille, porte à Louis-Philippe les félicitations et l'expression du dévoument du conseil municipal et des habitants; adresse du maire au roi, réponse du roi, adresse de la garde nationale de Sainte-Bazeille au général Lafayette, réponse de ce général : 418-422. — Hivers rigoureux, grandes chaleurs et innondations de la Garonne : 412. — Echauffourée de 1851 entre les gardes nationaux de Marmande et les gendarmes à Ste-Bazeille : 422-433. — Inondations : 433. — Réception triomphale du général de Bentzmann : 433-435. — Inondation : 435. — Inhumation du général de Bentzmann : 435-436. — Inondations de 1875 et 1879 : 436. — La ville de Ste-Bazeille a été en ce siècle le siège d'importantes chapelleries : 436-437. — Reconstruction de l'église paroissiale : 437.

CHAPITRE IX.

I. Curés, vicaires.................................... 439-442

II. Consuls, maires et adjoints...................... 442-452

III. Généalogies. — § I. Noguères : 452-461. — § II. Lapeyre : 461-468. — § III. Joly : 468-486. — § IV. Bentzmann : 486-501. — § V. Notes généalogiques : 501-508.

IV. Extrait du cadastre de l'an 1673................ 508-517

V. Statistique de la population................... 517-518

Notes et pièces justificatives.

I. Diverses légendes sur Ste-Bazeille............... 519-532

II. Titre primitif de la fondation de la dîme inféodée de la chapelle de Mothes de Sainte-Bazeille............. 532-537

III. Instrumentum assignationis dotis domine Indie filie nobilis viri domini Jordani Insule..................... 538-541

IV. Lictera Regia super facto de Landerrone excessu per bajulos dicti loci perpetrato contra dominum jordanum de Insula.. 547

V. Hoc tangit factum de Sancta Bazilia et de Landerrone super quibus violenciis et gravaminibus illatis bajuliis dictorum locorum.................................. 541-547

VI. Compromissum inter Dominum Jordanum quondam patrem, ex parte una, et Jordanum ejus filium et Catherinam, ex altera................................... 548-555

TABLE DES MATIÈRES 607

VI bis. Trêve de 1381 556-560
VIII. Passeport délivré par S. M. Jean Sobieski à Jacques
   de Bentzmann. 560-561
VIII bis. Lettres diverses et en particulier des généraux
   Bosquet, La Moricière, Montauban. 562-593

www.ingramcontent.com/pod-product-compliance
Lightning Source LLC
Chambersburg PA
CBHW051328230426
43668CB00010B/1195